换个角度
看人生
世界更美好

包容

——幸福人生的经营课

刘艳 著

内蒙古出版集团　远方出版社

图书在版编目（CIP）数据

包容：幸福人生的经营课／刘艳著．--呼和浩特：远方出版社，2014.5

（换个角度看人生）

ISBN 978-7-5555-0168-8

Ⅰ.①包… Ⅱ.①刘… Ⅲ.①人生哲学-通俗读物

Ⅳ.①B821-49

中国版本图书馆CIP数据核字（2014）第094243号

包容——幸福人生的经营课

著　　者　刘　艳

责任编辑　胡丽娟

装帧设计　柏拉图

出版发行　内蒙古出版集团　远方出版社

社　　址　呼和浩特市乌兰察布东路666号

（电话：0471-2236466 邮编：010010）

经　　销　新华书店

印　　刷　北京毅峰迅捷印刷有限公司

开　　本　710mm×1000mm　1/16

字　　数　240千

印　　张　17.25

版　　次　2014年9月第1版

印　　次　2014年9月第1次印刷

印　　数　1—6500册

标准书号　ISBN 978-7-5555-0168-8

定　　价　29.80元

前言

一个人在社会上生存，谋求人生的更大发展，需要多种智慧：职场中要有解决问题的智慧，人际交往要有打造好人缘的智慧，投资经商要有抓住商机的智慧……这些智慧对某一方面的成功有着至关重要的影响，甚至不可或缺。而有一种智慧，多数人没有意识到它的重要性，因为没有它也照样能生活，但一旦拥有了它，就等于为自己的人生插上了翅膀，各个方面都能得到质的提升，这种智慧就叫作包容。

包容首先是一种胸怀。患得患失、吃不得一点亏的人无法做到包容，包容的人在利益、得失面前不会斤斤计较，而是以大局为重；处处争先、得理不饶人的人无法做到包容，包容的人让字当头，凡事以和为贵、让人一步；自以为是、听不进不同意见的人无法做到包容，包容的人兼容并蓄，虚心听取别人的意见和批评，甚至对一些言辞激烈的攻击也能理智对待，择其善者而从之；遇事喜欢生气、对别人的一点冒犯就怀恨报复的人无法做到包容，包容的人心态平和、宽容大度、淡然从容。

包容更是一种智慧，是一种以博大的胸怀为基础的智慧。爱占小便宜、不愿吃亏的人，占到的也仅仅是小便宜。俗话说“吃小亏占大便宜”，确实，有吃小亏甚至吃大亏的胸怀，就不愁得不到自己想要的东西，老子说的“夫唯不争，是以不去”就是这个道理，这不正是大智慧的表现吗？同样，不肯让人的人也难以被人让，听不进逆耳之言的人会成为人人唯恐避之不及的孤家寡人。孔子说：“己所不欲，勿施于人。”包容，正是充分考虑了他人的利益，考虑了大局的利益，自己的利益也尽在其中。

包容还是一种深厚的涵养，是一种善待生活、善待别人的境界。它不但可以改善我们与社会的联系，也可以使我们的心灵得到慰藉与升华。

让自己包容一点吧，如果你在工作中感觉压力过大、疑虑重重；

让自己包容一点吧，如果你的婚姻生活中总是有那么多的误会和矛盾；

让自己包容一点吧，如果你跟朋友、跟合作伙伴总是话不投机；

让自己包容一点吧，如果你的生活中总是有那么多的不如意。

生活的天地如此宽广，没有必要在彼此的摩擦中浪费时间，浪费生命。天空很大，比天空还大的是人心！在人生的道路上，包容的人更能得到别人的尊重和帮助，包容的人会因为谦和的姿态避免成为别人的攻击目标，包容的人有着更加和谐的人际关系，从而使自己的工作、事业及生活顺风顺水。

目录
CONTENTS

第1课　宽容之道：宽恕他人受益自己

第2课　让步之道：退一寸方能进一尺

第3课 隐忍之道：懂得低头才能出头

第4课　耳顺之道：善纳人言修品行

第5课　慎言之道：说话用脑论人非

第6课　合作之道：互补互助成人之美

第7课　用人之道：会管人更要会用人

第8课 从容之道：幸福源于一颗平常心

第9课　做人之道：人生心宽福自来

第1课　宽容之道：宽恕他人受益自己

当一个人遭受别人的冒犯、伤害时，通常面临两种选择：一是以牙还牙，以愤怒对冒犯，以报复对伤害；二是大人不记小人过，不以为意，一笑了之。前者是大多数人的本能反应，结果是在互相伤害中陷入痛苦的深渊；后者则是一种博大胸怀与理智抉择的综合表现，在宽恕别人的同时也救赎了自己。

1. 包容是一种无声的教育

宽容是一种胸怀，更是一种智慧。我国传统的儒家之道提倡“忠恕”之道，其中“恕”的意思是“己欲立而立人，己欲达而达人”，那么，如何“立人”，如何“达人”？答案之一便是宽容。

有一天，一位德高望重的长老在寺院的高墙边发现了一把椅子，他知道这是有贪玩的小和尚借此越墙到寺外去玩，于是搬走椅子，站在高墙边等候。午夜，外出的小和尚回来了，他爬上墙，再跳到“椅子”上，觉得“椅子”踩上去的感觉有点怪，不似先前那么硬，软软的甚至有点弹性。小和尚落地后，定睛一看，才知道椅子已经被挪走了，刚才是长老用背脊来承接他的。小和尚惊慌不已，以后的一段日子他都诚惶诚恐等候长老的发落。但长老并没有那样做，甚至压根没提及这件“天知地知你知我知”的事情。小和尚从长老的沉默和宽容中获得启示，他收住了心再也没有去翻墙，并通过刻苦的修炼成了寺院里的佼佼者，若干年后还成了寺院的住持。

古人说得好：“尺有所短，寸有所长。”“金无足赤，人无完人。”每个人都有自己的优点和不足，世上有能人，但绝对没有完人。人与人之间的个性差异决定了矛盾是不可避免的，要解决这些矛盾，必须具备宽容。宽容的前提是什么？是赏识！只有会赏识的人才有宽容的品质，也只有具有赏识之心的人，才称得上是宽容的人。

有位老师发现一名学生上课时不专心听讲，时常低着头在笔记本上画些什么。有一天，他走过去拿起学生的笔记本，发现上面画满了自己的漫画，形象夸张怪诞。学生紧张极了，害怕老师责罚自己。但是老师并没有发火，只是微微一笑，要学生以后多加练习，画得更神似一些。从此，那名学生上课时再也没有画过画，开始专心听讲，并利用课余时间学习绘画，后来成为了一名颇有造诣的漫画家。

上面的两个例子，设想一下除去其他因素，归结到一点：主人公后来有所作为，与当初长老、老师的宽容不无关系，可以说，是宽容唤起了他们的自尊心，纠正了他们的人生之舵。

宽容不仅需要"海量"，更是一种修养促成的智慧，事实上，只有胸襟开阔的人才会自然而然地运用宽容；反之，大发雷霆或是批评责罚倒是人们心中认为理所当然的事，可是，这样做未必会让当事人真正反省，也不会取得以后的成效。因为人通常都有逆反心理，即使自己做错了，在别人的指责下也会为了维护自尊心而硬着脖子说自己没错。

《孟子·离娄下》说："爱人者，人恒爱之；敬人者，人恒敬之。"人与人之间的交往，需要靠一颗宽容的心来维持。不懂得宽容的人是孤独寂寞的，也得不到他人的信任。要想征服他人的心，不能靠武力，而要靠爱和宽容。宽容的力量是一切事物中最伟大、最具号召力的，也是建立良好人际关系的基石。而良好的人际关系，不仅能给我们的人生带来快乐，而且有助于我们走向成功。

美国教育家戴尔·卡耐基说过："一个人的成功，只有15%是由于他的专业技术，另外85%则要靠人际关系及其处世能力。"一个拥有宽容品质的人，在为人处世中由于性格上的魅力，将使人乐于与之为友，从而获得良好的人际关系。其次，宽容还能增大一个人成功的可能性。宽容的人有爱心和责任感，有乐观进取的生活态度，这一切都增加了在生活和工作中成功的机会。

2. 包容别人就是善待自己

谁都会犯错误，朋友之间、上下级之间有所冒犯的事情也在所难免。当别人冒犯了你时——有时这种冒犯还会令你感到难堪，于是你怒发冲冠、直言相对，在别人眼里你是正当地维护自己的尊严，似乎无可厚非，但其结果只能是为自己增添一个仇人。对此，有些心胸开阔的智者所采取的做法，也许能让我们有所感悟。

楚庄王八年（公元前606年），楚庄王率领军队一举平定了斗越椒的反叛，天下太平。楚庄王兴高采烈地设宴招待大臣，庆祝征战胜利，并赏赐功臣。

文武百官都在邀请之列，席中觥筹交错，热闹异常，直到日落西山，大家似乎仍未尽兴。于是，楚庄王下令点上烛火，继续开怀畅饮，并让自己最宠幸的许姬来到酒席上，为在座的宾客斟酒助兴。文武官员都已经喝得差不多了，见到许姬的美貌，都忍不住多看几眼。

突然，外面一阵大风吹来，宴席上的烛火熄灭了。黑暗之中，有人伸手扯住许姬的衣裙，抚摸她的手。许姬一时受到惊吓，慌乱之中用力挣扎，不料正抓住那个人的帽缨，她奋力一拉，竟然扯断了。她手握那根帽缨，急急忙忙走到楚庄王身边，凑到他耳边委屈地说："请大王为妾做主！我奉大王的旨意为下面的百官敬酒，不想竟有人对我无礼，乘着烛灭之际调戏我。"

楚庄王听了沉默不语。许姬又急又羞，催促他说："妾在慌乱之中抓断了他的帽缨，现在还在我手上，只要点上烛火，是谁干的自然一目了然！”说罢，便要掌灯者立即点灯。

楚庄王赶紧阻止，高声对下面的大臣说：“今日喜庆之事难得一逢，寡人要与你们喝个痛快。现在大家统统折断帽缨，把官帽放置一旁，毫无顾忌地开怀畅饮吧。”

众大臣见庄王难得有这样的好心情，都投其所好，纷纷照办。过一会儿点烛掌灯，大家都不顾自己的形象，拉开架式，尽情狂欢。后来人们都管这场宴会叫“绝缨会”。

许姬对庄王的举措迷惑不解，仍然觉得委屈，便问：“我是您的人，遇到这种事情，您非但不管不问，反而还替侮辱我的人遮丑，您这不是让别人耻笑吗？以后怎么严肃上下之礼呢？妾心中不服！”

庄王笑着劝慰她说：“这个人对你不敬，只是酒醉后出现的狂态，并不是恶意而为。再说我请他们来饮酒，邀来百人之欢喜，庆祝天下太平，又怎么能扫别人的兴呢？按你说的，也许可以查出那个人是谁，但今日揭了他的短，日后他怎么立足呢？这样一来，我不就失去了一个得力助手吗？现在这样不是很好吗？你依然贞洁，宴会又达到了预期的目的，那人现在说不定也如释重负。”

许姬觉得庄王说得有理，考虑得也很周全，就没有再追究下去。

两年后，楚国讨伐郑国。主帅襄老手下有一位副将叫唐狡，毛遂自荐，愿意率领百余人在前面开路。他骁勇善战，每战必胜，很快，楚军就得以顺利进军。庄王听到这些好消息后，要嘉奖唐狡的战绩。唐狡站在庄王面前，腼腆地说：“大王昔日饶我一命，我唯有以死相报，不敢讨赏！”

楚庄王疑惑地问道：“我何曾对你有不杀之恩？”

“您还记得‘绝缨会’上牵许姬手的人吗？那个人就是我呀！”

以楚庄王身为一国之尊的地位，却能对臣子的不敬隐忍宽恕，正是因为他明白“金无足赤，人无完人”的道理。谁都有可能犯错，只要无伤大雅，只要不是心怀恶意，那么能容则容，能忍则忍，扬其优而隐其缺，倘若求全责备，恐怕世上将没有人才可用了。

汉朝袁盎的事例与楚庄王不辱绝缨者之事极为相似。

袁盎做吴王的相国时，手下有位从史与他的侍妾私通。袁盎知道此事后并没有张扬，但从史还是知道自己的奸情败露，吓得仓皇逃走。

袁盎亲自去追回从史，从史面如土色，以为自己要受到重罚，不料袁盎却把侍妾带到他身边，说："你既然喜欢她，她就是你的了。"

事后，他仍像过去那样对待从史。后来，从史离开他到别处为官。

景帝时，袁盎入朝当了太常。他出使吴国时，正好赶上吴王预谋反叛。吴王派500人包围了袁盎的住处，要杀死袁盎。袁盎对自己的危险处境一无所知，幸好围守袁盎的校尉司马买了200石好酒，把500人灌醉，然后通知了袁盎。

袁盎十分惊异，问："您是谁？为什么要帮我？"

司马说："您不记得原来与您的小妾有私情的从史了吗？"

袁盎这才知道现在救了自己性命的原来就是当年那个从史。

古人说："取大节，宥小过，而士无不肯用命矣。""宥"是指宽恕，不懂包容的人是做不到"取大节，宥小过"的，事实上，他们更容易对"小过"斤斤计较，抓住不放，如此自然会失去人心，使自己在人生的道路上越走越艰难。

3. 做人须有雅量，宽容方能成事

生活中有这么一种人，只要自己受到侵害，不管三七二十一，先把反击的长矛刺出去再说，而且振振有词：让我不好受，你也别想舒服。其实，有时别人对你的侵害是完全无意的，对你本人可能也并无恶意，这时，如果你能宽恕别人，得到的将是加倍的感激。

很多年以前，莱德勒被安排在一艘停泊于重庆的美国海军炮艇上工作。他当时还只是一个低级的尉官，但因为一箱威士忌而突然出了名。

在当地举办的一次“不看样品的拍卖会”上，他对一个密封的大木箱喊了个价。那个箱子沉甸甸的，据拍卖商说里面是一大箱的威士忌，但人们都猜测那里面装满了石块，因为那个拍卖商一向以恶作剧而闻名。

莱德勒出价30美元。拍卖商指着他喊道：“卖了！”这时，有人小声地说：“又一个受骗的美国佬！”当莱德勒打开木箱时，周围发出了一片嗡嗡的议论声，有懊悔的，也有羡慕的。原来，大木箱里装的是两箱威士忌酒，这在战争时的重庆是极为珍贵的。

英国领事馆的一个秘书出30美元想向莱德勒买一瓶，还有人愿意出更高的价，但莱德勒都一一回绝了。因为他不久就要被调走，正打算开一个大型的告别酒会，这些酒正好用得上。

恰在这时，《老人与海》的作者欧内斯特·海明威来到了重庆。他和很多人一样犯了酒瘾，但在战时的重庆想找到一瓶好酒实在太难了。海明威听说了莱德勒的事，就来到炮艇上，对莱德勒说：“我听说你有两箱醉人的玩意儿。”

“是啊。”

“我买6瓶，你要什么价？”

“对不起，先生，我不卖！我留着是为了一旦接到调令离开这里时，好好热闹一番。”

海明威掏出一大卷美钞，说：“给我6瓶，你要多少都行。”

“多少都行？”

“你说个价吧。”

莱德勒想了想说：“好吧，我用6瓶酒换你6堂课，教我如何成为一个作家。”

“这个价可够高的，”海明威说，“真见鬼，老兄，我可是花了好几年的功夫才学会干这一行的。”

“而我却有好几年在拍卖时上当受骗，这才交上好运。”莱德勒笑了笑。

海明威做了个鬼脸：“成交了！”

莱德勒递给他6瓶威士忌。在接下来的5天里，海明威每天都给莱德勒上一堂课，他是个了不起的老师，此外，他还喜欢开玩笑。莱德勒也不时地取笑他，特别是拿威士忌当笑料。“你知道，海明威先生，我在拍卖时投个机肯定是值得的。首先，我使那个拍卖商上了当，此外，我还震惊了那些太胆小不敢出价的顾客。而此刻，我用6瓶威士忌正在得到美国最出名的作家辛苦摸索到的从事写作的诀窍。”

海明威眨了眨眼说：“你是个精明的生意人。我只是想知道，其余的酒你曾偷偷灌下了多少瓶？”

“我一瓶都还没有打开呢，”莱德勒说，“我要把每一滴都为我的大型酒会留着。”

“孩子，我想向你提一点我个人的忠告：千万不要迟疑，去打开一瓶威士忌酒，尽快地品尝一下。”但是，莱德勒并没有领会海明威的意思。

海明威因事要提前离开重庆，为了跟他学完最后一堂课，莱德勒陪他一起去机场。

“我并没有忘记，”海明威说，“我这就给你上课。”

飞机的发动机已在轰鸣，海明威紧凑着莱德勒的耳朵说：“你在描写别人以前，首先自己得成为一个有修养的人。为此，你必须做到两点：第一，要有同情心；第二，要能够以柔克刚。千万不要讥笑一个不幸的人，而当你自己不走运的时候，不要去硬拼，要随遇而安，然后去挽回败局。”

“我不明白，这对于写作有什么相干？”莱德勒不明白地问道。

“这对于你生活是至关重要的。”海明威一字一顿地说。

搬运工人已在装行李了，海明威向飞机走去。在半道上，他转过身来喊道：“我的朋友，我建议你在为你的狂欢会发出请柬以前，最好把你的酒先抽样检查一下！”

几分钟后，飞机已升入蓝天。困惑不解的莱德勒回到藏酒的地方，打开了一瓶，接着开了一瓶又一瓶，里面装的全是茶。原来，那个拍卖商还是把他给骗了。

海明威显然一开头就知道了实情，但他只字未提，既没有发火，也没有讥笑莱德勒，并且愉快地遵守了交易中自己应当承担的部分。此时，莱德勒才懂得了海明威教导自己要做一个有修养的人的含义。

宽容对待那些无意的过失，会让对方觉得你心胸博大，消除无心人对你造成损害后的紧张，并很快愈合双方之间不愉快的创伤。而面对那些故意的伤害，你博大的心胸会让对方感到无地自容，因为它体现了你的境界。每个人都会有犯错的时候，并会因为犯错而觉得内疚、担心，不知所措，希望别人能原谅自己，同时也会对自己的缺点心怀忐忑，不希望别人看不起自己。所以，我们应该站在对方的角度考虑，如果自己犯了错而别人不肯原谅，自己又会怎么想。

事事计较不会有什么结果，已经发生了的事情也不会有任何改变，无法扭转已成事实。以宽容的态度待人，以理解作为基础，站在客观的角度给人评价，不仅能充分反映出一个人的修养，还能培养与别人的良好关系。

4. 宽恕比抱怨更具威慑力

世界上只有一种人能够做到没有永远的敌人，那就是懂得宽恕之道的人。法国著名作家雨果有句名言："世界上最宽阔的是海洋，比海洋更宽阔的是天空，比天空更宽阔的是人的胸怀。"宽恕就是这样一种比天空更宽阔的胸怀，它能够化解世界上最顽固的敌意和最强烈的仇恨。

《六度集经》中记载了这样一个故事：

长寿王仁民爱物、慈悲为怀，国内风调雨顺、物阜民丰，却也因此引来了邻国贪王的觊觎。贪王下令出兵侵夺。面对敌军压境，长寿王不愿意为了捍卫自己的王权而殃及无辜的百姓，决定舍弃王位，与儿子长生相偕遁隐山林。贪王不费吹灰之力就拥有了长寿王的国土，但他不肯放过长寿王，以重金悬赏捉拿长寿王父子。长寿王为了义助远来依投的梵志，让梵志获得赏金，自愿舍身为贪王所捕。残暴的贪王故意在长寿王国都通衢上，公然焚烧长寿王，以此警示民众。

临死前，长寿王看见儿子伪装成樵夫，混杂在人群中，双眼冒着怒火，满怀仇恨地盯着贪王，便大声说："希望我的儿子能以仁为诫，以德报怨，不要为我报仇。"年轻的王子虽然听到了父亲的遗言，但父亲惨死、国土沦丧的深仇大恨，让他一心只想报仇。之后，他利用在大臣家中当仆役的机会，设法获得贪王的赏识，进而成为贪王的贴身护卫。

在一次伴随贪王出猎的途中，长生刻意让贪王脱离随扈，在山林间迷了路。筋疲力尽的贪王将随身的佩剑卸下，交给自己信任的长生保管，躺下来休息。在贪王熟睡之时，长生拔剑欲杀，忽然想起了父亲的遗言，不禁犹豫起来。这时，贪王突然从梦中惊醒，说："我梦见长寿王的儿子要杀我，怎么办？"长生安慰他说："大王不必惊惶，我在这里护卫着你呢。"贪王再度安然入睡。如是者三，长生终于决定尊奉父亲的遗言原谅贪王，于是主动向贪王表明真实身份，并且说："你快将我杀了吧，免得我报仇的念头又死灰复燃。"

震惊的贪王被长寿王父子宽容的仁德深深感动，当下幡然悔悟，自愧如豺狼，于是将国土归还长生，两国结为兄弟之邦。

从此，贪王自己也开始像长寿王一样善待人民，不再像从前那样残暴了。

正如圣严法师所说："慈悲没有敌人，智慧没有烦恼。"真正的宽容来自博大的胸襟，来自爱人如己的智慧。我们可能做不到像长寿王父子那样伟大，但是至少在日常生活中，当别人以恶劣的态度相向时，我们应忍耐一时之气，以宽容去对待对方，以理智来处理问题。

下面是一个美国老兵讲述的一个关于志愿军小战士的故事：

在一次战斗中，这位美国老兵和20多个战友被穿着臃肿的棉袄、看起来就像一群野人的志愿军打垮了，被俘虏后，他们都以为这回死定了。但是，乘胜追击的志愿军根本顾不上管理他们，于是把他们交给了后面来的一些朝鲜北方官兵。

当看到那些军容整洁、装备良好、举止文明的朝鲜北方军人时，被俘的美军们觉得有了一些安全感。然而，当美国老兵和被俘的战友们在朝鲜北方军人的驱赶下离开公路，来到一个无人的山洼里，被勒令站成一列时，他偷看了一下，发现这些军人在另一边架起了机枪，眼中露出仇恨的目光。他突然明白，他们是要屠杀俘虏了。

正当美国老兵绝望地不停祷告上帝时，上帝真的出现了。一个偶然路过此地的志愿军小战士发现了即将发生的惨剧。这个衣衫褴褛、邋里邋遢的小战士情绪十分激动，嘴里不停地说着美国俘虏和朝鲜北方军人都听不懂的话，但所有人都能明白他的意思，因为他就站在机枪口下，用他的身体保护着战俘们。

那些准备杀掉俘虏们的朝鲜北方军人，在这个志愿军小战士不停地挥舞着一支很长很陈旧的步枪的干涉下，不得不放弃了行动。之后，那个小战士仍不放心，一直监督着直到遇到更多的志愿军，才把战俘们正式移交。

当发现周围全都是那些衣衫褴褛的中国士兵时，美国老兵的眼泪流了出来，觉得生命真正有了保障，他知道自己有希望活着回到加利福尼亚的家，回到他的妻子和不满周岁的儿子身边了。

战争结束后，几十年来，每当他听说与中国有关的事情，总要在心里替那个不知姓名的小战士祈祷："我的上帝，我的兄弟。"

这个真实的事例说明了仁者无敌的道理。不错，朝鲜北方军人对侵入自己国土的美军有着刻骨的仇恨，但志愿军战士们难道就不恨他们吗？有多少志愿军因为这场战争而埋骨在异国他乡！可是，志愿军们仍然依照严明的纪律，以仁德之心宽恕了战俘。战场上的拼搏是为了各自身后的人民，而面对投降的战俘，志愿军们抛开了恩怨，用平等仁爱的心去接受他们。

毫无疑问，仁爱宽容比子弹更有效果。

我们在日常生活中可能看到过这样的人，或是亲身经历过这样的事情：亲朋好友之间因为一句闲话而争得面红耳赤，以致行同路人；邻里之间因为孩子打架而导致大人吵嘴，从此老死不相往来；夫妻之间因为琐事而大打出手，终致劳燕分飞；父子之间因为考什么学校找什么工作，意见不合，最后横眉冷对……

以上种种，无不是两败俱伤，彼此都身心疲惫。容忍宽恕别人，同样也是在善待自己。就像有人说的，我们的心如同一个容器，当爱越来越多的时候，仇恨就会被挤出去，我们不需要刻意地去消除怨恨，只要用宽容来不断充实自己，怨恨自然就没有容身之处了。

5. 虚怀若谷，谦虚低调

古人有句话叫作“不知者不怪”，这其实就是一种宽容的态度。对于一件事，你因为不了解而做错了，没关系，可以原谅，但是下次要吸取教训，不要再犯。对于一个人，你因为不了解而不尊重，没关系，有修养的人自然不会介意你的误会，时间会证明一切。

不知者不怪，是因为你不懂，所以才不责怪你，并给予你足够的包容，让你慢慢改正这些错误，这实在是很大的慈悲和宽容。

很久很久以前，大海里住着两条龙，一条生性刚直，一条慈悲宽容。有一天，刚直又爱玩的龙说：“在海里，所有可以观赏的景物我们都已经看过了，每天过着重复的日子没什么意思，不如我们一起到陆地上去开开眼界，怎么样？”

另一条龙回答：“如果不小心在陆地上遇到恶人，一定会有麻烦的。况且以龙的真身出现，也会让那些人受到惊吓。”

爱玩的龙又说：“我有个好办法，我们可以变化成小蛇。如果路上没有行人，我们就在道路上游玩；如果有人出现，我们就躲到路边不让他们看到。这样既不会惊吓到他们，也不会被他们伤害。这样不是很好吗？”

见朋友这么渴望到陆地上去，那条生性慈悲的龙就同意了它的建议。两条龙一起来到陆地上，变化成两条小蛇，准备到处观赏游玩。但是没多久，它们就遇到了一条毒蛇。毒蛇看到这两条小蛇，不怀好意地竖起前半身，吐出毒液，想要加害它们。爱玩的龙见毒蛇有眼不识泰山，还无缘无故地想要加害它们，非常愤怒，决定加以报复。但是，那条慈悲的龙立刻制止了它，说："我们是要修自菩萨的行者，对于不知因果、随顺习气的众生所犯的过错，都应当宽容、原谅他们。毕竟我们懂得因果，而他们不懂。而且，能忍众生所不能忍，这是圣者的教诲，我们一定要遵循。"然后又说："只知道依照自己的贪念欲望而行动的人是狂夫，没有仁义之心。嫉妒心、报复心，都会把我们引向深渊。只有安忍而不动心，才是菩萨行者所当为。"

爱玩的龙本来已经起了嗔恨心，听了朋友的话后，马上自惭起来，放弃了报复的念头。由于毒蛇不屈不挠地想要加害它们，为了不让它再犯错，它们决定回到海里去，这样毒蛇就没有了可以加害的对象，也就不会再犯错了。

当两条龙恢复真身，显现它们的神威时，天地都为之震动，乌云翻涌，大雨普降，人鬼都为之震惊。原本在一旁虎视眈眈的毒蛇，见自己想要加害的小蛇竟然是龙的化身，才知道自己刚才犯了大错，几乎因此断送性命，不由得惊惶恐惧，羞愧难安。

故事中那条慈悲的龙就是释迦牟尼佛的过去生，刚直又爱玩的龙就是他的弟子阿难尊者，而毒蛇则是一再加害佛陀且不断被宽恕的提婆达多。

这则佛经故事形象地说明了一个真正有德行的人，应该怎样对待别人，尤其是与自己地位悬殊的人的无知之错。其实，类似的事情在现实中并不少见。

亚历山大大帝时常便装出巡，到各地私访。有一次，他率大军驻扎在一座树林附近，休息的时候他就穿着便装四处巡视，走着走着他迷了路，正好看到一位军官站在树下休息，于是就过去问他："请问到司令部该走哪一条路？"

那个军官懒洋洋地叼着烟斗，抬了抬眼皮，随便指了一个方向。

亚历山大向他道了谢，但想了想，又问他："请原谅，如果您允许的话，可不可以告诉我您是什么军衔？"

军官得意地拿下烟斗，说："你猜。"

亚历山大猜道："你是一个上士？"

军官傲慢地摇摇头："再猜。"

"那么，你是一个少尉？"

"我的朋友，再猜一次吧。"

"你是一个少佐吗？"

"比这还要大。"

"那你是一个大佐吗？"

军官得意地说："嗯，这次你猜对了。"

亚历山大向他行了个军礼。

军官看了看他，说："如果你允许的话，请问你的军衔是什么？"

亚历山大笑了笑，说："我的朋友，你也猜一猜吧。"

"哦，那你是上士？"军官说。

"不，要比上士大一些。"亚历山大笑着说。

"那你是个少佐？"军官严肃了一些。

"还要再大一些。"

"那你也是个大佐？"军官站直了身子，把烟斗拿在手里。

"继续猜。"

"那么，您是少将了？"军官的表情有些惊慌。

"我比少将还大。"亚历山大说。

军官更惊慌了："难道您是中将吗？"

"再猜猜。"

"天啊，难道您是元帅？"军官的脸色发白了。

"不，再猜一次吧，我的朋友。"亚历山大和气地说。

军官大惊失色："您是大帝本人？"他一下子跪了下去，请求亚历山大大帝赦免他的无礼。

亚历山大大帝笑着说："你有什么过错呢？我向你问路，你告诉了我，我还应该向你表示感谢呢。”

宽容不了解情况的人，不仅能体现一个人的修养，也是对别人的善意。如果有人因为一时的无知而伤害了你，那么尽可能地原谅他吧，尤其是对那些身份、地位、实力等都不如你的人，要知道，宽容远比报复更有威力。而且，想想看，哪些人才会对无知者的冒犯耿耿于怀呢？你一定不想做那样小肚鸡肠的人吧？

6. 包容大度，冰释前嫌

许多时候，我们发脾气，与别人产生冲突，其实都是因为一念之差。如果当时能把那个念头压服住，控制几分钟，让自己的头脑冷静一点，就不会产生纠纷了。但是，人们常常因为惯有的习气而不能宽容别人，导致出现了很多本可以避免的麻烦。

所以，能在紧要关头让自己冷静下来，以宽容之心待人的人，才是真正善于为人处世的智者。

唐朝开元年间有位梦窗禅师，德高望重，既是有名的禅师，也是当朝国师。

有一次，梦窗禅师搭船渡河，渡船刚要离岸，远处走来一位骑马佩刀的武士，大声喊道："等一等，等一等，载我过河。"他一边说一边把马拴在岸边，拿着马鞭朝水边走过来。

船上的人纷纷说："船已离岸，不能回头了，干脆让他等下一回吧。"船夫也大声回答他："请等下一回吧。"武士急得在岸边团团转。

坐在船头的梦窗禅师对船夫说："船家，这船离岸还没多远，你就行个方便，掉过船头载他过河吧。"船夫见梦窗禅师是位气度不凡的出家人，便听从他的话，把船驶了回去，让那位武士上了船。

武士上船后四处寻找座位，无奈座位都满了，这时，他看到了坐在船头的梦窗禅师，便拿马鞭抽打他，嘴里还粗野地骂道："老和尚，走开点！把座位让给我！难道你没看见本大爷上船？"这一鞭正好打在梦窗禅师的头上，鲜血顺着脸颊汩汩地流了下来，梦窗禅师一言不发地起身，把座位让给了蛮横的武士。

船上的乘客们看在眼里，既害怕武士的蛮横，又为禅师的遭遇抱不平，就窃窃私语：这个武士真是忘恩负义，要不是禅师请求，他能搭上船吗？现在他居然抢禅师的位子，还动手打人，真是太不像话了。武士从大家的议论中明白了事情的缘由，心里十分惭愧，但又拉不下面子去认错。

等船到了对岸，大家都下了船，梦窗禅师默默地走到水边，用水洗去脸上的血污。

那位武士再也忍受不了良心的谴责，上前跪在梦窗禅师面前忏悔道："禅师，我错了。对不起！"梦窗禅师心平气和地说："不要紧，出门在外难免心情不好。"

禅师的宽容和体谅令人折服。

无独有偶，在美国的一个市场里，有个中国妇人的摊位生意特别好，引起了其他摊贩的嫉妒，大家常有意无意地把垃圾扫到她的店门口。对此，这个中国妇人只是宽厚地笑笑，并不计较，反而把垃圾都清扫干净。旁边卖菜的墨西哥妇人观察了她好几天，忍不住问道："大家都把垃圾扫到你这里来，你为什么不生气？"中国妇人笑着说："在我们国家，过年的时候，都会把垃圾往家里扫，垃圾越多就代表生意越红火。现在每天都有人送钱到我这里，我怎么舍得拒绝呢？你看我的生意不是越来越好吗？"从此以后，那些垃圾再也没有出现过。

这个中国妇人化诅咒为祝福的智慧确实令人惊叹，然而，更令人敬佩的是她那与人为善的宽容的美德。她用智慧宽恕了别人，也为自己创造了一个融洽的人际环境。俗话说，和气生财，她的生意自然会越做越好。如果她不采取这种方式，而是针锋相对，结果可想而知。

德国有一个谚语："最大的报复就是宽恕的念头。"宽容别人就是宽容自己。许多事情或许我们仍然愤愤不平，但这样做，受伤最大的还是自己。

有一位从日本战俘营里死里逃生的人，去拜访另一个当时关在一起的难友。他问这位朋友：“你已经原谅那群残暴没人性的家伙了吗？”

“是的，我已经原谅他们了。”

“我可永远都不会原谅他们！我恨透他们了，这些混蛋害得我家破人亡，至今想起仍让我咬牙切齿，恨不得将他们千刀万剐、碎尸万段！”

他的朋友听后，淡淡地说：“若是这样，那他们仍监禁着你。”

宽恕不仅是原谅伤害自己的人，同时也是解放自己，与其因为愤恨而耗尽自己一生的精力，时时想起那些伤害自己的人和事，被回忆和仇恨所折磨，还不如宽恕他们，把自己的心灵从禁锢中解脱出来。

遇事但有宽容这个念头在，你就已经超凡入圣了。

7. 宽以待人，容人之过

孩子学习走路的时候，总会不断地摔跤，而父母总是会鼓励他爬起来，重新再来。事实上，他自己也会勇敢地爬起来继续学习走路，哪怕紧接着又是一次摔跤。可是，当孩子长大成人，开始步入社会之后，身边的人就会变得严苛起来，很少给他第二次机会，他自己也会失去重新来过的勇气，结果是错过一次就很难翻身。

反之，如果我们能宽容一点，给他再来一次的机会，鼓励他，而不是打击他，也许便可以看到奇迹。

美国南北战争期间，有一个名叫罗斯韦尔·麦金太尔的年轻人被征入骑兵营。由于战事进展不顺，兵源奇缺，在几乎没有接受任何训练的情况下，他就被匆忙地派往战场。在战斗中，年轻的麦金太尔被残酷的战争场面吓坏了，那些血肉横飞的场景使他整天都担惊受怕，终于开小差逃跑了。但很快他就被抓了回来，军事法庭以临阵脱逃的罪名判他死刑。

麦金太尔的母亲得知这个消息后，向当时的总统林肯发出请求，认为自己的儿子年纪轻轻，少不更事，他需要第二次机会来证明自己。然而，部队的将军们力劝林肯严肃军纪，声称如果开了这个先例，必将削弱整个部队的战斗力。

林肯陷入了两难的境地，经过一番深思熟虑，他最终决定宽恕这名年轻人，并说了一句著名的话："我认为，把一个年轻人枪毙对他本人绝对没有好处。"为此他亲自写了一封信，要求将军们放麦金太尔一马："本信将确保罗斯韦尔·麦金太尔重返兵营，在服完规定年限后，他将不受临阵脱逃的指控。”

如今，这封褪了色的林肯的亲笔签名信，被一家著名的图书馆收藏展览。这封信的旁边还附带了一张纸条，上面写着：“罗斯韦尔·麦金太尔牺牲于弗吉尼亚的一次激战中，此信是在他贴身的口袋里发现的。”

由于被给予了第二次机会，麦金太尔由一名怯懦的逃兵变成了无畏的勇士，并且战斗到自己生命的最后一刻。由此可见宽恕的力量是何等巨大。

由于种种原因，人不可能不犯过失，但只有宽恕才能给人第二次机会，也只有第二次机会才能让人重新审视自己，使自己变得勇敢坚强，去弥补先前犯下的过失。

丙吉是汉宣帝时的丞相，以知大节、识大体而著称。同时，他还宽厚待人，隐恶扬善，尤其是对下属，从不求全责备。对于好的下属，他大力加以表彰；对于犯了过失的下属，只要是能原谅、宽容的，他都尽可能地体谅、宽容他们。

丙吉的车夫驾车技术很好，但是有一个毛病——喜欢喝酒，经常喝得醉醺醺的，出门在外也是这样。有一次，丙吉出门办事，车夫喝得酩酊大醉，车子还在路上，他就呕吐起来，把车上的座席都弄脏了。车夫见自己弄脏了座席，吓得不知该怎么办才好。但丙吉并没有说他什么，只让他把车上的污迹擦干净，然后继续赶车上路。

回到相府，管家知道这件事后非常生气，狠狠地训斥了车夫一顿，并向丙吉建议说：“大人，这个车夫实在是不像话，干脆把他赶走算了！”丙吉却摇了摇头，说：“不要这样做。因为他喝醉酒犯了一点小小的过失就赶走他，你让他到哪里去容身呢？他不过是弄脏了我的座席罢了，算不上什么大罪。还是原谅他吧，我相信他自己会改正的。”

管家这才没有赶走那个车夫。车夫知道是丞相的宽宏大量才保住自己的工作后，内心非常感激，从此更加尽心尽力地赶车，酒也喝得少多了。

车夫原本是边疆人，熟知边防报急方面的事情。有一次，他在长安街上看到一名驿站的官员疾驰而过，猜想一定是边境上发生了什么紧急的事情。于是，他紧跟着到驿馆里去打听消息，得知是匈奴入侵云中郡和代郡，那里的郡守派人告急。车夫立即赶回相府，把探听到的消息报告给丙吉。丙吉知道宣帝马上会召自己进宫商议，便叫来有关方面的属下，向他们了解被入侵地区的官员任职以及防务等方面的详细情况，思考了对策。

没多久，汉宣帝果然召见丙吉和御史大夫等人商议救援之事。丙吉因为事先已知道了消息，并且有所准备，所以胸有成竹，侃侃而谈，很快提出了可行的救援办法。而御史大夫等人仓促进宫，毫不知情，对被入侵地区的情况也不太了解，一时之间根本说不出什么来，更不用说想出切实可行的办法了。两相比较，对照鲜明，汉宣帝赞赏丙吉"忧边思职"，对御史大夫等人却很不满意。

退朝后，其他大臣都十分钦佩丙吉，丙吉却说："实不相瞒，今天是因为我的车夫事先打听到消息并告诉我，使我预先有了准备。当初，他曾经醉酒呕吐，弄脏了我的车座，我原谅了他，所以他才有今天的举动。"说到这里，丙吉又感叹道："所以啊，每个人都有他的所长，也各有所短，我们应当尽量容忍别人的过失。想想看，假如当初我不容忍车夫的过失，把他赶走了，能在今天受到皇上的表彰吗？"

众人听了都不禁点头叹服。

每个人都应该拥有一个被宽恕的机会。对于犯错的人，如果我们能以宽容的心来对待，他自然会感动，从而反省自己，改正错误。反之，如果不依不饶，则可能会让他自甘堕落。

8. 虚空包容万有，虚怀征服人心

《菜根谭》里说："路径窄处，留一步与人行；滋味浓时，减三分让人尝。此是涉世一极安乐法。"意思是说，在狭窄的小路上行走时，要留出让别人能通过的空隙，不可把整条路都占尽了；得到美味可口的好菜，不妨让三分给别人共享，不可一个人独食。这才是最使人平安、快乐的处世方法。如果世上所有人都能如此相处，这个世界不是更加温暖和美丽吗？如果每个人都能怀着一颗感恩的心，心里总是想着别人，则可以沉淀许多的浮躁与不安，消融许多的不满与仇怨。

包布·胡佛是一位著名的试飞员，常常在航空展览中表演飞行。一天，他在圣地亚哥航空展览中表演完毕后飞回洛杉矶，当飞机爬升到300米的高度时，两具引擎突然熄火。凭着熟练的技术和丰富的经验，他终于使飞机安全着陆，飞机遭到了严重损坏，幸运的是没有人受伤。

迫降之后，胡佛的第一个行动是检查飞机的燃料。正如他所预料的，他驾驶的这架第二次世界大战时的螺旋桨飞机，装的居然是喷气机燃料而不是汽油。

回到机场以后，胡佛要求见见为他保养飞机的机械师，那位年轻的机械师为自己所犯的错误感到极为难过。当胡佛走向他的时候，他正泪流满面。他造成了一架非常昂贵的飞机的损失，而且差一点使得3个人失去性命。

大家都以为胡佛必然会大为震怒，并且料定这位极有荣誉心、事事要求精确的飞行员必然会痛责机械师的疏忽。然而，出乎大家意料的是，胡佛并没有责骂那位机械师，甚至没有批评他。相反，他用手臂抱住那个机械师的肩膀，对他说："为了表示我相信你不会再犯错误，我要你明天再为我保养飞机。"

胡佛的宽容令人折服。宽容他人，也是给自己留下余地。如果你能付出一片绿叶，就能收获整个春天；如果你能容下一点瑕疵，就能得到一块美玉。

乔丹在公牛队时，年轻的皮蓬是队里最有希望超越他的新秀。年轻气盛的皮蓬有着极强的好胜心，对于乔丹这位领先于自己的前辈，常常流露出一种不屑一顾的神情，还经常对别人说乔丹哪里不如自己，自己一定会把乔丹击败一类的话。但乔丹并没有把皮蓬当作潜在的威胁而排挤他，反而对皮蓬处处加以鼓励。

有一次，乔丹对皮蓬说："你觉得咱俩的三分球谁投得好？"

皮蓬不明白他的意思，就说："你明知故问什么，当然是你。"

因为当时乔丹的三分球成功率是28.6%，而皮蓬是26.4%。但乔丹微笑着纠正道："不，是你！你投三分球的动作规范、流畅，很有天赋，以后一定会投得更好。而我投三分球还有很多弱点，你看，我扣篮多用右手，而且习惯用左手帮一下。但你左右手都行，所以你进步的空间比我更大。"

其实，这一细节连皮蓬自己都不知道。他被乔丹的大度给感动了，渐渐改变了对乔丹的看法，虽然他仍然把乔丹当作竞争对手，但是更多的是抱着一种学习的态度去尊重他。

一年后的一场NBA决赛中，皮蓬独得33分（超过乔丹3分），成为公牛队中比赛得分首次超过乔丹的球员。比赛结束后，乔丹与皮蓬紧紧拥抱着，两人都泪光闪闪。

乔丹不仅以球艺，更以他那坦然无私的广阔胸襟赢得了所有人包括对手的拥护和尊重。

正如比尔·盖茨所说："以宽容的态度对待失败者正是硅谷成功的关键之所在。"在竞争中能够做到宽容的人，是品德高尚的人。要想超越别人，不一定要期望别人遇到障碍，甚至故意给别人设置障碍。让自己变得更强大更优秀，并真诚地欣赏别人的长处，才是光明磊落的行为，如此才能赢得别人真心诚意的尊敬。

9. 别让包容成为纵容

生活中，常有人错以为宽恕就是无限度地纵容，其实这是误解了宽容的概念。

宽容与纵容只有一字之差，但其含义却有天壤之别，当然也有一定的联系。宽容如果丧失原则，就会变成纵容。

我们都听说过农夫与蛇的故事，农夫好心救了毒蛇一命，把它放在怀中取暖，可毒蛇醒来却咬了农夫一口。农夫临死前说："我怜悯恶人，应该得到报应。"农夫临死前，终于认识到了怜悯恶人的后果。对恶人的怜悯就是对恶行的纵容，也是对善良之人的犯罪。

所以，人固然需要宽容，但宽容的心并非无边无际，宽容应该有个限度。

一朵紫罗兰会把香气留在践踏它的人的脚上，这种大度是宽容，但如果紫罗兰敞开胸怀欢迎别人来践踏，那就是愚蠢的纵容了。

有个女子向心理医生求诊，她明显是患了忧郁症，但是什么原因造成她的忧郁呢？只有知道这一点才能对症治疗。

原来，她的丈夫很喜欢喝酒，一喝醉就会动手打她。因为酗酒的缘故，她的丈夫没有一份工作是能维持长久的，所以她不得不到外面工作赚钱，以贴补家用。每天回到家里，她还要做所有的家务，包括3个孩子大大小小的事情都需要她来处理。这让她身心俱疲，然而丈夫不仅帮不上任何忙，还常常殴打她，使她时时处于家庭暴力的恐惧之中，并且担心这样的生活会给孩子们造成不良影响。

医生问道："你的公婆对此有何意见？"

"他们都站在我丈夫那边。"女子无奈地说。公婆偏袒自己的儿子，开始的时候她受到丈夫的殴打就会去请公婆评理，没想到公婆反而指责她没把事情处理好，激怒了丈夫。而妯娌姑嫂们，也都是自扫门前雪，谁也不帮她。于是，明明是受害者的她，却必须负担"不要让丈夫生气"的责任。她不断地受到伤害，而且不断地受到别人的指责。"所有人都要我宽恕他们。大家都说，只有宽恕他们，我才能够活得快乐。可是说真的，我真的很难做到去宽恕那些伤害我的人。"女子几乎崩溃了。

医生问："那你曾经报复过他们吗？"

"我想去报复，但是又不敢。而且我也会觉得困惑，难道真的是因为我的错，才导致丈夫打我？是不是因为我不好，才遭遇这样的问题？我很担心自己是不是疯了。"

"你仔细想一想，是关心你的人多，还是伤害你的人多？"医生慢慢引导着她。

女子想了很久，回答说："其实还是关心我的人比较多。"

"那么你花了多少心思在那些关心你的人身上？"医生问。

她一下子愣住了。

"这就是问题的核心所在。"医生说，"你被丈夫伤害，也被婆家伤害，你一心寻求所谓的正义，但你又没有办法证明自己是对的。所以，你什么事情都不能做，这是你既焦虑又忧郁的主因。其实伤害你的人就那么几个，关心你的人却很多，可你总是花时间去讨好那些伤害你的人，而把爱你的人弃之不顾。这难道合理吗？看看最爱你的人是谁？是你自己。围绕在你身边、关心你的人又是谁？是你的朋友。你得提升他们在你心目中的地位。你应该多为自己和朋友们着想，而把伤害你的人在心中降级。你无须去追问他们为什么这样对你，也无须去讨论他们到底好不好，这些事情你想不明白，就不用去想。你要做的，就是降低他们在你心中的比重。丈夫想打你，你就去申请保护令，不然就跑。公婆喜欢指责你，你就不要让他们有开口的机会，他们一骂你你就借故离开，要不然就各说各话，不理睬他们的指责埋怨。”

她怯怯地说：“可是这样，会被骂死的。”

“你又来了，你又在关心那些伤害你的人了。而且，说实在的，就算你配合他们，他们就会对你有好评吗？”

“我明白了。”女子想了想，又开始犹豫，“可是这样做不是违背了宽恕的真意吗？我不是应该去原谅他们吗？”

医生微笑道：“不要着急，几个月之后你就会知道我为什么要你这样做了。”

一个月后，女子来复诊，她的脸上开始有笑容了。几个月后，她再来的时候，整个人都变了样子：衣着亮丽，声音畅亮，一举一动看起来都很有朝气。乍看之下，很难想象这就是几个月前那个几近崩溃的女子。

“这几个月来怎样？”医生问。

“简直是奇迹！我照着您说的话去做，才发现原来自己身边有这么多人在默默地关心我！我的邻居、同事、朋友，甚至我的小姑们也是。我以前都没有注意过他们，也根本不在意他们。我确实把全部注意力都放在丈夫身上了，而偏偏他伤害我最大！我干脆就不去理他。现在他一喝醉，我就躲开，让他连想打我的机会都没有。结果他竟然去打我婆婆，我婆婆气坏了，开始骂他。我现在除了必要的工作，其他事情都不管了。我把多余的时间放在和朋友们交际，还有去做义工上，我还报名参加了才艺班。我要多学些东西。最令人高兴的是，这些日子我的心情越来越好，我的孩子仿佛也感染了我的情绪，变得越来越开朗了。”她神采飞扬地说。

“那你现在明白什么是真正的宽恕了吗？”医生微笑道。

“我不懂。”一丝阴霾浮现在她的脸上，“我现在还是偶尔会担心，我这样做是不是太自私了？”

“是该告诉你答案的时候了。”医生说，“你觉得你丈夫为什么会打你？”

“我发现他很缺乏自信，小时候被父母保护过度，又不懂得怎么表达自己。当他发现自己得不到想要的东西时，就会把愤怒直接发泄出来，而我就成了他的受气包。”

“所以你过去的挨打，其实是在帮助他继续恶化，让他永远没有机会学习正确处理事情的方法。”

“以后不会了。”女子尴尬地笑了笑，“说实话，我觉得他这样很可怜。我想帮他，但又不知道该怎么做。”

“你需要的是知识、方法和资源。这些你可以在一些书籍和义工的工作中学习到，你也可以重回校园。还有其他问题吗？”

“等等，我还是不知道什么是真正的宽恕。”

“刚才你就已经回答出来了啊。”医生笑道。

很多人都误把纵容当成宽恕，事实上，一味地宽容和一次次的原谅，只会让错的事继续错，让错误的人继续犯错。从某种意义上说，纵容是懦弱的表现，而宽恕则是勇气的表现。一个人如果学不会爱自己，爱那些爱自己的人，他就不会有足够的力量去抵抗懦弱，反而会有意无意地帮助别人伤害自己。事实上，只有当你内心的力量比对方更强大的时候，才有资格、有勇气去宽恕别人，这不仅仅是简单的自我牺牲。当你能够爱所有爱你的人，同时也不要配合伤害你的人继续来伤害你，更不要浪费时间在辩论孰是孰非上，倘若你能做到这些，就会开始积聚力量，等你成为强者的那一天，你会发现，要宽恕那个伤害你的人其实是如此容易的一件事。

第2课　让步之道：退一寸方能进一尺

为人处世，最难以做到的是让，最需要做到的也是让。古人说“上善若水”，让步就是一种像水一样以柔制胜的智慧。你让人，人敬你，和谐的关系自让步中来，事业的顺利自让步中来。一个人什么时候学会以弱示人、让人一步，其人生境界便会得到很大程度的提升。

1. 让人一步天地宽

谁都想拥有一个和顺的外部生存环境，说话呼风唤雨，办事海阔天空，生活适意自在。这种状态并非完全达不到，但需要拥有一种独特的人生智慧——让步。

生活中，人与人之间常会发生矛盾，即使血缘至亲也难免发生摩擦。其实，许多矛盾是可以避免的，只要我们对别人多一些理解，多一些宽恕，世上就会多些和谐，少些冲突。

可惜的是，对于自己想要的东西，更多的人选择了争，其结果是即使勉强得到，也弄得个头破血流、两败俱伤。其实，只要其中一方稍作让步，便能海阔天空。

有兄弟二人，毗邻而居。有一天早上，有人敲哥哥家的门，哥哥打开门，看到一个背着木匠工具箱的男人。木匠说："我正在寻找打短工的机会，也许你有些小事需要别人来做，你看我是否可以替你做这些事呢？"

哥哥说："我确实有份工作可以提供给你。"说着，他带木匠来到离家不远的小溪边，指着对岸说："你看，那边是我弟弟的家。上个礼拜之前，这里还没有这条小溪，可是他带着推土机回来，这里的草地就变成了小溪。他也许是想用这个来激怒我，因为之前我们曾吵过一架。可是我会让他更难受的，我想让你给我建一个篱笆墙，这样我就永远不用看见他的地盘了，让他明白他也没什么大不了的。"

木匠想了想，说："我明白了，我一定会把这件事做得让你满意的。”

哥哥给木匠把材料准备齐全，就离开家去城里办事，等到日落时分，他从城里回来，木匠刚好把活干完。哥哥一看不由得大吃一惊，哪有什么篱笆，眼前分明是一座桥！一座精致结实的木桥把小溪两岸连接了起来。这是一件精美的作品，但并不是他想要的。哥哥正想斥责木匠，忽然看到弟弟正从对面走过来，弟弟走上桥一直来到哥哥身边，羞愧得泪流满面，说：“哥哥，我对你干了那些事，说了那些话之后，你还能建这样一座桥，想想我实在是太过分了。”哥哥恍然大悟，紧紧握住弟弟的手，感动得不能言语。

木匠微笑着收拾好工具，准备离开。哥哥说：“请你留下来吧，是你帮助我们兄弟重归于好的，我很感激你。”

《论语·卫灵公》一文中记载：子贡问曰：“有一言可以终身行之者乎？”子曰：“其恕乎！己所不欲，勿施于人。”这句话是孔子的经典语句之一，也是儒家文化的精华所在，更是自古以来有道德、有修养的人所奉行的格言警句。

自己不想要的东西，切勿强加给别人。孔子强调的是，人应该宽恕别人，这才是仁义的表现。这句话揭示了处理人际关系的一个重要原则，如果我们都能够以对待自己的行为来对待他人，就能做到宽宏大量，柔忍处世，宽容待人。

2. 如果没法改变，就试着去接受

生活中，有的人喜欢以佯装强硬来显示自己的强大，实际上却心虚得很，这是一种表面强硬内心彷徨的表现。真正强大的人恰恰相反，他不害怕向人示弱，为了实现某一目标也不排斥主动妥协。

在基督教的文化中，有一种不以恶抗恶的“境界”主张。《圣经·新约全书·马太福音》第6章上说：有人打你的右脸，连左脸也转过来由他打。有人要拿你的里衣，连外衣也由他拿去。不要与恶人作对，要爱你们的仇敌。这些话看似简单、矛盾，其实蕴藏着十分精深的哲理思辨和境界主张。上帝都宽宥了罪犯和恶人，你又怎样不为呢？如果你能像上帝那样宽宥罪犯和恶人，你也把自己提升到了上帝一样的境界。而且恶不能抗恶，以恶抗恶只会恶性循环，了无终止。世界必须由善来终止恶，人类才有最终的光明和希望。

英国前首相丘吉尔退出政坛后，有一次骑着一辆自行车在跑道上闲逛。这时，有一位女士骑着自行车从另一个方向急驶而来，由于没有刹住车，最后竟与丘吉尔相撞了。

“你这个糟老头没长眼睛吗？你到底会不会骑车？”这位女士恶人先告状地破口大骂道。

丘吉尔对她的恶语并不介意，只是不断地向她道歉：“对不起！对不起！我还不太会骑车。看来你已经学会很久了，不是吗？”

这位女士的气立刻消了一半，再仔细一看，对方竟然是伟大的前任首相，她感到羞愧难当，喃喃地说：“不……不……您知道吗？我是半分钟之前才学会的……教我学会骑车的就是阁下您。”

我们在生活中，因为这样那样的原因总会遇到各种各样的人，也会事出有因或莫名其妙地遇上各种各样带着恶意的事情。这时，我们便容易动怒、较劲，非要拼个你死我活，鱼死网破。这是因为，人有一种天生的对抗情结，遇到敌对或敌意的事情便容易以死相争。如果是性命攸关或原则性的事情，倒还情有可原，说得过去。若为那些非原则性问题、寻常小事而大动干戈，以死相争，就毫无意义了。其实，我们完全可以换一种方法来处理这些事情，比如放弃对抗，“向对手投降”，装个鬼脸：“我走了，不陪你玩了。”这就是消除这些灾祸的一种好方法。

当然，这种单方面放弃对抗的行为也不容易做到，一方面你要超越自己狭隘的心胸，另一方面还必须具备单方面放弃对抗的能力和资格。只有势均力敌者，甚至比敌人强大者，才能做到这样潇洒而富有胸襟。弱小者是没有“投降”的可能的。这样看来，向对手投降，更多的是强者与对手斗争的另一种选择。因此，消解敌人或敌意，注重自我发展和自我主张，胜过打击或消灭敌人。

从另一个角度说，人生短短几十年，要做的事、要玩的地方、要享乐的事物太多了，何必在有限的时间里，和别人争着去做恼人和扫兴的事情？这实在是得不偿失。

比如，我们在工作中或许会遇到合不来的同事，但在工作上又必须与之打交道，如果抱着不融洽的心态去合作，肯定会出问题，倒不如忍耐几分、大度一点，欣赏他的优点，找出交流的渠道，这样才有利于工作的开展。

据说先知穆罕默德带着他的40个门徒在山谷里讲道，他说，“信心”是成就任何事物的关键，也就是说，人有信心，便没有不能成功的计划。

一位门徒对他说：“老师，你有信心，你能让那座山过来，让我们站在山顶吗？”穆罕默德对他的门徒满怀信心地把头一点，对山大喊一声：

“山，你过来！”他连喊了3次，山谷里响起了他的回声，回声终于消失，山谷又归于宁静。

大家都聚精会神地望着那座山，可是山纹丝不动。这时，穆罕默德说：“山不过来，我们过去吧！”他们开始爬山，经过一番努力，终于到达了山顶，大家都因信心促使希望实现而欢呼。

有一位著名的经济学教授，凡是被他教过的学生，很少有顺利拿到学分的。因为这位教授平时不苟言笑，教学古板，分派作业既多且难，结果学生们不是选择逃学，就是浑水摸鱼，宁可被罚，也不愿多听“老夫子”讲一句。但这位教授是国内首屈一指的经济学专家，叫得出名字的几位财经人才，都是他的得意门生。谁若想在经济学这个领域闯出一点名堂来，首先得过了他这一关才行！

有一天，教授身边紧跟着一名学生，二人有说有笑，惊煞旁人。后来，有人问那个学生说：“你干吗对那种八股教授跟前跟后地巴结呀？你有点骨气好不好！”那个学生回答：“你们听说过穆罕默德唤山吗？穆罕默德向群众宣称，他可以叫山移至他的面前来，等呼唤了3次之后，山仍然屹立不动，丝毫没有向他靠近半寸；然后，穆罕默德又说，山既然不过来，那我们过去吧！教授就好比是那座山，而我就好比是穆罕默德，既然教授不能顺从我想要的学习方式，只有我去适应教授的授课理念。反正我的目的是学好经济学，既是要入宝山取宝，宝山不过来，我当然是自己过去啰！”

这名学生后来果然出类拔萃，毕业没几年就成为了金融界响当当的人物，而他那些骄傲的同学，都还停留在原地“唤山”呢！

想想我们所面对的人生，唤山不来，你不知自己去吗？其实，随着外在环境的变化而调整自己，努力去适应，要比一厢情愿地呐喊并等待回响更有智慧。

3. 争未必得，让未必失

世间的问题多起于争。文人争名，商人争利，勇士争功，艺人争能，强者争胜。争并不是坏事，能催人向上，促进事业的发展。但争也要合乎规矩，不能采取不正当的手段，干损人利己的事。

孔子有一段名言："君子无所争。必也射乎！揖让而升，下而饮。其争也君子。"意思是说，君子没有什么可争的事情。如果有所争，一定是比箭吧！但是当射箭的时候，相互作揖然后登堂；射箭完毕，走下堂来，然后作揖喝酒。那一种竞赛是很有礼貌的。

孔子有很多的伟大之处，其中之一就是，他所倡导的做人标准恰恰是普通人应该做到而又不容易做到的。以"不争"为例，上公交车不争可以保持秩序的井然，单位里晋升不争可以保证选拔的公正，生意伙伴不争能够和气生财，夫妻兄弟不争可以家和万事兴……然而在现实生活中，我们看到的常常是另外一番景象：为了一个座位争得头破血流，以至于在一些大城市里乘公交车不叫"坐车"而叫"挤车"；为了一点利益，父子反目、兄弟阋墙……于是乎，争，成了生活的常态；争，成了获取的手段。

由此可知，不争是多么可贵，不争的人才称得上君子。问题还在于，争就一定能得到，不争就一定得不到吗？

我们都知道"将相和"的故事，一个争，一个避，结果如何呢？

赵惠文王十六年（公元前283年），蔺相如完璧归赵之后，接着又在渑池会上巧妙地跟秦王争斗，维护了赵国的尊严。由于他功劳大，越惠王就提拔他做了上卿，地位在老将军廉颇之上。

廉颇对此十分恼火，他对人说："我在赵国做了多年大将，为赵国立了不少战功，而蔺相如本来是一个出身低下的人，只靠说了几句话的功劳，职位就在我的上边，我实在感到没脸见人。"他扬言："我要是遇上蔺相如，一定要羞辱他一番。"

蔺相如听说廉颇这些话后，就处处忍让，尽量不与廉颇见面。每天上早朝，他都推说有病，躺在家里不去与廉颇争位次。有一次，蔺相如乘车外出，碰巧遇上廉颇，连忙驾着车子躲开他。蔺相如身边的人看到这种情形都很生气，说蔺相如太软弱、畏缩了，不说他自己，就是在他身边任职的人也感到羞惭。大家都说要离开他。

蔺相如坚决不让他们走，并向他们解释说："你们想想看，秦王那样威严，我还敢在秦国的朝廷上当众斥责他，我蔺相如再不中用，也不会单单惧怕廉颇将军。我是在想，强暴的秦国之所以不敢侵犯赵国，正是因为我们的文臣武将能够同心协力的缘故。我与廉颇将军好比两只老虎，两虎相争，结果必然不能共存。我之所以采取忍让的态度，正是先考虑到国家的安危，然后才能想两个人的私怨呀！"

不久，这些话让廉颇知道了。这位老将军对照自己的言行，感到既悔恨又惭愧，为了表示自己认错改过的诚意，他脱掉上衣，背上背着刑杖，由宾客领着来到蔺相如家里请罪。一见蔺相如，老将军就恳切地说："鄙贱之人，不知将军宽之至此也。"意思是说：我这个粗鲁的人，不知道将军对我能如此的宽宏大量啊！

从此，蔺相如和廉颇这一相一将，结成了生死与共的朋友，两人通力合作，努力把赵国的事情办好。

从故事中可以看出，廉颇开始的"争"，是因为他对蔺相如并不了解；同时，他这种"争"也是光明正大、讲究风度的。而蔺相如则以更为博大的胸襟和高风亮节把廉颇给征服了，从而把他"争取"了过来。他们这种君子之间的"争"与"和"，成了千古流传的佳话。而最后的胜利者恰恰属于"不争者"。

4. 谦让他人，聚集我气场

身处现代社会，要生存，便免不了竞争，但是，这种竞争不应该是“弱肉强食”，而应该像赛场一样秉持公平竞争的原则。这是做人的修养，也是一个人道德水平的外在表现。

1936年，奥运会在柏林举行，希特勒对着12万观众宣布了这个消息。他要借世人瞩目的奥运会，证明雅利安人种的优越。

当时田径赛的最佳选手是美国的杰西·欧文斯，但是希特勒希望德国跳远项目的王牌选手鲁兹·朗击败黑色人种的杰西·欧文斯，以证明自己的种族优越论——种族决定优劣。

在纳粹报纸一致叫嚣把黑人逐出奥运会的声浪下，杰西·欧文斯参加了4个项目的角逐：100米、200米、4×100米接力和跳远。跳远是他参加的第一个比赛项目。希特勒亲临观战。鲁兹·朗顺利进入决赛。轮到杰西·欧文斯上场的时候，他只要跳得比他最好的成绩少半米就可以进入决赛。第一次，他逾越跳板犯规；第二次，他为了保险起见，从跳板后起跳，结果跳出了从未有过的坏成绩。之后，他一再试跑，迟疑，不敢开始最后的一跃。

这时，一个身材瘦削、有着湛蓝色眼睛的雅利安人种德国运动员走近欧文斯，用生硬的英语介绍自己，他就是鲁兹·朗——被希特勒寄予厚望的人。

鲁兹·朗结结巴巴的英文和露齿而笑的神情，松弛了杰西·欧文斯紧绷的神经。鲁兹·朗告诉杰西·欧文斯，最重要的是取得决赛的资格，他说自己去年也遭遇了同样的情形，后来用一个小诀窍解决了难题。他拿着杰西·欧文斯的毛巾，放在起跳板后数英寸处，从那个地方起跳就不会偏差太多了。杰西·欧文斯照着他的办法去做，取得的成绩几乎打破了奥运会纪录。在几天后的决赛中，鲁兹·朗打破了世界纪录，但随后杰西·欧文斯便以微弱的优势战胜了他。

贵宾席上的希特勒脸色发青，看台上情绪高昂的观众不由得沉静下来。在沉默中，鲁兹·朗跑到杰西·欧文斯身边，把他拉到聚集了12万德国人的看台前，举起他的手高喊道："杰西·欧文斯！杰西·欧文斯！杰西·欧文斯！"看台上经过一阵沉默后，突然爆发了喊声："杰西·欧文斯！杰西·欧文斯！杰西·欧文斯！"杰西·欧文斯激动地举起一只手来答谢，等观众安静下来以后，杰西·欧文斯举起鲁兹·朗的手朝向天空，大声喊道："鲁兹·朗！鲁兹·朗！"全场的观众也同声响应："鲁兹·朗！鲁兹·朗！"

运动员和观众在那一刻抛开了诡谲的政治，抛开了所谓人种的优劣，抛开了奖牌的得失，完全沉浸在君子之争的感动里。

杰西·欧文斯创造的8.06米的纪录保持了24年，他在那次奥运会上顶住压力，荣获4枚金牌，被誉为世界上最伟大的运动员之一。

多年后，杰西·欧文斯回忆说，是鲁兹·朗帮助他赢得4枚金牌的，并且使他了解到，单纯而充满关怀的人类之爱，是真正的永不磨灭的运动员精神。虽然他创造的世界纪录总会有被后起之秀打破的一天，但是这种公平竞争的精神和原则永不磨灭。

在我们的生活和工作中，竞争是再平常不过的事情，但是，面对竞争采取怎样的态度，将决定我们人生的走向是高尚还是低劣。为了竞争而不择手段，或因恐惧竞争而消极避让，都是极端的做法。正确的做法是积极面对竞争，不忘保持公平竞争的原则，在竞争中有所让。

5. 得道者多助，失道者寡助

俗话说“家和万事兴”，其实，何止家里，工作、经商、交友，都应该“和”字当先。孔子的弟子冉有有句名言：“礼之用，和为贵。”而继孔子之后的孟子，也倡导“和”，认为“得道者多助，失道者寡助”，将民心的向背视为战争和政治成败的关键。其实做人也是如此。

“让”是“和”的表现形式，抱有“和为贵”思想的人，往往能做到凡事让三分，那么，怎样才能做到“和”呢？孔子给出的答案是：顺其自然，适应时势。

《中庸》记载：鲁哀公向孔子询问政事，孔子说：“周文王、周武王的政事都记载在典籍上。他们在世，这些政事就实施；他们去世，这些政事也就废弛了。治理人的途径是勤于政事，治理地的途径是多种树木。说起来，政事就像芦苇一样，完全取决于用什么人。要得到适用的人才在于修养自己，修养自己在于遵循大道，遵循大道要从仁义做起。仁就是爱人，亲爱亲族是最大的仁。义就是事事做得适宜，尊重贤人是最大的义。至于说亲爱亲族要分亲疏，尊重贤人要有等级，这都是礼的要求。所以，君子不能不修养自己，要修养自己，不能不侍奉亲族；要侍奉亲族，不能不了解他人；要了解他人，不能不知道天理。”

贾思勰的《齐民要术》也吸收了这一思想，其中说道：“顺天时，量地利，则用力少而成功多。任情返道，劳而无获。”《齐民要术》要求遵循天时、地宜的自然规律，而不赞同仅凭主观而违反自然规律的“任情废道”，这就是要实现天时、地利、人和的三者统一。

当然，要想做到“以和为贵”是需要付出的，不但要礼而让人，还要甘于为他人做嫁衣，甚至慷慨解囊、扶危济困。

清朝康熙年间，文华殿大学士兼礼部尚书张英收到一封家信，说家人为了争3尺宽的宅基地，与邻居吴家发生纠纷，要他利用职权疏通关系，打赢这场官司。张英阅信后坦然一笑，挥笔写了一封信，并附诗一首：“千里修书只为墙， 让他三尺又何妨？万里长城今犹在，不见当年秦始皇。”张英的夫人阅信后，立刻理解了老爷的意图，二话不说，从县衙里撤回了诉状，并让家人在原地基上退后3尺砌起了一堵院墙。

吴家正心中忐忑，不知张家会采取什么厉害手段，谁知张家竟悄无声息地撤了诉状，还退让了3尺地基，吴家老爷忙让人去县衙打听，原来撤诉的原因是张英写了一首“让他三尺又何妨”的诗。吴家老爷不禁汗颜，他思来想去，唯有自己也让3尺，才对得起张家的豁达大度。于是，吴家也悄悄地向后退让3尺，砌起了一堵院墙。

一场争地官司，最后竟成全了一条方便众人行走的六尺巷。

此事迅速在民间传播开来，人们纷纷感叹：“争之不足，让则有余。”

包容忍让、平等待人，作为一种美德在中国古代就已经提倡，但真正能做到的人并不多，尤其身居高位、手握重权的人更是难以做到。张英在涉及自家切身利益的时候，没有利用手中的权势压服对方，而是以开阔的心胸劝说家人学会退让。这种看似违背常态的想法，蕴含着更高的智慧，更长远的眼光。

心胸宽广、目光长远、恭谦礼让的人，无论何时何地都会受到别人的尊敬。在物欲横流、钱权至上的今天，提倡这种美德似乎更为必要。“六尺巷”的故事之所以流传至今，是因为人们敬佩张英的胸襟气度。它让后人懂得了谦让不仅是美德，更是人际关系的调节器。俗话说，“远亲不如近邻”，处理好与周围人的关系，决定着我们自身的幸福。

6. 成全，让温情传遍人间

比让步更高的境界是成全。做人不能仅仅停留在让步这个层面，“让”是两相碰撞后的先人后己，而成全则是把人扶上马后再送一程。

孔子说：“君子成人之美，不成人之恶。小人反是。”什么样的人是小人？什么样的人可称得上君子？大家的脸上都没有贴着标签，让人难以判断。实际上，君子与小人的行为方式的对比有时极为鲜明。比如，有的人为利人不惜损己，有的人则是“拔一毛而利天下不为也”；有的人对“成人之美”的事甘之如饴，有的人则对“成人之恶”的事趋之若鹜……

君子成人之美，是因为君子有着与人为善的宽广胸怀，把别人的成功当成自己的成功，把别人的快乐当成自己的快乐。不成人之恶，是因为君子爱人以德，不愿看到别人受难遭殃，不愿看到别人落水翻船的不幸。但小人却不这样，别人失败、痛苦，他就高兴；别人成功、快乐，他就嫉妒、怨恨，甚至背后搞小动作，造谣中伤。这种君子和小人截然不同的分别，归结到一点，就是心态和思想境界的不同。

具体来说，君子成人之美还分为两种不同的情况。一种情况是，自己好也成全别人好，自己富也成全别人富，自己能做什么也成全别人能做什么，有钱大家赚，有快乐大家分享。这种成人之美也就是孔子所说的“己欲立而立人，己欲达而达人”。一般人要做到虽然并不容易，但还不算太难，只要心胸宽广一点便能做到。

另一种情况是，自己活得并不好，一贫如洗，两袖清风，还能够成全别人好，成全别人发财，就像有一首歌所唱的那样："只要你过得比我好。"这就太不容易了，不是一般人所能做到的。

《大长今》这部电视剧里有很多成人之美的感人例子。皇帝中宗心事繁重，忧心忡忡，因此长今时常劝他要敞开心扉，将自己内心的苦闷向最信任的人倾诉。中宗和长今频繁接触后，顿生爱慕之心，尤其当他知道长今就是多年前给他送酒的那个小姑娘时，更是觉得他和长今是缘分天注定。然而当他知道长今和闵政浩的缘分比他还要深，心中不禁涌起了一股醋意，陷入了痛苦的深渊。他明确地告诉长今，他爱慕长今，但不会逼她做她不愿意做的事情。后来，中宗下定决心，扫除一切障碍，封长今为正三品堂上官，下赐"大长今"的称号，闵政浩则被流配到异乡。由于病情每况愈下，中宗隐秘下令让内侍府的人将长今送到闵政浩被流配的地方，希望两人远走他乡，避免被朝廷官员追杀，因为他知道自己再也无法保护长今了。

一位高高在上的皇帝，因为宽容和大度，终于使长今和闵政浩这对有情人终成眷属。应该说，作为皇帝要得到一个宫女是再容易不过的事情了，但是他也知道，是自己的应该争取，不是自己的勉强不来，这就是中宗的成人之美。

篱笆和枯树没有值得向人炫耀的地方，但因为牵牛花和紫藤萝的攀附而引人注目。很多时候，成全别人就是成就我们自己。所以，要想更好地成就自己，首先得学会成全别人。予人玫瑰，手留余香。在成全别人的同时，我们不但能在内心产生一种由衷的幸福，而且也会受到他人的尊重。同时，我们的帮助也会像接力棒一样传递下去，在我们遇到困难的时候，也会得到他人的成全，感受到自己成全别人时的那种温暖。

7. 让步不是弱者的哲学，而是强者的风采

面对竞争，有的人尽管也能做到让步，但大多是在不利形势或不得已而为之的权宜之计。而有的人处于高高在上的地位，面对竞争，却也能诚意让步，更显得难能可贵。

马尔辛利刚任美国总统时，指派某人做税务部部长。当时有许多政客反对此人，他们派遣代表前往总统府进谒马尔辛利，要求他说明委任此人的理由。派去的代表是一位身材矮小的国会议员，他脾气暴躁，说话粗声粗气，开口就把总统大骂了一番。马尔辛利却不吭一声，任凭他声嘶力竭地骂着，等他停下来了才和气地说："你讲完了，怒气该可以平息了吧？照理说你是没有权力来这样责问我的，不过我还是愿意详细地给你解释。"

几句话说得那位议员羞惭万分，但总统不等他表示歉意，就和颜悦色地对他说："其实也不能怪你，因为我想任何不明真相的人，都会对这件事很生气。"接着，他便把理由一一解释清楚。

其实不用马尔辛利再解释什么，那位议员就已经被总统的气度所折服，他心里很懊悔，不应该用这样恶劣的态度来责备一位和善的总统。因此，当他回去向同伴们汇报时，只是说："我记不清总统的全部解释，但有一点可以肯定，那就是——总统的选择并没有错。"

如果马尔辛利也一样大发脾气，肯定不能达到这样的效果，反而会使矛盾激化。欲制服一个大发脾气的人，再也没有比主动让步更具妙处的了。

无独有偶。北宋名臣韩琦曾经与范仲淹一道推行新政，并长期担任宰

相职务。有一年，他与同僚王拱辰、叶定基等人在开封府主持科举考试，王、叶二人经常为考生卷子的优劣争得面红耳赤，而韩琦觉得偏袒哪一方都不合适，于是就听而不闻，视而不见，坐在桌前专心判卷。

没想到人不找事，事却找人。有一次，王拱辰和叶定基为了阅卷的事情又吵得不可开交，王拱辰气韩琦不帮自己说话，跑过来对韩琦嚷道："我说你在这里练习气度哪？"韩琦听了这带刺的话，不但不生气，反而好言好语地赔不是说："实在抱歉，都怪我这耳朵不顶事，不知道你们在争论什么事啊？"

这大大出乎王拱辰的意料，他没想到韩琦居然会给自己道歉，于是也就讪讪地无话可说了。事后，韩琦耐心地做了二人的工作，很容易就把事情给解决了。同僚们自此都对韩琦刮目相看，礼敬有加。

在王拱辰跳出来"吹胡子瞪眼"地找茬时，韩琦并没有勃然大怒，而是采取主动让步的方式向他赔不是，从而避免了一场无谓的争吵，同时也赢得了同僚们的赞许与好感。

在人与人相处的过程中，主动让步其实是一种真诚接纳的态度，也是消除隔膜，增进交流，建立良好人际关系的润滑剂。但是，让步并不意味着退却不前或软弱可欺，更不是无原则的自我贬低和妥协。

主动让人首先是一种博大的胸怀，小肚鸡肠的人是绝对做不到的。其次，它还是一种智慧，可以让人赢得广泛的尊重，使本来已经高人一等的地位更加稳固。

8. 得饶人处且饶人

我们说有理走遍天下，并不是说有理就可以不依不饶。有时，在得势的情况下饶人，矛盾会立刻得到化解。

以下是一些适时退让的方法，与人交往时切记常常使用。

（1）给台阶，“你好我好大家好”。

生活中常有一些人固执己见，很容易为一些小事与别人争论，而且火药味浓烈。这时，得理的一方应当有饶人的雅量，可以一面解释一面折中调和，最好使用不带刺激性的“各打五十大板’，或者“你好我好”的语言形式，以避免冲突的扩大。

陈明有一次上岳父家吃饭，进餐时翁婿二人聊起了一条高速公路的修建问题。陈明强调：公路的进度一再推迟，是有关方面的一个严重错误；而岳父则不同意，认为公路本来就不该兴建。两人你一言我一语，争论渐趋激烈。后来，岳父把问题扯到“年轻人自私心重，没有环保意识”上面，显然是在批评陈明。陈明担心再争下去伤和气，便开始缓和下来，婉转地说：“可能我们的看法永远也不会合辙，可是那也没有什么，也许我们都是对的，也许我们都是错的，这都是不可知的事。”陈明的一席话，不仅给自己搭了台阶，也给争论双方打了圆场，避免使双方争论不休，扩大矛盾，影响感情。试想，如果他意气用事地与岳父争论下去，结果很可能惹火岳父，被臭骂一顿。

（2）熄怒火，“事情原来如此这般”。

有的时候，人和人之间相互发火，是因为互不了解、缺乏沟通造成的。这时，得理的一方万万不可因对方的错怪而以怒制怒。正确的方法是多加解释，想办法沟通或者道歉、劝慰，与对方达成谅解或共识。

一所医院里，病人挤满了候诊室。一个病人排在队伍中，将手上的报纸都看完了仍没有挪动一步，他怒火万丈，敲着值班室的窗户对值班人员大喊："你们这是什么医院？这么多人排队你们看不见吗？为什么不想办法解决？我下午还有急事呢！"面对病人的怒火，值班员耐心解释道："很抱歉让您等了这么久。是这样的，医生去开刀了，抢救一个危重病人，一时脱不了身。我再打电话问问，看看他还要多久才能出来。谢谢您的耐心等候。"

患者排大队得不到及时诊治，责任并不在值班员身上，但是面对病人的责怪，她却沉住气进行解释与劝慰，而不是以怒制怒、火上浇油。

（3）对蛮横，"这一切都怪我"。

面对蛮横无理者，得理者若只用以恶制恶的方式，常常会大上其当。这时，平息风波的较好方式，莫过于勇敢地站出来，主动承担责任，以自责的方式对抗恶人的恶语，以柔克刚。

某商场，一个中年男子来退一个电饭锅，锅已经用得半新半旧了，他却粗声粗气地说："我用了一个多月就坏了，这是什么货？你再给我换一个！"营业员耐心解释，他却大吼大叫，并满口脏话说什么"我来了你就得给退，光卖不退算什么"。营业员虽然占理，但为了不使争吵继续下去，便温和地对他说："这个电饭锅已经用了一段时间，又没有质量问题，按规定是不能退的。如果你执意要退，干脆卖给我好了。"就在她掏钱的时候，那个粗暴的男顾客脸红了，他停止了争吵，悄然离去。

显然，营业员的宽容与自责方式起了良好作用，它反衬出对方的无理和低劣，巧妙制止了事态的扩大。

（4）止争吵，"算了，我只是想提醒你"。

某男彻夜未归，次日才幽灵般地溜回家中，妻子埋怨了几句，两人便你一言我一语地干起仗来。忽然，妻子说："算了，没什么了不起的，男人晚上不回家都成时髦了——我唯一要提醒你的是：熟悉的地方还是有风景的！"

妻子虽然占理，但却没有"痛打落水狗"，只是调侃了几句，便使一场冲突体面地结束了。

（5）破僵局，实现夫妻邦交正常化。

冷战中的夫妻，如果一个是"室内型"的人，一个是"室外型"的人，情况还好些，一个在外面游荡，一个在家中干自己的事；如果两人都是"室外型"性格，小家庭就有了三分的动荡与七分的危险；如果两人都属于"室内型"，日子过得无疑会很别扭。就大多数夫妻而言，谁也不愿在冷战中打持久战，关键是谁先主动打破冷战的僵局，一般来说，大都是男方先来点高姿态，也有女方主动示弱服软的。不管是哪一方，只要不想让冷战威胁这个家庭，实现夫妻"邦交"正常化，都应该好好学学以下几招：

①不把话说得太绝，给对方留有余地。

②请朋友做客或约对方看电影，借机搭话。

③热脸贴冷屁股，向对方大献"殷勤"。

④打个电话，找个借口说说话，可少些尴尬。

⑤求对方帮个小忙，打破坚冰。

⑥佯装生病或不舒服，让对方来关心。

夫妻之怨宜解不宜结。打破僵局的方法有很多，关键是：任何情况下都不要有给对方一点颜色看看、惩罚对方一下、非让对方低头认罪不可的不良心态。有话说话，有理讲理，宁可争吵也不要冷战，这是许多和谐夫妻的相处之道。

总而言之，为人不可太固执，如果自己占理，让人一步不为低，对方最终会承认你的正确，并赞赏你的宽宏大量。

9. 本分、礼让是做人之根本

如今，“本分”这个词常被与迂腐、无能等同起来，以至于本分之人成了被嘲笑和蔑视的对象。与本分相对应的行为之一是爱占人便宜，比如说话占人一点便宜或者把人驳得哑口无言就心中窃喜，做事占人一点便宜就好像买彩票中了头奖。

但是，本分让人与占便宜的结果到底如何呢？以下这个寓言便是很好的说明。

狐狸莫顿看见一户人家的窗户上挂着一串香肠，馋得口水都流了下来。怎么才能吃到香肠呢？它注意到了院里的狗，狡猾地想：“我只要三言两语就能让那只蠢狗把香肠送给我！”于是，狐狸和狗套起了近乎，最后它说：“兄弟，看到那串香肠了吗？你那吝啬的主人是不会给你吃的，我替你望风，你把它偷出来大吃一顿多好！”狗想了想，就让狐狸跟它进了院子：“到草地那等着，我偷下来就跟你汇合。”狐狸刚走到草地上就发出一声惨叫，原来它被一只捕鼠夹夹住了，而主人则跟着狗走了出来，一枪就把狐狸打死了。

生活中，很多人都想着要占点别人的便宜，似乎别人都不如自己聪明，他们小瞧别人的代价就是“搬起石头砸了自己的脚”。

两个城里人和一个乡下人一起旅行，他们带的食物很快就吃光了，只剩下一点点面粉，他们把面粉做成面包，但根本不够3个人吃。两个城里人想：“我们不如想个计策，把乡下人的那份面包骗来，这样我们就能够吃饱了。”于是，他们对乡下人说：“你看，面包根本不够3个人吃。我们把面包烤着，先来睡一觉吧！谁做的梦神奇，面包就归谁吃！”乡下人同意了，他倒头就睡，但两个城里人却没睡觉，其中一个说：“明天呢，我就说我做梦上了天堂，天使亲自来迎接我！”另一个说：“那我就说我去了地狱，看见了撒旦和很多小鬼，他们都张牙舞爪的，可怕极了！哼，谅那个乡下人也做不出什么奇特的梦来，那块面包够我们吃了！”说完他们也去睡了。

其实，那个乡下人根本没有睡着，他听见了两个城里人的谈话，半夜就爬起来把面包吃光了。第二天早上，两个城里人醒来发现面包不见了，忙摇醒乡下人，乡下人装作很吃惊的样子说：“哟！你们还在这儿呢，昨天我看见天堂的大门打开了，天使把你迎接了进去，又看见这位下了地狱，撒旦和小鬼都张牙舞爪地拉着他。我想从来没有上天堂或下地狱的人还能回来的，所以就把面包给吃了！”

这个故事很讽刺：两个城里人因为瞧不起乡下人，想多占点便宜，结果反被乡下人涮了一把！生活中类似的事件屡见不鲜，比如下面这件发生在动物园的趣事：

有个女游客来到黑猩猩园区，看见有一只猩猩靠近自己，忽然玩心大起，想了一个方法要捉弄这只大猩猩。

她故意做出喂食的动作，黑猩猩不疑有诈，立即上前准备接受她的食物，然而，就在黑猩猩伸手要拿食物时，这个女游客突然将手缩回，并且得意地嘲笑着它。

这时，黑猩猩似乎知道自己被人戏弄，顿时气得变了脸，突然朝女游客的脸吐了一大口唾沫，这位妙龄女郎当即成了另一个可笑的“景点”。

动物园的管理员看见后，走过来笑着说：“你们可别欺负它喔！阿吉可是非常聪明的。”

切记，千万别低估别人，抬高自己，你并不比别人聪明多少，便宜也不是那么好占的。脚踏实地做事，本分礼让做人，才能在人生的道路上走得更稳一些。

10. 能屈能伸，方显英雄本色

做人应当做个正直的人，这是毫无疑问的，但现实往往比任何高深的大道理都更复杂，在追求正义的道路上，根据当前形势适当采取让步策略，往往能减少不必要的损失，为最大限度地维护正义做好铺垫。

这里有两个做法相反，结果也完全相反的例子。

东汉的陈仲弓，名实，颍川许县人，出身贫寒，小时候便出类拔萃，为同学所推崇；长大后有志好学，坐立诵读不倦。他为人性情宽厚，以德报怨。有一次，有人杀人后逃走，同县一位姓杨的官吏怀疑是陈仲弓干的，就把他抓起来拷问，后来查明实情才放他出来。后来，陈仲弓当了“督邮”，不仅不记仇报复，反而“密托许令，礼召杨吏”，因此“远近闻者，咸叹服之”。

陈仲弓曾任郡里西门亭长，不久转任功曹，当时宦官中常侍侯览请托颍川太守高伦任用自己推荐的一个官吏，高伦让陈仲弓安排此人任文学椽。陈仲弓知道这个人不能胜任，就对高伦说：“这个人用了会不能胜任，但是不用又会得罪侯常侍。不如让我出面请求任用此人，这样出了问题也不会影响您的声誉。”后来，郡中官员果然都指责陈仲弓荐人不当，但他一直保持沉默，直到高伦升任尚书，有一次对众人说出真相，陈仲弓仍然坚持说是自己的过错。“闻者方叹息，由是天下服其德”。

东汉末年，君庸主懦，宦官集团把持朝政，政治黑暗，社会混乱，民不聊生。灵帝初年，中常侍张让的父亲死了，归葬颍川，当地名士都讨厌这个宦官，只有陈仲弓一人前去吊丧。后来，以李膺、陈蕃为首的士族出身的中下级官员，及以郭泰、贾彪为首的太学生，加上一批在野的士大夫，抨击宦官政治，寻求变革之路。三股力量此呼彼应，形成了影响深远的“清议”，发展到后来，便酿成了中国历史上有名的党锢之祸。张让等宦官大杀名士，同时出于对陈仲弓的感激之情，放过了许多名士。

陈仲弓去世时，远近登门祭吊者达3万多人，披麻戴孝者数以百计。

尽管陈仲弓知道张让这个人名声不好，名士不愿与之结交，但他也深知一个道理：如果一个正直之士连有恶名的人都不敢去交往，怎么去改变他，影响他？而世界之大，比张让坏得多的大有人在。自己今天对张让的尊敬，满足了他的一点虚荣心，也就有可能免除他对很多人的伤害。这样的礼让才是高妙手段，不仅保全了自己，更帮助了别人。

下面的故事则恰恰相反。西汉元帝时，元帝的老师萧望之正直无私，对朝中权贵石显胡作非为感到十分不满，一有机会就对元帝说石显在外边办了很多坏事，让元帝惩罚他。石显送了很多东西给萧望之想要拉拢他，但都没有成功。萧望之一直与石显及其党羽坚持斗争，从不妥协。

为了维护石显，元帝多次对萧望之说：“群臣之中，只有你反对石显，是不是你对他有误解呢？我重用他是看中了他的办事能力，如果有什么小毛病，我也不想深究，毕竟人无完人嘛！你还是不要揪住他不放了。”

对此，萧望之每次都和元帝发生争论。有一次，他激动之余，直接指责元帝包庇石显，纵容他违法作恶。他说：“皇上如果不处处袒护，石显就不会那么猖狂了。现在他大权在握，群臣因为害怕他报复才不敢反对他，这样一来，朝中连一个说真话的人也没有了。难道皇上还要怪我说实话吗？”

元帝听了心里很不高兴，但又拿这位刚正无私的老师没办法，只好说：“别人不那么做，自有他们的道理，你为什么不学学他们呢？虽然你是我的老师，可毕竟我是君你是臣，这样对我说话实不应该啊。”

在萧望之力劝元帝惩办石显的同时，石显和他的党羽也一心想要除掉萧望之，他们多次联名诬告萧望之贪赃枉法。元帝了解萧望之的为人，对石显说："萧望之一向清廉如水，这个我最清楚，你就不要陷害他了。你与他不和，就应当设法化解怨恨，而不是互相作对。如果你真有诚意，那么就去拜访他吧。"

石显明白元帝还不忍舍弃萧望之，只好硬着头皮来到萧望之府中，挤出笑脸说："你是皇上的老师，皇上都尊敬你，何况我呢？我无心与你作对，皇上也让我们和好，你就高抬贵手吧。"

萧望之却一脸严肃，不为所动，说："你我不是个人恩怨，而是忠奸之争，绝没有和好的可能。我这个人天不怕地不怕，你就别抱幻想了。要想让我和你在朝廷上和和气气的，除非江河都倒流！"

石显一听鼻子都气歪了，他见"和好"无望，就恨恨地离开了，从此发誓要把萧望之除掉。石显走后，萧望之的家人对萧望之说："石显屈尊前来，一定是出自皇上的授意，你当面斥责他，分明是不给皇上面子，这样皇上也会不高兴的。你以一人之力与群奸对抗，实在太危险了，还是暂且忍耐一下为好。"

萧望之说："自古忠奸不能相容，不铲除石显我是不会罢手的。我是皇上的老师，皇上即使不支持我，也不会把我怎么样，你们就不要为我的安危担心了。"

后来，石显等人诬陷萧望之结党营私，这一次元帝非常愤怒，下令把萧望之关入狱中。后来经过调查，发现根本没有这回事，完全是石显诬告的。元帝放了萧望之，但还是免除了他的官职。不久，元帝觉得自己做得可能有些过分，就又恢复了萧望之的官职。但是，他对诬告的石显等人却没有做出什么责罚，还对萧望之说："我不忍伤害你，因为你是我的老师。你若能与百官和平相处，免去我的烦忧，那我是最高兴的。"可是，萧望之仍然坚持与石显势不两立。

石显等人见萧望之官复原职，不禁又恨又妒，担心萧望之会报复自己，就以萧望之的儿子萧伋曾上书申冤为由，诬陷萧望之纵子犯上，犯了大不敬的重罪。

这次元帝又命人将萧望之逮捕入狱，并特别强调审察此事。萧望之对元帝十分失望，也忍受不了两番入狱的侮辱，于是自杀而死。

敢为天下先是英雄壮举，但英雄并不好当，正义的行为也不见得就真的有效。如果不懂得运用谋略，在小人得志时不能适当让步，储备力量，伺机而动，很有可能会“出师未捷身先死”，空留壮志难酬。

第3课　隐忍之道：懂得低头才能出头

说到忍气吞声，大部分人都会觉得这是一种窝囊的行为，男子汉应该“可杀不可辱”。有这样的骨气当然是件好事，但遇到一点小事便拔剑而起，并非明智之举。小不忍则乱大谋，身处丛林社会，隐忍不应只是被动情况下的权宜之计，更应该作为一种生存哲学终身践行。

1. 物竞天择，适者生存

当环境不尽人意，看起来并不适合自己发展时，大多数人都会抱怨，或者想办法改变环境，或是干脆换个环境生活。但更多的时候，我们改变不了环境，甚至很难换一个真正如意的环境去生活。这时应该怎么做呢？希望下面的故事能给你一些启发。

在加利福尼亚半岛上生活着一种美洲鹰，一只成年美洲鹰的两翼自然伸展开后长达3米，体重达20公斤，由于加利福尼亚半岛上食物充足，使美洲鹰变成了这样一种巨鸟，它锋利的爪子可以抓住一只小海豹飞上高空。

这种美洲鹰价值不菲，因而引起了当地人的大肆捕杀，加之工业对生态环境的破坏，美洲鹰终于绝迹了。可是，近年来，一名美国科学家、美洲鹰的研究者阿·史蒂文，竟然在南美安第斯山脉的一个岩洞中发现了美洲鹰。这一惊奇地发现，让全世界的生物科学家对美洲鹰的未来产生了新的希望。

令人惊奇的是，这样一种驰骋在海洋上空的庞然大物，竟然能生活在狭小而拥挤的岩洞里。阿·史蒂文在对岩洞考察时发现，那里布满了奇形怪状的岩石，岩石与岩石之间的空隙仅0.5英尺，有的甚至更窄。那些岩石就像刀片一样锋利，别说是这么个庞然大物，就是一般的鸟类也难以穿越，那么，美洲鹰是如何穿越这些小洞的呢？

为了揭开谜底，阿·史蒂文利用现代科技在岩洞中捕捉到了一只美洲鹰。他用许多树枝将美洲鹰围在中间，然后用铁蒺藜做成一个直径0.5英尺的小洞，看它怎么飞出来。美洲鹰的速度迅速无比，阿·史蒂文只能从录像的慢镜头回放上细看，发现它在钻出小洞时，双翅紧紧地贴在肚皮上，双腿却直直地伸到了尾部，与同样伸直的头颈对称起来，就像一截细小而柔软的面粉条。很显然，它是用以柔克刚的方式轻松穿越了蒺藜洞。在长期的岩洞生活中，它们练就了神奇的“缩骨功”。

在研究中，阿·史蒂文还进一步发现，每只美洲鹰的身上都结满了大小不一的痂，那些痂也跟岩石一样坚硬。由此可见，美洲鹰在学习穿越岩洞时也受过很多伤，在一次又一次的疼痛中，它们终于练就了这套特殊的本领。可是，如果不能忍受这些痛苦，就只能为环境所淘汰，被猎人们给捕杀干净。为了生存，美洲鹰只能将自己的身体缩小，以适应狭窄而恶劣的环境，重获新生！

千百年来，人类与动物都在为生存而战。如果我们不想被淘汰出局，就得像美洲鹰那样，以改变自己的方式来适应不断变化的生存环境。尽管“缩小”自己的过程会千难万险，甚至流血流泪，但只有勇于“缩小”自己，才能扩大生存空间。毕竟人不可能都生活在自己的意愿中，只能是生活在对环境的适应中。所以，如果你不能改变外在的环境，那就接受它，并适应它，这才是明智的做法。

2. 知忍善退，人生才会圆满

为人处世应该三思而后行，尽量计划周详，这样才能避免失败。在计划不充分、时机不成熟的情况下，适当的忍耐和变通是必要的，这样做可以避免不必要的麻烦和牺牲，并最终达到自己的目的。

明朝嘉靖年间，奸臣严嵩受到皇帝的宠信，权势熏天，在朝中对不顺从他的大臣横加迫害，很多大臣都敢怒而不敢言，许多有志之士更是把推翻严嵩当作目标。

当时严嵩任内阁首辅大学士，而徐阶也是内阁大学士，在朝中很有声望，严嵩就多次设计陷害他。但徐阶却装聋作哑，从不与严嵩发生争执。徐阶的家人忍耐不住，对他说："你也是朝中重臣，严嵩三番五次加害于你，你只知退让，未免太胆小了，这样下去，终有一天他会害死你的。你应当揭发他的罪行，向皇上申诉啊！"

徐阶说："现在皇上正宠信严嵩，对他言听计从，又怎么会听信我的话呢？我现在控告严嵩，不仅扳不倒他，反而会害了自己，连累家人，此事绝不可莽撞！"

为了整治徐阶，严嵩指使儿子严世蕃对徐阶无礼，想激怒他，从而借机寻事。有一次，严世蕃当着文武百官的面羞辱徐阶，徐阶却毫无怒色，还不断给严世蕃赔礼道歉。有人为徐阶打抱不平，要弹劾严嵩，徐阶连忙阻止，说："都是我的错，我惭愧还来不及，与他人何干呢？严世蕃能指出我的过失，这是为我好，你误会他了。"

徐阶表面上对严嵩十分恭顺，甚至把自己的孙女嫁给严嵩的孙子，以取信严嵩。直到嘉靖四十一年（公元1562年）邹应龙告发严嵩父子，皇上下令逮捕严世蕃，勒令严嵩退休，徐阶还亲自到严嵩家中慰问。他的举动使严嵩深受感动，叩头致谢。严世蕃也和妻子乞求徐阶为他们在皇上面前说情，徐阶满口答应下来。

徐阶回到家后，他的儿子徐番迷惑不解，说："严嵩父子已经获罪下台，父亲应该站出来指证他们才是。您受了这么多年的委屈，难道都忘了吗？"

徐阶佯装十分生气，骂道："没有严家就没有我的今天，现在严家有难，我负心报怨，会被人耻笑的！"严嵩派人探听到这一情况，信以为真。

严嵩虽已去职，但徐阶仍不断写信慰问。对此，严世蕃也说："徐老对我们没有坏心。"殊不知，徐阶只是看皇上对严嵩还存有眷恋，又是个反复无常的人，而严嵩的爪牙也在四处活动，时机还不成熟。他悄悄告诉儿子："严嵩受宠多年，皇上做事又喜好反复，万一事情有变，我这样做也能有个退路。我不敢疏忽大意，因为此事关系着许多人的生死，还是看看情况再定夺为好。"

等到严世蕃谋反事发，徐阶密谋起草奏章，抓住严嵩父子的要害，告严嵩父子通倭想当皇帝，终于使得皇上痛下决心，除掉严嵩父子。

由上可知，徐阶不逞匹夫之勇，默默忍耐，以柔顺的表面来保全自己，终于等到时机扳倒了严嵩父子。

没有十足的把握就不动手，徐阶的做法可谓谨慎有加。正因为他能忍辱负重，示敌以弱，才能在严嵩的步步紧逼下化险为夷，最后抓住机会一举歼敌。

我们为人处世也是如此，应该谨慎小心，不能急躁冒进，否则很容易撞得头破血流。

3. 小人斗气，君子斗智

有的人遇事冲动，喜欢硬碰硬，似乎不如此就不足以表现自己的刚正、愤慨和勇气。事实上，有时候忍耐一分委婉一点，反而更容易达到目的。做人做事是要讲究策略的，隐忍之道不可不学。

西汉景帝时，窦婴担任大将军之职，是朝廷中的百官之首，巴结他的人很多，他对此十分得意。

朝中大将灌夫为人耿直，是个典型的武夫，他不仅不去讨好自己的顶头上司，反而在私下里说："人们都是势利眼，巴结那些有权势的人，这真是太无耻了，正人君子是不会这样做的。"

窦婴得知此事后，对灌夫说："你不喜欢我，不和我结交就是了，为何还要挖苦我呢？"

灌夫毫不回避，回答说："我心直口快，想到什么就说什么，我只想提醒你不要太骄傲，否则就乐极生悲了。"

窦婴没有责怪他，还好心地对他说："你这个人有勇无谋，虽然刚直，但难当大事。如若碰上奸诈小人，吃亏的一定是你。我不和你计较，难道别人也会原谅你吗？你才应该小心才是。"灌夫对窦婴的话不以为然。

灌夫对上不巴结，对下却是恭敬尊重，不敢有一点怠慢。当别人都赞赏他这一点，夸他是个十足的正人君子时，有位朋友却表示了忧虑，对他说："在朝廷做官，就要符合官场的规矩。现在是官大一级压死人，你顶撞上司，反而讨好下属，这哪里是晋升之道呢？你不识时务，反以为荣，早晚必惹大祸。”但灌夫对此仍充耳不闻。

后来窦婴被免职，孝景皇后的弟弟田蚡当上了丞相。田蚡是个十足的小人，灌夫十分看不起他。

百官见窦婴失势，就开始巴结田蚡，而灌夫却与窦婴来往密切。窦婴十分感动，说：“我得势时，你从不和我交往，现在你不去趋炎附势，可见你为人的品德高尚。”

灌夫的朋友又给他泼了一盆冷水，说：“你的言行不合官场之道，实属不智之举。作为下级，你疏远丞相，结交失势的人，这虽是君子行为，却也难为小人所容。表面文章还是要做的，你该有所反省了。”

田蚡为人骄横，对灌夫的耿直早有不满，时刻想着整治一下灌夫。

有一次，灌夫在酒宴上和田蚡发生了冲突，田蚡借机将他关进大牢。窦婴为了救灌夫而四处奔走，也被田蚡诬陷。结果，灌夫和窦婴一起遇害。

窦婴对灌夫的评价其实是一语中的：“有勇无谋，虽然刚直，却难当大事。”只可惜灌夫以直为荣、以曲为耻，最后落得个家破人亡的凄惨下场。

在这方面，晏子的做法无疑高明许多。

晏子是春秋时的齐国人，他其貌不扬、身材矮小，看上去毫不起眼。但是他才高八斗，机智灵活，举国上下没有几个人能比得上他。他凭借自己的三寸不烂之舌和满腹经纶，很快就在国中取得了尊贵的地位。

齐王非常信任这位能干的国卿，对他委以重任。有一次，晏子奉齐王之命出使楚国。楚国当时实力雄厚，比齐国更加强大。楚王本来就没有把其他国家放在眼里，又听说晏子长得矮小，就对齐国更加轻视。

楚王一心想奚落晏子一番，以显示自己的尊贵和强大。他料定晏子受了嘲笑还得忍气吞声，于是就安排了一个计划。当晏子驾驶着马车来到宫殿门口准备晋见楚王时，两旁的侍卫按照楚王的意思，把晏子请下马车，领着他来到狭小得几乎只能弯腰屈膝才能进去的侧门前，说："我们楚王恭请你从这里进去，他已恭候多时了！"

晏子一看就明白了楚王的意图。他忍住怒气，转身走向正门。侍卫立即把他挡在门外，说："你怎么能从这个门进去呢！请从那边走吧！"

晏子义正词严地说："拜访人国，理所当然要走正门。那边的门充其量是个狗门，我不明白你们强烈要求我走狗门到底是什么意思！莫非里边的都是狗吗？我要拜访的可不是狗啊！"

守卫士兵一听，无言以对，知道来者不是平平之辈，只好乖乖放行。

楚王知道自己的计划弄巧成拙之后，气急败坏，决心寻机讽刺晏子一番。当晏子得意扬扬地走上殿堂时，楚王不顾身份，当着各位大臣的面，尖刻地说："真没想到你们齐国竟然连一个像样的人都找不出来！你这么矮小的个子是不是齐国身材最魁梧的？你这样丑陋的长相是不是齐国最漂亮的啊？"

晏子没想到楚王会如此不顾礼仪，羞辱自己，他镇静地看着楚王，从容地回答道："大王有所不知！我们齐王素来注重邦交礼仪，在派遣使者出访别国时有很多讲究，其中有个规定就是：贤能的人拜会贤能的国君，庸俗的人就拜会昏庸无能的国君。大王也觉得我无德无能吧？但是能前来拜访大王，还是我求了好半天，齐王才勉强答应的呢！"

第二天，楚王搜肠刮肚，又想出了一个计谋。他安排好一切后，假意盛情邀请晏子到前厅饮酒说话。他们正说话之间，有几个威猛的士兵押着一个五花大绑的罪犯从厅前走过。

楚王故意高声问道："你们押的是何人，犯了什么罪啊？"

士兵恭恭敬敬地回答："回大王，此人是从齐国来的，在我国偷了别人的财物。"

犯人连忙跪下求饶说："大王饶命！我下次再也不敢了！"

楚王斜视着晏子说："没想到你们齐国还盛产盗贼，竟然偷到我们楚国来了！"

晏子明白了楚王的意图，见楚王一而再、再而三地为难自己，这次再也不能客气，于是反唇相讥：“橘生淮南为橘，橘移淮北为枳，前者香甜，后者涩苦。之所以这样，就是因为生长的环境不一样。我看不是齐国盛产盗贼，而是大王治理的国家盛产适合盗贼生长的土壤吧！否则，这个人在齐国安守本分，怎么到了楚国却知法犯法、铤而走险呢？”

楚王无言以对，领教到了晏子的厉害，从此再也不敢刁难他了。

面对别人的恶意攻击，仅凭一时之气反击，多半会遭受更大的侮辱，倒不如巧用计谋，以柔忍机智来维护自己的尊严。当然，一味地躲避和忍让也是不行的，那样只会使自己陷入被动局面，让对方得寸进尺。

4. 韬光养晦，以静制动

古人说："廓然怀天下之志，而宜韬之以晦。牙坚而先失，舌柔而后存。柔克刚，而弱胜强。"锋芒毕竟易招祸，岂不闻"出头的椽子先烂"？越是胸怀大志，越应该韬光养晦，以静制动，以柔克刚。

越王勾践卧薪尝胆的故事，无疑是最广为人知的以忍辱示柔求胜的例子。勾践战败后，先是示之以柔，取信夫差，而后苦苦忍受屈辱折磨，最终反败为胜。

周敬王二十四年（公元前496年），吴王阖闾统领大军亲征越国，越王勾践率兵迎战，大败吴军。阖闾也受了重伤，在退兵回吴途中由于伤势恶化，命殒黄泉。

阖闾死后，太子夫差接替了王位，服丧期间，他念念不忘杀父之仇，并对天盟誓："一定要灭掉越国，为父报仇！"为了实现自己的誓言，坚定复仇的决心，夫差派人站在他每天出入的门旁，见到他时就高喊："夫差，你难道忘记了杀父之仇吗？"夫差含泪答道："杀父之仇，不敢忘记！"

为了早日实现复仇的愿望，夫差日夜操练兵马，储备粮草，铸造武器。经过3年多的充分准备，夫差于周敬王二十七年（公元前493年）下令大将伍子胥和伯吉率30万大军，向越国发起进攻。

越王勾践不听范蠡和文种的劝告，率兵迎战，结果两军大战之下，越军兵士死伤无数，战败已成定局。勾践见大势已去，只好在众臣的保护下仓皇逃跑，吴军势如破竹，穷追不舍，将勾践藏身的会稽山围得水泄不通。勾践束手无策，只得向大臣们寻求解困的良策。文种说："如今之计，唯有求和。"勾践叹气道："吴军已获全胜，此时又怎么会答应我们讲和呢？"文种说："吴国的太宰伯嚭，是个贪财好色之徒，只需以重金和美女贿赂他，求和就大有希望。吴王夫差十分宠信伯嚭，对他言听计从，只要他出面向吴王夫差说几句好话，求和之事，不怕夫差不同意。"

果然，伯嚭收下美女和珠宝后，便向夫差建议同意越国求和。夫差终于没有抗拒住伯嚭的花言巧语，同意了越国的求和，但提出要越王勾践夫妇到吴国做人质。勾践无奈，为了生存，更为了日后的复国大计，只好遵照夫差的要求，厚起脸皮，放下国君的架子，带着王后和大臣范蠡来到吴国。

到了吴国以后，勾践将带来的金银宝玉全部送给夫差和吴国的大臣，自己住的是低矮的石屋，吃的是糠皮和野菜，穿的是连身体都遮不住的粗布衣裳，每天勤勤恳恳地砍柴、洗衣、养猪，像奴隶一样，毫无怨言。

每隔一段时间，夫差都会亲自巡视一番，看到勾践他们一直是这个样子，也就不再有所顾忌，认为困苦和劳作已经将他们折磨得麻木了，这样的人还有什么值得提防的呢？

勾践在吴国两年多的时间里，一直忍辱负重，并不断让人贿赂太宰伯嚭。每次伯嚭收到越国送来的礼物，都要到夫差面前为勾践说情。时间长了，夫差也觉得即使放了勾践，也不会对吴国造成什么威胁。有一次，伯嚭为勾践讲情的时候，夫差还透露出想放勾践回国的想法，但这个念头很快便被伍子胥的一番慷慨陈词给打消了。

一天，勾践听说夫差生病了，就向太宰伯嚭请求探望。伯嚭奏请夫差，获得准许后，带着勾践来到夫差的病榻前。勾践一到夫差面前，赶紧伏地而跪，说："听说大王病了，我心中万分着急，特意奏请前来探望。我略懂一些医术，可以为大王诊断病情，希望能得到大王的允许，也可借此表我效忠之心。"

这时正赶上夫差要解大便，勾践等人都退到屋外。等再次回到屋内后，勾践拿起夫差的粪便，仔细品味，之后伏地称贺："大王的病就要痊愈了。我刚才尝出大王的粪便是苦味，这预示病情好转。"

夫差见勾践对自己忠心到了如此地步，非常感动，当即表示病好后就送勾践回国。

勾践回国后，一面送出西施等美女迷惑夫差，一面励精图治，以重整旗鼓。为了不忘在吴国的耻辱，他每天都睡在柴薪上，吃饭的时候还要先尝一下苦胆，还与大臣亲自下田耕作，王后则亲自纺纱织布。在他的激励下，越国迅速恢复了元气，他终于重振雄风打败了夫差，一雪在吴国受到的屈辱。

如果没有超人的毅力和忍心，勾践不可能挺过那屈辱的3年；如果他没有向夫差示以柔顺恭谨，也不可能得到夫差的信任，这样不仅越国复国无望，他本人也会有性命之忧。

生活中，每个人都可能会遭遇困境，唯有怀着柔忍之心的人，才有可能挺过难关，成就大业。示敌以弱，韬光养晦，可谓做人做事的奥妙所在。

5. 别急，让子弹多飞一会儿

有人说："骄傲的人眼中没有神，嫉妒的人心中没有邻居，发怒的人就连自己也不存在。"确实，那些从不克制自己怒气的人，就像走到哪里便烧到哪里的熊熊大火。也许他自己还会觉得："我的脾气来得快去得也快，发完火就忘了。"他自己或许是忘了，但被他的怒火所殃及的人会那么快就忘记吗？这种经常给家人、朋友、工作伙伴带来不快的人，自己都不明白为什么别人不愿意与他合作。其实，很多时候我们只需稍稍忍耐一下，不让怒气控制自己的理智，就能够与别人和谐相处，做起事来也会更加顺利。

有一个妇人对布道家毕利桑戴说："我虽然脾气不好，常常发火，但是我生气永远不会超过一分钟。"毕利桑戴说："手枪开火也只需要一秒钟而已，但你知道手枪的杀伤力有多大！人生气时最大的伤害，就是从你口中发出的。所以雅各才说，若有人在言语上不犯罪，他就是一个完全的人了。"

在美国阿拉斯加，有一个年轻人的妻子因难产而去世了，他忙于生计，没有多少时间来照顾孩子，于是就训练了一只狗。这只狗聪明听话，懂得照顾小孩，会咬着奶瓶给孩子喂奶，还会耐心地看护小孩爬来爬去，但不让他爬出门口。

有一天，主人出门去了，留下狗和孩子在家里。因为突降大雪，他在别的地方无法及时赶回家，第二天才回来。听到主人的声音，狗就跑出来迎接他。他看见狗的嘴上有血，心中不由一惊，忙冲进家门，发现到处都是血，床上也是血，孩子不见了。而那只狗还在摇头摆尾地向他撒娇。

他以为是这只狗狂性大发，把孩子吃掉了，大怒之下，他抓起墙边的斧头砍在狗的脑袋上，当场把狗杀死了。这时，他忽然听到孩子咿咿呀呀的声音，接着就看见孩子从床底爬了出来。他抱起孩子，发现孩子身上虽然有血，但是并没有受伤。他感到十分迷惑，再仔细看看被杀死的狗，狗的一条腿上缺了块肉。接着，他在房后发现了一条被咬死的狼。原来，他不在家的时候，狼跑进来想吃掉小孩，是狗和狼殊死搏斗救了小主人。

这时，恍然大悟的主人才感到后悔莫及，面对无辜惨死的狗忏悔不已。如果他能多忍一分钟，不被怒火蒙蔽住双眼，就不会发生这样的误会了。

误会是我们在日常生活中与别人发生纠纷的一个主要原因，而误会往往是在不了解真相、缺乏理智、缺少耐心、不能体谅对方反省自己、感情极为冲动的情况之下发生的。误会一起，人们就会只想着对方千错万错，使得误会越陷越深，直至不可收拾。

人的一生中会遇到很多问题，如果我们能忍一忍，并学会控制自己的情绪和心志，以后即使遇到大的问题，自然也能忍受，等待最好的时机再把问题解决，从而成就一番事业！

有个男孩脾气很坏，动不动就会发火。有一天，他的父亲给了他一袋钉子，并且告诉他，每当他发脾气的时候就钉一根钉子在后院的围墙上。第一天，这个男孩钉下了37根钉子。慢慢地，他每天钉下的钉子数量减少了。他发现控制自己的脾气要比钉下那些钉子来得容易些。

终于有一天，这个男孩再也不会失去耐性乱发脾气了。他告诉了父亲这件事，父亲对他说，从现在开始，每当他能控制自己脾气的时候，就拔出一根钉子。

日子一天天地过去，最后男孩告诉父亲，他终于把所有钉子都拔出来了。

父亲牵着他的手来到后院，对他说："你做得很好，我的好孩子。但是看看那些围墙上的洞，这些围墙将永远不能恢复从前的样子。你生气的时候所说的话，将像这些钉子一样留下疤痕。如果你拿刀子捅别人一刀，不管你说了多少次对不起，那个伤口将永远存在。话语的伤痛就像真实的伤痛一样令人无法承受。"

这位父亲的话实在是太对了，然而这样普遍的道理却常被人们所忽略。人们常常因为一些琐事，而给别人造成永远的伤害。生气时说出的话，就像无形的刀子，虽然不会给人的肉体造成伤害，但却会给人的心灵造成比伤口更深、更难愈合的伤害。

记住，不是生气就能解决问题，不是伤心就能挽回败局，解决矛盾不能心急，处理问题不能焦急。生活中，不是每个人都能理解你，不是每件事都能赞同你。面对生活中的一些不快，试着学会微笑；遭遇生活中的一些不顺，试着学会忍耐。

如果我们都能够学会隐忍包容的做人哲学，在生气的时候多忍耐一分钟，在处理问题的时候多讲究方式方法，一定会收到意想不到的效果。

6. 意气用事只会自毁前程

要想做大事，有一个基本原则，那就是不可急功近利、急于求成，要把眼光放长远。如果担任一定的领导职务，更应如此，做出一个决策，开始每一项行动，都要顾及到后果，筹百年的大计，不要急于表现自己，更不可感情用事，也不要为一些小利益花费太多的心力，而应顾全大局。

反观历史，一心求速成，因冲动而坏事甚至误国的教训还少吗？

三国时，东吴利用关羽骄傲自满的情绪，赚取荆州，并杀了关羽。刘备对此悔恨交加，决计举倾国之兵，东出伐吴，企图消灭吴国，为二弟关羽报仇。

赵云当时劝阻道："国贼乃曹操，非孙权也，今曹丕篡汉，神人共怒，陛下可早图关中，屯兵渭河上流，以讨凶逆，则关东义士，必裹粮策马以迎王师；若舍魏伐吴，兵势一交岂能骤解。愿陛下察之。"刘备却回答说，孙权害死我二弟关羽，我与他有切齿之仇，"啖其肉灭其族，方雪我恨！你不要阻拦"。赵云继续劝阻道："魏国之曹丕是窃汉朝而王天下的国贼，我们与他的仇是公仇，讨伐东吴报杀弟之仇是私仇，但愿我主能以天下为重。"刘备愤愤地说："朕不为弟报仇，虽有万里江山，何足为贵？"因一时的愤怒，他把奋斗的大目标抛至脑后，全然不听赵云的劝谏。

诸葛亮见此情形，便率文武百官当面劝谏，但刘备仍然听不进去。后来，诸葛亮又专门写成奏章，讲明伐吴的害处，刘备也置之不理。学士秦宓再谏，刘备甚至要砍他的头。诸葛亮等人无奈，只好由他去了。于是，刘备亲自率领75万大军，出师伐吴。

起兵之时，蜀军一路上浩浩荡荡，气势恢宏，斩将夺关，蜂拥而来。此时东吴大将周瑜、鲁肃、吕蒙已先后身故，孙权在危急之时，拜一儒生陆逊为大都督，统率东吴6郡81州兼荆楚诸路军马，并郑重地嘱托道："京城以内的事，我自己主持；京城以外所有疆土上的事，由你决策。"

刘备进军之初，打了几个小胜仗，已是喜不自胜，如今又听说孙权任命一介书生为帅，更是不把吴军放在眼里，他催促各路人马加速前进，大有毕其功于一役的架势。

陆逊走马上任后，运用"持重不抢先，待机而制人"的战略严阵以待。不久，他瞅准时机，率军动如脱兔，一把火烧了蜀军七百里连营。

直到此时，刘备还说："我竟被陆逊所折辱，岂不是天意！"其实，这哪里是什么天意，完全是他"见小利"、"求速成"酿成的苦果。

一开始刘备只记得要报兄弟之仇，放弃主要的敌人曹魏，不惜破坏吴蜀联盟，动摇蜀国之所以能安稳的根基。这种政治上的近视已埋下了失败的祸根。进而在率军攻吴时，刘备又小视对方将帅的才能及吴军的实力，只求速战速决；到后来，竟发展到刚愎自用，不惜犯兵家之大忌，依山傍水结营，联结700余里，终于给了陆逊可乘之机。前后观之，刘备正是在政治和军事上都急于求成，才导致了失败。刘备的失败，为孔子所告诫的"欲速则不达"提供了绝好的佐证。

人生在世，要想干出一番事业，常常面临许多两难的选择。所谓两难，就是二者不可兼得，想求快，就很难干大事业；要干大事业，就得拥有非凡耐性。在朝着大目标前进的过程中，绝没有康庄大道可走，通常是荆棘密布，险象丛生。不经过艰苦卓绝的斗争，是不可能到达胜利的彼岸的。而且常常是目标越宏大，要走的路就越长，碰到的困难也越多。所以，我们无论做什么事，一定要考虑客观条件和事物的发展规律，绝不可蛮干、硬干；既然要干大事，就不能为蝇头小利所诱惑，应该放长线钓大鱼。

7. 与其怨天尤人，不如积极进取

“怨天”是埋怨命运不公、时运不济，埋怨老天不给自己机会；“尤人”是把错误归咎于别人。喜欢怨天尤人的人有一个最大的特点，就是把注意力集中在推卸责任上，而不是积极去面对事情本身。这样的人会遭到别人的讨厌，也会令人反感。

孔子有一次在评价自己的得意弟子颜回时，曾以“不迁怒，不贰过”（不向别人发泄，不犯同样的错误）来褒扬他，可见孔子对于“迁怒”与“尤人”之类的言行是深恶痛绝的。

事实上，怨天尤人、迁怒于人解决不了任何实际问题，反而会使事情变得更糟糕。

1936年9月7日，世界台球冠军争夺赛在纽约举行。路易斯·福克斯的得分一路遥遥领先，只要再得几分，他便可稳拿冠军。就在这个时候，他发现一只苍蝇落在主球上，他挥手将苍蝇赶走了。可是，当他俯身击球的时候，那只苍蝇又飞回主球上，他在观众的笑声中再一次起身驱赶苍蝇。这只讨厌的苍蝇破坏了他的情绪，更为糟糕的是，苍蝇好像有意跟他作对，他一回到球台，它就又飞回到主球上，引得现场的观众哈哈大笑。

路易斯·福克斯的情绪恶劣到了极点，他失去了理智，愤怒地用球杆去击打苍蝇，球杆碰到了主球，裁判判他击球，他因此失去了一轮机会。之后，路易斯·福克斯方寸大乱，连连失误，而他的对手约翰·迪瑞则愈战愈勇，终于赶上并超过了他，最后拿走了桂冠。第二天早上，人们在河里发现了路易斯·福克斯的尸体，他投河自杀了！

处于情绪低潮当中的人，通常容易迁怒于周边的人和事，这是自然而然的。

迁怒有一个规律，即迁怒于弱者或事物，迁怒于对自己没有多大威胁的对象，以寻求所谓的平衡，这其实是一种阴暗的交际心理。迁怒并非息怒的良策，这样做的结果往往是旧怒未消，又添新愁，形成恶性循环。

A是一家公司的市场部主管。一天，A开车上班时因为堵车心情不好，而且还被警察罚了款，来到公司后便一脸阴沉。这时，A的下属B向他汇报工作，结果成了A的情绪宣泄对象。B莫名其妙地被上司批评了一顿，本来很好的心情也一下子变坏了，而且一整天都闷闷不乐。晚上下班回家，B的儿子C看到父亲回来，很得意地将自己在幼儿园画的画拿给父亲看，希望得到父亲的表扬。B的心情很烦躁，不仅没有表扬儿子，反而骂了他一顿，说他瞎胡闹。C被父亲莫名其妙骂了一顿，心里十分委屈，却又不知道如何发泄。这时，他家的小猫经过他面前，他便狠狠地踢了小猫一脚。

“上不怨天，下不尤人。”先贤的教诲极是，先不要去抱怨社会、抱怨别人，你在抱怨的同时，损耗了时间，损耗了精力，损耗了激情，损耗了希望。人世间从来没有绝对的平等，古往今来都是如此。历史上许多伟大的人物，所遭遇的不公正待遇远超凡人，如果他们天天抱怨这抱怨那，又如何能成就伟大的事业呢？

情绪的控制，有待智慧的提升。很多时候，我们对待不如意，只需按照孔子所说的去做，不怨天，不尤人，通过“下学”以求“上达”，努力把自己该做的事情做好。

8. 不孤芳自赏，不随波逐流

有的人个性刚正不阿，丝毫不愿意随顺自己觉得不满的事，而且也看不起那些隐忍处世的人，觉得这种人没有原则，所有波逐流，认为社会风气就是被这些人给带坏的。毫无疑问，这种过于清高的性格是不利于人际关系的，而人际关系处不好，就算有再大的宏图伟业也难以完成。古人常讲“天时、地利、人和”，没有人和，能做好什么事呢？

从前有一位无际禅师，经常云游四方。有一天，他来到一个小山村，时值中午，天气炎热，他看到河边有一个村民正在用水车打水，就上前去讨水喝。

这个村民见无际禅师是个出家人，就说：“禅师，假如有一天我也看破了红尘，我就会和您一样出家修行。不过，我出家以后，不会像您这样四处云游，居无定所。我会找一个地方隐居起来，专心参禅打坐，不再抛头露面。”

无际禅师微微一笑，问道：“那么你什么时候才会看破红尘呢？”

村民说：“我虽然一直有出家悟道的想法，遗憾的是，我们这一带只有我最了解水车的性质，而全村的人都以此为主要水源。如果我能找到人来接替我的位置，我就可以无牵无挂地出家了。”

无际禅师说：“你最了解水车，那我来问你，如果水车全部浸在水里，或者完全离开水面，又会如何呢？”

村民答道：“水车在水里是要靠下半部被水流冲击而转动的原理来工

作，如果把水车全部浸在水里，它不但无法转动，而且还有可能会被急流冲走。同样，如果水车完全离开水面也是不能转动的，更别说要靠它抽上水来了。”

无际禅师点了点头，说：“水车与水流的关系，其实和个人与世间的关系是一样的。如果一个人完全入世，纵身江湖，难免会被尘世的洪流所冲走。假如超然出世，与世隔绝，则人生就会失去强大的动力。同样，一个修道之人，也要出入得宜，既不冷眼旁观，也不随波逐流。因此，出家人既要看破红尘，更要想法普度众生。”

村民听了无际禅师的话，久久地愣在那里，若有所悟。

无际禅师的话是很有道理的，不仅适用于出家修道之人，也适用于我们这些凡夫俗子。

一个人如果太清高，眼里容不下一粒沙子，就会像离开水面的水车一样，得不到别人的支持和拥护，甚至到处树敌。这样别说是改变世界，就是改变某个人都不容易，纵使有再伟大的抱负也只能是纸上谈兵，因为没有人支持你，单凭一个人的力量显然是不可能实现的。

当然，一个人如果太随波逐流，没有自己的主张和原则，也会像完全浸在水中的水车一样，表面上是随顺众生，实际上很容易被不良的东西所污染，甚至被卷进浊流，完全抹杀了自己的意愿。

所以，做一个隐忍之人，既要保留自己的原则和个性，又要随机应变、灵活变通，在水流的冲击下忍耐、坚持，只有这样才能汲水上岸，有所成就。

9. 懂得低头，才能出头

古人常说：“得道多助，失道寡助。”但是，得到别人的拥护不仅仅在于是否有“道”，还在于能否包容别人，原谅别人犯下的过失，让人心得到安定。另一方面，在容人的过程中更要做到能被人容，尤其要争取为那些力量比自己强大的人所容，要做到这一点，没有隐忍的气度是行不通的。

西汉末年，王莽篡位，骄奢淫逸，民不聊生，很快就失去了民心。各路豪杰和农民起义军纷纷兴起，与王莽政权做斗争。这些起义军的领袖很多都自称是汉代宗室，以示自己起义的正义性，同时借由人们对汉室的思念吸引更多的人加入。这其中有真宗室，也有假宗室。

刘縯、刘秀兄弟参与领导的起义军，也打出“匡复汉室”的旗号，拥立族兄刘玄为帝，号更始帝。但是，刘縯、刘秀兄弟威名日盛，越来越受人爱戴，引起了刘玄的不安。一些依附刘玄的将领也开始劝刘玄除掉刘縯、刘秀兄弟。

当时，刘縯手下的一些人也不服刘玄当皇帝，公开拒绝刘玄的任命。有的人还说：“本来起兵图大事的是伯升（刘縯字伯升）兄弟，现在的皇帝是干什么的？”于是，刘玄以封刘縯部将刘稷为抗威将军而不受为由，把刘稷及为他说情的刘縯杀掉了。

刘秀担心刘玄下一步要对付自己，赶紧到宛城请罪。刘縯的部下前来迎接、慰问他，他也不与这些人私下交流，只是在公开场合寒暄几句，表示过错在自己。他不讲昆阳的战功，不为兄长服丧，饮食起居和平常一样，若无其事。刘玄见刘秀没有反对自己的意思，感到有些惭愧，就拜他为破虏大将军，封武信侯。但刘秀每当独居，总是不喝酒、不吃肉，以此寄托哀伤。就这样，他表面上顺从刘玄，暗地里却开始谋划大事，准备为兄长报仇。

更始元年（公元23年）九月，刘玄的军队相继攻下长安和洛阳。刘玄打算以洛阳为皇都，于是命刘秀先行前往整饬吏制。刘秀到任后，安排僚属，下达文书，从工作秩序到官吏的装束服饰，一概恢复汉朝旧制。当时，关中一带的官员赶来迎接皇帝刘玄前往长安，见刘玄手下的将领头上随便包一块布，没有武冠，有的甚至穿着女人衣裳，滑稽可笑，而刘秀的僚属却仪容整齐，一些老官员流着泪说："没想到今天又看到了汉朝官员的威仪！"他们纷纷对刘秀产生了敬佩心理。

当时全国独立称王的有10多个集团。王莽拥有从洛阳到长安的地盘。更始帝刘玄及所属绿林，由今日之湖北西北透过河南西南向王莽的地盘前进。山东之赤眉，也自青州、徐州向西觊觎同一地区。

后来，刘玄派刘秀到"关东"整顿吏治，那里有王郎称帝。王郎原本以占卜为生，但现在也假称自己是汉成帝的儿子，自立为汉帝，起兵攻取州郡，声势甚大。刘秀初抵邯郸时力量还比较薄弱，只能采取迂回战略，径向极北定县蓟州各处，一路以劝服征伐等方式，集合几万人的兵力，于次年春夏之交，才回头拔邯郸诛王郎。这是用南北轴心作军事行动的方针，以边区的新兴力量问鼎中原，超过其他军事集团的战略。

后来，刘秀集结兵力，经过数番激战，合围巨鹿，使敌人分兵，最后一举攻取了邯郸。

刘秀就是后来实现"光武中兴"的光武帝。试想，假如当时他面对兄长的惨死，怒发冲冠，或者稍露一点不服之色，恐怕早已身首异处，中国的历史也要由此改写了。

细数中国历史，各朝各代均不乏英雄豪杰，这些人中有生于帝王之家，秉承传统开拓创新的，也有一介草民发奋图强，终成霸业的。细看这些人的成长史，都有一个相同点，那就是他们在遭遇千难万苦，甚至百般凌辱时，总是凭借自己的意志力，忍下心中的一口恶气，并将这种经历作为激励自己奋发向上、不断抗争的动力。

由此可见，隐忍之道其实就是自我控制，在充分认清自己的实力之后，做到收放自如。隐忍并不等于害怕，它只是战略上的忍让，其实内心十分清楚自己忍的是什么，等待的是什么，需要的是什么。隐忍也不等于一味地忍让，什么时候该忍，忍到什么程度，这就要看每个人的修为和境界了！

10. “小不忍难成大事”是亘古不变的真理

怒气常会使人变得冲动，做出不理智的事情来。如果能够忍住一时之气，等自己平静下来再处理问题，相信解决起来会更容易。而且，一个无法克制自己脾气的人是很难成事的，试问谁愿意和一个火药桶共事呢?

在海军服役两年后，威拉德·斯科特于1958年回到了华盛顿。正如他所料想的，他以前服务的公司——全国广播公司正在等他回去工作。但公司换了个新的老板，而且不知道是什么原因，这位新上司看起来好像不太满意他。

开始的时候，斯科特尽量保持冷静，努力工作，想向上司证明自己的实力。可是，后来有一件事终于使他忍不住了。《快乐孩子》这个节目是斯科特和他的好友兼助手埃迪·沃克一直在主持的滑稽节目，但是新上司给他们安排的时间却差得不能再差了——将近午夜!

斯科特怒火中烧，准备找老板大吵一架，哪怕因此丢掉饭碗也在所不惜。然而，他马上又想起了《圣经》中所罗门王的一句话：“有见识的人不轻易发怒，宽恕别人的过失，便是自己的荣耀。”于是，他冷静下来，和埃迪·沃克接受了这一令人讨厌的时间安排。

他们任劳任怨、勤勤恳恳地干了3年，使这个节目成了华盛顿地区最受欢迎的滑稽节目。更为重要的是，斯科特意识到自己以前和老板打交道的时候也有错误。因为知道老板不喜欢自己，作为报复，他要么对老板不客气，要么尽量离他远远的，总是把矛盾搞得更为激化。有一天，老板邀请他去参加一个电台工作人员的聚会，他没有办法推辞，只好去了。在那里，他见到了老板的未婚妻，那是个漂亮活泼、待人诚恳的好姑娘。斯科特想，这样美丽热情的姑娘又怎么会喜欢一个一无是处的男人呢？通过她，斯科特对老板的为人有了新的认识。

渐渐地，斯科特改变了对老板的态度，而老板对他的态度也慢慢发生了变化。事实上，他们成了好朋友，斯科特仍然在全国广播公司工作，后来还担任了《今天》这一节目的气象预报员。

真要感谢所罗门王的教诲，如果不是所罗门王的那句话让斯科特冷静下来，如果他没能忍住那一时之气，没耐住那3年的辛苦，那么他就不可能成为公司里重要的一员。

当然，说起坚忍，恐怕没有人能比得过汉朝的苏武。

苏武，字子卿，是西汉武帝时的中郎将。天汉元年（公元前100年），汉武帝任命苏武为汉朝正使，护送匈奴使节回国。到达匈奴后，苏武完成皇命，正准备起程回汉，结果发生了一次意外事件。匈奴缑王和汉朝叛使卫律手下的虞常正在策划叛乱，准备联络卫律投降匈奴时所带来的原汉朝兵将，劫持匈奴单于的母亲，逃回汉朝。

虞常十分忠心于汉朝，痛恨卫律叛国求荣的可耻行径，于是将自己的计划告诉随苏武一同前来的张胜，张胜同意了他的计划，并给予支持。但虞常被人告发，单于发兵追捕，缑王等人被杀，虞常也被活捉了。

事情败露后，单于大怒，准备杀死张胜和苏武。匈奴左伊秩訾劝阻道："处死汉使未免太过分了。他们不过是想谋杀卫律，应该让他们投降。"单于命令卫律召见苏武，说明了他的意思，等待苏武的回答。

苏武说："我出使匈奴，是为了汉匈和好，如今让我投降，是玷污我的使命，纵然活着，还有什么脸面回国呢？"说完拔出佩剑向胸膛刺去。卫律大惊失色，急忙上前抱住苏武，但苏武已经身受重伤，他们找来巫医救治了好长时间才苏醒过来。

苏武忠贞不屈、视死如归的气概，让单于深感钦佩，这一来他更希望能劝降苏武为匈奴效命了。于是，他早晚都让人去问候，想以此感化苏武。

苏武恢复健康后，单于命令卫律审问虞常和张胜，并将苏武带去听审，想借机威吓他。在审问中，卫律将虞常当场杀死，苏武镇定自若地说："只要你有胆量杀汉朝正使，那就杀吧，我并不怕死。"卫律见以死相胁迫没有用，又以功名利禄来引诱苏武。

苏武怒骂道："你身为汉朝使臣，却忘恩负义，背叛君主和国家，像你这种无耻之徒，我再也不想见你！你依仗单于的信任，随意杀人，从中搬弄是非，挑唆汉朝和匈奴相斗，自己却幸灾乐祸，真是无耻之极。"

面对种种威胁利诱，苏武始终恪守为臣之道，忠君爱国，保持自己高尚的气节。卫律使尽了各种手段，始终未能使他有丝毫动摇。单于听说苏武如此坚贞不屈，就命人将他关到一个大地窖里，不给饮食，想以肉体的折磨迫使他屈服。匈奴所在之地气候寒冷，北风夹着大雪呼啸不止。苏武躺在地窖里，渴了吃把雪，饿了吃毡毛，居然活了下来。匈奴人对此感到十分惊奇，单于对他无可奈何，只好将他流放到北海牧羊，并对苏武说："等公羊下了小羊，我就放你回汉朝。"

北海是一片原始大地，荒无人烟，气候异常寒冷，积雪常年覆盖在大地上，鸟兽罕至。苏武来到北海后，没有粮食，没有饮水，饿急了就挖鼠洞，将洞中的草根、野果取出来充饥。他昼夜不肯放下象征汉使身份的节杖，时间长了，节杖上的旄毛全都脱落，他仍不肯丢弃。

期间，曾经和苏武在一起做过汉武帝侍中的李陵投降了匈奴。单于派李陵去劝降苏武，李陵来到北海后，对苏武说："单于一直在等你回心转意，今生今世你恐怕也不能回到汉朝了，在这万里荒原之中白白受苦，谁又能知道你的忠义呢？近些年来，皇帝年事已高，常常做出一些反复无常的事来，大臣中没有什么过错就被灭族的有几十人，你还为谁效忠呢？"

苏武说："我心甘情愿以身报国，如果单于一定要我投降，那我就只能一死以示忠心了。"后来，李陵再次来北海探望他，告诉他汉武帝去世的消息，苏武听后面向南方大声痛哭，一连哭了几个月。

汉昭帝即位后过了几年，匈奴又向汉朝表示希望恢复和亲，汉朝要求放回苏武等人，匈奴谎称苏武已经死了。后来，汉朝又派使者去匈奴，常惠设法买通看守自己的匈奴兵，趁着黑夜去会见了汉朝使者，将苏武的消息告诉他们，并献计如何揭穿匈奴的骗局。

第二天，汉朝使者面见单于，说："我们皇帝在打猎的时候，射中一只大雁，大雁的脚上绑有一条绫绸，是苏武写给皇帝的信，信中说他被囚在北海放羊，你怎么说他死了呢？"单于只好放苏武回汉朝。

始元六年（公元前81年）春天，苏武带着剩下的9个人回到长安。汉昭帝下令为苏武准备牛羊等祭品，让他拜祭了汉武帝的灵位，并将节仗交还到汉武帝灵前。至此，苏武19年的磨难才终止了。他忍屈受辱，忠贞不渝，永不失节的感人事迹，震撼朝野，令人敬佩。

苏武的忍耐长达十几年，也正是因为他的坚持和忠诚，才能在长久的忍耐之后，回到自己魂牵梦萦的祖国。而苏武牧羊的故事更是长久地流传下来，作为一个坚强不屈的形象刻印在人们心中。

这样品性高洁的人，上则为日月，下则为河岳，千百年来一直令人敬仰和学习。这样的坚忍不意味着软弱，也不意味着无能。相反，它是以强大的意志力和高尚的品格作为支持和动力的。

11. 慢慢来，静好的岁月都会给你

生活中，有的人常常喜欢抱怨，抱怨生活条件不好、工作单位待遇太差、同事关系太冷漠、老板不是伯乐……

实际上，自古至今，许多成大事者并非一帆风顺，很多都经历过艰难曲折。司马迁在《报任安书》中就举出了许多例子："文王拘而演周易；仲尼厄而作春秋；屈原放逐，乃赋离骚；左丘失明，厥有国语；孙子膑脚，兵法修列；不韦迁蜀，世传吕览。"就连司马迁本人，也是在遭遇宫刑之后发愤著书，才有"史家之绝唱，无韵之离骚"的《史记》传唱于世。如果这些人在面对困难挫折时不能沉住气，如何能在中国历史上留下光辉的篇章呢?

没有人能够一辈子交好运，也没有人会一辈子走坏运，每个人都不可能随随便便就收获成功，失败、打击、痛苦都是成功前必须要经历和承受的。处于黑暗中的时候，只有沉住气，才能等到日出。

是金子总会发光，是千里马总会万里驰骋，在环境不如意、没有人赏识的时候，我们该做的不是浪费时间去抱怨，而是埋头做事。

一个刚刚步入社会的年轻人，觉得公司领导对自己不公，自己明明很有才华却得不到重用，而那些同事只不过比自己早些时候进入公司，就一个个趾高气扬的。他觉得自己生活得十分苦闷，于是找到一位智者，讲述了自己的烦恼。

智者听后，把年轻人带到河边，随手捡起一块鹅卵石扔了出去，鹅卵

石远远地落到了一堆石头上。

智者问："你能把我刚才扔出去的鹅卵石捡回来吗？"

年轻人看了看，说："不能，那些石头的样子都差不多，我分不清哪一个是你刚才扔掉的。"

"那如果我扔出去的是一块金子呢？"智者又问。

年轻人怔了怔，随即恍然大悟。

如果你只是一块平淡无奇的鹅卵石，那么你就没有权利去抱怨环境的不公，因为你根本没有被注意的价值。想要有自己的立场和声音，首先要努力提高自己的价值，只有当你成为一块金子的时候，你自身的光芒才会吸引别人赞叹的目光。

工作中亦是如此，只有忍受寂寞，埋头做事，当你做出成绩时，你说的话才会掷地有声！

美国有一家知名的牙膏公司，公司里有一位小职员，因为公司里的人才太多了，像他这样平凡的人根本引不起别人的注意。但是，这个小职员从来不埋怨自己职位太低、工作太琐碎，相反，他总是用高标准来要求自己，尽力把每一件工作都做好。渐渐地，他得到了一个奇怪的绰号，叫作"每支两美元先生"。原来，他无论签什么账单，都会在账单的右下角注上公司的名字和"每支两美元"的字样，甚至和女朋友出去吃饭的时候也是如此。慢慢地，这件事被同事们知道了，大家都戏称他为"每支两美元先生"，他的真名反而没人叫了。

这件事很快就传遍了整个公司，连老总都知道了。老总非常奇怪竟然还有这样的员工，如此注意宣传公司。于是，他开始留意这个小职员的情况，发现他工作起来总是很有激情，而且很有才能，于是起了提拔之心。而小职员也没有辜负老总的厚望，在接受老总分派的工作时总是全力以赴。后来，老总离职时，很放心地把公司交给了这个小职员。而许多原来比他职位高、能力强的人都没有坐上这个位子。

这个平日默默无闻的小职员，终于凭借自己委婉的手段以及默默地积累和等待，一鸣惊人，成为许多人的楷模。

所以，环境不好没关系，事情太琐碎也没关系，只要你肯沉住气，一步一个脚印终究会得到回报。因为在你拼搏和积累的过程中，你已经把自己锻造成了一块闪闪发光的金子。

12. 多走一步便是天堂

当遭遇到失业、失恋、家人病重等困境时，我们会做出怎样的努力？有的人会不断尝试，力图扭转逆境，而有的人则在遭受几次失败之后，就失去了勇气，开始意志消沉，满腹牢骚。或许他们还会说："我即使试过几百次，乃至上千次了，但结果都还是一样。"

这句话是真的吗？当然不是，说这种话的人可能只是试过八九次，甚至两三次，就被失败给吓得不敢再试了。这是因为，人都有逃避痛苦的本能，既然失败是件令人烦恼的事，自然会想要躲开它。但这说明你遭受的痛苦还不够，至少它还没有摆在你眼前的失败可怕，否则别说是几百次，就是真的让你尝试上千次，你也会坚持下去，因为你要摆脱这种痛苦。

如今，肯德基在世界各地都有连锁店，那个穿着白色西服的老上校总是笑眯眯地在店里看着每一位顾客，可是，你知道他是怎么成功的吗？他在成功之前尝试了多少次呢？

1890年9月9日，哈兰·山德士出生于美国印第安纳州亨利维尔附近的一个农庄，他家的经济不是很宽裕，但也还过得去。然而，就在他 6 岁那年，父亲不幸去世，留下母亲和 3 个孩子艰难度日。

为了生活，母亲不得不在白天去食品厂削土豆，晚上给人缝补衣服，这样一来自然没有功夫照料幼小的孩子。山德士作为老大，肩负起了照顾弟妹、为母亲分忧的重任。白天母亲不在家，他只好自己做饭，一年过去了，他竟然学会了做20个菜，成了远近闻名的烹饪能手。

12岁那年，母亲再嫁，山德士和继父的关系不是很好，才念到6年级，他就再也不想读书了，家里的空气憋闷无比，他决定去工作，换个环境。他来到格林伍德的一家农场做工，工作虽然辛苦，但总算能维持个人温饱。此后他换过无数个工作，可以说什么活都尝试过，做过粉刷工、消防员，卖过保险，还当过一阵子兵，后来他还得过一个函授法学学位，使他在堪萨斯州小石城当了一段时间的治安官。

后来，山德士还在肯塔基州开过加油站，但因为二战爆发，战争期间实行汽油配给，他的加油站不得不关门了。

他还经营过饭店，但是一条新建的高速公路从饭店旁边通过，饭店也不得不关门大吉。

最后，当他不得不变卖资产以偿还债务的时候，连银行存款都用光了，他变得一文不名。

这时的山德士已经66岁了，他收到了生平第一份救济金——105美元。这激怒了他，难道自己已经落魄到只能依靠救济金生存的地步了吗？

山德士冥思苦想，该怎么做才能摆脱困境，如今他拥有的最大价值的东西就是炸鸡了，这是一笔巨大的无形资产。

就这样，他开始了自己的第二次创业，带着一只压力锅，一个50磅的作料桶，开着他的老福特上路了。

身穿白色西装，打着黑色蝴蝶结，一身南方绅士打扮的白发上校，停在每一家饭店的门口，从肯塔基州到俄亥俄州，兜售炸鸡秘方，要求给老板和店员表演炸鸡。如果他们觉得炸鸡口味不错，就卖给他们特许权，提供佐料，并教会他们炸制方法。但是，这不是一次性买断，而是要从营业额中提成的。

开始的时候，没有人相信他，饭店老板甚至觉得听这个怪老头胡诌简直是浪费时间。宣传工作进行得很艰难，整整两年，他被拒绝了1009次，终于在第1010次走进一个饭店时，得到了一句“好吧”的回答。有了一个人，就会有第二个人，在他的坚持之下，越来越多的人接受了他的想法。

就这样，从66岁创业开始，山德士上校经历了1009次失败，并坚持了下来，终于建立了令世人震惊的肯德基连锁事业。现在，作为世界上最大的炸鸡快餐连锁企业，肯德基在世界各地拥有超过11000多家餐厅，这些餐厅遍及80多个国家，从中国的长城直到巴黎繁华的闹市区，从风景如画的索菲亚市中心到阳光明媚的波多黎各。世界上每天有1000多万顾客在这些肯德基餐厅品尝着由山德士上校近半个世纪前开创的炸鸡。

可以这样说，人们或许不知道美国地理上的肯塔基州，但却知道肯德基炸鸡的名字。山德士上校用一只鸡，为人们的饮食世界添上了丰富多彩的一笔。

1009次失败后才到来的成功，这是多么令人震惊的坚忍啊！我们也能像山德士上校那样，经历上千次的失败仍然不屈不挠吗？恐怕能坚持个几十次就已经是人中精英了。而在面临这一切的时候，山德士上校已经是一位年过花甲的老人。年轻的我们能做到他这样的坚忍吗？

事实上，大多数时候我们不必像山德士上校那样经历上千次的失败，我们遇到的障碍远没有想象的那么严重，也许只要再坚持一次就好。只要多坚持一次，哪怕就一次，或许我们就可以重新再来。

13. 木秀于林，风必摧之

有的人自我感觉有追求、有能力、有才华，在某一阶段也可能走得很顺利，但最后往往难以得到美妙的结果。回头看看，数一数自己跨过的沟沟坎坎，很多时候要归结于不能隐忍、心中总多不平之气。

下面让我们来重温一下悲剧英雄韩信被不平之气一步步推向灭亡的历程。

由于在楚汉战争中建立的功勋，以及对楚汉局势所起到的举足轻重的作用，韩信的军事才能为世人所公认，名望和权势亦因此而如日中天。刘邦曾经在众臣面前说："连百万之众，战必胜，攻必取，吾不如韩信。"也正是基于此，刘邦不能不对韩信时刻保持高度警惕。在刘邦眼里，韩信是一个不折不扣的危险人物，对新政权有着潜在的最大威胁。

汉高祖五年（公元前201年）十月，韩信的故交好友、原楚国大将钟离昧，在楚汉战争结束后成为汉王朝通缉归案的要犯，但韩信出于私人交情，将他藏匿。刘邦得知后下诏给韩信，要他速将钟离昧逮捕归案，但韩信出于朋友之情和侠义精神，一直拖延未予执行。

对于韩信抗旨不遵，刘邦自然十分恼火，此时韩信若亲自为钟离昧求情，讲明道理，凭当时刘邦招降纳叛的宽大政策和统御谋略，至少不会置钟离昧于死地。但韩信既不知避嫌，又缺少两全之策，使刘邦有了打击和惩治他的正当理由。恰在此时，刘邦派到楚地的耳目又报告说，韩信"行县邑，陈兵出入，有谋反之嫌"，这无异于火上浇油。刘邦终于忍无可忍，立即召集文臣武将谋划对策。众将慷慨激昂，一致主张即刻发兵，对韩信进行大张旗鼓的讨伐。

但刘邦冷静下来，思忖再三，觉得这样做没有必胜的把握。他反复斟酌，仍无法下定决心，于是转而征求谋士陈平的意见。

陈平反问刘邦："陛下现有兵力，可有取胜把握？"

刘邦说："难以料定。"

陈平又问："陛下属将，有谁比得上韩信文武兼备？"

刘邦说："难以找出。"

陈平接着说道："兵难胜楚，将不及信，若发兵征讨，促成战事，恐韩信不反也要反了。而且一旦兵戈相见，胜负实难料定。此非上策，我为陛下担心。"

刘邦忙问陈平："那该如何？"

陈平想了想说："有人上书说他谋反，他是否知道？"

刘邦说："时间不长，他应该还不知。"

陈平说："既然如此，陛下可知古时天子巡游必会诸侯，臣闻南方有云梦泽，陛下可学古人出游云梦，依遍召诸侯之例，使会于陈地。陈与楚交境，韩信身为楚王，闻陛下出游必前往拜谒，陛下乘机伏下甲兵可将其轻易拿擒，何须大动干戈？"

刘邦对于这个计策表示满意，马上予以采纳，遣使四出，说高祖出游云梦，诏令诸侯会集陈地。

皇诏传至下邳，韩信半信半疑，他心知刘邦好疑多诈，加上自己曾有抵触违令的表现，心知刘邦对自己的防范，所以格外留心。但他虽然心存疑惧，却在如何行动上拿不定主意。若是发兵反抗，没有什么借口，也没有必胜的把握，再说刘邦也没有自己造反的事实根据，由此获罪，实在不值得；而堂堂正正地前去谒见刘邦，又怕遭到暗算。

属下见他犹豫不决，就说："大王非无过失，引起皇上猜忌，主要是因收留钟离昧一事。如将其斩首，持其首拜谒皇上，皇上一定心喜，大王还有何忧？”韩信心里很矛盾，思考再三，感到只有此法或可摆脱厄运，在生命攸关的问题上，他只得试探一下，于是去见钟离昧，将手下谋士的话直言相告。

钟离昧知其意，亦含怒直言：“汉帝不敢击楚，是恐昧与大王相连，若捕昧献汉，我今日死，大王便明日亡。”说完观察韩信动静。良久，韩信仍无动于衷。钟离昧长叹一声，起身言道：“大王非君子，我不该投身于此。”说完拔剑自刎而死。

当韩信持钟离昧之首到陈谒见刘邦时，刘邦如愿以偿地将他捕获，至此，他才明白果真中了刘邦的诱捕之计。自投罗网的韩信满腹委屈，愤怒地对刘邦说：“果如人言，‘狡兔死，良狗烹；高鸟尽，良弓藏；敌国破，谋臣亡’。天下已定，我固当死。”

刘邦将韩信带至洛阳以后，有大臣为韩信求情，细思起来，刘邦也觉得韩信功大于过，若将他下狱论刑，恐惹众议，于是将他赦免，但同时决定贬他为淮阴侯，留在京中加以监视。

韩信受了委屈，终日耿耿于怀，同时在这种恶劣情绪的支配下，内心深处的叛逆意识反倒日愈增长。他先是采取消极的反抗办法，常常“称病不朝”，觉得由王降为侯，地位与灌婴、周勃、樊哙等原来的部下等同，十分难堪。他是一个自视甚高、太爱面子，又傲世不驯、不堪寂寞的人物，由此渐渐萌发了造反的念头，并且认为“天下英雄我第一”，傲气不减当年，时时锋芒毕露却不自知。

有一天，刘邦和他谈及朝中诸将能力的高下，韩信一通品评，竟没有一个满意者。

刘邦目视韩信，问道：“像朕，能领多少兵马？”

韩信随口道：“陛下统领兵马，最多不过10万。”

刘邦面露不悦，反问道：“卿又能领多少？”

韩信很自得，答道：“像臣，多多益善！”

刘邦也很不客气地说：“既如此，卿何以被朕所擒？”

韩信这才自觉言语欠妥，愣了片刻，只好回答说："陛下不善统兵，而善驭将，为此臣才被陛下所擒。且陛下所为，均由天授，非人力所能及。"

韩信与阳夏侯陈豨感情甚笃，恰巧刘邦任命陈豨以代相国的职务监领代、赵两地兵权。陈豨赴任前，到韩信处辞行。韩信把左右的人都支开，与他密谋说："将军要赴任的地方是天下的军事战略要地，而将军却不是陛下所亲信的近臣。如果初次有人告你谋反，陛下不一定会怀疑；如果再有人告你造反，陛下就会有所怀疑；等到第三次有人告你，陛下就会坚信不疑，必将亲自带兵来讨伐你。届时，我在京师起兵与你里应外合，天下即可属于你我二人。"

陈豨对韩信的谋略深信不疑，于是两人定下了相机起兵，推翻刘邦汉室的计划。汉高祖十年（公元前197年）九月，陈豨终于在代地公开举起叛旗，自立为代王，蔑视朝廷。刘邦亦如韩信所料，亲自率军征讨。

临行时，刘邦已怀疑韩信与陈豨有勾结，故意要求韩信随军赴前线效力。韩信认为这正是自己在京城谋叛的良机，故而称病不从。他一面派出心腹之人秘密与陈豨联络，一面与家臣密谋，决定乘夜间诈称皇帝诏书，骗过监管官吏，释放京城监狱中的囚徒和官奴，以他们为兵变的武装力量，袭击吕后和太子。一切部署既定，只待陈豨密报一到就开始行动，然而，此时淮阳府中有一舍人得罪了韩信，韩信囚其欲杀，舍人之弟为救兄，便将韩信的密谋告发于吕后。

吕后打算立即召见韩信加以惩处，又恐其识破难以达到目的，于是和相国萧何商量，让人诈称从代地前线归来，报告陈豨兵败身死，令群臣皆上朝祝贺。韩信听到这个消息，正惊慌得不知所措之时，萧何登门拜望，他不得不出来相迎，萧何劝道："主上遣使报捷，诸将皆贺，虽身体不适，也应入宫道贺，以释众疑，为何杜门不出呢？"

由于心中藏私，恐别人生疑，听了萧何的话，韩信勉强入宫朝贺。刚一进宫门，迎接他的便是全副武装的卫士，回顾萧何，已不知所往，唯有吕后坐在殿中怒目相视，韩信只能束手就擒，并最终被诛。

韩信的才华是众所周知的，年轻时也曾忍过胯下之辱，可惜建功立业之后却全然忘了当初的忍辱负重而张扬起来。他功高震主，又不肯匿强示弱，以致招来刘邦的猜忌。他欲成大业，却又不能果断地下定决心，以致最后落得个身首异处的悲惨下场。

韩信被杀时，刘邦并不知情。当他回朝得知这个消息后，既欣喜又惋惜，欣喜的是心头之患终于解除，从此不必担心；惋惜的是这样一个杰出的人才不能再为己所用！其实，就算吕后不杀韩信，以韩信恃才傲物，到处树敌，有反心却无大气魄的个性，结局早已注定！

观人一生，本事越大，为人越要低调，行事越要谨慎。须知木秀于林，风必摧之。一个有才能的人面对的挫折往往越大，稍不注意就会落入他人设下的圈套，成为末路英雄！

这个反面例子告诉我们，做人应该内敛低调，特别是在才华已经显露，惹人猜忌的时候，更应该放低姿态。

第4课　耳顺之道：善纳人言修品行

孔子在评述一个人在不同年龄阶段的修为时，曾说："三十而立，四十不惑，五十而知天命，六十耳顺，七十而从心所欲，不逾矩。"耳顺，即听得进不同意见和批评的声音，并能分辨是非真假，这被视为60岁时才能达到的一种境界。而要做到这一点，除了要胸怀坦荡、心底无私外，还需时刻保持清醒的头脑，正确认识自己。这个看似简单的人生智慧，也许需要我们付出一生的努力去追求。

1. 意见相悖时努力改变自己

希望得到赞扬，不愿受到批评，这是一个人正常的心理反应。但这种心理如果发展到过激的程度，以至于只听得进好话，听不得一点批评和不同意见，那么，它就会成为阻碍我们有所成就的消极因素。家庭生活如此，日常工作如此，投资经商也是如此。

金利来的创始人曾宪梓先生曾经说过："无论各地的情况如何不同，各个顾客的要求如何差异，只要我们本着以诚待客、处处设身处地为客人着想的精神，就会被人们接纳，一切问题都可以得到解决。"他是这样说，也是这样做的，正因为他做人处世如此讲究诚实，所以事业才会获得成功。

有一次，一个瑞典顾客结着金利来的真丝领带去打网球，结果汗水使得领带上的染料染坏了他的T恤。事后，这位顾客写信到金利来投诉真丝领带脱色。曾宪梓知道后，亲自找到这位顾客，并认真地向他解释说："真丝领带是不宜沾汗的，因为所有丝质领带遇上带酸性的汗水，都会产生化学作用而脱色。"他在请对方提出进一步意见的同时，赔偿给顾客一件新的T恤和一条领带，并仔细告诉顾客一些领带和T恤的日常保养方法。

这位顾客跟曾宪梓告别的时候，既激动又开心地说："曾先生，我实在佩服你对顾客的真诚，以前我也曾遇到过类似的情况而投诉其他的牌子，可是都没有下文。这一次我实在是太开心、太惊喜啦！"曾宪梓笑着说："你开心，我比你还开心。你能来提意见，证明你对我们的牌子是很关心、很爱护的。我应该多多感谢你才是。”

曾宪梓经常这样告诉下属：“你要是希望这个朋友是长期的，这个关系是长久的话，你只有站在对方的立场上去想一想，看看对方是否能够得到合理的利益。这叫‘推己及人’。这个世界上永远不会有单方面的长久的商业关系。是的，我们是应该为自己着想，立场坚定地维护公司的利益，但是只维护公司的利益，不考虑对方的利益，甚至伤害对方的利益，这种关系绝对无法长久。”

这正是问题的关键所在，听不进批评的人把自己的面子放在第一位，有时甚至因此把诚实的品格与成事的智慧丢到了脑后，这是十分不明智的做法。其实，只要我们以客观事实为依据，适当地站在对方的角度考虑问题，就能诚恳地听取逆耳之言，减少自己犯错误的机会。

2. 耐得住挫折，经得起拒绝

生活中，我们会遇到各种各样的人和事，要想让自己活得自在一点，就必须学会包容别人。特别是在办事的过程中，当你与他人对比处于劣势时，更要有几分韧劲，经得起“拒绝”的再三考验。

有些人脸皮太薄，自尊心太强，经不起拒绝的打击，只要略一受阻，就满脸通红，感到羞辱、气恼，甚至与对方争吵闹崩。

表面上看，这种人似乎很有几分“骨气”，其实这是心理素质过于脆弱的表现。只顾面子而不会千方百计达到目的的人，很难办成事情，对事业的发展更是不利。

因此，我们在办事时，必须增强抗挫折的能力，碰个钉子脸不红心不跳，不气不恼，照样笑容可掬地与人周旋，只要还有一丝希望就要全力争取，不达目的决不罢休。有了这种缠住不放的意志，才能把事情办成。

另一方面，软缠硬磨消耗的是时间，而时间恰恰是一种成事的武器。时间是宝贵的，人们最耗不起的是时间。所以，如果你以足够的耐心，摆出一副“打持久战”的姿态，就会对对方的心理产生震慑，促使其改变初衷，加快办事速度。

有个保险业务员到一家餐厅拜访餐厅老板，老板一听到是保险公司的人，笑脸倏地收了起来。

“保险这玩意根本没用。为什么呢？因为必须等我死了以后才能领钱，这算什么呢？”

“我不会浪费您太多的时间，您只要给我几分钟的时间让我为您说明就好了！”保险业务员并不后退。

“我现在很忙，如果你的时间太多，何不帮我洗洗碗盘呢？”

老板本来是以开玩笑的口吻戏谑他，没想到年轻的保险业务员真的脱下西装外套，卷起袖子开始洗了起来。老板娘吓了一跳，大喊道：

“你用不着来这一套，我们实在不需要保险！所以，不管你怎么说，怎么做，我们都不会投保的，我看你还是别浪费时间了。”

之后，这个保险业务员每天都来洗碗盘，但老板依旧铁石心肠地告诉他：

“你再来几次也没用，你也用不着再洗了，如果你够聪明，趁早找别家吧！”

但是，这位有耐心的保险业务员依然天天来洗，10天、20天、30天过去了，到了第40天，这个讨厌保险的老板终于被打动了，决定投高额保险，不仅如此，他还替这位有耐心的年轻业务员介绍了不少生意。

俗话说：“人心都是肉长的。”不管双方认识的差距有多大，只要你用行动让对方感受到你的诚意，就会促使对方去思索，进而理解你的苦心，从固执的框子里跳出来，与你建立起良好的关系。

3. “善听”比“善说”更重要

人们常说“会说的不如会听的”，每个人都有表现自己的欲望，但如果你能适时地做一个倾听者，包容别人在表现这些欲望时对你的侵害，理性对待一些不中听的话，一定会获得更多的益处。

勒顿在纽约一家百货商店买了一套衣服，可这套衣服穿上后却十分令人失望：上衣褪色，把他的衬衫领子都弄黑了。于是他又来到该商店，找卖给他衣服的店员，告诉她事情的情形。勒顿想诉说此事的经过，却被店员打断了。店员声称：他们已经卖出了数千套这种服装，勒顿是第一个来挑剔的人。正在勒顿和店员激烈争论的时候，另一个店员也加入了，表示所有黑色的衣服都会褪一点颜色，并强调这种价钱的衣服就是如此。

勒顿听了这些话，气得火冒三丈，店员不仅怀疑他的诚实，而且还暗示他买的是便宜货。他正要骂他们，商店经理走了过来。这位经理深知自己的职责所在，正是他使勒顿改变了态度。

他先静静地听勒顿讲述了事情的经过，当勒顿说完时，店员们又开始插话表明他们的意见。此时经理却站在勒顿的立场与他们辩论，指出勒顿的衬衣领子明显是被衣服所污染，并坚持说，不能使人满意的东西就不应在店里出售。他承认自己不知衣服褪色的原因，并请勒顿提出他的要求。

就在几分钟前，勒顿还预备要店员留下那套可恶的衣服，但现在他却决定听取经理的意见：再试穿一周，如果到时仍不满意，就来换。一周后，这套衣服果然没有了毛病，勒顿发现那家商店还是可以信任的。

从人性的本质来看，每个人最关心的都是自己。所以，不管什么时候，我们都要做一个善于倾听的人，鼓励别人多谈论自己。这样不但能够让我们得到别人的信任和喜欢，还能更清楚地了解对方，认清自己，何乐而不为呢？

作家鲍威尔曾说：我们要聆听的是话语中的含意，而非文字。在真诚的聆听中，我们能穿透文字，发掘对方的内心。

人人都喜欢倾听者，有同情心的倾听者和亲密的朋友一样重要，无论对个人还是团体都能起到积极的作用，并且让人感觉他们相当可靠、值得信赖。

倾听者会在考虑自己的需要前，先考虑他人的需要，并且会支持和帮助他人。倾听者喜欢进入他人的心灵和头脑，乐于分享他人深层次的感受。人们倾向于向倾听者打开心扉，是因为人们渴望被关怀，而真诚的倾听者也确实做到了这一点。

当他人受到伤害时，倾听者同样会有受伤的感觉，如同自己也经历过一样；当他人心痛的时候，他们的心也真的痛了起来。

倾听者充满人性，并且极为忠诚。如果他们的需要在工作中得到了满足，他们会更加努力，愿意倾听所有的声音，而不论其身份。他们对任何人都怀有同情心，而这正是他们的魅力所在。

所以，如果你想要其他人喜欢内在的你，不妨学习做个倾听者，真诚地倾听别人内心的声音。

当你面对着对方，要用眼睛和耳朵一起听他说话，一边听一边用心地想别人所说的话。最后，这个对你说话的人会觉得，他已说了他要讲的话。

如果你在听别人说话时目光游移不定，注意力分散，甚至左顾右盼，你就不会是一个真正的倾听者。当然，你可以在听的时候喝一杯咖啡或者抽一支烟。倾听时，你还应该进行一些恰当的交流和引导，使对方在倾诉的过程中，对于自己所面临的问题有更多的认识和了解，并且鼓励他凭借自己的力量去寻求解决问题的方法。

你可以在谈话中采取下面的两种方法，引导别人找到解决问题的方法。

首先，用你自己的话重复一遍你所听到的，比如："你认为……"一方面，你可以借此向对方表示，你用心倾听了他所说的话；另一方面，你也给了他一个机会，使他能够对他再次听到的他自己所说过的话，进行一些修正和补充。

其次，在谈话的过程中，你可以适当地分析对方的心理状态，从你的角度评价对方的感情状态。比如，"你这样生气，对……"你所说的，可能正是对方并未意识到的事情，因此，你很有可能说中了问题的重点，同时也使他清楚地意识到自己的问题所在。

这样一来，你就做到了真诚倾听，帮助别人排除了忧虑，同时良好的人际关系也在这个过程中得以建立，既了解了对方的内心世界，又赢得了对方的喜欢，解决了实际问题。

4. 倾听不同意见，善为他人着想

对一般人来说，听不进逆耳之言影响更多的只是自己及与周围人的关系，而对一位领导而言，听不进不同意见，听不得批评，进而不给下属发表意见的机会，影响的则是整个团队。

要知道，术业有专攻，领导并非全知全能，知识、经验和能力也都有限，因此应当多听取下属的意见，集思广益。同时，给予下属发表意见的机会，也是尊重他们的一种表现，会使他们更积极地投入工作。

以下是听取下属意见时不宜犯的几个小错误：

（1）不要心不在焉。领导者听取下属意见时的态度，对下属的情绪有着很大的影响。如果态度认真，精神专注，下属会感到上司很重视自己的意见，从而把自己的想法毫无保留地说出来。如果心不在焉，一会儿打个电话，一会儿向别人交代事情，一会儿插进与谈话内容不相干的问题，就会使下属感到上司并不重视自己的意见，不是真心诚意听自己讲话，从而偷工减料，保留一些准备谈的内容。所以，听取下属意见时，只要不是临时确定的，谈话之前一定要把别的事情安排好，避免发生干扰。

（2）不要仓促表态。有的领导者在听取下属意见时，喜欢当场仓促表态。这对下属充分发表意见是很不利的。对赞成的意见表了态，其他人有不同意见可能就不谈了；对不赞成的意见表了态，发言者就会受到影响，妨碍其充分说明自己的想法，甚至话说到一半就草草结束。因此，领导者在听取意见时，最好多做启发，多提问题，让下属把意见毫无保留地说出来，还要引导他说出事先没有考虑到的一些意见。

（3）不要只埋头记录，不注意思索。埋头记录，固然表示出领导者的重视，但不注意思索，往往会把下属意见中的可取之处或有价值的东西漏掉。所以，领导者在听取意见时，固然要用笔记下要点，但更重要的是要注意思索，善于从下属的谈话中捕捉和发现有意义的内容，并及时把它提出来，以引发大家的进一步思考。

领导者在征求下属意见时，经常会有人提出反面意见，这是很正常的现象。能否正确对待反面意见，关系到下属能否充分发表意见，也关系到领导者能否从下属的意见中吸取智慧。

那么，具体应如何处理呢？当讨论问题出现反面意见时，既不要断然拒绝，也不要急于解释。而应以热情欢迎的态度，让提出者详尽地说明自己的意见和理由，然后进行认真的分析。对于其中合理的部分应予以肯定，并纳入方案或决议之中；有的合理意见由于某种客观原因一时不便纳入的，也应明确说明，争取下属的理解。对于其中不合理的部分，则应通过讨论，从正面说明道理，帮助下属提高认识。

还有一种情况是，有些下属会借发表意见之机向领导发难，以试探领导的深浅。这种时候，千万不要与下属起争执，更不要表现得太过激动，而应从容应对，及早抽身。

例如，有的下属会拿自己最精通的事故意发问，以探虚实。如果领导者被问得支支吾吾、含糊其辞或是无言以答，他或许就会洋洋得意，甚至不客气地说："科长，这么简单的事您也不知道？"这时，领导者如果涨红了脸，缄口无言，就会丧失应有的尊严，无法顺利地做好今后的管理工作。因此，必须学会严肃地对待下属的发难。

比如，在上述场合，可以从容不迫地回答一句："你对自己的业务已经干了三四年之久，应该精益求精才对。如果你这样炫耀自己掌握的一点知识，不就恰恰表示你还年轻无知吗？"如此不温不火的话语、不愠不怒的态度，既不会让事情进一步恶化，又可显示出自己的风度与气量。

当领导的固然应该博学多识，多知多能，但也不可能对样样事务都精通。因此，在下属强过自己的事情上，可以采取迂回曲折的方式巧妙地回避，紧接着高瞻远瞩，在自己强过下属的事情上，引导和启发下属。

此外，与下属发生争论也是领导在实际工作中经常会遇到的情况。能否有效处理这种尴尬事件，是决定领导者能否获得下属敬重的一个重要条件。

通常，领导者觉得让下属占上风会脸上无光，因而急于想驳倒下属。然而，下属（尤其是性格倔强、脾气古怪的下属）也可能以不服输的劲头，坚持自己的意见，与领导展开激烈的争论。争论越激烈，双方的情绪就会变得越高昂，使得结果难以收拾。

正确的做法是，领导者应该明智地寻找退身之计，适时地说一句："看来你对这个问题颇有研究啊！"这样一来，不仅让下属感到脸上有光，受宠若惊，而且领导者自己也有了可以下的台阶。

为了使下属发表意见的积极性不受挫伤，持久地保持下去，领导者需要对下属的意见，不管是正确的还是错误的、正面的还是反面的、重要的还是不重要的、有价值的还是没价值的，都有所交代。对正确的、有价值的意见，不仅要口头上接受，工作中采纳，还要给予表扬甚至奖励。一切意见中的可取之处，都应吸收到方案或工作中，并且告知提意见者。对于没有可取之处和错误的意见，也应对提意见的人表示感谢，并仔细分析其中的错误之处，耐心说明道理，鼓励其以后继续关心企业的发展，发现了问题或有什么想法都应及时提出来。

高明的领导绝不会忽视下属的参谋作用，他们会给下属创造一个能够充分发表意见的环境，从而借助下属的力量，实现更有效的管理。

5. 走自己的路，让别人去说吧

生活在纷繁复杂的现代社会，偶尔遭到别人的恶意攻击是不可避免的，但我们不能让这种攻击干扰了自己的心态和生活。

美国曾有一位年轻人，出身寒微，依靠自己的努力在30岁时当上了全美有名的芝加哥大学的校长。这时，各种攻击纷纷落到他的头上。有人对他的父亲说："看到报纸对你儿子的批评了吗？真令人震惊！"他的父亲说："我看见了，真是尖酸刻薄。但是记住，没有人会踢一只死狗的。"

卡耐基很赞美这句话，他说：不错，而且愈是具有重要性的"狗"，人们踢起来愈感到心满意足。所以，当别人踢你，恶意地诋毁你时，那是因为他们想借此来提高自己的重要性。当你遭到诋毁时，通常意味着你已经获得成功，并且深受人们注意。

请记住，恶意的批评通常是变相的恭维，因为没有人会踢一只死狗。

美国独立运动的奠基者、美国第一任总统华盛顿，也曾被人骂为"伪善者"、"骗子"、"比杀人凶手稍微好一点的人"。华盛顿对于这些污蔑毫不在意，事实证明，他是美国历史上最具影响力的人物之一。

明人屠隆在《婆罗馆清言》中说："一个人要实现自己的理想，要找到真理，纵然历经千难万险，也不要后退。奋斗的过程中，要用坚强的意志来支撑自己，忍受一切可能遇到的屈辱，只要坚持下去，就能取得成功。责难羞辱不但损害不了你人格的完整，还会使人们真正了解你人格的伟大。重要的是，在遭遇责难侮辱时，把这一切都抛诸脑后，得一份清爽的心情。”屠隆的话告诫我们，当面临无耻之徒的恶意诋毁时，正确的态度应该是置之不理。

有的人对无中生有的污蔑表现得异常激愤，甚至反唇相讥，其实没有必要。换一种角度来看，遭人诋毁反倒应该觉得庆幸，正是因为你极具重要性，别人才会去关注、去议论、去污蔑。所以不要去理会这些无聊的人，事实会让流言不攻自破。

有位朋友对小仲马说：“我在外面听到许多不利于你父亲大仲马的传言。”小仲马摆出一副无所谓的样子回答：“这种事情不必去管它。我的父亲很伟大，就像是一条波涛汹涌的大江。你想想看，如果有人对着江水小便，那根本无伤大雅，不是吗？”

听到别人的流言蜚语，经过客观的分析、判断之后，只要认为自己的做法合理，站得住脚，大可以坚持到底，不必妥协。

美国总统罗斯福的夫人艾丽诺曾受到许多攻讦，但她总能够泰然处之。她说：“避免别人攻讦的唯一方法就是，你得像一只有价值的精美的瓷器，有风度地静立在架子上。只要你觉得对的事，就去做——反正你做了有人批评，不做也会有人批评。”

林肯曾就那些针对自己的刻薄的指责写过一段话，后来的英国首相丘吉尔把这段话裱挂在自己的书房里。林肯是这样说的：“对于所有的攻击的言论，假如回答的时间大大超过研究的时间，我们恐怕要关门大吉了。我竭尽所能，做我认为最好的，而且我一定会持续直到终了。假如结局证明我是对的，那些反对的言论便不用计较；假如结局证明我是错的，那么，纵有10个天使替我辩护，也是枉然啊！”

其实，做人就应如此，益则收，害则弃。对于正确的批评，应该欢迎，哪怕言辞激烈或只有百分之一的正确。但对于纯属恶意的人身攻击、诽谤、诋毁、中伤，如果不想为它所害，就只有不去理会，正如鲁迅所说，最高的轻蔑，是连眼珠子都不转过去。

所以，不必太在意别人的攻击，事实会说话，时间会说话。何况别人攻击你，说明你至少有被人攻击的价值，这时先不要去反击，反而会不战而胜。

6. 不要被傲气堵住了我们的双耳

生活中，人们除了无法忍住言语上的冲动外，通常还很难忍住骄横之气。

人有傲骨便是铮铮铁汉，但一身骄横之气的往往是愚蠢之人。《王阳明全集》中说："今人病痛，大抵只是傲。千罪百恶，皆从傲上来。傲则自高自是，不肯屈下人。故为子而傲必不能孝，为弟而傲必不能悌，为臣而傲必不能忠。"

骄傲的确是为人处世的大忌，因为骄横者常常自以为是，当别人真诚地指出他的毛病后，他不是虚心地接受批评，改正自己的过错，而是固执地坚信自己的行为是正确的。当别人真诚地指出他的毛病后，他不是虚心地接受批评，改正自己的过错，而是固执地坚信自己的行为是正确的。即使别人好言相劝，他也不会当回事。历史上的许多事例说明，一个人若不能忍住骄傲，终有一天会给自己招来祸端。

三国时，刘备因有关羽、张飞、赵云、诸葛亮等良将谋臣，得以和孙权、曹操三分天下。其中，关羽智勇双全、忠义刚直，名满天下。

当时，荆州的归属一直是孙刘联盟的一块软肋，因为荆州的战略地位十分重要，所以成为孙刘矛盾的焦点，刘备凭借荆州进军巴蜀，孙权欲据荆楚成帝王之业。为了夺回荆州，孙权用了10年的时间进行筹划。而镇守荆州的正是关羽，东吴镇守陆口的守将吕蒙劝孙权夺回荆州，并主动请命。当吕蒙回到驻地陆口时，得知沿江上下均备有烽火台，荆州军马也都有所准备，他一时无计可施，只好托病不出，并使人回报孙权。

孙权派谋士陆逊前往陆口，陆孙见到吕蒙后为他出谋划策，说："关羽向来以英雄自许，自认天下无敌，现在在荆州他只顾虑你一个人。你不如乘此机会，装病辞职，把镇守陆口的责任交给别人。让接任的人假装卑躬屈膝，不断赞美关羽，让他骄傲起来，这样他一定以为荆州没什么可担忧的，便会撤兵去樊城。等到荆州守军都撤走了，只要派一旅之师奇袭，一定可以把荆州夺回来。"

吕蒙听后大喜，依计而行，并把这个任务交给了陆逊。

陆逊接任后，立刻命人备了厚礼去见关羽，并且捎去一封写得极其谦卑的信，在信中把关羽大大地赞扬了一番。关羽信以为真，认为荆州没有什么危险了，就撤走了大半守军去樊城听调。尽管手下有人提出这样做有风险，但关羽哪里听得进去。

随后，陆逊派兵扮作商贾骗过了烽火台上的守军，将之尽数擒住，之后派大军长驱直入，轻而易举便占领了荆州。而这也成为了蜀汉由盛而衰的一个转折点。

以关羽之才能，却败在了自己的傲慢上，实在令人叹息。

下面这个故事也很类似。

辽重熙十七年（公元1048年）正月，辽主耶律宗真派人到西夏祭奠刚刚亡故的西夏王赵元昊，实际上是为了查看其国力如何。

使者打听到西夏新主李谅祚年幼，军政大权都落入皇太后及其亲信手中，而且西夏国众大将之间有隔阂，不能友好相处。耶律宗真得到消息后，认为这是扩大版图的大好机会，于是迅速调动手下的军队准备袭击西夏国。

辽国老将萧惠身经百战，为辽国立下过汗马功劳，随着年纪渐长，萧惠的傲慢之心也随之增长。这一次，耶律宗真任命他为南路大军统帅，率战船、粮船无数，浩浩荡荡绵延百里，场面十分壮观。

萧惠率军来到西夏境内，沿途却没有看到西夏兵的踪影。疑惑之下，他派出刺马前去侦察。但是，轻敌心急的萧惠没有等到刺马回报，就迫不及待地命令大军继续前进。

部下一再提醒他要小心，但他认为刚刚继位的李谅祚还不到20岁，根本不足为惧，加之大权又是落在一个妇人手中，自己率大军压境而来，西夏可说是瓮中之鳖，尽可手到擒来。

萧惠本以为西夏国会派大军去迎战率领中路大军的耶律宗真，无暇顾及自己这支部队，实际上，渡河后没有遇上西夏兵的中路大军已经班师回国，但萧惠并不知情，仍在催促部队向着西夏国纵深处急进。

一天，当萧惠率大军来到贺兰山下，正在扎营休息的时候，一名刺马急匆匆地回来禀报："前方有西夏国大军正向我们逼近！"萧惠听后不但没有及时做出反应，反而以为刺马谎报军情，气得要将之斩首示众。

然而，西夏军的前锋骑兵已经逼近了，毫无准备的辽军仓促应战，实在是不堪一击。萧惠更是连铠甲都没来得及穿上就不得不夺路而逃，幸亏身边有几位勇士冒死护卫，才免去被掳之祸。

西夏军此役以少胜多，一击成功，大获全胜。而自恃兵强马壮、声势逼人的萧惠，却因为轻敌傲慢而导致了失败。

由此可见，骄傲是个人修养的大敌，人一旦有了骄傲之心就听不进去别人的忠告，也不能及时反省自己的言行，从而使自己越来越盲目自大，最终导致失败。

7. 容人者也能为人所容

现实中常有这样一种现象，某位严厉的领导对一般人可谓不假辞色，听不得丝毫不中听的话，但对某个人却网开一面，即使他顶撞自己也不以为意。不过，这种敢于顶撞领导而又不被责怪的人，多半是个正直无私的人，而他的正直无私很多时候恰恰体现在对其他人，包括对批评、诋毁自己的人的包容上。

唐朝名相狄仁杰当并州都督府法曹时，同僚郑崇质奉命出使去一个遥远的蛮荒之地。郑崇质的母亲年老而多病，让他丢下老母只身远行，他心里很矛盾，非常担心自己走后无人照料母亲。狄仁杰得知后十分同情，于是求见作为主管长官的长史蔺仁基，对他说："郑崇质的母亲老弱如此，我们怎么忍心他在万里之外还要为老母担忧呢？"他自告奋勇，表示愿意代替郑崇质出使。

狄仁杰的举动令蔺仁基深受感动。此时蔺仁基正和司马李孝廉闹矛盾，两个人不但在公事上互相拆台，而且平时也形同陌路，都以看对方出丑为乐事。面对急公好义的狄仁杰，蔺仁基非常惭愧，主动去找李孝廉，把狄仁杰的事说了一遍，并深有感触地叹道："与仁杰相比，我们难道能不自惭形秽吗？"李孝廉也深受震撼，二人从此和好如初。

狄仁杰不仅爱护同僚，即使是对曾经诋毁过自己的人，也能从大局出发，不计较个人恩怨，与他们和睦相处。

秉性耿直，喜欢据理力争的狄仁杰，有时难免当面顶撞武则天，但对臣下一贯非常严苛的武则天对狄仁杰却十分敬重，不但不介意他的顶撞，反而常常爽快地接受他的意见。

有一次，武则天到洛阳附近的三阳宫避暑，有一个西域来的和尚请武则天去观赏佛教圣物舍利子，笃信佛教的武则天很高兴地答应了。当她准备出发时，狄仁杰却跪到驾前，振振有词地说："佛不过是夷狄之神，不应凌驾于天下之主之上。再说，山路险狭，很不安全，陛下此行实在有所不宜。"武则天听了只是一笑置之，仍然坚持上路。但是走到半路，她越想越觉得狄仁杰说得有理，于是又下令打道回府，一边还自我解嘲说："这是为了成全我这位直臣的气节。"

武则天平时尊称狄仁杰为国老，而不直呼他的名字，这是其他大臣望尘莫及的殊荣。狄仁杰晚年腿脚不便，武则天便让他在朝见的时候不用行跪拜之礼，并开玩笑说："每次见到你跪，朕的身子也会痛起来。"

当时的大臣都必须在宫中宿值，武则天考虑到狄仁杰年老体弱，就免除了他的差使，并对其他大臣说："你们尽量不要去麻烦狄公，除非是军国大事。"与许多在武则天手下或被杀或遭贬的重臣相比，狄仁杰这样一个并不曲意逢迎、明哲保身的人却能平安无事，实在是一个奇迹。

其实，这也是因为他虽然并不刻意讨好武则天，但是为人刚正耿直，非常有原则，更重要的是能以其耳顺、包容的品德赢得人心，而且对武则天忠心耿耿，断案处事非常严明，是难得的良臣，所以武则天才如此器重他。

所以说，耿直并没有错，以包容他人为基础的耿直不仅成全了自己的良心，还能够得到人们的赞赏和美誉。当然，对于一个耿直的人来说，后者并不是预期要获得的，那是命运额外的奖赏。

8. 兼听则明，偏信则暗

做人要听得进不同意见，同时必须学会判断这些意见的好坏，择其善者而用之。如果走向耳顺的极端，耳根子太软，那就成了墙头草，什么事也做不成。

对于这个问题，孔子有过一段精辟的论述："浸润之谮，肤受之愬，不行焉，可谓明也已矣。浸润之谮，肤受之愬，不行焉，可谓远也已矣。"这是孔子在学生子张问他什么才算见事明白时的回答，意思是："点滴而来、日积月累的谗言和肌肤所受、急迫切身的诬告都在你这里行不通，那你可以说是看得明白的了。点滴而来、日积月累的谗言和肌肤所受、急迫切身的诬告也都在你这里行不通，那你可以说是看得远的了。"

子张才高意广，自然很想把事理看透，所以向孔子请教什么是"明"。这是明白人问明白事。

"浸润之谮"是慢功，不易为人察觉；"肤受之愬"是快功，由于它利害切身，让人难以容忍。一个人不信谗言之邪，软硬不吃，可以说是见事明白。然而自古及今，明白人少，糊涂人多，致使许多忠臣义士遭难，奸邪小人得势，而日常生活中诸多不该有的误解也往往由此而生。

结合自己的人生经验，我们会发现，有的人攻击、排挤他人的手段相当高明。他们表面上似乎在说一件毫不相关的事情，其实让人听了禁不住产生无数联想。被打击的人当时也不觉得有什么，用形象的话说就像是被蚊子叮了一口，但是他的形象在众人眼里早已不是原来的样子了。比如，

A想排挤掉竞争对手B，于是在其他同事面前说："某某领导很器重B哦，B的能力很强，我真的很佩服。"表面上看他是在夸赞B，但是其他同事听了以后心里就不会这样想，因为人类的心理很复杂，嫉妒心是很多人都有的。A巧妙利用其他人的嫉妒心来散布"B威胁论"，无形中孤立了B。这一点很像有几个国家总是到处散布中国威胁论一样，其实道理是相通的，就是要孤立对方，让对方没有发展的机会。这就是孔子所说的"肤受之愬"。

从另一个角度来讲，我们一定要"兼听则明"，不要轻易听信别人的一面之词，做到孔子口中的"明"，所谓众人皆醉我独醒。唐太宗与魏征的一段对话就深刻说明了这个道理。

唐太宗问魏征："我作为一国之君，怎样才能明辨是非，不受蒙蔽呢？"魏征回答说："作为国君，只听一面之词就会糊里糊涂，常常会做出错误的判断。只有广泛听取意见，采纳正确的主张，才能不受欺骗，下边的情况也就了解得一清二楚了。"

从此，唐太宗很注意听取下面的谏言，鼓励大臣直言进谏。魏征去世后，唐太宗悲痛地说："用铜做镜子，可以看出衣帽穿着是否整齐；用历史做镜子，可以明白各个朝代为什么兴起和没落；用人做镜子，可以清楚自己与别人的差距和得失。今天魏征不在了，我真是失掉了一面好镜子啊！"

一个人能做到广泛听取众人的意见，就能明白事情的真相，做出正确的判断；只听信一方面的意见，就会不了解真相，得出错误的结论。因此，无论是办事还是与人交往，我们都要广泛听取意见，不听信片面之言，这样才能顺利地把事情办好。

9. 只为成功找方法，不为失败找借口

人似乎有这样一种天性，总是习惯以不同的标准来对人对己，往往是责人以严，待己以宽。也因此，人们总是原谅自己的过错，忽视甚至敌视他人的忠告与批评，为自己的愚蠢找借口。

张亮和陈楠又一次相遇在上海这个繁华都市的街头，不过，此时的陈楠衣衫不整，一脸颓唐，全无以往的神采，与意气风发的张亮形成了强烈的反差。陈楠叹了口气，眼神有点羡慕地看着事业蒸蒸日上的张亮，说："张亮，我跟你说实话吧，最近我遇到了一个叫赛半仙的人，他给我算过了，我之所以栽了，全是因为我办公室的那张桌子。"陈楠咽了口唾沫，"就是那张桌子，冲了北，先生说破了风水，所以我的事业才节节不利。唉，我要是早认识这位赛半仙，现在就可以像你这样啦，也不至于落魄到今天这种地步……"张亮很同情地看着这位当初和他一起来上海创业的伙伴，微微一笑，不置可否。他心里明白，自己之所以有今天，都是靠自己一步步打拼出来的，是自己努力的结果。他内心更替陈楠感到可悲，没想到他竟能找出这样的借口，风水能决定一个人的事业吗？

张亮和陈楠到上海创业时，上海的广告业正处于初级阶段，创业并不容易，但是市场上还是有很多机会，陈楠很快就建立起了自己的关系网，公司的业务蒸蒸日上，陈楠对此十分得意。然而不到几年，公司的业务就开始下滑，财务出现了危机。陈楠开始抱怨自己的机遇还没有真正到来，只要等上一段时间就能东山再起。实际上，随着广告业的进一步发展，市

场上的竞争越来越激烈，一方面客户的眼光越来越挑剔，另一方面同行的竞争对手也越来越优秀，很多都拥有研究生学历，而陈楠仍是初中毕业的水平。

张亮曾多次提醒陈楠："老陈呀，现在的社会发展越来越快，我们要是不继续学习，就快跟不上时代的步伐了，你也应该去充充电了！"但是陈楠总是说："唉，你看我都这么大年纪了，而且书本都放下多少年了，精力又跟不上，怎么学呀？再说，我这段时间事业不景气，只不过是因为我的时运还没有来到，你看我原来没有学习，公司一开始不也做得很好吗？"张亮听了，也只好随他去了。

由于陈楠总是不能把握住客户真正的需求，不知道哪些潮流和时尚是客户喜欢的，哪些是客户不喜欢的，而且与设计人员谈主题和创意时，由于知识水平跟不上，他总是不知所云，渐渐地，设计人员交上来的创意和文案，他也无法分辨质量的高低，通常拿到手就联系印刷，结果东西出来后得不到客户的认可。有时张亮善意地劝他去跑跑市场，他也总是诸多借口，要不推脱自己忙，要不说自己毕竟是个公司的老板，去市场上跑多没面子，结果公司一而再、再而三地陷入困境，最终被市场无情地淘汰了。

我们再来看一下张亮，尽管初期公司的业务量直线上升，但是他丝毫没有被胜利冲昏头脑，他知道，要想在市场上站稳脚跟，真正做大做强，基业长青，必须做到两点：一是牢牢把握住市场，了解客户需求；二是不断提升自己，别人强，我比别人更强！因此，工作之余，张亮充分利用时间给自己充电，努力学习。有时候跑完一天市场，打理完公司的各项事务，身体实在累得不行，但是他并没有把这作为当天不看书的借口，有时实在太累，就趴在书上睡着了。张亮的远见和努力没有白费，在别的广告公司纷纷没落的时候，他的公司却业绩骄人，一天天强大起来。

职场中，我们也经常可以见到像陈楠这样的人，他们总是善于在失败时给自己找到这样或那样的借口，而不是反省自己，提升自己。而且，他们在平时的生活和工作中就养成了这样的恶习，比如：没有按时完成工作，就推说自己身体不舒服；上班迟到，借口糟糕的天气和拥挤的交通；事业失利，便归结为自己时运不佳。

一个只会推卸自己责任的员工，不可能获得同事的信任和支持，也不可能获得上司的信赖和尊重。

美国西点军校里有一个广为流传的悠良传统，那就是遇到军官问话，只有4种回答："报告长官，是！""报告长官，不是！""报告长官，不知道！""报告长官，没有任何借口！"除此之外，不能多说一个字。"没有任何借口"，是西点军校奉行的最重要的行为准则，它强化的是每一位学员想尽办法去完成任何一项任务，而不是为没有完成任务去寻找任何借口，哪怕看似合理的借口。其目的就是为了让学员学会适应压力，培养他们不达目的不罢休的毅力。它让每一个学员懂得，工作中是没有任何借口的，失败是没有任何借口的，人生也没有任何借口。

著名管理学家格兰特纳说过这样一段话："如果你有自己系鞋带的能力，你就有上天摘星星的机会！"不要为自己的错误辩护，再美妙的借口也于事无补，不如把寻找借口的时间和精力用在工作中，仔细琢磨下一步该怎么走。反过来说，面对失败，如果将下一步的工作做好了，失败就可以成为成功之母，这样一来，失败的借口也就不用找了。

成功的人永远在寻找方法，失败的人永远在寻找借口，当你不再为自己的失败寻找借口的时候，你离成功就不远了。

第5课　慎言之道：说话用脑莫论人非

少说话，多做事，待人宽，是一条行之有效的成事真理。看看社会上的成功人士，口才卓越也好，拙于言辞也罢，对自己的言论都很慎重，说话大都言之凿凿，有根有据，落地有声。相反，越是一事无成的人，越喜欢飞短流长、苛责于人。对此，我们要明白，补充一句话总有机会，收回一句话却永远不可能。言词越少，纷争也就越少。

1. 一句话可兴邦，也可误国

社交中，有的人说话简直像不经过大脑似的，想到什么就说什么，而这些话常常是不恰当、没分寸的，结果不知不觉中就得罪了人。

宋光心地善良，乐于助人，但人缘却不是很好，为什么呢？原因是他说话经常得罪人。有一次，他热心地为一个男同事介绍对象，他说："这个女孩个子长得高，而且也很漂亮，你去见见，我看你俩挺合适的。"同事很感兴趣，于是向他询问这个女孩的具体情况，之后觉得不太适合自己，但又不好意思直说，就委婉地说："我现在很忙，暂时还不想处朋友，以后再说吧！"宋光听见同事这样说，知道同事不同意，便不高兴地说："你有什么了不起呀，这也不行，那也不行，你还想找什么样的？你真是太狂了。"同事一听这话，当时就生气地说："我现在就是不想处朋友，你操哪门子心呀！不同意就是不同意，要是真那么好，你自己处算了，反正你也没有对象。"

其实，宋光为同事介绍对象，不管成与不成，同事都应该好好地感谢他才对，可是由于他出口伤人，引起了同事的不满，所以才对他以牙还牙。本来是一件好事，由于没有把握说话的分寸，结果反而得罪了人，真是"费力不讨好"。现实生活中，类似宋光这样的大有人在。

一个女孩想到深圳去闯一闯，临行前，她去看望一个十分要好的朋友。朋友得知她要去深圳发展，不但没有鼓励她，反而嘲笑她说："你在这个小地方还没混出个样来，还要到深圳去发展？深圳就缺你呀！那是什么地方？！走到街上迎面遇到3个人，两个本科生，一个博士生！中专生到那里怎么混啊！我看比你强的人，出去的也没几个发展好的，你还是好好想一想吧！作为朋友，我提醒你，要看清楚自己有多大本事。”女孩听了这话，十分生气，马上起身离开了朋友家。

其实，作为朋友，这个时候即使不说鼓励的话，也不应该泼冷水，这会伤害朋友的自尊心，影响日后的交往。

当然，这种人品质并不坏，坏就坏在没有把握说话的分寸。他们不说话还好，只要一开口就得罪人，久而久之，人们发自内心地不愿与这样的人来往。

人际交往中的分寸感是一种智慧和能力，需要不断修炼。《菜根谭》有云：“得意便思有矜辞色否，失意便思有怨望情怀否。”无论得意还是失意，我们都需要不断自我反思与修炼。

成功是每一个人的追求。要想在竞争激烈的社会上争得一席之地，每个人都应努力提高自己的说话水平，尤其要注意把握自己的说话分寸，让语言为自己的成功造势，而不是挡路。

小雪是福建人，来北京3年多了，几天前处了个对象，条件非常好：家在本地，有房有车，人品长相都不错。同事们都十分羡慕她，说她找了一个好对象，纷纷祝贺她。但有一个同事却说：“你的条件也不太好啊，怎么偏偏找了一个条件这么好的？是不是这个人有什么毛病？”小雪本来很愉快的心情，被这突如其来的话给破坏了。这时，一个同事赶紧打圆场说：“你怎么能这么说人家呢？小雪条件也不差呀，皮肤好，身材又苗条，个性又好，单凭这一点，什么样的找不着啊！”那个泼冷水的同事知道自己说走了嘴，忙不好意思地说：“我不是那个意思，真的，小雪，你可别误会。我只是觉得你男朋友条件太好了，与你家条件有点悬殊，有点不可思议。”小雪很生气地说：“你说来说去，还是在贬低我。怎么啦，我家条件是没有他家好，那又怎么样？他就是看上我了，有什么奇怪的！少见多怪，我看你才是有毛病呢！”

这个泼冷水的同事其实也没有什么恶意，就是不懂得说话的分寸，不知道哪些话该说，哪些话不该说，不过几句话，就把人家给得罪了。就算她真的这么认为，也不该说出来，心里知道就行了。她不说话，也没有人把她当哑巴，何必说出来惹人家不高兴呢？结果闹得自己也没有台阶下。

圣训云：一个人由舌头造成的失误，要比他的双脚所造成的多。这句名言所揭示的真理是不证自明的。所以，我们在与人交往时，说话一定要有分寸，少说别人不爱听的话，以免触怒对方，影响双方的关系。为了赢得别人的好感，还应注意别人的心理需求，多为对方考虑。

2. 苛求他人等于孤立自己

关于立身处世的道理，自古以来的圣贤都认为，要严以律己，宽以待人。严以律己，可以不断提高自己的修养水平；宽以待人，不但可以赢得尊敬和友谊，还能尽量不得罪人，不为将来埋下隐患。凡事多为别人设身处地地想一想，既能使对方知错而改，又会对你心怀感激，寻机回报。这实在是一种为人处世的大智慧。

明人宋纁辑录的《硕辅宝鉴》中记载着这样一则故事，十分耐人寻味：

唐高宗时，狄仁杰曾先后担任大理丞、豫州刺史、洛州司马等官。天授二年（公元691年），武则天任命他为宰相。有一天，武则天对他说："你在汝南有善政，然而也有人说你的坏话，你想知道吗？"狄仁杰说："陛下认为他说得对，臣当改正；认为臣没有那样的过错，那是臣之幸也。至于是谁说臣的坏话，臣不愿意知道。"武则天听了很高兴，称赞狄仁杰是一个宽宏大量的长者。

这种宽厚与容忍，绝对不是喜好争斗的小人所能做到的，明知对方错了，却不争不斗反而认输，自己吃点小亏，而使别人不受损。不争表面形式的输赢，而注重思想境界和做人水准的高低，这样的人其实活得很潇洒。狄仁杰由于能不计小人过，不但没有丝毫损害自己的名声，反而更受到人们的称道。

不止狄仁杰如此，中国历史上这类容人的事例还有很多。

汉高祖重用“盗嫂”的陈平而得天下，宋太祖撞破受贿的赵普而不责罚，曹操更是公开下《求贤令》说：哪怕有不好的名声、可笑的言行，甚至是不仁不孝之人，只要有治国用兵之术，都不要有所遗漏。

这些都是为了容纳那些虽德行有亏但确有才干的人。而这方面最为突出的，恐怕要算孟尝君容忍门客而得到报答的事了。

据说孟尝君手下有个门客，和孟尝君的夫人勾搭上了。有人向孟尝君告发了这个“第三者”，建议把他杀了。孟尝君听后，只是淡淡一笑说：“男女相悦，人之常情，这种事那么认真干什么？”

后来，孟尝君把这个门客推荐给卫国国君，当卫国准备联合各国讨伐齐国时，那个门客以同归于尽威胁卫国国君，使其打消了攻齐的念头。齐国人知道这件事后，都赞扬孟尝君宽厚待人而转祸为功。

容忍他人小的过失，他会以自己的一技之长来报答，而责备只会让他徒增怨恨。被宽容者通常会把感恩之情压在心底，一旦有机会，他必定会竭尽所能地报答。由此看来，那些刻意寻求他人过错、动辄对人大声责骂的人，岂不是太愚蠢了吗?

责己厚，则进德修业快；责人薄，则人易从．而且不会招来怨恨。责己、责人互相关联。重视责己的人，对人不会过严；责人太严的人，往往不重视责己。须知责人太严，会招来怨恨。孔子说：“人而不仁，疾之已甚，乱也。”

当然，不“薄责于人”不仅仅是为了“远怨”，每个人都不完美，“尺有所短，寸有所长”，与其把精力浪费在关注别人的缺点上，还不如用点心思提高自己的修养。《论语·宪问》中有这样的记录：“子贡方人。子曰：赐也贤乎哉？夫我则不暇。”意思是，有一次孔子的学生子贡在孔子面前评论别人的短长。孔子听了很不高兴，教训子贡说，你自身就足够完美吗？我是没有议论别人是非的闲工夫的。

确实，把苛责别人、攻人之恶的话咽到肚子里，你会发现受益匪浅。

3. 静思己过，勿论人非

俗话说："谁人背后无人说，谁人背后不说人。"这话虽然说得有些绝对，但也说明了一个道理，那就是，大多数人都或多或少地在背后说过别人。不过，经常在背后说别人坏话的人，肯定不会受人欢迎。因为凡是有点头脑的人，都会自然而然地这么想："这次你在我面前说别人的坏话，下次你就有可能在别人面前说我的坏话。"这样一来，说人坏话者在别人的印象中就不可能好到哪里去。

在日常应酬中，常常会遇到别人在我们面前说另一个人的坏话，对此，我们应该端正态度，用辩证的思维去看待这种事。因为说别人坏话的人，通常有着各种各样的原因，充分分析讲话者的心理和事情的起因，对完善我们自身大有益处。

有两个朋友因为一个女人而闹得很不愉快，两人平时见面虽然都装出一副无所谓的样子，但是一旦分开，就会"攻击"另一方，将对方的"坏"处添油加醋地讲出来。身为朋友，你自然成了他们发泄对对方不满的汇集点。这时应该怎么做呢？当甲对你说乙的坏话时，你应尽可能地保持沉默，在适当的时候加进一两句劝导的话，不对乙加任何评语；当乙对你说甲的坏话时，你也同样不要对甲加任何评语，在适当的时候对乙劝导几句即可。所有的话，无论是哪一方说的，都让它们到你这里截止，再不外传。一段时间过后，当甲乙二人都冷静下来，回想起他们在你面前所说的话，肯定自己都觉得不好意思。这样处理，就不会使他们之间的矛盾进一步激化。如果换一种情形，你对他们一意奉承，在甲面前也附和说乙不好，在乙面前附和说甲坏话，结果可想而知。

从这件事我们可以得到一个经验，那就是当别人对你说第三者的坏话时，无论你是否明白其中的原因，都必须做到“入耳封存”，同时还要充分了解对方，如果发现对方是无缘无故，只是天生有背后说别人坏话的习惯，应有意识地疏远他。

另外，如果别人有什么缺点，可以寻找适当的机会当面向他提出，或者容而忍之，视而不见。背后议论别人的方法绝不可取，有时还可能导致严重后果。

2010年4月28日，英国前首相布朗到英格兰小镇罗切戴尔拉选票，恰遇上街去买面包的老太太杜菲。身为工党铁杆支持者的杜菲看见布朗后，异常兴奋，她立即走上前去，一手拿着刚买的长面包，一手紧握布朗的手猛烈摇晃，并向自己的偶像提出了几个问题：“你如果连任，会怎样处理越来越严重的财政赤字？学生的入学贷款怎么办？怎样解决养老金发放不及时？”

她还对布朗抱怨说：“越来越多的东欧人住在我家附近，严重干扰了我的正常生活，你准备采取什么措施对待日益严重的移民问题？”

杜菲提出的这些问题，正是其他选民所关心的。布朗很快就被选民团团围住，他笑容可掬地一一做了回答，而选民也以热烈的掌声表示满意。临走时，布朗亲切地对杜菲说：“我代表工党所有成员，真诚感谢你们全家的一贯支持。”

然而仅仅过了不到4分钟，布朗坐上汽车后马上就换了一副面孔，对身边的同僚埋怨道：“我想知道这是谁的主意，让我和这样一个老女人对话？这个老女人问的每一个问题，都让我感到她是个偏执狂。她还说她家几代人都是工党的坚定支持者，让我听了浑身起鸡皮疙瘩。”

令布朗没想到的是，他说这些话时，竟然忘了关闭身上佩戴的麦克风，这些话被直播出去并记录下来。大家在惊愕的同时，争先恐后地将布朗骂杜菲的话予以报道。

此时的杜菲仍然蒙在鼓里。当记者问她："布朗上车后对你有一段评价，你想不想知道？"杜菲表情轻松地笑问："他说什么了，我想一定是赞扬我的话。"当被告知布朗骂她是偏执狂时，她惊讶地张大嘴巴，说道："你一定是在和我开玩笑。"

当记者将布朗的录音放给杜菲听后，她不得不相信了。她愤怒地说："我非常难过，我强烈要求首相道歉。这次我原本已经填好了给工党的选票，但现在我放弃投票，无论布朗胜败，我都毫不在乎。"

布朗听到自己的失言录音后，非常沮丧。除了让助手拨通杜菲的电话，他还取消了随后的所有行程，以最快速度驱车去了杜菲家，和老太太进行了长达45分钟的私人会谈。

会谈结束后，布朗随即在电台对民众道歉："杜菲女士已经原谅了我，如果老人愿意的话，你们可以称我为悔过的罪人。"

尽管布朗尽了最大的努力来补救，最终还是败给竞选对手——保守党的领袖卡梅伦。可以说，这件事给布朗政府的下台推了一把力。

4. 不要妄下定论

如果你主观地根据自己的经验对人对事下定论，那么你所得到的信息可能是不准确的。因此，在下定论之前必须以一定的事实为基础，对对方做全面考察。

一个事业有成的男人到医生那里接受心理治疗，医生说："你能告诉我你有什么问题吗？"

该男子提到了他在生活和工作中负担过重的问题。他向医生详细地解释他要做的事是如何多，每天要完成多少工作，每天要处理多少大大小小的问题，因此，他根本没有考虑自己的时间。

医生耐心地倾听着，当这个男人终于说完了之后，他问这个男人："你对我说每天你都要忍受很重的负担，可是为什么你还这么自豪地对我讲述这一切？为什么你在讲述这一切的时候，脸上始终洋溢着高兴的神情？"

通过提问和观察，医生意识到，在生活中逼迫该男子的并不是这些工作，虽然他的工作的确很多，但是真正的问题在于他的自我价值观，他需要这么多的工作来维持自己是个大人物的感觉——他很自豪，他是如此重要，有那么多的事情需要他去做，有那么多的人需要他的帮助。

不只是医生，对每一个希望了解别人的人来说，有一个根本原则就是：你只要提出你看到的和感觉到的，而不要根据自己的所见所闻，总结出解决别人的问题的办法。你应该这样说：

——“你今天脸色有些苍白”，而不是“今天你看上去好像很累（或者是病了）”。

——“你今天根本不能安静地坐下来”，而不是“你今天非常激动，烦躁不安”。

——“你今天一点也不健谈”，而不是“你今天怎么又发脾气了”。

——“你今天穿得很时髦，很漂亮”，而不是“你今天是不是与你男朋友有一个约会啊”。

为什么前一种表达方式比后一种表达方式要好一些？非常简单，你能从别人身上观察到的表现，可能对应很多的事实。比如说某人脸色苍白，可能是因为疲劳，也可能是由于生病，或者她把自己化装成脸色苍白的样子。真正的原因应该是由他自己告诉你而不是你自己乱下定论。

如果你仅仅根据自己的经验就对别人状况做出判断，很可能会给别人带来压力，使他不得不做出一些不必要的解释和辩解。即使他不想对此说些什么，通常出于礼貌，他将不得不给出一个合乎情理的回答，而这种回答很可能不是你想了解的实情。

因此，要想正确了解别人的心理，就要避免用自己的观点来解说从别人身上看到的现象，而应该认真倾听对方的诉说，引导对方表达自己的真实情感。

5. 新事新办，莫翻“旧账”

通常人们在盛怒之时，就容易出言不逊，说些诸如“这些低级错误你已经犯过一次了”之类的话。这样做是非常不妥当的，旧事重提不但无法说服对方，还会引起对方的反感。

苗丽是某公司的经理秘书，她刚参加工作不久，但做事十分认真，把工作处理得井井有条。有一天，经理需要一份文件，苗丽翻来翻去，急出了一身汗，但那份文件就是找不到。她只好把这件事告诉经理，经理的脸立刻沉了下来：“你是怎么做事的，竟然会把文件弄丢？”苗丽只好道歉：“对不起，是我太大意了！不过经理，能不能请您看看办公桌，文件会不会在您这里？”经理的情绪显然很不好，他立刻顶了回来：“在我这儿我还找你要干吗？你是怎么做事的？！上次我让你帮我安排跟天马徐经理的会面，你就弄得很不好！”苗丽被批得眼泪都快流出来了，那时她刚进公司，所以工作没有做好，没想到现在经理居然翻起旧账来。后来，丢失的文件在一个文件夹里找到了，原来是被夹错了文件夹。经理安抚了苗丽几句，但苗丽的心已经不在这个公司了，她每天都上网找工作，希望尽快离职，换个工作。

对于今天该指责的事项，引用过去的事例是不适当的。只有当过去的事情可以作为追究事理方面原因的资料时，才可以把它拿出来，否则别人会产生这样的心理：“那么久的事情了，现在还抓住不放，真是太过分了。在这种领导手下工作，恐怕一辈子也不会有出头之日。”

揭人疮疤，除了勾起别人一段不愉快的回忆外，于事无补。这不仅会叫人寒心，旁人也会感到不大舒服。因为疮疤人人都有，只是大小不同而已。见到别人脓血淋漓的疮疤，只要不是幸灾乐祸的人，都会产生一种“兔死狐悲，物伤其类”的感觉。

“并不是我喜欢揭人疮疤，而是他的态度实在太恶劣，一点悔过的意思都没有，我才忍不住翻起旧账来的。”有的人会这样辩解。

其实，如果有必要指责对方的态度，只要针对他的恶劣态度加以警告即可。每次针对一件事比较能收到好的效果。集中于许多事时，目标分散了，被批评的人反而印象不深。

调查表明，凡是喜欢翻旧账的领导，也喜欢把今天的事情向后拖延。这种拖延的人，指责下属也不干脆。由于不能迅速解决问题，他会将各种问题，包括某人过去犯的错误累积起来，不知什么时候又提出来，完全失去时间性，这是一种很笨拙的做法。

领导者要杜绝揭人疮疤的行为，除了要知晓利害，学会自我控制外，还要养成及时处理问题的习惯。不要把事情搁置起来，每个问题都适时解决，有了结论以后就不要再旧事重提，翻出老账。

职场中如此，家庭中也一样。夫妻吵架越来越激烈的原因，往往也是互揭对方的疮疤。例如，一方口无遮拦地脱口说出：“别以为我不知道！你过去……”此话一出口，局面便无法收拾了。

这是因为，事过境迁之后，人们总认为自己已得到对方的宽恕，相信对方已经将过去的事忘了，并从此信任自己。所以，当对方重提旧事时，内心自然愤怒至极，认为原来他只是装作忘记，其实仍记挂在心！如此一来，不但从此不再相信对方，且可能因此而形同陌路。

“一朝被蛇咬，十年怕井绳”，这的确是人的固定心理模式，但并不是不可以改变。既然选择了原谅，就要学会信任。就算有时对方所犯的错误与过去的错误在形式有相同之处，但是，它们之间在内容上，在一系列细节上，在原因和程度上，都是有差异的。如果把这种有差异的不同错误联系在一起，很容易引起对方的不满，认为你的批评没有实事求是。

更重要的是，人们每次犯的错误都是具体的、个别的，如果把几次错误联系起来，往往会形成一种普遍的、一贯性的错误。而从人的心理来看，接受对具体错误的批评常常比较容易，而批评他存在着某种一贯性的缺点，就很容易产生抵触。

当然，有时为了使对方认识到错误的严重性和内在性，可以略微提及一下，或暗示其过去存在的某些不足。但是，如果想借翻老账来证明自己批评得对，就与批评的目的南辕北辙了。因此，在批评对方时，最好就事论事，千万不要翻老账，如此才能达到批评的目的。

6. 学会尊重他人的隐私

每个人都有不喜欢提及的话题，如果你说话口无遮拦，难免会惹人不高兴。所以，我们说话时也要讲究“忌口”：敏感的话题不要碰，别人的隐私不要问，否则难免会得罪人。

韩雪在一家金融单位工作，她性格开朗，待人热情，在单位人称“宇宙广播站”，上上下下没有她不说的事。

一天，单位的一位女同事无意中跟她说起讨厌单位的某领导。之后，她就传播说这位女同事受到了某领导的性骚扰，闹得全单位人心惶惶，关系十分紧张。某领导被上级纪检部门找去谈话，韩雪又把话传播出去，说该领导有严重问题，要被判刑了。

一位女同事哭着来上班，大家都忙着工作，韩雪却凑上去打听。那位女同事数落了自己丈夫一大堆的不是，还讲了婆婆的很多坏话。韩雪听了以后，传播说女同事的丈夫有外遇，气得女同事一连几天都不和她说话。

单位的一个女同事辞职了，韩雪听了大家的议论，不加思考，没轻没重地传播了很多花絮，涉及单位的很多人和事，闹得大家对她意见很大。

现在，只要韩雪一到单位，同事们都离她远远的，没人和她说话。单位里没有了说话的机会，韩雪又在家里“乱传播”，闹得家里亲戚关系也紧张起来，丈夫也气得不爱和她说话了。

避免谈论别人的隐私，一是不可在谈话中拐弯抹角地刺探别人的隐私，二是不可知道了别人的一点点隐私就到处宣扬。宇宙之大，谈资不可计数，何必非要把他人的隐私当做话题呢？

对待别人的隐私，切忌人云亦云，以讹传讹。首先你要明白，你所知道的关于别人的事情不一定确凿无疑，也许还有许多隐情你不了解。如果你不加思索就把听到的片面之词宣扬出去，难免会颠倒是非、混淆黑白。话说出口就收不回来，等事后你完全明白了真相后悔不已时，已经在一定的范围内造成了不良影响。

所以，如果有人向你说起某人的隐私，唯一的办法是，像保守自己的秘密一样，不可做传声筒，更不必放在心上。说一个坏人的好处，人们听了最多认为你是无知；把一个好人说坏了，人们就会觉得你居心不良。

如果你茶余饭后要找谈话的资料，天上的星河、地上的花草，无一不是谈话的好题目，不必一定要说东家长西家短才能打发时间。

假如朋友愿意将自己的隐私告诉你，说明你们之间的友谊肯定超出别人一截，否则他不会将自己的隐私和盘托出。一旦朋友在别人口中听到自己的秘密被曝光，不用说，他肯定认为是你出卖了他，并为以前的付出和信任感到后悔。因此，不随意泄露他人隐私，是巩固友情的基本要求，如果连这一点也做不到，恐怕没有哪个朋友敢与你推心置腹。

7. 说服上司要顺势而为

身处职场，不论你从事什么工作，都会有自己的上司，而上司也会犯错误，也有坚持错误、顽固不化的时候。作为下属，此时完全闭口不言，听之任之是不负责任的；当面不说，背后乱发议论也是不合适的；不管上司是否接受，直言急语是不明智的。正确的做法是，以上司能够接受的方式，循序渐进地诱导其做出正确的决定。

李泌侍奉唐玄宗、唐肃宗、唐代宗、唐德宗四代君主，在朝野很有影响。

唐德宗时，李泌担任宰相。当时，西北的少数民族回纥出于对李泌的信任，要求与唐朝讲和，结为姻亲。这可给李泌出了个难题。从安定国家的大局考虑，李泌是主张同回纥恢复友好关系的。但唐德宗早年在回纥那里受到过羞辱，因此对回纥极为痛恨，坚决拒绝讲和。

恰巧这时，驻守西北边防的将领给朝廷发来告急文书，要求给边防军补充兵马。但此时的大唐王朝已经空虚得没有这个力量了，唐德宗对此一筹莫展。

李泌觉得这是个可以利用的机会，便对唐德宗说："陛下如果采用我的主张，几年之后，马的价钱会比现在低10倍。"

唐德宗忙问是什么主张，李泌并没有直接回答，而是先卖了个关子，说："只有陛下出于至公无私之心，为了江山社稷，屈己从人，我才敢说。"

唐德宗说："我当然会以国事为重，快说吧。"

李泌这才说道："臣请陛下与回纥讲和。"

唐德宗果然再次拒绝："别的什么主张我都能接受，唯有与回纥讲和这件事，你再也不要提了。只要我活着，就决不会与他们讲和。我死了以后，子孙后代怎么处理，那是他们的事。"

李泌知道爱记仇的德宗是不会被轻易说服的，如果操之过急，言之过激，不仅办不成事，还会招致德宗的反感，给自己带来灾祸。于是，他采取了逐步渗透的办法，在前后一年多的时间里，经过多达15次陈述利害的谈话，总算把德宗说通了。

之后，李泌又出面做回纥首领的工作，使他们答应了唐朝的5个要求，并对唐朝皇帝称儿称臣。这样一来，唐德宗既摆脱了困境，又挽回了面子，十分高兴。而唐朝与回纥的关系也得到了缓解。可以说，这全是由李泌历经艰苦，一手促成的。

唐德宗十分不解地问李泌："为什么回纥人这么听你的话？"

如果是一个浮夸之人，必然会大讲自己如何声威卓著，令异族畏服。但是李泌处世经验丰富，他对自己的功劳一字不提，只是恭敬地说："这全都仰仗陛下的威灵，我哪有这么大的力量！"

唐德宗听了更加高兴，也更加信任李泌了。

由上可知，面对上司的固执，硬顶硬抗只会引起反感，而且不可能解决问题。只有学会顺其势而为之，在必要的时候把功劳让给领导，这样领导才会更容易接受你的意见。

8. 病从口入，祸从口出

在《劝忍百箴》中，第一忍是忍言，第二忍是忍气，第三忍是忍色，第四忍是忍酒。酒色财气是人之大欲，亦是人之大患，通常人们都知道要忍耐它。但是，作者却将“忍言”放在第一篇，可见言语的祸患有多大，忍言有多不易。

所以说：“恂恂，便便，侃侃，訚訚，忠信笃敬，盍信诸绅；讷为君子，寡为吉人。乱之所生也，则言语为阶，口三五之门，祸由此而来。《书》有起羞之戒，《诗》有出言之悔，天有卷舌之星，人有缄口之铭。白珪之玷尚可磨，斯言之玷不可为。齿颊一动，千驷莫追。噫，可不忍欤！”

恂恂，诚实不欺；便便，说话明白流畅；侃侃，刚强正直；訚訚，和颜悦色，说话直爽。这是《论语》记述的孔子有关说话的准则。竭心尽力叫作忠，诚实不欺叫作信，忠厚严肃叫作笃，始终如一叫作敬。孔子的学生子张询问行为准则，孔子这样回答他。子张非常信服孔子的话，特地把它写在衣带的下摆，常常看到它，使内心受到警诫。孔子还要求君子言语要谨慎，出言不慎会招致灾祸，所以，古人把言语少的人称为吉人或君子。俗话说，祸从口出，说话应以诚实为原则，与其说空话、假话、废话，还不如闭口不说。

《尚书·说命上》说：“只有口是产生羞辱的。”意思是说，言语出自口中，如果不合礼仪，就会招致羞辱。《诗》告诫人们说话要谨慎，话不恰当一出口就会后悔。所以上天有卷舌星，用来警诫说坏话和花言巧语的人。《孔子家语》中载孔子到周朝观礼，看到3尊金人，他在金人背面题铭："古之慎言人也，戒之哉！无多言，多言必败；无多事，多事多患。"如果白玉有什么缺损，尚可以通过磨砺使其完美，而一个人言语有失误，就无法弥补了。口一张，嘴一动，说出话来，4匹马的车也不能追回。所以不由得感叹：噫，祸从口出，怎能不忍住自己的多嘴多舌呢！

西晋时，太保卫瓘借酒装醉，向晋武帝司马炎暗示皇太子司马衷资质鲁钝，唯恐不能亲理政事。司马炎听了一笑置之。太子妃贾南风知道这件事后，一直耿耿于怀，她暗中拉拢楚王司马玮，并于永平元年（公元291年）六月借司马玮之手杀了卫瓘及其子孙。

卫瓘到死也不知道自己的灭门惨祸，竟是来自于当初的一句忠言。

所以说，忠言虽然利于行，但也要看进谏忠言的对象是什么人。换句话说，只有认清对象才能进忠言，否则只会给自己带来祸端。

南北朝时，晋国有位大将贺若敦，因多次荣立战功，他不甘心屈居别人之下，总是想做大将军。每当看到别人晋升，他就很不服气，抱怨、愤恨之情溢于言表。后来，他又一次打了胜仗，自以为立了大功必定会得到封赏、晋升，孰料事与愿违，他不但没有升官，反而丢掉了原有的官职。

贺若敦大怒之下，把所有的不满和愤怒都撒向了传令吏。传令吏把此事报告晋公宇文护。晋公听后大为光火，下令让已被贬为中州刺史的贺若敦自尽。贺若敦死到临头，才开始后悔自己祸从口出，为了让儿子贺若弼记住这个教训，不再犯和自己一样的过错，他在死前用锥子刺破了儿子的舌头。

后来，贺若弼做到了隋朝的右领军大将军，他忘记父亲的遗训，常为自己没有当上宰相而怨言不断。当职位原本在他之下的杨素被晋升为尚书右仆射，而他自己仍是将军时，他也像当年的父亲那样大发怨言，毫不掩饰内心的不满。

贺若弼为此被捕下狱，隋文帝责备他说："你这人有三大过：一是忌妒心太强；二是自以为是，以为别人都是错的；三是目无长官，言语无忌信口胡说。”不久，隋文帝念他有功，不计前嫌，把他放了出来。

出狱后的贺若弼并没有吸取教训，他不思悔改，到处宣扬自己与太子杨勇之间的关系，以此抬高身价。没多久，杨广取代失势的杨勇成为了太子，贺若弼也因此失去了炫耀的资本和依仗的靠山。

隋文帝再次召来贺若弼，问他平时不满宰相高颖、杨素，成天怨气冲天，言下之意是不是连皇帝也没放在眼里。朝中的许多公卿大臣见贺若弼被问罪，纷纷落井下石，揭发他说过的那些不利于朝廷的话，声称其罪当死，要求处罚他。

隋文帝最后虽然没有杀贺若弼，但却把他贬为庶人。此后贺若弼再也没有得到过任用。

像贺氏父子这样未经思考便大发怨言的人，生活中随处可见。这种人从来不知道隐忍为何物，更不知道自己逞一时之快说出的话会对自己造成什么不良后果。要知道，动乱的产生往往是借由言语作阶梯的，言多必失是人们对此最通俗的注释。

9. 拒绝八卦，严守领导秘密

对于领导者来说，权威的形象是至关重要的，没有哪个领导会原谅肆意破坏自己形象的下属。因此，千万不要把领导的秘事或对领导的意见当作谈资，这些信口开河的“小事”很可能让你付出巨大的代价。

（1）领导的秘密要保守

下级为上级保守秘密是职责、义务，是工作纪律、道德观念的要求，也是对上级忠诚的体现。

对于上级的秘密，不论是工作秘密还是个人秘密，应该知道的可以知道，不应该知道的不要强求知道。下级要控制自己的八卦心理，不要有意识地去探听，有时还要主动回避。有些人以在领导身边工作，知道的秘密多为荣，喜欢别人从自己嘴里探密，以显示自己的身份。其实，这是一种非常浅薄和有害的做法。

因为一旦泄露秘密，不但会损害上级的形象，而且会在不经意中泄露本部门的商业机密，使组织蒙受损失。更有甚者，上级一旦发现你的行为，轻则对你心生厌恶，从此疏远、冷落你，重则“炒”你的“鱿鱼”，甚至会因你给公司带来的损失给予一定的经济处罚或让你承担一定的法律责任。

职场中，还有的人千方百计地探听上级的隐私，以达到将来利用上级或要挟的目的，这是道德品质败坏的表现。这种居心叵测的人，一旦被发现，自然会被清除。任何领导都不可能喜欢会给自己带来危害的下级。

所以，作为下级，不要以谈论“秘闻”来炫耀；不要把了解上级隐私，并乱加猜测、肆意传播，作为自己“聪明”的表现；不要笃信“密不避亲”，以向亲朋好友吐露鲜为人知的“秘闻”为乐趣。

在这方面，“孔光不言省中树”的故事可为我们提供借鉴。西汉时，皇上和大臣们议事的地方，称为温室殿。汉成帝时期的大臣孔光，官至仆射、尚书令。他为人周密谨慎，主管中枢部门10多年，始终严守法度，从不泄密。他每天回家与兄弟妻子一起闲话时，一向不谈朝中之事。有一次，家人无意中问起温室殿中种了什么树，他却默默无语，守口如瓶。因为他明白，如果讲了温室树，接下来就是温室事，拿朝廷机密当作茶余饭后的谈资，会干扰政事，危及国家。

“口不言温室树”已成为古代官员坚持原则、不忘纪律的典范。

（2）领导的闲话不乱传

这是一个微不足道的话题，但又对维护领导的形象有着重要意义。

“闲话”是一种背后舆论，它可以败事，也可以成事；可以帮人，也可以毁人。“闲话”是一种无聊的表现，它具有刺激、猎奇的特点，与其较真，空空如也，什么结果也不会有，留下的只是个人的烦恼。

面对“闲话”，下级应立足于维护上级的形象，听“闲话”而不传“闲话”，并以巧妙的方法加以利用：

第一，内丑不外扬。无论对上级有什么意见和看法，都不应在外边宣传，可以在内部通过讨论、批评与自我批评或者协调的办法加以解决。对自己的上级进行诋毁，等于破坏自己的荣誉，是不明智的。第二，扬善不溢美。下级敬重上级是应该的，但也不可过分吹捧，对上级的宣传要实事求是，一是一，二是二，不扩大，不修饰。宣传上级，不是把上级挂在嘴上，而是从实际需要出发，关键时刻用事实说话，说明问题，以正视听。

此外，下级，尤其是上级身边的工作人员，要学会听“闲话”，正面的、反面的、讽刺的、表扬的、明朗的、隐晦的都要听。听“闲话”有很多好处，一是可以了解思想动向，知道大家在想什么，议论什么；二是可以了解大家对上级的真实看法，帮助上级验证自己；三是可以发现工作中的漏洞。

想要听到“闲话”，就要和群众打成一片。听的时候要沉住气，不抬杠、不追问、不评论、不纠正、不解释，也不要随声附和。“闲话”的内容如果涉及到自己，千万不可暴跳如雷、沉不住气。如果涉及到自己的上级，不要辩解，不要否定，但也不要肯定；可以推说“不甚了解”，或者以微笑作答。

对听来的“闲话”要学会过滤，闲话多数没有用处，听听即可，不必事事认真。对于一些与上级威望、与上级工作相关的问题，要去伪存真、由表及里地进行分析加工，提炼出正面的、积极的内容，作为工作信息或工作建议提供给上级。

总的来说，对有损领导形象的话要守口如瓶，如果对此没有足够的认识，就很难真正搞好与上级的关系。

10. 妙用自嘲化解困境

人的一生，谁都难免会有失误，谁身上都难免会有缺陷，谁都难免会遇上尴尬的处境。虚荣的人喜欢藏藏掩掩，自我辩解。其实，越是藏藏掩掩，心理越是失衡；越是辩解，反而越辩越丑，越描越黑，正确的办法是学会嘲笑自己。

美国著名演说家罗伯特的头秃得很厉害，在他的头顶上很难找到几根头发。他60岁生日那天，很多朋友来给他庆贺生日，妻子悄悄地劝他戴顶帽子。罗伯特却大声说："我的夫人劝我今天戴顶帽子，可是你们不知道光着秃头有多好，我是第一个知道下雨的人！"这句自嘲的话，一下子使聚会的气氛变得轻松起来。

美国第16任总统林肯长相丑陋，可他不但不忌讳这一点，相反还常常诙谐地拿自己的长相开玩笑。

竞选总统时，他的对手攻击他两面三刀，搞阴谋诡计。林肯听了，指着自己的脸说："让公众来评判吧，如果我还有另一张脸的话，我会用现在这一张吗？"

还有一次，一个反对林肯的议员走到他跟前，挖苦地问道："听说总统您是一位成功的自我设计者？""不错，先生！"林肯点点头说，"不过我不明白，一个成功的自我设计者，怎么会把自己设计成这副模样？"

以上两位伟人都有不尽人意的地方，但他们并没有遮遮掩掩，否认自己的不足，反而以此进行自嘲，既带动了气氛，又显示了智慧，不能不说是一种人格魅力的突显。

某国一位领导人最爱讲一个有关他本人的笑话：“有一位总统拥有100个情妇，其中一个染有艾滋病，但很不幸，他分不出是哪一个。另一位总统有100个保镖，其中一个是恐怖分子，但很不幸，他不知是哪一个。”接着，他嘲笑自己为改革经济所做的努力，“而我有100个经济专家，其中有一个是很聪明的，但很不幸，我却不晓得是哪一个。”

这位领导人趁着别人还来不及说长道短、评头论足时，在谈笑调侃中将自己经济改革中的失误，轻轻松松地说了出来，帮助自己摆脱了尴尬难堪的局面。

自嘲是一种特殊的人生态度，带有强烈的个性化色彩。作为一种生活的艺术，自嘲具有调整自己和环境的功能。它不但能应付旁人的议论所带来的压力，摆脱心中的种种失落和不平衡，获得精神上的满足和成功，还能给别人增添快乐，帮助别人更清楚地认识真实的自己。

如果故意掩盖，反而会让别人觉得有笑料可挖，更想把事情搞明白。这样，自己的压力也会越来越大。所以，与其让别人去挖，不如自己承认好了，这样既满足了别人的好奇心，又释放了压力。如果再艺术地自嘲一下，别人笑过之后也就不会再去探究什么。可惜世上就是有很多人不想承认自己的不足，更不会以自嘲的方式来解脱自己。

伊索寓言里的那只狐狸用尽了各种方法，拼命地想得到高墙上的那串葡萄，最后还是失败了，它只好转身一边走一边安慰自己：“那串葡萄一定是酸的。”这只聪明的狐狸得不到那串葡萄，心里不免有些失望和不满，但它却用“那串葡萄一定是酸的”来解嘲，化解内心的失望和不满，使失衡的心理得到了平衡。

连狐狸都会给自己台阶下，人的聪明才智到哪里去了？虚荣心让许多人骑虎难下，如果别人不给他梯子，他就不会自己下来，而聪明的人贵在清楚地知道自己的不足，即使别人不给梯子，他也可以自己下来。这个梯子就是自嘲。

11. 沟通是连接成功的桥梁

俗话说："人心隔肚皮。""画虎画皮难画骨，知人知面不知心。"为了更好地为人处世，沟通必不可少。良好的沟通可以消除人与人之间的误会和隔阂，从而更好地合作、相处。

在这方面，对于具有包容智慧的人来说，当他们进行沟通的时候，总是能够激起别人的共鸣，得到别人的认同。

美国总统里根在他事业的早期就已经展现出绝佳的沟通才华。他起步于广播事业，20多岁就成为闻名美国中西部地区的电台播报员。他常在球赛中作现场转播，有时无法分身去现场，就用电报接收，凭想象力做球赛的同步播音。

有一次，他正在为芝加哥小熊队做同步电报播音，当比赛进行到紧要关头，强棒登场打击时，电报忽然因为故障而停止信号传播。里根反应迅速，以击出界外球等想象的情况，拖过了6分钟的赛程，直到电报再度恢复传送比赛详情，听众们仍然听得津津有味，丝毫没有觉察。

在一生的事业中，里根始终保持着一种独特的能力，能够很自然地拉近与他人之间的距离，并且清楚地把自己的想法传递给别人。这一特点我们可以从他为登上总统宝座而进行的竞选看出来。1980年，里根宣布参加总统选举时，将竞选的目标宣言清楚明了地揭示了出来："我们的宣传信息只有5个熟悉的关键词，不必用什么复杂的经济理论，不需要政治哲学的长篇大道，只要强调家庭、工作、邻里、自由、和平这5个层面。"

在竞选的过程中，里根成功地与当时的在任总统卡特展开了政策辩论会，作为卸任的加州州长，他给大众一种自然、亲切，且胜任有余的美国平民风范。结果，他不费吹灰之力赢得了胜利。事后有人问他在竞选辩论时是否紧张，里根回答道："一点都不会！我从前还和约翰·韦恩同台演出过呢！"

无论是向群众发表演说，还是面对电视摄影机，甚至和人一对一交谈，里根都能极具说服力地达成沟通目标。即使在遇刺中弹送往医院手术台的途中，他都在尽量使身边的人保持镇定。他对围绕自己身旁的急救医师们说："请让我放心，告诉我，你们都是我的共和党党友。"一句话便让那些紧张的医生感觉轻松了不少。

如果我们能像里根那样善于与人沟通，势必能获得许多助力。许多人在与别人沟通时，容易只站在自己的立场上，希望别人能够理解自己，忽略别人内心的想法，经常觉得自己是正确的，别人应该听自己的，或者用自己的标准去要求别人，结果给别人造成"以自我为中心、盛气凌人"等不良印象，尤其是位置越高，这个问题就越严重。

下面这个故事也许会对你有所启发。

有座山的山顶上住着一位智者，山下的居民都很尊敬这位谁也说不清有多大年纪的老人，大家遇到什么事，都会来向他请教，请他提出一些忠告。而智者总是笑眯眯地倾听他们的话，巧妙地引导他们说出自己的想法，做出自己的判断，而他自己从来不提什么忠告。

有一天，一个年轻人来请智者提出忠告，智者拿来两块窄窄的木条、一把螺丝钉、一把直钉，另外还有一个锤子、一把钳子、一把螺丝刀。智者让年轻人把那些钉子都钉到木条上去。

年轻人先是用锤子往木条上钉直钉，但是木条很硬，他费了很大的劲也钉不进去，倒是把钉子砸弯了，不得不再换一根。一会儿工夫，几根钉子都被他砸弯了，木条上只留下点点坑洞。

后来，年轻人用钳子夹住钉子，再用锤子使劲地敲，钉子总算弯弯扭扭地进去了，可是木条也裂成了两半。

年轻人又拿起螺丝钉，用锤子往木条上轻轻一敲，然后用螺丝刀拧了起来，没费多大力气，螺丝钉就都钻进了木条里。

这时，智者指着两块木条，笑着说："忠言不必逆耳，良药不必苦口。人们津津乐道的逆耳忠言、苦口良药，其实都是笨人的笨办法。那样硬碰硬有什么好处呢？说的人生气，听的人上火，最后伤了和气，好心办了坏事，友谊变成了仇恨。我活了这么久，只有一个经验，就是绝对不会直接向任何人提出忠告。当需要我给别人提建议的时候，我就会像螺丝钉一样婉转曲折地表达自己的意见，这样听的人接受起来也容易些。"

由此可见，有效的沟通不在于你的声音大不大，也不在于你说的话有多么正确，而在于你说话的方式。我们常说要"以理服人"，但再有理也得让对方先接受才行。那么，如何与人进行有效的沟通呢？

首先要把注意力放在沟通对象的身上。因为我们要进行的是沟通，不是展现自己的讲演，所以要先对自己的沟通对象产生兴趣，然后才能有效地达成沟通。

其次，要有一个明确的目的，知道自己要达成的目标是什么，这样才知道给予对方什么样的信息才是有效的。

再次，要向沟通对象传达自己的可信度，只有当他对你产生了一定的信任，沟通才能成功。

12. 世界都是由你的嘴巴建造的

与朋友交往，我们在说话时往往会不自觉地犯下一些小错误，这些小错误既伤人又害己，如果不及早纠正，就会妨碍与朋友之间的友谊。

（1）指责朋友不要太严苛

在与朋友交往的过程中，我们总会发现朋友偶尔犯下这样或那样的错误，这时，应该怎样让朋友接受自己的意见而又不至于把关系闹僵呢？这正是我们一展社交才能的时刻，也是对我们自身素质的一种考验。

明代洪应明说过："攻人之恶，毋太严，要思其堪受；教人以善，毋过高，当使其可以。"意思是说，对待他人的错误，不应当以攻为能事，方法更不能粗暴，不能刺伤朋友的自尊心。如果自尊心受到伤害，即使你说的和做的千真万确，别人也不会心甘情愿地接受，又怎么能达到改过的目的呢？

指责他人之过，需要稍做保留，不要直接攻讦，最好采用委婉暗示的语言，使对方自然地领悟，过激的言辞很可能会断送友谊。因此，责人过严的话最好不要说，即使要说，也必须改变语气。

孔子亦云："忠告而善道之，不可则止。"这是交友的学问。意思是说，朋友犯了错误，以诚意提供忠告，如果对方不听，就要中止劝告而暂时观察情况。如果过于唠叨，会引起对方的厌烦，毫无效果。是否接受你的忠告，终究要看对方，过于勉强只会损害友情。这也对我们自身的素质提出了更为严格的要求。

交往中发生分歧时，双方往往都认为自己的想法和做法是正确的，从而发生争辩。能够将对方驳倒固然令人高兴，但未必需要把对方驳得一无是处。因为这样不但对自己毫无好处，有时甚至会适得其反，得不到对方的认可，而且终有一天会自食恶果，受到对方的攻击。

（2）说话不可无信用

为人处世，信用是很重要的。古代君子强调“一言既出，驷马难追”，“一诺千金，一言百系”，都是讲的一个“信”字。我们现在讲恪守信用，“言必信，行必果”，既是对别人负责，对事业负责，也是自己在社交中必须树立的一个形象。

古人还说：“人无信，不可交。”即不讲信用的人不值得信任，甚至不值得交往。现实生活中不守信用的人很常见，他今天答应给你买火车票，结果连他的影子都找不到；他明天又邀请大家聚餐，结果赴宴的人全来了，唯独他本人不到场。试问，与这样的人交往，除了上当受骗之外，还会有什么结果？

人与人之间的交往，是以相互信任为基础的。物以类聚，人以群分。言而无信的人，在社会上肯定找不到自己的位置。

（3）不要飞短流长

人与人交往，贵在一个“诚”字。正如一句外国谚语所说：“只要都掏出心来，便能心心相印。”那种在背后叽叽喳喳、飞短流长的做法，是一种旧时代小市民的低级趣味。它不但会破坏彼此之间的团结，伤害朋友之间的情谊，甚至还会酿成社会的不安定因素。同时，它也说明了一个人品格的低下。因此，在社交生活中，我们一定要注意以下几点：

①不要传播不负责任的小道消息。

②不要主观臆断，妄加猜测。

③对朋友的过失不能幸灾乐祸。

④不要干涉别人的隐私。

（4）不要随便发怒

喜怒哀乐本是人之常情，但心理学研究指出，随便发怒，就人与人之间的相互关系来说，会伤了和气和感情，会失去熟人之间的信任和亲近。制怒，则是一个人的理智战胜感情冲动的过程。而理智，恰好是一个彬彬有礼的人一种特有的标志。

随便发怒，有人认为这是一个人的脾气，“江山易改，禀性难移”，似乎发怒是人的一种本性，其实这是一种误解。我们知道，多数人都有为自己的行为、信念和感情辩解的动机，因此，不知不觉中他就把自己和别人分别对待了，强求别人来适应自己，而把自己的意志强加于别人。这种不能平等对待自己和别人的心理，还表现在不能平等地对待各种不同的人身上。例如，他对同事和下级，比对上级更容易发怒；他对妻子和儿女，比对父辈更容易发怒。因为他在强求别人来适应自己时，以为他的同事、下级、同辈或小辈都应该服从他的旨意。由此可见，随便向人发怒，是一种不尊重别人和不讲文明礼貌的行为。

（5）不要给朋友乱起绰号

绰号就是外号，它是依据每个人的特点而人为产生的。有些绰号如称中国女排名将郎平为“铁榔头”，称英国前首相撒切尔夫人为“铁女人”等，都是带有褒义的一种美称。

而有的绰号是根据人的生理缺陷而拟就的，如“瘪嘴”、“瞎子”等。这无异于揭别人的短处，甚至是对其人格的侮辱。这种绰号一旦流传，往往会给当事人带来精神上的压力，伤害其自尊心。

（6）不要恶语伤人

恶语是指肮脏污秽、奚落挖苦、尖刻侮辱一类的语言。很显然，这是一种与文明礼貌相悖的粗俗的东西，与人与人之间平等友好的关系无疑是格格不入的。俗语说：“良言一句三冬暖，恶语伤人六月寒。”恶言中伤，是最不道德的行为，不但自己不该说，听到这一类的话也不要随意乱传。另外，说话要注意言辞口气，避免粗野和污秽。轻蔑粗鲁的语言会使人感到受侮辱，骄横高傲的语言则使人与你疏远，愤怒粗暴的语言有可能将事情导向不良后果。

（7）不要嘲笑朋友的生理缺陷

生理上存在缺陷的人，一般都较为内向，内心会充满苦恼与忧伤，并常常感到自卑和失望。他们中，有些人因为行动不便，交际范围狭小，在集体场合或不熟悉的人面前显得腼腆拘谨，更不敢主动与人交往，心理上有一种隔阂感。这些精神上的沉重负担，使他们把精神需要看得比物质需要更重要，特别渴望真诚的友谊、尊重、信任和感情。当受到别人的嘲笑、冷遇或不信任、不公平的对待时，也容易引起委屈、哀怨或其他情绪。作为朋友，一定要注意维护他们的自尊心，多鼓励多帮助而不是嘲笑他们。

第6课　合作之道：互补互助成人之美

合作是我们生活的常态。工作需要合作，娱乐游戏需要合作，投资经商需要合作，家庭生活也少不了合作。可以说，一个人的得失成败，表现在与他人的合作，也源于与他人的合作。只有豁达大度的人才是最好的合作者，只有优劣互补的合作模式才是最好的合作之道。

1. 合作才是成功的真谛

最有效率也最牢固的合作，当然是能够优势互补的合作。这样的合作可以以人所长补己之短，达到1+1＞2的合作效果。

春秋时，越国人甲父史和公石师是好朋友，两人各有所长，也各有缺点。甲父史善于计谋，但处事很不果断；公石师处事果断，却少有心计，常犯疏忽大意的错误。所以，他们经常取长补短，合谋共事。他们虽然是两个人，但好像是一个心，无论一起做什么事情总是一帆风顺。

后来，甲父史和公石师在一些小事上发生了冲突，吵完架后就各奔东西了。当他们各自行事的时候，都在自己的政务中屡遭失败。

一个叫密须奋的人对此深感惋惜，哭着劝诫两人说："你们听说过海里的水母没有？它没有眼睛，靠虾来带路，而虾则分享着水母的食物。这两者互相依存，缺一不可。恐怕你们还没有见过双方不能分开的另一典型例子，那就是西域的二头鸟。这种鸟有两个头共长在一个身子上，但是彼此争斗，互不相容。两个鸟头饥饿的时候就互相啄咬，其中的一个睡着了，另一个就往它嘴里塞毒草。如果睡梦中的鸟头咽下了毒草，两个鸟头就会一起死去，它们谁也不能从分裂中得到好处。还有一个例子。北方有一种肩并肩长在一起的'比肩人'，他们轮流着吃喝，交替着看东西，死一个则全死，同样是两者密不可分。现在你们两人与这种'比肩人'非常相似。你们和'比肩人'的区别仅仅在于，'比肩人'是通过形体，而你们是通过事业联系在一起。既然你们独自行事时连连失败，为什么还不言归于好呢？”

甲父史和公石师听了密须奋的话，幡然醒悟，说：“要不是密须奋这番道理讲得好，我们还会单枪匹马，遇到更多的挫折！这是何苦呢！”于是，两人言归于好，重新在一起合作共事。

俗话说：孤掌难鸣，独木不成舟。无论是工作还是生活，我们都离不开别人的帮助。因为个人的能力和局限，以及人际关系的不同，人们必须相互帮助。借朋友之力，正是一个人高明的地方。自然界中也是这样，动物们相互帮助，以利于捕猎、取暖和生殖。兽王更是利用了彼此之间的相互关系，以及在这种关系基础上建立起来的秩序和习惯，享受着最大的优越：可以吃得最多最好，可以占有最美的雌性和最年轻的雌性，等等。而要单的动物，被淘汰者居多，无论它多么凶猛强悍，哪怕是老虎、狮子，一旦落单，也会被自然界所淘汰。而群居动物如蚂蚁、蜜蜂等，即使力量再微弱，因为彼此协作，比较容易繁衍和生存。

黄巾乱世之中，刘备、关羽、张飞三人邂逅相逢，桃园结义，成就了千古美名，也奠定了西蜀王朝的根基。以后三分天下，西蜀称帝，刘备始为皇帝，关、张也成为开国元勋、西蜀重臣。回头看看，刘、关、张结义之时，三人均是下层草民。刘备虽是汉室宗亲，却落得流浪街市，贩席为生。张飞只是一介屠夫，可谓粗人。关羽杀人在逃，无处立身。三人结义后，彼此借重，相得益彰。

董卓之乱时，吕布称枭雄。刘、关、张大战吕布，却只打成平手，可见吕布何等英雄。但吕布匹夫无助，孤掌难鸣，枉自豪勇，最终为曹操所杀。而刘、关、张在三国中彼此依仗，日益得势，最终立国树勋。

西汉刘邦同样善借他人之力。刘邦出身低微，学无所长，文不能著书立说，武不能挥刀舞枪，但他天生豪爽，善于用人，胆识无双。早年穷困不名时，他身无分文，却敢独座上宾；押送囚徒时，居然敢私违王法，纵囚逃散。以后斩白蛇起义，云集四方豪杰，无论哪种背景甚至敌对的人，最后都为他所用。比如韩信、彭越、英布等威震天下的悍将英雄，原本是他的死敌项羽手下的人。至于刘邦身边的谋臣武将，如萧何、曹参、樊哙、张良等，都是他早期小圈子里的人；萧何、曹参、樊哙更是刘邦的家乡故邻，亲戚六眷。他们在楚汉争战中，劳苦功高，最终帮助刘邦建立了西汉王朝，也可以说刘邦利用他们成就了自己的帝王之业。

概而言之，善于合作需要一种容人之短的胸怀，毕竟与人合作看中的是对方的长处；还需要一种择人的智慧，否则合作非人，最后也只能一拍两散，甚至互相伤害。

2. 莫以善小而不为

当别人遇到困难的时候，你若伸出援助之手，解人于倒悬，雪中送炭，别人一定会感激你。等到你有事需要帮助的时候，受过你恩惠的人也会主动来帮助你。这是基于人性中的善良和感恩的部分。

有时候你的举手之劳，也会得到别人的感谢。

香港亿万富翁陈玉书是公认的世界景泰蓝大王，他的创业经历有着传奇的色彩，可以说他成为富翁的第一步，是得益于一件偶然的小事。

20世纪70年代初，由于政治上的原因，陈玉书离开了任教的北京某中学，带着仅有的50元钱，携妻远赴香港，寄身岳父“篱下”，做地盘工人。生活的艰辛常让他感到疲累，但是他并没有放弃对生活的美好憧憬。

有一个周末，辛劳了一个星期的陈玉书到维多利亚公园散心，看见一位妇女将孩子抱上秋千，但因为体弱无力，几次都无法将秋千荡起来。陈玉书见状，走上前去，加力推了一把，秋千立刻大幅度地荡了起来，孩子被荡得高高的。母子俩高兴得眉飞色舞。于是，陈玉书便在一旁帮孩子荡秋千，同时和那位太太聊了起来。交谈中，陈玉书得知这位太太是印尼华裔，其丈夫在印尼驻香港领事馆工作。

无巧不成书，在公园与那位太太相遇的第五天，陈玉书遇见了另一位印尼华侨。在与这位印尼华侨闲聊时，陈玉书无意中得知他遇到了一大困难：由于领事馆的商业签证遇到麻烦，一批准备运往印尼的货物迟迟不能起运，时间一天天耽误，令他十分焦急、苦恼。

陈玉书听完印尼华侨的诉说，突然灵机一动，想起了公园里认识的那位太太，于是毛遂自荐表示愿意走一趟，看看能否帮上忙。他接过文件，带上礼物，来到那位太太家里请求帮助。那位太太看在陈玉书助了自己一臂之力的份上，将他引见给她丈夫，这位领事馆的官员了解了个中原委后，没让陈玉书多费口舌，补了一些手续，便把商业签证办妥了。

印尼华侨得知这个意外的喜讯，兴奋得不得了，当即给了陈玉书5万元充当谢礼。这5万元的酬金，相当于陈玉书当时工资的10年之和。得到这笔钱后，陈玉书把它当作启动资金，开始涉足商场。商海搏击10多年来，他稳扎稳打，形成特色，一举成为拥有14亿资产的世界景泰蓝大王。

由上可知，人与人之间的关系，是基于感情而得以维系的。帮助别人的同时也是在帮助自己。

有的人总觉得自己没有什么可求人的地方，所以在别人寻求帮助也不大愿意搭理。其实，谁会没有个急难的时候呢？即使是站在世界最高峰，也是需要朋友的。帮助别人，其实也是谦逊的一种表现，因为把自己的位置放低，所以更加宽厚，更加有耐心去帮助别人。

有个人发了大财，但是从来不敢自满狂妄。他的办公室比入口处稍微低一点，这是他特别设计的。这种设计的主要目的是：当客人由入口进入办公室时，他站在较低的客厅迎接他们。这是一种谦虚地表示，也是一种诚意的表现。直到现在，他经商没有失败过，即使遇到难题，也能得到顾客、下属和朋友的鼎力相助，顺利渡过难关。而他也时时怀着感谢之心，回报大众。

正如晋朝葛洪所说：“劳谦虚己，则附之者众；骄慢倨傲，则去之者多。”一个谦逊而乐于助人的人，总能得到别人更多的回报和帮助。

3. 独乐乐不如众乐乐

独占好处是一种狭隘的心态，它会扭曲一个人的心理，造成心理贫穷，并最终毁灭自己。而分享是一种善待他人、关心他人的良好品德，还能使人具备在社会中生存发展的能力。俄国著名作家托尔斯泰说过，两个人分担一个痛苦，只有半个痛苦；两个人分享一个幸福，却有两个幸福。好的东西拿出来分享，就会朋友多，奋斗路上不孤单；独享，就会仇人广，衣锦还乡也遭白眼。

一个农夫请无相禅师为自己的亡妻诵经超度，佛事完毕之后，农夫问道："禅师，您认为我的亡妻能从这次佛事中得到多少利益呢？"

禅师照实说道："当然，佛法如慈航普度，如日光遍照，不只是你的亡妻可以得到利益，一切有情众生无不得益呀。"

农夫不满意地说："可是我的亡妻是非常娇弱的，其他众生也许会占她便宜，把她的功德夺去。能否请您单单为她诵经超度，不要回向给其他的众生？"

禅师慨叹农夫的自私，但仍慈悲地开导他说："回转自己的功德以趋向他人，使每一众生均沾法益，是个很讨巧的修持法门。'回向'有回事向理、回因向果、回小向大的内容，就如一光不是照耀一人，一光可以照耀大众，就如天上太阳一个，万物皆蒙照耀；一粒种子可以生长万千果实，你应该用你发心点燃的这一根蜡烛，去引燃千千万万支的蜡烛，不仅光亮增加百千万倍，本身的这支蜡烛，也并不因此而减少亮光。如果人人都能抱有如此观念，则我们微小的自身，常会因千千万万人的回向，而蒙受很多的功德，何乐而不为呢？故我们佛教徒应该平等看待一切众生！”

农夫仍然顽固地说：“这个教义虽然很好，但还是要请禅师为我破个例吧。我有一位邻居张小眼，他经常欺负我、害我，我恨死他了。所以，如果禅师能把他从一切有情众生中除去，那该有多好呀！”

禅师以严厉的口吻说道：“既曰一切，何有除外？”

听了禅师的话，农夫更觉茫然，若有所失。

自私、狭隘的心理，在这个农夫身上表露无遗。每个人都希望自己好，但如果容不得别人好或别人比自己好，那就是自私加狭隘。

自私狭隘是可怕的，犹如恶魔的两条巨臂伸向灵魂深处。当一个人被这两条巨臂所左右，一定会活得龌龊而索然无味，被周围琐碎的事情、无聊的人际关系、不义之财所诱惑，然后越陷越深，最终无法自拔，成为孤家寡人。

自私狭隘在每个人身上都或多或少地存在，哪怕再慷慨无私的人也是如此。然而，尽管我们摆脱不了自私与狭隘，但完全可以做到胸怀更宽广一些，少计较一些，多吃亏一些，慷慨一些，无所谓一些。是人，总有一天会死亡，何不多留点快乐在心头？

林帆被老板叫到办公室去了，他领导的团队又为公司的项目开发做出了杰出贡献。送茶进去的秘书出来后告诉大家，老板正在拼命地夸林帆，她从来没见过老板那样夸一个人。研发小组的几个人脸顿时沉了下来：“凭什么呀！那并不是他一个人的功劳！”“对呀！为了这个项目，我们连续加了17天的班！”正在这时，老板和林帆来到了大厅。“伙计们，干得好！”老板把赞赏的目光投向几个组员，“林部长向我夸赞了你们所付出的努力！听说有两个人还带病加班是吗？真诚地谢谢你们！这个月你们可以拿到3倍的奖金！”

老板话音刚落，几个同事就冲过去拥住林帆一起欢呼起来，并表示以后会跟着林帆，为公司继续努力工作！

懂得分享的人，才能拥有一切；自私狭隘的人，终将被人抛弃。无论在工作还是生活中，我们都要摈弃自私狭隘的习惯，否则，一味吃“独食”，迟早有一天会饿死。

4. 借势而为，势不可挡

生不逢时？才华没人欣赏？能力无处发挥？竞争环境太恶劣？……千万不要被这些负面思想给打倒，更不能以此为消极的借口，因为机会是创造出来的，而不是等来的。要想在社会上求得发展，必须讲究方式、手段和策略，与人合作就是必须考虑的因素之一。

几年前，超市和连锁店用计算机系统管理的方式刚刚悄然兴起。小李和几个同学经过市场考察，决定抓住这个机会筹建公司，专攻商业管理系统的软件开发。但刚开始的时候，根本没有多少人来找他们买软件，他们凭借着一腔热忱和不服输的信念苦苦支撑着。

一年后，当资金快要耗尽的时候，曙光初现：一家即将开业的大型超市准备安装一套计算机管理系统。这是本市第一家有意向的超市，如果合作成功，他们便可以挖到第一桶金，也有利于开拓下一个商场。小李满怀信心地前去谈判，但超市老板嫌他们公司太小，而且之前也没什么成功的案例可供参考，无论实力还是信誉都几乎为零，因此一口回绝了他。

一年多的心血和十几万的投入被人看得一文不值，这让小李沮丧到了极点。他萌生了退意，可又舍不得自己花费大量时间和心血创办的公司。正在他彷徨的时候，一个同学给他讲了一个乌鸦猎羊的故事：

乌鸦是不会捕猎的，但是它们又想要吃到羊，怎么办呢？小小的乌鸦想吃羊，简直是个不可能完成的任务。但是，乌鸦们自有它们的办法。它们跟在羊群后面，将羊的粪便衔起飞到空中，寻找狼的行踪，一旦发现了狼，就将羊粪蛋投撒下去。狼闻到了新鲜的羊粪味，就会一路顺着乌鸦投下的羊粪寻找而来，等找到了羊，就会开始一场捕猎。狼吃饱离去后，那些没吃完的羊肉和内脏还留在原处，一直等待着的乌鸦们便一哄而上，饱食一顿羊肉大餐。就这样，本来没有能力吃到羊肉的乌鸦，借助狼的力量得以大快朵颐。不可能完成的任务也就实现了。

听完这个故事，小李起初有些发愣，随后灵光一闪，拍手叫好。大家下一步的思路也一致了，他们决定到北京找一家实力雄厚的公司，介绍他们和那家超市签约连锁，而小李他们从中不提取一分钱的利润，但是作为提供信息的交换条件，那套计算机管理系统的安装和调试必须由他们一手完成。

一个星期后，在小李的牵线下，北京一家大公司派来了两个签约代表。超市老总看到小李时，惊诧莫名。小李说："在安装成功前，我们不会离开商场半步，如果出现差错，你立刻把我们送到公安局，说我们是骗子。"事已至此，老总只好同意。随后的三天三夜，小李的团队没有出过商场的大门，渴了饿了就喝点凉水啃几口饼干，因为他们知道，目前他们要猎的"羊"不是金钱，而是信誉。

调试的结果一切正常，商家满意。如今，这座城市将近一半商场的计算机管理系统都是小李的公司安装的，他们的业务还拓展到了别的省份。这一切都源于一次成功的"猎羊"行动。

瞧，乌鸦也可以猎到羊，作为弱小的起步者，善于借势用力，同样可以让自己便捷地到达成功的彼岸。反过来说，如果不肯与人合作，死抱住那块"肥肉"不放，恐怕最后连骨头都啃不到。

5. 与其坐以待毙，不如另辟蹊径

善于为人处世的人，往往能从多个角度去分析和思考问题，有时候还会用代入的方式来研究问题。这是因为，事物的发展都不是孤立的、片面的，换一个角度看待问题可能会产生截然不同的感受，而且，多角度地研究问题，更容易找到问题的根本所在，更容易解决问题。

智利首都圣地亚哥的埃尔科兹酒店由于电梯装载量不够，召集了一些专家和工程师来讨论解决这个问题。结果大家意见一致：多装一部电梯。但是，这需要从底层起，每层楼都进入施工。正当工程师和建筑师们在会议室里讨论安装事宜的时候，正在拖地的清洁工人听说要给每个楼层打洞，就说："那就要乱得不得了。"

"当然，不过我们会处理好的。"一个工程师说。

另一个人说："如果不得不暂且休业的话，我们也只能这么做了，因为不装一部电梯不行啊！"

清洁工人拄着拖把，看着他们："你们猜如果让我来干的话，我会怎么干？"

一位建筑师好奇地问："你会怎么办？"

"我会把电梯安装在酒店的外面。"

建筑师和工程师们听了，面面相觑。后来，他们真的把电梯装在了酒店的外面。这是建筑史上的第一次建筑革命。

很多时候，人往往会被固有的常识给困住，使思维在一个圈圈里打转，谁能突破这个桎梏，谁就是天才。

为人处世也是一样的道理，不要总是依照旧俗常规来做事，偶尔另辟蹊径便能带来惊喜。

《战国策·韩公仲》这则故事就讲述了这个道理。

周赧王二十二年（公元前293年），秦国与齐国连横之后，向韩、魏两国发动了大规模的进攻。韩、魏两国面临共同的威胁，但两国之间却貌合神离，互不信任，也不愿意真诚合作，而是互相推诿，谁也不想打先锋，结果连连败北。后来，魏国为了自身的利益，企图将韩国抛在一边，单独与秦国议和，形势变得对韩国十分不利。

这时，有一位谋士对韩相公仲说："双胞胎的长相非常相似，只有他们的母亲才能分辨清楚；利与害在表面上也很相似，只有明智的人才能分辨清楚，看透它们的本质。您的国家目前正面临着利与害相似的情形，也需要由明智的人把它们分辨清楚。如果能采取正确的处理方法，就能尊卑有序、各安其分，否则就会败坏纲常，带来祸患。如果秦魏联盟不是您促成的，韩国就面临遭到秦魏图谋的危险；如果韩国追随魏国去讨好秦国，那样韩国将依附于魏国并遭到轻视，韩国国君在诸侯中的地位就降低了。那时候，秦王就要把他宠信的人安插到韩国做官，您的处境就危险了。"

谋士层层递进地分析、引申出如何判断当时的政治局势后，又说："从目前的形势分析，您不如主动去撮合秦、魏进行和谈，两国和谈成功与否，对于韩国都会很有利。若和谈成功，是您穿针引线撮合而成，韩国就成了秦魏联合的门户，既可以受到魏国的推崇，也可以得到秦国的友善。再说，秦魏不可能永远互相信任，秦国会因为得不到魏国的援助而发怒，一定会亲近韩国而远离魏国；魏国也不会永远服从于秦国，必将设法亲近韩国而防备秦国。这样您就可以像选择布匹随意剪裁一样轻松。由此可见，如果秦魏联合，它们都会感谢您；如果秦魏分裂，两国又都会争取您。这样做，进退对韩都非常有利。希望您能下定决心。"

从故事中可以看出，这个谋士不只是站在韩国的角度看待问题，同时还从全局出发，得出化被动为主动的办法——主动撮合秦魏和解，同时取信于两国，使整个局面朝着有利于韩国的方向转化。

这就是多角度考虑问题的优势，也是灵活应变的一种表现，不仅对政治上的风云变幻可以灵活应对，应用在与人合作中，也能够善察利害，化被动为主动，找出问题的根本所在。

6. 婚姻就是妻帮帮夫，夫帮帮妻

不懂得合作之道的人，就像一块薄脆的饼干，轻轻一掰就碎了。生活中许多地方都需要合作的智慧，否则人生就会没有张力、没有韧性，也就容易被一些琐碎的事情给打倒，遇到一点挫折就会放弃希望。有时候，对身边的人大度一点，你会发现自己人生的柔韧度也在增强，生活也变得更加丰富多彩了。

在加拿大魁北克山麓，有一条南北走向的山谷，山谷没有什么特别之处，却有一个独特的景观：西坡长满了松柏、女贞等大大小小的树，东坡却如精心遴选过一般——只有雪松。这一奇景异观，曾经吸引不少人前去探究其中的奥秘，但一直无人能够揭开谜底。

1983年冬，一对婚姻濒临破裂却又不乏浪漫习性的加拿大夫妇，准备做一次长途旅行，以期重新找回昔日的爱情。两人约定：如果这次旅行能让两人找到原来的感觉就继续生活，否则就分手。当他们来到那个山谷的时候，正巧下起了大雪，他们只好躲在帐篷里，看着漫天的大雪飞舞。不经意间，他们发现由于特殊的风向，东坡的雪总比西坡的雪下得大而密。不一会儿，雪松上就落了厚厚的一层雪。然而，每当雪落到一定程度时，雪松那富有弹性的枝丫就会向下弯曲，使雪滑落下来。就这样，反复地积雪，反复地弯曲，反复地滑落，无论雪下得多大，雪松始终完好无损。而西坡的雪下得很小，那些松柏、女贞等树上虽然都落满了雪，但是并不多，所以也没有受到损害。

看到这种情景，妻子若有所悟，对丈夫说："东坡肯定也长过其他的树，只不过由于没有弹性，而被大雪压折了。"丈夫点了点头，旋即两人似乎同时恍然大悟，忘情地紧拥热吻起来。丈夫兴奋地说："我想我们可以重新在一起生活了——以前总觉得彼此给予的压力太多，觉得太累太烦，事实上我们是能够承受的；即使承受不了，也可以像雪松一样弯曲一下，这样生活就轻松多了。"

有人说，婚姻是这样一种奇怪的事物，它使得两个本来陌生的人相聚在一起，彼此磨合着原本独具个性的棱角，可是又总会被彼此的棱角给刺伤。

也许你也见过这样的夫妻，看起来各方面都很适合，但却因为一些生活上的小习惯而不断发生冲突，有时甚至只是因为牙膏该从中间挤还是从尾端挤这样微不足道的小事，都有可能摧毁一桩婚姻。如果我们都能多些生活的智慧，彼此忍耐、宽容，像雪松一样懂得适时地缓解压力，婚姻其实是可以更长久、更幸福的。

7. 谦让赢得众人随

现实中，有些人，尤其是一些基层领导最容易犯的一个小错误，就是与下属抢功。一个与下属抢功的领导是无法成功的，他得到了近利——上级领导的褒奖，但却失去了远利——下属的支持和帮助。而一个不受下属支持的领导又怎么能把工作做好呢？

有的管理者每次做出什么成绩，向上邀功的时候，都会把下属撇在一边，好像成绩是他一个人做出来的，跟下属没有一点关系。结果造成大家一起做出来的成绩，却被管理者一个人独占功劳——这对下属来说，就好像本来属于自己的东西被人抢去了一样，但由于抢走自己东西的人正是顶头上司，作为员工，只能敢怒不敢言。从某种意义上说，管理者的这种行为与强人所难无异，令人不齿！长此以往，管理者本人也会身败名裂，自毁前程。因为这等于抹杀了下属为此做出的全部努力，让他们付出的时间、精力和心血白费！

某公司的物流组长王强为人民主，常会听取下属的意见："这看法不错，你将它写下来，这个星期内提出来给我。"下属听了自然很高兴，踊跃地做出各种企划，争着提出意见，其中的大部分也都为王强所采纳。然而，每一次发表考绩，一切都归功于王强一人。

一年后，王强就完全被大家孤立了。他感到很迷惑，不了解下属叛离的原因，心想："是他们的构思枯竭了吗？那么再换些新人进来吧！"于是，他和其他部门交涉，调换了几个新人。

新人刚进入部门，王强就向他们提了一个要求："我们物流组，传统上是要发挥分工合作的精神，希望大家能够同心协力，提高物流组的业绩。"但没有人理会，他们心想："物流组的功绩，最后都归于你一个人，你老是抢别人的功劳，一个人讨好上司。"

对管理者来说，不滥夺员工的功劳，似乎很难办到。"他的工作出了成果，不是我从旁协助的吗？""这项工作从计划到指派，都是我的主意。"管理者通常会认为下属表现良好，全是自己的功劳。其实这是错误的，员工表现突出，上司确实有一定的功劳，但若经常将成绩据为己有，坏事则由员工承担，最终将失去人心。

一位高明的管理者，不但不争夺员工的功劳，有时还会故意把本属于自己的功劳推让给他们，从而使每个员工都乐于全心全意替他工作。

值得提醒的是，把功劳让给员工时，切勿要求下属报恩，或者摆出威风凛凛的态度。否则员工可能会因此闹别扭、发脾气，甚至感到自尊心受损，进而采取反抗行动，如此一来反而得不偿失。

作为领导，最重要的是能调动下属为己所用，让功给下属只是小事一桩，但却会使他们心怀感激，尽心尽力地支持你的工作，孰得孰失，聪明的你自然会做出正确的选择。

8. 爱憎分明是本色，疾恶如仇不宽恕

孔子有句名言："君子周而不比，小人比而不周。"意思是说，与人合作要做讲究团结的君子，而不要做蝇营狗苟的小人。

君子居心，能跳出小圈子，对人同等，好恶爱憎，一本于公（周）。小人居心，看人行事，对和自己好的一个态度，对和自己不好的又一个态度，好恶爱憎，一本于私（比）。"周"和"比"，从外表看很相似，但深入到内部就大不相同了，其根本差别就在于君子以义合，小人以利合。

"周而不比"的君子与"比而不周"的小人一旦在一起共事，吃亏的往往是君子。因为随便做什么事都可能遇到小人明里暗里的使坏攻击，所以人们一直有"小鬼难缠"的感叹。尤其是小人一旦掌权当政，就会如同一堆腥秽之物发酵一样，迅速吸引一大群苍蝇跟进，喜爱干净的人每天在这种氛围中过日子，务必付出万分的忍耐。所以，小人当道，必然祸国殃民。

小人之所以为小人，就在于其极度的自私自利和道德廉耻的丧失，其人格是残缺的，其心理是阴暗的，其行为是龌龊的，为了一己之私，什么不要脸和卑鄙阴险的事都干得出来。轻则祸害亲友和身边的人，中则坏一团体、一地风水，重则成为国家民族的深重灾难。小人误国害民的例子如赵高、魏忠贤、秦桧、汪精卫等等就不用细说了。人们对小人可以说是过街老鼠——人人喊打，但小人从来不因人们的厌恶而消失，相反不但能够世世代代繁衍不绝，而且十分活跃得意，人们就是恨到心头出血也毫无办

法。为什么呢？因为这个社会从来不乏小人。

孔子在《论语·子路》中还曾对这个话题作过阐述："君子和而不同，小人同而不和。"唯君子"和而不同"，所以"周而不比"；唯小人"同而不和"，所以"比而不周"。

"和而不同"与"周而不比"的君子行事特点是对事不对人，因此能说实话，敢说真话，不管对方是领导还是下属，不管关系是好还是坏。

历史上做宰相之人，多数为私利着想，一切言行都要讨皇帝的欢心，绝不触怒皇帝。北宋宰相赵普却把治理好国家看成是自己的责任，在与皇帝发生分歧时，只要他认为自己的意见有利于国家，就不惜犯颜直谏。

有一次，赵普举荐某人做某官，宋太祖不肯任用。第二天，赵普还是举荐那人，宋太祖仍然不肯。第三天，赵普又向宋太祖推荐那人，宋太祖发怒了，把奏章撕碎扔到地上，赵普脸不变色，也不辩白，跪下来拾起奏章碎片就回家了。几天后，他又把被撕碎的奏章贴好，再次上奏，宋太祖终于省悟，认为赵普做得对，最终任用了那人。

又有一次，一个大臣理应升官，但宋太祖素来不喜欢那人，因此不同意。赵普坚决提升那人的官职。宋太祖发怒说："我就是不给他升官，看你怎么办？"赵普心平气和地争辩说："刑罚是用来惩罚坏人的，赏赐是用来酬劳功绩的，这是古今一致的道理。况且刑赏是天下的刑赏，不是陛下一个人的刑赏，怎能因为您个人的喜怒而独断专行呢？"宋太祖气极了，起身离去，赵普就跟在后面。宋太祖进了皇宫，赵普就站在门口等候，直到宋太祖允诺了他才离去。

宋太宗时，赵普再次担任宰相。由于听信弭德超的谗言，宋太宗怀疑曹彬不遵守法度，要处罚曹彬。赵普知道曹彬冤枉，就为曹彬分辩清楚，并且予以担保，终于使事情真相大白。宋太宗知道真相后叹息说："我听断不明，几乎误了国家大事。"之后对待曹彬一如既往。

当然，赵普并非普通百姓，他做事"和而不同"的出发点是社稷民生，作为普通人，可能不会有这么崇高的意图，但凡事坚持原则，力避同流合污，还是应该能做到的；否则，一旦流于“同而不合”和“比而不同”，那简直与小人相差无几了。

作为团体的一员，我们应该以圆满完成任务为目的来团结人，而不是为了相互的利益而争论，在整个过程中，我们需要时刻对自己的言行举止进行反思，自己的目的是否是为了事件的顺利完成，还是因为自己的嫉妒和不满而做出的决定。

同时，我们还应认识到，只满足于做个“周而不比”的君子是不够的，必须人人都站出来，齐心抱成团，见到小人使坏就勇敢地与他斗，及时识破其伎俩，揭穿其底细，毫不妥协，一斗到底。这样做的时候也应该底气十足，因为我们是光明正大的。苍蝇之所以怕拍子，是因为那只拍子是无可抗拒的正义的力量。如此，所谓“同而不和”、“比而不周”等小人的伎俩才会有所收敛。

9. 朋友合作，规则先行

合作通常是双方因为同一个目标或利益而走到一起，这种关系一开始就牵涉到利益等其他成分在里面，一般随着合作的成功或结束，这种合作关系也将随之消失，合作者互相成为朋友的很少，也很难，因为大家合作的目的是为了共赢，而不是为了结交朋友。

27岁的广告撰稿员莱恩说："我每天都要做大量的工作，我诅咒生活带来的压力。如果遇到谈得来的合伙人和我一起谈笑聊天，讨论工作问题，我的工作效率就高。另外，下班后常跟他在一起吃午饭很不错。总之，有了能够合作的人，工作起来就感到愉快。"

戴尔·卡耐基告诉他的学生，不论他们到谁的办公室，出于工作需要，脑子里一定要记住，"我喜欢他，我一定要面带笑容，说话要投其所好，让他觉得自己重要，尤其是决不能跟他发生口角，他是我的朋友"。

他真是你的朋友吗？能够合作的人当然也可以发展出某种友谊，但这是一种建立在利益基础之上的友谊。比如，工作午餐会、酒会、交易会都跟利益相关，这种聚会有时是金钱交易，有时只是为了答谢和回礼。这种友谊通常是不牢靠的，因为有共同利益的存在，一旦利益分配不均，往往会产生分歧，致使合伙人分道扬镳。

张治朋从一家国营建材商店下岗后，一直找不到工作。单位每个月仅开给他不足200元的生活保证金，远远不够维持一家三口的日常生计。张治朋十分苦恼，四处寻找挣钱的门路。

有一天，他碰见了多年不见的发小戴广久，聊起天来，才知道这位朋友也在寻求门路赚钱。戴广久过去在城建局工作，因犯错误被开除公职，如今也是家境日衰，经济困顿，求贷无门。两人说起各自的苦衷和个人的想法，很快一拍即合，决定合作开一家建材商店。张治朋懂价格，通进货渠道；戴广久则利用以前与市各建筑公司的关系负责销售，彼此优势互补，很快达成了合作协议。

建材商店开业半年，盈利5万元，这对月收入不足200元的两位合作者来说，不啻于一个天文数字。可是到了分成拿利润的时候，两人心中各自都有了一个小九九。张治朋想，要不是我通晓商品价格和进货渠道，山南海北地调货源，能挣这么多钱吗？戴广久要是不贪财，这5万元利润应该让我拿大头，给我3万元才合理。而戴广久心里也犯嘀咕：张治朋单枪匹马出外进货，没有人监督他，说不定吃了许多回扣，两头赚钱。更何况，他虽然熟悉进货渠道，但如果没有我这些老关系，这些货物怎么能如此顺利地销出去呢？所以，这5万元利润应该多分给我一些才对……两人想来想去，都走进了贪得无厌的死胡同，先是张治朋试探地提出多分一点钱的要求，接下来就是两人脸红脖子粗地进行争论，一时间双方口多微词，互不相让，直争得破口大骂起来。

接下来的事可想而知，张治朋逢人便说戴广久的坏话，把半年来两人合作过程中的耳鬓厮磨添枝加叶，制造出有关戴广久人品的种种说法，以此证明自己功劳大、获利少、不贪财的品质；而戴广久也不是省油的灯，不管走到哪里，都对张治朋的贪心和不讲情理大加诋毁和指责。而且双方都各自拿着商店的钱账不交，并像抢劫一样把商店的货物拉走，谁先下手谁就多拉走一些。至于外面的欠款，两人谁也不还，互相推诿，张说应该由戴还，戴说应该由张还。最后，不但他们两人的关系搞得分崩离析，就连外面的客户也与他们闹得不可开交。

很快，商店倒闭了，两个人又变成了无业人员，继续为找不到赚钱的门路而苦恼。

上例中，合作使两个朋友获得了一定的成功，但也使他们彼此不能再友好地相处。看来，合作双方很难突破合作这一界限成为朋友，而由合作导致朋友成为陌路人的，则像张、戴二人一样比比皆是。

问题的关键在于，既然是合作，就得先把友谊放一边，把利益谈清楚。朋友难交，合作关系的朋友更是难以成为真正的朋友。合作双方常常碍于情面，该谈的不谈，该争的不争，到最后，不该争的却要去争，结果可想而知。

第7课　用人之道：会管人更要会用人

对于从事管理工作、身处领导岗位的人来说，包容最大限度地体现在用人上。用人是一门大学问，只有掌握了“包容”这把钥匙的人，才能打开高效之门，让人尽其才、各尽其用不再是一句空话。

1. 气度决定高度

人们常说："将军额上能跑马，宰相肚里可撑船。"一个人的气度决定他做事的格局，领导者的气度则决定他用人的格局。我们在工作和生活中，常常需要与人打交道，不论是朋友、同事，还是客户、竞争对手，每个人都有着自己的个性、爱好和生活方式，生长环境不同，受教育程度不同，生活习惯也不相同，不可能所有人都是同一个节拍，也不可能都随顺我们的心意。如果你因为看哪个人不顺眼，就与他断绝一切往来，那么用不了多久你就会成为孤家寡人。

领导者用人更是如此，有了容人之量，别人才会与你共同进退。

官渡之战前夕，陈琳为袁绍写讨伐曹操的檄文。陈琳才思敏捷，斐然成章，文章从曹操的祖父骂起，一直骂到曹操本人，贬斥他是古今第一"贪残虐烈无道之臣"。据说曹操让手下念这篇檄文时正犯头痛病，听到要紧处不禁厉声大叫，气出一身冷汗，头竟然不疼了。可见此文确实戳中了曹操的要害。

袁绍战败后，陈琳转投曹操。曹操对这篇火力凶猛的檄文仍耿耿于怀，便问陈琳："你骂我就骂我吧，为何要牵累我的祖宗三代呢？"陈琳的回答言简意赅："箭在弦上，不得不发耳！"曹操听了呵呵一笑，不再计较。

曹操知道，陈琳这样的文人并非存心和他过不去，当年写檄文骂他，是形势所逼，迫不得已。所谓各为其主，既然陈琳谋食于袁绍，袁绍要他干活，理当尽心竭力。檄文就是这种情形下的产物。杀掉陈琳，虽然不会有什么明显的负面效应，却也无利可图，倒不如放他一马，为己所用。因此他不仅没有杀陈琳，反而委以重用。陈琳深受感动，后来为曹操出了不少好主意。

大凡小肚鸡肠，睚眦必报的人，做事都容易走极端，对别人的只言片语也会耿耿于怀，这使得他们别说是成就大事，就连一般的小事都做不好，因为人际关系太差，谁也不愿意帮助他。

周瑜也是三国时代才华横溢的人物之一，然而与曹操相比，两人的度量大相径庭。曹操虽然奸诈凶狠，但却有政治家的胸怀，门下广纳贤士。周瑜则空有大将之才却无大将之雅量，虽然才智超群，但嫉妒心极重，容不得超过自己的人。他对诸葛亮一直耿耿于怀，几次欲害之，均不得逞。赤壁之战，周瑜损兵马、费钱粮，却叫诸葛亮捡了个现成，气得他“大叫一声，金疮迸裂”。后来，周瑜用美人计骗刘备去东吴成亲，被诸葛亮将计就计，最后是“赔了夫人又折兵”，又气得周瑜“大叫一声，金疮迸裂”。最后，周瑜用“假途灭虢”之计想谋取荆州，结果被诸葛亮识破，以四路兵马围攻周瑜，并写信规劝他，周瑜仰天长叹：“既生瑜，何生亮！”连叫数声而亡。由此可见周瑜度量之小。

不走极端，有气度，不仅可以赢得别人的信任，也可以让自己不受一时得失的影响，保持对人对事的正确判断。

2. 识人所长，人人都是千里马

一个人的能力总是长短互见，用其短处，他就是个矮子；用其长处，他就是个巨人。清代思想家魏源说过这样一段话："不知人之短，亦不知人之长，不知人长中之短，不知人短中之长，则不可能用人。"古人的智慧充满了辩证法，就看你是否具备这样的眼光。如果大才、小才、奇才、怪才、庸才以及不才，都能被管理者"短中见长"，将会有多少千里马奔腾在各行各业中呢？观念一变，到处都充满希望，到处都是"钱"途。

宋太祖赵匡胤用"活"败军之将陈承昭，便是对这一认识的最好注脚。

陈承昭本是南唐大将，官至南唐保义节度使，在南唐的地位十分显赫。后周与南唐在淮南打仗，南唐国主委任陈承昭为濠、泗、楚、海等四州水陆都应援使，其职位之高、权力之重，可使南唐三军听命。

当时，赵匡胤统率后周的先锋部队攻克了泗州，又发兵东下，与陈承昭统领的南唐军队遭遇于淮河。两军交战，赵匡胤用兵有方，指挥得力，而陈承昭作战无能，败逃途中为赵匡胤生擒活捉。陈承昭因此身败名裂，投降在后周得了个右监门卫将军的小官。

宋国初建，赵匡胤打算兴治水利，开漕运以通四域。然而他手下有勇将三千、谋士八百，却无人善于治水，于是四处求贤，物色治水能人。"鱼潜在渊，或在于渚"。这回赵匡胤什么人都没挑上，偏偏选中了败军之将、右监门卫将军陈承昭，派他去督治惠民河，以通汴京南部漕运。于是，陈承昭重振雄风的机会到来了。

陈承昭打仗不行，对水却很有研究。他察看水势，见惠民河水太小，即使疏浚也未必能通航运，于是遍寻水源以补惠民河之水。他勘察地形，见郑地地势较高，而郑地西部的河流至郑地后皆向东南流，若稍加疏导，便能流向东北。这一勘察所得的结论完全正确，他让民夫将郑地西部的闵水引至新郑汇入惠民河，又引撰水注入阔水，使二水相通，共注入惠民河。由此，惠民河水大增，水贯连汴京，南历陈州、颍州，直入淮河，沟通了京城与江淮的漕运。

赵匡胤见陈承昭治水确实有一手，于是在疏通惠民河之后，又命他去疏浚五丈河。

五丈河因泥淤、水少而不利舟行，而且只将河中淤泥挖出是不行的，必须有能注入之水。陈承昭受命后，经过实地勘察，发现在汴京东面，荥阳虽有汴河水东流，但还有两条北流而无益的河，白白流入黄河。这两条河，其中一条是京水（可能是今须水）。春秋时，郑国北部有个地区叫京，郑庄公曾封其弟段于此。段当时在京地建了一座国都，而且有条水从城旁过，便是京水。另一条为索河，北流于大索城（今莱阳市）。陈承昭认为，京、索二水都可以引来注入五丈河。于是，赵匡胤决定，自荥阳向东开渠百余里至汴京，将京、索二水东引入汴京城西，架流过汴河，向东注入五丈河。自此，五丈河水满，又将水东北流向济州大运河，东北漕运由此而通。

赵匡胤欲平南唐，却忌江南水军之利。正愁没有办法，陈承昭建议宋国建立一支能打水仗的水师，于是在京城朱明门外凿挖水池，引惠民河之水灌入大池之中，操练水军。宋国既有水军，水又能通汇江淮，使得南唐很容易便被平定。这都是缘于赵匡胤用人之功。

俗话说，能者多劳。陈承昭既能治水，赵匡胤也乐而用之。他不仅使陈承昭疏河通漕，还派他治理黄河。

赵匡胤在位期间，黄河屡屡决口为害。每有黄河水患，赵匡胤就派陈承昭去修治河堤，承担治河之责。陈承昭也不负厚望，在黄河两岸广植根系较密的榆树，以防黄河决堤。

陈承昭是能人还是庸才？用于南唐为庸才，用于北宋即为干才，这就是将能力与位置相结合而用人的奥妙所在。

金无足赤，人无完人。有魄力的人，可能粗枝大叶；心细的人，可能放不开；老实肯干的人，脑子可能不灵活，而脑袋灵活的；又可能偷巧卖乖，办起事来让人不放心。

“骏马能历险，犁田莫如牛；坚车能载重，渡河不如舟。”也就是说，每个人都有自己的长处，都是可用之才，关键在于能否用其所长，扬其所长，切忌求全责备。比如，一个爱斤斤计较的人，肯定不适合做沟通协调的工作，但是有可能做好物资工作；粗枝大叶、大大咧咧的人，干财务肯定不行，但是去施工一线搞生产很可能是个能手。

以马谡为例，诸葛亮在攻打孟获的时候采取他的计谋“攻心为上”，结果获胜；在拒敌司马懿的时候，马谡亲自带兵，最终却痛失街亭。同样一个人，放的位置不一样，效果完全不同。

用人之长的关键在于能够“识其所长”，看他能做什么，然后将其安排在合适的职位上。这个职位不仅要能发挥人才的长处，还要给予他足够的发展空间，有助于他能力的发挥，并激发他的潜能。

3. 用适合的人去做适合的事

天下人才，如过江之鲫，不可能一网打尽。做什么样的事用什么样的人，切不可滥用，所以要制定适合自己的选人标准。在这方面，曾国藩的做法可以带给我们一些启示。

曾国藩深知人性的优点与弱点，也深知清廷军政腐败的因由，在选用人才方面，建立了一套自己的标准。这些标准或许有悖于一般所谓“唯才是举”的说法，然而事实证明他的做法是很有实益的。

除了廉明、智略才识之类的标准之外，曾国藩用人的特殊之处是：“忠义血性之人最可用”。所谓忠义血性，即要求湘军将领誓死效忠清廷，自觉维护以三纲五常为根本的封建统治秩序，具有誓死与起义农民顽抗到底的意志。他说：“带勇之人，第一要才堪治民，第二要不怕死，第三要不计名利，第四要耐受辛苦。治民之才，不外公、明、勤三字。不公不明，则诸勇必不悦服；不勤则营务巨细，皆废弛不治。故第一要务在此。不怕死则临阵当先，士卒仍可效命，故次之。身体羸弱者，过劳则疾；精神乏短者，久用则散，故又次之。四者似过于求备，而苟阙其一，万不可带勇，大抵有忠义血性，则四者相从以俱至；无忠义血性，则貌似四者，终不可恃。”选用具有“忠义血性”者为将领，可以给整个军队起到表率作用，“以类相求，以气相引，庶几得一而可及其余”。这样便可以带动全军效忠清廷，从而使这支新兴的军队——湘军，不但具有镇压农民起义的能力，同时还具有“转移世风”的政治功效。

一是注意选用“简默朴实”之人。

曾国藩对于绿营兵官气深重、投机取巧、迎合钻营的腐败风气有着很深的认识，他说：“国家养绿营兵五十余万，二百年来所费何可胜计！今大难之起，无一兵足供一战之用，实以官气太重，以窍太多，漓朴散淳，其意蔼然。”为了从根本上解决这个问题，曾国藩规定，不用入营已久的绿营兵和守备以上军官，选将必须注重“纯朴之人”，即脚踏实地、无官气、不浮夸伪饰之人。这种对纯朴之人委以重任的做法，对提高湘军的战斗力极为有益。

二是要求湘军将领“坚忍耐劳”。

“坚忍”即打仗时能冲锋陷阵，身先士卒。曾国藩作为一介儒生，对于治军最初并没有多少军事经验，但他很清楚，行军作战十分艰辛，只有“立坚忍不拔之志，卒能练成劲旅……数年坎坷艰辛，当成败绝续之处，持孤注以争命。当危疑震撼之际，每百折而不回”。他提倡在艰苦环境中矢志不移的勇气，只有这样，才能使湘军从上到下都有着一股与农民起义军战斗到底的决心。

曾国藩在其一整套的选将标准中，一反中国古代兵家论将、选将的方法，而将“忠义血性”，意即对清廷的忠诚放在第一位。为此，他不拘一格，不限出身，大量提拔书生为将。在湘军将领中，书生出身的人占58%。

在曾国藩看来，中小地主阶级知识分子出身卑微，迫切希望改变自身所处的社会地位。按惯例他们应通过读书做官的方式来达到目的，然而，清朝末年的状况却使他们无望改变社会地位。据统计，清末全国士绅人数约有145万，政府官职及头衔仅能容纳15万，闲居乡里的士绅至少有130余万，两者的比例悬殊。当社会统治秩序受到农民起义的冲击时，他们将本能地站出来，以封建的卫道精神与农民军进行对抗，捍卫封建统治，加之无官可做，只好投笔从戎，一显身手。

按照这些标准来选将练兵，处理将士关系，尽管未必能达到“塞绝横流之人欲，以挽回厌乱之人心”的目的，但确实使曾国藩得到了一支战斗力强大的军队，从而使他受到了皇帝的重用及将士僚属的青睐。

在实际工作中，每个工作岗位的性质作用不同，对人的能力素质要求也不同。不同的岗位，需要具有相应能力素质的人才与之匹配。这就要求领导者充分考虑岗位要求和个人特点，在了解岗位要求的基础上，把适合的人才选准用好。选用人才时，要做到既不大材小用，也不小材大用；既不方材圆用，也不圆材方用。不仅如此，还应注意个人的发展，定准每个人在组织结构中的最佳位置，做到人适其位。

在日常人事管理中，如果坚持了这一原则，将使组织发挥出最高效能。遵循这一原则，要求领导者在创造外部条件方面注意以下几个方面：

（1）创造竞争条件，发挥人才的创造力

有人做过这样的一组试验，把一批志愿者分为A、B两组，对两组人员进行为期两个月的观察。A组中，每个人都干着最适合自己的工作，每天吃、喝、玩、乐，没有压力也没有负担；B组则被派到一个十分险恶的环境中去完成任务。待到观察期，发现A组人员精神萎靡不振、没精打采、思维迟钝；相反，B组人员克服了种种意想不到的困难，出色地完成了任务，而且个个精神抖擞、思维敏捷。这说明因事择人是一个动态的复杂的系统工程，必须创造外部条件使人的潜能真正得以发挥，否则不仅造就不出优秀的下属，还会给公司带来损失。

（2）创造一个宽松、和谐的环境

对下属应给予更多的肯定，重能力，重实践。在日常管理中，要容忍下属偶尔疏忽所做的错事，也要允许他找机会改正过错。只有这样，才有可能使下属愿意在适合自己的位置上放心大胆地发挥自己的长处。

（3）创造一个流动的环境

在用人问题上，不仅要做到“用其所长”，还应做到“人畅其流”。只有这样，才能做到真正意义上的“人尽其才”。流动从某种角度讲，也是缓解矛盾的一种方法，同时也促使部门领导者更加爱惜人才。下属有了更多的选择机会，才能更好地施展自己的才能，团队也会因不断地、相对稳定地“吐故纳新”而增强活力。

4. 用人也要讲究平衡互补

手下人，尤其是能人多了，就容易产生矛盾，影响工作，对此管理者既要有正确的态度，又要有合理的处理办法。硬去化解可能于事无补，最多表面上有所收敛；不闻不问甚至忽略矛盾的存在，则可能导致重大失误。

东汉建安二十年（公元215年）三月，魏王曹操率大军西征汉中，攻伐张鲁政权。当时东南孙权势力正盛，魏军西移，中部稍弱，极有可能遭到孙权的背后袭击。魏与东吴交界最直接的关津重镇是合肥，留下谁来镇守合肥至关重要。合肥孤悬无援，专任勇将必然好战生事，导致危患；若专任怯战避阵之人，又会使众心畏惧，涣散失守。敌众我寡，对方必然轻敌贪堕，若命猛将给予致命攻击，势必取胜；胜则须有稳重善守者坚守，此乃上策。曹操想起了张辽、乐进、李典三人组成的“黄金搭配”。

张辽和李典是魏军中著名的勇将，骁勇无敌，身经百战，而乐进则身材短小，富于胆略，曾跟随曹操攻打吕布、袁绍，刁钻多谋，稳重可信。早在建安十一年（公元206年），曹操就上表给汉献帝，称扬乐进与张辽、于禁，说他们“武力弘盛，计略周备，忠诚守节，每次交战，都亲自督率，奋突强敌，无坚不摧，手秉战鼓，身先士卒。派他们率将别征，都抚众结人，举令无犯，临敌制决，少有差失。论功纪用，应当各显功名”。于是，于禁被封为虎威将军，乐进被封为折冲将军，张辽被封为荡寇将军。

基于此，曹操临西征前命张辽、乐进、李典共统领7000余人屯驻合肥，但是张、乐、李三人平素就关系不好，曹操为此给护军薛悌留下函札一封，并在函旁署签说："敌人来攻城时才可开启。"不久，孙权率10万大兵包围了合肥，魏军守将们共同打开曹操的书函，上面写着："如孙权来攻，张、李二位将军出战，乐将军守城，护军（薛悌）不要参与作战。"诸位将军都感到很疑惑，张辽说："主公远征在外，若等待他的援兵到来，孙权一定早攻破了我们。所以，他指教我们趁敌人未立足时出击，冲击敌人的强盛气势，以稳定兵众之心，然后才可以守城。成败之机，在此一举，诸位还疑惑什么？"张辽担心与自己不和的李典不肯出战，李典慨然道："这是国家大事，只不过看你怎么对待了，我难道会因为私人恩怨而忘了天下大义吗？"于是率众与张辽一起出战。

张辽趁天黑招募了800多位敢死之士，杀牛款待他们，准备第二天大战一场。天刚亮，张辽披甲执戟，先冲入敌阵，杀死数十个敌兵，斩杀对方两员将领，大呼自己的姓名，冲破敌方重围，直奔孙权的旗帜之下。孙权见状大惊失色，周围的人也都不知所措，退避到高坡之上用长矛自卫。张辽叱喊孙权下来交战，孙权不敢轻举妄动，望见张辽所带人马很少，于是又把张辽围了几圈。张辽左冲右突，向前直冲，很快冲破包围圈，使其旗下的几十个人得以突围，其余仍被包围的人喊道 ："将军扔下我们不管了吗？"张辽又冲入重围，把他们解救出来。孙权的人马畏其声势，无人敢上前抵挡。从早晨战到中午，吴军气势被抑制，回寨加强了守备，大家才心安，诸路将领都对张辽十分折服。

孙权包围合肥十余日，仍攻不下城池，只好引兵而退。张辽率兵追击，几乎擒获孙权。曹操得报后，极为佩服张辽等人的壮勇，拜张辽为征东将军。曹操、曹丕父子对合肥之战都评价极高，曹丕在黄初六年（公元225年）追念张、李等人功绩时说："合肥之役张辽、李典以步兵800人破敌10万，自古用兵从未有过。使敌人至今夺气丧志，可称得上国家的栋梁啊！"

历代兵家都钦服曹操用人有术，选将时掺杂异同，平衡互补，并留下密计以节制遥控战场，事情发展与其预计如同符契般相合，可谓神妙。

在一个组织中，每个人才之间最好形成相互补充的关系，包括才能互补、知识互补、性格互补、年龄互补和综合互补。随着现代科学技术的发展，很多研究、攻关项目都需要体现多边互补原则，其中既需要有知识互补，又需要有能力、年龄等方面的互补。这样的人才结构，在科学上常需“通才”领导，使每个人才因素各得其位，各展其能，从而和谐地组合在一个“大型乐队”之中。

据国外研究表明，一个班子中，最好有一个直觉型的人作为天才军师，有一个思考型的人设计和监督管理工作，有一个情感型的人提供联络和培养职员的责任感，并且最好有一名冲动型的人实施某些临时性的任务。这种互补定律得到的标准和结果是整体大于部分之和，从而实现人才群体的最优化。用人时不能不明白此道理。

事实也反复证明，人才结构中的这种互补定律，在实际生活中可以产生十分巨大的互补效应。

综合互补的用人之道已经在现代的经营管理中起着越来越重要的作用，只有了解了人才中的才能互补定律后，才能更好地用人。

除此之外，用人还应了解人才中的个性互补律。无论在哪一个组织中，人才因素之间都存在着个性差异，每个人才的气质、性格都各有不同。例如，有的脾气急，有的脾气缓；有的做事细致、耐心；有的办事麻利、迅速。这些不同的个性特征，都可以从不同角度对工作产生积极作用。如果每个人才因素都是同样的性格和气质，工作反而无法做好。比如，全是急脾气的人在一起，就容易发生争吵、纠纷。这与物理学上的“同性相斥”现象极为相似。

年龄互补也是一个很重要的用人之道。老年人有老年人的特长和短处，青年人有青年人的特长和短处，中年人有中年人的特长和短处。不论从人的生理特点还是从成才有利因素来讲，大都如此。因此，一个好的人才结构，需要有一个比较合理的人才年龄结构，从而使这个人才结构保持创造性活力。明朝开国皇帝朱元璋取得政权后的用人方针就是“老少参用”。他是这样认为的：“十年之后，老者休致，而少者已熟于事。如此则人才不乏，而官吏使得人。”显然，朱元璋的这一用人方针是从执政人才的连续性、后继有人出发的。当然，它还有更高一层的理论意义，老少互补对做好工作，包括开拓思路、处事稳妥、提高效率等都意义深远。

平衡互补的用人之道在现代管理中也具有十分重要的地位，组织规模越大，越需要在人才结构中体现这一原则。

5. 不拘一格选人用人

假如长相好就代表着能干的话，如何用人就成了天底下最容易的事情：凭俊丑来用人即可。其实，越是有真本事的高人越是性格孤傲，其不拘形色的举止也难以给用人者留下好印象。用人者只有不以表象论取舍，才有可能得到这一类高人的帮助而成就大事。

郦食其是陈留县高阳镇人，遇见刘邦时，他已经60多岁了。

高阳是义军活动的中心，不少诸侯领兵经过这里，郦食其见他们心胸狭窄，成不了大器，都懒得搭理。那些诸侯也觉得郦食其疯疯癫癫，谁也不去理他。

刘邦到高阳后，郦食其经过认真观察，发现刘邦和别的人大不一样，决定投到刘邦军中效力。他打听到刘邦手下有一位谋士，与自己是同乡，便托这位谋士帮忙引荐。谋士看到郦食其那副儒巾儒帽的斯文打扮，手和头摇成个拨浪鼓，连声说："使不得，使不得，沛公平时最讨厌的就是你们这些读书人。他说读书人只会沽名钓誉，最没出息。前不久，一个儒生去见他，他硬是扒下人家的帽子，在里边撒尿，你何必再去寻这个烦恼？"

但郦食其坚持说："那是沛公的偏见。你可以明白告诉沛公，说我能帮助他建立奇功。只要你肯帮这个忙，以后我绝忘不了你。"谋士经不住郦食其的央求，又想起刘邦过去曾向自己打听家乡有没有贤人，如有的话可以随时引见，于是硬着头皮报告了刘邦。刘邦也非常爽快，答应马上接见郦食其。

郦食其被带进刘邦所驻驿舍。他进入内室，见刘邦正“踞”在床上，伸着两条腿，让两个青年女子给他洗脚。

按当时的习惯，人们平常是“席地而坐”，即两个膝盖着地，两脚伸向后面，全身重量压在左腿上。接待客人时，要抬起上身，称为“跪姿”。“踞”是臀部着地，两脚前伸，相当于人们现在的“坐姿”。“踞”而见客，大为不恭；在客人前面洗脚，更是不礼貌。

刘邦这样做显然是想羞辱郦食其。郦食其针锋相对，也不施礼，明知故问道：“你带兵来此，是想剿灭诸侯军呢，还是想推翻秦王朝的统治？”刘邦听了勃然大怒：一个皮包骨头的看门人，竟来这里教训自己，随即说道：“你真是个不识时务的书呆子，秦朝是无道昏君统治，视百姓如同仇人，豪杰们义愤填膺，纷纷揭竿而起，我刘邦顶天立地，哪能帮助秦朝，去与诸侯军为敌呢？”郦食其冷笑两声，说：“你如果真的兴仁义之师伐秦，怎么能用这种方式接待一个老年人呢？”刘邦一时无言以对，挥手让两个洗脚的女子退出去。郦食其见刘邦的态度改变了，口气也缓和下来，说：“推翻暴秦，夺取天下，不是一件容易的事情，哪能少得了出谋划策的人？将军如此对待贤人智士，传扬出去，有才干的人，谁还敢来投奔你？”

刘邦见郦食其话中有话，赶紧站起身子，脚上的水也顾不上擦，整一整衣服，穿上鞋袜，向郦食其赔礼。接着，他又命人摆上酒菜，请郦食其坐在首位，端着酒杯，恭恭敬敬地说：“请先生多多指教！”

郦食其也不谦让，一边端起酒杯饮酒，一边纵论天下大势，剖析六国兴亡的原因。刘邦听得津津有味，不断点头。忽然，郦食其话锋一转，对刘邦说：“将军一路招募乌合之众，收集散乱之兵，费了九牛二虎之力，还没能凑够一万人。您若凭着这点人马，匆匆忙忙去攻打秦朝的心脏咸阳，无异于赶着羊群，进入老虎窝里掏食吃。”

刘邦此时方才感到郦食其乃世外高人，留于帐中，必有大用。他赶紧问道：“依先生之见，该怎么办呢？”郦食其不慌不忙地呷了口酒，说：“陈留是个四通八达的地方，城里存放着秦朝数年的粮饷。将军不如先攻下陈留，休养一个时期，这样既能补充军粮，又能扩大义军的影响，然后从容向西，才能立于不败之地。”刘邦连连拍手称好，但又担心自己攻城的人马不够。郦食其说：“我和陈留县令交情深厚，可以去劝他投降。将军在城外进攻，我在城内接应。只要配合得好，一定能够成功。”刘邦十分高兴，马上同意了郦食其的计谋。

郦食其入刘邦帐中后，多次立功，以其高屋建瓴的绝妙智慧，为刘邦除去了前进道路上一处又一处的隐患。

事实证明，郦食其是个高人，对于这样有真才实学的方外高人以等闲视之，必然会犯下以貌取人的错误。刘邦知错即改，也算是个善于取人的明君了。

清朝皇帝康熙也认为，人才仅凭外表长相是无法判定的。他举例说，原任正白旗副都统塞黑伊，善射且相貌魁伟，善于管辖兵马，但他在乌兰布通战役中却被吓坏了，装做中暑坠马的样子，想退出战斗。他的家人知道后都很气愤，说：“你身为二品大臣，如此临阵退却，以后还有何颜面见人？”家人刚扶他上马，他又跳下来趴到草堆里。回到军营之后，他浑身仍战栗不止，不脱战衣就蒙头卧床，一直睡到天明。他手下的兵丁没有一个不耻笑他的。

还有一个例子，内务府员外郎喀青阿的父亲海西尼，身材短小，力气也不大，可是他在福建作战时，先后8次获得头等功牌，后来因身体多处受伤不能参战，还让人用木板抬他去看攻城。等将士拿下城池之后，他伤心地对大家说：“我因残疾没有和你们一起杀敌，为国效力。”说着说着就激动地痛哭起来。

原任广东巡抚杨熙，长得非常瘦小且相貌丑陋，可是当尚之信反叛，他与另外二人在广州城中被围困时，三人各率家人拼死反抗，杀出重围，赶赴大兵营中。

因此，康熙总结说，以貌取人常让人犯下用错人的错误。用人者不能不引以为戒。

6. 黄金易得，将相难求

有人说，“只有一流的人才才会造就一流的企业”，未来企业的竞争首先是人才的竞争。如何筛选识别和管理人才，证明其最大的价值，为企业所用，是企业领导者面临的颇为头痛的问题。如果不能识才，造成人才流失或埋没人才，必将在竞争中处于不利的地位。当然，真正的人才并不是那么容易发掘，这就需要领导者拥有一双识人的慧眼。

南宋大将岳飞就是宗泽从泥土之中拣出的一颗宝珠。

岳飞是相州汤阴（今河南汤阴县）人，字鹏举。岳家世代为农，生活比较贫苦。在艰苦的环境中，岳飞养成了刚毅顽强的性格。他自幼好读史书，尤其喜欢读孙吴兵法，古代军事家的战略思想使他受到了极为深刻的影响。到了青年时期，岳飞长得体貌雄健，能拉满300斤的劲弓，而且善于骑射，即使左右开弓，技术也在众人之上。靖康元年（公元1126年），金军入侵中原，直趋北宋京都东京（今河南开封），宋钦宗封康王赵构为兵马大元帅，封抗金名将宗泽为副元帅，命他们带兵入援京师。赵构部下刘浩在相州招募兵士，于是，岳飞便投靠刘浩军队，并很快被提拔为一名下级军官。

靖康二年（公元1127年），宗泽率领部队转战开德府，接连与金军大战13次，均取得了胜利。在一次两军对阵交战的过程中，岳飞见金军两个旗手在阵前摇旗呐喊，鼓动厮杀，立即弯弓搭箭，两发两中，人倒旗落。顷刻间，敌军乱成一团，岳飞乘势率军发起攻击，金军死伤无数，溃败而逃，岳飞大获全胜，并缴获了大量兵器。不久，宗泽又率领部队分兵北上。岳飞所率一部在北上途中与金军在曹州（今山东菏泽）相遇。金军凶猛扑来，岳飞身先士卒，冲锋陷阵，与金军展开激战。由于他英勇顽强，指挥得力，士卒个个拼死效命，最后大获全胜。

经过开德、曹州两次大战，宗泽对岳飞的英勇善战非常钦佩。有一次，宗泽把岳飞召去说："你的英勇与智谋、武艺与才气，就是古代的良将也不能超过你，但是只擅长野战，还不是万全之计。"由于非常欣赏岳飞的才华，宗泽有意对他进行栽培，使他了解、精通更多的作战方法，于是送给他一张作战阵图。岳飞接过阵图仔细看了以后，对宗泽说："古今时代不同，平地和山险不同，怎么能用一定的阵图用兵？"宗泽反问道："像你这样讲，阵法岂不是没有作用了？"岳飞回答说："列阵而后战，乃兵家的常规，但其运用之妙，却存乎一心。"宗泽听了岳飞的话，心中十分佩服，认为岳飞是一个很了不起的人才。

南宋建立后，岳飞多次向宋高宗赵构上书，要求北上抗金。但是，宋高宗认为岳飞官小职微，越职上奏，把他革职了。然而，岳飞抗金报国之心毫不动摇，他投奔张所，被任为武经郎，充中军统领，在都统制王彦部下当偏裨将。岳飞随同王彦渡过黄河抗金，之后因与王彦意见不合，他脱离王彦去投奔宗泽。这时，宗泽已调任东京留守。岳飞到东京后还未见到宗泽，就被王彦的部下捉住，正当王彦要按军法处斩岳飞时，宗泽正好赶来，发现王彦将要处斩的人就是在开德、曹州大捷中建立奇功的岳飞，他立即让王彦将其当场释放，留于军前听用。不久，抗金前线传来急报，说金军又要进攻汜水关（今河南汜水镇西），宗泽立即命令岳飞率500名骑兵出征迎敌。岳飞接受命令后，星夜兼程赶到前线，他身先士卒，奋力杀敌，经过一番激战，最终大败金军，宗泽立即擢升岳飞为统制官，成为统率千军万马的高级将领。

宗泽慧眼识奇才，而岳飞也没有辜负宗泽的提挈与期望，建立了抗金的奇功异勋。宗泽去世后，岳飞随从杜充南下。建炎三年（公元1129

年），金兀术率金兵渡江南侵，杜充弃城投降金兵。岳飞在广德、宜兴一带坚持抵抗。次年，金军被迫北撤。岳飞乘机率军袭击金军后队，收复建康（今南京），并被提升为通泰镇抚使。绍兴二年（公元1132），任承宣使及湖北路、荆、襄、潭州制置使，屯兵鄂州（今武昌）。他率领的军队纪律严明，战斗力强，有“撼山易，撼岳家军难”之说，令金兵闻风丧胆。

如果说岳飞是一颗宝珠，那么也多亏了宗泽的一双慧眼，才有了大放光芒之日。

茫茫人海，芸芸众生，人才各不相同，每个人才都是一个完整的世界，领导者只有慧眼独具，才能识别每一个实实在在的人才。

7. 用人不要看“会说”，要看“会做”

清代李中孚的《四书反身录》说：“不以言举人，则徒言者不得幸进；不以人废言，庶言路不至壅塞，此致治之机也。以言举人，则人皆尚言；以行举人，则人皆尚行。上之所好，下即成俗，感应之机，捷于影响。风俗之淳漓（厚薄），世道之升沉系之矣。”

这段话是对孔子“不以言举人，不以人废言”的十分恰当的解释和发挥。举人、用人，关系到一个国家、一个企业、一个部门的兴衰成败，只看一个人说了什么而不看他做了什么以及能做什么，显然是不够的。同样，不能因为一个人在某一方面犯过错误就否定其所有言论，更不能因为瞧不起别人的地位、学识而对其真知灼见一概否定。

我们常说“言为心声”，语言是人思想的表达，所以“不知言，无以知人也”。但是，语言不是行为，言语所表达的是一种可能性，并不一定是事实的东西。所以，光有言还不行，孔子尤其主张“先行其言而后从之”，强调行为和语言的一致，同时认为“巧言令色，鲜矣仁”，即花言巧语的人是没有好品德的。他以言辞浮夸、华而不实为耻，主张在用人上既“不以言举人”，也“不以人废言”。《史记·孙子吴起列传》中说，“能行之者未必能言，能言之者未必能行”。有的人能干但是口才不好，有的人能说，口若悬河，但是却不能真正地做什么事。所以，决定一个人的任用，不能只看他会不会说话，而要看他能不能做事。

有些用人者常常被别人的言辞迷惑而轻率地用人。历史上“以言举人”结果却坏了大事的例子有很多，比如战国时的赵孝成王以言取人，任用了只会纸上谈兵的赵括替代老将廉颇，结果赵军在长平之战中大败，40万将士被俘活埋。三国时期，著名军事家诸葛亮素有知人之名，但也同样犯了以言取人的毛病，用了言过其实、不懂实战的马谡当大将，结果失了街亭，最后不得不“挥泪斩马谡”……

以言举人不好，以言废人同样要不得。明代学者王夫之评价孔子所说的“以言取人，失之宰予”，是千古以来言语虽简短，却非常重要的一句话。人们常说“人微言轻”，其实就是以人废言的一个典型例证。理解“人微言轻”的含义，正是希望能够重视所有人，不使言论之道单一或者堵塞，减少因忽视一般人的见解而可能造成的损失。

即便是无德之人，虽不能委以重任，但其言论、著作有的也有价值。君子心胸宽广，眼光远大，不以人废言，允许无德者有价值的言论、著作存在，继续发挥其作用。如周作人的散文，具有很高的成就，但因为他在伪政权做过官，在“文化大革命”前一直受到冷落，“文化大革命”后，文化界纠正了过左的错误，使周作人的作品陆续出版了不少，现代文学史上也提到了他的名字。

“不以言举人”，要求领导者具备察人、识人的智慧，能透过语言的外表，看清一个人的本质及其做事的能力；“不以人废言”，要求领导者具备博大的胸怀，不意气用事，这样才能用到能人、有德之士，从别人的见识中受益。

8. 敬君子，畏小人

作为普通人，与他人的关系尽可以以个人好恶而论，你对我好我就与你相交，对我不好就避而远之，甚至老死不相往来；但作为领导者，如果仍以个人意气用人，非坏了大事不可。

曹彬，字国华，河北真定灵寿人，出生于后唐长兴二年（公元931年），比赵匡胤小4岁。后周郭威时，曹彬的姐姐为皇妃，因而贵为皇亲国戚。

后周世宗时，曹彬任供奉官，管世宗皇帝柴荣的饮食茶酒之用。当时赵匡胤为后周大将，喜欢喝酒，便常去曹彬那里要酒喝，而且常能得到，后来才知道他所得的那些酒，全是曹彬自掏腰包到街市上沽来的，于是问曹彬："我正因为你管酒，所以才向你要酒喝，你怎么到街市为我沽酒呢？"曹彬说："我管的是官酒，怎么能私自动用呢。"

赵匡胤对于这件事印象极深。他登基以后，在与臣僚说起后周世宗旧臣时，深有感触地称赞道："不敢负其主者，独尊彬耳。"

曹彬的行为，正如《诗经》所曰："靖共尔位，好是正直。神之听之，介尔景福。"作为一个小小的供奉官，曹彬能敬奉职位，以官酒不能私用，宁可自己掏钱到街市去买，一边为公，一边为仁义，正直如此，正可谓神听说他的品格操行，也会给予他很大的福气。因此，他得到了赵匡胤的称赞，后来又为赵匡胤所倚重，果然有福气。

曹彬为人不谄谀，不趋炎附势。后周时，赵匡胤出任禁军统帅，后周的官员纷纷以交结赵匡胤为荣，因此他的府门前总是车水马龙，热闹非凡。当时后周世宗皇帝柴荣是郭威的外甥，与曹彬是八竿子打不着的亲戚，所以曹彬也失去了皇亲国戚的地位。赵匡胤十分赞赏曹彬，打心里想结交这位正直而不伐人的朝中内奉官，但曹彬却不以物喜，不以己悲，对朝中官员大都去讨好赵匡胤之事冷眼旁观，更不因赵匡胤欣赏自己就去趋炎附势。

赵匡胤升任禁军统帅后，曹彬与他的交往反而更少了，没有公事，曹彬决不进他的府门。对赵匡胤举行的邀请宴会，曹彬也绝少参加。

赵匡胤对此有所不解，但依然赞赏曹彬的人品。他即皇帝位后，任命曹彬为省使（外交官）。有一次，赵匡胤与曹彬谈话，聊起了以前的往事，问道："我在周为将时，朝中的官员，我最想结交的就是你，你为何要故意疏远我呢？"曹彬找了个借口，回答说："臣为周室近亲，复恭内职，靖恭守位，犹恐获过，怎么敢随便交结人呢？"赵匡胤笑道："世宗即位之后，你还算什么周室亲近呢？"曹彬神色从容地说："虽不是周室近亲，但同在一朝奉职，何用交结？"曹彬回答得很耿介，意思是秉公办事，心不挟私，何必一定要互相交结呢，仍然是一脸正气，并不因赵匡胤已是皇上而有半点奴颜。

庄子曾经说过："孝子不谀其亲，忠臣不谄其君。"可以说，曹彬就是这样的人。趋炎附势可说是人之通病。世态炎凉，人情冷暖，为势所趋者到处可见，但曹彬身上却没有一点势利气，这是何等的宝贵。而从另一个角度讲，赵匡胤不以个人意气看人、用人的做法更值得称道。

现实中，很多人对于不合己意的对象，总是会情不自禁地态度冷淡，甚至希望对方最好从自己眼前消失，常会在无意间吐露出希望对方不再出现的信息。故而领导者必须警觉自己的心态，每当自己想给某人贴上不好的标签时，都应该三思而后行。

9. 弃前嫌，仇人也能为你效忠

林则徐有一句名言："海纳百川，有容乃大。"具备这种胸怀的人，才会有做大事的气度，也才会形成一种从广大处觅人生的态度，不断提高生命的境界。对领导者来说，心胸狭窄是选贤用人的大忌。如果对别人以往的过失和敌对行为总是耿耿于怀的话，天下便不再有可用之人。

春秋时期的管仲是我国历史上著名的政治家，他辅佐齐桓公，九合诸侯，一匡天下，成就了齐桓公的霸业。但是，在这之前，管仲曾是齐桓公的政敌。这是怎么回事呢？

齐桓公名小白，其前任是他的兄长齐襄公。齐襄公是一个丧失人伦的衣冠禽兽，把齐国搞得一塌糊涂，使齐国政治潜藏着极其深刻的危机。诸公子纷纷逃亡，以避灾祸。公子小白与心腹鲍叔牙投奔莒国，弟弟公子纠则和心腹管仲投奔了鲁国。不久，齐国国内发生政变，齐襄公被杀。公子小白和公子纠得知消息后，分别由他们所居的国家派遣军队，护送他们回国。两兄弟谁先回到齐国，谁就能成为国君。为了帮助公子纠夺得齐国君位，管仲单人匹马驰向通往莒国的大道，奋力追赶上了公子小白。他假装恭顺，上前拜见小白，乘小白不注意，突然猛发一箭，朝小白心窝射去，小白大叫一声，口吐鲜血，从车上栽了下来。管仲大喜过望，急忙策马而逃。他赶上公子纠的队伍后，把事情对公子纠讲了。他们以为政敌已除，于是从容不迫地向齐国进发。但是，当他们赶到齐国首都临淄时，却得知小白已经登基为国君了。

原来，管仲那一箭正射在小白腰带的铜钩上，使他幸运地躲过了一劫。小白知道管仲是有名的神射手，于是急中生智，咬破舌尖，大叫一声，口吐鲜血，栽下马去，瞒过了管仲。随后，他们抄小路疾驰回国，抢先登上了齐国国君的宝座。鲁国军队见小白捷足先登，便用武力攻打城门，岂料齐国早有防备，鲁军大败而回。

小白即位，是为齐桓公。他打算封鲍叔牙为相，但鲍叔牙却极力推荐管仲，对齐桓公说："管仲之才，胜我百倍，君若欲大展宏图，非管仲莫属。"齐桓公也知道管仲是旷世奇才，又见鲍叔牙竭诚推荐，决定捐弃前嫌，重用管仲。

为了能让管仲回国，齐桓公派人对鲁国国君说，杀掉公子纠，缚送管仲回国，以报一箭之仇。若不应允，即兴兵伐鲁。鲁国弱小，只得照办，杀了公子纠，把管仲捆绑起来，装入囚车，送回齐国。管仲自以为必死无疑，但他早已将生死置之度外，因而大义凛然，泰然处之。哪知当他被押进宫廷时，齐桓公快步走下座位，亲自为他松绑，当即拜他为宰相。齐桓公这一举动使管仲深受感动，从此尽心竭力辅佐齐桓公，大刀阔斧地进行改革，结果齐国大治，国力大增。管仲又建议齐桓公打出"尊王攘夷"的旗号，存邢救卫，九合诸侯，最终得以称霸天下，成为春秋时期五霸之首。

试想，齐桓公的霸业没有管仲能行吗？这千秋功业全在于他不但敢于重用一个昔日的仇人，更能通过充分的信任，把他培养成一个不可或缺的栋梁之材。这需要气度，也需要智慧。

10. 用人所长，也要容人之短

为人处世时，如果一味地强调细枝末节，以偏概全，盯住别人的缺点和问题不放，那么人际关系就不可能和谐，处理事情也会抓不住重点。尤其当我们身处领导他人的地位时，更要注意不能一味纠缠小的过错，须知用人要用其所长，也要容人之所短。

《淮南子》里这样说："附子这种草药是天下最毒的东西，但是高明的医生却把它收藏起来，这是因为它有独特的药用价值。麋鹿上山的时候，善于奔驰的大獐都追不上它，等它下山的时候，牧童也能追得上。这就是说，在不同的环境中，任何方面的才能都会存在长短不同的现象，比如胡人骑马方便，越人乘船方便，形式和种类虽然都不同，但彼此都觉得很方便，然而一旦换过来去做，就显得很荒谬了。"

古时候，赵国有一户人家老鼠成患，于是就到中山国去要了一只猫回来。这只猫很会捕捉老鼠，但它有一个毛病，除了老鼠之外，它还喜欢咬鸡。过了一段时间，赵国这户人家家中的老鼠都被猫给捕光了，再也没有老鼠来作乱了，但是家中养的鸡也全都被这只猫给咬死了。为此，儿子对父亲说："现在老鼠都没了，为什么还不把这只猫赶走呢？"

父亲回答说："我们家最大的祸害在于有老鼠，而不在于有没有鸡。有了老鼠，它们偷吃家里的粮食，咬坏我们的衣服，在墙壁上挖洞，毁坏家具器皿，让我们过得不安生，不除掉它们怎么行呢？可是，没有鸡又有什么关系？最多是不吃鸡肉罢了。赶走了猫，要是老鼠又重新回来作乱，该怎么办？所以，这只猫是不能赶走的。”

日常生活中，我们确实也能遇到像上述故事中的猫那样的人，他们有着种种毛病和缺点，但也有着很大的贡献。如果因为他们的过失就疏远他们，便会错过他们的长处。张良的师父黄石公说：“起用有智谋、有勇气、贪财、愚钝的人，使智者争相立功，使勇者得遂其志，使贪者发财，使愚者勇于牺牲。根据他们每个人的性情来使用他们，这就是用兵时最微妙的权谋。”

刘邵在《人物志》中说，那些性格刚正、志向高远的人，往往不善于做细致琐碎的事，这样的人一方面有着宏远的志趣，一方面在小事上又容易表现得粗心大意、迷迷糊糊。而严厉亢奋的人，在法理方面可以做到有理有据、正直公平，但是缺乏灵活变通的一面，因而会显得暴躁，不通情理。性格宽容迂缓的人，为人很有仁义，重感情，但是办事会很没效率，有时对于时势也不能迅速准确地把握。好奇求异的人，性狂放荡不羁，运用权谋、诡计则卓越出众，但如果用平常的道德观念来看待，这种人往往是违背常规、不近人情的。

综上所述，对于不同个性的人应区别对待，用其长处，避其短处，不能一味纠缠于细枝末节。

春秋时，管仲在向齐桓公推荐人才的时候说：“对各种进退有序的朝班礼仪，我不如隰朋，请让他来做大行吧；开荒种地，充分发挥地利，发展农业，我不如宁戚，请让他来做司田吧；吸引人才，能使三军将士视死如归，我不如王子城父，请让他来做大司马吧；处理案件，秉公执法，不滥杀无辜，不冤枉好人，我不如宾胥无，请让他来做大理（即法官）吧；敢于犯颜直谏，不畏权贵，尽职尽忠，以死抗争，我不如东郭牙，请让他来做大谏吧。您若想富国强兵，那么，有这5个人就够了。但若想成就霸业，那就得靠我管仲了。”

魏武帝曹操曾说：“有进取心的人，未必一定有德行；有德行的人，不一定有进取心。陈平有什么忠厚的品德？苏秦何曾守过信义？可是，陈平却奠定了汉王朝的基业，苏秦也拯救了弱小的燕国，原因就在于他们都发挥了各自的特长。”

陈平年轻的时候家境贫寒，但他不喜欢下田劳动，而是靠兄长养着他，时间一长，连嫂子都看不起他，甚至连妻子都娶不到。后来，刘邦重用他的时候，还有人举报他与嫂子通奸、收受贿赂。而且，陈平是先投奔项羽，后因项羽要杀他，才又逃走转投刘邦的。可是，刘邦并没有因此而小看陈平，相反比项羽还重用他。在后来的楚汉战争中，刘邦的许多奇谋妙计都出自陈平；刘邦死后，陈平协助周勃诛灭诸吕，进一步巩固了汉王朝的基业。

苏秦是家喻户晓的人物，他先是到秦国游说秦惠王，出谋划策让他去统一天下；游说失败后，他又转而到秦国的敌人那一方去游说——先是去燕国说服燕文侯，继而又说服了赵、齐、韩、魏、楚等国，身挂六国相印。这种两头卖好的人，可说是无德之人。但是，他却使六国联合起来对抗强秦，六国也的确平安了数年。燕王如果不首先任用苏秦，弱小的燕国恐怕早就成为秦王案板上的鱼肉了。

所以说，我们要善于与不同性格特点的人交往，尽量容忍宽恕一些无关大局的过错，毕竟一无所长的废物总是少数，谁能善用人才，谁就可以做到更胜一筹。“泰山不拒细壤，故能成其高”，说的就是这个道理。

11. 财聚人散，人聚财散

作为下级，更多的时候是在“取”：求取赏识、求取功名、求取利禄，领导者则需要“予”：给予信任、给予关怀、给予重爵厚禄。领导者只有善于给予，才能聚拢一帮能人，铸成大业。正所谓：“人聚财散，财聚人散！”

管仲是春秋时期著名的政治家、军事家和经济思想家。他刚担任齐国宰相时，政治上没有一点成绩，齐桓公向他询问原因。管仲回答说：“我地位虽高，但我依然贫穷，穷人无法指挥有钱人。”

齐桓公说：“给你可以迎娶3个妻子的家用吧！”

过了一段时间，国政还是没有治理好，齐桓公又向管仲询问原因。

管仲回答说：“我虽然有了钱，但我的身份却很卑微，使我无法管制高贵的人。”

齐桓公立即任命他为上卿，步入贵族的行列。

随后，齐桓公又尊管仲为“仲父”。

由于齐桓公满足了管仲的要求，给予了管仲无比优厚的物质条件和尊贵的地位，使他有职有权，齐国的政治很快步入了正轨。后来，齐桓公成为春秋五霸之一，正是得力于管仲的辅佐。

由此可见，要用人，就得解除人才的后顾之忧，主动替人才排忧解难，为人才创造一个舒心的工作环境。

读过《史记·孟尝君列传》的人，都熟悉“冯谖弹铗”的故事。冯谖是孟尝君门下的食客，他自认很有才能，感到孟尝君给自己的待遇过低，便3次弹剑而歌，发泄愤懑与不平，并不断提出生活上的要求，第一次要鱼，第二次要车，第三次要人照料家中生活。这些要求被一一满足后，他为孟尝君的仕途荣辱尽心竭力，为其买来了“恩义”准备了“三窟”，使孟尝君任齐相几十年，没有遭受大的挫折。

在有些人看来，冯谖、管仲仗着自己有才能，一而再、再而三地要名誉、要地位、要待遇，思想境界似乎不够高尚。但孟尝君、齐桓公对此都不以为然。翻遍古籍，也未见政治家、思想家对他们要待遇有何微词，恰恰相反，他们都认为给予人才丰厚的待遇是理所当然的。综合他们的观点，主要理由如下：

（1）人才水平高，贡献大，生活待遇应与之相称，无可非议。

我国最早的政事史料汇编《尚书》中就有“凡厥正人，既富方谷”的记载，可见早在周文王时期，官员的俸禄就很优厚。《管子·明法解》主张依官职高低定爵禄厚薄：“其所任官者大，则爵尊而禄厚；其所任官者小，则爵卑而禄薄。”在朝政清明、用人路线正确的情况下，任高官者多属才能大的人，贡献自然也大，所以“劳大者其禄厚，功多者其爵尊”乃合情合理。《韩非子·八奸》也认为理应如此：“贤才者，处厚禄，任大官；功大者，有尊爵，受重赏。”宋代苏洵《嘉祐集·论衡》也主张，对于有才能的官员，理当“尊其爵，厚其禄”。《资治通鉴·周纪二》中有一段话实际上阐明了高待遇是对人才价值的承认及对其所做贡献的回报：

“夫贤者，其德足以敦化正俗，其才足以顿纲振纪，其明足以烛微虑远，其强足以结仁固义；大则利天下，小则利一国。是以君子丰禄以富之，隆爵以尊之；养一人而及万人者，养贤之道也。”

既然对国家有如此广泛而巨大的贡献，厚待他一人，对社会千万人有益，这难道不是既合理又合算吗？

唐代大思想家韩愈在著名的《马说》一文中，不仅批评了不善识马、不会用马的人，而且为千里马“食之不能尽其材”而鸣不平：

“马之千里者，一食或尽粟一石。食马者，不知其能千里而食也。是马也，虽有千里之能，食不饱，力不足，才美不外见，且欲与常马等不可得，安求其能千里也？”

千里马日行千里，本事大，消耗也大，吃得当然也多。不让它吃饱，却又想让它快跑，这样做既不可能，也不公平。以此来比喻人才的待遇，真是既通俗又雄辩。

（2）丰厚的物质待遇是吸引人才的重要条件。

有才能的人对执政者的要求，除了希望得到充分施展才干的广阔天地外，再就是希望能得到与才干相称的待遇，这无可厚非。满足他们在爵禄上的要求，人才就会源源而来。

墨子即持对人才“高予之爵，重予之禄”的观点，认为只有对他们“富之，贵之，敬之，誉之，然后国之良士，亦将可得而众也”。“事则不与，禄则不分，请问天下之贤人，将何自至乎王公大人之侧哉？”春秋时期名臣宁戚对齐桓公也进言：“尊其位，重其禄，显其名，则天下之士，骚然举足而至矣。”

元世祖忽必烈为了招揽人才，专门建立了集贤馆，准备了丰盛的饮食、华美的服饰、供帐和车辆，贤士们纷至沓来，忽必烈大喜过望。有一官员对此有异议，故意将供应集贤馆的物资堆放在宫殿前面，当忽必烈走过时，他遂告知忽必烈：“集贤馆每人每日要耗费这许多东西。”忽必烈闻言心中不悦，说：“尔等是嫌我待他们过厚了吗？我以10倍于此的物货广揽天下有才之士，还怕不周到呢，否则有谁会来呢？”

（3）待士薄，却欲使其尽心竭力，是不可能的。

刘向所撰《说苑·尊贤》中讲了两则故事，读来饶有味道。

其中一则是：齐国宰相宗卫供养了一班食客，他退职后意欲周游诸侯各国，但却无一人愿随，他对此很失望。一士田饶对其诉道：怨吾等无意效力，非也！惟大人待士过苛，厨里肉宁腐，而不予食；养士口粮三升，尚不及大人所宠之黄鹂；凡您家小皆服饰华丽，却无一件予士；园中桃果任家人戏掷，士人们却不曾尝得一口。“财者，君之所轻也；死者，士之所重也。君不能用所轻之财，而欲使士致所重之死，岂不难乎哉？”连钱财衣食这些并不为执政者所看重的东西，尚且舍不得给予士人，却要让士人以最宝贵的生命来为自己效力，这办得到吗？

另一则是：诸侯发兵攻齐，齐威王惶恐不安，急召臣属和公卿大夫商议对策，说：“破敌良策何有？快快道出！”博士淳于髡仰天长笑，齐威王连问3次，皆不答。最后，淳于髡讲了一个故事：“臣一邻舍祭田，欲祈得谷百车，享用终生，再传后世。然其祭品只一瓢饮、一箪食、三尾鱼。吾笑其予神太薄，而求之过苛。”齐威王听后恍然大悟，“乃立淳于髡为上卿，赐之千金，革车百辆，与平诸侯之事。诸侯闻之，立罢其兵，休其士卒，遂不敢攻齐”。

以上两则故事说明，待遇是启动人才积极性的一个有力的杠杆。古兵书《黄石公三略·上略》指出：“夫用兵之要，在崇礼而重禄。礼崇则智士至，禄重则义士轻死。”《墨子·尚贤中》认为：“夫高爵而无禄，民不信也，曰：‘此非中实爱我也，假藉而用我也。’夫假藉之，民将岂能亲其上哉？”唐代李筌在《太白阴经·子卒》中也指出：“人所以守战至死不衰者，上之所施于人者厚也。上施厚，则下报之亦厚。”这可以说是一条规律。违背这条规律，却又想治国平天下，那是办不到的。

韩信在向刘邦陈述夺取天下的见解时，指出项羽必败的几个根据，其中一条就是：“项王见人恭谨慈爱，言语呕呕，人有疾病，涕泣分食饮，致使人有功，当封爵者，印刓敝，忍不能予，此所谓妇人之仁也。”意思是说，项羽待人恭敬，爱兵如子，但是当有人立了功，应当封赏爵位时，他却把刻好的印信攥在手里，摆弄得磨去了棱角还舍不得授人。这就叫“妇人之仁”。

（4）厚禄有利于养廉。

《后汉书·仲长统传》指出：“彼君子居位，为士民之长，固宜重肉累帛，朱轮四马。”因为“俸禄诚厚，则割剥贸易之罪乃可绝也”。认为给予官员优厚的俸禄，有利于杜绝敲诈勒索、贪污受贿和官员经商等不廉洁的行为。王安石也主张对官员“饶之以财”，以减少贪污行为。他实施变法后，各级官吏的俸禄和其他待遇都有显著提高。

对于给人才以丰厚的物质待遇这一点，恐无多少异议。但是，是否对所有人才都应采取事先许以高爵厚禄这种办法呢？宋代思想家苏洵在《御将》一文中说：“当观其才之大小，而为制御之术以称其志。”“先赏之说，可施之才大者；不先赏之说，可施之才小者。”为什么呢？苏洵认为，大才犹如千里马，无论其是否跑路，都应“丰其刍粒，洁其羁络，居之新闲，浴之清泉，而后责之千里”。否则，“是养骐骥者饥之而责之千里，不可得也”。汉高祖刘邦对大将韩信、黥布、彭越就是先许以高官厚禄：“昔者汉高帝一见韩信，而授以上将，解衣衣之，推食哺之；一见黥布，而以为淮南王，供具饮食如王者；一见彭越，而以为相国。当是时，三人者未有功于汉也。”尚无政绩何以封王赐爵？只为“高帝知三人者之志大，不极于富贵则不为我用；虽极于富贵而不灭项氏，不定天下，则其志不已也”。

对于小才，苏洵将他们比作猎鹰，“获一雉饲以一雀，获一兔饲以一鼠。彼知不尽力于击搏，则其势无所得食，故然后为我用”。事先饱喂鹰隼，再让其上天行不行呢？不行，因为饱鹰对猎物没有为噬食而搏击的强烈欲望和劲头。刘邦对樊哙、滕公、灌婴等人用的就是这种办法：“拔一城，陷一阵，而后增数级之爵，否则终岁不迁也。”刘邦并不吝其爵禄，只因为此类人“才小而志小，虽不先赏，不怨；而先赏之，则彼将泰然自满，而不复以立功为事故也”。对于这类一般人才，如果事先就把待遇给足了，他也就不思进取了。

苏洵关于对大才小才在生活待遇上采取不同做法的观点，不无道理。怎样应用，则需领导者结合实际情况仔细斟酌。

12. 是英雄，惜英雄

有真本事的人往往不会为一般人所用，他们恃才傲物，架子奇大，通常只有既能赏识其才能，又能放下身段、并下决心启用他们的真君子，才能征服他们。

我们都知道三国时刘备三顾茅庐请诸葛亮出山的故事，鲜为人知的是，康熙也曾有过“三顾”的经历。

当时，陕西总督鄂善按照康熙的旨意，举荐了关中著名学者李颙，而李颙作为前朝旧臣，恪守不事二君的传统道德，自称废疾，长卧不起，对聘请坚决不受。尽管如此，鄂善等官员仍然按照康熙的旨意，不断地去看望李颙，以便他病好之后即催促入京。康熙深感能把李颙这样德高望重、学识渊博、深孚众望的前朝知识分子争取过来，对于自己治理天下、安定社会、繁荣文化等有着非同寻常的意义，于是努力争取，耐心等待，并不因一时的失败而自馁。

康熙十七年（公元1678年），在实施恢复科举和捐纳制度、培植汉族青年知识分子计划的同时，康熙还特为带着潜在反清情绪的学界大儒开设博学鸿词科。康熙对宁死不屈的明朝旧臣并不灰心，不管来京与否都给予关心。由于一心想要赢得博学大儒李颙的合作，康熙让陕西的大吏们天天催促，以至于后来省里官员见李颙依然固称疾病，就把他从家里一直抬到西安，陕西督抚大员亲自到床前劝他进京，李颙为此竟然绝食6天，水浆不进，还趁人不备取佩刀自刺，以死拒仕。被吓破了胆的督抚赶快奏报康熙，康熙得知李颙如此刚烈，并不生气，还吩咐下臣不要再逼他。

到了康熙四十二年（公元1703年），康熙西巡到了西安，依然没有忘记李颙，他让地方督抚转达自己尊崇当代大儒，并打算亲自去拜访之意。李颙心里明白，这是康熙让他出山替清廷做事的最后手段，于是仍以有病无法接驾婉拒，没想到康熙表示接不接驾都没有关系，并且真的来到李颙家乡的县城，捎信说要亲自到李家探望病情。李颙十分为难，竟大哭道："我虽然活着，其实和死差不多了呀！"他终于被感动，遂让儿子带着自己写的几本书去见康熙。

康熙最终还是赢了，赢在他对人才之重视的见识上。

有的人则不同，觉得自己地位高，架子端得大大的，动不动就说"你不为我用，我还不想用你呢"，这样一来，真正有本事的人都躲得远远的，最后伤害的还是自己的事业。

第8课　从容之道：幸福源于一颗平常心

对于包容，说起来容易做起来难。遇到不平之事、面对利益纷争的时候，一般人很难做到包容。其实，关键在于心态，如果心态能平和一点，坦然地面对世间的人与事，那么，包容的胸怀与智慧就会不请自至。

1. 接受残缺才能拥抱完美

不完美是人生组成的一部分，大多数不完美不会给我们的生活带来多大的影响。但是，不完美有时也可能带来悲惨的结果，而原本这些不完美对于我们来说是可以避免的，如果能包容一些，耐心一点，克制一下，问题就可以迎刃而解了。

下面是一个真实的故事：

一个刚从越战归来的士兵在旧金山打电话给父母，对他们说："爸妈，我回来了，可是我有个不情之请，我想带一个朋友和我一起回家。"

"当然好啊。"父母回答，"我们会很高兴见到他的。"

儿子接下去说："不过有件事我想先告诉你们，他在越战中受了重伤，少了一条胳膊和一只脚。他现在走投无路，我想请他回来和我们一起生活。"

父亲沉默了一会儿，说："儿子，我很遗憾，不过或许我们可以帮他找个安身之处。"

儿子的声音有些颤抖："难道你们不能接受一个残疾人和你们生活在一起吗？"

父亲说："儿子，你不知道自己在说什么。像他这样残障的人，会对我们的生活造成很大的负担。我们还有自己的生活要过，不能就让他这样破坏了。我建议你先回家，然后忘了他吧，他也有他自己的生活，而这是不应该和我们纠缠在一起的。"

儿子沉默了，挂断了电话。之后，他的父母再也没有收到他的消息。

过了一段时间，焦急的父母接到了来自旧金山警局的电话，说他们亲爱的儿子已经坠楼身亡了。警方认为这只是单纯的自杀案件。这对伤心欲绝的父母当即飞往旧金山，在警方的带领下去停尸间辨认儿子的遗体。

那的确是他们的儿子，可是，令他们不敢相信的是，儿子居然只有一条胳臂和一条腿！

这个悲剧性的故事，以它的各种变异形式每天都在地球上发生着。

如果这对父母能包容一些，同意接纳儿子所谓的朋友，也就不会永远地失去自己的儿子。然而，对于人们来说，接受那些健康、美丽、聪明、富裕的人是很容易的，而要接受不如自己健康、美丽、聪明或富裕的人就太难太难了。人们几乎会下意识地回避那些不如自己的人，因为害怕他们会打乱自己平静的生活。这难道不是自私吗？

当然，如果那个儿子能忍耐一点，相信父母对自己的爱，直言相告，而不是假托朋友的名义向父母试探，悲剧也不会发生。因为人们对于自己的血亲和至交总是会宽容一些。可惜的是，这个儿子在经过战争的创伤之后，对自己和亲人都失去了信心，最后，他选择了放弃自己。

生活中难免会有这样或那样的问题，只有学会包容，坦然面对一切，才能成为一个永远也打不倒的不倒翁，在任何苦难之前都坚持住，永不倒下。

2. 平淡看待得失，冷眼看尽繁华

名利是一个非常富有吸引力的字眼，也是许多人立足社会、搏击人生的主要动力。古往今来，有多少人为了光宗耀祖、福荫万世而削尖了脑袋挤仕宦之途，又有多少人因为人生的不得意而郁郁寡欢。然而，在这个世界上，春风得意、踌躇满志的人毕竟还是少数，因而也造成了诸多为名利所困扰、所击败的悲剧。生活的道路本来是很宽广的，人生的价值也不能完全用名和利来衡量，若想活得轻松自如一些，就应该看淡名利，活出自己的本色。

孟子曾经说过："养心莫善于寡欲。其为人也寡欲，虽有不存焉，寡矣；其为人也多欲，虽有存焉，寡矣。"如果一个人心中的欲望很少，那么对他来说，外界获得的东西是多是少都与自己无关，少了不足以产生内心的不平衡，多了也不会助长他的欲望。而如果一个人心中时刻充满着无尽的欲望，那么他永远也不会有舒心的时候，名轻利少则一心想着往上爬、挣大钱；名利双收之后，欲望又会再一次膨胀。如此循环下去，永远追逐名利，直至生命的尽头仍然不知满足。这样的生命还能有多大意义？

一个人如果具备看淡名利的人生态度，那么面对生活，他也就更易于找到乐观的一面。他所看到的是人生中值得讴歌的部分，而对可望而不可及的空中楼阁完全没有兴趣。现代人面对着花花绿绿的精彩世界，更应当有淡名寡欲的思想，如此方能在纷繁的世界里，在众多的不公平中，在自己的心中，构筑一片宁静的田园。这就需要有穷通达观的人生态度。

所谓穷通达观，就是指“穷亦乐，通亦乐”：身处贫穷之中能够找到生活的乐趣，感到快乐；身处富裕之中也能够心态平和，享受生活之乐。说到底，我们在生活中应该始终保持乐观的生活态度，采取一种顺应命运、随遇而安的生活方式，这样不管是处于顺境还是逆境，我们都能自由快乐而不会庸人自扰，不会羡慕那些有钱人，抱怨自己命不好。

一对夫妻年轻时共同创业，到了中年终于小有成就，公司净资产达1000多万，而且发展势头良好，提起这对夫妻档，商界的朋友无不拍手称赞。然而，就在事业如日中天的时候，夫妻俩却辞去了董事长、总经理的职位，将大部分股份卖给一个他们平时就很欣赏的企业家，房子和车则委托给好友照管，然后就潇洒地环游世界去了。消息传出后，大家都觉得很可惜，一些亲戚朋友也不理解，讽刺他们说：“年纪这么大了，办事却像小孩子一样，那么大的家业说丢就丢，放着好好的老总不做，偏要去环游世界！”

在一些人眼里，这对夫妻确实很傻，竟然抛下名利，从此，他们再也体验不到当老总前呼后拥的风光，大把大把赚钱的乐趣了。其实，这对夫妻自有他们对生活的理解和选择，他们抛弃了虚名浮利，去感受生活的真正乐趣。

名，是一种荣誉，一种地位。有了名，通常可以万事亨通，光宗耀祖。然而，沉溺于名会让你找不到充实感，备感生活的空虚与落寞。尤为可怕的是，虚名在凡人看来往往闪耀着耀眼的光芒，引诱人们去追逐它。尽管虚名本身没有任何价值可言，也没有任何意义，但是总有那么一些人为了虚名而钩心斗角，弄得朋友反目成仇，兄弟自相残杀。

钱，是一种财富，是让生活更加舒适的保证。有了钱，就可以住豪宅，开名车，吃大餐。在一些人眼里，金钱甚至是一种带有魔力的，可以让人为所欲为的东西。

然而，任何事物都有相反的一面，金钱也会给人带来很多麻烦。比如，有了钱以后，你就得为自己的安全担忧，谁知道哪个家伙是不是正打着“劫富济贫”的算盘；有了钱，你会失去很多朋友，你可能会担心对方是冲着你的钱来的……

人的一生面临着许多关卡，许多事情都是难以预料的。不管是名利、地位还是财富，都不是自己所能决定的。或许高官厚禄、巨额钱财顷刻之间就会离你而去，荣耀风光成为黄粱一梦；有些人老谋深算，为了争名夺利不择手段地算计他人，但在突然之间却可能被他人算计。人何必活得这么辛苦，又何必活得这么低贱？因此，淡泊名利是人生幸福的重要前提。如果你渴望轻松，渴望真正享受生活，那么请记住——看淡名利。

如果你的心里还在为领导这次提拔了别人而没有提拔你感到愤愤不平，如果你还在因为与你一起购买体育彩票的邻居中了大奖而久久不能释怀消气，那么看了上面的几个例子，你是否有所领悟？

3. 幸福在于失意时的忘却

上天赐给了我们很多宝贵的礼物，其中之一便是“遗忘”。只是我们过度强调“记忆”的好处，反而忽略了“遗忘”的功能与必要性。生活中，许多事需要我们去记住，同样也有许多事需要我们去遗忘。

比如，失恋了，不能一直溺陷在忧郁与消沉的情境中；股票失利，想起大把的钞票一下子没了，心情苦闷提不起精神；期待已久的职位升迁，人事令发布后竟然没有自己，情绪之低落可想而知。所有的解决之道别无他法——唯有遗忘。遗忘了痛苦，才能轻松地前进。

当然，遗忘是需要时间的，但如果你连“想要遗忘”的勇气都没有，那么，时间也无能为力。

一般人往往很容易遗忘欢乐的时光，对于不快的经历却常常记起，这是对遗忘的一种抗拒。换而言之，人们习惯于淡忘生命中美好的一切，但对于痛苦的记忆却总是铭记在心。正如你吃过了糖很快会忘记甜，吃过了黄连却口有余苦。

的确，很多人在待人处世中，很少检讨自己的缺点，只记得“对方的不是”以及“自己的欲求”，其实到头来还是很少如愿——因为每个人的心态正彼此相克。

反之，如果社会上的每个人，都能够尽量遗忘将对方的不是及自己的欲求，多多检讨并改善自己，那么，彼此之间将会产生良性的互补作用。

下面这个故事也许能带给我们一些启发。

有一次，一位女士给了一个朋友3条缎带，希望他也能送给别人。这位朋友自己留了一条，送给他不苟言笑、事事挑剔的上司两条，因为他觉得上司的严厉使他学到了许多东西，希望上司能拿去送给另外一个影响他自己生命的人。

他的上司非常惊讶，因为所有员工一向对自己敬而远之。他知道自己的人缘很差，没想到还有人会感念他严苛的态度，把它当作是正面的影响而向他致谢，这使他的心顿时柔软起来。

这个上司一整个下午都若有所思地坐在办公室里，而后他提早下班回家，把那条缎带给了他正值青春期的儿子。他们父子关系一向不好，平时他忙于工作，不太顾家，对儿子也总是责备多，赞赏少。那天他怀着一颗歉疚的心，把缎带给了儿子，同时为自己一向的态度道歉。他告诉儿子，其实他的存在带给他这个父亲无限的喜悦与骄傲，尽管他从未称赞他，也少有时间与他相处，但是他是十分爱他的，也以他为荣。

当他说完这些话，儿子竟然号啕大哭。他对父亲说，他以为父亲一点也不在乎他，觉得人生一点价值都没有，他不喜欢自己，恨自己不能讨父亲的欢心，正准备以自杀来结束痛苦的一生，没想到父亲的一番言语打开了他的心结，也救了他一条性命。这位父亲吓得出了一身冷汗，没想到自己差点失去了独生儿子。从此他改变了自己的态度，调整了生活的重心，也重建了亲子关系，加强了儿子对自己的信心。就这样，整个家庭因为一条小小的缎带而彻底改观。

送人以缎带，证明你已遗忘了相处中所受的委屈和责难，忆起别人带给你的快乐和益处。而接受缎带者也将被你感动，看到你的心灵之美，从而爱你，助你。所以，请试着学会遗忘，拾起那根缎带送给让你受伤的那个人，他将回报你一片灿烂的阳光。

4. 张开手，世界就在你的手中

生活中，不管你多努力，总会在不经意间失去某些东西，如果你只顾为失去的东西患得患失，否则将失去的更多。懂得放弃是一种难得的智慧。

一位从事室内设计的工程师说起关于简约的空间美学的话题时说：“就建筑或者室内设计而言，简约比复杂的难度还要高上许多，因为加上东西是容易的，可是要减掉东西，却需要更多、更敏锐的美学素养与判断。”

其实，弄懂放弃的道理，也是人生中更大、更深的课题。从呱呱落地开始，我们一直学习的都是用加法来面对人生的课题，从生理上的吃饭、心理情感上的得到、知识上的不断学习与吸收，到物质或成就上的累积。

可是，这样的加法在许多时候，却成为卡住我们，让我们困惑、凝滞的关键。因为加法并不是面对人生课题时唯一的方法，有些时候，你必须学会用“减法”。而所谓的减法，正是放手的艺术。

电影《卧虎藏龙》里，李慕白对师妹说：“把手握紧，什么都没有，但把手张开就可以拥有一切。”以退为进的道理谁都懂，但却很难做到身体力行。

无论你的选择是什么，你注定会失去一些东西，也注定会在失去的同时获得一些东西。其实，有时得到什么、失去什么，我们心里清楚得很，只是觉得每样东西都有它的好处，哪样都舍不得放手。

下面是一道测试题：在一个暴风雨的夜里，你驾车经过一个车站，车站上有3个人在等巴士，其中一个是病得快死的老妇人，一个是曾经救过你命的医生，还有一个是你长久以来的梦中情人。如果你只能带其中一个乘客走，你会选择哪一个？

很多人看过这个测试题只做了简单的选项，事实上，最理想的答案是：把车钥匙交给医生，让医生带老人去医院，然后和自己的梦中情人一起等巴士。

生活中的你是不是从来不想放弃任何好处，就像不愿放弃那把车钥匙？其实，如果我们能够放弃一些利益，反而会得到更多。

“鱼，我所欲也；熊掌，亦我所欲也。”无论你的选择是什么，都注定要失去一些东西，也注定会在失去的同时获得一些东西。

如果摆在你面前的都是重要的东西，那也没有关系，看看贝尔纳给你的答案。

贝尔纳是法国著名的作家，他一生创作了大量的小说和剧本，在法国影剧史上占有特殊的地位。有一次，法国一家报纸进行了一次有奖智力竞赛，其中有这样一个题目：如果法国最大的博物馆卢浮宫失火了，当时只能抢救出一幅画，你会抢哪一幅？结果，在该报收到的成千上万种回答中，贝尔纳以最佳答案获得该题的奖金。他的回答是：“我抢离出口最近的那幅画。”

这个故事告诉我们一个道理：成功的最佳目标不是最有价值的那个，而是最有可能实现的那个。人的本质都是贪婪的，但一定要记住“有所得必有所失”，这才是真正的生活。学会松开你的手，才能抓住更好的东西。

5. 把困苦当作磨炼

人生的旅途上，无论你是国王还是乞丐，是英雄还是罪犯，是万众瞩目的明星还是普普通通的平凡人，都会遇到各种各样的困难和挫折。但是，只要勇敢面对，只要学会坚守，这些困难和痛苦都有可能成为超越自我的契机。

有一天，素有“森林之王”之称的狮子去求见天神，它对天神说：“神啊，我很感谢您赐给我如此雄壮威武的体格、如此强大无比的力气，让我有足够的能力统治整座森林。”

天神听了，微笑着问道：“但是，这不是你今天来找我的目的吧！看起来你似乎为了某事而困扰呢！”

狮子轻轻吼了一声，说：“不愧是天神，真的可以洞察人心，我今天来的确是有事相求。因为尽管我再威武强壮，但是每天清晨鸡鸣的时候，我总是会被鸡鸣声给吓醒。神啊！祈求您，再赐给我一个力量，让我不再被鸡鸣声给吓醒吧！”

天神笑道：“你去找大象吧，它会给你一个满意的答复。”

狮子兴冲冲地跑到湖边去找大象，还没见到大象，就听到大象跺脚所发出的“砰砰”响声。狮子加速地跑向大象，结果看见大象正气呼呼地直跺脚。

狮子问大象：“你干吗发这么大的脾气？”

大象拼命地摇晃着大耳朵，吼道：“有只讨厌的小蚊子，总想钻进我的耳朵，害得我都快痒死了。”

狮子离开了大象，心里暗自想着："原来体形这么巨大的大象，还会怕那么一丁点小蚊子，那我还有什么好抱怨呢？毕竟鸡鸣不过是一天一次，而蚊子却无时无刻不在骚扰着大象。这样想来，我可比它幸运多了。"

狮子一边走，一边回头看看仍在跺脚的大象，心想："天神要我来看看大象的情况，应该就是想告诉我，谁都会遇上麻烦事，而他无法帮助所有人。既然如此，我只好靠自己了！反正以后只要鸡鸣时，我就当作鸡是在提醒我该起床了，如此一想，鸡鸣声对我还算是有益处的呢！"

每一个困难都有其正面的意义，从中找到它的正面意义有助于我们渡过难关。我们要了解，困难不是单单为你而产生的，但是困难的旁边就是机遇。如果你能忍耐痛苦，那你就能冷静下来，并从困难中发现对你有利的那个闪光点。

6. 豁达才能赢得拥戴

有胸襟、有涵养的人能淡然面对得失，忍受常人难以忍受的委屈。平时我们与人交往，不论是朋友还是客户，都应该保持“一团和气”，避免偏激对人，给自己树敌。

曾国藩在长沙的岳麓书院读书时，同学中有个人个性很急躁，有一天，他看到曾国藩把书桌放在窗前，就说：“你把光线给挡住了，我读书都看不清字了。你快挪开！”曾国藩便把书桌移开了。晚上，曾国藩掌灯用功读书，那人又说：“平常不念书，半夜三更的却点着灯念书，还让不让人睡觉了？”曾国藩便不出声地默诵。

不久，曾国藩中了举人，传报到时，那个人大怒道：“这屋子的风水本来是我的，反叫你夺去了。本来该我中举人才是！”一旁的同学听了都觉得很气愤，就问他：“书案的位置不是你自己放的吗？怎么能怪曾国藩呢？”那个人说：“正因为如此，才夺了我的风水。”同学们都觉得那个人实在不可理喻，无理取闹，替曾国藩抱不平。但是，曾国藩却和颜悦色，毫不在意，劝息同学，安慰同室，以自己的胸襟和涵养平息了这场纷争。

当官之后，曾国藩求才心切，因此也有被骗的时候。有一次，一个冒充校官的人来拜访曾国藩，他高谈阔论，有不可一世之概。曾国藩礼贤下士，对来投的各种人都以诚相待，但他并不喜欢说大话的人。他见这个人言词伶俐，心中十分好奇。当谈论到用人须杜绝欺骗之事的时候，那个人正色说：“受欺不受欺，全在于自己是何种人。我纵横当世，略有所见，像中堂大人这样至诚盛德者，别人不忍欺；像左公（左宗棠）严气正性，别人不敢欺。而其他的人就算不欺骗他，他也会怀疑自己受骗，或者上了当还不自知的也大有人在。”曾国藩察人一向注重条理，见此人讲了4种“欺法”，觉得颇有道理，就对他说：“你可到军营中观察一下我所用的人。”

第二天，那个人便去拜见营中文武各官，回来后煞有介事地对曾国藩说：“军中多豪杰俊雄之士，但我从中发现有两位君子式的人才。”曾国藩忙问是何人，那个人说是涂宗流和郭远堂。这正与曾国藩的看法一致，曾国藩大喜称善，将之待为上宾，但因为一时没有合适的职务，便让他督造船炮。

过了几天，兵卒向曾国藩报告那人偷了造船炮的钱逃走了，请发兵追捕。曾国藩默然良久，说：“不要追了。”他双手持须，说：“人不忍欺，人不忍欺。”身边的人听到后想笑又不敢笑。又过了几天，曾国藩旧话重提，幕僚便问为什么不发兵追捕。曾国藩说：“如今发捻（旧时对太平天国与北方农民起义军捻军的称呼）交织，此人其实很有胆识和才华，现在他只是想骗些钱，如果发兵去追，把他逼急了，恐怕会投入敌营，助纣为虐，为害可就大了。区区之金，与本人受欺之名皆不足道。”

为人处世若能像曾国藩那样胸襟坦荡，虚怀若谷，就可以使人与人之间以诚相待，互相信赖，博取人们的支持和帮助，由此，事业也就有了成功的希望。

7. 跳出心灵的牢笼

其实，每个人都可活得自由自在，如果你感叹太累，一定是你自己锁住了自己。“世上本无事，庸人自扰之”，何必做一个作茧自缚的庸人呢？跳出来吧，快乐正在等着你！

三伏天，禅院的草地枯黄了一大片。“快撒点草种子吧！好难看哪！”小和尚说。

师父挥挥手：“随时！”

中秋，师父买了一包草籽，叫小和尚去播种。

秋风起，草籽边撒边飘。“不好了！好多种子都被吹飞了。”小和尚喊道。

“没关系，吹走的多半是空的，撒下去也发不了芽。”师父说，“随性！”

撒完种子，跟着就飞来几只小鸟啄食。“要命了！种子都被鸟吃了！”小和尚急得直跳脚。

“没关系！种子多，吃不完！”师父说，“随遇！”

半夜一阵骤雨，小和尚早晨冲进禅房：“师父！这下真完了！好多草籽被雨冲走了！”

“冲到哪儿，就在哪儿发！”师父说，“随缘！”

一个星期过去了，原本光秃秃的地面，居然长出许多青翠的草苗。一些原来没播种的角落，也泛出了绿意。

小和尚高兴得直拍手。

师父点头："随喜！"

"随时、随性、随遇、随缘"，概括了人生多少自然，多少豁达！不妄求、不贪恋、不慌乱、不躁进，一切自然随意，人生还会有太多的东西让你寝食难安，愁眉不展吗？

不要幻想生活总是那么圆满，也不要幻想在生活的四季中享受所有的春天，人生注定要跋涉沟沟坎坎，品尝苦涩与无奈，经历挫折与失意。

洒脱一点，得失存乎于世，弃之于心，人生难免看尽落英缤纷，风华早谢。停留与驻足不应该是你人生失意时的选择，抬眼望天，太阳永远光彩夺目，月亮永远以暗夜作幕。生活不可求全责备，披着阳光的色彩前行，生活才会有光明照耀。细细想来，其实你完全可以很快乐，正如下面这个寓言中烦恼少年的经历一样。

有一天，一个烦恼的少年来到一个山脚下，只见一片绿草丛中，一位牧童骑在牛背上，吹着悠扬横笛，逍遥自在。

烦恼少年感到很奇怪，走上前去询问："你能教给我解脱烦恼之法么？"

"解脱烦恼？嘻嘻！你学我吧，骑在牛背上，笛子一吹，什么烦恼也没有了。"牧童说。

烦恼少年试了一下，没有什么效果，他还是不快乐。

于是他又继续寻找，走啊走啊，不觉来到一条河边，两岸杨柳飘拂，一位老翁坐在树荫下，手持一根钓竿，正在垂钓。他神情怡然，自得其乐。

烦恼少年又走上前去问老翁："请问老翁，您能赐我解脱烦恼的方法么？”

老翁看了一眼忧郁的少年，慢声慢气地说：“来吧，孩子，跟我一起钓鱼，保管你没有烦恼。”

烦恼少年试了试，仍然不灵。

于是，他又继续寻找。不久，他路遇两位在路边石板上下棋的老人，他们怡然自得，烦恼少年又走上前去寻求解脱之法。

“喔，可怜的孩子，你继续向前走吧，前面有一座方寸山，山上有一个灵台洞，洞内有一位老人，他会教给你解脱之法的。”老人一边说，一边下着棋。

烦恼少年谢过下棋的老者，继续向前走，到了方寸山灵台洞，果然见一长髯老者独坐其中。烦恼少年长揖一礼，向老人说明来意。

老人微笑着摸了摸长髯，问道：“这么说你是来寻求解脱的？”

“正是！恳请前辈不吝赐教，指点迷津。”烦恼少年说。

老人答道：“请回答我的提问。”

“有谁捆住你了么？”老人问。

“……没有。”烦恼少年先是愕然，尔后回答。

“既然没有人捆住你，又谈何解脱呢？”老人说完，摸着长髯大笑而去。

烦恼少年愣了一下，想了想，有些明白了：是啊，又没有任何人捆住我，我又何须寻找解脱之法呢？我这不是自寻烦恼，自己捆住自己吗？

少年正欲转身离去，忽然面前成了一片汪洋，一叶小舟在他面前荡漾。

少年急忙上了小船，可是船上只有双桨，没有渡工。

“谁来渡我？”少年茫然四顾，大声呼喊着。

“请君自渡！”老人在水面上一闪，飘然而去。

少年拿起木桨，轻轻一划，面前顿时变成了一片平原，一条大道近在眼前。少年踏上大路，欢笑而去。

跳出心灵牢狱的方法其实就在你自己手中，没有人可以左右你的思想，如果你依然用烦恼自扰，别人也不可能帮上你的忙。因为没有人可以把自己的意志强加在你的头上。境由心造，要想快乐，何不自己跳出来？

8. 乐观的心态可以点石成金

生活中，很多人由于无法控制自己的情绪，或乐极生悲，或抑郁难解，极大地影响了自己的判断力。例如，天气不好的时候，有的人就会情绪低落，做什么事情都没有干劲；到了一个陌生的环境，有的人会紧张无措，防卫过度，或者消极逃避；际遇不如意时，有的人会落寞消沉，难以振作，甚至自怜自艾，把所有的不幸都归结于命运。

为人处世如此情绪化，说不定什么时候就会像定时炸弹一样爆发，既伤害别人，也伤害自己，生活注定不会幸福。

英国作家查尔斯·兰姆一生坎坷不平，他的传记这样写道："兰姆受到工作的召唤，一直独身，却使自己和他姐姐的悲惨命运结了婚。"兰姆15岁的时候就离开学校去工作，以养家糊口，21岁时因精神失常在疯人院过了6周。

兰姆出院后不久，年长他10岁的姐姐又突然发疯，误杀了自己的母亲，被关入疯人院。兰姆不忍心把精神健全（不过一年里有几天会神经错乱）的姐姐永久关在疯人院里，决心把姐姐接出来，自己终身不娶，以保证能够照顾姐姐的一生。

对于一个年仅21岁的年轻人来说，这一切都太过沉重了。兰姆每天工作完便回家陪伴姐姐，时而写点文章，挣些稿费，勉强维持家用。他的所有著作都是这样忙里偷闲写出来的。

但是，这样的悲惨际遇并没有把兰姆击倒，他的《伊利亚随笔》里充满了轻松的俏皮话、双关语，都是他对普通生活经验的玩味和爱好，对生活没有一丝一毫的抱怨和厌弃。

他的母亲死后不久，他写信给好友柯尔律治说："我练成了一种习惯不把外外界事物看重——对这盲目的现在不满意，我努力去采取一种宽大的胸怀；这种胸怀支持我的精神。"他姐姐的病好了，他在给柯尔律治的信中说："我决定在这塞满了烦恼的悲剧里，尽量得到那可得到的瞬间快乐。"他又说："我的箴言是'只要一些，就须满足；心中却希望能得到更多'。"正如佩特在兰姆的传记里所写的那样：快乐，是面对事物的最佳态度，而兰姆无疑拥有快乐的入世精神。

兰姆的作品里始终流露出一种人生和谐的精神，故而柯尔律治也称自己的朋友为"心地温和"的查尔斯。

大多数时候，一个人生活得是否幸福，不在于他是否富有，而在于他的心态是否平和、乐观，是否有勇气去面对生活的艰难。

1864年9月3日，寂静的斯德哥尔摩市郊，突然爆发出一连串震耳欲聋的巨响，滚滚的浓烟霎时间冲上天空，一股股火苗直往上蹿。仅仅几分钟时间，一场惨祸发生了。当惊恐的人们赶到出事现场时，只见原来屹立在这里的一座工厂已荡然无存，无情的大火吞没了一切。火场旁边站着一位30多岁的年轻人，突如其来的惨祸和过度的刺激，使他面无人色，浑身不住地颤抖着——这个大难不死的青年，就是后来举世闻名的大化学家诺贝尔。

诺贝尔亲手创建的硝化甘油炸药实验工厂在他眼前化成灰烬。人们从瓦砾中找出了5具尸体，其中一个是诺贝尔正在大学读书的弟弟，另外4人是与他朝夕相处的亲密的助手。5具烧得焦烂的尸体，令人惨不忍睹。诺贝尔的母亲得知小儿子惨死的噩耗，悲痛欲绝。年老的父亲也因受了刺激而引起脑溢血，从此半身瘫痪。

惨案发生后，警察当局立即封锁了出事现场，并严禁诺贝尔恢复自己的工厂。人们像躲避瘟神一样避开他，再也没有人愿意出租土地让他进行如此危险的实验。但是，这些失败和巨大的痛苦以及一连串的挫折都没有使诺贝尔退缩。几天以后，人们发现，在远离市区的马拉仑湖上出现了一支巨大的平底驳船，驳船里并没有什么货物，而是摆满了各种设备，一个青年人正全神贯注地进行一项神秘的试验。他就是在大爆炸后被当地居民赶走的诺贝尔！

大无畏的勇气往往会令死神也望而却步。在令人心惊胆战的实验中，诺贝尔没有连同他的驳船一起葬身鱼腹，而是经过多次试验最终发明了雷管。雷管的发明是爆炸学上的一项重大突破。随着当时许多欧洲国家工业化进程的加快，开矿山、修铁路、凿隧道、挖运河都需要炸药。于是，人们又开始亲近诺贝尔了。他把实验室从船上搬迁到斯德哥尔摩附近的温尔维特，正式建立了第一座硝化甘油工厂。接着，他又在德国的汉堡等地建立了炸药公司。

一时间，诺贝尔生产的炸药成了抢手货，源源不断的订货单从世界各地纷至沓来，他的财富与日俱增。

然而，获得成功的诺贝尔并没有就此摆脱挫折，不幸的消息接连不断地传来：在旧金山，运载炸药的火车因震荡发生爆炸，火车被炸得七零八落；德国一家著名工厂因搬运硝化甘油时发生碰撞而爆炸，整个工厂和附近的民房都变成了一片废墟；在巴拿马，一艘满载着硝化甘油的轮船，在大西洋航行途中，因颠簸引起爆炸，整艘轮船葬身大海……

一连串骇人听闻的消息，再次使人们对诺贝尔望而生畏，甚至把他当成瘟神和灾星，如果说前次灾难还是小范围的话，那么这一次他所遭受的已经是世界性的诅咒和驱逐了。

诺贝尔又一次被人们抛弃了，人们不知道诺贝尔的发明究竟是人类发展进程的福音，还是上帝借他的手做出的惩罚。面对接踵而至的灾难和困境，诺贝尔没有被吓倒，没有被压垮，更没有一蹶不振，他身上所具有的毅力和恒心，使他对已选定的目标义无反顾，坚忍不拔。在奋斗的道路上，他已习惯与死神朝夕相伴。

炸药的威力是那样不可一世，然而，大无畏的勇气和矢志不移的恒心激发了他心中的潜能。他最终征服了炸药，吓退了死神，获得了巨大的成功，他一生共获专利发明权355项。他用自己的巨额财富创立的诺贝尔科学奖，被国际科学界视为一种至高无上的荣誉。

心境平和、乐观、有勇气的人，面对现实的态度是冷静、客观、主动的，他们在困难面前不会屈服，挫折也不会使他们失去信心。相反，他们总是能够在困难和挫折之中寻找到生活的一点光明，发现生活的快乐。

我们需要的正是这种心态，才能在为人处世中保持前进的步伐。

9. 铲除心灵的杂草

人们常说“心宽体胖”，观察一下现实生活中的人，我们可以发现，不计较得失、心胸宽广的人往往身体健康，脸上也有光泽，而经常发火，什么事都放在心里，内向、偏激的人往往身体瘦弱，还经常生病，正如人们所说的，万病由心起。

一个人应当从小就养成忍耐、平和而安宁的性情，对生活要知足，使自己的身体始终处于和谐的状态，才能避开疾病的侵扰。纯洁简朴的生活、良好的道德和快乐的天性，远胜过医生或药品所能为我们提供的一切。不道德的思想、恶毒的意念以及一切与精神不和谐的东西，都会引起我们身体上的不协调，激发潜藏在我们体内的疾病，或者降低我们的免疫能力。

西方一位心理学家讲述了这样一个故事——他的一位亲戚向一位印度水晶球占卜者卜问吉凶，后者告诉他，他患有严重的心脏病，并预言他将在下一个新月之夜死去。这一消极的暗示进入了他的心灵，他完全相信了这次占卜的结果，果然如预言所说的那样死了。临死前的一刻，他感佩水晶球占卜的神奇，根本不知道心态才是他死亡的真正原因。这是一个十分愚蠢、可笑的迷信故事。

其实，这位心理学家的亲戚在算命之前本来是很快乐、健康、坚强和精力旺盛的，而巫婆给了他一个非常消极的暗示，他接受了它。中国有句古语：信则灵，不信则不灵。消极的暗示使他的心态变得消极起来，他非常害怕，在极度恐惧和焦虑中不停地琢磨自己。他把这事告诉了每一个人，还为最后的了结做好了准备。这种必死无疑的心态，终于让他“结束”了自己的生命。

无独有偶，中国也有一个类似的故事。

一个寺院里住着一个体格健壮、满面红光的和尚，有一天，他突然听见寺庙里的那口钟发出了怪响，声音极其恐怖。一开始他并没有在意，可是到后来，声音越来越响，他的弟子偷偷告诉他：“师傅，那口钟的声音听起来很恐怖，是不是寺庙里有鬼怪在作怪啊？”和尚听了也觉得浑身汗毛倒竖，吓得病倒了，他实在没办法，只好请来巫婆神汉大做法事。可是，那口钟依然会发出怪响，而且丝毫没有减势的迹象，巫婆和神汉也说：“那个妖怪法术太强，我们实在没有办法了，你还是另请高明吧！”和尚吓坏了。从那以后，他变得极度恐惧，瘫在床上等死。

一天，正好有一个朋友来看他，他便将这件事说给朋友听。朋友听了哈哈大笑，说：“你给我20两银子，我保证帮你抓到这个妖怪，并且保证你会马上好起来。”和尚半信半疑，但还是给了朋友20两银子。结果，朋友不到一天就制服了妖怪，钟不响了。之后和尚也逐渐好了起来，病好之后他请朋友来吃饭，问起朋友是怎么制服妖怪的。朋友才告诉他根本就没有什么妖怪，是那口钟因为年久被撞出了一个裂口，刮风的时候，裂口处因为风的吹动就会发出奇怪的声音。和尚听了恍然大悟。

这些故事并不夸张，事实证明，心理暗示会给人以错觉，就像医生为哄老太太睡觉，给她一颗维生素说这是一片安定，吃了以后马上就可以睡觉一样。

如果你走到船上的一位船员身边，用同情的口吻对他说：“亲爱的伙计，你看上去好像病了。你不觉得难受吗？我看你好像要晕船了。”根据他的性情，他要么对你的“笑话”报以微笑，要么表现出轻微的不耐烦。因为一位饱经风浪的水手怎么会晕船呢？

而对另一个乘客来说，如果他缺乏自信，晕船的暗示就会唤醒他头脑中固有的对于晕船的恐惧，也意味着他真的会变得脸色苍白，晕起船来。

我们每个人内心都有自己的信仰和观念，这些内在的意念主宰并驾驭着我们的生活。暗示一般是无法产生效果的，除非你在精神上接受了它。所以，我们一定要以积极健康的意念来激发积极健康的心态，只有心态健康了，才能拥有健康的身体。

10. 不完美是人生常态

人生确实有许多不完美之处，每个人都会有这样或那样的缺憾。然而，没有缺憾，我们便无法衡量完美。上帝对每个人都是公平的，它赐给了他音乐家才华，可能就不再赐给他美丽的容颜；赐给了他身处都市的繁华，可能就要让他忍受内心的孤独……

一位心理学家做了这样一个实验：他在一张白纸上点了一个黑点，然后问他的几个学生看到了什么。学生们异口同声地回答，看到了黑点。于是，心理学家得出了这样的结论：人们通常只会注意到自己或他人的瑕疵，而忽略其本身所具有的更多的优点。是呀，为什么他们没有注意到黑点外更大面积的白纸呢？

一位人力三轮车师傅，50多岁，相貌堂堂，如果去当演员，应该能出演个好角色。当别人问他为什么愿干这样的活，他笑着从车上跳下来，并夸张地走了几步给人家看，哦，原来是跛足，左腿长，右腿短，天生的。

问者很尴尬，他却很坦然，仍是笑着说，为了能不走路，拉车便是最好的伪装，这也算是“英雄有用武之地”。他还骄傲地告诉别人：“我太太很漂亮，儿子也帅！”

有一位女子很喜欢自助旅行，一路上拍了许多照片，并结集出版。她常自嘲道：“因为我长得丑，所以很有安全感，如果换成是美女一个人自助旅行，那就很危险了。我得感谢我的丑！”

英国有位作家兼广播主持人叫汤姆·撒克，事业、爱情皆得意，但他只有1.3米，对此他并不自卑，别人只学会“走”，而他学会了“跳”，所以，他成功了。他有句豪言：“我能够得到任何想要的东西。”

人生在世，很多人注定与“缺陷”相伴，而与“完美”相去甚远。渴求完美的习性使人做事小心谨慎，生怕出错，从而导致保守、胆小等性格特征的形成。在现实生活中，我们不难发现，有的人长得一表人才，举止得体，说话有分寸，但你和他在一起就是觉得没意思，连聊天都没有丝毫兴致。这些人往往是从小就接受了不出“格”的规范训练，身上所有不整齐的“枝杈”都给修剪掉了，于是便失去了个性独具的风采和神韵，变得干巴、枯燥，没有生机，没有活力。客观地说，人的性格的确存在着“缺陷美”，也就是说，在实际生活中，那些性格有“缺陷”的人反而显得更具有内在的魅力，也更具有吸引力。

不仅人自身是不完美的，我们生活的世界也充满缺憾。比如，有一种风景，你总想看，但它却在你即将聚焦的时候巧妙地隐退；有一种风景，你已经厌倦，但它却如影随形地跟着你；世界很大，你想见的人却杳如黄鹤；世界很小，你不想看见的人却频频进入你的视线；有一种情，你爱得真、爱得纯，爱得忘了自己，而对方却视如垃圾，如果能够倒过来，多好，可以不让自己再忍受痛苦。世上有许多事，倒过来是圆满，顺理成章却变成了遗憾。然而，世上的许多事情正是在顺理成章地进行着，我们没办法将它倒过来。

缺陷和不足人人都有，但是作为独立的个体，你要相信，你有许多与众不同甚至优于别人的地方，你要用自己特有的形象装点这个丰富多彩的世界。也许你在某些方面的确逊于他人，但是你同样拥有别人所无法企及的专长，有些事情也许只有你能做而别人却做不了！

学会欣赏自己的不完美，并将它转化成动力，才是最重要的。

中国古代哲学家杨子曾对他的学生们说：有一次我去宋国，途中住进一家旅店里，发现人们对一位丑陋的姑娘十分敬重，而对一位漂亮的姑娘却十分轻视。你们知道这是为什么吗？学生们听了之后说什么的都有。杨子告诉他们，经过打听才知道，那位丑陋的姑娘认为自己相貌差而努力干活且品格高尚，因此得到人们的敬重；那位漂亮的姑娘则认为自己相貌美丽，因而懒惰成性且品行不端，所以受到人们的轻视。

其实，做人的道理也是这样，是否受人尊敬并不在于外貌的美与丑。美绝不只是表面的，而是有着更深层次的内涵。如果表面的美失去了应该具有的内涵，就会为人们所舍弃，那位漂亮姑娘就是最好的例证。勤能补拙，也能补丑，这是那位丑姑娘给予我们的启示。

欣赏自己的不完美，因为它是你独一无二的特征。欣赏自己的不完美，因为有了它才使你不至于平庸。不完美使你区别于人，世界也因你的不完美而增添了一些色彩。

第9课　做人之道：人生心宽福自来

归根结底，包容是一种做人的智慧。一个人事业的成功、工作的顺利、生活的幸福，都与做人的智慧息息相关。在人际交往中，若能适当克制自己、包容他人，做人就能做出水平，做事就能少些滞碍。

1. 能控制自己，就控制住了世界

生活中有些事情，即使努力了也无法改变。生活中有些事情，我们永远也不会适应，但是，只要我们还活着，这样的日子便得一天天过下去，所以我们要学会克制和忍耐，否则很容易会被生活所击垮。

梵·高在成为画家之前，曾在一个矿区当牧师。有一次，他和工人一起下井，在升降机里，他陷入了巨大的恐惧之中。颤巍巍的铁索轧轧作响，箱板在左右摇晃，所有人都默不作声，听凭这机器把他们运进一个深不见底的黑洞，这是一种进地狱的感觉。事后，梵·高问一个神态自若的老工人："你们是不是习惯了，不再感到恐惧了？"这位坐了几十年升降机的老工人答道："不，我们永远不习惯，永远感到害怕，只不过我们学会了克制。"

这就像你或许不习惯黑夜，但黑夜每天都会适时到来，只要你忍耐着，黑夜总会过去，白天终会到来；或许你不习惯寒冷的冬季，但冬天的脚步仍渐渐逼近，你忍耐着，春天就不会遥远；或许你不喜欢潮湿的雨季，但雨水仍会打湿大地，你忍耐着，阳光便总会破云而出照耀万物。

面对生活，把最坏的时候都挨过去，剩下的也就是好的了。

有一家公司新调来了一位主管，这让大家都感到很兴奋，因为听说这位新主管是个很有能力的人，是总公司专门派来整顿业务的。

大家都期待着新主管的作为，可是日子一天天过去，新主管却一点动静也没有，他每天彬彬有礼地和大家打完招呼就躲进办公室，难得看他出来。那些本来紧张不已的害群之马，见他根本没有什么能力，更加猖獗了。大家私底下都说："他哪里是个能人啊，根本就是个老好人，比以前的主管还容易唬。"

4个月很快过去了，就在真正努力工作的人对新主管感到失望时，新主管却突然发威了——害群之马一律开除，有能力的人则获得晋升。他下手之快、断事之准，如雷霆暴雨般让人吃惊，与之前保守的他相比，简直就像换了一个人。

年终总结会上致辞时说："相信大家对我新到任期间的表现，和后来的大刀阔斧，一定感到不解。现在请听我说个故事，各位就明白了：我有一位朋友，买了栋带着大院的房子，他一搬进去，就将那个院子全面整顿，杂草枯树一律清除，改种自己新买的花卉。某天，原来的屋主来拜访他，一进门就大吃一惊，问他：'院子里那棵最名贵的牡丹哪里去了？'我这位朋友才发现，他竟然把牡丹当草给铲了！后来，他又买了一栋房子，虽然院子里也很杂乱，但他却按兵不动。果然，冬天里以为是杂树的植物，在春天里开了繁花；春天里以为是野草的，夏天里却成了锦簇；半年都没有动静的小树，秋天居然红了叶子。直到暮秋，他才真正认清哪些是无用的植物，这才下手铲除，并且使所有值得保留的草木都安然无恙。"

此时，他更加激动地说："我们办公室是个花园，你们就都是其间的珍木，珍木不可能一年到头都开花结果，只有经过长期的观察才能认得出来。"

所有人都报以热烈的掌声，怀着激动的心情和主管分享着这一时刻。

是的，只有克制和忍耐，才能让人度过寒冬，并看到人生真正的价值。如果匆匆忙忙地下判断，做决定，该错过多少牡丹和繁锦啊？由此可见，克制是一种美德，它不仅能让你渡过苦难，还能让你留住美丽。

克制不是逆来顺受，屈服于命运之神的诱惑与调遣。生活的沧桑使生命的深渊埋下难言的隐痛，克制却可以使人相信，隐痛必然消失，暴风雨过后的天空将更加美丽。

克制不是消极颓废，在沉默中悄然降下信念的帆篷。颠沛的人生使人感到迷离恍惚，克制却把难熬的寂寞、忧忿、艰辛强压心底，不使它偷偷钻出来，漫开去，甚至倾斜心灵的天平。

克制是意志的磨炼，爆发力的积蓄，用无声的奋斗冲破罗网，用无形的烈焰融化坚冰。在克制中发愤，在克制中拼搏，倔强的心灵在克制中受苦，然后生命的负累往往正是生命的光荣，如那高耸的丰碑，辉煌的业绩都诞生于克制之中。

2. 对所有人都保持敬畏之心

每个人都希望能得到别人的重视，每个人都希望得到别人的肯定。在人际交往中，能够让别人感受到你对他的重视，便能赢得对方的好感，很容易被对方当成知心好友。

乔·吉拉德被誉为世界上最伟大的推销员，他在15年中卖出13001辆汽车，并创下一年卖出1425辆（平均每天约4辆）的纪录，这个成绩被收入《吉尼斯世界大全》。

曾经有一次，一位中年妇女走进乔·吉拉德的展销室，说她想在这儿看车打发一会儿时间。闲谈中，她告诉乔·吉拉德她想买一辆白色的福特车，就像她表姐开的那辆。但对面福特车行的推销员让她过一个小时再去，所以她就来这儿看看。她还说这是她送给自己的生日礼物："今天是我55岁生日。""生日快乐，夫人！"乔·吉拉德一边说，一边请她进来随便看看。接着，乔·吉拉德出去交代了一下，然后回来对她说："夫人，您喜欢白色车，既然您现在有时间，我给您介绍一下我们的双门式轿车——也是白色的。"他们正谈着，女秘书走了进来，递给乔·吉拉德一打玫瑰花。乔·吉拉德把花送给那位女士："祝您生日快乐，尊敬的夫人！"

显然她很感动，眼眶都湿了。"已经很久没有人给我送礼物了，"她说，"刚才那位福特推销员一定是看我开了部旧车，以为我买不起新车。我刚要看车，他却说要去收一笔款，于是我就上这儿来等他。其实我只是想要一辆白色汽车而已，只不过表姐的车是福特，所以我也想买福特，现在想想不买福特也可以。”

最后，她在乔·吉拉德这儿买了一辆雪佛莱，并写了一张全额支票。其实从头到尾，乔·吉拉德都没有劝她放弃福特而转买雪佛莱，只是因为她在这里感觉受到了重视，所以放弃了原来的打算，转而选择了乔·吉拉德的产品。

对顾客抱以相当的重视度，这就是乔·吉拉德推销的秘诀。事实上，这也是我们处理人际关系的一大秘诀。

孔子见到穿丧服的人和残疾人，即使比自己年纪小，也会站起来，表示敬意。有一次，一个盲人乐师来见孔子，孔子亲自去迎接他。走到台阶前时说：“这是台阶。”走到座席边时说：“这是座席。”大家都坐下后，孔子又告诉乐师自己坐的方位。这种对老弱病残的关爱与尊重，正是孔子所提倡的“仁”的一种表现，也极大表示了对别人的尊敬和重视。

3. 蚌含沙而孕珍珠，人大量而容天地

相信很多人都碰到过这样的人，小肚鸡肠，一点小事也会记恨在心，因为别人的一句无心之言也会生气许久。这种气量狭小的人自然不会有什么好人缘，也很难成就大业。

三国时，东吴有一个叫张昭的元老重臣，孙策死前曾委大任于他，但他最终因为自己气量狭隘而未能拜相。

有一次，孙权大宴群臣，让诸葛恪给大家敬酒。诸葛恪就给大臣们一一敬酒，敬到张昭面前时，张昭已经醉了，便推辞不肯喝。诸葛恪仍劝他再喝一杯，张昭不高兴地说："这哪里是尊敬老人！"孙权故意给诸葛恪出难题，说："看你能不能让张公理屈辞穷把酒饮下，不然，这杯酒就由你喝了。"于是，诸葛恪对张昭说："过去师尚父90岁，还能披坚执锐，领兵作战，不言自己已老。现在，带兵打仗，请您在后，而喝酒吃饭，请您在前，这怎么能说是不敬老呢？"张昭无话可说，只得把酒喝了下去，但他从此就记恨上了诸葛恪。

有一天，孙权和诸葛恪、张昭等大臣在大殿中议事，一群鸟忽然飞到大殿前，这些鸟的头部是白色的。孙权不知道这是什么鸟，就问诸葛恪："你知道这鸟叫什么名字吗？"诸葛恪不假思索地回答："这种鸟叫白头翁。"在座的诸位大臣中，张昭年纪最大，又是一头白发，他以为诸葛恪是在借机取笑自己，就对孙权说："陛下，诸葛恪在骗人！从来没有听说过叫白头翁的鸟，如果真有白头翁，那是不是应该有白头母呢？"诸葛恪

立刻反驳道："鹦母这种鸟，大家一定都听说过吗？如果依老将军的话，那一定还有鹦父了，请问老将军能打到这种鸟吗？"张昭顿时无言以对。

由于气量狭小，张昭很难和别人搞好关系。甘宁自降东吴以后，急于立功，于是请求征黄祖，取刘表，并自请担任先锋。孙权觉得可行，准备实施。张昭却不同意，甘宁为此很不高兴，反唇相讥道："国家将萧何的丞相重任托付给您，您坚守职责而忧患国运，为什么还要仰慕古人呢？"孙权看到这种情形，赶紧劝说道："兴霸，今年兴讨，决意付卿，卿但当勉建方略，令必克祖则卿之功，何嫌张长史之言乎？"孙权虽然为二人解了围，但明显站在了甘宁一边。

从这件小事可以看出，实际上，东吴众将并不服张昭。后来，孙权果然令甘宁为先锋征黄祖，并大获全胜。

张昭之所以不能为相，还因为他的自大。他虽为东吴重臣，其实并没有什么雄才大略和特殊本领，但却看不起人。东吴有大才者，一是周瑜，二是鲁肃。张昭向来不把鲁肃放在眼里，他说："鲁肃虽然有点才华，可是不够谦逊，而且年纪太轻，处世经验不足，难堪大用。"张昭不仅气量小不能容人，而且胆量也不够壮。汉献帝建安十三年（公元208年）秋，曹操率数十万大军南下，企图夺取江东，东吴众武将欲战，而以张昭为代表的文官却欲降，幸亏周瑜、鲁肃坚持，才在赤壁之战中战败了曹操。

除了直言忠谏外，张昭在其他方面似乎也没有什么才能，而且他因为气量小，不能处理好与同僚的关系，也无法以德服人，若任他为相，东吴上下必会君臣离心，四分五裂，所以他到最后也未能拜相。

现实生活中，像张昭这样的人为数不少，遇到这种人，不能和他斗气，而应以柔忍之术处世，巧妙地避免与其起冲突。当然，若是他对工作产生了不良影响，那就用策略来对付。总之，不要因为气量狭小而破坏自己的人际关系，对于那些"说者无心，听者有意"的事，还是尽量避免为妙。

4. 做人求真，做事求善

真、善、美是一种做人的境界，而能使他人各得其所，则是这一境界发展到至高层次的一种体现。

“老者安之，朋友信之，少者怀之。”这是孔子与弟子子路、颜渊各谈志向时说的一段话。一般人说到个人志向，要么当多大官，要么赚多少钱，要么出多大名，要么成什么事。孔子的志向与众不同又发人深省，那就是做个什么样的人。

孔子的志向是做个什么样的人呢？

首先是“老者安之”。使父母老有所养，老有所乐，老有所安，是为人子者应尽的义务。这在孔子的意思里属于最基本，也最重要的层面，即“孝”的层面。仅仅孝父母、敬亲族长辈还不够，还应该“老吾老以及人之老”，将一番孝心推而广之，令天下老者都能有所养、有所安，这才是大孝。由此看来，“老者安之”绝不是某些人不屑一顾的“老调子”、“小志向”，而是既包含了“安得广厦千万间”的博大胸怀，又包含了布道济世的宏图大志。因为使父母、长辈老有所安相对容易一些，而要使天下老人都能有所安，只有两个途径，一是将“孝道”这个理念传播天下，二是通过政治手段使之成为国家政策。实现这两个途径中的任何一条，都需要有不同凡响的才智，并付出常人难以付出的努力。

其次是“朋友信之”。信誉、信任、诚信是孔子一再强调的问题，在这里被孔子作为一个志向来谈论又显得意义非凡。

“朋友信之”是一种做人的境界，想一想自己，想一想自己与周围人的关系，就能体会到让朋友信任——不是一个两个，而是绝大多数朋友信任自己，是一件多么难得的事。

让朋友信任，你首先得有信誉。言出必行，说到做到是守信的表现，但在日常交往中，我们碰到更多的是连基本的赴约时间都不能遵守的人。不信的话你可以做个实验，约10位朋友中午12点在某餐厅聚会，统计一下答应赴会的人能有几个在12点之前赶到。可以肯定，统计数字会让你备感守信的可贵。

让朋友信任，你得能为朋友提供帮助。对稍微熟悉一点的人，我们都习惯于称之为朋友，不过，在自己的人际关系体系里，你扳着手指数一数，当你需要帮助的时候谁最有可能伸出援手？淘汰了其中的大多数以后，剩下的几个可以算得上你信任的人。这里的帮助可能只需举手之劳，也可能要冒一点风险，只有那些愿意分担、愿意为朋友负责任的人才会提供。

让朋友信任，你得为朋友提供精神支持。朋友的快乐愿与你分享，有解不开的心结愿求你指点。往大处讲是志同道合、有共同语言，往小里讲是信任你的诚实、经验和学识。比如，两口子吵架时愿意找你倾诉和调解，说明你已经成为他们信得过的朋友。

有句话说得好，要看一个人是什么样的人，只要看看他的朋友对他是否信任就可以了。所以，如果你说孔子这样的志向为之小，孰能为之大？

第三是“少者怀之”。使“少者怀之”是尤其难以做到的事情。不管哪个时代，老少之间都有代沟，少年人往往看不起成年人，尤其老年人的观念陈旧、事无大成。哪些人能做到让“少者怀之”呢？是学富五车而又品德高尚的人，如季羡林、钱学森；是胸怀博大、鞠躬尽瘁的人，如周恩来；是勇于挑战、不屈不挠的人，如邓亚萍、郎平；是敢为人先、甘冒奇险的人，如余纯顺、杨利伟；是厥功至伟、行事低调的人，如比尔·盖茨、李嘉诚……这些人都是高山仰止的做人楷模，不仅当代的“少者怀之”，后来者也会“怀之”。

做人应该做出一定的境界，“老者安之，朋友信之，少者怀之”便是孔子的做人境界，他以自己的一生宣扬之、追求之、躬行之，并因此成为中国几千年历史中独一无二的丰碑。

5. 再给人一次重来的机会

佛家有语，放下屠刀、立地成佛，向善一念便是天大的功德。

有这样一个故事：一个风流浪子，20年前曾是庙里的小沙弥，得到方丈的宠爱。方丈将自己毕生所学全部传授给他，希望他能成为佛门弟子。但是，他在一天夜里动了凡心，偷偷下山，从此混迹于花街柳巷之中。20年后的一个深夜，他陡然惊醒，忏悔了，快马加鞭跑回寺庙。“师傅，您肯饶恕我，再收我做弟子吗？”方丈见自己曾百般宠爱的小沙弥成了现在这副模样，叹气摇头：“不，你罪孽深重，要想得到佛祖的宽恕，除非……（方丈指着供桌）连桌子也能开花。”浪子失望地离去……第二天方丈醒来一看，一下子惊呆了。原来，一夜间，供桌上开满了大朵大朵的鲜花。方丈瞬间大彻大悟，连忙下山寻找，可惜为时已晚，浪子心灰意冷，重新回到了从前的生活。方丈在悔恨中圆寂了。临终时，他说了几句话：“世界上没有什么歧途不能回头，没有什么错误不可原谅，一个真心向善的念头，是最罕见的奇迹，好像佛桌上盛开的花。而让奇迹磨灭的，不是错误，是一颗冰冷的不肯原谅不肯相信的心。”

“人洁己以进，与其洁也，不保其往也。”孔子简单的一句话，使一位仁厚长者的形象呼之欲出：他宽宏大量、与人为善，他教育弟子们要多看别人好的、进步的地方，不要死揪着别人过去的错误不放。

君子“仁”在心中。宽容也是一种“仁”，更是一种做人成事的大智慧，因为你给出了善，方能得到善。

当我们身边那些愚昧或犯过错误的人，改正了自己的缺点，争取进步时，我们应该肯定他们的进步并给予帮助和鼓励。死死抓住别人的过去不放，是心胸狭隘的表现，过去并不重要，重要的是对方现在的做法，是否有进取之心。反之，我们若想摆脱别人的偏见，就应该改正错误以求进取。即使过去给人留下的印象不好，也不能灰心丧气，更不能破罐破摔，相信上进心能够塑造一个新我！

我们也许永远都无法成佛，也无法拥有孔子那样的胸怀，但我们完全可以做到比现在已经做到的更宽容一点。试一下你便会发现，自己的天地因此宽畅了许多。

6. 爱出者爱返，福往者福来

你给出的是尖刺，得到的也会是尖刺；你送出的是美酒，得到的也会是美酒的芳香；看看我们身边的人说起话来，动不动就是恶言恶语，得到别人恶语“回报”最多的恰恰也是他们。正所谓：“爱出者爱返，福往者福来！”

从做人的角度来说，不管在什么场合，不管面对的是什么人，都应该做到说话文明礼貌。以礼待人，是做人的一个基本原则。做到这一点并不难，生活中的礼貌用语比比皆是，几乎可以信手拈来。

例如，“请问”就有如下的说法：请问、敢问、借问、动问、借光、请教、指教、见教、求教、讨教、就教、赐教等；打扰人家可以说打扰、劳驾、相扰、劳神、费心、烦劳、麻烦、辛苦、费神、难为、偏劳等许多委婉得体的词汇。如果我们在语言交往中不忘使用这些词汇，相互之间定可形成亲切友好的气氛，减少许多可以避免的摩擦和口角，这对发展人际关系是很有好处的。

两车相撞，双方相互说声“对不起”，在这样的气氛下，双方的自尊心都得到了满足，争吵自然可以避免了。如果一位骑自行车的人撞了一位行人，张嘴就骂：“瞎眼吗？怎么不让开道？”被撞者势必不会相让，争吵、谩骂、厮打的事情都会有可能发生。而如果骑车人真诚地说一句“实在对不起”，被撞者再宽宏大度一些，结果便会截然不同。

如果你向一位老大爷问路，你对老大爷喊道：“喂，老头，去汽车站怎么走？”老大爷可能理都不会理你，遇见脾气倔的，也许还会给你指一条错路。假如你换一种问法：“大爷，您好！打扰一下，请问去汽车站怎么走？”老大爷不仅会告诉你，而且还可能亲自带你去。

美国人说话少不了“请”字，说话、写信、打电报都爱用“请”字，如“请坐”、“请转告”、“请及早函复”等。发电报时，宁可多付电报费，也绝不省掉“请”字。因此，美国电话总局每年通过这个“请”字就可多收入1000万美元。美国人情愿花钱“买”个“请”字。

与美国人爱说“请”字一样，日本人爱说“谢谢”。据统计，一个在百货公司工作的日本职员，每天平均要说571次“谢谢”，否则他就不是一个好职员，并有被解雇的可能。

“对不起”是英国人最常说的一句话。凡是稍有打扰他人之事，他们总是先说一声“对不起”：“对不起，我要下车了。”“对不起，请给我一杯水。”即使没有打扰人，他们也习惯先说“对不起”。美国警察对违章司机就地处理时，先要说一声：“对不起，先生，你的车速超过规定……”

两人相见，互问一声“好”，这是再容易不过的事情，可别小瞧这一声问候，它传达的信息十分丰厚：既表示尊重、亲切和友好，又能显示出你懂礼貌、有风度、有教养。总的来说，以礼待人能反映出一个人的修养程度，更是一把开人心扉的钥匙。

7. 给彼此一个适合的距离

在社会交往中，有些人认为要对别人热情，对朋友亲近，然而这种热情和亲近有时并不被别人所接受，这是为什么呢？

从心理学的角度来讲，每个人都需要有自己的隐私空间，表现在外部环境上，就是需要和别人保持一定的距离。不同的人所需要的“距离”不同，有的人需要得少些，表现得也就不是很明显，甚至自己也会认为“事无不可对人言”，和朋友亲密无间，好到可以穿一条裤子。但无论是谁，都一样是有这种需要的。

举个浅显的例子：当我们去候车室等车的时候，看到休息区的长椅上还有很多空位，你是坐到陌生人的身边呢，还是保持一些距离坐得离他远一些？90%以上的人都会选择坐得远一些。这是因为有心理气泡存在的缘故，每个人都像被包在这个气泡里一样，只不过有的大有的小而已。

所以，要想成为一个受欢迎的人，一定要了解这个道理，千万不能一厢情愿地去和人接近，以免不小心侵犯了他人的心理气泡。

下面这个寓言故事也许能带给你一定的启示。

冬天来了，天气变得越来越冷，鸟儿们都飞去温暖的南方过冬了，连松鼠都躲在树洞里不肯出来了。森林中有几只豪猪冷得直发抖，为了取暖它们紧紧地靠在一起，但它们不像兔子那样柔软，可以聚成一团来取暖。豪猪的身上长着坚硬的长刺，当它们彼此靠近的时候，那些长刺就会不自觉地张开，把对方扎得直叫唤。因为忍受不了彼此的长刺，它们尝试了几次就都各自跑开了。

可是天气实在太冷了，豪猪们不得不再一次聚在一起，然而靠在一起时的刺痛使它们不得不再度分开。就这样反反复复分了又聚，聚了又分，它们不断在受冻与被刺两种痛苦之间挣扎着。

最后，经过多次尝试，豪猪们终于找到了一个适当的距离，既可以相互取暖又不至于被彼此刺伤，于是它们安安稳稳地度过了这个寒冷的冬天。

人的心理气泡其实是分了许多层的，由于交往熟识的程度不同，人们所能接近的气泡范围也就不同。比如我们去参加某人的婚礼，来宾很多，有认识的也有不认识的，我们自然会选择和认识的人聚在一起。而这些认识的人中，又可能分为不是很熟悉的人和比较亲近的朋友，我们自然又会选择和亲近的朋友在一起。如果这些亲近的朋友中有一两个是我们的至交好友，很显然我们最后一定是和至交好友挨得最近。在这一案例中，我们的心理气泡便分了多个层次，只允许最亲近的朋友离自己最近。

这个气泡代表着隐私和空间，人们一方面需要与他人建立亲密的关系，另一方面又需要心理上的自由，需要有一定的独享的心理空间。所以，我们在人际交往中，不论与对方的关系有多好，都要保持一定的距离，给对方一定的心理自由空间。这种适当的距离，会使彼此感到更舒服和自在，关系也会更融洽和谐。

珊珊是一名初三的学生，最近她感到很烦恼，她的烦恼不是因为备考高中，而是因为她的好朋友小文。

珊珊和小文从小学起就是好朋友，像对亲姐妹一样。小文对珊珊非常好，只要看到珊珊面有忧色，就一定会打破砂锅问到底，而且绝对会两肋插刀施予援手。但珊珊偏偏受不了小文这样做，每次连她日记本里写了什么，小文都要问个清楚，去她家玩的时候也不把自己当外人，随意地从珊珊的抽屉里找东西，这些都让珊珊有些反感。于是，珊珊开始有意疏远小文，小文为此很难过，饭也吃不下，觉也睡不好，整天泪汪汪的，这让珊珊觉得自己实在是太坏了，只好向小文道歉，两个人重归于好。可是没过多久，珊珊又开始烦小文的“缠人功”了，之前的情景又上演了一遍。久而久之，两个人都很痛苦。

其实，珊珊的苦恼在成人社会里也很常见，我们往往会遇到这种人——让我们承认他们的好心，却难以接受他们的好意。这是因为，他们不懂得掌握一个度，以过分的热情刺破了我们的心理气泡，令我们感到紧张和不适。

掌握人际交往的分寸是一门艺术。尊重他人的隐私，不打探，不议论，不参与——除非对方邀请你这样做——这是个人修养的表现，也是一种高层次的信任和关爱。如果不能把握好这个度，即使是好朋友也免不了演变成批评和挑剔，最后导致友谊破裂。毕竟彼此来自不同的生活环境，接受不同的教育，即使双方相似度再高，也不可能完全相同，不可避免地会存在一些差异。所以，人与人相处需要尊重对方的心理气泡，给对方保留一定的心理空间，如此友谊才有可能地久天长。

8. 在自省中陶冶情操

一个人对自己应该有一个清醒的认识，内省就能帮我们做到这一点，让我们认清自己、正确评价自己。

在人的八大智能中，内省智能是非常重要的一项智能。它又叫自省智能。自省是自我动机与行为的审视与反思，用以清理和克服自身缺陷，以达到心理上的健康完善。它是心灵自我净化的一种手段，从心理上看，自省所寻求的是健康积极的情感、坚强的意志和成熟的个性。它要求消除自卑、自满、自私、自弃和愤怒等消极情绪，增强自尊、自信、自主和自强，培养良好的心理品质。

自我省察对每个人来说都是严峻的。要做到真正认识自己，客观而中肯地评价自己，常常比正确地认识和评价别人更困难。能够自省自察的人，是有大智大勇的人。

著名哲学家亚里士多德认为，对自己的了解不仅仅是最困难的事情，而且也是最残酷的事情。

心平气静地对他人、对外界事物进行客观的分析评判并不难做到，但当这把“手术刀”伸向自己的时候，就未必能让人心平气静、不偏不倚了。然而，自我省察是自我超越的根本前提。要超越现实水平上的自我，必须首先坦诚地面对自己，对自身的优缺点有个正确的认识。

在人生的道路上，成功者无不经历几番蜕变。蜕变的过程，也是自我意识提高、自我觉醒和自我完善的过程。人的成长就是不断地蜕变，不断地进行自我认识和自我改造。对自己认识得越准确越深刻，取得成功的可能性也越大。在每个人的精神世界里，都存在着矛盾的两面：善与恶，好与坏，创造性和破坏欲。你将成长为一个怎样的人，外因当然起作用，但若能不断地进行反思，不断地在灵魂世界里进行自我扬弃，内省所起的作用是不能低估的。

一个真正成熟的人，应该在充分认识客观世界的同时，充分看透自己。

我们常常会遇到这样一些人，他们身上有些缺点实在令人讨厌：他们或爱挑剔、喜争执，或小心眼、好忌妒，或懦弱猥琐，或浮躁粗暴……这些缺点不但影响着他们的事业，而且还使他们不受人欢迎，无法与人建立良好的人际关系。

许多年过去了，这些人的缺点仍丝毫未改，细究一下，他们的心地并不坏，他们的缺点未必都与道德品质有关，只是他们缺乏自省意识，对自身的缺点太麻木了。本来别人的疏远、事业的失利，都可作为对自身缺点的一种提醒。但都被他们粗心地忽略了，因而也就妨碍了自身的成长。用诚实坦白的目光审视自己，通常是痛苦的，也是难能可贵的。人有时会在脑子里闪现一些不光彩的想法，这并不要紧，人不可能各方面都完美无缺，最要紧的是能自我省察。

凡属对自身的审视都需要有大勇气，因为在触及自己的某些弱点、某些卑微意识时，往往会令人非常难堪、痛苦。不论是对自己、对自己的偏爱物、对自己的民族传统、对自己的历史，都是这样。但是，无论痛苦还是难堪，你都必须去正视它。不要害怕对自己进行深入的思考，不要害怕发掘自己内心不那么光明，甚至阴暗的一面。

勇士称号不仅属于手执长矛、所向无敌的人，而且属于敢于用锋利的解剖刀解剖自己、改造自己，使自己得到升华和超越的人。

当然，自我省察不仅仅是对自己的缺点勇于正视，它还包括对自己的优点和潜能的重新发现。每个人都拥有巨大的潜能，每个人都有自己独特的个性和长处，每个人都可以通过自省发挥自己的优点，通过不懈的努力去争取成功。认识自我，是一个人自信的基础与依据。即使处境不利，遇事不顺，但只要你的潜能和独特个性依然存在，你就可以坚信——我能行，我能成功。

一个人在自己所处的社会境遇中，能否真正认识自我、肯定自我，如何塑造自我形象，如何把握自我发展，如何抉择积极或消极的自我意识，将在很大程度上影响或决定着他的前程与命运。

换句话说，你可能渺小而平庸，也可能美好而杰出，这在很大程度上取决于你是否能够反省，充分地认识自己。做到了这一点，你就是一座金矿，你就一定能够在自己的人生中展现出应有的风采。

9. 光明磊落做人，实实在在做事

“居处恭，执事敬，与人忠”，是孔子提出在自己独处的时候、做事情的时候、对待别人的时候应该保持的态度，即“恭”、“敬”“忠”，概括起来就是认真、负责、诚恳。

有人可能会说，干工作、做事情认真负责，对待别人诚恳忠心，这些都可以理解，可自己一个人的时候何谈认真、诚心呢？

其实，恰恰是一个人独处时的言谈举止，最能反映其做人水准。人前道貌岸然，人后放浪形骸；人前和颜悦色，人后恶语相向，这都是应该摈弃的做人之道。所以孔子强调，不论在什么情况下，都要坚持做人的原则，保持恭敬、认真的态度不变。

清朝重臣被尊为“三立完人”（立功、立德、立言）的曾国藩尤其重视“居处恭”，为此还特别提出了“慎独”的主张。

曾国藩认为，“慎独”是立诚主静的集中表现。只有自慊无欲，才能静，故“慎独则心安”。周敦颐说：“无欲故静。”曾国藩提出“静极”、“无私著”、“至虚”，也是把“诚、静、慎独”提到了“存天理、灭人欲”的理学高度。

概而言之，“诚”可以化育天地万物，求诚须不欺，不欺必能居敬慎独，居敬慎独者必无私著，无私著者必中虚，虚必静，静生阳，阴阳来复，是谓天行。这就是曾国藩“立诚居敬”说的一种循环。

曾国藩的独处能力、自治能力是很强的。他自少年开始就有吸烟和晚起的毛病，后来决心改掉这个毛病。开始时毛病很顽固，很难改掉。曾国藩视之如大敌，决心彻底克服才肯罢休。他以后能率湘军与太平军作战十余年，和他能改掉长年的陋习是同一种内圣的精神作用。曾国藩在军队里，每天必写日记，读书数页，下围棋一局，终身如此。一般人认为，这难道不是区区小节，无关大体么？但这正是他克制有节，行之有恒，实为内圣修炼的第一大事。

为达“内圣”心法的最佳境界，曾国藩在慎独方面着实下了苦功，现将其“修法十二课”的仪式条款列此，资以试验。

（1）持身敬肃。衣冠外貌保持整齐，心思神情端正严肃，时时刻刻都要警惕、检查自己的念头、举止中有无背离义理之处。平日闲居无事的时候宁静安泰，保养德行，一旦投于事务之中则专心致志，不存杂念。精神状态清澈明朗，就如同旭日东升，光彩照人。

（2）静坐养性。每天不限什么时候，要拿出一定时间用来静坐养性，反省体悟自己天性中隐现的仁义之心。正襟危坐，凝然镇定，如同宝鼎一般沉稳。

（3）早早起床。天色初亮就赶紧起身，睡醒了就不要再恋床。

（4）读书专一。一本书没有读完时，不要再看其他书籍。东翻西阅随意读书，对自己的道德学问毫无益处。

（5）阅读史书。丙申年购置了一套《二十三史》，其父对他训诫说：“你为买书去向人借钱，我不惜一切替你赔补还账，你若是能够仔仔细细地读一遍，才算是不辜负我的一番苦心啊！”自此之后，曾国藩每天都仔细读10页。

（6）说话谨慎。这是修身内圣的最重要的工夫，应时刻注意。

（7）保养真气。真气存蓄于丹田之中，彻里彻外光明正大，所作所为毫无羞于对人说之处。

（8）爱护身体。十二月接到其父的手书说：“节制操劳，节制欲求，节制饮食。”应该时刻以此作为健体却病的准则。

（9）每天都应获知新学问。每天读书时将自己的心得记录下来，如果刻意从书中凿空，求取深意，那就是偏私他人。

（10）每月不可荒疏旧技能。每月写作几篇诗文，以此检验自己积存义理的多少，葆养真气强弱。但不能完全沉溺其中，因为这最容易使人玩物丧志、隐没本性。

（11）写字。饭后写半个时辰的字。所有文字方面的交际应酬，都可以作为练习写字的机会。凡事不可留待第二天去做，事情越积越多，就越难清理。

（12）夜晚不出屋门。它使人耽搁正事，精神疲惫，务必戒除。曾国藩一生于“克己之学”从不稍懈，坚持终身。

不要以为自己一个人时别人看不见，所谓“天日昭昭”，像孔子、曾国藩那样对自己的“业余时间”严格要求，对做人也好，个人的成长也罢，都是有百益而无一害的。

作者简介

徐友珍 生于1964年9月，湖北京山人。1982年考入武汉大学历史系世界史专业，1986年考取武汉大学历史系世界近现代史专业硕士研究生。1989年获硕士学位后留校任教。2004年获博士学位。2000~2001年期间曾赴英国伯明翰大学访学。现为武汉大学历史学院副教授，兼任中国世界现代史学会理事、湖北省世界史学会秘书长。主要从事世界现当代史、英国史教学工作。先前主要研究第二次世界大战期间的英国对欧洲抵抗运动政策，后转向冷战史，侧重美英对华关系研究。已在《世界历史》、《武汉大学学报》、《史学月刊》、《史学集刊》等刊物发表学术论文十余篇，编著《甘地传》（通俗读物），参撰《第二次世界大战与战后世界性社会进步》、《世界遗产》（大型辞书）等多种著述。代表性成果有《英国对欧洲抵抗运动的作用和影响》、《美英在新中国参与对日媾和问题上的争议》、《1950年美英向五届联大提交的台湾问题提案》、《论美英在承认新中国问题上的分歧与协调》、《论美英在承认新中国问题上各行其是的深层原因》、《美英在联合国中国代表权问题上的分歧与协调》等。

Wuhan University

武汉大学学术丛书

Academic Library

分歧与协调

——美英关系中的承认新中国问题（1949~1951年）

徐友珍 著

武汉大学出版社

WUHAN UNIVERSITY PRESS

图书在版编目(CIP)数据

分歧与协议:美英关系中的承认新中国问题(1949~1951年)/徐友珍著.—武汉:武汉大学出版社,2007.9
武汉大学学术丛书
ISBN 978-7-307-05915-3

Ⅰ.分… Ⅱ.徐… Ⅲ.①中美关系—国际关系史—1949~1951 ②中英关系—国际关系史—1949~1951 Ⅳ.D829.712 D829.561

中国版本图书馆CIP数据核字(2007)第164642号

责任编辑:王雅红　　责任校对:王　建　　版式设计:支　笛

出版发行:**武汉大学出版社** (430072 武昌 珞珈山)
(电子邮件:wdp4@whu.edu.cn 网址:www.wdp.com.cn)
印刷:武汉中远印务有限公司
开本:720×980 1/16　印张:21.375　字数:301千字　插页:3
版次:2007年9月第1版　2007年9月第1次印刷
ISBN 978-7-307-05915-3/D·780　定价:38.00元

内容提要

1949～1951 年正是中国革命胜利、新中国以全新的革命姿态对亚洲局势产生决定性影响的关键时期，作为在亚洲地区有着重大利益的西方资本主义国家，美英如何应对一个强大的共产主义政权在中国的建立，是这一时期东西方冷战的焦点问题，也一直吸引着国际国内学术界的研究兴趣。虽然国内外学术界对美英对华政策的研究成果已有不少，然而，到底美国执行着怎样的对华政策，学术界并未取得一致共识。至于美英之间到底存在什么性质的分歧？美英如何协调其分歧、其基本范式如何？美英分歧与协调所体现的美英关系的性质如何界定？美英分歧产生的深层原因是什么？美英分歧和协调对当时的亚洲局势产生了什么影响？学界缺乏专门研究，既有结论存在重大分歧，往往因为缺乏实证研究的支撑或者受到研究视角和资料的限制而难免流于表面，或陷入片面。本书试图在充分吸收、借鉴前人最新研究成果的基础上，通过深入钻研美、英、中多边档案，以美英在承认新中国问题上的分歧与协调为研究视角，对上述问题做出解答。

不同于以往史学界对承认新中国问题的研究，本书将中国在联合国的代表权问题、中国对台湾的领土主权问题和中国对日和约签约权问题也纳入了对新中国承认问题的研究范畴。亦不同于美国或者英国对华政策及其比较研究的路径，本书以美英分歧和协调为分析视角和研究重心，旨在对美英在承认新中国问题上的分歧与协调进行全方位的动态分析，凸显美英政策的互动。本书也不只是美英对华政策的个案研究，除了对美英在承认新中国问题上的分歧与协调进行深入细致的史实梳理外，还试图在此基础上进一步探究东亚格局向冷战转型时期的美英对华政策及美英对华关系的特性，并力图从新的研究视角，依据实证研究的结果和对多边档案资料的发掘，对国际学术界围绕这些问题的争论进行系统辨析。

本书的基本观点是：

一、美国对新中国的不承认立场基本贯穿始终，也体现在对新中国承认问题的各个方面，尽管朝鲜战争爆发前后，美国在这些问题上的立场有些区别。所谓美国政府准备同中国共产党和解，只是因为国内政治因素的制约、中共的敌视态度及朝鲜战争的突发才阻止了这一趋势的看法难以令人信服。

二、英国希望通过与新政权的和解来维持英国在华利益和影响的目标贯穿始终，事实上也为承认新中国、维护新中国作为中国唯一合法政府的正当权益做了不少努力，基本坚持了承认新中国的原则立场。但英国在对新中国承认问题上各项政策的形成往往不是一步到位，也不是一成不变的，其政策取向及其转轨时常拖泥带水，起伏波动甚至反复，也难以保持各项政策之间的协调一致，表现出明显的两面性及内在的矛盾。这种状况的出现既是英国现实主义外交的体现，也与冷战背景下，制约英国对华政策发展演变的各种因素经常发生矛盾有关。

三、与美英在欧洲问题上相对协调一致的英美特殊关系模式明显不同的是，不仅美英在对新中国的承认问题上存在实质性的分歧和重大冲突，而且其分歧的表现形式、分歧与协调的发展轨迹与结局也各不相同，很难一言以蔽之。在关乎英国战后经济恢复和发展的对新中国外交承认和新中国参与对日媾和这两个问题上，美英分歧发展到分道扬镳和不得不动用非常手段来加以解决的程度。在其他两个问题上，英国经过一番抗争后最终选择了妥协的立场。从这个意义上讲，美英特殊关系存在极不和谐的一面。但不应忽视的是：第一，与美英分歧相伴而生的是它们之间频繁而密切的协商，不仅反映美英关系的重要和密切程度，也说明美英联盟具备及时化解矛盾和分歧的机制。第二，由于世界范围内利益交织，美英各有制约、影响对方的砝码，存在相互依赖、相互制约的基础。第三，美英关系因为实力悬殊，不是一个对等的关系。但是一方面，英国在美英关系中并非被动和依附的角色；另一方面，英国又比较容易接受屈居美国之下的现实，当好主动的配角；加之美英在遏制共产主义的问题上存在基本共识，并坚守不让美英在远东问题上的分歧影响两国在欧洲问题上合作的底线，因而不存在因为对盟主地位的争夺、意识形态的歧见及局部利益的冲突而导致联盟关系破裂的因素。因此，美英特殊关系在远东地区依然存在。美英盟友关系尽管摩擦不断但始终维系，并存在较为稳定的根基。

四、导致美英对华政策分歧的深层原因体现在三大基本方面，多个层次：一是美英基于不同的国家利益而形成的相互冲突的远东及对华政策目标是导致美英分歧的根本原因；二是美英基于不同的外交传统与对现实问题的不同估计所形成的对华决策理念和思路的差异在一定程度上导致了美英分歧；三是美英对华政策国内外制约因素的差异也影响了美英对新中国的决策取向。

五、英国与美国在承认新中国问题上分歧与协调的影响，主要体现在：它在一定程度上缓解了中美对抗升级的紧张局势；也在一定程度上提高了新中国的国际地位和影响力，并为新中国在与美国的较量中提供了一个重要的砝码。但是，也应该说明的是，由于英国在这些涉及中国主权问题上拥有特殊身份，它对美国所做的一些原则性让步，客观上限制了英国作为东西方之间的调停人及冷战缓冲因素的积极作用的发挥，并产生了很大的负面影响，留下了不少后患。

目　　录

序

1949 年新中国的诞生是 20 世纪世界史上的重大事件之一，它对西方国家在亚洲的统治秩序和美苏冷战对抗的格局带来了巨大的冲击。因而，新中国成立伊始，美英这两个最强大的资本主义国家对新中国政策，便成为现代国际关系史、冷战史和中外关系史研究的重要内容。国内外的相关研究成果层出不穷，但大多是分别从美英对华政策的角度来进行研究的，而且由于受冷战思维影响和一国资料局限，在美英对新中国政策的研究方面存在种种不足。因此，运用美英双方的档案资料，对美英在承认新中国问题上的分歧与协调进行全面、系统的专题研究，不仅具有很高的学术价值，而且对于我们理解当今的美英对华外交，以及中国对美英外交也具有重要的现实意义。徐友珍博士的《分歧与协调——美英关系中的承认新中国问题》，是一部研究美英对华政策的具有鲜明特色的专著。

第一，该著的选题反映了作者的独到之处。在美英对华政策这样一个有着众多学者耕耘过的学术园地，要找到一块前人很少涉足的学术领地实属不易。作者在系统追踪国内外学术前沿的基础上，不仅规避了前人大多选择的美国对华或者英国对华政策的角度，而且鉴于已有研究对美英对华政策分歧存在观点相左和语焉不详的现状，将视角进一步聚焦于探讨美英在承认新中国问题上的分歧与协调，侧重于美英政策的互动研究，时间也定位于1949～1951年新中国诞生、亚洲形势急剧变化、美英对华政策分歧最突出的关键时段。更重要的是，与史学界传统的解释框架不同，该著所探讨的对新中国的承认问题，除了国内外史学界研究相对较多的对新中国的外交承认之外，还包括广义的属于国际法范畴的对新中国承认问题，主要指新中国在联合国的代表权问题、新中国对台湾的领土主权问题、新中国参与对日媾和的签约权问题等。从这些方面来看，该著选题不仅属于学科前沿问题，而且构思新颖、独具匠心。

第二，扎实的文献资料基础是本书的又一突出特点。该著不仅所用英文档案的数量和类别给人印象深刻，而且其对档案文献的鉴别、解读，也显示了作者的史学功底。该著文献资料基础之扎实，突出地体现在其对档案资料使用的力度上。这首先表现为多国档案文献的充分利用。文中所使用的主要文献是英国外交部和美国国务院的官方解密档案。这些档案文件中，除了美国国务院编写的《美国对外关系》（*FRUS*）文献外，对英国档案文献的发掘是该著的一大亮点。作者利用在英国研修的机会，抄录了现藏于英国伯明翰大学图书馆特藏室的艾登私人文件，这一文件即便是英国学者也极少利用。另外，作者在英国伦敦的公共档案馆查阅的部分未刊文件和缩微胶卷等珍贵文献也在使用之列。已刊英国解密档案主要包括20世纪90年代以来陆续整理出版的《英国海外政策文件》（*DBPO*）和《英国外交事务文件》（*DBFA*）系列，其中最新的出版时间到了2006年。其次，从类别看，不仅有已刊和未刊档案，在这些档案文献中，既有解密的官方档案，也有英国外交大臣私人档案和美国总统公共文献，一些美、英、中各方当事人的回忆录也被大量使用；再次，该著对档案文献资料的使用量非常大，这从文中对重大政策制定和转轨中密集的档案引用中可窥一斑。该著在档案资料使用方面的这些特点，反映作者对档案资料的密切关注和高度重视。在档案资料的利用和解读方面，作者没有过分迷信和依赖档案，而是充分发挥资料来源相对丰富、所研究的问题相对集中的优势，进行不同文献的比照、对关键文献的完整解读、对文献所反映的决策思路的挖掘、决策流程中前后文件的关联及其话语系统的辨析等，体现作者对档案资料使用的精细、审慎和踏实的文风。

第三，布局谋篇别具一格。该著没有因循以时间为线索的写法，而采取了对重大问题分章论述的专题形式。该著主体部分的四章，以美英在承认新中国问题上的四个方面为题，分章依次进行探讨。各章先逐一探讨和系统梳理了在承认新中国问题上，美英各自政策的形成和存在的分歧、双方协调的阶段性变化轨迹及其结局等。该著最后的总论部分则在前述各章论述的基础上，对这一时期美英对新中国政策及其分歧与协调的基本性质等方面进行归纳、总结并阐述了作者对相关争议问题的看法，进一步深入挖掘导致美英在对新中国承认问题上出现分歧的深层原因，最后再扼要分析美英之间的分歧及其协调的结果对当时的远东局势所产生的主要影响等，使得各章之间环环相扣、层层推进。在论证方面，该著坚持论从史出，立论审慎，持论有据，并能借鉴相关学科知识和研究方法，以小见大，以分析见长，这一点在总论部分尤为突出。

第四，该著视野开阔，内容翔实。从纵向看，该著把要探讨的问题置于亚洲冷战的大背景下进行考察，使美英分歧与协调和亚洲冷战局势的演进之间的互动关系得到清晰再现；也使得美英在各个重大问题上分歧与协调的缘起、演进结局的脉络逐一得到完整展现。从横向看，该著不仅密切关注国际形势变动和美英博弈对美英各自政策变动之间的内在联系，而且其分析视角没有局限于传统的外交决策部门，如英国外交部和美国国务院，而是深入到美英两国内部各种对政府决策产生影响的因素，诸如参与影响外交决策的其他政府部门以及政党政治、公众舆论、利益集团以及各自的盟友的态度在特定时期和特定问题上的影响等。由于在该著主体部分有这些内容的铺垫和支撑，所以总论部分对美英决策属性、美英关系的属性，尤其是美英分歧深层原因的分析体现出该著的广度与深度。

第五，该著最突出的特色是创新性。主要表现在：

首先，该著拓展了美英对新中国承认问题的研究领域和研究内容。虽然美英对新中国的承认问题是一个经久不衰的研究课题，国内外的研究成果比较多，但总的来说，国内外学术界缺乏对美英在承认问题上政策演变及其互动进程的全面阐释和动态研究，该著在新的解释框架内提出了一系列新的看法：一是该著认为在对新中国的承认问题上，美国的不承认基本贯穿始终，体现在对新中国承认问题的各个方面；英国希望与新中国关系正常化以维持其在华利益的目标贯穿始终，但是与美国相比，英国各项政策的形成往往不是一步到位的，其政策取向与转轨起伏不定，乃至会出现以在某个问题上让步来争取美国在另一项政策上支持的现象。该著认为美英双方的分歧与协调是这一时期美英对华政策的主要特征，而双方各自的远东政策和对华政策目标相异、不同的外交传统以及对冷战现实的不同评估是形成这一特征的深层次原因等，这些论点很有新意。二是该著对前人没有涉及的某些问题进行了原创性的研究，如对朝鲜战争爆发前到中国人民志愿军支援朝鲜战争期间，美英策划在联合国框架内解决台湾问题提案的来龙去脉及该提案最终不了了之的深层原因的分析，使这一未被学者们关注的问题得以完整揭示。三是该著对前人研究不够的方面进行了补充。如对美英围绕中国对台湾的主权问题、联合国中国代表权、中国对日和约签约权问题的政策出台过程、分歧和协调的发展演变的系统探讨，这些在国内外学术界对华政策研究中都具有补遗作用。

其次，以美英在新承认中国问题上的分歧与协调为视角，对美英特殊关系进行了新的探索。传统的冷战史研究侧重于探讨冷战对立阵营的关系，而对美英特殊关系的研究也一般侧重于欧洲问题。既往研究对美英在远东问题上的关系经常会出现两种极端看法，即要么认为美英特殊关系在此时此地根本不存在，要么认为其分歧可以忽略。该著则认为，美英的对华外交中所反映出的两国关系与英美特殊关系的欧洲模式有着极大差距。一是美英在对华政策的几乎所有重大问题上都出现了实质性的分歧，甚至重大冲突；二是美英为协调分歧而保持了频繁的协商及协调；三是美英协调的基本范式是双方都握有制约对方的砝码，而美英能够相互依赖、彼此制约的基础在于美英之间相互需要和存在基本共识；四是美英关系因实力悬殊，是一种不对等的关系。但对此问题也应从两个方面来看，一方面，英国在美英关系中并非处于被动和依附的地位；另一方面，以务实外交著称的英国人又能够接受屈居美国之下的现实。一般而言，双方互有妥协，但是比较而言，以英国的妥协居多。

最后，该著为美国对华政策研究提供了新的认识视角和辨析力度。既往研究主要侧重美方资料，主要由美国学者推动，因而在国际学术界形成了影响深远的对美国对华政策进行解释的经典模式，即“塔克—科恩命题（Tucker-Cohen thesis）”。在该模式下，在朝鲜战争之前，以艾奇逊为首的美国政府所奉行的是离间中苏的楔子战略，旨在同中共和解，只是由于美国国内扶蒋反共势力的牵制、朝鲜战争的突发和中共的反美才导致了中美和解机会的丧失。该著针对两派观点争议的一些焦点问题，依据一手资料，对和解论者所持基本论据的疑点进行了逐一辨析，从而进一步论证了所谓美国对华政策在朝鲜战争之前具有准备与中共和解的特性这一命题的不成立。该著也不同意把美国对华敌视推向极端，而认为尽管美国对新中国的不承认立场贯穿始终，而且体现在有关对新中国承认问题的各个方面,但是也不可否认,在朝鲜战争爆发之前,美国对新中国的政策还存在不确定性和一定的灵活性,特别在新中国成立到《中苏友好同盟互助条约》签订之前这段时间,美国的立场还一度出现松动甚至转变。但总体上看,差别只在于政策弹性的大小与策略手段的不同,而不是本质上的不同。

当然，该著也存在一些不足之处，如专题结构会带来部分内容重复，各章之间如何进一步衔接，以及语言表述须进一步精炼等。但从总体上看，该著勇于探索，史料扎实，不囿旧说，新意迭出，是近年来国内研究中外关系史的又一力作。

还想说明的是，在做学问方面，我深信功夫不负有心人，有一份耕耘就有一份收获。我记得徐友珍博士最早选定这一课题时，还缺乏自信，特别是大量的原始档案资料需要长时间的阅读、辨析、梳理，这是需要下苦功夫、花大气力的。但她凭借坚忍不拔的一股狠劲，攻克了史料关，终于柳暗花明，收获颇丰。这种踏实严谨的学风，是作者能写出这部很有分量专著的前提与保证，对学界克服心浮气躁、急于求成之风也提供了有益的借鉴。

胡德坤

2007 年夏于武汉大学珞珈山

第一章
绪　论

一、选题由来、界定及意义

从2000年正式把战后美英关系作为主攻方向，到选题的最终确立，笔者的研究思路经历了三个阶段的变化：

1. 研究战后美英关系是初始出发点。笔者先前的研究方向是第二次世界大战期间英国对欧洲抵抗运动的政策。由于选题的日渐老化和研究资料的严重缺乏，笔者越来越感到已很难将这一问题再深入下去。随着笔者1997年开始在职攻读博士学位，寻找新的研究课题被提上议事日程。重新选题之初，限于当时的认识水平，首先被纳入视野的仍是战后美英关系这样一个非常宽泛的问题。主要因为长期从事世界现当代史教学的缘故，笔者对美英关系在现当代历史进程中的重要地位及其具体内涵有基本的了解，而且也一直对美英这两个西方语境下的新旧世界霸主所形成的特殊关系饶有兴致，而国内学术界对这一问题的研究非常欠缺，与对美苏关系的高度重视形成鲜明对照。不过由于资料缺乏的瓶颈仍未突破，直到2000年笔者期盼已久的出国机会来临，这一计划才开始付诸实施。

2. 从关注宽泛的美英关系走向专攻亚洲冷战格局形成期间的英美对华关系。美英关系既然如此重要，为什么没有成为国内学者关注、研究的重点？对这一问题的思考使笔者意识到，这不仅是因为冷战时代，美英关系的重要性已经让位于美苏关系，而且也是因为国内世界史研究仍然不能脱离对现实的关怀。笔者开始萌生了把美英关系与中国问题联系起来的模糊想法。在英国访问研修期间，这一意图更趋明确，这主要得益于笔者在伯明翰大学研修期间的学术导师格伦威尔（Professor A. J. S. Grenville）教授的指点。格伦威尔教授基于笔者的教学研究背景，结合英国学术界对美英关系研究的相关进展和伯明翰大学的资源状况，建议笔者最好能把对美英关系的研究与远东问题结合起来，同时充分利用伯明翰大学的资料优势，从原始文献入手。考虑到伯明翰大学拥有保存齐全的英国外交大臣艾登的私人档案，其中艾登任第二届丘吉尔保守党政府外交大臣期间的私人档案很少被利用，通过伯明翰大学图书馆的查询系统和馆际互借，还可以获取所需要的各种已刊档案和英文著述。另外，由于国外研修提供的便利，到伦敦公共档案馆收集一些未刊文献也是可能的，于是笔者决定以艾登任第二届丘吉尔保守党政府外交大臣时期的相近时间段，即1949～1954年这一时期作为切入点。这一时期的特殊性在于：它是新中国诞生并开始在国际舞台上发挥独特作用；美英高度关注远东问题，全面修订与执行新的对华政策；全球冷战在亚洲地区演变为局部热战以及亚洲冷战格局基本定型的时期。而此后美英的注意力因苏伊士运河危机而转向中东和世界其他地区。所以，如果研究战后美英在中国问题上的关系，这一时期无疑非常关键。而从国内外研究的现状来看，英美学术界，特别是英国学术界对1949～1954年期间的美英关系有较多研究，但多侧重于研究美英在欧洲和中东问题上的关系，对美英在远东问题上的关系的研究则相对薄弱。国内学术界对这一时期英美关系的研究成果罕见。就对华政策而言，尽管国内外学术界对美英对华政策，特别是美国对华政策的研究不少，但是真正从美英关系的角度来进行的系统研究还十分缺乏。笔者确信，美英在对华问题上的关系有研究的空间。

3. 从侧重 1949 ~1954 年间美英在对华政策问题上的合作与分歧到聚焦美英在承认新中国问题上的分歧与协调。国内外相关研究成果主要是从美英对华政策的角度涉及美英对华政策的合作与分歧。时间段的划分大致有两种取向：一种是 1945 ~ 1950 年，侧重于美英对中国国共内战态度的演变和对新中国的承认问题，即本书所界定的外交承认问题；① 另一种是 1949 ~1954 年，或者更远一点，将下限延至 1958 年，主要关注的问题是美英对新中国的各项政策，通常是围绕这一时期发生的一些重大事件进行重点考察。这些重大事件一般包括对新中国的外交承认问题、联合国中国代表权问题、对华贸易禁运问题、朝鲜战争对美英对华政策的影响问题、两次台海危机问题，等等。笔者的注意力一开始也是落脚在美英围绕对华政策问题的合作与分歧这样一个比较异同的常规思维上面。但是通过对学术前史的系统梳理，笔者发现，将前人对美国对华政策和英国对华政策的研究成果加以综合分析，不难发现美英对华政策的基本异同。而且，在当时全球冷战的背景下，美英在对华政策上的“同”属于正常现象，学者们对此也存在基本共识，但美英之间的分歧却是耐人寻味的问题。当时的美英对华政策到底存在什么性质的分歧？为什么会出现这样的分歧？美英又是如何协调其对华政策分歧的？美英分歧和协调的发展轨迹和结局如何？它所揭示的美英同盟关系到底有何特点？这种分歧和协调对美英关系以及当时的亚洲冷战局势产生了什么样的影响？对于这些问题，前人的研究成果在很大程度上是要么观点相左，要么语焉不详。这种状况促使笔者进一步将研究的侧重点从主要关注美英之间的合作与分歧调整到着力于探究美英之间的分歧与协调。接下来的问题是，在当时美英对华政策分歧中，哪些问题是最为核心的呢？综观前人的研究不难发现，这一时期美英对华政策的很多方面都存在分歧。然而，居于支配地位、影响最为深远的分歧主要是对新中国的外交承认问题、中国在联合国的代表权问题、台湾问题，等等。这些问题彼此

---

① 为了行文方便，避免混淆，本书将用“外交承认”来代替史学界一般使用的对新中国的承认问题。

之间原本有着某种内在的逻辑联系，都属于国际法意义上的、与对新政权的承认密切相关的问题，无法孤立来看。而且，如果从国际法的视角审视，中国参与对日媾和的签约权问题也是同类性质的问题。它在当时的美英关系中亦具有相当重要的地位，但该问题在现有的英美对华政策研究中几乎被忽略。而从亚洲冷战的角度来看，如何处理中国签约权问题恰恰又是美国构建遏制新中国的亚洲太平洋安全防御体系的重要环节，贯穿着美国对亚洲冷战体系构建的通盘考虑，也直接牵动着英国在该地区的核心利益，所以美英在这个问题上的矛盾冲突特别激烈。这些发现不仅使笔者决定把中国参与对日和约的签约权问题也纳入研究视野，而且也使笔者跳出了美英对华政策分歧中单个孤立事件的认识局限，决定把所有这些重大问题整合起来进行研究，以期在新的解释框架下对美英对新中国的承认问题进行再研究。同时，由于美英在对新中国的外交承认及相关问题上的争议是美英在远东地区由来已久的所谓“中国问题”在全球冷战对峙、东亚格局向冷战对抗转型时期的具体体现和新的发展，所以笔者不拟囿于对新中国的承认问题的研究框架，而试图基于对美英关系中“中国问题”所进行的实证研究，对东亚冷战转型时期的美英关系进行评估，以澄清国际学术界围绕美英对华政策及美英关系的一些争议。

这样一来，不仅对新中国的外交承认问题、中国在联合国的代表权问题、中国对台湾的领土主权问题、中国在对日媾和中签约权问题将不再是美英对华政策中的孤立事件或者是被边缘化了的问题，而是被整合起来的对新中国承认问题的各个方面，与美英对华决策的总体考虑和美国东亚冷战遏制体系构建一脉相承，而且，以美英在对新中国的承认问题上的分歧与协调为研究视角，能够很好地切入东亚格局转型时期美英关系中的核心问题，进而把握英美关系的本质特征。有鉴于此，不论是美英分歧与协调的分析视角，还是对承认新中国问题的研究内容的拓展，乃至对美英关系的认识基础，都具有了一些不同于前人的内容。由于这一选题的视角，时间定位也就自然落到了 1949 ~ 1951 年这一特定时段，尽管实际涉及的时间段前后略有延伸，向前延伸到 1948 年底，向后延伸至 1952 年初。

为了便于读者理解本书的选题构思和保持概念的严密性，在此尚需对一些相关概念进行必要的界定：

第一，关于史学界传统使用的“对新中国的承认”这一概念的界定问题。从严格的国际法意义上讲，“对新中国的承认”这一提法容易引起歧义，准确的表述应是对中华人民共和国中央人民政府的承认而不是对新国家的承认。新中国作为旧中国的延续，其国际法主体地位早已存在。新中国的建立，虽然从根本上改变了中国的社会制度和国家的性质，但是并没有使作为国际法主体的中国因此消失，也没有因此而增加另一个新的国际法主体。① 所以，在中国共产党领导中国人民通过长期的武装斗争，推翻旧政权、建立新政权后，所引出的承认问题只是对中华人民共和国中央人民政府代表中国这一国际法主体的资格的承认问题，而不涉及对中国作为国际法主体的资格的承认问题。澄清这个问题很有必要，因为美国在处理联合国中的中国代表权问题以及台湾问题时，时常以对新国家承认的条款来混淆视听。澄清这个问题也便于从更为严密的角度审视美英在一些问题上的政策行为。

第二，与传统研究不同，本书突破了史学界对承认新中国问题的狭义界定，而把中国在联合国的代表权问题、中国对台湾的领土主权、中国对日和约签约权问题也纳入了对新中国承认问题的研究范畴。根据国际法的相关界定，对新中国的承认就是对中华人民共和国中央人民政府代表中国作为国际法主体的资格的承认。承认一旦作出，将产生一系列的政治和法律效果。而任何一个国际法的主体都享有诸如独立权、平等权、自保权、管辖权、外交权、缔约权、求偿权和国际诉讼权等一系列的权益②，如果从法律上承认一个新政权作为该国的合法政府具有国际法主体的资格，就意味着对该政府作为国际法主体的相关权益予以承认。换言之，对一个新政

① 梁西主编:《国际法》,武汉大学出版社 1993 年版,第 97 页。

② 梁西主编:《国际法》,武汉大学出版社 1993 年版,第 67 ~ 74 页;[英] M. 阿库斯特著:《现代国际法概论》,中国社会科学出版社 1981 年版,第 67 ~ 68、234 ~ 236 页。

权的承认，除了指既存国家对新政权出现这一事实加以确认，并表明愿意与之建立正式关系的外交承认外，还涉及一些相关的问题。而事实上，在当时两大阵营全球冷战、对抗的国际背景下，由于美国拒不承认新中国，一手制造了新中国成立后很长一段时间没有得到国际社会大多数国家承认的“国际身份”问题。以苏联为首的社会主义国家和以英国、印度为代表的一部分欧洲国家和亚洲国家承认了新中国，但以美国为首的绝大部分国家继续承认盘踞在台湾的国民党当局，从而使得在国际社会出现了中华人民共和国和中国台湾地区的“中华民国”的状况。由此引出了一连串的问题，诸如中国在联合国的代表权问题、台湾的主权归属问题以及中国的哪方有权代表中国签署重大国际条约，等等。这些问题不仅导致苏美为首的东西方阵营在对新中国承认问题上的长期对立，也一度引发西方阵营两个主要国家美英之间的持续争议。虽然国内外学术界对美、英在对新中国的外交承认问题上的政策很早就开始关注，研究成果也不少，但在现有的相关研究成果中，上述这些有着内在联系的问题往往被作为美英对华政策中的单个问题加以处理，对这些问题的研究深度和侧重程度也各不相同，有的问题甚至根本被忽略。这种研究状况直接影响到对美、英对新中国政策的总体思路、前后关联及其定性问题的准确把握。如果把这些问题作为一个整体来进行梳理，不仅能在一个新的研究框架内更好地对美英对华政策及其分歧进行定位，而且能从一个新的视角对一些相关争论进行重新认识。鉴于以上所述的法理依据和史实基础，本书所拟探讨的对新中国的承认问题，不仅包括国内外史学界研究相对较多的对新中国的承认问题，而且还包括研究相当薄弱的属于国际法范畴的对新中国承认的相关问题。

第三，尽管对新政权的外交承认及相关问题看起来是一个国际法范畴的问题，但既成国家在决定是否给予外交承认以及在何种条件下、以什么方式承认新政权时，更多的是出于政治的考虑。从这个意义上说，对新政权承认与否是一种政治行为①，牵涉到非常复

---

① 梁西主编:《国际法》,武汉大学出版社 1993 年版,第 94 页;[英]阿库斯特著:《现代国际法概论》,中国社会科学出版社 1981 年版,第 67 页。

杂的国内外政治因素，而不仅仅只是法律条文的适用问题。而且，根据国际法学者的观点，“从来没有任何国际法的分支像对新的国家或者政权的承认问题一样曾被如此严重地误解和滥用。承认只是外交家们的足球，他们会根据需要想怎么踢就怎么踢，时常被作为施加外交压力和干涉的武器”。“承认被推迟、拒绝或是给予的理由不是合法性的问题，而是作为干涉的手段”。① 因此，也不可能仅仅依靠法律条文的解释就能清楚地诠释历史上具有如此复杂政治内涵的承认问题。更何况，围绕对新中国的外交承认及相关问题所引发的争议和产生的影响在历史上非常罕见，它不仅集中体现了上述国际法意义上有关承认问题的复杂性，而且全面汇聚了全球冷战高峰时期及亚洲局势向冷战转型时期国际社会错综复杂的矛盾和美英国内各种盘根错节的因素。就像著名历史学家布赖恩·波特所说的：“很少有对一个新政权的承认像对新中国的承认那样曾引起如此大的争议。”② 因此，本研究亦不同于国际法的相关研究，它不拟从法律条文的解释及其适用的角度来阐释对新中国的承认问题，而是着重研究美英在对新中国的承认问题上的决策及其演进、双方政策的互动以及背后的影响因素，等等。

基于以上考虑，笔者认为，将美英在承认新中国问题上的分歧与协调作为一项专门研究的选题，不论从国际法意义来看，还是从历史客观实际来讲都是可以成立的。笔者还认为，如果本研究能在前人研究的基础上有所突破，将有助于深化冷战史的研究。这是因为迄今为止，国际学术界对冷战对立阵营之间的关系，如美苏关系、美中关系、英中关系的研究已相当深入。但是随着这些研究的深化、新的档案资料的解密，以及由于冷战结束所带来的从超越冷战的高度来重新审视冷战史的必要性与可行性，冷战史研究向新的领域延展为大势所趋。而深入研究两大阵营内部的关系，诸如中苏

---

① Philip Marshall Brown, *The Legal Effects of Recognition*, *The American Journal of International Law*, Vol. 44, No. 4, (Oct. 1950). p. 617, p. 620.

② Brian Porter, *Britain and the Rise of Communist China: A Study of British Attitudes, 1945-1954*, London: Oxford University Press, 1967, p. 25.

关系与美英关系，进一步考察冷战对峙时期的地域性差异，诸如由更多地关注美苏、美英在欧洲问题上的关系转向细致研究冷战在欧洲以外地区的历史，并发现它们之间的差异；系统研究冷战时期大国关系阶段性变化的特征，诸如从侧重长时段的综观研究转向聚焦美英在对华政策转轨时期关系的微观、实证研究，等等，这些都应成为后冷战时代冷战史研究的一些新的伸展点。从这样一种研究高度看问题，笔者觉得本研究具有如下的价值：

首先，美英在对新中国的承认及相关问题上的分歧与协调，是透视冷战时期东西方关系以及西方阵营内部关系的一个理想视角。

1949～1951 年是中国革命走向夺取最后胜利、新中国以全新的资态对远东地区局势产生决定性影响的关键时期，也是东西方冷战的重心向远东地区偏移，并在这一地区演变成局部热战的剧变时期。面对一个强大的中国共产党政权的崛起对现存资本主义世界秩序构成的巨大挑战，如何最大限度地保持西方在华利益和影响，遏制中国共产主义向周边地区“扩张”危及美英在远东地区的整个统治秩序？如何阻止中国成为苏联的“附庸”，防止中苏结盟从根本上威胁美英所界定的全球安全利益？如何对付新中国的革命外交对西方的霸权地位和话语权威的所带来的威胁？这些都是这一时期美英两国决策者共同关注的问题。从这个意义上讲，美英对华政策无疑从属于东西方冷战的范畴。然而受各种复杂因素影响，美、英对华政策所追求的具体目标相去甚远。美英两国的对华政策首先在是否承认新的中国共产党政权的问题上无法形成共识，并最终各行其是。在其他相关问题上，如新中国在联合国的代表权、对台湾的领土主权、对日和约的签约权等问题上，美英之间龃龉不断。这些问题彼此关联，互相牵制，形成了一种与这一时期全球冷战氛围和美英特殊关系极不协调的局面。美英分歧和协调的过程不仅是其对外政策中的传统因素与冷战意识形态激烈冲突、传统因素最终让位于冷战现实和冷战思维的过程，也是东亚格局分化、重组并最终形成冷战对峙局面的重要环节，因此，系统探究这一时期美英在承认新中国问题上的分歧与协调，无疑是准确把握冷战时期东西方关系以及西方国家阵营内部关系的一个重要突破口与理想切入点。

其次，美英不仅是当时资本主义世界对社会主义国家发动全球冷战的总指挥和“第二小提琴手”，是亚洲民族解放运动和社会主义革命的主要敌人，而且是国际关系中最具代表性的两个大国。英国作为老牌的欧洲大国，曾长期扮演主导他国命运的角色。但是经过第二次世界大战，英国已元气大伤。面对战后经济衰落、英帝国的土崩瓦解、苏联在欧洲的威胁、美国霸权的崛起以及美苏争霸与意识形态的全球冷战对峙局面，英国一方面不得不收缩阵线并调整心态，与美国在欧洲通力合作，借以遏制苏联和共产主义的威胁，以保障防务安全，重振虚弱不堪的经济，维系其在世界各地的影响；另一方面，由于大英帝国在远东地区的遗产对战后英国的生存和发展举足轻重，保持在这一地区的传统影响又是英国的大国地位得以维系的重要支柱。因此，英国对美国在远东地区所采取的危及英国切身利益，或者与英国的决策思路背道而驰的很多政策心存疑虑，并欲加以矫正。美国虽长期处于欧洲霸权时代的边缘位置，但是第二次世界大战后的美国已是举世无匹的超级大国，凭藉其无与伦比的实力地位，美国已彻底摆脱了孤立主义的羁绊，积极问鼎世界霸权，全力推行领导世界的全球战略。因此，最大限度地削弱大英帝国在远东地区的残余势力和影响也是美国确立全球霸主地位的一项重要内容。但是在美苏两种社会制度和意识形态全球冷战的背景下，英国作为盟友所具有的不可替代的地位又使美国对英国的要求不能置之不理，在处理一些棘手问题时需要借重英国的经验和合作，这使得美英特殊关系在远东具有了更加复杂的内涵。加之英国素以现实主义外交著称，美国外交中的理想主义色彩浓厚；而且，在战后美英的全球战略中，远东对于双方的重要性并非等同，美英对这一地区的很多问题存在分歧，特别是美英在中国有着不同的核心利益与决策思路，所以在面对中国共产党政权之时，围绕着对新中国政策问题，美英之间的分歧与矛盾就表现得尤为尖锐、激烈与错综复杂。其分歧集中体现了大国纷争的传统因素与冷战现实的矛盾。意识形态和国家利益的冲突以及不同外交政策理念和传统的交锋在该地区形成了错综复杂的局面，用美英关系的欧洲模式或两大阵营对抗的冷战思维来认识美英在远东的关系很不恰当。因此，本研究不仅可以弥补对冷战时期资本主义阵营内部关系的研究之不足，更重要的是，通过深入挖掘复杂的历史表象背后的实质，有助于我们准确把握一国外交的特性及复杂多变性。

最后，1949～1951年正是美英对华政策出台及其分歧与协调的磨合时期，通过对这一关键时期关键问题的研究，有助于深化对冷战史其他问题的研究。这是因为在1949年以前，虽然美英对中国国共内战的态度表现出明显的差异，但美英对华政策均以承认国民党政权为中国合法政府为前提。随着中国革命形势的发展，从1948年底1949年初，美英对新的中国共产党政权的政策目标便相继出台，但是直到1951年底，美英之间才最终完成其对华政策的全面协调过程。而在这一过程中，美英对华政策都经历了从最初一厢情愿的自我设计到不断适应形势变化而进行相应调整，美英不断出现分歧，也不断协调磨合，最终走向定型的过程。其间中国革命外交付诸实施、中华人民共和国宣告成立、中苏正式结盟、朝鲜战争突发等一系列重大事件对美英对华政策的冲击，既是推动美英立场转化和引发美英纷争的诱因，同时也制约着美英关系的走向。从这个意义上讲，准确把握这一时期美英对华政策的特性，对于理解整个远东局势发展演变的丰富内涵与历史主线具有重要意义。

就现实意义而言：

首先，美英特殊关系是人们非常关注的现实国际问题。作为当今世界上最主要的两个西方大国，美英在一些重大国际问题上的合作是当代国际关系中非常引人注目的现象。与其他欧洲国家相比，英国在重大国际问题上与美国保持一致性是不争的事实。不论是在联合国框架内还是在北约体制内，英国都是美国的忠实盟友。然而历史既是延续的，美英关系也是不能脱离具体的历史环境来孤立看待的，当代美英关系的发展与战后英国衰落和冷战背景下形成的美英特殊关系既有联系，又有区别。美英关系在欧洲和在欧洲以外地区的具体内容与表现形式也不能划等号。因而了解历史上美英特殊关系的复杂内涵，有助于我们在认识今天的美英关系时避免陷入简单化和片面化。

其次，在中国的国际交往中，中美关系和中英关系仍是迄今为止非常重要的双边关系，了解美英对华政策的基本特性是制定正确的对美、对英政策的根本保证。本研究旨在通过对美英在承认新中国问题上的分歧与协调的专题研究，准确揭示美英对华政策的决策流程、基本特性以及在对华问题上美英关系的基本走向，并深入挖掘影响、支配两国对华政策及其走向的各种深层原因。这种建立在扎实、可信的实证研究基础上的研究结论无疑对我们在当今时代把握国际关系和中国外交，具有现实的借鉴作用。

最后，1949～1951 年既是新中国正式在国际舞台上亮相、充分展示革命外交的时期，同时也是新中国对外部世界缺乏足够了解和关注的一个特殊时期，当然也是中西外交观念尖锐冲突、中西交往出现历史遗留问题最多的一个时期。深入研究和总结这一时期的经验和教训，对于我国在国际舞台上有的放矢地开展外交活动也是十分有益的。

二、相关研究成果及评述

国内外有关美英对华政策的研究成果丰富，争议也很大。大致说来，学术界关于这一问题的研究分为三个方面：一是美国对华政策的相关研究；二是英国对华政策的相关研究；三是美英对华政策的比较研究。下面逐一对这些方面进行评述。

（一）美国对华政策的相关研究

当东西方对抗在世界政治的中心欧洲和北大西洋地区形成冷战对峙的国际背景下，美国作为西方资本主义阵营的头号大国将如何应对在东方大国中国崛起的共产主义政权？这是一个长期吸引学者们研究兴趣的重大问题。从 20 世纪 50 年代迄今，由于冷战对抗的现实驱动、越南战争失败引起的反思，西方相关档案文献解密的推动，90 年代苏联解体、东欧剧变、冷战结束引起的冷战史新研究对传统研究的批判，这些接连不断的推动因素使得 20 世纪 40 年代末 50 年代初的美国对华政策一直是国内外学术界关注、研究和争论的问题。相关研究成果不胜枚举，中美两国学者是研究的主力军。

美国学术界有关20世纪40年代末50年代初美国对华政策的研究成果层出不穷。到80年代末已有数量可观的成果问世①，其中最著名的早期代表性著作有邹谠于1963年推出的《美国在中国的失败，1941～1950》、1980年出版的多萝西·博格、沃尔多·亨利奇斯主编的论文集《不确定的年代：1947～1950年的中美关系》和1983年出版的南希·塔克所著的《艰难的抉择：美国在承认新中国问题上的争论，1949～1950》。这几本著作因为被译成中文，因而广为中国读者熟悉。其中邹谠所著的《美国在中国的失败，1941～1950》是在美国官方档案解密之前研究美国对华政策的首部学术著作，也是影响最为深远的著作。该著从一个相对长时段的宏观研究视野，系统研究了美国从珍珠港事件到1950年圣诞节前麦克阿瑟在朝鲜遭遇中国人民志愿军的打击一败涂地这期间美国对华政策变迁及其失败的历史进程。其对美国政策失败的解释框架曾影

① 截至80年代末有关中美关系的英文代表性著述有：Tang Tsou, *America's Failure in China, 1941-1950*, Chicago, 1963; J. H. Kalicki, *The Pattern of Sino-American Crises: Political-Military Interaction in the 1950s*, London: Cambridge University Press, 1975; Dorothy Borg and Waldo Heinrichs, eds., *Uncertain Years: Chinese-American Relations, 1947-1950*, New York: Colunmbia University Press, 1980; Kenneth S. Chern, *Dilemma in China*, Hamden, Conn.: Archon Press, 1980; Russell D. Buhite, *Soviet-American Relation in Asia, 1945-1954*, Norman: University of Oklahoma Press, 1981; William W. Stueck, *The Road to Confrontation: American Policy toward China and Korea, 1947-1950*, Chapel Hill: University of North Carolina Press, 1981; Robert Blum, *Drawing the Line: The Origin of the American Containment Policy in East Asia*, New York: Norton, 1982; Nancy Bernkopf Tucker, *Patterns in the Dust: Chinese-American Relations and the Recognition Controversy, 1949-1950*, New York: Columbia University Press, 1983; Leonard A. Kusnitz, *Public Opinion and Foreign Policy: America's China Policy, 1949-1979*, Westport, Conn.: Greenwood Press, 1984; David Allan Mayers, *Cracking the Monolith: U. S. Policy against the Sino-Soviet Alliance, 1949-1955*, Baton Rouge and London: Louisiana State University Press, 1986; June M. Grasso, *Truman's Two-China Policy, 1948-1950*, Armonk, New York: M. E. Shape, Inc., 1987; Harry Harding and Yuan Ming, eds. *Sina-American Relations, 1945-1955: A Joint Reassessment of a Critical Decade*, Washington: Scholarly Resources Inc., 1989.

响美国学术界达十年之久。① 在多梦西·博格、沃尔多·亨利奇斯主编的论文集《不确定的年代：1947～1950 年的中美关系》中，美国学者们对美国和中国共产党政权敌对的缘起进行了探讨，并试图思考 50 年代中美关系长期敌对的局面是否可以避免以及为什么没有避免。② 唐耐心（南希·塔克）的著作则对影响当时美国对新中国的外交承认问题的各种因素进行了系统研究和逐一分析。这些因素包括欧洲和亚洲的观点、中国共产党的政策、国民党因素对美国国内政治的渗透、院外援华集团、传教士、商界、传播界、公众、国会和学者以及国务院和白宫，等等。该书将近一半的篇幅是内容翔实的注释索引、公私档案及各类相关著述，史料价值极高。③ 罗伯特·布卢姆、罗赛尔·布洛赫、斯蒂芬·莱文和威廉·斯塔克等美国学者的著作也是这一时期非常有影响的研究成果。这些著作均涉及 40 年代末美国对中国革命的政策以及对新中国的外交承认问题。特别值得一提的是，1986 年在北京大学举办了“1945～1955 年中美关系史学术讨论会”，这是中美著名学者首次面对面交流的国际学术会议。会议主要讨论了 1945～1955 年期间中美关系中的一些重大问题，诸如：美国对中国国共内战的政策、有关“失去的机会”的争论、美国分裂中苏的楔子战略、朝鲜战争与中美关系的问题、“两个中国”的起源问题、美国人的中国观及 1945～1955 年中美对抗的后果，等等。这部论文集是 20 世纪 80

① Tang Tsou, *America's Failure in China, 1941-1950*, Chicago, 1963；[美]邹谠著，王宁、周先进译，《美国在中国的失败，1941～1950》，上海人民出版社 1997 年版。

② Dorothy Borg and Waldo Heinrichs, eds., *Uncertain Years: Chinese-American Relations, 1947-1950*, New York: Colunmbia University Press, 1980.

③ Nancy Bernkopf Tucker, *Patterns in the Dust: Chinese-American Relations and the Recognition Controversy, 1949-1950*, New York: Columbia University Press, 1983. 中译本译名为：唐耐心（N. B. Turker）：《艰难的抉择：美国在承认新中国问题上的争论，1949～1950》，复旦大学出版社 2000 年版。

年代美中两国学者对中美关系史研究成果的集中反映。① 简言之，就像著名学者孔华润所总结的："80年代以来在对杜鲁门时代的对华关系的理解方面取得了突出的进步，使得对有关杜鲁门政府的对华政策，包括干涉中国内战，承认（外交承认）中华人民共和国，处理台湾问题以及所谓'失去的机会'的想法已经得到全面和深入的研究。"② 在国内研究这一问题的专家时殷弘看来，"早期美国学者研究的主要优势在于占有大量第一手资料，特别是政府档案资料和私人文件。对美国政府的决策过程和决策者的某些深层动机的揭示、对'公众舆论'的内在构成及其政治影响渠道的细致解析、注重美国对新中国的政策与其东亚政策乃至全球战略密切联系，以及重视研究决策者个人的作用也是他们的研究长处。"但是"美国学者们的研究成果，其根本性缺陷在于他们普遍美化杜鲁门政府，把中美敌对的原因归咎于中国共产党和新中国，归咎于美国国会内外的亲蒋势力，或归咎于中美两国以外的因素，如朝鲜战争等。"③

20世纪90年代以来，冷战的结束、新的档案解密，特别是苏联档案的揭密和中国档案的逐步开放，一方面导致许多美国学者的研究兴趣由杜鲁门时期往后移，更为关注艾森豪威尔时期以及肯尼迪、约翰逊时期；对中美关系的关注也从侧重美国转向聚焦中国。对中苏关系的关注和对冷战的全面反思也超过了对美苏关系和中美关系的关注，从而使得对杜鲁门时期美国对华政策的研究在美国学术界显得相对沉寂；另一方面，冷战的结束和新材料的解密也为重

---

① 此次中美关系学术讨论会论文集英文版：Harry Harding and Yuan Ming, eds. *Sino-American Relations, 1945-1955: A Joint Reassessment of a Critical Decade*, Washington: Scholarly Resources Inc., 1989；中文版：袁明、[美]哈里·哈丁主编：《中美关系史上沉重的一页》，北京大学出版社1989年版。中英文版论文在排序方面略有不同。另外，章百家的论文：《1945～1955年中美关系史学术讨论会述评》较为详细地介绍了这次讨论会的内容，该文发表于《历史研究》1987年第3期。

② Warren I. Cohen reviewed June M. Grasso's Book—*Truman's Two-China Policy, 1948-1950* in *American Historical Review*, Dec. 1988, Academic Research Library, pp. 1416-1417.

③ 时殷弘：《敌对与冲突的由来：美国对新中国的政策与中美关系（1949～1950）》，南京大学出版社1995年版，第4～5页；《论美国承认新中国问题（1949～1950）》，《世界历史》1991年第1期，第101页。

新审视杜鲁门时期的美国对华政策提供了新的契机,因而从新的视角,利用新的和多国档案资料进行重新研究具有了可能性,特别是在学者们得以摆脱冷战环境和冷战思维的束缚后,重新审视这一时期的中美关系的必要性与可行性使相关研究获得了新的进展。尤其值得注意的是,从20世纪90年代初开始,一批在中国改革开放后赴西方国家深造的华人学者跻身于国际学术界。他们在资料占有、研究视野及其学术见识方面的优势使其在与中国相关问题的研究方面脱颖而出。华人学者的介入也开始改变国际学术界有关杜鲁门时期美国对华政策研究由美国学者主导、美国档案资料为基本依据的局面。

现任马里兰大学美国外交史教授及上海外国语大学社会科学研究院院长的张曙光教授是颇有影响的华人学者之一。张曙光于1992年在美国康奈尔大学出版社出版了首部个人专著:《威慑与战略文化:1949~1958年的中美对抗》。该著不仅通过对此间的两次台海危机、1950~1953年的朝鲜危机和1954年在印支问题上的危机的实证研究来考察中美对抗,更主要的是他引入了战略文化的视角。他通过对中美双方战略文化的考察,认为中美领导人在知识和经验方面缺乏共同点,正是中美之间深层的战略文化背景的差异导致中美对对方战略意图的误读,从而导致中美之间的冲突和对抗。① 在张曙光看来,冷战初期中美双方其实都不具有对方所理解的那种进攻性和扩张性意图,双方的政策设计本质上都有着一种“遏制”对方的非进攻性特征。同为华人学者的陈兼评价这种看法“一反以往国际关系学关于在国际对抗中,‘遏制’只能是一方的行为特征,而另一方则必然处于攻势地位的常论,是对传统观点的颠覆”②。尽管著名学者威廉·斯塔克并不完全认同张曙光的看法,但对其研究给予了高度评价,认为该著作者秉承其师、著名学者约

① Shu Guang Zhang, *Deterrence and Strategic Culture: Chinese-American Confrontations, 1949-1958*, Ithaca: Cornell University Press, 1992, pp. 268-272, p. 278.

② Shu Guang Zhang, *Deterrence and Strategic Culture: Chinese-American Confrontations, 1949-1958*, Ithaca: Cornell University Press, 1992, pp. 44-45, pp. 268-283. 陈兼、余伟民:《冷战史新研究:源起、学术特征及其批判》,《历史研究》2003年第3期,第17页。

翰·盖迪斯（又译“加迪斯”）的风格，“将广泛的原创性研究与富有理论底蕴的分析相结合，他甚至在提供一种真正平衡的双边研究方面超过他的导师”①。时隔三年，张曙光又推出他的第二本书：《毛泽东的军事浪漫主义：中国与朝鲜战争》，进一步强调了在国际关系研究中引入“文化”因素的必要性与可能性。② 2001 年，张曙光出版了他的第三部专著：《经济冷战：美国对华禁运与中苏同盟》。对于这部著作，陈兼亦给予了全面介绍和高度评价。陈兼认为：“张著对于美国对华禁运和中苏同盟关系的探讨，是围绕着三个互有联系又互不相同的层面展开的。第一个层面，是关于美国决策者为什么实行对华经济禁运以及毛泽东等中国领导人如何看待禁运并在国内外采取相应对策的史实描述；第二个层面是对于禁运对冷战中两大联盟关系——美国与西方盟国关系及中苏同盟关系——所产生影响的分析；第三个层面则是以上述讨论为基础，对冷战时期国际关系发展的内在动因——尤其是‘文化因素’所起的作用——的探讨”，“表现出一种更为宽广的视野，在广泛利用中、美、俄等各方面资料的基础上，对冷战期间同盟政治的发展、经济手段的使用、以及与此相关的具有不同文化背景的国际关系行为者相互间认识的变化等都作了深入分析”③。此外，张曙光教授近些年在美国对华政策的决策分析、冷战起源再研究等诸多方面都不断有成果问世。④

---

① William Stueck reviewed the book in *The Journal of American History*, Bloomington; Dec. ,1994.

② Shu Guang Zhang, *Mao's Military Romanticism*: *China and the Korean War.* Lawrence: University Press of Kansas, 1995.

③ Shu Guang Zhang, *Economic Cold War*: *America's Economic Embargo against China and the Sino-Soviet Alliance*, *1949-1963.* Calif: Woodrow Wilson Center Press and Stanford University Press, 2001；陈兼：《张曙光著〈经济冷战：美国对华经济禁运和中苏同盟〉》，《历史研究》2003 年第 4 期；陈兼、余伟民：《冷战史新研究：源起、学术特征及其批判》，《历史研究》2003 年第 3 期。

④ 张曙光：《美国对华战略考虑与决策（1949～1972）》，上海外语教育出版社 2003 年版；张曙光：《美国遏制战略与冷战起源再探》，上海外语教育出版社 2007 年版。

美国斯坦福大学教授戈登·张所著《朋友和敌人：美国、中国和苏联，1948～1972》也是一本很有影响的著作。① 戈登·张主要基于第一手文献资料，详细地考察了杜鲁门政府至尼克松政府时期美国分裂中苏的楔子战略与政策，揭示了中苏同盟在1948～1972年期间是如何在美国政策，尤其是对华政策发展变化的背景下形成和发展演变的，以及美国是如何破坏这一联盟并在中苏发生分裂后利用这一同盟的。该书因此被认为是探讨美国对华政策争论和试图探讨中苏差异的开拓性著作，是一部"对历史细节有细致的考察、学术性强、有独到见解和个人风格的著作"②。

此外，还有其他一些著作从不同的视角涉及这一时期的美国对华政策，如陈杰（音译）：《美国外交政策中的意识形态：对华政策案例研究》；罗伯特·加森：《1949年以来的美国和中国：棘手的关系》；罗斯玛丽·福特：《权力的实践：1949年以来的美中关系》；托马斯·克里斯坦森：《有用的对手：大战略、国内动员和中美冲突，1947～1958》；郝雨凡：《困境和决策：对美国对华决策的机制考察》。当然还应包括一些后面要重点介绍的著作，如翟强：《龙、狮、鹰：1949～1958年的中、美、英关系》；向兰辛：《重新审视帝国的远东：英美在中国（1945～1950年）》，等等。③

① Gordon H. Chang, *Friends and Enemies: The United States, China, and the Soviet Union, 1948-1972*, California: Stanford University Press, 1990.

② 该书的封面介绍。

③ Jie Chen, *Ideology in U. S. Foreign Policy: Case Studies in U. S. -China Policy*, Westport, Com.: Praeger, 1992; Robert Garson, *The United States and China since 1949: A Trouble Affair*, Madison: Fairleigh Dickinson University Press, 1994; Rosemary Foot, *The Practice of Power: U. S. Relations with China since 1949.* Oxford: Oxford University Press, 1995; Thomas J. Christensen, *Useful Adversaries: Grand Strategy, Domestic Mobilization and Sino-American Conflict, 1947-1958*, Princeton N. J.: Princeton University Press, 1996; Yufan Hao, *Dilemma and Decision: An Organizational Perspective on American-China Policy Making*, Berkeley Calif. Institute of East Asian Studies, University of California, 1997; Qiang Zhai, *The Dragon, the Lion and the Eagle: Chinese/British/Americans Relations, 1949-1958*, The Kent State University Press, 1994; Lanxin Xiang, *Recasting the Imperial Far East: Britain and America in China, 1945-1950*, New York: M. E. Sharpe, 1995.

另外还有不少海外华人学者以中美关系为研究课题，不过由于他们是以中国为研究主体，侧重于对冷战时代中国的对外政策以及中国在冷战中的作用方面，或者研究的重心在杜鲁门以后的时期，在此就不加介绍了。

如何看待美国在朝鲜战争之前的对华政策是任何从事杜鲁门时期美国对华政策研究的学者无法避开的问题。总体上讲，以美国为主的国际学术界，对于朝鲜战争爆发以后美国对华政策具有全面敌视性这一点存在共识，但对中华人民共和国成立前后到朝鲜战争爆发之前美国对华政策的基本属性问题，则存在广泛的争议。这种争议从20世纪50年代迄今连绵不断，高潮迭起，大致形成两派尖锐对立的观点：

一派以现实主义国际关系代表人物汉斯·摩根索及其弟子邹谠、著名学者孔华润（沃伦·科恩）、南希·塔克（唐耐心）和约翰·加迪斯等为代表。这派观点认为，在朝鲜战争爆发以前，美国政府的对华政策具有准备与中国共产党政权和解的特性。美国政府，尤其是国务卿迪安·艾奇逊所奉行的是寻求与中国共产党政权和解的现实主义政策，以期阻止“中国成为苏联的附庸”。只是因为“美国国内的政治牵制，加上北京和华盛顿之间的误解和错误估计”，以及朝鲜战争的突发，才导致华盛顿“没有与中共达成和解从而取代中苏同盟，或者至少避免中美在朝鲜战场的敌对和后来在越南再次交手。中国共产党对美国的敌视态度也是美国不承认新中国的重要原因”。① 在这些美国学者看来，中美之间本来是存在

① Warren I. Cohen, “Acheson, His Advisers, and China, 1949-1950”, in Dorothy Borg and Waldo Heinrich eds. , *Uncertain* Years: *Chinese-American Relations, 1947-1950*, New York: Colunmbia University Press, 1980, pp. 13-52; Warren I. Cohen, “Acheson's Search for Accommodation”, in Thomas G. Paterson ed. , *Major Problems in American Foreign Policy: Documents and Essays*, Vol. Ⅱ, since *1914*. Lexinton, Mass. : D. C. Heath, 1984, pp. 396-406; Warren I. Cohen, Symposium: Rethinking the Lost Chance in China, Introduction: “Was There a ‘Lost Chance’ in China?”, *Diplomatic History*, Vol. 21, No. 1 (Winter, 1997).

和解的机会的，这一机会的丧失不是因为美国政府的对华敌视政策，而是美国国内亲蒋势力、中国共产党的反美政策和朝鲜战争爆发这样一些外部因素所造成的。如早在1951年，汉斯·摩根索就指出，受院外援华集团影响的国会反对派阻止了美国同中国共产党达成和解的努力，尽管在杜鲁门行政当局内，国务卿迪安·艾奇逊及其主要幕僚们认为此种和解符合美国利益。① 随后邹谠在《美国在中国的失败，1941～1950》一书中基本沿袭了摩根索的观点，即美国国内舆论对美国政府拒不承认北京起了关键作用。② 60年代末以来，由于美国在越南战争中的失败所引发的美国在华"失去的机会"的反思，由于杜鲁门时期的美国档案在70年代解密开放，对杜鲁门时期美国对华政策的现实主义解释得到了进一步支持。一些学者根据解密文件中存在艾奇逊及其下属经常推测中国共产党可能走南斯拉夫道路的相关资料，进而认为，艾奇逊在1949年至1950年间为了离间中苏关系，试图形成一项同新中国和解的战略。如认为"美国行政当局决定削减对蒋介石的援助和默认台湾陷落的主要原因是为了与中共政权建立尽可能满意的关系"；"国务院认为准予贸易、外交承认和中国在安理会的代表权是与中共建立一种可以容忍的关系的主要手段。只是公众和国会的反对（在某些论述中还有行政当局内部的抵制），才使艾奇逊无法实行这一战略"。而中国共产党人拘押美国前驻沈阳总领事沃德、没收美国兵营地产等行动则加强了美国公众对中共政权的反感，再加上朝鲜战

① Hans J. Morgenthau, *In Defense of the National Interest: A Critical Examination of American Foreign Policy*, New York, 1951, pp. 202-208, pp. 221-242, 转引自戴维·麦克林著，时殷弘译《艾奇逊、摩根索与美国拒不承认新中国》，《美国研究》2000年第1期。

② Tang Tsou, *America's Failure in China, 1941-1950*, Chicago, 1963, pp. 513-519.

争的爆发，使艾奇逊试图采取的和解路线没能实现。①由于这派观点主要以孔华润（沃伦·科恩）和南希·塔克为代表人物，因此又称“塔克—科恩命题（Tucker-Cohen thesis）”②。

以威廉·斯塔克、戴维·麦克林和向兰辛等为代表的另一派学者认为，美国政府的政策一开始就具有强硬的性质，它采取这一政策不是受制于公众舆论和各种反共援华势力，而是出于艾奇逊等决策人物对中共的反应。如威廉·斯塔克通过系统分析美国政府拒绝司徒雷登访问北平的各种因素后认为，并非美国国内政治因素的制约和技术操作上的难题导致了司徒雷登的北平之行流产，正是艾奇逊本人拒绝了黄华的动议，并得到了杜鲁门总统的认可。政治的考虑虽可能强化杜鲁门和艾奇逊反对司徒雷登接受邀请，但是如果他们相信这是一个推进美国在华利益的重大机会，他们肯定不会让它就

① Warren I. Cohen, “Acheson, His Advisers, and China, 1949-1950”, in Dorothy Borg and Waldo Heinrich eds., *Uncertain Years: Chinese-American Relations, 1947-1950*, New York: Columbia University Press, 1980, p. 32; See also Warren I. Cohen, Symposium: Rethinking the Lost Chance in China, Introduction: “Was There a ‘Lost Chance’ in China?”, *Diplomatic History*, Vol. 21, No. 1 (Winter 1997), pp. 71-75; Nancy Bernkopf Tucker, *Patterns in the Dust: Chinese-American Relations and the Recognition Controversy, 1949-1950*, pp. 173-194; John Lewis Gaddis, *The Long Peace: Inquiries into the History of the Cold War*, New York, 1987, pp. 161-173; John Lewis Gaddis, *We Now Know: Rethinking Cold War History*, Oxford New York: Oxford University Press, 1997, pp. 62-63; David Allan Mayers, *Cracking the Monolith: U. S. Policy against the Sino-Soviet Alliance, 1949-1955*, Baton Rouge and London: Louisiana State University Press, pp. 55-63；约翰·加迪斯：《美国的政策与看法：1949～1955 年分裂中苏的“楔子战略”》，载袁明、[美]哈里·哈丁主编：《中美关系史上沉重的一页》，北京大学出版社 1989 年版，第 247～286 页。中译本中该文的目录标题和文章题首标题不一致，目录标题为“1949～1955”，文章标题为“1949～1950”，目录标题是准确的。南希·塔克：《朝鲜战争前美国准备承认新中国》，《国外中共党史研究动态》1994 年第 2 期；戴维·麦克林著，时殷弘译：《艾奇逊、摩根索与美国拒不承认新中国》，《美国研究》2000 年第 1 期。

② 这一命题因为 1988 年孔华润与塔克结婚而更为流行。Quoted in Warren I. Cohen, Symposium: Rethinking the Lost Chance in China, Introduction: “Was There a ‘Lost Chance’ in China?” *Diplomatic History*, Vol. 21, No. 1 (Winter 1997), p. 73.

这样溜掉。他们也可以考虑由驻北京的总领事柯乐博(Edmond O. Clubb)与中共领导人谈,这是一个保持机密性的非常好的途径。即使走漏消息,这样做也比司徒雷登之行更容易解释过去。在斯塔克看来,“不论从气质上还是智能上,艾奇逊都不是以灵活的方式同中共打交道的合适人选”①。戴维·麦克林则通过考证和分析已解密多年但一直未受重视的1957年美国前国务卿艾奇逊同汉斯·摩根索的通信,否定了艾奇逊在1949年至1950年试图与中国共产党和解,只是国内舆论和国会反对而无法如愿的观点。② 他还逐一列举了学界存在的对美国不承认中国共产党政权的各种解释并予以驳斥,认为美国不承认新中国的核心内容是1949～1950年期间深刻地影响了美国对华公众舆论和对华政策的三个神话。这三个神话是美国民族主义的世界使命观、美中关系的特殊性和共产主义威胁。其中美国的世界使命观居于美国民族主义的核心位置,它认为美国的价值观和制度具有全球的适应性,中美特殊关系的神话特别强调美国民族主义的思想意识对外部世界具有总体上的适应性,认为美国人命中注定要指导中国人民走向自由、民主和现代化,并保护他们免受其他列强的瓜分。作为对这样一种无私援助的回报,美国已赢得了中国人民永恒的感激。最后,美国所谓共产主义威胁的神话也增加了一种信念,这就是在“铁板一块的共产主义威胁下,世界人民作为美国的天然盟友,不能效忠于像共产主义这样一种与美国的传统和原则格格不入的意识形态和政治运动”,因此,所有的共产党不是代表他们人民的民族主义感情,而只是莫斯科的工具和代理人。③ 此外还有不少学者对美国学术界的传统看法提出质疑。

---

① William W. Stueck, Jr. “The American Failure to Negotiate”, in Thomas G. Paterson ed., *Major Problems in American Foreign Policy: Documents and Essays*, Vol. I, *since 1914*, Lexington, Mass. D. C. Heath, 1984, pp. 407-409.

② 戴维·麦克林著、时殷弘译:《艾奇逊、摩根索与美国拒不承认新中国》,《美国研究》2000年第1期。

③ David McLEAN: “American Nationalism, the China Myth, and the Truman Doctrine: The Question of Accommodation with Peking, 1949-1950”, *Diplomatic History*, Vol. 10, No. 1 (1986).

如向兰辛认为，早在1949年初，美国政府内部已经在对即将胜利的中国共产党政权采取强硬路线的问题达成了一致。当军方要求采取军事干涉和经济禁运的不承认政策时，国务院主张采取经济和外交措施。然而国务院和军方一样仇视新政权，甚至包括那些曾公开表示愿意考虑采取灵活政策的人，如乔治·凯南、佩顿·戴维斯等。华盛顿对中共政权的主导性氛围是一种敌视。艾奇逊从来没有执行使中国铁托化的政策，正相反艾奇逊和杜鲁门一样坚持对华强硬政策。① 不过总的看来，尽管国际学术界对美国对华政策传统解释的质疑从未间断，但仍不足以影响其正统地位。

研究美国对华政策是国内学术界的强势领域，相关个案研究或综观研究成果很多。与本课题研究最具相关性的代表性研究成果主要有资中筠、时殷弘、林利民等对中美对抗起源的研究；陶文钊、时殷弘、王立新等对美国（外交）承认新中国问题的研究；崔丕、于群、沈志华等关于美国对日媾和政策的研究；牛军、华庆昭、赵学功等对杜鲁门政府对华政策的研究；资中筠、何迪、李世安、王建朗等对美国对台政策的研究；崔丕、陶文钊等对美国对华贸易禁运的研究，等等。由于国内学术界不乏有关中美关系研究的综合评述，而且下文还会有所涉猎，在此就不一一介绍。②

中国学术界对杜鲁门时期美国对华政策的主流看法是，美国对新中国的政策在朝鲜战争爆发之前就具有敌对性质。但是在朝鲜战

---

① Lanxin Xiang, "The Recognition Controversy: Anglo-American Relations in China, 1949", *Journal of Contemporary History* (SAGE), Vol. 27 (1992), p. 329, p. 319; *Recasting the Imperial Far East: Britain and America in China, 1945-1950*, New York: M. E. Sharpe, 1995.

② 参见汪熙、王邦宪《我国35年来的中美关系史研究》,《复旦大学学报》(社会科学版)1984年第5期;杨玉圣:《中国美国学的一枝奇葩:80年代的中美关系史研究》,《美国研究参考资料》1991年第3期;时殷弘:《敌对与冲突的由来——美国对新中国的政策与中美关系(1949~1950)》,南京大学出版社1995年版,第2~11页;林利民:《遏制中国:朝鲜战争与中美关系》,时事出版社2000年版,第12~18页;李世安:《中国的美国史研究现状问题和对策》,《河南大学学报》(社会科学版)2003年第3期。还有不少散见于其他相关著述的学术前史介绍,专题学术讨论会的会议综述等。

争爆发之前美国政策是否具有某些灵活性的问题上则存在分歧。时殷弘依据广泛的历史资料，通过系统的专题研究认为："杜鲁门政府在 1949 年和 1950 年对新中国实行的是近乎彻底的敌视政策。""就此而言，行政当局的决策者们同国会'中国帮'和'院外援华集团'没有什么大区别，中苏关系最终可能破裂的想法也没有造成任何重要影响，更谈不上促使美国政府试图同新中国和解。""美国政策的另一个基本特征，也是经常被研究者们忽略的特征，就是蔑视新中国。这种蔑视不仅使其对华政策带有近乎肆无忌惮的色彩，而且导致杜鲁门政府认为中国共产党最终可能像近代中国先前所有的统治者那样，为获得西方援助而屈从于西方，并且促使它严重怀疑中国新政权的持久性，从而进一步加强了推行敌视政策的动机。"① 王立新从美国对华政策的意识形态这个角度分析认为，艾奇逊受那一时期美国国内盛行的反共主义和中美关系神话构成的独特对华意识形态的影响，根本没有考虑承认新中国，他也并非过去学者所认为的是一个灵活的现实主义者，所谓的"失去的机会"是建立在错误的前提和错误的逻辑的基础上的。② 陶文钊、赵学功等在确认美国对华政策总体上敌视的前提下，不否认美国政策具有某些灵活性。如陶文钊认为，"从 1948 年冬到 1950 年中，美国对华政策有软硬两手：软的一手是从中国内战脱身，尽可能把中共与苏联分开；硬的一手是继续敌视中国革命，尽可能地给中共制造困难。这两手有时交替使用，有时同时并施。但总体上看，继续敌视中国革命是美国对华政策的主导方面"。③ 介于这两种观点之间，也有学者认为这一时期的美国对华政策具有不确定性和过渡性质。如资中筠认为："艾奇逊等国务院派和国会派亲蒋势力有共同的政

① 时殷弘：《敌对与冲突的由来——美国对新中国的政策与中美关系（1949～1950）》，南京大学出版社 1995 年版，第 257 页。

② 王立新：《意识形态与美国对华政策——以艾奇逊和"承认问题"为中心的再研究》，《中国社会科学》2005 年第 3 期。

③ 陶文钊：《1949～1950 年美国对华政策与承认问题》，《历史研究》1993 年第 4 期；赵学功：《巨大的转变：战后美国对东亚的政策》，天津人民出版社 2002 年版，第 10～11 页。

策界限，上限以美国不直接出兵与中共作战为度，下限以反共为基点，在这两条线之间，其分歧和争论在于知己和知彼两个方面，即对美国力量和限度的估计和对中国革命的形势、国共双方的认识以及中苏关系的看法。这一争论实际上没有结果，却开启了美国对华政策的一种独特的和不幸的模式，摇摆于意识形态和现实考虑之间，一直延续到现在。"① 而林利民的看法则是，这一时期美国对华政策"在趋于敌视和趋于非敌视的分界线上徘徊"，但总体上是"在从原有的敌视立场后退，趋于非敌视"，而朝鲜战争终止了这一进程，使美国走向全面对华敌视和遏制。②

（二）英国对华政策的相关研究

有关英国对华政策的相关研究成果远远少于美国对华政策的研究成果，而且共识多于争议。在20世纪70~80年代相关档案解密之前，具有代表性的著作主要有两本：一是布赖恩·波特的《英国和中华人民共和国的兴起：1945~1954年英国态度的研究》。③该著主要利用政府的公共档案，下院辩论文集，报刊文摘及其他二手资料，全面展示和深入分析了第二次世界大战结束至日内瓦会议期间英国公众舆论、议会下院辩论和政府决策对一些重大问题的反应。这些重大问题包括：中国共产党的性质及其兴起、对新中国的外交承认问题、中国在联合国的代表权问题、台湾问题以及朝鲜战争等。虽然该著成书于60年代，但其所做的分析至今仍具有很强的说服力。特别"有助于我们理解中国作为一个大国出现时英国公众的反应"。二是罗伯特·博德曼的《英国和中华人民共和国（1949~1974）》。实际上该书主要论述了1949~1955年期间发生的一些重大事件，包括英国朝野对新中国的外交承认问题的看法、英国对新中国的外交承认及随后中英建交谈判的失败、英国在华贸易

① 资中筠：《追根溯源——战后美国对华政策的缘起与发展（1945~1950）》再版序言，上海人民出版社2000年版。

② 林利民：《遏制中国：朝鲜战争与中美关系》，时事出版社2000年版，第82~91页。

③ Brian Porter, *Britain and the Rise of Communist China: A Study of British Attitudes ,1945-1954*, London: Oxford University Press, 1967.

的丧失和新的贸易联系渠道的建立、对中英贸易禁运的战略控制以及在第一次台海危机期间英国试图发挥作用等。该书尽管没有利用解密档案，但是也使用了不少公开文件和报刊资料，其研究的问题和路径与布赖恩·波特有相似之处。

70~80年代的中英建交和相关档案的解密，吸引了一些西方学者从事英国对华政策的研究。中国改革开放后，一些留学英国的华人学者也较多地关注这一时期的英国对华政策，并成为研究英国对华政策的主力军，他们的研究成果到90年代开始不断推出，主要有绍文光（音译）的《中国、英国和英国商人：中英政治与商业关系》、詹姆斯·唐的《英国遭遇新中国，1949~1954》以及冯仲平的《1945~1950年的英国对华政策》。① 这些著作在研究视角、资料和观点方面都有诸多创新之处，特别是以大量利用公私档案来分析英国对华政策见长。

詹姆斯·唐的《英国遭遇新中国，1949~1954》一书依据英国外交部的解密文件，系统探讨了在中英关系从外交承认、建交谈判到1954年9月建立中英代办级关系的过程中，英国对中国共产党政权的政策以及中国共产党方面的反应，其中着重探讨了英国政策的决策背景、决策过程及实施情况，并就其中的中国在联合国的代表权问题、英国在华商业利益及英国在东南亚的殖民利益这三个问题进行了重点分析，试图“勾勒1949~1954年期间英国对华政策的主要特征，揭示对华政策对对外政策的理论意义以及考察新中国对既成社会和国家的态度”②。詹姆斯·唐秉承英国学术界注重决策背景，特别是公众反应的传统，对英国对华政策的国内决策背景和国际制约因素进行了系统分析。和前人的研究相比，他更为翔

---

① Wenguang Shao, *China, Britain and British Businessmen: Political and Commercial Relations, 1949-1957*, London: Macmillan Press, 1991; James Tuck-Hong Tang, *Britain's Encounter with Revolutionary China, 1949-1954*, London: Macmillan Press, 1992; Zhongping Feng, *The British Government's China Policy, 1945-1950*, Ryburn Publishing: Keele University Press, 1994.

② James Tuck-Hong Tang, *Britain's Encounter with Revolutionary China, 1949-1954*, London: Macmillan Press, 1992, p. 192.

实地研究了英国对华政策的一些具体的细节，甚至是鲜为人知的细节，如1950年底英国打算派埃斯勒·丹尼（Esler Dening）秘密出使中国的计划、中共在马来亚派驻使节几乎导致中英关系破裂，等等。

冯仲平的《1945～1950年的英国对华政策》揭示了从第二次世界大战结束后直到朝鲜战争爆发期间，英国政府在中国发生急剧的政治变化之际挽救其在华及远东利益的政策和努力。该著的史料基础是大量解密的英国官方和私人档案，包括外交部文件、外交大臣贝文的私人文件、远东委员会文件和中国协会文件等。涵盖内容有：战后英国重返中国及重建贸易的努力；英国不顾蒋介石的反对和美国的保留态度恢复对香港的统治；英国与国民党政府的艰难关系；英国国内对国共冲突的争论；英国最终决定放弃蒋介石政权与中国共产党政权建立关系的决策过程以及英国对华政策的失败，等等。这部著作不仅系统梳理了1945～1950年期间英国工党政府对华政策的演变过程，也提出了一系列有说服力的看法。如冯著认为：在列强中，英国在华拥有最大的商业股份，因而政府的整个政策就是维护这种地位；被战争弄得疲惫不堪的英国发现自己严重依赖美国，不得不受到美国亲国民党势力和在欧洲与苏联关系恶化等因素的制约；英国官方"对国民党很少好感"；英国一开始倾向于把中国共产党人视为土地改革者，后来英国很快纠正错误（比美国人快），认识到中共走南斯拉夫道路、同苏联分裂的可能性，转向致力于拆散中苏联手；英国决定承认新中国是一种现实主义政策，认为这是维护英国利益的最好的办法；中英建交谈判无法进展，朝鲜战争的爆发使中英关系陷入困境。①

戴维·克莱顿所著的《帝国主义的重新审视：1950～1954年期间的英国与中国的政治、经济关系》探讨了1950年到1954年期间英国对华政治、经济政策的变迁和这一期间英国对台湾、香港的

① See Zhongping Feng, *The British Government's China Policy, 1945-1950*, Ryburn Publishing: Keele University Press, 1994; and Percy Cradock reviewed the book in *The China Quarterly*(London; June 1995).

政策。克莱顿对英国外交上承认新中国、并试图说服美国与新政权接触的密集外交努力进行了细致的阐述，还兼顾到中、美、英政策的互动以及英国国内舆论变化对决策者的影响。但西方学者对该书的评价是，它与同期出版的一些关于英国帝国主义的著作相比新意不多，使用的资料也仅限于外交档案，没有增加新的中、美方面的资料，也没有使用公司档案。①

彼得·洛的《在东亚遏制冷战：英国对日本、中国、朝鲜的政策，1948～1953》也值得一提。该著分为英国对中、朝、日政策三个部分，主要依靠档案资料揭示了英国在1948～1953年远东事态发展演变过程中所起的作用。该著史料翔实，其中对英国对日政策的研究对笔者从事的研究具有较大的参考价值。但该书在史料处理和分析方面不够精细②。

综观英国对华政策的相关研究可以发现，英国学术界对英国对华政策的基本属性存在共识，认为英国政府早在1948年底即已开始考虑与中国共产党政权的关系问题。英国在对新政权的外交承认、中国在联合国的代表权及英国对台湾的政策等一系列问题上执行了一种比较现实的政策。学者们一般都注意到了英国对华政策考虑中的一些基本因素，诸如力图维护在华经济利益、香港的稳定、离间中苏关系及获得印度等亚洲新独立国家的好感，等等。英国学术界对英国对华政策的主要争议在于，当与美国对华政策目标发生争议时，英国的独立性、自主性有多大？或者说英国在远东事务方面的决策到底能走多远？对此，布赖恩·波特认为，英国在远东的卷入相比美国而言要少，但是英国的态度在决定已经发生的，或者

① See David Clayton, *Imperialism Revisited: Political and Economic Relations between Britain and China, 1950-1954*, London: Macmillan Press, 1997; and Robert Bickers reviewed the book in *The Journal of Asian Studies*(Ann Arbor; Nov. 1998).

② See Peter Lowe, *Containing the Cold War in East Asia: British Policies towards Japan, China and Korea, 1948-1953*, Manchester University Press, 1997; and James I. Matray reviewed the book in *The Journal of Asian Studies* (Ann Arbor; May 1998).

更重要的是在决定没有发生的事件方面起了重要作用。① 向兰辛则提出，日益衰微的英国试图与美国竞争，在东亚确立其经济地位。虽然迫于经济地位虚弱，英国采取了一种典型的实用主义立场，在对华问题上接受屈居美国的地位，但这并不意味着他们会盲目追随美国。事实上，贝文任内的外交部是竭尽所能地去影响美国的对华政策，即使时常并不成功。② 布拉福德·珀金斯则从全球美英关系的特性上提及："尽管英国取得了一些影响力，但是美国人不允许其他人，哪怕是与其有着共同见解的人来决定重大政策。"③ 冯仲平认为，英国在这一时期相当的虚弱，英国不再有决定这一地区事态发展的实力，中国将决定自己的命运，外部环境主要由美苏主宰，外交部不能与美国的步调脱离得太远。④

与对美国对华政策的研究相比，国内学术界对英国对华政策的研究，起步要晚得多，研究成果也非常有限。国内学术界真正开始重视英国对新中国政策是在20世纪90年代以后，李世安的《太平洋战争时期的中英关系》⑤ 是90年代中期出版的关于中英关系史研究的一部力作。该著在探讨太平洋战争期间的中英关系的基础上，也将研究触角延伸到新中国成立前后的一些问题。该著作者依据国内学者难于接触到的大量英国档案文献，对英国与中国共产党的接触、对国共冲突的认识与对策等进行了系统、动态的研究。该书对英国对国共内战态度的演变、英国（外交）承认中华人民共

---

① Brian Porter, *Britain and the Rise of Communist China: A Study of British Attitudes, 1945-1954*, London: Oxford University Press, 1967, Preface.

② Reviewed by Clifford, Nicholas R. (Middlebury College) in *The American Historical Review*, Washington, Oct. 1996.

③ Bradford Perkins, "Unequal Partners: The Truman Administration and Great Britain" in Wm. Roger Louis and Hedley Bull, *The Special Relationship: Anglo-American Relations since 1945*, Oxford: Clarendom Press, 1986, p. 47.

④ Percy Cradock reviewed the book—Zhong-ping Feng, *The British Government's China Policy 1945-1950*, Ryburn Publishing: Keele University Press, 1994 in *The China Quarterly* (London: June 1995).

⑤ 李世安：《太平洋战争时期的中英关系》，中国社会科学出版社 1994 年版。

和国的策略考虑及对台政策的分析颇具说服力。萨本仁和潘兴明编著的《20世纪的中英关系》则全面梳理了近100年来中英两国关系的演变过程,有益于我们了解英国对华政策的历史演进和全貌,但囿于长时段的研究视角,该书在一手资料的使用、议题的展开与深化方面受到限制。值得一提的是,近十年来,一些学者不约而同地瞄准新中国成立初期英国对新中国政策中的一些重大问题,相继推出了几篇有分量的学术论文。如金光耀对英国(外交)承认新中国问题的探讨,李世安、王建朗对英国对台湾政策的分析,王建朗对中华人民共和国成立到1950年9月五届联大期间英国在联合国中国代表权问题上的政策演变的考察等,都是建立在翔实的档案文献分析的基础之上。这些论文在探讨英国政策演变时也不同程度地涉及英国与美国的分歧。① 在观点方面,国内学术界在20世纪90年代以前更多地强调英国对华政策的两面性及其对美国的依附性。此后的研究都对英国的对华政策予以了实事求是的肯定和深入的分析。

(三) 美英对华政策的比较研究

随着美英对华政策研究的深入,美英两国对华政策的不协调日益凸显出来。把美英对华政策作为一个整体进行考察开始受到重视。代表性成果出现于20世纪80年代中后期。

爱德温·马丁撰写的《美英对共产主义在中国胜利的不同反应》是第一部比较冷战初期美英对中国共产党政权对策的专著。②

---

① 陈谦平:《上海解放前后英国对中共的政策》,《南京大学学报》(哲学·人文科学·社会科学版)2000年第2期。李世安:《评朝鲜战争初期英国艾德礼政府的对台湾政策》,《中国人民大学学报》1995年第2期;《战后英国在台湾问题上的两面政策》,《世界历史》,1994年第6期。王建朗:《台湾法律地位的扭曲——英国有关政策的演变及与美国的分歧(1949~1951)》,《近代史研究》2001年第1期;王建朗:《新中国成立初年英国关于中国联合国代表权问题的政策演变》,《中国社会科学》2000年第3期。

② Edwin W. Martin, *Divided Counsel: The Anglo-American Response to Communist Victory in China*, The University Press of Kentucky, 1986. 中译本的译名是:《抉择与分歧——英美对共产党在中国的胜利的反应》,[美]爱德温·W. 马丁著,姜中才等译,中共党史资料出版社1990年版。

它不仅利用美国国务院的官方档案，揭示了1948~1954年期间美国对中国共产党政权的官方政策和美国试图与中国共产党当局接触的一些鲜为人知的细节，而且根据解密的英国外交文件，平行叙述了当时英国对中国共产党政权的政策，试图“详细比较英国外交部和美国国务院如何对中共政策做出反应，从一个新的视角来看中美关系”。① 全书以时间为线索，分三大部分来进行论述：第一部分探讨了美英的原地不动政策，具体分析了美英在沈阳等被共产党解放的地区开放领事馆、司徒雷登大使与黄华的会谈、“周恩来口信”及美国原地不动政策的失败收场等问题。第二部分探讨了是否承认新中国的问题（外交承认），主要论及沈阳领事馆事件及新中国征用美国在华兵营地产的事件、英国承认新中国的考虑、中苏条约及外商在华利益面临的困境等事态发展及美国的立场与反应。第三部分主要探讨了朝鲜战争对美英在中立台湾、中国在联合国代表权问题上的政策的影响，以及中国介入朝鲜战争最后导致美（英）对华灵活性政策的终止等内容。全书的基本观点是，英国选择了美国本应选择但没有选择的政策，美国的政治活动在英美分歧中所起的作用并不像人们预计的那样大。② 马丁的著作首开利用美英双边档案进行研究的先例，是对研究美英对华政策有重要参考价值的著作。不过，从比较研究的角度看，马丁的著作更偏重于美国的对华政策，英国只是作为参照，全书虽基本上是平行叙述，但并非在所有重大问题上进行对等、对照地分析，对美英政策的互动重视不够。作为一个前国务院官员，他的一些看法带有冷战偏见。该书所使用的档案资料基本局限于英国外交部和美国国务院的范围。

华人学者翟强所著的《龙、狮、鹰：1949~1958年的中、美、英关系》是一部颇受关注的著作。该著的研究主题是1949~1958年期间的英美对新中国的政策以及新中国对这一政策的反应。全书

---

① Edwin W. Martin, *Divided Counsel: The Anglo-American Response to Communist Victory in China*, The University Press of Kentucky, 1986, preface.

② Edwin W. Martin, *Divided Counsel: The Anglo-American Response to Communist Victory in China*, The University Press of Kentucky, 1986, preface.

共分九章，分别考察的问题有：中国共产党主要领导人早期的经历以及这些经历对中国共产党人的对美、对英观念所产生的影响；美英决策者对中国共产党、中苏关系的认识以及旨在离间中苏关系的楔子战略；美英1949~1950年期间在总的中国政策框架内对新疆的政策；中国决定抗美援朝和美英对新中国和中苏同盟的不同反应；朝鲜战争对台湾问题、中国在联合国的席位问题以及中国在香港的飞机归属问题的影响、英国承认新中国后中英建交谈判缺乏进展的原因；丘吉尔政府的对华态度；周恩来在日内瓦会议的外交以及美英在1954年的对华态度、中国决定炮击金门、马祖以及美英对其的反应。①

翟著受到学界关注的主要原因在于：首先，它不仅运用了一般西方学者都非常注重的美英官方外交档案，还大量使用了西方学者比较难得的中文文献，而且以较大篇幅、较为丰富的中文资料，以一个海外华人学者特有的中国视角来谈新中国决策思路及其背景，令西方学术界耳目一新。其次，它在探讨新中国和美英在1949~1958年间的相互关系时，强调英、美、中政策形成期间的相互影响与相互制约，研究的是美、英、中之间的三角关系。该著基本上是先分别探讨不同时段英、美、中各自的政策内容，然后再勾勒出中美、中英、美英关系的大致脉络，进而对三国间政策的相互影响与制约进行分析。再次，瞿强提出了一些具有说服力的学术观点。他对中、英、美对外政策的理念及政策互动的阐释，对英美对华政策分歧的发展、演变，美英分歧的性质及导致分歧的原因的分析等，都存在新意。如他认为，这一时期，英美关系中时常充满紧张和不信任。华盛顿在朝鲜战争和两次台海危机中倾向于依靠核威慑来对抗中国。在诸如美国的朝战战略，对金门、马祖岛等问题上的分歧使美英关系严重紧张。② 这些看法及其对美英对华政策的解释

---

① Qiang Zhai, *The Dragon, the Lion and the Eagle: Chinese/British/American Relations: 1949-1958*, The Kent State University Press, 1994.

② Qiang Zhai, *The Dragon, the Lion and the Eagle: Chinese/British/American Relations: 1949-1958*, The Kent State University Press, 1994, pp. 208-216.

框架对后来者从事相关研究有启发意义。

显而易见的是，虽然该书也从美英双边的角度探讨了美英对新中国的外交承认问题，并涉及台湾问题和联合国的中国代表权问题，但是翟著旨在全面考察中、美、英三国各自的政策以及它们之间的双边、多边互动关系，而且所探讨的时间段从1949年到1958年延续十年之久，这使得它对一些重要问题的探讨难免简略。该著以时间为线索、多边比较方法的应用，也使得该著对美英政策分歧与协调的动态进程、各项重大政策之间的内在联系兼顾不够。

华人学者向兰辛所著《重新审视帝国的远东：英美在中国，1945～1950年》是一部具有争议的著作。首先，该著试图摒弃美国—东亚关系的支配性解释框架和传统的冷战史研究路径，聚焦于美英在远东的行为而不是总体上的东亚外交史，作者认为这样可以摆脱冷战思维定势，在他看来，苏联因素对美英在中国问题上的分歧的影响有限。其次，作者将英美在对华问题上的分歧置于一个更大的背景中来考察，强调美英远东政策与其欧洲政策之间的有机联系。① 该著的基本结论是：第一，1945～1950年这一时期，“美英这对盟友在对华问题上没有以任何有意义的方式进行过合作，这说明它们之间的分歧是长远利益之争，而不是发生在为争夺东亚政治支配地位的继承者与被继承者之间的带感情色彩的争执”。第二，美英在中国问题上的分歧必须放到全球战略和总体背景下考察，仅仅在冷战框架下并不能解释这两个国家不能在远东问题上达成一致的原因。在东南亚和欧洲争夺的因素影响了两国在远东的考虑，这对英国尤其如此。第三，从英美关系的角度看，1949～1950年期间，在中国不存在“失去的机会”，在美国不存在一个连续的促使毛泽东走铁托化道路的政策。华盛顿致力于通过不承认来遏制中国共产党政权，即使这一政策意味着迫使毛泽东成为铁托，在伦敦看来也是绝对无效的。最后，朝鲜战争没有急剧改变美国对中国共产

① Lanxin Xiang, *Recasting the Imperial Far East: Britain and America in China, 1945-1950*, New York: M. E. Sharpe, 1995, preface.

党政权的立场。①

学界对向兰辛的研究方法和结论毁誉不一。孔华润认为：该著只是“广泛地利用英国的资料刷新了有关美英对华政策意见不一的陈旧说法”；“充满强烈的感情色彩并且时常是无法核实的色彩”，不熟悉近期的一些二手的文献，尤其是高估了对华政策这个使美英分歧的问题的“爆炸性”。② 尼古拉斯·克利福德也不认同向兰辛对美英关系的看法和具体写法，认为其对美英关系的看法言过其实，的确存在只有孤立的外交决策人物而忽视了决策者的国内背景，缺乏中国的视野等方面的缺陷，但他对向著予以高度肯定，认为该著打破了冷战和美国历史著述通常采用的美国—东亚模式，而把中国作为战后美英关系中的问题这一视角也有原创性。向兰辛对严重削弱的英国与美国竞争而力图在东亚确立其经济地位这一点的考察也是有价值的。③

该著摒弃美国—东亚关系的具有支配性地位的解释框架和传统的冷战史研究路径，向传统观点挑战，对笔者具有启发性。不过，该著聚焦的时间是1945～1950年之间，侧重于美英在中国国共内战问题上的争议，其研究视角和侧重点与笔者所拟探讨的问题显然不同。而在笔者看来，就美英对新中国的政策而言，其政策变动最快、分歧最激烈、协调最频繁的时期是在1949～1951年期间。如果将时间局限于1950年以前，只注重美英的分歧而忽视它们之间密切的协调，对美英关系的认识难免出现偏差。

除以上列举到的著作以外，关于美英对华政策的相关研究还散见于有关美英关系的综合性著述及某一时期、某一个案问题的研究

---

① Lanxin Xiang, *Recasting the Imperial Far East: Britain and America in China; 1945-1950*, New York: M. E. Sharpe, 1995, pp. 242-243.

② Warren I. Cohen reviewed the book in *The China Quarterly*, London, June 1998.

③ Nicholas R. Clifford reviewed the book in *The American Historical Review*, Washington, Oct. 1996.

成果中。①

从国际学术界有关美英对华政策的比较研究来看，学者们在美英对华政策分歧的定性问题上存在分歧。一些学者认为，这一时期美英在远东问题上的矛盾、冲突非常激烈。如布赖恩·波特指出："英国人和美国人在远东问题上发生的分歧，比在任何其他问题上所发生的分歧都要大。可能仅次于美英在苏伊士运河危机问题上的分歧，美英关系紧张的根子很深，而且影响了各个层面的看法。"②约翰·贝利斯认为，两国在远东很多问题上从战争时期就延续下来的不同的看法导致了美英同盟处境艰难。③ 多克维尔认为，不论战时还是战后，所谓"特殊关系"在远东这块广大的地域看起来几乎不存在。④ 翟强认为，在其讨论的时间段（1949～1958 年）内，"美英之间的特殊关系非常有限，它们在远东问题上少有共识的情况从战争期间一直延续到战后。即使苏联的行为把美英在冷战中推

① Roderick MacFarquhar, "The China Problem in the Anglo-American Relations" in Wm. Roger Louis and Hedley Bull, eds. , *The Special Relationship: Anglo-American Relations since 1945*, Oxford: Clarendom Press, 1986, pp. 311-319; H. G. Nicholas, *The United States and Britain*, Chicago: The University of Chicago Press, 1975; John Baylis, *Anglo-American Defence Relations, 1939-1984: The Special Relationship*, London and Basingstoke: Macmillan Press, 1984; David Reynolds, "A 'Special Relationship'? America, Britain and the International Order since the Second World War", *International Affairs* Vol. 62, No. 1 (1986); Alan P. Dobson, *Anglo-American Relation in the Twentieth Century; of Friendship, Conflict and the Rise and Decline of Superpowers*, London: Routledge, 1995; Charles Giovanni Coutinho, *A Complex Interregnum: Anglo-American Relations, 1950-1956*, New York University, 1997; Ritchie Ovendale, *Anglo-American Relations in the Twentieth Century*, London: Macmillan Press, 1998; Michael F. Hopkins, *Oliver Franks and the Truman Administration: Anglo-American Relations, 1948-1952*, London: FRANK CASS PUBLISHERS, 2003.

② Brian Porter, *Britain and the Rise of Communist China: A Study of British Attitudes, 1945-1954*, London: Oxford University, 1967, pp. vii.

③ John Baylis, *Anglo-American Defence Relations, 1939-1984: The Special Relationship*, London and Basingstoke: Macmillan Press, 1984, pp. 43-45.

④ M. L. Dockrill, The Foreign Office, Anglo-American Relations and the Korean War, June 1950-June, 1951, *International Affairs*, Vol. 62 (1986), p. 459.

到了一起，它们仍然各行其是，只是徒有其名的盟友"①。向兰辛甚至认为，在1945~1950年这一时期，美英这对盟友在对华问题上甚至没有任何积极意义的合作。② 另一些学者则认为美英的争议只是次要的，如前所述，由于孔华润、南希·塔克等学者认为美国政府，尤其是艾奇逊准备同中国共产党和解，所以在这些学者看来，英美在承认新中国的问题上并无实质性的区别。爱德温·马丁也认为，美英在对共产主义的认识上是一致的，所不同的只是方式。③ 詹姆斯·唐的观点是，对华政策实际上不是美英冲突的重要因素。承认新中国的问题的确使美英联盟处于分裂状态，但是不宜过分夸大这种分歧。在朝鲜战争爆发之前，即使是美国也并不是在原则上特别反对承认，只是因为担心过早承认会带来一些问题。④ 珀金斯认为，总体上讲，特别是随着冷战的扩大，美国支持英帝国作为区域性大国的主导地位。⑤

战后美英关系在国内学术界基本上不受重视，至于对美英在对华问题上的关系的研究就更少。从20世纪90年代开始，有些青年学者注意到这一问题，出现了几篇相关的研究论文，不过这些成果大多是他们研究其他问题的附带之作。⑥

---

① Qiang Zhai, *The Dragon, the Lion and the Eagle: Chinese/British/American Relations, 1949-1958*, The Kent State University Press, p. 2. pp. 215-216.

② Lanxin Xiang, *Recasting the Imperial Far East: Britain and America in China; 1945-1950*, New York: M. E. Sharpe, 1995, p. 242.

③ Edwin W. Martin, *Divided Counsel: The Anglo-American Response to Communist Victory in China*, The University Press of Kentucky, 1986. pp. 232-233.

④ James Tuck-Hong Tang, *Britain's Encounter with Revolutionary China*, 1949-1954, London: Macmillan Press, 1992, p. 56.

⑤ Bradford Perkins, "Unequal Partners: The Truman Administration and Great Britain" in Wm. Roger Louis and Hedley Bull, *The Special Relationship: Anglo-American Relations since 1945*, Oxford: Clarendom Press, 1986, pp. 48-49.

⑥ 叶江:《朝鲜战争时期的英美关系初探》,《上海师范大学学报》1992年第2期。赵学功:《朝鲜战争初期的美英关系(1950年6月~1951年6月)》,《美国研究》1994年第1期;《朝鲜战争与美英关系》,《史学集刊》2004年第2期。林利民:《美英对新中国政策分歧及根源浅探》,《华中师范大学学报》1994年第3期。刘成:《试论英美两国在承认新中国问题上相悖的原因》,《南京社会科学》1999年第10期。

综观国内外的相关研究现状，可以看出这样一些问题：

首先，在中华人民共和国成立初期的美英对华政策的领域，特别是美国对华政策的领域，前辈学者已经做出了相当可观的研究成果。要想找到全新的突破口、做出无懈可击的研究成果存在相当的难度，但是也并非没有研究的空间和余地。第一，就西方国家对新中国的承认这个老话题而言，有关英国或者美国是否在外交上承认新中国的研究的确已相当深入，几乎所有对华政策的著作都有专章来讨论这一问题。但是，一是因为前人对承认新中国问题的研究均限于狭义的承认（即本书界定的外交承认）方面，对承认这一行为的后续发展及相关问题关注不够；二是争议很大，特别是在美国是否准备承认新中国，是否认同英国承认新中国的问题上，存在重大分歧和疑点，因而把对新中国的外交承认、中国在联合国的代表权、对台湾的领土主权和对日和约签约权整合起来，进行全方位、多层次的专题研究，不仅有助于拓展和深化对这一重大问题的研究，而且能对一些争论不休的问题提供新的认识角度和辨析力度。第二，虽然从20世纪80年代中后期开始，学界就出现了对美英对华政策进行比较研究的趋势，但现有的研究成果仍然无法说明美英对华政策分歧的性质及其协调的具体进程。国际学术界除了对美英围绕对新中国的外交承认问题所出现的分歧有一定的论述外，有关美英在承认新中国相关问题上的分歧与协调的基本史实尚乏系统梳理，况且现有的看法还同样存在重大分歧。第三，在对美英分歧所反映的美英关系的定性问题上，总体上讲，既往研究对美英在远东地区的关系的关注远远不及对美英在欧洲或中东问题上的关系的关注。在远东冷战视野下，中国也一直被视为美英关系中的一个“问题”，是评判美英在远东问题上的关系的一个重要方面。然而，既往研究大多是在研究美英特殊关系的宏观视野下审视美英关系中的“中国问题”的，因而对美英分歧的基本层面看得比较清楚，但因为缺乏对美英在“中国问题”上分歧与协调的微观实证研究的基础，结果导致国际学术界在这个问题上的争议往往停留在美英分歧的程度和性质如何界定的问题上。对于美英分歧的多种表现形式、分歧产生的深层次原因、美英协调的基本范式及制约因素，以及美英的分歧、协调对远东冷战所具有的特殊影响等问题，学界大多语焉不详或者只是泛泛而谈，所得出的结论存在一定的偏颇，难以令人信服。特别是因为受“冷战”思维和英美特殊关系思维定式的影响，加之相关档案资料的获取不易，国内学术界对上述问题的关注和研究更为有限。

其次，前辈学者所进行的相关研究，一方面给笔者从事该课题的研究提供了有关美国或英国对华政策所必需的背景知识与开阔视野，给予笔者在观点和方法上的启迪，前人在相关个案问题上的直接成果弥补了笔者在美英两国对华政策问题上基础研究的不足；另一方面，学者们围绕一些相关问题的争议说明，需要进行澄清的问题很多，特别是论文所涉及的时间段内，美国对华政策和美英在对华问题上的关系存在很大的争议，几乎到处都是“雷区”，挑战性也很大。而这些争议除了正常的学术见解不同外，还因为研究视角和资料的局限所致。而要想澄清这些问题，如果仅从美国或者英国的角度，或者仅从某一个特定的问题出发，或者只依据一方的材料或说法都难以令人信服。所以，从多边互动的角度，基于多方材料，把外交承认与其他有着内在联系的问题整合起来进行全面、系统的动态研究与比照分析就尤其必要。

再次，国内外的研究现状也表明，基于档案文献而不是以意识形态的先入为主来探讨美英在新中国成立初期的对华政策及其互动关系已成为冷战结束以来国内外学术界新的研究动向和学者们的基本共识，把这一新的研究趋势往前推进一步很有意义。

三、本研究拟突破的问题

鉴于国内外学术界的研究现状，本研究旨在充分吸收、借鉴前人研究成果、特别是冷战结束后面世的新的研究成果的基础上，主要依靠美英双方的档案文献和部分中方档案，以美英在承认新中国问题上的分歧与协调为视角，对东亚局势急剧变动时期美英关系进行系统、深入的专题研究，进而对学术界存在的一些争议问题做出回应，以期能在前人研究的基础上对这些问题的研究有所推进。

本研究力图从以下几个方面寻求突破：

第一，在研究视角方面，国内外从事美国或英国对华政策研究的学者们惯常采取单边、长时段的研究方法，或虽立足双边，但侧重平行比照的研究角度。本研究拟从美英双边互动的角度，集中探讨 1949 ~ 1951 年期间美英在承认新中国问题上的分歧与协调。本研究力图通过对关键时段重大问题的全面系统、细致深入的个案研究来揭示美英特殊关系的一些深层次的问题，诸如它们如何协调分歧，如何处理自身利益与意识形态、联盟利益的关系等等。考虑到国内外学术界对美国对华政策已有相当的研究基础，而有关英国对华政策研究基础比较薄弱，笔者在实际写作过程中将更偏重于英国方面。

第二，从研究方法来看，本研究将规避以时间为序或者对零散事件逐个解析的常规方式，尝试采取对重大问题分章进行专题研究的写法，而且在问题的选择方面也不是主观、随意、面面俱到，而是把当时引起美英分歧的重大问题，即把美英对新中国的外交承认、新中国在联合国的代表权、新中国对台湾的领土主权、新中国对日和约签署权这样四个问题整合起来进行研究，凸显其内在的相互关联性与内容的完整性。此外，本研究也试图克服一些使用原始档案研究者过分突出史料而不加分析的偏向性，将在每一章的具体论述过程中以及总论部分花大量篇幅来对一些重大转变、重要看法等进行辨析。

第三，从研究内容看，本研究拟解决的主要问题将集中于两大基本层次：第一个层次是系统梳理在对新中国的外交承认、中国在联合国的代表权、中国对台湾的领土主权、中国对日和约签署权等各个重大问题上美英各自所持的基本立场是什么？美英在这些问题上的政策是如何出台的？美英之间政策的分歧何在？其分歧与协调经历了什么样的阶段性变化？结局如何？等等。第二个层次是在对这些重大问题逐一进行全方位、动态分析的基础上，总结、提炼美英关系的基本属性及美英处理矛盾分歧的基本范式，并进一步深入探讨美英在承认新中国问题上出现差异以及美英维持这种摩擦不断的特殊关系的深层原因、英美分歧与协调对远东局势的主要影响等。笔者也试图通过对美英在承认新中国问题上的政策、立场的对照分析及其互动过程的揭示，让读者从中发现一些能够对我们认识现行美英关系，特别是两国对华政策有益的启示。

第四，从资料方面来看，本研究将在尽可能利用现有相关中英文资料的基础上，侧重原始文献及20世纪90年代以来新的研究成果。英文档案文献除了美国国务院的《美国对外关系》（*FRUS*）、《杜鲁门公共关系文件》等相关各卷外，还将全面利用新近在英国编辑出版的《英国海外政策文件集》（*DBPO*，附缩微胶片，内容涵盖外交部、参谋长委员会、内阁等各决策部门的文件）和《英国外交事务文件：外交部的机密报告与文件》（*DBFA*）两套文件集的相关卷次，以及自己复制、摘录的伦敦公共档案馆收藏的部分官方档案和由伯明翰大学收藏的艾登私人文件的相关部分外，也将尽可能地使用可利用的中方档案。在档案解读方面，将努力摆脱对档案的迷信，注重文献的鉴别与解读。笔者将尽量避免寻章摘句的做法，力求在完整解读整个文件的基础上把握其精神实质，注重文件出台背景分析、双方文件的比对、前后文件的关联性以及文件的语境分析，等等。

最后，试图通过本专题研究，从对史实的细致梳理、美英政策的比对、英方资料的佐证和对多边档案资料的深入挖掘及最新研究成果的吸收与借鉴等诸多方面，对国内外相关研究中存在的一些疑点、争议等提出自己系统的看法，以就教于方家。

第二章

对新中国的外交承认[①]问题

1948年年底1949年年初，随着中国内战形势日趋明朗，一个新生的革命政权取代旧政权只是时间迟早的问题。在是否承认新政权的问题上，美英立场开始出现了重大分歧：英国力图尽早承认，而美国反对在承认问题上采取主动，要求在承认问题上附加条件并致力于构筑不承认新中国的共同阵线，因而对新政权的承认问题一时成为美英关系中的棘手问题。最终在1950年1月6日，英国正式承认新中国，宣告了美国在承认新中国问题上苦心经营的共同阵线的崩溃。而美国一直拒不承认新中国。

① 国际法一般又将外交承认分成法律上(de jure)的承认和事实上(de facto)的承认两种。法律上的承认也称正式承认，指承认国给予新政府以一种完全的、永久的正式承认。这种承认表示承认者愿与被承认者建立全面的正式关系。而事实上的承认是一种非正式的承认，往往因为既存国家对新政府地位的巩固尚抱怀疑态度，或者是由于其他政治上的考虑暂时不愿与之建立正式关系。参见梁西主编《国际法》，武汉大学出版社1993年版，第98～100页；Philip Marshal Brown，"The Legal Effects of Recognition"，*The American Journal of International Law*，Vol. 44，No. 4（Oct. 1950），p. 617.

第一节　保持在华存在与促使中苏分离

1948 年秋，随着中国人民解放军发动秋季攻势，中国内战已进入决战关头。9 月 12 日，辽沈战役正式打响。11 月 1～2 日，随着沈阳、营口的解放，辽沈战役胜利结束，东北半壁江山已在中国人民解放军的控制之中。11 月 6 日，人民解放军又在以徐州为中心的淮海地区打响了淮海战役，到 1949 年 1 月，经过两个多月的战斗，基本上解放了长江以北的华东和中原地区，使国民党统治中心南京处在人民解放军的直接威胁下，为解放长江以南各省奠定了基础。辽沈、淮海战役的胜利也打开了通往平津的门户，12 月 5 日，平津战役打响。1949 年 1 月 15 日，中国人民解放军进入天津，31 日北平宣布和平解放。至此，经过三大战役，国民党的主力部队被基本歼灭。2 月，国民党政府要求美、英、法、苏调停内战的努力失败后，迁都广州。随着中国内战局势迅速发展，如何应对中国革命胜利对西方在远东地区的统治秩序形成的冲击，成为美英两国决策者面临的当务之急。

第二次世界大战后英国工党政府一直遵循 1945 年 12 月莫斯科宣言的基本立场：承认国民党政府为中国的合法政府，不干涉中国内政，在中国国共内战中基本保持中立。直到 1948 年年底 1949 年年初，中国内战局势的急剧变化才引起英国各界的极大关注，如何评估并形成新的对华政策正式提上议事日程。

率先提出这一问题的是对中国局势变化最为敏感的英国驻华外交官。1948 年 11 月 18 日，在英国驻华大使拉尔夫·史蒂文逊爵士（Sir Ralph Stevenson）回国休假期间，主持英国驻南京使馆工作的蓝来讷（Lionel Lamb）向国内发出一份电报，建议政府改变对华政策。电报在分析了中国当时的军事形势后认为，共产党最终将控制整个中国，此为必然结局。“为了今后能利用肯定会出现的中国国内紧张局势，明智的办法就是接受这种不管多么令人不快的局面，而不是去试图支撑一个苟延残喘的政权或者通过武力在南方建立一个新的政权。"①

针对蓝来讷的提议，英国外交大臣欧内斯特·贝文（Ernest Bevin）指示下属对对华政策进行全面评估。英国外交部远东司司长皮特·斯卡利特（Peter Scarlett）认为，问题的关键在于首先必须弄清美国对中国内战的态度，才能考虑英国政策变更与否。为此，英国驻华盛顿使馆奉命与美国国务院接洽。此前英国外交部已获悉美国不准备继续援蒋的情报。② 11 月 28 日从英国驻华盛顿使馆处反馈的信息证实了这一点。③

蓝来讷的分析得到分管远东事务的外交部助理次官埃斯勒·丹尼（Maberly Esler Dening）的积极回应。11 月 23 日，丹尼对蓝来讷的建议明确表示支持，认为国民党政权腐败透顶，无可救药，即使美国人也救不了它。④ 丹尼是公认的远东事务专家，非常重视东方文化，与外交大臣贝文配合默契。丹尼的看法很快得到了外交大臣贝文的同意。⑤

1948 年 12 月 9 日，贝文在综合各部意见的基础上，向内阁提

① Lionel Lamb to Foreign Office, 18 Nov. 1948, FO371/69549 F16258/33/10, Public Record Office (PRO), London; S. R. Ashton and G. Bennett & K. A. Hamilton eds., *Documents on British Policy Overseas* (abbr. *DBPO*), Series 1, Vol. 8, London: Whitehall History Publishing in Association with Frank Cass, 2002, pp. 165-167.

② FO to Washington, 11 Nov. 1948; Franks to FO, 17 Nov. 1948, Minute by Scarlett, 19 Nov. 1948; FO371/69542, F15971, F16203/33/10, PRO, London; U. S. Department of State, *Foreign Relations of the United States* (abbr. *FRUS*) 1948, Vol. 3, Washington D. C.: United States Government Printing Office (GPO), 1974. pp. 221-222; Quoted in Zhong-ping Feng, *The British Government's China Policy, 1945-1950*, Ryburn Publishing: Keele University Press, 1994, p. 100.

③ *DBPO*, Series 1, Vol. 8, p. 168, note 2.

④ *DBPO*, Series 1, Vol. 8, p. 167, note 5.

⑤ 英国各部评估中国政策的总体情况及其意见分歧，参见：Zhong-ping Feng, *The British Government's China Policy, 1945-1950*, Ryburn Publishing: Keele University Press, 1994, pp. 98-106; Robert Boardman, *Britain and the People's Republic of China, 1949-1974*, London and Basingstoke: The Macmillan Press, 1979, pp. 10-12.

交了一份反映英国外交部对中国共产党政权立场的重要的文件：CP（48）299。CP（48）299对中国时局的发展及其可能对中国周边地区产生的影响进行了全面分析，认为共产党对中国的控制只是迟早的问题，这一发展趋势可能对临近的中国香港地区、日本、马来亚、新加坡、沙捞越、北婆罗洲，以及东南亚的外国属地、印度、巴基斯坦等产生深远影响，导致这些地区的共产党活动增强，引起政治、经济动荡。针对这种情况，英国将主要从以下两个方面着手：一是在中国的周边地区建立遏制共产主义扩张的共同阵线，确保东南亚地区政治、经济局势的稳定；二是在中国保持原地不动。文件认为，中国共产党接管政权后可能会有一个动荡时期，此时外国在华利益可能陷入低迷状态，但随后共产党将会因为经济困难而不得不容忍外国资本的存在，因此英国在华利益可以维持一个时期。鉴于英国对中国局势发展无能为力，而当时惟一有实力对中国共产党政权进行经济、军事遏制的美国可能不愿意采取这一行动，或者说即使采取行动也难奏效，文件建议英国在华采取积极的政策："我们最好的希望可能基于在中国保持立足点，也就是说如果没有真正危及生命安全，我们将努力留在原地不动，与中国共产党政权保持事实上的接触，并考察与中共贸易的可能性。"① CP（48）299是战后英国第一份上达内阁层次、阐述英国对即将成立的中国共产党政权的政策立场的官方文件。12月13日，文件提出的在华保持原地不动的精神得到英国内阁会议的确认。内阁还进一步指出，远东的共产主义将遵循中国的路线而不是斯拉夫的路线，执行一种可能把中国赶到苏联怀抱的政策是不明智的。② 得到内阁认可的"保持原地不动"与力促中苏分裂的原则精神，奠定了英国对中国共产党政权的政策基调。1949年1月5日和10日，英国驻美大使馆分两次向美国国务院递交了这份反映英国内阁会议上述

① Cabinet Paper, C. P.（48）299, 9 Dec. 1948 CAB129/31, PRO, London; *DBPO*, Series 1, Vol. 8, pp. 170-186.

② *DBPO*, Series 1, Vol. 8, pp. 187-189.

观点的文件。①

美国在中国国共内战中奉行扶蒋反共政策，从政治、经济和军事援助方面支持国民党政权打内战，以致在中国内战中泥足深陷。到 1948 年下半年，随着国民党政权的全面溃败，美国的援蒋政策已陷入困境：要么不惜冒直接军事卷入的风险，继续全力援蒋；要么和蒋介石这艘“沉船”拉开距离。正是在这种背景下，杜鲁门政府不得不重新审视其对华政策。

早在 1948 年 9 月 7 日，在广泛征询全美各地与中国问题有关的一些部门意见的基础上，美国国务院政策设计室在本室和远东司中国问题专家的协助下，起草了一份主题为“评估和确定美国对华政策”的备忘录——PPS/39 号文件，送呈国家安全委员会讨论。该文件后被国家安全委员会编为 NSC34 号文件予以传阅。NSC34 号文件认为，对蒋介石继续承担全部义务的做法已使美国政府陷入困境。鉴于国民党政府濒临彻底失败的边缘，无力自救，除非在相当长的时期内提供近乎“几何级数的”的全面援助，否则，“美国的援助不足以阻止共产党的推进，远远不能改变内战的进程”，而全面公开干涉“虽能在军事上加强蒋介石的力量，但在政治上将对共产党有利”，况且，“即使美国不惜一切代价帮助国民党打败共产党，统一中国，也难以确保它不会很快再次瓦解”，因而，“对于国民政府的全面援助是一种巨大的、不确定的、充满危险的行为，美国政府不能拿美国的声誉和资源赌博”。同时，鉴于“此后至关重要的五年时间里，克里姆林宫不可能随心所欲地动用中国的资源和人力，达到足以对美国安全构成严重威胁的程度”。而中国共产主义除非成为苏联的附庸才能对美国的安全构成潜在的严重威胁。所以备忘录最后得出的结论：美国“决不能死守任何一个行动方针，或仅仅对中国的一个派别承担义务而不知变通”。“在争取中国的斗争中，只能通过政治、文化和经济形式才能最有效地

① U. S. Department of State, *Foreign Relations of the United States* (abbr. *FRUS*), 1949, Vol. 9, Washington D. C.: United States Government Printing Office (GPO), pp. 2-5; pp. 6-11.

运用我们的力量”。① 这就是美国主张对蒋介石政权奉行脱身政策和对华观望政策的雏形。

经国家安全委员会讨论后，1949 年 1 月 11 日，美国国家安全委员会第 34/1 号文件（NSC34/1）出台。NSC34/1 号文件分析认为，美国对华政策目标是希望由中国人自己最终建立一个统一、稳定、独立且对美国友好的中国政府，以预防中国被任何外国控制后对美国的国家安全造成威胁。但是这一目标“不大可能在可以预见的将来由中国现有的任何一个集团或多个集团实现”，因而美国的当前目标应该是阻止中国变成苏联的附庸。为此，美国应该：1. 制定适宜的计划，做好充分准备，以便在保持灵活性和避免死守任何一种行动方针或仅仅对一个派别承担义务的同时，利用在中国出现的任何机会；2. 把针对中国的种种努力放在较次要的位置，应更重视其他地区。②

1949 年年初，迪安·艾奇逊（Dean Acheson）在正式就任美国国务卿后，立即授意国务院为国家安全委员会起草了两份对华政策报告，于 2 月 28 日提交国家安全委员会讨论。3 月 3 日，这两份对华政策报告经杜鲁门批准，分别编为国家安全委员会第 34/2 号和第 41 号文件，正式下达各部门。

NSC34/2 号文件认为，中共控制整个中国已指日可待。虽然新政权对美国“深刻的猜疑和敌意”看来还将持续相当长的时间，而美国对蒋介石的援助在“可以预见的将来不会有任何用处”，但是中共进入城市后即将面临的新问题将使它认识到和西方做生意的必要性，苏联可能比美国更急于影响中国的事态发展，所以，“如果不能同时改变中共的结构和性质，使之成为一个真正独立的政府并和国际社会保持友好关系的话，我们应力求发现、培育和发动一场最终能和中共较量的革命”。为此美国必须保持足够的耐心，以期中国局势朝美国需要的方向发展。美国应该：1. “避免给中国

① 陶文钊主编、牛军副主编：《美国对华政策文件集（1949～1972）》第 1 卷（上），世界知识出版社 2003 年版，第 4～14 页。

② *FRUS*, 1949, Vol. 9, pp. 474-475.

的非共产主义政权以军事上和政治上的支持，除非该政权在无论有没有美国援助的情况下都愿意积极抵抗共产主义，除非有证据证明这类支持可以推翻共产党或至少可以对共产党作有效的抵抗”；2. “和中国不同派别保持尽可能积极可行的官方接触”；3. “在局势进一步明朗之前，继续承认国民政府”；4. “在最近的将来，应公开重申美国的传统政策，即与中国人民友好，尊重中国的领土完整、行政独立以及主张门户开放”；5. 在很多积极、可行的层面上，维持美国官方的和私人的文化与情报计划；6. 在谨慎避免给人以干涉印象的同时，随时准备通过政治和经济手段，利用中共和俄国之间以及中共组织内外的斯大林分子与其他派别之间的任何裂痕。① 由此可见，NSC34/2 号文件已改变了 NSC34/1 号文件所体现的被动、观望的态度，主张积极寻求在中国出现的、能为美国加以利用的机会。

NSC41 号文件旨在考虑建立一套针对整个中国的贸易控制体系。文件认为，美国当时对华政策有两种可供选择的方案：一种是“动员西方世界的政治、经济力量，通过直接施压的方式公开与中共政权作斗争”；另一种是“通过允许中国与日本和西方世界互利互惠的贸易关系，不断增强这种关系对中国的重要性来增强莫斯科与中共之间出现严重分歧的力量”。在对两种选择方案的利弊和可行性进行充分探讨后，NSC41 的结论是：“在目前情势下，美国关于中国的首要政策目标应该是防止中国变成苏联的附属”，“在具备基本的安全保障的前提下，允许恢复中国和日本、西方世界之间正常的经济关系”可能导致莫斯科与中共政权严重分裂的力量。“通过恫吓和直接施加压力公开同中共政权斗争的政策不切实际，它将加重美国在日本的财政负担，并有使中国完全从属于苏联的严重危险。我们可能被迫接受这一政策，但惟有在其他方针显然失败之后才能采纳”。②

---

① *FRUS*, 1949, Vol. 9, pp. 491-495.

② *FRUS*, 1949, Vol. 9, pp. 826-834, p. 870.；陶文钊主编、牛军副主编：《美国对华政策文件集（1949～1972）》第 1 卷（上），世界知识出版社 2003 年版，第 106～113 页。

综上所述，英美几乎同时开始考虑对中国共产党政权的政策问题，它们对中国局势的分析及其初步的政策取向基本吻合。这时美英都认为中国革命胜利的趋势不可逆转，中国共产党政权的出现将威胁西方在华利益。但是由于中国共产党政权即将面临的经济困难，它将需要与西方保持经济关系。中国也可能出现独立于莫斯科的倾向。为此英美均主张应保持在华存在，维持东西方的经济联系，力促中苏分离。两国的区别在于：英国的大方向是决定在华保持立足点，积极探讨与中国共产党政权发展经贸联系的可能性。不到迫不得已，决不撤出中国，而且上述方案是唯一选择。而当时正忙于应付欧洲事务和国内政治斗争的杜鲁门政府不愿在中国新旧政权交替之际做出轻率反应，而准备静观其变，亦即“等待尘埃落定”。其观望政策在寻求从中国内战脱身的同时，也在积极等待和寻求能改变现行中国共产党政权性质或取代中国共产党政权的力量的机会，保持对中国事态发展的影响力。而保持西方对华经济联系以力促中苏分裂只是美国的备选方案之一。

在保持在华存在、力促中苏分裂思想的支配下，当中国人民解放军在东北和华北取得一系列军事胜利之际，美英做出了同样反应，就是保持原地不动。在人民解放军占领沈阳、天津、北平后，美英驻这些城市的总领事馆仍然开放办公。美英当局仍然鼓励其企业和机构中的重要人员及其侨民原地不动（但非重要人员被不断警告在华滞留的危险性，并劝其离开），希望藉此与中国共产党地方当局保持某种事实上的联系。① 1949 年 1 月 19 日，当淮海战役对国民党政权的中心南京产生巨大军事威胁、南京势难保住的情况下，美英等国大使开始讨论其去留问题，他们讨论的结果是一旦国民党迁往广州，各国大使馆将派一名高级外交官随往，但大使本人

① *FRUS*, 1949, Vol. 8, pp. 664-667; Edwin W. Martin, *Divided Counsel: The Anglo-American Response to Communist Victory in China*, p. 6. 而根据司徒雷登的回忆录，在美国的考虑中，还有一个重要的因素是不愿丢弃当时正“为求得生存、正在作拼命的挣扎”的国民党政府，“要是大使馆在此时告诫其侨民作撤离的准备，对民气就要产生极为有害的影响”。《在华五十年——司徒雷登回忆录》，北京出版社 1982 年版，第 193 页。

原地不动，该建议得到英美等国政府的认可。① 至于对中国共产党政权的承认问题，美英都视之为这是同中国共产党政权讨价还价的筹码，不能轻易给出。1949 年 1 月 6 日，英国驻美使馆官员格雷夫斯(Hurbert Graves)和美国远东司司长巴特沃思(Walton Butterworth)及中国事务司官员石博思(Philip D. Sprouse)就"一旦中国成立新政府或联合政府后予以承认的问题"进行了磋商。格雷夫斯确认，英国政府不打算自动承认任何一个取代现政权的中国政府；在给予承认之前，将仔细研究中国共产党政权的性质、特别是它对这个国家的控制程度及同英国公司及贸易代表打交道的方式。巴特沃思表示，美国政府在这个问题上与英国立场相同，即承认问题提供了一个与中共讨价还价的砝码。美国将要考察任何新任中国政府是否具有诚意，美国政府未来的任何动议将基于中国人的反应。②

然而，美英对中国共产党政权的政策考虑在很大程度上建立在同旧中国打交道的经验和一厢情愿的基础上。在对中国共产党政权有真正接触和了解之前，他们习惯基于帝国主义的传统心态和对中国社会、经济问题的认识，过分强调中国对外部，特别是对西方世界的依赖性以及所谓的中国传统对共产主义内在的排斥性，因而当中国事态的发展超出美英决策者的预想，特别是中国共产党政权不按西方的经验和逻辑行事时，美英在该不该承认、何时承认以及如何承认中国共产党政权的问题上很快出现分歧。

第二节　应对新政权的革命外交：美英分歧凸显

根据国内学者的相关研究，中共中央大致是从 1948 年底开始考虑新中国的外交，此后大约三个月的时间，新中国外交的原则便确定下来了。③ 中共中央外交思想的集中表述主要体现在这样一些

---

① *FRUS*, 1949, Vol. 8, pp. 568-569.

② *FRUS*, 1949, Vol. 9, pp. 5-6.

③ 参见章百家《解放战争时期毛泽东的国际战略思想》，国际战略研究基金会编《环球同此凉热——一代领袖们的国际战略思想》，中央文献出版社 1993 年版，第 60 页；牛军：《新中国外交的形成及主要特征》，《历史研究》1995 年第 5 期，第 23 页。

重要文献之中。

1949年1月19日，毛泽东在审阅中共中央关于外交问题的指示稿时明确指出："凡属被国民党政府所承认的资本主义国家的大使馆、公使馆、领事馆及其所属的外交机关和外交人员，在人民共和国和这些国家建立外交关系以前，我们一概不予承认，只把他们当作外国侨民对待，但应予以切实保护。对于这些国家的武官，应与外交人员同样看待。但对于美国武官，因其直接援助国民党打内战，则应派兵监视，不得给以自由。""最后也最重要的一项，不允许任何外国及联合国干涉中国内政。"①

1949年3月5日，毛泽东在中国共产党七届二中全会上所做的报告中又明确提出了采取有步骤地彻底摧毁帝国主义在中国的控制权的方针。毛泽东指出："帝国主义的这种控制权，表现在政治、经济和文化等方面。在国民党军队被消灭、国民党政府被打倒的每一个城市和每一个地方，帝国主义在政治上的控制权即随之被打倒。但帝国主义者直接经营的经济事业和文化事业依然存在，被国民党承认的外交人员和新闻记者依然存在。对于这些我们必须分别先后缓急，给予适当解决。""不承认国民党时代的任何外国外交机关和外交人员的合法地位，不承认国民党时代一切卖国条约的继续存在，取消一切帝国主义在中国开办的宣传机关，立即统制对外贸易，改革海关制度，这些都是我们进入大城市的时候所必须首先采取的步骤。在做了这些以后，中国人民就在帝国主义面前站立起来了。剩下的帝国主义的经济事业和文化事业，可以让它们暂时存在，由我们加以监督和管制，以待我们在全国胜利后再去解决。""关于帝国主义对我国的承认问题，不但现在不应急于去解决，而且就是在全国胜利以后的一个相当时期内也不应急于去解决。我们是愿意按照平等原则同一切国家建立外交关系的，但是从来敌视中国人民的帝国主义，决不会很快地就以平等的态度对待我们，只要它们不改变敌视的态度，我们就一天不给帝国主义国家在

① 《毛泽东外交文选》，中央文献出版社、世界知识出版社1994年版，第77～78页。

中国以合法的地位。关于同外国人做生意，那是没有问题的，有生意就得做，并且现在已经开始做，几个资本主义国家的商人正在互相竞争。我们必须尽可能地首先同社会主义国家和人民民主国家做生意，同时也要同资本主义国家做生意。"①毛泽东在七届二中全会上提出的这些原则被中央委员会采纳，成为中华人民共和国成立初期中国处理同西方关系的基础，也被认为是中华人民共和国外交政策形成的标志。②

毛泽东早期的这些外交思想，后来在新中国建国前夕被概括为众所周知的三原则，即"另起炉灶"；"打扫干净屋子再请客"；"一边倒"③。所谓"另起炉灶"，就是"不承认国民党政府同各国建立的旧的外交关系，而要在新的基础上同各国另行建立新的外交关系。对于驻在旧中国的各国使节，我们把他们当作普通侨民对待，不当作外交代表对待"。所谓"打扫干净屋子再请客"，就是对于帝国主义同中国建交的问题，"我们的方针是宁愿等一等"，把帝国主义在中国的残余势力清除一下，中国要在同他们建立外交关系以前"把屋子"打扫一下。④所谓"一边倒"，则包含着与苏联结盟和对帝国主义国家不承认的思想。从产生的指导思想和要解决的主要问题来看，这三项原则都表现出一种强烈的革命性。⑤不

① 《毛泽东外交文选》,中央文献出版社、世界知识出版社1994年版,第79~81页。

② James Tuck-Hong Tang, *Britain's Encounter with Revolutionary China, 1949-1954*, London: Macmillan Press, 1992, pp. 27-28.

③ "一边倒"方针是毛泽东在1949年6月30日在《论人民民主专政》一文中正式提出的。他说："一边倒，是孙中山的四十年经验和共产党的二十八年经验教给我们的，深知欲达到胜利和巩固胜利，必须一边倒。积四十年和二十八年的经验，中国人民不是倒向帝国主义一边，就是倒向社会主义一边，绝无例外，骑墙是不行的，第三条道路是没有的。"《毛泽东外交文选》、中央文献出版社、世界知识出版社1994年版，第93页。

④ 谢益显主编:《中国外交史,中华人民共和国时期(1949~1979)》,河南人民出版社1988年版,第11~12页。

⑤ 牛军:《新中国外交的形成及主要特征》,《历史研究》1995年第5期,第23~24、28~29页。

可否认，中国共产党人非常强调原则性和灵活性的统一，在具体的政策实践中会依据形势的变化不断进行政策的调整，非常注意策略的使用，但是中国共产党人既定的革命外交的目标与美英既定的在华原地不动和力促中苏分裂的政策目标具有不可协调的矛盾性这一点是显而易见、毋庸置疑的。

在毛泽东革命外交思想的指导下，1948 年底 1949 年初，在沈阳、天津、北平等城市，中国共产党政权宣布不承认英美等国的领事馆及外交人员的合法地位，并对之进行了通讯控制和行动限制。西方既定的原地不动首先面临巨大考验。在新的形势和挑战面前，美英的分歧开始出现。

对于中国共产党政权不承认外国领事合法地位的问题，英国外交部的基本反应是，中共此举意在向西方国家施加压力以谋求承认。① 围绕领事馆问题，英国外交部首次就对中共华北人民政府的承认问题进行讨论。外交部的法律顾问贝克特认为，改变现状的有效途径就是承认中共政权，因为“拒绝给予一个已事实上有效控制了大部分国土的政权以任何形式的承认，不仅在法律上是错误的，在实践中也会导致各种可以想象得到的困难”。“如果我们对这个已有效控制了半个中国的政府一点也不承认，我们就没有强有力的法律依据来抱怨他们视我们的领事人员为普通侨民。而通过接受在承认问题上的法理上的合理性，我们就能使一个政治上不受欢迎的行动合理化从而有利于英国的利益”。②

英国外交部远东司虽已意识到不承认带来的诸多实际困难，但是认为现在就予以承认为时尚早。主要理由：一是中共华北人民政府还是一个过渡中的临时政权，是否会出现国民党的中央政府和共产党之间的某种联合政府的可能性尚不得而知；二是英国不希望在承认共产党政权的问题上给人造成“一旦英国的利益面临危险便

① F. O. Minute (by Mr. Scarlett), 17th February, 1949, FO371/75810 F3305/1023/10, PRO, London.

② F. O. Minute (by Mr. Scarlett), 17th February, 1949, FO371/75810 F3305/1023/10, PRO, London.

会准备牺牲原则的印象”；三是还需要与其他相关政府进行充分协商，以免在承认中共问题上与盟国出现麻烦。① 就像英国外交部远东事务助理次官丹尼说过的那样：“如果我们在做出承认问题的决定时不与它们协商，美国和法国，姑且不说包括英联邦国家在内的其他国家，将会被激怒”②。所以在与美国等盟国充分协商之前，英国不能贸然行事。

英国外交大臣贝文赞同远东司的观点，外交部决定暂缓承认中共华北人民政府。外交部的立场是原则上不反对承认，但在1949年初当中国内战局势尚不明朗之时，承认的时机尚未来临。也就是说，外交部尚不准备利用承认作为缓解英国领事馆处境的手段，而想另辟蹊径，试图通过与中国共产党政权事实上的接触来缓和局面。

英国外交部于是开始尝试与中国共产党政权进行事实接触的各种努力。根据远东司司长斯卡利特2月17日的建议，外交部指示处于中国北部中国共产党控制区的英国官员与共产党的地方当局建立关系。但如何向中共地方当局传递英国政府愿意同他们建立日常接触的信息是一个敏感和棘手的问题。远东司最初考虑由当时的香港政府官员戈登·哈蒙上校充当与中共建立某种秘密联系的角色。但香港总督葛量洪爵士（Sir Alexsander Grantham）担心这将会使得以后一旦需要采取针对共产党从事的反对香港政府的行动时会面临尴尬，因而不愿意与中共驻港代表接触。此时美国就他们在中共控制区的领事地位问题与在香港的中共代表的接触中已碰了钉子，葛量洪担心英国也会面临同样的情况。香港总督的担心不仅得到英国殖民事务办公室官员的认同，也得到外交部远东事务助理次官丹尼和常务次官斯特朗的认同。这样英国试图利用香港作为传递英国对承认问题的立场及借助英国领事的便利来接近中共高级领导人物

---

① F. O. Minute (by Mr. Scarlett), 17th February, 1949, FO371/75810 F3305/1023/10, PRO, London.

② Foreign Minute, 17th February, 1949, FO371/75810 F3305/1023/10, PRO, London.

的想法就被抛弃了。① 远东事务助理次官丹尼遂建议在共产党控制区内使用“明码邮件”，其用意在于有意让中共获悉那些含有英国政府想与中共打交道的意图的官方邮件，从而影响中共的政策。4月英国开始使用这一方式。② 此外，英国还尝试通过其他非官方途径与中国共产党政权建立事实上的接触。4月4日，英国前驻北平副领事求见北京军管会外事局的有关官员。4月13日，各国前驻京领事馆联名给北京市长寄发平信。但所有这些都无济于事，中国共产党政权对这些试探根本就置之不理。就连英国驻华大使史蒂文逊也觉得“试图与中共建立直接联系的徒劳努力，排除了我们可能通过直接接触以影响他们的任何可能”③。

4月20日发生在长江上的英舰“紫石英”号与中国人民解放军交火的“紫石英”事件④使英国“在华保持立足点”的政策再次面临重大考验，也再次引发英国国内有关对华政策的激烈辩论。4月30日，中国人民解放军总部发言人李涛发表声明，表明了中国人民不怕任何威胁、坚决反对帝国主义侵略的严正立场：“中国

① Zhong-ping Feng, *The British Government's China Policy, 1945-1950*, Ryburn Publishing: Keele University Press, 1994, pp. 113-114.

② Lanxin Xiang, "Recognition Controversy, Anglo-American Relations in China, 1949", *Journal of Contemporary History*(*SAGE*), Vol. 27(1992), p. 331.

③ FO371/75752 F6681, Quoted in Edwin W. Martin, *Divided Counsel: The Anglo-American Response to Communist Victory in China*, The University Press of Kentucky, 1986, p. 25.

④ 在中国人民解放军渡江作战前夕，英国护卫舰“紫石英”号正从上海驶往南京去救援那里的另一艘舰船。英舰所处的位置对当时正在长江北岸待命的人民解放军即将开始的渡江行动构成了威胁，人民解放军在鸣枪示警无效的情况下予以炮击，双方交火。双方互有人员损伤，但英国损失更大。英舰“紫石英”号受到重创并最终搁浅。国内关于“紫石英”事件的系统研究，参见陈谦平《论“紫石英”号事件》，《南京大学学报》（哲学·人文科学·社会科学版）1998年第2期；尹家民：《“紫石英”号事件真相》，《党史博览》2001年第6期；潇雨歇：《“紫石英”号事件——英帝国梦的破灭》，《党史纵横》1997年第12期；何立波、宋凤英：《“紫石英”号事件与中英高层间的较量》，《党史纵览》2002年第2期；婧薇：《“紫石英”号事件的前前后后》，《党史天地》2002年第8期；王建朗：《衰落期的炮舰与外交——“紫石英”号事件中一些问题的再探讨》，《近代史研究》2001年第4期。

人民革命军事委员会和人民政府不愿意接受任何外国政府所给予的任何带威胁性的行动。外国政府如果愿意考虑同我们建立外交关系，它就必须断绝同国民党残余力量的关系，并且把它在中国的武装力量撤回去。"① 英国舆论对于"紫石英"事件的发生及中方的强硬态度的反应，尽管不乏主张对中共进行报复和惩罚的声音，但基本上还保持了理性态度。首先是一向对中国问题不甚关注的媒体开始出现了关于中国问题的引人注目的报道。这些报道不仅对英国舰船和生命损失表示哀叹，也提出了英国在远东的地位问题。如《泰晤士报》置疑，为什么英国不事先与中共取得联系？大量评论政府中国政策的报刊文章和社论也几乎一致认为：在坚持欧洲第一的同时，也该是在中国有所作为的时候了。为了捍卫英国的在华利益，至少有必要与中共建立接触。《每日电讯》认为："如果仅仅为了避免英国不必要的生命和财产损失，与中共当局建立某种形式的官方联系是必须的。"② 在议会下院辩论日程中，中国问题一时成为焦点。从4月26日开始，英国议会下院围绕"紫石英"事件进行辩论。5月5日关于英国在华事务的议会辩论更是超出了"紫石英"事件本身而开始考虑对中国共产党政权的承认问题。保守党和工党议员都认为，如果英国希望维持其在华贸易、在远东的影响力以及作为中国和西方之间调停人的地位，与中国共产党政权保持友好关系是非常必要的。这次辩论虽以首相艾德礼提出的"现在对承认问题做出决定为时尚早"③ 而告结束，但公众舆论和议会辩论对英国政府现行政策的批评及要求与中国共产党政权接触的建议，迫使英国政府重新审视对华政策。"紫石英"事件显示出来的

① 《毛泽东外交文选》，中央文献出版社、世界知识出版社1994年版，第85页。

② James Tuck-Hong Tang, *Britain's Encounter with Revolutionary China, 1949-1954*, London: Macmillan Press, 1992, p. 47.

③ Hansard, H. C. Deb. 464, cols. 1260 and 1342, 5 May, 1949, Quoted in David C. Wolf, "'To Secure a Convenience': Britain Recognizes China-1950", *Journal of Contemporary History*, Vol. 18, No. 2 (1983), p. 309.

中国人民对英国长期执行的炮舰政策的强烈反感①，使英国意识到炮舰政策的历史一去不复返了，中英必须在平等友好的基础上建立新的关系。② 为了解决“紫石英”事件，双方不得不进行外交接触的现实需要，也促使英国政府不得不正视对新中国的承认问题。

4 月 21 日，中国人民解放军打响渡江战役。23 日，国民党的政治、经济中心南京解放。随后，杭州、上海、九江、南昌、武汉等大城市和广大地区也相继解放。中国共产党建立全国性政权即将成为现实。英国官方意识到：“鉴于国民党的权威性正在稳步削弱，共产党将建立一个宣称具有全国性质的政府，这将提出承认问题。”③

随着中国人民解放军向南挺进，香港成为困扰英国对华政策的一个重大问题。在“紫石英”事件后的一次内阁会议上，“香港被描述为中国沿岸遍布的混乱中的一片稳定的绿洲。”认为如果没有香港，英国将无以阻止日本取得在远东的商业统治地位。香港比其作为贸易港和潜在的要塞更重要的是其为亚洲民主和资本主义生存能力的标志。④为了保住香港，英国开始大规模增援香港。但向香港

---

① 据司徒雷登观察，除共产党外还有“其他的中国人对这次炮击所带来的结果有一种暗自得意的民族自豪感。过去，外国的商船和海军舰只主要是英国的，可以任意在这条大江里来来往往，可是现在，他们终于受到了严重的挑战和打击”。参见《在华五十年——司徒雷登回忆录》，北京出版社 1982 年版，第 228 页。

② Roderick Macfarquha, “The China Problem in Anglo-American Relations”, in Wm. Roger Louis and Hedley Bull, *The Special Relationship: Anglo-American Relations since 1945*, Oxford: Clarendom Press, 1986, p. 312；外交部外交史编辑室编：《中国外交官回忆录：新中国外交风云》，世界知识出版社 1990 年版，第 47 页。

③ Paul Preston and Micheael Partridge eds., *British Documents on Foreign Affairs: Reports and Papers from The Foreign Office Confidential Print* (abbr. *BDFA*), Part IV, from 1946 through 1950, Series E Asia, 1949, Vol. 8, *French Indo-China, China, Japan, Korea and Siam, January 1949-December 1949*, University Publications of America, 2003, p. 139.

④ CAB134/287, F. E. (O) (49) 25, 16 May 1949, Quoted in David C. Wolf: “‘To Secure a Conveniece’: Britain Recognizes China-1950”, *Journal of Contemporary History*, Vol. 18, No. 2 (1983), p. 308.

提供进一步的增援“将会严重减少在英国本土以及在德国和中东战略地区的军事力量。而从英联邦国家和美国获取对英国捍卫香港的道义与物质支持的希望又很渺茫。这种情形也促使英国政府认识到,如果不同一个稳定的、友好的和统一的中国来讨论香港的未来是不可想象的”①。

总之，中国共产党政权不承认西方国家外交代表和“紫石英”事件所引发的外交难题，以及由此引起的英国国内围绕的对华政策的辩论，一方面使英国认识到与中国共产党政权建立联系的必要性；另一方面也使得英国原来设想的仅仅通过与中国共产党政权保持事实联系来保全英国在华利益和影响的想法变得不切实际。随着中共全国性政权即将建立而提上日程的对新中国的承认问题和对维护香港地位的现实考虑，都迫使英国政府寻找新的途径来发展与中国共产党的关系，对中国共产党政权的承认问题成为必须正视的现实问题，所以时至5月，英国外交部开始考虑给予中国共产党政权以事实上承认的问题，并就此向美国政府试探。② 5月12日，贝文在就上海局势发表备忘录时，便引人注目地谈道“承认中国共产党政府的可能性”，称南京的西方外交使团已就承认中共政府的可能性达成结论，即在一个中央政府建立之前将不会采取这一步骤；但这样的政府一旦建立，将立即给予事实的承认。因此，鉴于采取一致行动的必要性，西方各国驻华大使建议应尽早就此问题同英联邦各国政府及大西洋集团各国举行磋商。③ 5月13日，由首相艾德礼出席主持、贝文等主要大臣参加的内阁会议作出决定：赞成就承认中国共产党政权的问题与英联邦国家和北大西洋公约国家进行协商。④

美国对中国共产党政权不承认西方国家外交官和领事地位的反

---

① Zhong-ping Feng, *The British Government's China Policy, 1945-1950*, Ryburn Publishing: Keele University Press, 1994, pp. 120-122.

② *FRUS*, 1949, Vol. 9, pp. 11-12, pp. 19-20.

③ 转引自陈谦平《上海解放前后英国对中共的政策》,《南京大学学报》(哲学·人文科学·社会科学版)2000年第2期,第17页。

④ *DBPO*, Series 1, Vol. 8, pp. 266-267.

应是，各种主张通过经济封锁和贸易控制来迫使中共屈服的建议案被提交给国务院。例如，早在2月份，美国驻上海总领事卡伯特(John Moor Cabot)就向国务院直陈，考虑到中共在天津和沈阳的当局以缺乏外交承认为由拒绝与这些领事们进行官方接触，“我们有必要采取尽可能有效的手段迫使他们在夺取上海后与我们打交道”。卡伯特建议美国必须告诫中共，如果中共不这样做，美国将不允许上海和美国之间发生进出口贸易关系。卡伯特相信这一政策会有效地迫使中共就范。① 尽管后来利用经济压力迫使中共承认西方领事地位的建议最终被国务院拒绝，但从中还是可以看出美英的一些差异。就像英国前驻华大使史蒂文逊所说的，英美是从不同的角度来处理问题的：“美国政府想利用他们的商业地位来巩固他们的领事地位，而我们认为维护我们的领事地位主要是为了维护我们的商业利益。”②

从4月底到5月中旬，中国共产党即将建立全国性政府的可能性使得美国将承认问题的考虑提上日程。鉴于此时英国国内已经形成了一旦中共全国性政府成立，立即予以事实的承认的基本共识，其他西方国家在对中国共产党政权的承认问题上也表现出与英国同样的倾向性，为了防止英国等国率先承认中国共产党政权，美国政府加紧采取对策。正是这个时候，美国在对中国共产党的承认问题上的立场正式出台。

4月29日，美国前驻华大使司徒雷登致电国务卿艾奇逊，就承认中国共产党政权问题提出建议。他认为：“中共领导人正处于一种傲慢情绪之中，并且已表现出他们只会在他们规定的条件下承认其他国家。因此有必要在适当的场合告诉他们，正是他们而不是

① *FRUS*, 1949, Vol. 9, pp. 906-907.

② Stevenson to Bevin, 23 March 1949, FO371/75810 F4314/1023/10, PRO, London; James Tuck-Hong Tang, *Britain's Encounter with Revolutionary China, 1949-1954*, London: Macmillan Press, 1992, p. 54; Lanxin Xiang, "Recognition Controversy: Anglo-American Relations in China, 1949", *Journal of Contemporary History* (SAGE), Vol. 27 (1992), p. 323.

其他那些有着良好传统并遵守国际义务的国家处于接受审查的位置。”①

5月3日、4日和5日，司徒雷登又数次致电艾奇逊，针对英、法驻华大使要求讨论对中国共产党政权事实承认的问题，阐述了他的看法，并请示国务院批准。在这些电文中，司徒雷登反复强调“不要表现得想要急于做出行动，也不要在对新政权的任何承认问题上采取主动”。他认为：“承认问题的提出需要等到国民党政府消失、一个全国性的政府成立这样一种具体的发展”，“应由新政权迈出第一步”，“对承认新政权问题提出任何动议都是不明智的”，“不利于我们采取灵活性的政策”，“将束缚我们的行动自由”。他还一再重申，中共“有一种强烈的傲慢情绪”，并且擅长施展“以夷制夷”的计谋，因而西方国家应在承认问题上采取一致立场，这些政府“特别是英联邦成员国的政府不应该为了中共可能在他们眼前晃动的暂时的商业和政治利益而抢先行动”。②

美国国务卿艾奇逊采纳了司徒雷登的建议，5月6日致电美国各驻外使节，表示：1. 不宜提出任何针对承认的动议，哪怕只是给人造成共产党寻求承认的任何努力将受到欢迎之类印象的官方声明都不能出现；2. 希望西方国家在这一点上采取共同阵线。③ 5月13日，即英国内阁会议赞成就承认中国新政权的问题与英联邦国家和北大西洋公约国家进行协商的同一天，艾奇逊正式向司徒雷登通告了国务院关于承认中国共产党政权的立场，即中共要得到承认必须具备的先决条件：1. 事实上控制整个国土和行政机构，包括维持公共秩序；2. 该政府有能力并且愿意履行其国际义务；3. 得到该国人民对其权力的总体上的默认。④ 这就是有名的关于承认问题的三原则。

5月17日，司徒雷登针对当时西方国家出现的要求承认中国

① *FRUS*, 1949, Vol. 9, pp. 12-14.

② *FRUS*, 1949, Vol. 9, pp. 14-15; pp. 15-16; pp. 16-17.

③ *FRUS*, 1949, Vol. 9, p. 17.

④ *FRUS*, 1949, Vol. 9, pp. 21-23.

共产党政权的趋势致电国务卿艾奇逊，除了重申前述立场外，更为明确指出："承认将是我们的唯一杠杆，一旦共同阵线被打破，一旦我们开始给予承认，我们将会放弃我们手中不多的讨价还价的力量"，"特别重要的是伦敦和华盛顿应采取协调一致的立场"。①

至此，美国在承认中国共产党政权问题上的政策正式形成。美国的立场归结起来主要有这样几点：（1）暂不考虑承认，需要等到国民党政权消失，新的全国性政府建立，而且应由新政权迈出第一步，即反对过早承认和避免采取主动。（2）新政权要获得承认必须满足一些先决条件，即事实上控制整个国家的领土和行政机构，包括维持公共秩序；该政府有能力并且愿意履行其国际义务；得到该国人民对其权力的总体上的默认，亦即承认必须是有条件的。（3）对新政权的承认是西方国家与新政权讨价还价的砝码，不能轻易放弃。西方国家（北大西洋及英联邦各国）在承认问题上必须采取一致的立场，共同对新政权施加压力，迫使其接受西方的条件。而实际上，美国在承认问题上最核心的内容是新政权必须满足上述先决条件、西方国家决不能在这个问题上采取主动这两点。

总之，时至5月，美英尽管都表示要等到中国新的全国性政权出现再考虑承认问题，但双方立场的分歧已非常明显，主要是：英国希望尽早承认，认为一旦这样一个全国性的政权成立，就应迅速做出反应，而且英国的考虑主要基于对事实的承认与实际的便利；美国则坚持对承认附加条件，反对在承认问题上采取主动，西方国家应采取一致行动，旨在改造中国共产党政权，迫使其承认西方的在华利益与价值标准。

第三节 变局中的协调：美英各执己见

1949年春夏之交，随着中国人民解放军解放南京、上海，并以摧枯拉朽之势向南挺进，一方面，形势的发展使英国在承认问题

① *FRUS*, 1949, Vol. 9, pp. 24-25.

上的立场更趋明确，美英分歧越来越大；另一方面，由于美英在承认中国共产党政权问题上的不同政策以及各自政策的推行均以对方的认可和合作为前提，导致双方的协调不可避免。从5月份开始，美英之间围绕对中国共产党政权的承认问题开始了协调分歧的过程。

5月4日，英国驻华大使史蒂文逊与美国驻华大使司徒雷登会面。史蒂文逊提交了一个非正式备忘录作为双方会谈的基础。史蒂文逊的建议包括如下几点：1. 国民党政府正日趋崩溃；2. 除非给予事实的承认，否则仍然很难在领事关系的基础上很好地保护西方的利益；3. 希望援引西班牙内战期间的先例，通过在给予事实承认的基础上任命外交代表；4. 在对中共予以事实承认和委派外交代表之前，让大使随国民党政权南迁将形成只在“行将就木的国民党政权”内留驻外交代表的局面，这可能会对西方在共产党控制区的侨民和利益造成不利的影响。对于史蒂文逊的建议，司徒雷登表示原则上认可第1点和第2点，但怀疑第3点和第4点的有效性。司徒雷登还说：“不要对中共抱有幻想，以为他们会受我们的大使留驻南京的行动的影响。他们对我们的态度和政策是既定的，不会半途而废。”他继续重申：“我们不能牺牲可能的长远利益来换取眼前的，而且是很小的利益；不能显得急于采取主动给新政权以任何承认。”① 经过磋商，美英同意在一个全国性的政府宣布成立之后，才能提出正式承认的问题。应对新政权持保留态度，西方大国应保持一种共同的立场，应随时保持充分而持久的协商，以便一旦时机来临时能采取紧急行动。②

然而，随后的形势发展却使美英在是否承认中国共产党政权问题上的分歧进一步扩大。

对美国来讲，来自英联邦国家要求承认的呼声令人不安。6月1日，美国驻澳大利亚代办福斯特致电美国国务卿，通报了澳大利亚的立场。他表示，澳大利亚政府内有一种不断增长的情绪，就是

① *FRUS*, 1949, Vol. 9, pp. 16-17.

② *FRUS*, 1949, Vol. 9, pp. 25-26.

中共政权已经在中国存在，西方应面对现实。继续拒绝承认不仅将破坏与该政权合作的机会（不管这种机会多么渺茫），而且还将把它赶到莫斯科的怀抱中。澳大利亚现已向英国建议，基于经济和安全的理由，英国应在承认中国共产党政权的问题上起带头作用，否则香港可能会丢失。①6月10日，在与美国中国事务司石博思会谈时，美国驻澳大利亚大使馆一秘欧文·戴维斯再次转达了澳大利亚的官方观点，即中国将会建立一个全国性的政府，这是必须面对的事实。通常的卫星国的模式不适合中国，澳大利亚也不相信中国会依附于莫斯科。不管是拒不承认，还是在经济合作问题上采取关门政策都将把中国推到苏联的怀抱。② 6月17日，美国驻印度大使亨德森(Loy W. Henderson)向艾奇逊转告了印度的立场:印度驻华大使潘尼迦(K. M. Panikkar)否认他曾对美国驻华大使作出过这样的承诺，即印度政府将不在没有同美国事先商量的情况下承认中国共产党政府。潘尼迦的看法是，如果印度对待新的共产党中国的态度建立在这种承认的基础上，可能会给中国共产党造成西方各国联合起来反对它的印象。印度外交部长梅农(V. K. Krishna Mennon)也表示印度政府并没有做出这种承诺，并且希望能保持行动自由。所以亨德森据此认为:“现在就迫使印度做出任何明确的承诺是不明智的。”③英联邦国家的反应很显然与英国的态度不无关系。美国担心在承认问题上的共同阵线有可能因为英国的行动而归于失败，因而急需说服英国在承认问题上与美国采取一致立场。

就英国而言，由于国民党对上海的封锁④和中国共产党控制区内强大的劳工压力及中共的税收政策，英国在华特别是在上海的处

---

① *FRUS*,1949, Vol. 9, pp. 32-33.

② *FRUS*,1949, Vol. 9, p. 36.

③ *FRUS*,1949, Vol. 9, pp. 43-44.

④ 1949年6月，蒋介石决定利用其拥有的美国飞机和军舰对已经解放的一些港口，包括永嘉、宁波、天津、青岛、上海、秦皇岛等进行封锁，不允许任何商船通过，并照会有关国家，一切外国船只如违反此规定，由此引起的任何危险将由自己负责，暗示可能遭到轰炸，并且特别针对英国。资中筠:《追根溯源——战后美国对华政策的缘起与发展(1945～1950)》，上海人民出版社2000年版，第246、247页。

境严重恶化。这种状况对英国在承认中国共产党政权问题上的立场产生了重要影响。

首先，它使英国政府面临来自商界要求通过承认中共政权以改善处境的压力剧增。英商普遍认为，由于英国不承认中国共产党政权，以致他们无法向共产党当局提出抱怨或建议，于是他们转而向本国政府施加压力。1949 年 7 月，英美烟草公司的代表向外交部远东司司长斯卡尔特提出了其面临的问题，建议政府与中共当局谈判以便改善英商的处境。①

其次，它也使得英国政府在国共之间的取舍进一步趋于明确。英国在华资产的处境恶化，一方面，说明英国先前对中国共产党可能对外资采取的立场估计不准确；另一方面，中共中央出于打破国民党的封锁及离间美英关系的考虑，对英国在华商人和官员进行了一些有意识的安抚工作和私下接触，如 7 月底，“在中共最高当局已事先指示，如‘紫石英号’逃走，我沿江部队可不予拦截，而在事后发表声明予以谴责”② 的情况下，英国军舰“紫石英”号得以逃出由解放军严密布防的长江，从而以一种特别的方式解决了中英双方关系中一个棘手问题。8 月 26 日，上海外事局负责人章汉夫破例召见了英国驻上海总领事厄克特。28 日和 30 日，章汉夫又允许上海英商会主席约翰·凯塞克先后会见他本人及陈毅市长，向英商传递了中国共产党希望与外商保持正常联系，不准备将外国人排挤出去的信息。③ 英商和英国外交部受到这些行动的鼓舞，对发展与中共新政权的关系抱有希望。与此同时，因为国民党对上海的封锁使英国蒙受了巨大的损失，也给其殖民地香港造成严重威胁，英国与国民党政权的关系进一步恶化。英国驻华大使史蒂文逊称，英国不欠国民党任何东西，该组织一直敌视英国，而且支持它

① Minutes by Peter Scarlett, 26 July 1949, FO371/75866 F11173/1153/10, PRO, London.

② 康矛召:《“紫石英”号事件》,载外交部外交史编辑室编《中国外交官回忆录:新中国外交风云》,世界知识出版社 1990 年版,第 44 页。

③ Edwin W. Martin, *Divided Counsel: The Anglo-American Response to Communist Victory in China*, The University Press of Kentucky, 1986, p. 61.

也不足以遏制亚洲的共产主义潮流。①

最后，特别重要的是，这一事态的发展也使美英在对华问题上的矛盾公开化。由于美英在上海的经济处境不同，导致美英之间在如何解决因国民党的封锁带来的危机方面出现严重分歧。英国在华利益远大于美国，而且因为“英国在华投资涉及工厂、矿山、航运、房地产、公用事业和金融保险，而不像大多数美国企业只由分支机构在华从事经营或销售。英国工商企业的根基在中国和香港，一旦从中国撤离就意味着企业的倒闭和破产”，英国政府因此“考虑‘采取一些救援措施’，主要是运送稻米和燃料等生活必需品，以防止上海局势进一步恶化”，并希望美国等国应该向国民党施加压力。但美国政府认为，只要中共对美国继续现行立场，“就不应采取这些足以使共产党经济上受益的救援措施”，所以拒绝参加英国提议的救援行动。② 结果是“美国人更关心撤离上海”。③ 而英国人倾向于尽可能留在中国，同时尽量安排最小可能的供应来打破封锁。④ 美英的关系紧张到了美国中央情报局警告说美英在这个问题上的分歧继续深化可能殃及两国在其他问题上的协商。⑤

基于上述考虑，英国决定在承认中国共产党政权的问题上独立行事，因而也急需与美国协调分歧，并说服美国接受英国准备承认中国共产党政权的立场。

由于各自不同的出发点，结果在7月、8月和9月间，美英两国就对中国共产党政权的承认问题举行了一系列高层会谈。

7月20日，美国国务卿艾奇逊致电美国驻伦敦大使道格拉斯，

---

① Stevenson to Bevin, 1 Sept. 1949, FO371/758145 F13102/1023/10, PRO, London.

② 转引自陈谦平《上海解放前后英国对中共的政策》《南京大学学报》（哲学·人文科学·社会科学版）2000年第2期，第20、18页。

③ Edwin W. Martin, *Divided Counsel: The Anglo-American Response to Communist Victory in China*, The University Press of Kentucky, 1986, p. 60.

④ *DBFA*, Part IV, Series E, Asia, 1949, Vol. 8, p. 144.

⑤ June M. Grasso, *Truman's Two-China Policy, 1948-1950*, Armonk, New York: M. E. Shape, 1987, p. 9.

希望他能赶在英国外交大臣贝文休假之前与之进行一次坦率的私人会谈，以便能在两国政府的政策尚未定型之前，就远东问题交换看法。艾奇逊建议讨论议题应包括对中共政权的承认问题；这种承认将对联合国组织的影响；与中国的贸易以及这种贸易是否会加强中共的力量，等等。艾奇逊要求道格拉斯从这样几个方面来劝说英国：1. 英国曾表示过，一旦中共进攻香港，需要美国的支持。2. 中共可能不仅控制中国，而且会控制整个亚洲。3. 西方国家在对新政权承认问题上采取协调立场非常重要。应同所有相关政府就这些问题进行广泛磋商，这些政府不仅应该包括英国、加拿大和法国，还应包括像澳大利亚、荷兰、新西兰以及印度、缅甸、菲律宾和泰国等这样一些亚洲国家。在此阶段，美英首先应确立磋商原则，而不是就具体问题达成协议。①

21 日晚，道格拉斯打电话给贝文，转达了艾奇逊的意思，贝文未明确表态，只是表示他考虑 9 月份访问华盛顿时将与美国就远东问题进行全面探讨。道格拉斯表示，中国问题非常迫切需要尽早考虑。贝文同意将其观点转告外交部远东事务助理次官丹尼。②

此时明显需要与美国协调立场的贝文为什么对美国急切的建议显得缺乏足够的热情呢？真实原因在于贝文当时被中东和印巴克什米尔问题牵扯了精力。贝文不想草率行事，希望有足够的时间准备对中国的政策评估及其政策。③ 事实上，英国非常重视此次协商。7 月 22 日，在致贝文的一份备忘录中，外交部常务次官丹尼表示："在过去的三年中，英国一直试图使美国人在中国和日本问题上对英国人坦率些，但这些努力都失败了。美国人一意孤行，结局令人不快；现在他们要求我们和他们一起讨论中日问题……我认为应持欢迎态度，因为这是使美国政策回到正确的轨道上来的最好

① *DBPO*, Series 1, Vol. 8, pp. 323-324; *FRUS*, 1949, Vol. 9, pp. 50-52.

② *DBFA*, Part IV, Series E, Asia, 1949, Vol. 8, pp. 143-144; *FRUS*, 1949, Vol. 9, p. 52.

③ *DBFA*, Part IV, Series E, Asia, 1949, Vol. 8, pp. 143-144, p. 145.

办法。"①

8 月 8 日，英国外交部将美国大使馆的意见转给负责协调东亚和东南亚各部门之间政策的远东委员会，希望它拿出一份反映英国政府立场的备忘录。② 8 月 15 日，英国部际会议关于中国的备忘录正式出台。

关于中国的备忘录针对 7 月 20 日美国国务卿提出的一些特别问题，系统阐述了英国希望面对现实，尽早给予中国共产党政权事实上承认的立场。备忘录表达的主要精神有如下几点：1. 对中国的任何计划必须建立在中共不久将控制整个中国这一预见之上。2. 中共现任领导人无疑是正统的马克思列宁主义者，他们奉行的强烈亲苏政策构成了对西方不仅在华而且在整个东南亚政治、经济利益的严重威胁。然而在现阶段，除了防御中国向东南亚输出共产主义以外，任何试图阻止中共夺取全国政权的外部努力不仅注定失败，而且还将引起中国传统的排外情绪。而对一个新政权显示全面的和公开的敌视将会把它进一步赶到莫斯科的怀抱。"在最坏的情况下，在承认之后，英联邦和北大西洋公约国家与中共的关系可能遵循它们与苏联的东欧卫星国的模式，然而也有可能最终发展为就像西方现在同南斯拉夫的关系的模式。"因此，西方大国不要从一开始就采取公开敌视态度从而损害未来的这种可能性。3. 拒不承认一个已有效控制了大部分国土的政府，从法律上讲不通，也会给保护英国在华利益带来实际的困难。4. 不要指望中共会以任何条件来换取承认。推迟承认可能严重损害西方在华利益，中共却不会因为她的不被承认而感到有所不便。对中共来说，他们可能还会拒绝与承认国民政府的大国发展外交关系。5. 西方在华经济利益应继续保持。因为长期苦心经营而且业已根深蒂固的商业设施和联系一旦丧失将难以恢复。从长远来看，一个强大而有效的政府管辖下的中国，作为原材料、粮食和出口市场的潜力不容忽视。6. 西方大

① *DBPO*, Series 1, Vol. 8, p. 324, note 4.

② Peter Lowe, *Containing the Cold War in East Asia: British Policies towards Japan, China and Korea, 1948-1953*, Manchester University Press, 1997, p. 103.

国对国民党政权的继续承认将只能基于实际的便利而不是感情用事。如果出现国民党控制台湾或中国西部的情况，视那些地方当局为事实的当局就足够了。然而支配继续承认国民党政府的因素是安理会的代表权问题。①

关于中国的备忘录出台后，英国外交部立即将其呈送美国驻英使馆，并于8月17日交到美国国务卿艾奇逊手里。8月28日，这一文件在英国内阁讨论通过，正式成为英国政府在承认新中国问题上官方立场的系统表述。② 一切准备就绪，贝文如期前往华盛顿，以了解美国在认同英国的观点和政策方面到底能走多远，并说服美国接受英国的政策。如果行不通，起码要劝说美国不要批评英国的做法。③

9月9日，美英双方主管远东事务的官员先行谈判。英国远东事务助理次官丹尼和美国远东事务助理国务卿巴特沃思各自陈述了立场。丹尼表示，英国将遵循8月15日关于中国的备忘录所概述的精神，力主尽早承认中国的新政权，认为尽管承认会对东南亚产生副作用，但不承认所带来的困难会最终大于承认所带来的困难，而且不论迟早，都会有副作用。巴特沃思则表示，美国将执行先前美国国务院就这个问题同包括英国在内的几个国家达成的协议精神，即在一个中央政府还没有建立以前，不存在承认的问题；一旦这样一个政府成立，相关各国政府决不要匆忙予以承认，应让新政权走出第一步；相关政府在采取任何行动之前必须进行充分协商。坚持认为过早承认会对东南亚产生副作用的问题。在这次会谈中，美国国务院远东司官员麦钱特还问道，是否英国政府已充分考虑到了中共会提出撤销对国民党的承认作为一种建交先决条件的可能性问题。丹尼回答说，他认为中共不会接受事实的承认，而给予法律的承认必然要求撤销对国民党的承认问题。不过他补充说，他认为

① *FRUS*, 1949, Vol. 9, pp. 56-61; *DBFA*, Part IV, Series E, Asia, 1949, Vol. 8, pp. 145-148; *DBPO*, Series I, Vol. 8, pp. 347-351.

② *FRUS*, 1949, Vol. 9, p. 70.

③ *DBFA*, Part IV, Series E, Asia, 1949, Vol. 8, p. 145.

到承认中共的时候，国民党已不再是中国的一支主要力量。巴特沃思称，他不能想象会有任何情况会使得美国急于承认中共政权，因为那无异于是认可勒索。丹尼举例说，如果长久推迟承认将会损害英国在华官员和侨民的地位问题。巴特沃思表示，“美国不会屈服于这些旨在迫使我们承认中共的勒索性策略，但是无疑将强调通过采取撤离其在华侨民的方式来减少可能的人员损失”①。

9月13日，贝文与艾奇逊在华盛顿举行会谈。对于华盛顿会谈的结果，尤其对于艾奇逊的真实立场，在英国官方和学术界存在一些误解。根据爱德温·马丁援引的一段资料，外交部在1949年9月30日给南京的一份电文中曾乐观地宣称：“美英对华政策之间产生显著的分歧的危险已经排除。”“当承认的时机来临时，不再需要设想会与美国发生重大分歧。”② 似乎美英在承认问题上的分歧基本解决。根据詹姆斯·唐的研究，英方的文件记录强调，尽管美国觉得过早承认将对中国的反共力量不利，但是同意英国坚持的应致力于离间中苏关系的主张，那些文件记录也表明，艾奇逊说过美国政府理解英国因为其在华的巨大商业利益而不得不采取与美国不同的做法。尽管唐“不清楚艾奇逊是否认同贝文的观点，但是认为艾奇逊理解英国执行不同政策的难处，并认为美英分歧只是策略上的而不是根本的政策差别”③。根据英方资料进行研究的学者也一般认为美英在华盛顿会谈时已经就承认问题达成谅解。

笔者的研究结论是艾奇逊并未认可贝文的立场。根据英方相对简略的文件记载，艾奇逊的确说过：“美国政府相当理解英国在华利益要远为广泛，英国的行动肯定会和美国不一样。”“只要两国政府的目标相同，有些策略上的差异无关紧要。”虽然这样的话语给人的感觉是美国认可英国的做法，至少不太反对，就像詹姆斯·唐所得出的结论。但笔者认为，这两句话之间有一句话非常关键，

---

① *FRUS*, 1949, Vol. 9. pp. 76-78.

② Edwin W. Martin, *Divided Counsel: The Anglo-American Response to Communist Victory in China*, The University Press of Kentucky, 1986, pp. 68-69.

③ See James Tuck-Hong Tang: *Britain's Encounter with Revolutionary China, 1949-1954*, London: Macmillan Press, 1992, pp. 55-56.

不应被忽视，即艾奇逊强调他所接受和认可的美英的不同只是“处境的不同而不应是政策的不同”。如果将美英文本加以对照并进行完整的解读，更能证实这一点。英美文本的差异在于英国文件是采用观点摘要的方式，美方记录则是根据实际会谈过程进行动态记录，所以要完整了解美国政策的思路，依据美方文件记录要更可靠一些。根据美方文件，实际情况是双方在整个会谈中始终各执己见。如艾奇逊阐明，不能过早承认，应坚持将承认国际义务、得到中国人民认可作为中国共产党得到国际社会承认的先决条件，强烈要求北约诸国充分协商，并在承认新政权问题上采取一致行动。艾奇逊还以承认中国共产党“将直接危及英国在香港的殖民统治”相要挟。贝文则针锋相对地指出，英国虽不急于承认，但英国在华有美国所没有的庞大的商贸利益，而且英国还要关注香港问题。但英国人不相信俄国人会建议中国共产党废除有关香港的条约或者直接进攻香港。贝文认为，如果西方在中国问题上过于顽固的话，将把中国推向苏联一边，但如果小心从事，可能削弱苏联的控制。艾奇逊则反驳说，美国人怀疑承认问题是使中国不落入苏联控制之下的一张王牌，不管怎样，它们都会走到一起，而且承认新中国会给东南亚带来副作用。在双方都无法说服对方的情况下，贝文转而重申：美英应保持充分协商，英国会谨慎处理这一问题，而难题在于英国将执行一种路线，而美国走的是另一条路线。英国可能会在领事和贸易地位方面采取稍稍不同的步骤，但是美英之间的差别不是恶意预谋的。艾奇逊则认为，应明确区分政策与处境，英美因为其在华处境的不同可能影响其在华所呆的时间长短不同，但出现政策的分歧则是一个错误。当贝文表示分歧只是在策略方面而不是目标方面时，艾奇逊表示同意。双方最终同意将在承认问题上谨慎行事，继续磋商。①

美英未能就承认中国共产党政权达成谅解这一点也为随后举行

---

① 美方记录：*FRUS* 1949, Vol. 9, pp. 81-85；英方记录：Paul Preston and Michael Partridge eds., *British Documents on Foreign Affairs: Reports and Papers from Foreign Office Confidential Print* (*abbr. BDFA*), Part IV, Series E, Asia, 1949, Vol. 8, pp. 149-150；*DBPO*, Series 1, Vol. 8, pp. 359-361.

的美、英、法三方外长会谈记录所证实。

9月17日，美、英、法三方在华盛顿举行了外长会谈。三国外长、使馆官员和远东事务官员参加了会谈。根据美英双方的记录，美国反对过早承认，主张通过经济压力迫使中共认识到与西方关系的重要性。如果要承认，也必须让中共保证“承担它的国际义务”，即遵守中国现有的一切条约。贝文则表示，英国的基本立场是保持原地不动，以观察事态发展。希望保持其在华领事存在及尽可能多的贸易关系。英国会非常谨慎地处理对中国新政权的承认问题，并保持与美、法和其他一些相关政府的密切协商。当然中国在安理会的代表权问题也使得英国在处理承认的问题上不能操之过急。但是贝文认为美英的不同在于，“美国正在撤离的时候，英国想尽可能坚守阵地”。在会谈期间，巴特沃思提及中国共产党可能会在10月10日要求承认他们的政府。贝文说：“如果那样的话，我们需要尽快做出决定。”艾奇逊说：“我们将缓慢行事，并且不论什么情况下，我们都不会接近他们，通过靠近共产党政府我们不会赢，这正是他们想让我们做的事情。共产党必须承认他们的国际义务，并且在他们获得承认之前必须实际控制他们的国土。”“我们不想承认他们，从而承认他们已赢得了战争。”艾奇逊再次强调，必须保持协商；还说美国正在研究阻止中国共产党控制中国南部地区的可能性。①

由此可见，1949年7～9月份美英在是否承认中国共产党政权问题上的协商未能取得一致，美英分歧难以弥合。此时英国已决定一旦中国共产党全国性政权成立并决定予以事实的承认。美国仍坚持既定立场。双方表示在采取重大行动之前应保持密切协商。而下文即将论及的中华人民共和国成立后英国给予中国共产党事实承认后引发的外交风波也进一步证明了这一点。

---

① 美方记录：*FRUS*，1949，Vol. 9，pp. 88-91；英方记录：*DBPO*，Series 1，Vol. 8，pp. 362-364；*BDFA*，Part IV，Series E，1949，Vol. 8，pp. 151-153.

第四节 “尘埃落定”：美英各行其是

1949 年 10 月 1 日，中华人民共和国宣告成立。在新中国成立当日，毛泽东主席代表中华人民共和国中央人民政府向全世界郑重宣布，愿意同遵守平等、互利及互相尊重领土主权等项原则的任何外国政府建立外交关系。① 同日，周恩来将上述公告以公函的形式送达各国政府。10 月 2 日，苏联率先给予新中国以正式的外交承认，随即保加利亚、罗马尼亚、匈牙利、捷克斯洛伐克、波兰、朝鲜、蒙古人民共和国、民主德国、阿尔巴尼亚等国相继承认新中国。

在新中国成立当日，英国前驻华大使史蒂文逊敦促英国政府采取主动，向中国新政权示好。他指出：中英之间友好、互利的商业和政治关系已持续了好几代人，他希望这种关系继续下去，因此，他建议英国使馆官员与中国中央人民政府控制下的地方当局建立非正式关系，以便有利于两国政府的交往和促进两国间的贸易。② 史蒂文逊的建议在 10 月 3 日得到英国首相艾德礼的认可，并于 5 日以照会形式送呈周恩来外长。因为该照会中含有中央人民政府的称谓而未加引号，从严格的法律观点看，这实际上相当于给新中国以事实上的承认。③

英国对新中国事实上的承认没有得到预期的中国政府的积极反应，却引起了美英之间的一场外交风波。

英国给中国外交部送呈照会时，通知了英联邦国家和其他相关国家的政府。但是，英国外交部担心美国会视此举为英国想与中共打交道的证据，所以没有告知美国国务院。英国还事先想好了应对美国的说辞，即贝文曾经承诺要事先向美国咨询的对新政权的承认

---

① 《建国以来毛泽东文稿》第 1 册，中央文献出版社 1987 年版，第 15 页。

② *BDFA*, Part IV, Series E, 1949, Vol. 8, pp. 153-154; *DBPO*, Series I, Vol. 8, pp. 382-383; *FRUS*, 1949, Vol. 9, p. 103.

③ *DBPO*, Series 1, Vol. 8, pp. 382-383.

是指明示承认。这也是当时英国外交部在向法律顾问咨询后对法国使馆官员做出的解释。英国外交部远东司司长斯卡利特试图向美方提供同样的解释，被远东事务助理次官丹尼制止。①可见，英国人非常清楚美国人的反对立场，因而决定先斩后奏。直到在10月5日与美国新闻记者的非正式会谈中，当被问及承认新中国的问题时，英国首相艾德礼还说，英国政府将从容处理这一问题；该问题的许多方面尚需成熟地考虑，包括共产党对国际义务的态度；国民党还没有输掉一切。②

10月3日，在美国前总领事柯乐布接到周恩来的通函后，美国政府所做出的第一个反应是杜鲁门总统给国务院下达指示："我们不要匆忙承认这个政权，我们在承认苏联共产党政权之前曾等待了12年。"③当主要西方国家在获知英国的行动之前，都估计英国可能会很快做出承认的举动，纷纷前来探寻美国的意图。美国国务院一概表示，新政权的成立并未增加承认问题上的紧迫性，并再次强调西方国家在承认问题上保持统一战线的重要性。④

直到10月7日下午，美国国务院才从法国使馆官员那里获悉英国回复中华人民共和国建交声明的照会文本。一直被蒙在鼓里的美国国务院反应极为强烈。当时的代理国务卿韦布当即致电驻英国大使道格拉斯，表示美国国务院对英国照会中称中共政权为"人民政府"、提议建立非正式关系，以及对该照会是基于政府间的传递等深感不安。尽管该照会是否已构成英国对中共事实上的承认问题尚不能由国务院说了算，但是无论如何这是在走向承认，违背了贝文—艾奇逊会谈达成的谅解，即这是一个需要双方政府进行协商的问题。韦布希望美国驻英大使道格拉斯尽早与英国外交部联系，以准确了解英国的立场。他特意指示道格拉斯，不要向英国透露美

① R. Ovendale, Britain, The United States and the Recognition of Communist China, *The Historical Journal*, 26, 1(1983), pp. 147-148.

② *FRUS*, 1949, Vol. 9. pp. 101-102.

③ 转引自陶文钊《1949～1950年美国对华承认政策》,《历史研究》1993年第4期,第133页。

④ *FRUS*, 1949, Vol. 9, pp. 98-99; pp. 99-100.

国已握有英国复照的文本，但可以表明美国除了只是通过北平总领事给周恩来的一个简单答复，告诉周恩来已经将照会转交美国政府外，不准备向中国共产党传递任何回复意图，以此试探英国人的反应和对美国的态度。①

10月7日，美国驻英使馆便开始与英国外交部接触，要见远东事务助理次官丹尼，但是一直等到10日下午，丹尼都没有露面，最后由远东司官员斯卡利特出面接待了美国使馆官员。斯卡利特承认了向中共传递过照会的事实，但他把没有通知美国归咎于处理不当而不是存心欺瞒。理由是英国在给中国复照时确实也将副本邮寄到巴黎和华盛顿的英国使馆，要求它们分别通知法国外交部和美国国务院，只是忽略了应该拍发电报；在向中国共产党传递该照会时，英国驻北平总领事也操之过急。不过，英国外交部的官方立场是，这并不意味着事实承认而只是意味着提议与共产党当局建立非正式关系。外交部相信中共不会视之为事实承认，因为他们已经公开表明不会同任何继续承认国民党政府的国家打交道。至于是否属于美英应事先协商的问题，斯卡利特说他仔细读过华盛顿会谈的记录，认为只有法律上的承认才需要向美国咨询。美国使馆官员霍姆斯予以反驳说：不仅是英国外交部，而且是其驻南京、华盛顿和北平的各个当局都没有事先通告其美国同事。霍姆斯认为英国这种说法站不住脚。②

10月11日，英国驻华盛顿使馆法律顾问格雷夫斯应邀会见美国国务院远东司官员麦钱特和弗里曼，向其递交10月5日英国送呈中共的照会文本。麦钱特和弗里曼轮番训斥格雷夫斯。麦钱特说，从一个外行的角度看，递交这样的文本即构成了对新政权的事实上的承认。弗里曼补充说从最起码的意义上讲，这也是迈向承认的关键一步，这是两国政府事前应进行适当协商的事情。格雷夫斯承认，他个人对这件事情的来龙去脉一无所知，因为该照会呈递时他在海外。然而他辩解说，外交部的立场是，传递这样一个照会决

① *FRUS*, 1949, Vol. 9, pp. 109-111.

② *FRUS*, 1949, Vol. 9, pp. 118-119.

不是偏离先前在承认问题上达成的协议，因为这没有构成对中共事实上的承认。他还说，该照会还不是为专门回答周恩来宣布中华人民共和国成立和要求他国承认的宣言的答复，它所力图建立的是英国在中共控制区的领事馆与地方当局的事实关系。弗里曼指出，美国国务院粗略看过照会后的主要的忧虑是英国在使用人民政府时未加引号，而且事实上看来这是政府间的照会互递。① 杜鲁门也指责英国在这件事情上做得不“光明正大”。② 美国大使馆一秘阿瑟·R. 林沃尔特也训斥丹尼：这件事反映出英美政府在工作层次方面令人不快的缺乏合作。他希望今后能做得更好一些。丹尼不得不辩称英国没有玩弄花招，但他的劳累过度和人手不够的下属犯了两个愚蠢的错误：一是远东司竟然胆大妄为到没有与其法律顾问协商是否送达中国的关于建立非正式关系的照会已相当于事实上的承认；二是送到美国的副本没有用电报而是用空邮。美国人的纠缠不休使得外交大臣贝文最后不得不亲自出面认错。18 日，贝文对道格拉斯承认，传递这个照会违背了贝文—艾奇逊关于磋商的协议，③ 这场风波才算平息。

在美英围绕“照会”问题进行交涉的过程中，美国采取了一系列补救措施以防止不承认新中国的“共同阵线”崩溃。10 月 12 日，美国国务卿艾奇逊给美国各驻外使节发出指示，表明美国对中国新政权的立场依旧：“宣布成立中共中央政权早在意料之中，在美国看来，它没有增加需要非共产党国家考虑承认共产党政权问题的紧迫性。但是事态发展的确表明，有关友好政府出于它们各自的利益在承认问题上维持一致态度非常必要。为此美国政府强调，在任何友好国家政府进行决定性的和独立的走向承认的行动之前，必须进行充分的协商。”④ 在同日举行的一次记者招待会上，美国政府正式对外公布了承认新政权的三项先决条件。10 月 14 日，美国

① *FRUS*, 1949, Vol. 9, pp. 120-121.

② *FRUS*, 1949, Vol. 9, p. 132.

③ *FRUS*, 1949, Vol. 9, pp. 134-135.

④ *FRUS*, 1949, Vol. 9. pp. 122-123.

国务卿艾奇逊致函英国外交大臣贝文，在批评英国对中共建交邀请的复照有违“共同阵线”政策而事先又不与美商量的同时，要求英国如采取导向承认的新行动，务必告知美方。① 在10月19日的一次新闻发布会上，当被问及“依中国现在的发展趋势，我们在什么条件下承认中共政权时”，杜鲁门回答说：“我们还没有详细讨论，但是我希望我们不必非承认它不可。”②

尽管在向新中国传递照会方面，英国不得不为它的先斩后奏而向美国道歉，但是实际上英国在对新中国的承认问题上并未裹足不前。对于新中国对英国照会的冷淡反应，史蒂文逊的看法是，新政府可能对法律承认之外的其他方式不会满意，故建议英国政府应在承认问题上采取进一步的果断行动。他在10月12日的电报中指出，国民党将在10月15日撤离广州，这样，中共不仅将逼近香港，而且还将全部控制英国在华利益集中的地区，因此，就英国利益而言，拖延承认新政府将一无所获，而且损失惨重。③

新中国成立后，英国国内主张尽早承认的呼声再次高涨。10月中旬，在对华政策问题上最大的压力集团——“中国协会”转交了上海英国商社给英国外交部的一封电报，敦促英国政府尽快承认新中国。电报认为，如果没有中国新政权当局的协助，英商在华面临的两大问题——高额税收和桀骜不驯的劳工力量根本无法解决。英国商人只能寄希望于英国承认新中国从而使他们面临的困难能得到上海当局的同情。④ 此前英国商人游说集团虽已多次敦促政府采取积极的对华政策，但是直到中华人民共和国正式成立后，他们才开始强烈要求承认中华人民共和国，从而对政府承认中华人民

① *FRUS*,1949,Vol. 9 pp. 128-129.

② The President's Special Conference with the Association of Radio News Analysts. ,October 19, 1949,*Public Papers of the Presidents*; *Harry S. Truman*, *1949*,United States Government Printing Office, Washington, 1964,pp. 517-521(520).

③ 转引自金光耀《1949～1950年英国对新中国的承认》,《历史研究》1994年第5期,第123页。

④ China Association to FO, 14 October, 1949, FO371/75817 F15516/1023/10. PRO,London.

共和国的决策产生了相当的影响。

在这种氛围下，10 月 24 日，外交大臣贝文向内阁提交了一份文件，全面阐述外交部希望给予新中国以法律承认的立场。文件指出，由于英国在华利益远大于其他国家，英国在承认问题上将不一定受别国观点的约束。不论迟早，中苏之间会发生冲突，假如英国和中共有外交关系的话，就能利用这种矛盾冲突。只有全面和及早地予以承认，与（中共）保持贸易关系的"在华保持立足点的政策"才能施行。英国基于政治和实际需要的考虑必须承认新政权，因为"国民党的抵抗已毫无希望，它对大陆的控制仅剩名义，"而且法律顾问也认为法律承认从法律上讲是站得住的。至于其他大国的立场，贝文的分析是，美国国务院更多的是受国内政治气候的影响而不是受中国现状本身的左右，因而反对过早承认。法国因为担心对中共的承认将会对其在印度支那的局势不利而不敢下决心承认新中国。荷兰因为担心印度尼西亚的局势会受到影响。但其他欧洲国家可能会跟英国走。在英联邦范围内，加拿大因为在中国没有太大的利益而不愿让美国感到不快，澳大利亚和印度赞成尽早承认，其他英联邦成员国可能和英国保持一致。贝文最后向内阁提出的建议是：1. 在此文件精神的基础上同美国和其他友好国家的政府磋商；2. 将英国的观点传达给英联邦各国政府，并请它们在伦敦的高级专员与贝文本人交换意见；3. 等到这些磋商和将在 11 月初召开的由英国在远东的代表参加的新加坡会议结果出来之后，再确定承认的具体日期。①

10 月 27 日，英国内阁采纳了贝文的建议，即在做出最后的决定之前，先咨询英联邦各国和其他政府包括美国政府，同时要等待新加坡会议的结果。届时，英国外交部官员将与英国驻东南亚殖民当局代表全面讨论承认对英国在远东利益的影响问题。②

英国向各国政府咨询的结果是：美国强烈反对承认新中国。美方的立场是，只要中国国内还存在对中共政权任何反对力量，承认中共都将是对这种反共力量的背叛；中共要得到承认必须先承诺履

① *DBPO*, Series 1, Vol. 8, pp. 397-402.

② *DBPO*, Series 1, Vol. 8, p. 417.

行国际义务；在最近的将来对中共的承认都是不成熟的，甚至考虑承认都为时过早；艾奇逊希望英国在做出承认的决定和给予承认之间要有很长的时间间隔以便美国的公众舆论能有所准备；同时也希望英国不要让英联邦成员国同时采取一致的行动。法国担心对中国的正式承认将对其扶植的保大政权的统治不利，但不反对英国在最近的将来承认中共，只是希望英国尽可能地推迟承认。荷兰赞同英国的承认立场，但是在 12 月 27 日印尼完成主权移交之前，荷兰不急于承认中国。斯堪的纳维亚国家和英国一样，准备尽快承认新中国。意大利和葡萄牙因为受美国的影响不太愿意承认。比利时追随法国，希望英国尽可能晚些时候再予以承认。在亚洲，缅甸已经表明将在 12 月 11 日承认新中国，并且不愿意再往后推延。暹罗（泰国的旧称）早在 1946 年就与中国没有任何关系，不愿意承认新中国。菲律宾准备跟美国步调一致。英联邦其他成员国总体上赞成承认，但是在给予承认的时间或者策略方面存在一些分歧。最主要的分歧在于澳大利亚反对现在就承认，主张等到 1 月份的英联邦外长科伦坡会议之后。而印度急于承认，主张最好在 12 月 15 ~ 26 日之间的某个时间。澳大利亚政府还认为，应事先得到中共政权对遵守国际义务和邻国领土完整方面的某些承诺。尽管澳大利亚和新西兰两国受到大选的影响，态度不明朗，但锡兰、巴基斯坦、加拿大和南非联邦都已表示过总体上同意英国的看法。他们希望把承认推迟到科伦坡会议之后。南非联邦不愿意在最早承认中共的国家之列。① 各国对英国准备承认新中国的反应说明，绝大多数西欧国家和英联邦国家原则上都不反对承认新中国，只是在时机的选择和具体做法上存在一些分歧，主要的障碍在于美国的强烈反对。不过，此时英国已经不想因为美国的反对而拖延承认了。贝文表示，英国外交部已花了一年多的时间来与英国的盟国协商以及协调各部门之间的意见，现在该是做出决定的时候了。②

---

① *DBPO*, Seris 1, Vol. 8, pp. 417-419.

② CAB128/16 CM(49), 62nd Meeting 27 Oct. 1949, Quoted in James Tuck-Hong Tang, *Britain's Encounter with Revolutionary China, 1949-1954*, London: Macmillan Press, 1992, p. 65.

1949 年 11 月 2～4 日，由英国驻远东殖民地的代表参加的新加坡会议如期举行。会议认为：“英国在中国和香港的利益要求英国尽快给予中国共产党政府以法律的承认，在东南亚和东亚的整个形势也使得在年底以前给予承认是值得的。”会议还建议不要对这种承认附加正式的条件，认为在中国承认中国共产党政府和在东南亚加强对共产主义的抵抗是不矛盾的，“在中国发生的事情是中国人自己的事情，我们只是承认一个已经完成的事实，但东南亚发生的事则关涉那里的一些反共的政府”①。由于此前英国国内反对承认新中国的主要是英国殖民事务部，新加坡会议实际上最终解决了外交部同殖民事务部在承认问题上的矛盾分歧。这就为英国最终走向承认新中国铺平了道路。

11 月 15 日，贝文与英联邦国家驻英高级专员磋商的结果是，如果对新中国的承认行动推迟到新年开始的某一天将会对英联邦和其他友好的政府有益。因为届时澳大利亚和新西兰的大选已经落幕；荷兰政府已经完成了印尼政权的移交；法国已经批准了与保大的条约。至于印度提到的它将在 12 月承认新中国而其他英联邦国家是否承认的问题，贝文认为，英国的在华利益要远高于其他英联邦国家。考虑到英国在香港的地位和在马来亚、新加坡至关重要的利益，“非常清楚的是我们必须当机立断，最好在 12 月 12～19 日之间做出决定”②。

此时，英国其他各部门的综合意见也反映出来了。交通部认为，从航运的角度看，越早承认越好。但英国政府有必要单方面宣布，新政府应承担中国已有的国际义务。商务部“赞成承认，但不强求”，希望尽可能恢复与中国的传统贸易关系，并最大限度地保留在中国的大量投资。国防部从军事战略上分析了承认的利弊，认为承认可以减少与中共发生冲突的可能性，从而在一定程度上减轻香港的外来压力，但将对印度支那和整个东南亚产生不利影响。

---

① From Singapore to Foreign Office, 4th, Nov. 1949, PREM8/964, PRO, London; *DBPO*, Series 1, Vol. 8, pp. 409-414; pp. 419-420.

② *DBPO*, Series 1, Vol. 8, pp. 420-421.

“但军事的不利不足以超过因为承认带来的强大的政治与经济的益处”，所以国防部的意见是，应选择对印度支那和东南亚影响最小的时候承认新中国。①

整个10月和11月，英国议会下院围绕对新中国的外交承认问题展开激烈辩论。那些反对承认的议员主要是担心承认新中国可能对马来亚的局势发展产生负面影响，因为马来亚殖民当局当时正面临共产党领导的起义的威胁，然而大多数议员支持承认，其中最著名的是反对党领袖丘吉尔。他在11月17日的历史性演说中指出："承认并不一定就是赞许的行为……建交的理由不是为了获得一种嘉许，而只是为了获得便利。""当广大民众被强有力地组织起来并成为这块广袤土地上和大部分人口的主人的时候，我们有必要与之建立关系。当关系最难处理时，也正是最需要外交关系的时候。""在我们与莫斯科的苏联政府保持全面关系的同时，却与其在中国的产儿甚至没有事实的联系，这是很难令人信服的。"② 经过辩论，两党在承认问题上基本达成共识。

至此，英国政策最后出台的条件成熟。12月12日，外交大臣贝文正式建议内阁及早给予新中国以法律上的承认。贝文认为，如果对新中国的承认行动再拖延下去，将会有明显的危险。新中国将对英国在华利益施加压力或要求英国官员撤退。在这种情况下，英国将要么被迫或在胁迫的状态下给予承认，要么作为一种对抗的姿态而永久撤退。在外交部看来，这将使政府陷入一种两难的境地，如果采取前者，将削弱英国在远东的尊严和地位；如果采取后者，将牺牲政府所期望维持的英国在华利益。③ 12月15日，英国内阁讨论和批准了贝文的建议，决定立即将英国的立场及时间通知英联

---

① *DBPO*, Series 1, Vol. 8, p. 351; pp. 421-422；金光耀：《1949～1950年英国对新中国的承认》，《历史研究》1994年第5期，第125页。

② H. C. Debs, Vol. 469. col. 2225; H. C. Debs, Vol. 469. cols. 2225-2226; H. C. Debs. Vol. 469. col. 2226; Quoted in Brian Poter, *Britain and the Rise of Communist China: A Study of British Attitudes, 1945-1954*, London: Oxford University, 1967, pp. 28-31.

③ *DBPO*, Series 1, Vol. 8, p. 425.

邦国家和包括美国在内的其他国家，以便争取有尽可能多的国家承认新中国或在几乎同时采取行动。① 12 月 16 日，英国将这一决定正式通知美国。② 12 月 23 日，贝文奏请首相艾德礼，要求于 1950 年 1 月 6 日正式承认新中国。24 日，艾德礼批准这一行动日期。英国随即向美国国务卿艾奇逊通报了英国政府的这一决定。③

至此,英国政府终于完成了其在对新中国外交承认问题上艰难的决策过程。从 1948 年底外交部的"在华保持立足点"政策的提出和得到内阁认可,到 1949 年底外交部提议给新中国以法律承认的提案在内阁获得通过,历时整整一年时间。其间英国政府的决策取向经历了从保持事实上的联系到走向事实上的承认再到法律承认的递进过程。推动英国政府决策递进的主要因素是中国革命形势的发展引起的英国国内舆论的变化。英国外交部在决策中起了决定性的作用,而英国驻华外交官、在华商团体及其在伦敦的代理人则是推动承认的急先锋。除殖民事务部外,其他各主要部门都不同程度地支持承认共产党政权。另外,英国公众舆论、议会下院,甚至是英国的反对党保守党领袖丘吉尔等都在其中起了巨大的作用,说明英国对新中国的承认政策经过了充分的酝酿并有着广泛的民意基础。在形势的推动下不断调整的对新中国外交决策也体现了英国现实主义外交的基本属性。

1950 年 1 月 6 日,英国正式承认中华人民共和国中央人民政府为中国法律上的政府,并表示愿意在平等、互利、互相尊重领土和主权完整的基础上与中华人民共和国建交,并准备互换外交代表。同时撤销了对国民党政权的承认,终止了正式的外交关系。但英国在台湾淡水保留了领事馆,负责与台湾省政府打交道,处理英国在当地的各项事宜。在英国承认新中国的前后,1949 年底和 1950 年初,缅甸、巴基斯坦、锡兰、阿富汗和印度等亚洲国家和挪威、丹麦、芬兰、瑞典和瑞士等欧洲国家承认了新中国。美国一直坚持的反对过早承认

---

① *DBPO*, Series 1, Vol. 8, p. 426, note 8.

② *DBPO*, Series 1, Vol. 8, pp. 432-433; *FRUS*, 1949, Vol. 9, pp. 225-226.

③ *DBPO*, Series 1, Vol. 8, p. 439, note 2.

的“共同阵线”瓦解。

美国在接到周恩来的通函后做出的公开反应是,新中国的成立并未增加西方国家重新考虑承认问题的紧迫性,并对英国的积极反应大为不满。但是此时也有诸多因素促使美国必须现实地对待对新中国的承认问题。这些因素包括:1949年10月15日,广州解放。11月30日,重庆解放。12月7日,“国民党政府”正式迁台。随着新中国的成立及其中国共产党对全中国领导地位的确立,以及以英国为首的一些西方国家不顾美国的反对决定承认新中国,美国先前坚持的承认新中国的先决条件以及实施这些条件的保证——西方的共同阵线都在逐渐失效。新中国不仅丝毫没有屈从于美国压力的意向,相反却表现出要将美国势力和影响从根本上挤出中国的强硬态度。① 如果一意孤行,美国不仅将在国际上面临孤立,还可能被新中国扫地出门,从而丧失对中国事态发展的影响力。这一结果显然与美国希望利用承认问题向中共施压的初衷相抵触,所以美国的一些驻外使节,如前驻北平总领事柯乐布、驻莫斯科大使柯克及驻英代办霍姆等都敦促美国政府改弦易辙。② 此时美国国内政治环境也比较宽松。根据斯塔克的研究,“1949年的最后几个月也对美国寻求与中共建立一种现实的关系比较有利,此时中共政府已正式建立,北大西洋公约和军事援助计划均已获得国会通过,美国政府担心公众和国会舆论利用承认问题发难的压力明显减轻。根据国务院公共舆论办公室报告说,多数媒体的观察者在认为没有必要匆忙行动的同时,希望事实上的承认会被视为一种最现实的途径,即使在10月底因为沃德事件变成头条新闻后,多数评论者对将来某个时候承认的可能性或者说期望值并未打折扣。许多学术团体的亚洲问题专家、新教组织和有在华利益的商人赞成尽早承认,当然,不可

① 中国对美国在新中国的外交承认问题上的立场,参见陶文钊主编《中美关系史(1949~1972)》,上海人民出版社1999年版,第4~5页。

② *FRUS*, 1949, Vol. 9, pp. 106-107; pp. 121-122; pp. 123-124.

否认，天主教和劳工组织表示反对”①。所以在与英国就事实上承认新中国问题进行交涉的同时，美国国务院有关人士和专家们广泛征求意见，磋商对策。

10月6～8日，美国国务院召集远东问题专家举行了为期三天的“圆桌会议”。各方智囊从不同的角度分析了承认新中国的利弊得失。会上占压倒多数的意见都主张承认新中国，认为“承认无所失，不承认亦无所得”。但在何时以及在何种条件下承认中共的问题上存在争议。除少数人主张立即承认外，多数人认为不宜太早也不宜太晚。时间上要等到国民党政权完全瓦解，共产党建立有效的管理。条件是要等到中共愿意接受国际条约，并善待其统治区内的美国侨民。② 但在这次会议上，国务院远东事务助理国务卿巴特沃思为会议定下的政策基调是：“我们仍然相信不应该急于承认。事情并没有那么紧迫。中国共产党人还没有控制整个中国。他们更没有做出任何表示要准备承担一个政府应该承担的国际义务。”③

10月26日和27日，艾奇逊又和其远东问题顾问们连续召开两次会议，讨论远东问题，再次确认了美国在这个问题上“不应急切但应现实”的立场。认为支持国民党和其他反共势力、给中共制造麻烦无济于事；促进中共和莫斯科之间的紧张关系，不仅对美国有利，而且有益于实现美国所期望的让中共独立自主而不是作为莫斯科的卫星国的预期目标。④

在此基础上，1949年11月中旬，这些远东问题专家和国务院有关人员共同提出了一项政策文件，题为《供总统审查的远东与亚洲政策提纲》。其总的精神是主张“承认现实，而不要徒劳无益地企图逆转潮流，或无视潮流”，“如果要放下铁幕，应由共产党

---

① William W. Stueck, Jr., The American Failure to Negotiate in Thomas G. Paterson ed., *Major Problems in American Foreign Policy: Documents and Essays*, Vol. Ⅱ., *since 1914*, Lexington, Mass.: D. C. Heath 1984, p. 413.

② *FRUS*, 1949. Vol. 9, pp. 156-159.

③ 转引自袁明《新中国成立前后的美国对华政策观》，载袁明、[美]哈里·哈丁主编的《中美关系史上沉重的一页》，北京大学出版社1989年版，第215页。

④ *FRUS*, 1949, Vol. 9, pp. 160-162.

人放下而不由我们来放下”。该文件对承认中国的提法是：“在共产党政府实质上控制了中国全部领土，并表示愿意履行国际义务时，准备最后承认中国共产党政府，同时还取决于其他重要国家承认（中国）之后可能产生的情况。”①

美国重新评估对新中国的承认问题所反映出来的信息是，美国在承认新中国问题上的立场有所松动，至少没有像先前那样严格限制任何承认的动议、坚持承认的三项条件。但是除了确认对新政权必须承认的原则外，美国在承认的时间和承认的条件，特别是要求新政权接受国际义务这一点上并未突破旧的政策框架，对于承认能否为美国带来预期的效益仍疑虑重重。

正是在这种气氛下，美国对英国在承认问题上的立场一度变得让英国人捉摸不透。如12月初，当英国驻美大使弗兰克斯会见艾奇逊时，艾奇逊尽管知道英国内阁可能会赞成承认，但没有试图劝阻英国做出决定。他告诉弗兰克斯说：“我感谢安排这种咨询活动，但是没有承诺必须采取联合的行动。我也理解国家之间的利益是不一样的，在承认问题上最终的分析还是取决于它们直接的看法和自身长远的利益。”② 但到12月16日，当弗兰克斯大使告诉艾奇逊说，英国政府不久将撤销对国民党政权的承认，转而承认新中国时，艾奇逊的态度明显不满。12月23日，艾奇逊在回函中对英国的行为表示遗憾，并表示美国政府在考虑是否发表一个公开的声明解释为什么承认是不明智的，还表示美国深信在远东涉及相互之间所有的其他问题上，美英追求一种共同的政策是何等的重要，在激发当地对共产主义扩张的抵抗的问题上更应如此。③ 而12月30日的国家安全委员会第48/2号文件则再次重申：“美国急需向友好

---

① 资中筠：《追根溯源——战后美国对华政策的缘起与发展（1945～1950）》，上海人民出版社2000年版，第240页。

② *FRUS*, 1949, Vol. 9, p. 220; Michael F. Hopkins, *Oliver Franks and the Truman Administration: Anglo-American Relations, 1948-1952*, London: FRANK CASS PUBLISHERS, 2003, p. 145.

③ *DBPO*, Series 1, Vol. 8, p. 421; *FRUS*, 1949, Vol. 9, pp. 241-242。

国家政府表达它关于匆忙承认中共政权的危害性的观点。"① 美国的态度一度让英国人很紧张，以致1月3日，英国驻华盛顿使馆向国内汇报说，美国的观点和一个月以前相比很少改变，"我们可能在承认新中国后不久会遭到一个令人不快的倒霉时期"②。

然而出乎意料，美国对英国承认中华人民共和国的反应并没有让英国人感到紧张。根据英国驻美大使弗兰克斯1月7日发回的报道："美国媒体对英国这一行动的反应平淡，美国人最初的反应不像英国人所担心的那么激烈"，"美国的立场变得不同寻常地（对英国）有利"。弗兰克斯甚至推测，艾奇逊特意选在1月5日英国承认新中国的前一天发布关于台湾问题的声明是为了减缓对英国的反对。③

这一时期美国政策的摇摆不定和反复无常当然还必须结合当时非常特殊的形势来考虑。1949年底1950年初，国民党政权在中国大陆彻底失败，蒋介石溃逃到台湾。这对美国来说，中国大陆的"丢失"已成定局。而美国旨在撇开蒋介石分离台湾的计划一一落空，有条件援蒋、保台的方案在当时看来也很不现实。④ 美国对中国共产党的高压政策并未换来中国共产党人的屈服；在国际上组织不承认新中国的共同阵线遭到了其盟友英国的带头破坏，美国政策一时迷失了方向。政府内部在对华政策上出现了严重意见分歧而且相持不下。这个时候又发生了毛泽东访苏，但随后的中苏谈判进展缓慢、国际社会盛传中苏不和，这里因素使得美国国内一度沉寂的离间中苏关系的想法再次抬头。此时一直希望、相信并努力争取中苏分裂的英国更是大力宣传中苏分裂的前景。在这种情况下，一筹

---

① *FRUS*,1947,Vol. 7, p. 1218. 转引自陶文钊《1949～1950年美国对华政策与承认问题》,《历史研究》1993年第4期,第134～135页。

② Michael F. Hopkins, *Oliver Franks and the Truman Administration*: *Anglo-American Relations*, *1948-1952*, London: FRANK CASS PUBLISHERS, 2003, p. 145.

③ Michael F. Hopkins, *Oliver Franks and the Truman Administration*: *Anglo-American Relations*,*1948-1952*,London: FRANK CASS PUBLISHERS,2003,p. 145.

④ 具体论述参见本书第四章。

莫展的美国政府也希望能对当时正在进行的中苏谈判施加影响。在美国政府看来，离间中苏关系最有效手段就是强调“苏联对中国东北的帝国主义意图侵犯了中国的民族利益”。美国分离台湾的举动显然也会引起中国人民的反美民族主义情绪，和美国政府希望离间中苏关系的愿望背道而驰的。所以在分离台湾问题上苦无良策的美国政府，希望借此机会摆脱台湾问题的困扰，赢得中国人民的好感，以诉诸中国人民的反苏民族主义情绪，从而达到离间中苏的目的。尽管美国不愿承认新政权，但在英国为首的一批老牌欧洲国家在承认新中国的问题上占得先机的情况下，美国也担心对新政权公开的敌视可能使美国失去对中国局势发展的影响力。此外，在英国对新中国的承认已不可逆转的情况下，美国希望观望一下英国承认新中国后的反应，以便采取对策。根据美国副国务卿迪安·腊斯克的说法：“他和大使（指英国驻华大使弗兰克斯）曾私下指望美英政策将走向一致，但关键在于北京的行为。如果中国进入世界共同体，并且在外交事务中行为合理，美国的政策将与英国一致。但是如果中国的行为具有进攻性，英国将向美国靠拢并同中国绝交。”①

正是由于上述因素的影响，美国选择在 1 月 5 日英国承认新中国的前一天发表对台政策声明，宣布承认台湾是中国的领土，美国将不干涉中国内政。同时对英国承认新中国的举动保持低调默认。总的看来，美国的这些想法都带有相当的投机性和权宜性质，缺乏现实基础，难以持久。后来的事态发展也很快证明了这一点。

尽管美国一定程度上降低了承认新中国的先决条件，反映出一定的务实性，但这并不表明美国在承认问题上的立场有了实质性的转变。由于美国在承认问题上的拖延不决在新政权看来是一种不友好态度，“中国共产党便决定继续实行‘挤走’美国在华前外交人员的方针，并打击美国继续在中国继续呆下去的打算”②。1949 年

---

① Michael F. Hopkins, *Oliver Franks and the Truman Administration: Anglo-American Relations, 1948-1952*, London: FRANK CASS PUBLISHERS, 2003, p. 146.

② 陶文钊主编:《中美关系史:1949～1972》,上海人民出版社 1999 年版,第 4 页。

11月21日，此前已被拘押的美国前驻沈阳总领事沃德被宣布判刑后于12月11日被驱逐出境。① 1950年1月14日中国政府“征用”美国在北京的兵营地产。在北京的兵营地产是参加镇压义和团运动的帝国主义列强根据1901年《辛丑条约》所取得的特权。“征用”美国兵营地产这一举动对美国的傲慢心态是一个巨大的打击。1月15日，美国政府以此为由，宣布撤回美国在中国的所谓“官方人员”。美国的这一行动在中方看来是“妄图以这种威胁姿态吓退中国人民”，于是中方申明立场：对于维护国家主权的措施，中国人民将继续坚持做下去；至于所谓的美国“官方人员”，中国人民只能把他们当作美国侨民看待，愿去者不留，并对申请离境者迅速给予离境许可。② 根据毛泽东1月18日给刘少奇的《关于向民主人士解释征用外国兵营等行动电报》手稿，毛泽东的看法是：“美国撤退在华的一切官方人员，此事对我们有利，惟民主人士中害恐美病者可能对我们征用外国兵营等行动有所不满。”③ 但美国政府的所谓“撤侨”，一方面迟迟不见行动，只有个别人员离开中国，京、津等地大批前美国领馆人员毫无动静；另一方面，却由国务院出面指责中国政府刁难其侨民的撤退。1950年2月5日，中国外交部发言人发表谈话，揭露美国政府“撤侨”的真相，“指出美国国务院诬蔑中国留难美侨撤退纯属捏造，表明中国政府不但不会阻止任何前美国官方人员和他们的家属离开中国，相反，根据沈阳和迪化（乌鲁木齐旧称）前美国领事从事间谍活动的经验，中国愿意所有美国官方人员能够更快地离开中国”④。美国在华已完全陷入被动。2月14日，《中苏友好同盟互助条约》的签订，使导致这一时期美国对华政策踌躇不定的中苏关系的发展走向有了结果，希

---

① Michael F. Hopkins, *Oliver Franks and the Truman Administration: Anglo-American Relations, 1948-1952*, London: FRANK CASS PUBLISHERS, 2003, p. 146.

② 谢益显：《中国外交史：中华人民共和国时期（1949～1972）》，河南人民出版社1988年版，第38页。

③ 《建国以来毛泽东文稿》第1册，中央文献出版社1987年版，第241页。

④ 谢益显：《中国外交史：中华人民共和国时期（1949～1979）》，河南人民出版社1988年版，第38页。

望离间中苏关系的希望成为泡影。这一连串的失算使美国国内舆论大哗。到2月份麦卡锡主义出笼时，美国国内各种因素互相结合起来，“导致对美国民主党政府自战时以来的一系列对华政策的抨击”①。

中英建交谈判的进展缓慢也使美国对利用承认新中国来诱使中共屈服不抱幻想。英国1月6日宣布承认新中国，恰好赶在英国议会休会期。当时英国的许多主流媒体对这一事件都持支持态度。《泰晤士报》、《曼彻斯特卫报》等尽管对美英政策出现分歧表示遗憾，但均认可政府的理由，认为这是明智之举，并批评美国。② 3月初，英国议会大选，政府重新获得多数席位，议会复会，但承认新中国并未带来中英全面建交。处心积虑要把工党政府赶出白厅的保守党反对派借此大做文章，对政府进行攻击，使英国政府处境尴尬。贝文和他的内阁同事对中国的冷淡反应表示失望。③

总之，时至1950年2～3月份，美国政策逐渐克服了摇摆和反复，不承认新中国已成为美国的既定政策。3月29日，艾奇逊在参议院外交委员会作证时明确宣布：“没有立即承认中共的前景。”④此时，英国驻美大使弗兰克斯就据此预测在可以预见的将来，美国不会有承认新中国的可能。⑤ 1950年4月30日，美国撤走了在华侨民。5月3日，美国远东事务助理国务卿曾对英国外交部远东事务助理次官丹尼透露了艾奇逊的想法，即美国的长期政策没有设想过

① 资中筠:《追根溯源——战后美国对华政策的缘起与发展(1945～1950)》，上海人民出版社2000年版，第285页。

② Brian Porter, *Britain and the Rise of Communist China: A Study of British Attitudes; 1945-1954*, London: Oxford University, 1967, p. 38.

③ Peter Lowe, *Containing the Cold War in East Asia: British Policies towards Japan, China and Korean, 1948-1953*, Manchester University Press, 1997, p. 111; FO to Tokyo, 12 Feb. 1950, FO371/83279/30; Recording of Bevin's Meeting with Representatives of the China Association, 16 March, 1950, FO371/83344/30, PRO, London.

④ 转引自陶文钊《1949～1950年美国对华政策与承认问题》，《历史研究》1993年第4期，第135页。

⑤ Michael F. Hopkins, *Oliver Franks and the Truman Administration: Anglo-American Relation, 1948-1952*, London: FRANK CASS PUBLISHERS p. 146.

在短期内承认中华人民共和国。只要国民党还在台湾，美国就将继续承认他们并给予他们外交和经济的援助。如果台湾落入中共手中，美国将不会承认任何人代表中国，而且这种地位将会无限期地坚持下去。① 朝鲜战争的爆发则使美国在承认新中国问题上最终关上了大门。1950 年 7 月 11 日，艾奇逊在给贝文的信中列举了美国不承认新中国的八条理由：没有证据表明北京真心希望一种正常的关系；北京专门挑选美国侨民和企业实施特别仇视；北京不接受国际义务；北京已承认印支并干涉该地区的事务；北京支持菲律宾、马来亚、缅甸等地的共产党起义；北京对苏联向中国的渗透采取合作；北京并没有完全控制中国；对联合国在朝鲜的集体安全行动采取拒绝态度，支持朝鲜侵略。②

小　结

综观前文，尽管表面上看，美英在是否给予中国共产党政权外交承认的问题上没有原则性的差别，区别只在于时间的迟早和在什么条件下承认的问题，但美英的立场有着实质性的区别，也就是说美国的立场实际上就是一种不承认。其主要理由在于：

首先，美国反对过早承认与有条件承认包含着不承认的实质性内容。因为在美国的三项先决条件中，除了事实上控制整个国土和行政机构这一点可能因为形势的变化而放弃外，所谓“有能力并愿意履行国际义务”则是要求新政权承认美国与国民党签订的不平等条约。这一标准“在现代主要是针对立意根本改造对外关系、摆脱帝国主义压迫的‘革命国家’的。在承认新中国问题上，杜鲁门政府强调的正是这一点。这集中体现了它力图维护美国在华特权”③。仅这一条就将成为可以预见的将来美国承认中共政权的不

---

① Record of a Bipartite Sub-Committee Meeting Held in Mr. Dening's Room on May 3rd, FO371/83018/F1026, PRO, London.

② *DBPO*, Series 2. Vol. 4, Microfiche 2, No. 17i 2/56-62.

③ 时殷弘:《论美国承认新中国问题(1949～1950)》,《世界历史》1991 年第 1 期,第 102 页。

可克服的阻碍。而“得到所治理下的人民的认可”的潜台词是，中国共产主义尚未得到中国人民的认可。用艾奇逊的话说，就是：“中国的共产主义不是一个真正的中国人民的运动……最终，具有深厚文明底蕴和民主个人主义特色的中国人民将重申自己的主张，起而推翻这种外国的奴役。”“美国的使命就是鼓励现在和将来为这一目标的服务的发展事态。”① 所以，美国坚持承认新政权的先决条件，显然不是等待条件成熟后再考虑承认新政权的问题，而是有着更深层的考虑：一是借此向中国共产党施加压力，迫使新政权接受美国的立场，从而达到改造新政权的目的。二是为自己不承认新政权寻找借口，进而等待中国共产党政权垮台或促成这一结局的出现。美国国务院担心过早承认会束缚了手脚，限制其对华政策所谓的灵活性，即寻找替代或者能对中共产生有效抵抗的因素。这种思路在美国对华决策的关键性文件 NSC34 文件系列和 NSC41 号文件以及司徒雷登建议不要过早承认的备忘录中都有体现。这种分析说明，如果新政权不改变其取缔不平等条约的立场，不改变其作为共产党人的性质，美国决不打算予以承认。这与新中国的革命外交和新中国成立后宣布的建交原则根本对立。从这个意义上讲，美国反对过早承认和主张有条件承认的立场实质上就是不承认，也注定了其不承认新中国的结局。

其次，从美国执行反对过早承认和有条件承认的整个过程来

---

① 这是 1949 年 8 月艾奇逊在美国准备公布弃蒋的对华关系白皮书时，随白皮书附送的个人信件中的言论。转引自 David McIEAN,“American Nationalism, the China Myth, and the Truman Doctrine: The Question of Accommodation with Peking, 1949-1950”, *Diplomatic History*, Vol. 10, No. 1 (1986), p. 25; Brian Porter, *Britain and the Rise of Communist China: A Study of British Attitudes, 1945-1954*, London: Oxford University Press, 1967, p. 33. 另外戴维·麦克林及国内学者王立新都从这一时期美国的反共主义和中美关系神话所构成美国独特的对华意识形态的角度论述了美国没有承认新中国的可能。参见：David McLean,“American Nationalism, the China Myth, and the Truman Doctrine: The Question of Accommodation with Peking, 1949-1950”, *Diplomatic History*, Vol. 10, No. 1 (1986)；王立新：《意识形态与美国对华政策——以艾奇逊和“承认问题”为中心的再研究》，《中国社会科学》2005 年第 3 期。

看，美国国务院要求新政权承认旧条约这一立场贯穿始终。即使在中华人民共和国成立后，在美国国内政治气氛相对宽松的情况下，这仍然是一个制约美国立场转变的最根本的因素。美国国内强大的反共援蒋势力则从来没有放弃推翻新政权的企图。美国政府在不同场合出于不同目的发表了很多不准备承认新政权的言论。加上其扶蒋反共的历史包袱以及为迫使中共就范对新政权采取的经济制裁手段，这些不仅说明美国不承认新政权的原则立场没有根本改变，而且强化了美国不承认新政权的色彩。

再次，美国围绕承认新中国问题与英国的持续争议，特别是美英两国几乎在每一个方面都针锋相对、互不相让的具体过程，也证明美英之间的立场有着根本性的分歧。因为相对而言，学术界基本上都认为英国执行的是对新政权的承认立场，如果美国的政策也有与新政权和解的意图，那么它与英国就不会存在这么多的冲突。这也说明，美国的反对过早承认和有条件承认，实质上就是一种不承认。

总之，美英之间在承认新政权问题上的立场根本不同，英国主张尽早承认中共政权，尽管其决策取向经历了一个从事实上的承认到法律承认的递进过程。而美国始终反对过早承认和主张有条件承认，虽然其间有过政策摇摆和立场松动，但决体上具有不承认的实质性内容，并注定了不承认的结局。1949 年 1 ~ 5 月是美英分歧凸显时期；1949 年 7 月至 1950 年 6 月美英就承认问题不断进行磋商，但整个协商的过程表明双方立场针锋相对，各执己见，最终各行其是。英国在 12 月中旬正式做出了给予新中国以法律承认的决定，并于 1950 年 1 月 6 日付诸行动。美国早在 1950 年初而不是在朝鲜战争爆发之后就基本放弃了近期内承认新中国的任何可能。

第三章
新中国在联合国的代表权问题

中国是联合国的创始会员国和安理会常任理事国，其合法政府将代表中国作为国际法的主体在联合国行使职权。1949 年中华人民共和国成立，正式宣告了国民党政权的垮台和新的中央人民政府代表中国行使主权。新中国得到国际社会承认和在国际组织中代表中国是一个顺理成章的事情。然而，在当时全球冷战背景下，是否让一个共产党政权取代一个亲西方的政权拥有在联合国中举足轻重的席位，无疑是东西方争夺的焦点。1950～1951 年，国际社会围绕这一问题进行了持续激烈的争论。此番争论不仅直接体现了冷战高峰时期两大阵营意识形态的对抗性矛盾，也反映了西方阵营内部错综复杂的关系。美英虽同属西方阵营，但在联合国中国代表权问题上的立场一开始并不一致。英国在原则上坚持新中国应获得在联合国的合法代表资格，并一度为此进行过积极的努力。美国则拒不承认新中国，继续支持国民党在联合国的代表权，中国在联合国的代表权曾经是美英关系中的一个非常棘手的问题。美英双方为此进行了一年多的协调，英国最终屈从于美国的压力，支持美国建议的在联合国搁置对新中国代表权问题的讨论。

第一节　美国的“反对但不否决”与英国的弃权

中华人民共和国宣告成立不久，1949 年 11 月 15 日，周恩来分别致电第四届联大主席罗慕洛（Carlos Romulo）和联合国秘书长赖伊（Trygve Lie），郑重声明，中华人民共和国中央人民政府是代表中国人民的唯一的合法政府，国民党政府丧失代表中国人民的任何法律与事实根据，要求立即取消所谓“中国国民政府代表团”继续代表中国人民参加联合国的一切权利，要求联合国驱逐国民党残余势力的非法代表。1950 年 1 月 8 日，周恩来再次致电联合国第四届联合国大会主席罗慕洛和秘书长赖伊，并转安理会部分理事国，要求联合国安理会开除非法的国民党集团的代表。1950 年 1 月 10 日，苏联代表马立克（Yakov A. Malik）正式在安理会提出驱逐国民党非法代表的提案。① 由此，中国在联合国的代表权问题开始成为联合国内外争议的焦点。

美国极力阻挠新中国取得在联合国的合法代表权。不过，其立场一开始比较隐晦。在朝鲜战争爆发之前，美国在安理会及其他联合国机构中所宣布的立场可概括如下：1. 美国承认国民党政权，反对剥夺国民党集团的代表权或给予中国共产党政权代表权。2. 美国认为中国代表权问题是程序性问题，将由安理会七票多数来决定。美国所投的反对票是作为安理会成员国的反对票而不是作为安理会常任理事国的否决票，美国也反对国民党代表在这个问题上行使否决权。3. 美国认为联合国各机构成员国应根据各自的环境、利益及其对联合国最大利益的理解，自行决定如何就此问题投票。4. 美国将接受由联合国各机构就此问题做出的合乎法规的决定。②

---

① 《中美关系文件汇编》第 2 辑上，世界知识出版社 1961 年版，第 4 ~ 6 页；第 14 页；第 15 ~ 19 页。

② *FRUS*, 1949, Vol. 9, pp. 258-260；*FRUS*, 1950, Vol. 2, pp. 186-195. 陶文钊主编、牛军副主编：《美国对华政策文件集（1949 ~ 1972）》第 1 卷，世界知识出版社 2003 年版，第 271、272 ~ 273 页；《中美关系文件汇编》第 2 辑上，世界知识出版社 1961 年版，第 19 页。

至于美国的上述立场，孔华润认为，由于美国放弃使用否决权，“中华人民共和国很可能在没有美国认可的情况下获得席位”。但是“艾奇逊打算克服公众和国会舆论反对与中共和解的努力，被朝鲜战争的爆发打断，在中国介入朝鲜战争被抛弃”①。简·格拉索也认为，虽然美国的立场是，在美国承认中华人民共和国之前，美国将不会让它进入联合国，并说服其盟国在联合国接纳中共代表权问题上投反对票或弃权票，但是到1950年初，在24个国家已承认新中国、美国在联合国的立场越来越不受欢迎时，美国国务院开始显示出减少在中国代表权问题上对盟国施加压力的迹象，而朝鲜战争改变了这一切。② 根据这些学者的看法，在朝鲜战争爆发之前，美国在联合国的中国代表权问题上并未准备阻止新中国取得合法席位，甚至是准备因势利导。但笔者认为，美国的上述表态其实并不意味着美国有接受新中国在联合国代表权的可能性，美国政府阻遏新中国取代台湾国民党当局非法代表资格、获取在联合国的合法代表权也并非始于朝鲜战争以后的局势发展。主要依据是：

首先，尽管依据《联合国宪章》对安理会表决程序的相关规定，对于宪章尚未做出明确规定或者尚存在争议的事项是否为程序性问题，常任理事国可以对此行使否决权。美国的确多次明确表示将不行使否决权，也不默许国民党政权的“代表”动用否决权。从这个意义上讲，美国在联合国中国代表权问题上的立场确系主动不使用否决权，其政策留有余地。但是究其实，由于中国在联合国的代表权问题涉及的只是代表权的变更问题，本身不属于接纳安理会新成员的问题，不能被视为非程序性问题，而只能是程序性问

---

① Warren I. Cohen, “Acheson, His Advisers, and China, 1949-1950,” in Dorothy Borg and Waldo Heinrich eds., *Uncertain Years: Chinese-American Relations, 1947-1950*, New York: Columbia University Press, 1980, pp. 32-33.

② June M. Grasso, *Truman's Two-China Policy, 1948-1950*, Armonk, New York: M. E. Sharpe, 1987, p. 11.

题，因而美国行使否决权不具有合理性。对此，美国国务院并无异议。①

其次，美国做出上述表态是充分考虑了国际舆论的压力，特别是美国国务院估计到在当时的情况下，安理会不太可能出现恢复新中国席位所必需的七票赞成局面。对于行使否决权的后果，美国国务院看得非常清楚："如果我们认为一个常任理事国有权对涉及其资格证书的问题行使否决权，结果将是某个常任理事国的代表将会在安理会中无限期地任职，这会在该机构中导致混乱局面，我们也不想在这个问题上使用我们的第一个也是唯一的一个否决权。"②也就是说，美国国务院担心因此"将开创安理会常任理事国在自身代表权问题上行使否决权的先例，不利于美国在联合国的长远利益，也会使美国关于苏联滥用否决权的一贯指责失去说服力"③。至于安理会的投票结果，虽然根据美国国务院远东事务司联合国顾问 1949 年 12 月 30 日的估计，很可能出现一种 6 票对 4 票或者 6 票对 5 票加上 1 票弃权的局面，除非英国劝说法国和它采取同样立

---

① 《联合国宪章》第十八条中所列的重要问题包括：关于维护国际和平及安全的建议，安理会非常任理事国之选举，经济及社会理事会理事国之选举，托管理事会理事国之选举，新会员加入联合国之准许、会员国权利及特权之停止，预算等。《联合国宪章》第二十七条为程序性问题和非程序性问题规定了安理会的不同表决方式。程序性问题由七个理事国（安理会 1956 年第一次扩大后为九个理事国，后来又有过几次扩大）之可决票表决，其他事项之决议应以七个理事国之可决票，包括全体常任理事国之同意票决之。而根据宪章的其他相关规定，也只有安理会推荐新会员的决定才适用常任理事国一致原则，亦即常任理事国有否决权。而中国在联合国的代表权问题根本不属于上述范畴，恢复中国代表权问题只是程序问题，也就是代表的全权证书问题，应以简单多数表决之，无须大会三分之二多数，在安理会也不适用于使用否决权。参见陶文钊主编、牛军副主编《美国对华政策文件集（1949～1972）》第 1 卷上册，世界知识出版社 2003 年版，第 294 页；*FRUS*, 1950. Vol. 2. p. 186；许光建等主编《联合国宪章诠释》，山西教育出版社 1999 年版，第 182、191、73～74 页和第 83 页。

② *FRUS*, 1949, Vol. 9, p. 259; *FRUS*, 1950, Vol. 2, pp. 186-187.

③ 时殷弘：《论美国承认新中国问题（1949～1950）》，《世界历史》1991 年第 1 期，第 108～109 页。

场，①但这只是美国预测的“最坏情况”。事实上，1950年1月11日，美国常驻联合国代表奥斯汀（Warren R. Austin）在经过进一步摸底后确认，“此次动议的得票当然不会超过5票，而且可能不超过2票或3票”，因此奥斯汀认为：如果事情能够顺其自然地发展，同时美国又能保持行动的自由，这样会更好一些。② 鉴于以上分析，通过私下阻挠的方式来达到阻止安理会出现赞成新中国进入联合国的多数票的目的更合乎美国的意图。这些很快便被美国的行为所证实。

事实上，美国虽然公开表示各国有权独立决策，但是私下却对这些国家不断施压，影响其决策。根据美国官方文件，早在1月12日，当厄瓜多尔外交部表示希望断绝与国民党的关系，并考虑承认新中国时，美国就开始对厄瓜多尔施压。18日，美国驻基多大使按照美国国务院的指示向厄瓜多尔外交部呈递了一份备忘录，明确表示，如果厄瓜多尔中断与国民党的关系，将对安理会正在进行的有关取缔国民党代表权的安理会投票状况产生“重大影响”。③ 迫于美国的压力，厄瓜多尔只得表示，在联合国中的投票“对厄瓜多尔自身没有什么影响，但对美国意义重大”，并保证厄瓜多尔在确信其做出的决定符合美国的最大利益之前，不会做出可能给美国带来有害后果的决定。美国驻联合国使团更是不停地进行幕后活动。美国驻联合国代表葛罗斯（Ernest A. Gross）3月11日在向国务院汇报战果时说：“在过去几天中与厄瓜多尔、古巴、埃及和法国的讨论清楚表明，这四个国家不‘忙于’承认中国共产党政权或者驱逐国民党代表出联合国并赋予共产党代表席位。如果进行表决，法国将弃权，其他三国将投国民党的赞成票。”“当智利代表团的圣克鲁斯说拉美代表团普遍认为美国现在希望打破僵局，准备放任其他国家自由投票，从而可能让中共代表进驻联合国时，葛罗

① *FRUS*, 1949, Vol. 9, pp. 259-260.

② *FRUS*, 1950, Vol. 2, p. 194.

③ Qiang Zhai, *The Dragon, the Lion and the Eagle: Chinese/British/American Relations, 1949-1958*, The Kent State University Press, 1994, pp. 100-101.

斯当即否认了这一点并重申了美国的真实立场。”①

英国在联合国中国代表权问题上的立场主要是基于对事实的承认和对自身利益的考虑。中华人民共和国中央人民政府已控制中国的绝大部分领土并且稳固下来，英国政府也已于1950年1月6日正式承认新中国，因而支持新中国在联合国取得代表权合乎法理，也是国际社会成员承认一个政权后的法律后果。这种考虑在英国决定承认新中国的关键性文件中说得很明白：“作为承认中华人民共和国的逻辑结果，我们应该接受其提出的在各种国际机构中代表中国的要求。尽管与国民党不同的是，共产党在很多重大问题上都会投票反对我们，但承认他们的政治理由是，不论我们多么不赞成他们的政治倾向性，都不能忽略这样一个有效控制着如此辽阔幅员和众多人口的政府。与此同时，我们认为，如果与这个政府没有关系，我们将处于不能对其施加任何影响的地步。”② 另外，出于维持在华利益和香港的地位，赢得亚洲国家的好感，离间中苏关系等多方面考虑，英国倾向于支持新中国取得在联合国的代表权。特别是因为新中国把英国在联合国中国代表权问题上的态度视为是否与英国建立外交关系的先决条件之一，英国需要通过在中国代表权问题上的实际行动来打破中英建交谈判的僵局。加之，英国非常看重联合国作为一个国际组织的效用，而控制着整个中国大陆的中国共产党政权当然比孤踞一隅的国民党残余势力在国际组织中更有代表性。但美国对中国的敌视态度又使英国很难有所作为，加上英中关系的发展前景扑朔迷离以及远东局势的变幻不定，更是增加了英国在联合国中国代表权问题上的立场摇摆。从1950年1月到1951年6月，英国政府前后四次修改其投票政策。英国立场的每一次积极转变都引发美英之间的激烈争议。

虽然早在中华人民共和国成立之前，英国外交部即已预见到中国在联合国的代表权将成为一个棘手的问题，开始讨论对策，但直到

① 陶文钊主编、牛军副主编：《美国对华政策文件集（1949～1972）》第1卷上册，世界知识出版社2003年版，第256～261页。

② *DBPO*, Series 1, Vol. 8, p. 421.

中国在联合国代表权问题在联合国安理会付诸表决之前,英国并未形成决定性意见。

在1949年8月15日的那份主张承认中国新政权的"中国"备忘录中,英国官方就已意识到中国在联合国的代表权问题的复杂性。备忘录认为,"根据《联合国宪章》的相关条款,除非有中国代表参加,否则,安理会只能做出有关程序问题的决定,因此,不能在给予新的中国政府法律上的承认之前,便撤销对前届中国政府的法律承认"。而根据共产党的时间表,国民党政府很可能在即将到来的安理会会期中继续代表中国。但是也不能排除这种可能性,就是中国代表权的变更即使在安理会会期中也会引起激烈争议。在确定英联邦和北大西洋公约组织的国家在这一事情上的立场之前,英国政府应首先与这些国家进行密切而经常的磋商。①

考虑到联合国多数国家尚未承认新中国以及国民党在安理会的代表权尚不能撤销的实际难题,1949年11月,英国驻联合国代表团在致外交部的信函中进一步提出了"将承认问题与代表权问题分开考虑的设想,认为承认一个国家的政府与承认其在联合国拥有代表权是两回事。同意接纳中国共产党政府进联合国,并不等于承认该政府,它只是对中共政府控制中国这一事实的认定。这样,一些国家的政府便可以避开在承认问题上的麻烦。英国代表团还提出了具体策略,即把中国在联合国的席位问题视为程序性问题而不是实质性问题",以防止蒋廷黻使用否决权,无限期地阻挠安理会的行动。② 它建议英国尽快与其他友好国家的代表团和秘书处磋商中国在联合国的席位问题。

然而英国外交部考虑到这一问题的"每一点看来都会引起争

① *FRUS*,1949, Vol. 9, p. 61;陶文钊主编、牛军副主编:《美国对华政策文件集(1949~1972)》第1卷上册,世界知识出版社2003年版,第89~90页;Peter Lowe, *Containing the Cold War in East Asia: British Policy towards Japan, China and Korea, 1948-1953*, Manchester University Press, 1997, p. 104.

② 王建朗:《新中国成立初年英国关于中国联合国代表权问题的政策演变》,《中国社会科学》2000年第3期,第180页。

论”，特别是从无先例，宪章也未明确规定①，因而一度对这一问题举棋不定，直到中国在联合国的代表权问题在安理会付诸投票之前，英国并未形成决定性意见。“一些人认为，英国既然已经宣布承认中华人民共和国，就必须在联合国支持驱逐国民党代表的提案。但另一些人担心这样做会严重影响英美关系，认为英国在承认中共政府问题上已与美国发生分歧，不应再在投票问题上站到苏联一边而与美国对抗。况且，根据判断，即使英国投赞成票，苏联提案也没有希望在安理会获得通过，因此，英国不应冒无谓地得罪美国的风险，弃权是对两边都留有余地的表示。这一意见最终占了上风。”②

综上所述，在 1 月 13 日苏联提案付诸表决之前，美英的投票立场看似没有实质性的差别：双方都希望继续承认国民党在联合国的代表权，希望把中国代表权问题作为程序性问题加以审议。但双方主要差别在于：美国认为继续承认国民党政府就理所当然地应该支持其在联合国的代表权，实际上是以支持国民党的代表权来抵制中华人民共和国中央人民政府的代表权；而英国认为，承认一个国家和承认其在联合国的代表权是两码事。这种矛盾的态度实际上是英国矛盾心态的反映，也是一种对局势发展把握不定的权宜之计。其主要理由是：

首先，这是英国既认为应该赞成新中国取得联合国的代表权，但又不愿自己出头承担得罪美国、“绥靖”苏联的责任的表现。这见于贝文 1949 年 12 月 12 日提交给内阁的备忘录。其中谈道：“我们必须接受的立场是，在承认之后，我们必须投票赞成中共代表进

---

① James Tuck-Hong Tang, *Britain's Encounter with Revolutionary China, 1949-1954*, London: Macmillan Press, 1992, p. 130.

② 参见王建朗《新中国成立初年英国关于中国联合国代表权问题的政策演变》,《中国社会科学》2000 年第 3 期，第 180 页；美方推测英方实际上是希望安理会通过一项动议，以便当安理会的多数成员国承认新中国后，中共将拥有在联合国各机构中的代表权，所以英国明确表示不能接受蒋廷黻提出的推迟讨论直到联大开会讨论后再解决的建议，并要求美国对其施压。参见 *FRUS*, 1950, Vol. 2, pp. 187-189.

入安理会。假定我们已经给予了中国事实的承认，如果中共政府向我们提出这一问题，我们的立场将是中国代表权的变更将由联合国来决定，英国只是联合国的单个成员。”但“无论如何我们必须接受的事实是，这迟早会引起非常困难的局势，因为剥夺一个不愿腾出自己的席位给其继承者的政权的代表权这种事情尚无先例。如果美国推迟承认新中国，将会出现两种极端的情况，就是美国公开支持国民党的代表权，而苏联（推测起来可能还有已经承认了中国的南斯拉夫）则反对。在这种情况下，直到代表权问题被研究解决之前，英国和印度将拒绝偏袒美苏任何一方”。①

其次，这是英国从现实出发，权衡利弊得失的结果。如在1949年10月24日提交给内阁的关于承认新中国的文件中，贝文就做过这样的分析：“国民党政府过去是我们的盟友和联合国组织内的朋友。但是现在，国民党除了代表它自己什么也代表不了。而且在广东失守后，国民党对剩下的一些大都市的控制已非常微弱，英国从继续承认这个摇摇欲坠的政府中得不到任何好处，因为英国的利益几乎全部处于共产党的控制区。在联合国组织内，继续承认国民党政府会得到暂时的好处，在过去，国民党代表通常会对英国投赞成票，然而如果是共产党，很可能会对英国投反对票，但这几乎很难说是一种好处，它不见得能持续多久。”② 再者，根据正常程序，中国国民党的“代表”将在1950年1月份克什米尔争端提交安理会讨论时任安理会轮值主席，显然暂不对安理会中国代表权进行变更是对英国有利的事情。

再次，这是英国试图在面临两难选择时寻求变通的办法。英国把承认一个政权和支持这个政权在联合国的代表权视为两码事，这种立场一直被中国政府指责为是一种两面派的行为，是对与中华人民共和国建交缺乏诚意的表现，也是后来中英建交谈判的一个主要障碍。但是从英国的角度看问题，的确有不得已的成分：一则英国这个问题的最初考虑是在国内讨论是否承认新中国的背景下进行

① *DBPO*, Series 1, Vol. 8, pp. 424-425.

② *DBPO*, Series 1, Vol. 8, p. 398.

的。中国是安理会常任理事国，如果承认新中国同时撤销对国民党代表的承认，将会出现安理会常任理事国代表空缺的情况，可能影响安理会的正常运转。为了不让这个问题阻挠对新中国的承认，所以提出把这两个问题分开考虑。这是英国试图在承认新中国和继续支持国民党在联合国的代表权之间寻求的一种变通。二则英国方面认为根据安理会的表决程序，安理会代表权的变更需要根据多数表决的程序来完成，而不是以英国一国的意志为转移。在美国反对承认新中国的情况下，难以出现必要的多数。在这种情况下，即使它投赞成票也于事无补。这是英国外交部通过当时负责中英建交谈判的代表胡阶森（John C. Hutchison）向中方转达的立场。① 但中英双方在这个问题上思考问题的角度显然不同，英国人更注重结果，而中方更注意态度。当然，因为这是一个涉及新中国的合法权益的重大原则问题，也关乎英国承认新中国的法律后果，是不能打折扣和随意变通的，所以中方的坚持完全有道理。三则在美国极力支持台湾国民党当局代表权的情况下，英国虽希望与新中国建立正常的关系，但又不得不考虑美国的压力，所以在条件成熟之前，英国不希望在中国代表权问题上走得太远。而从事后的发展看，当英国政策转向支持新中国的代表权时，这一立场又成为英国在联合国组织内游说那些尚未承认新中国的国家支持承认新中国在联合国的代表权的理由。

既然是出于权宜的考虑，不能排除的可能性是，英国倾向于视具体情况考虑支持新中国在联合国的代表权。1950 年 2 月 8 日，英国外交部在给驻联合国代表团的函电中指示："如果条件许可，英国应赞成一项将承认中华人民共和国代表全权证书的动议符合程序。"但为了应付这一行为可能遭遇的严重批评，英国也"不要走得太远"。英国予以说明的理由：一是"我们的行动只是我们承认北京政府的逻辑的结果，只是对新中国承认的一部分"；二是"不

① *DBPO*, Series 1, Vol, 8, pp. 451-452；中华人民共和国外交部档案馆编辑：《解密外交文献——中华人民共和国建交档案（1949～1955）》，中国书画出版社 2006 年版，第 470～471 页。

能把这一问题同将国民党代表驱逐出联合国组织划等号，在这个问题上英国的态度一如既往”。①

第二节 英国与美国拉开距离

1月13日，联合国安理会就苏联代表马立克提出的驱逐国民党代表的提案进行表决。英国对此投了弃权票，美国投了反对票。投票结果以苏联、印度和南斯拉夫3票赞成，英国、挪威2票弃权，美国、法国等国6票反对而未获通过。但安理会投票表决后的形势变化，以及来自中方的巨大压力使英国所持的弃权路线难以为继。这是因为：

其一，驱逐国民党非法代表的提案被否决后，苏联代表当即宣布，在国民党“代表”被赶出安理会之前，苏联代表团将不参加安理会的工作，也不受安理会决议的约束。1月16日，苏联代表从联合国的三个机构（经社理事会的程序委员会、防止歧视与保护少数民族小组委员会、无国籍者及有关特别委员会）中退出，以示抗议。联合国秘书长赖伊非常担心苏联抵制安理会会损害联合国普遍性原则，影响联合国的威信及其作为秘书长的使命。为打破僵局，3月8日，赖伊特意向安理会各成员国及新闻界公布了关于《联合国中代表权问题的法律方面》的备忘录，指出：“把联合国代表权问题与各成员国对该政府的承认问题联系起来，从实际观点看是不幸的，从法律角度看是错误的。”② 言外之意是，没有承认一国政府并不妨碍承认该政府在联合国的合法代表权。赖伊的建议

---

① Paul Preston and Michael Partridge, eds. , *British Documents on Foreign Affairs:Reports and Papers form The Foreign Office Confidential Print* (abbr. *BDFA*) , Part IV, from 1946 through 1950, Series M, Vol. 6, *International Organizations*, *Commonwealth Affairs*, *and Genral*, University Publications of Americans, 2003, p. 345.

② 《中美关系文件汇编》第2辑上，世界知识出版社1961年版，第53~59页。关于赖伊在联合国中国代表权问题上的立场的专门阐述，参见陶文钊《美国、赖伊与中国在联合国的代表权——写在中国恢复在联合国的席位二十五周年之前》，《美国研究》1996年第4期。

显然是倾向于支持中华人民共和国取得在联合国的代表权。用美国驻联合国副代表葛罗斯的话说，这“毫无疑问是在发动一场旨在使中国获得在安理会及联合国其他机构代表权的运动”①。从1950年4月22日至5月中旬，赖伊还先后访问华盛顿、伦敦、巴黎、海牙、日内瓦和莫斯科，对中国在联合国的代表权问题进行斡旋活动。对于赖伊的建议，挪威常驻联合国代表向美国代表罗斯（John C. Ross）表示，既然挪威已经承认了共产党政权，他们便会轻而易举地从投弃权票改为投赞成票。巴西常驻联合国代表也向美国驻联合国安理会副代表罗斯表示，必须努力维持联合国的统一。法国代表肖维尔认为，赖伊的建议“可能不是一个坏主意”②。鉴于赖伊和联合国一些成员国的压力，美国一方面丝毫不愿意松动立场；另一方面又不得不做出一些姿态，表示不向它国施压。③ 迹象显示，一些会员国有可能在承认中华人民共和国之前投票赞成变更中国在联合国的代表权，而美国的表态也让英国看到了一线希望。

其二，英国工党政府和赖伊一样非常看重联合国作为一个国际组织的效用。根据以研究英国民意见长的英国学者布赖恩·波特的看法，中国在联合国的代表权牵扯到一个非常重大的问题，触及当时英国人极度关注的三大问题之一，即对西方和英国利益的影响、联合国的未来角色和和平的事业。④ 英国朝野担心，如果苏联一直抵制联合国，可能最终导致联合国的分裂，导致联合国只代表西方。很可能会迫使苏联建立一个代表共产主义世界的国际组织，这种发展趋势将强化冷战氛围；把中国与西方世界隔绝开来了，导致

---

① 陶文钊主编、牛军副主编：《美国对华政策文件集（1949～1972）》第1卷上册，世界知识出版社2003年版，第256页。

② 陶文钊主编、牛军副主编：《美国对华政策文件集（1949～1972）》第1卷上册，世界知识出版社2003年版，第267页。

③ 陶文钊主编、牛军副主编：《美国对华政策文件集（1949～1972）》第一卷上册，世界知识出版社2003年版，第269～272页。

④ Brian Porter, *Britain and the Rise of Communist China: A Study of British Attitudes, 1945-1954*, London: Oxford University Press, 1967, p. 45.

包括印度在内的不结盟国家从联合国撤出。① 赖伊把联合国的代表权与对一个国家的承认问题脱钩的想法与如前所述的英国的思路相同。②

其三，英国的弃权立场遭到了中国政府的强烈指责。3 月 2 日，中国外交部副部长章汉夫在会见前来北京负责建交谈判的英国代办胡阶森时明确指出："关于中英两国建立外交关系的初步的与程序的问题，其中最重要与必须先行解决者，为英国政府与国民党反动派残余的关系的问题。""中华人民共和国中央人民政府认为：英国既已宣称愿与中华人民共和国建立外交关系，即不应再与国民党反动派残余保持任何外交来往。" 而英国在安理会的弃权，"实际上是表示英国政府继续承认国民党反动派残余集团的所谓'代表'的合法性，而拒绝我中国人民的合法政府所派的代表"，因此，英国政府应该澄清对这一问题的态度，采取实际行动彻底断绝与国民党反动派残余的外交关系，表明其愿与中华人民共和国建立外交关系的诚意。③ 中方明确而强硬的表态，让希望促进中英建交谈判的英方非常担心英国在中国联合国的代表权问题上的立场将直接影响中英谈判的进程和结局，不能不做出相应的反应。

鉴于以上因素，英国外交部几经讨论，最终决定改变投票立场：英国驻联合国代表仍将对驱逐国民党代表投弃权票，但在出现多数票赞成机会时，将投票赞成中华人民共和国的代表资格④。3

① David Clayton, *Imperialism Revisited: Political and Economic Relations between Britain and China, 1950-1954*, London: Macmillan Press, 1997, pp. 22-23.

② 后来英国主管远东事务的常务次官丹尼曾对美国国务院官员麦钱特说："这是一个和承认不相干的问题。在我们看来只是因为你不喜欢他们的意识形态就将其拒之于联合国之外是不合理的。这与你是否愿意与之建交不是一回事。"参见：The London Conferences, May 1950-Record of a Bipartite Sub-Committee Meeting Held in Mr. Dening's Room on May 3rd, FO371/83018/F1026, PRO, London.

③ *DBPO*, Series 1 Vol. 8, p. 450；中华人民共和国外交部档案馆编辑：《解密外交文献——中华人民共和国建交档案（1949～1955）》，中国书画出版社 2006 年版，第 468～469 页。

④ *DBPO*, Serresz 2, Vol. 4, p. 47; James Tuck-Hong Tang, *Britain's Encounter with Revolutionary China, 1949-1954*, London: Macmillan Press, 1992, p. 133.

月 17 日，在答复章汉夫 3 月 3 日质疑的口信中，英国外交部表示英国将在联合国各机构中欢迎中国中央人民政府的代表，只要该机构多数成员有投赞成票的意愿。① 25 日，英国外交部通告各驻外使馆，“英国准备在联合国主要机构或组织中投票赞成变更，只要那一机构中的大多数成员投赞成票。在这一多数未形成之前，将投弃权票。”② 由于英国立场的转变，美英在联合国中国代表权问题上的分歧凸显。

鉴于安理会 11 个成员国中已有英国、苏联、印度、南斯拉夫和挪威等 5 国承认了新中国，只需再争取两票就能达到安理会法定的多数票。英国外交部致电其驻联合国以及驻埃及、厄瓜多尔及古巴使馆，指示它们对这三国驻联合国代表及其外交部展开活动，鼓动它们投票赞成新中国的代表权。同时英国也开始同法国磋商。然而英国的游说活动未获成功。法国外长舒曼对美国是否喜欢这一立场表示怀疑，也以中国支持胡志明为由，表示不能做出决定。但他表明：“如果美英法三国外长会谈达成共识，法国将会承认中国人民政府。”③由于美国的幕后操纵，埃及、厄瓜多尔及古巴三国也“都不希望它们在这么重大的问题上的举动会成为改变时局的决定性因素，特别是当法国和美国都还在投反对票的情况下”④。这些情况表明，只要美国的态度不变，就无法取得进展，因此就这一问题与美国正面接触，成为打破僵局的关键。于是英国利用此时英、法、美在伦敦举行的三国外长会谈之机，与美国进行了密集的外交磋商。美英双方在联合国中国代表权问题上的纷争也由幕后活动转向面对面的协商。

---

① *DBPO*, Series 1, Vol, 8, pp. 451-452；中华人民共和国外交部档案馆编辑：《解密外交文献——中华人民共和国建交档案（1949～1955）》，中国书画出版社 2006 年版，第 470～471 页。

② 王建朗：《新中国成立初年英国关于中国联合国代表权问题的政策演变》，《中国社会科学》2000 年第 3 期，第 191～182 页。

③ *BDFA*, Part IV, Series M, Vol. 6, p. 345.

④ James Tuck-Hong Tang, *Britain's Encounter with Revolutionary China*, 1949-1954, London: Macmillan Press., 1992, p. 133.

5月6日，英国外交大臣贝文与美国国务卿艾奇逊就中国在联合国的代表权问题交换了看法。但双方各执己见，都力图改变对方。“美方的立场是，只要国民党政权在台湾存在，美国就会继续承认它，并反对中共取得在联合国的代表权，除非大多数成员国赞成其加入。美国坚定地推行这种政策，反对英国的政策，非常希望英国改变政策。”英方的立场是，“不仅应该要求艾奇逊和国务院改变他们对英国对华政策的态度，而且也要努力影响他们在中国在联合国的代表权问题上的立场，以便那些犹豫不决的国家转向投票赞成新中国在安理会的代表权问题”。“即使这一点不易做到的话，英国将采取如下对策，即要求美国在采取任何可能使英国在华处境变得更加困难的行动之前征求英国的意见。英国希望美国不要对中共政权采取公开的敌视，以免使中共进一步滑向苏联集团。不论中英建交成功与否，如果这个国家不是注定要彻底地或永久地失去的话，某些西方国家同中国的现政权保持一定的关系是必不可少的”。“努力在中国保持立足之地，可以观察、了解中国事态发展，甚至对其施加某种程度的影响。当美国认为这种动议可以理解的话，中英这种关系的维持还可以为美国恢复与中共接触留有一点余地”①。

5月9日，贝文和艾奇逊在外交部进行第二轮双边会谈。中国问题是会谈的三大议程之一，也是美英之间分歧最大的方面。艾奇逊重申：“承认中共在联合国的代表权将是一个危险而严重的问题。”美国所期待的结果是，要么中国脱离苏联的轨道，走南斯拉夫的路线；要么中国的传统势力起而推翻中共统治，因此，艾奇逊认为，让中国人相信共产主义是俄国帝国主义代名词很有必要。贝文则提醒艾奇逊不要存此幻想，因为“共产党很善于对付破坏分子”。“现已建立的强大的中央政权给中国人民提供了向往已久的和平”。艾奇逊又提及承认新中国可能对东南亚士气的影响问题。贝文回答说，东南亚国家最初都要求英国承认中华人民共和国，尽管它们现在

① Secretary of State Talks with Mr. Acheson on South-East Asia, China and Japan FO371/83018 FC1022/318G 1950. 5. 6, PRO, London.

有一些疑虑。现在需要考虑的问题是,如果不承认中国,将难以处理东南亚国家内部的华人团体与当局的关系问题。最后,贝文表示,英国不强求美国改变政策,但同时美国也要理解,英国不可能退回原来的立场。艾奇逊表示美国在中国联合国代表权问题上的立场不会改变,因为这对美国是至关重要的问题。但是他也认为在下届联大之前对局势进行重新估计也是非常必要的。①

5月11日，艾奇逊与贝文继续就中国代表权问题进行磋商。艾奇逊认为俄国人正在试图以驱逐国民党代表的方式任命一个共产党的代表。俄国的真正意图有两个：一是要挟西方。如果西方想让苏联人在联合国中发挥作用，就必须接受他们的观点。在艾奇逊看来，让俄国人仅仅通过拒绝参加联合国的行动就能得到他们想要的东西实在不是件好事。二是俄国真正关注的问题并不是中共拥有联合国代表权这一问题本身，只是想借此削弱西方国家在世界其他地方的地位。也就是说，如果俄国能让西方在中国问题上让步，就能达到削弱东南亚士气的目的。艾奇逊认同舒曼的说法，即毛泽东并不真正希望在联合国安理会取得代表权。果真如此的话，结果将是国民党的“代表”被驱逐出去了，而共产党的代表又不参加进来，这势必影响联合国的正常运转，而且也很难把中国在联合国的代表权问题与对中华人民共和国的承认分开处理。也不能不把这一问题与西方在东南亚的地位联系起来进行考虑。贝文则坚持认为，既然新政府已经控制了中国的最大部分领土，它就有适当的理由要求被视为中国在联合国安理会中的合法代表。现在尚需两票以上的赞成票，它才能被安理会接纳。看起来，一些国家在这个问题上都想等待别人来开这个头。英国赞成尽快寻找解决这一问题的答案。贝文希望美国不要影响安理会其他成员国的投票立场。对于英国的批评和劝说，艾奇逊辩解说，中国在联合国的代表权问题是美国外交中的一个重要的方面。对美国公众来说，这不是一个是否合法的问题，而是是否对俄国人妥协的问题。他还否认美国曾对安理会成员国施加过影响，还说像厄瓜多尔、古巴和埃及这些国家都不愿意让

① *DBPO*, Series 2, Vol. 2, pp. 276-281.

中共代表进入联合国。在艾奇逊看来，现在不大可能改变它们的立场。这样，英美双方的会谈难以进行下去。当时在场的法国外长舒曼出面协调，提出英、法、美在这件事情上必须保持磋商，不必马上就做出决定。最后，三方达成一致，即中国代表权问题将留待8月再行讨论，除非有一方认为有必要在此之前再提出讨论。①

美英在中国代表权问题上的会谈无法取得进展，而此前中方已于5月8日对英国在联合国的立场再次表示不满，要求英国以实际行动证明自己同国民党断交和与新中国建交的决心和诚意。②5月11日，当时因外交大臣贝文生病住院而主持外交部工作的外交部国务大臣肯尼迪·扬格（Kenneth Younger）建议，不管美国的立场如何，英国都将改变投票政策。在备忘录中，扬格对美英协商解决分歧不抱希望，认为执行现行政策既不符合“在华保持立足点的精神，又没能顾及美国的感受，而美国在其与台湾国民党政权的关系问题上一意孤行，根本不考虑其行为对英国的影响”。“再这样下去，英国将会两边都不讨好。”杨格认为：英国现在所能做的唯一选择就是在安理会支持中国。英国应赶在艾奇逊离开伦敦之前，向艾奇逊阐述英国人的立场，即联合国应该接纳中华人民共和国的代表权，否则，联合国职能和尊严要受到损害，如果苏联继续抵制安理会和9月份的联合国大会，联合国的有效性和权威性将大受影响。除此之外，考虑到英国在香港的虚弱地位，也应该促成中国进入联合国。而美国不可能在11月的国会中期选举结束之前改变它的政策，因此，扬格最后建议：“英国应该充分提出自己的政策而不是像现在这样举行双边谈判”。③

1950年5月24日，印度总理尼赫鲁致函英国外交大臣贝文，表明印度的立场：“让中国进入联合国安理会的决定越是拖延，联

① *DBPO* Series 2, Vol. 2, pp. 309-312.

② *DBPO*, Series 1, Vol. 8, pp. 452-453；中华人民共和国外交部档案馆编辑：《解密外交文献——中华人民共和国建交档案(1949～1955)》，中国书画出版社2006年版，第473～474页。

③ *DBPO*, Series 2, Vol. 2 pp. 320-321.

合国组织的团结和其作为维护世界和平的效用危害就越大。”尼赫鲁敦促英国，“即使美国和法国不可能改变他们的现行立场，安理会的其他国家，如埃及、古巴和厄瓜多尔对中华人民共和国代表权的支持也有利于我们打破僵局”。他建议英国劝说这些国家的政府尽早同意中华人民共和国代表进入安理会。①

扬格的建议也得到了英国主管联合国和远东事务高级官员的有力支持。在5月31日的备忘录中，外交部常务次官斯特朗评论说：“要是我们一承认中华人民共和国就投票赞成其进入联合国，情况可能比现在要好得多。我们后来的做法，就像中国人说的两面派做法，没有给我们带来任何好处。”所以他坚决支持扬格的立场，主张更改英国现行的投票政策，转向无条件的赞同政策，即无论赞同接纳新中国代表和驱逐国民党代表的票数多少，英国都将投赞成票。由于各方面的压力，扬格的建议最终获得了艾德礼和贝文的同意②，英国准备在7月初的经社理事会会议上采取这一投票立场。此后，英国在联合国各组织中的投票都将执行新的政策。

6月上旬，英国外交部内又出现了主张提前在6月19日召开的联合国国际儿童基金会上投票赞成接纳新中国的意见。这主要是英国联合国司司长帕洛特（C. C. Parrot）担心在这次会议上，反对票和赞成票会相当接近。在这种情况下，英国将面临这样两个可能的局面：一是由于英国的弃权票而使新中国被联合国拒之于门外；另一种是即使没有英国的赞成票，新中国也将成功地进入联合国。这两种局面都是英国不愿意看到的。帕洛特根据上次国际儿童基金会会议上的投票情况，认为斯堪的纳维亚国家及瑞士、荷兰等国在今后的投票中很可能与英国采取一致行动。帕洛特建议，应在适当的时候将英国的决定通知他们。如果他们决定与英国一起投

---

① *BDFA*, Part IV, Series E, *Asia*, 1950, Vol. 10, pp. 45-46.

② Minute by Dening, 30 May, 1950 and Minute by Strang 31 May, 1950, PRO, London; David Clayton, *Imperialism Revisited: Political and Economic Relations between Britain amd China, 1950-1954*, London: Macmillan Press, 1997, p. 22; *DBPO*, Series 2, Vol. 4. p. 16 note 1.

票，将会形成赞成接纳新中国的多数。① 6月15日，这一新的投票政策得到艾德礼的正式认可。② 英国外交部当即将这一新的立场通告英国驻联合国代表团、英国的西方盟国、英联邦国家及苏联，并准备在6月19日召开的国际儿童基金会和7月3日召开的经济与社会理事会上对新中国投赞成票。③

英国决定改变投票的政策立即遭到了美国的强烈反对。6月17日，美国国务院远东事务助理国务卿腊斯克（Dean Rusk）召见英国驻美大使馆官员，要求英国不要改变投票立场，理由是早在5月份的英、美、法伦敦三方会谈时，英、美、法已经同意不在中国代表权问题上采取重大行动。④ 当日上午，美国驻英使馆一等秘书特林布尔（W. C Trimble）更是直接提醒英国注意这一行为可能产生的后果。因为现在“欧洲复兴计划的基金虽已获得华盛顿方面的批准，但尚未拨出，国会拨款委员会的听证会正在进行之中。”英国应该明白在这个时候赞成接纳中国政府的后果。⑤ 在美国强大的压力下，英国最终还是决定让步，同意在6月19日召开的国际儿童基金会上仍将坚持原有投票立场。但英国预定在7月初举行的经社理事会上投赞成票的立场将保持不变。美国国务院同意将不会再在7月即将召开的联合国经济与社会理事会上对英国施加压力。⑥

---

① 帕洛特备忘录，1950年6月9日，FO371/UP123/79，转引自王建朗《新中国成立初年英国关于中国联合国代表权问题的政策演变》，《中国社会科学》2000年第3期，第184页。

② FO371/88419 UP23/79C PM/50/KY/22, Quoted in James Tuck-Hong Tang, *Britain's Encounter with Revolutionary China*, 1949-1954, London: Macmillan Press, 1992, p. 135.

③ *BDFA*, Part IV, Series E, 1950, Vol. 10, pp. 47-48.

④ *BDFA*, Part IV, Series E, 1950, Vol. 10, pp. 47-48; James Tuck-Hong Tang, *Britain's Encounter with Revolutionary China*, 1949-1954, London: Macmillan Press, 1992, p. 136.

⑤ 王建朗：《新中国成立初年英国关于中国联合国代表权问题的政策演变》，《中国社会科学》2000年第3期，第185页。

⑥ James Tuck-Hong Tang, *Britain's Encounter with Revolutionary China*, *1949-1954*, London: Macmillan Press, 1992, p. 136; *DBPO Series* 2, *Vol.* 4, *pp.* 16-17..

综上所述，从1950年1月苏联代表在安理会提出驱逐国民党非法代表提案到6月朝鲜战争爆发之前，美国不论从决策动机的层面还是实际执行的层面，都竭力反对、阻挠新中国取得在联合国的代表权。英国开始改变其在新中国代表权问题上的弃权立场，转向赞成新中国取得代表权，并经历了从有条件赞成向无条件赞成立场的转变。由于英国立场的转变，美英分歧凸显。此间美英为贯彻自身的立场都极力游说其他安理会成员国，并进行多次会谈和协商。由于美国毫不妥协的立场和暗中阻挠，英国的努力未获成功，其积极的投票政策也因屈从于美国的压力没有付诸实施。

第三节　朝鲜危机：美英分歧升级

1950年6月25日，朝鲜战争爆发，英国既定的投票政策再次面临严峻考验，美英分歧进一步加大。

朝鲜战争的爆发首先使美国在联合国中国代表权问题上的立场更趋强硬。这是因为：其一，朝鲜战争的爆发使美国觉得在联合国对共产党国家采取强硬政策更加“理直气壮”。美国坚称，安理会不能偏离其在朝鲜反对“侵略”的基本使命。其二，朝鲜战争爆发后，保持苏联对安理会的抵制状况、防止苏联利用安理会否决权和维护国民党在联合国的代表权对于美国更显重要。因为“如果没有国民党政府代表的支持，6月27日安理会就对朝鲜局势采取强制措施的决议就没法通过”，所以，“在当前情势下，如何得到安理会中可靠的多数票是首先需要考虑的事”。① 其三，美国把中国在联合国的代表权问题与朝鲜危机、台湾问题及远东其他问题密切挂钩，认为在中国代表权问题的让步将引起连锁反应。美国坚持认为中国在联合国的代表权问题需等到朝鲜危机解决之后再考虑，理由是：“在中共侵略朝鲜，而苏联要挟除非给中共在联合国的代表权，否则将不重返联合国的情况下，联合国不能按事情本身的是

---

① 陶文钊主编、牛军副主编：《美国对华政策文件集(1949～1972)》第1卷上册，世界知识出版社2003年版，第274页。

非曲直来处理中国在联合国的席位问题。"① 7月3日，艾奇逊在致电美国常驻联合国代表奥斯汀时强调，鉴于朝鲜局势，国务院认为此刻在安理会提出中国代表权问题是不可取的。一旦发现这一苗头，应予明确反对。② 由此可见，朝鲜战争爆发后，美国已改变先前私下操纵的做法，转而公开地、竭尽所能地阻止新中国获得代表权。

朝鲜战争的爆发对英国的影响也是双重的：

一方面，尽管英国希望中华人民共和国取得在联合国的合法代表权，但是英美在朝鲜战争问题上有着基本共识，即都认为朝鲜战争是社会主义阵营对西方的挑战，应采取集体安全行动加以制止。新中国进驻联合国将不仅增强社会主义阵营的士气，而且会使此前因为苏联缺席而出现的美英操纵联合国的局面不复存在。如果中国加入，苏联重返联合国，它们将否决任何类似决定，所以，英国也和美国一样把在联合国拥有代表权的国民党政权视为一个支持西方在朝鲜行动的不可多得的盟友。③ 此时，美国的立场强硬令英国决策者不能回避。6月29日，英国外交部国务大臣扬格致函首相艾德礼，并指出，鉴于局势的变化，英国很难在7月3日召开的联合国经社理事会上投票赞成中国进入联合国，建议继续执行在多数赞成票出现前投弃权票的政策，④ 得到艾德礼的批准。这样英国又退回到了有条件投赞成票的立场。

另一方面，朝鲜战争的爆发又使英国在联合国中国代表权问题上采取积极立场有了新的推动力。由于印度、苏联等国的压力以及英国自身对朝鲜危机的理性思考，英国又倾向于通过在联合国中国

① Qiang Zhai, *The Dragon, the Lion and the Eagle: Chinese/British/American Relations, 1949-1958*, The Kent State University Press, 1994, p. 102.

② 陶文钊主编、牛军副主编：《美国对华政策文件集（1949～1972）》第1卷上册，世界知识出版社2003年版，第275页。

③ David Clayton, *Imperialism Revisited: Political and Economic Relations between Britain and China, 1950-1954*, London: Macmillan Press, 1997, p. 58; *FRUS*, 1950, Vol. 2, pp. 247-248.

④ *DBPO*, Series 2, Vol. 4, pp. 16-17.

代表权问题上的让步，用外交方式和平地解决朝鲜冲突。朝鲜战争爆发后，印度立即提出以新中国进入联合国和收复台湾为条件换取朝鲜停火的和平动议，遭到美国拒绝。① 7月6日，苏联副外长葛罗米柯（Andrei Gromyko）会见驻莫斯科的英国大使戴维·凯利（David Kelly）时，也提议和平解决朝鲜问题。在对苏联的提议做出回应之前，美英交换了看法。美国怀疑莫斯科利用其影响让北朝鲜撤军的要价之一，就是西方国家同意新中国进入联合国。如果北京取得安理会的代表权，它对台湾的要求将难以回绝，美国的地位将变得非常困难。② 英国外交部认为，如果新中国被安理会拒之门外，苏联将能向新中国表明中国不能对西方抱有任何幻想，也就是意味着新中国将进一步密切与苏联的关系。由于印度强烈主张新中国加入，如果不支持新中国在联合国的代表权将影响英国与印度的关系。此外，美国断然拒绝了印度和苏联两国的建议与斡旋，坚持朝鲜战争应和中国在联合国的席位问题挂钩立场，使英国感觉追随美国的政策意味着将冒巨大的风险。用扬格的话说，美国“完全不是从国际事务而只是从美国防务的角度来考虑问题的”。如果我们和其他联合国成员国都遵循美国的意图行事，“联合国只能成为一个反共联盟，并将会把所有的亚洲国家推向共产党人一边”。③ 所以，英国政府认为，尽管在面临美国反对的情况下获得多数票的机会很少，但还是应该支持新中国在联合国的代表权。

根据安理会程序，8月份应由苏联担任安理会轮职主席。苏联代表表示将结束对安理会的抵制、返回安理会并担任主席职位。对于这一事态，美国非常紧张，认为苏联很可能利用安理会主席的特

---

① David Clayton, *Imperialism Revisited: Political and Economic Relations between Britain and China, 1950-1954*, London: Macmillan Press, 1997, p. 58.

② Michael F. Hopkins, *Oliver Franks and the Truman Administration: Anglo-American Relations, 1948-1952*, London: FRANK CASS PUBLISHERS, 2003, p. 161;《艾奇逊回忆录》，上册，上海译文出版社 1978 年版，第 283 ~ 284 页；Zhai Qiang, *The Dragon, the Lion and the Eagle: Chinese/British/American Relations, 1949-1958*, The Kent State University Press, 1994, p. 102.

③ *DBPO*, Series 2, Vol. 4. pp. 46-47.

权，进行程序裁定，把国民党撵出安理会。而要推翻主席裁定，必须有7票反对才能生效。27日，在得知苏联决定的当天，国务卿艾奇逊在他的办公室召集国务院有关人员开会商讨对策，要求美国驻联合国代表团采取强硬立场，反对在朝鲜战争期间以任何形式提出中国的代表权问题。杜鲁门批准了这一方案。紧接着，艾奇逊于29日指示美国驻法国、埃及、挪威和英国等使馆的代表，要他们对这些国家进行游说。如果安理会轮值国主席马立克进行程序裁定，美国应要求他们与之一起表示反对，并考虑把这一问题由在安理会范围内的讨论转向联合国大会。① 8月3日，艾奇逊就这一立场征得了杜鲁门的同意。②

8月1日，在苏联重返联合国安理会并主持安理会工作后，英国内阁就中国在联合国的代表权及朝鲜局势可能出现的新形势进行讨论。首相艾德礼建议内阁仔细权衡得失，不要盲目追随美国，应该采取积极的投票政策来表明自己的立场。不过，为了不让美国把这种立场说成是以在联合国中国代表权问题上的让步，来换取朝鲜问题的解决和对苏联“讹诈”的屈服，艾德礼建议：“中国在联合国代表权的问题应该与朝鲜问题分开，按照本身的是非曲直来看待。”内阁采纳了艾德礼的建议，做出决定：“如果中国在联合国的代表权问题被以自身的是非曲直在安理会提出，英国驻联合国的代表将要求休会，然后征求外交部有关投票方式的意见。外交大臣将会根据这一问题提出的条件来向英国驻联合国代表下达指示。当然外交大臣将以内阁的这次讨论精神作指导。”③ 可见，英国内阁会议虽然未能就近期的投票政策做出明确决定，但如果新中国在联合国的代表权问题被单独在安理会提出讨论，英国将根据具体情形决定投票政策。

---

① *FRUS*, 1950, Vol. 2, pp. 248-253. 陶文钊：《美国、赖伊与中国在联合国的代表权——写在中国恢复在联合国的席位二十五周年之前》，《美国研究》1996年第4期。

② 陶文钊主编、牛军副主编：《美国对华政策文件集（1949～1972）》第1卷上册，世界知识出版社2003年版，第280页。

③ *DBPO*, Series 2, Vol. 4, p. 89.

为了向英国施加压力，8月4日，艾奇逊致电英国驻美大使弗兰克斯，重申了美国在联合国反对新中国代表权的立场。基本要点为：第一，在中国代表权问题上，美国的确将遵守由大多数做出的决定。但是在当前环境中，美国“反对给予北平政府在联合国的代表权，并将以任何适当的方式敦促各成员国接受这一观点”。反对任何以在联合国中国代表权上的让步来换取朝鲜问题解决的做法。第二，美国并不认为该问题本质上是一个程序性的问题，而是除非按照程序性问题来对待，安理会也许别无他法。正是由于这些困难，美国倾向于认为应由联大做出决策。第三，在朝鲜战争正在进行的时候，很难根据是非曲直来看待这一问题。给共产党中国在联合国的代表权不仅不能起到把北京和莫斯科分开的目的，而且会提高他们的威信和影响，从而刺激他们在亚洲的进一步扩张。①

11日，贝文致电弗兰克斯，重申了英国认为可以把中国在联合国的代表权问题与朝鲜问题分开处理的立场。贝文指出，中国代表权问题可以按是非曲直来解决是指：1. 这个问题可能由印度提出，可能是在马立克离开安理会主席职位之后提出，并且是在其他的背景而不是在朝鲜冲突的背景下进行。2. 安理会，或者联大（如果被提到联大的话）能够考虑中国政府是否会取代现被国民党所占据的席位。如果这一问题付诸表决，英国将支持赞成中国新政府，不管是否出现多数票。贝文也不同意艾奇逊关于接纳新中国进入联合国会鼓励新中国在亚洲的“侵略”的看法。他认为：“尽管投票赞成中国的决定在美国不受欢迎，并可能引起一些喧嚣，但英国必须这样做。如果在联合国大会上的投票结果显示出东方与西方之间的巨大分裂，后果将是非常严重的。而英国投票赞成中国将会大大冲淡这一影响。”至于怎样把中国和苏联分开的问题，贝文用南斯拉夫来类比，他说：“如果南斯拉夫对与西方发展友好关系没有任何希望，或者它不是联合国的成员的话，它会与莫斯科断绝关系吗？如果中国继续被排斥在联合国之外，如果西方继续对中国保

---

① *FRUS*,1950,Vol. 2,pp. 257-258；陶文钊主编、牛军副主编：《美国对华政策文件集（1949～1972）》第1卷上册，世界知识出版社2003年版，第281～282页。

持冷淡和敌视态度，中国肯定不会想到要同莫斯科闹分裂。即使是想要远离莫斯科，它也别无选择，只有与莫斯科保持联系。”①

后来，英国外交部通过英国驻华盛顿使馆进一步表明英国的立场，即应该是在安理会而不是在联大来倡导中国在联合国的代表权的变更问题。主要是贝文怀疑联大根本不存在接纳新中国的可能性。因为联大59个国家中只有16个承认了新中国。所以英国外交部认为，中国代表权问题应被视为程序性问题由联合国简单多数解决，而不应视为重大问题由三分之二多数来决定。②

8月14日，英国驻美大使馆向美国远东事务助理国务卿腊斯克书面转达了贝文的上述意见。腊斯克当即以英国这一立场可能影响美国在欧洲的政策来向英国施加压力。腊斯克表示，如果美国人民发现英国和法国在中国在联合国的代表权问题上投票反对美国，这将会对此间正在考虑的重新武装西欧的问题，尤其是美国军队驻扎西欧一事产生严重的影响。③ 15日，腊斯克转交了华盛顿的正式复函：美国国务院对贝文所提各点均不同意。美国强烈反对在即将于9月19日召开的联大上投票赞成新中国取得代表权，但是表示不反对将这一问题提交联合国资格委员会，以便“如果没有异常圆满的婚姻，至少有一场强迫婚姻的机会”④。

随着五届联大会期的临近，围绕新中国在联合国的代表权问题的斗争更加激烈。8月26日，周恩来致电联合国秘书长赖伊，要求联合国立即将国民党的非法代表从安理会及其各机构驱逐出去，并通知赖伊，中国政府已任命张闻天为出席第五届联大的首席代表。⑤

美国为了继续阻挠新中国进入联合国，加紧了幕后活动，其驻外使团不断向各有关国家施压。此时美国的目标是：1. “反对任

---

① *DBPO*, Series 2, Vol. 4. pp. 99-102; *FRUS*, 1950, Vol. 7, pp. 259-261.

② *DBPO*, Series 2, Vol. 4, p. 99, note 2.

③ *DBPO*, Series 2, Vol. 4, p. 102, note 4, Microfiche 4, No. 35i.

④ *DBPO*, Series 2, Vol. 4, pp. 102-103, Microfiche 4, No. 35i.

⑤《中美关系文件汇编》第2辑上，世界知识出版社1961年版，第142页。

何可能导致中国国民党代表权发生变化，并给予共产党代表权的建议”。“应运用我们的影响力阻止这一步骤。”“坚决保住国民党集团的代表权，不能在这个问题上作任何让步，因为中国国民党在安理会的投票对美国取得必须的七票可决票至关重要，要把接纳中国共产党进入联合国的可能性永远拒之门外。”① 2. 把中国代表权问题在安理会冻结起来，而在联大由简单多数决定。美国代表希克森说，59个联合国成员国中只有16个事实上承认了北京政权，2/3以上的会员国仍然承认国民党政府是中国的政府，这就是继续与国民党打交道的充分理由。② 3. “一旦该问题被提交联大，应立即进行处理，以便被用来大造舆论”，“最明智的选择是一开始便进行投票，使国民党代表继续占有席位并继续其他日程”③。

9月15日在纽约举行的英、美、法三国会谈是五届联大召开之前西方大国协调立场的一次关键性会议。贝文重申了8月11日英国外交部给华盛顿电报的精神，并解释说：“我们别无选择，只有支持中国在联合国的代表权。如果我们不这样做，我们将会被置于一个虚假的地位。我们必须考虑印度和亚洲人民的意愿；避免将中国赶到完全依附俄国的地步；我们非常愿意与美国协调一致，但我们在远东有自己的责任。”鉴于英国的立场难以改变，艾奇逊只得表示：“如果我们不能取得一致意见，但应尽量减少分歧。”艾奇逊要求英国在联大考虑之前不要在安理会提出中国代表权问题。他估计苏联代表将会在大会开幕当天提出中国代表权问题，为避免辩论过程中出现分歧的尴尬局面，应尽可能减少辩论时间，尽快付诸表决。他还表示，美国将在联大投票反对给予中国共产党政府以代表权，他希望其他国家也一样，但如果它们不这么做，也并非不

---

① *FRUS*,1950,Vol. 2. pp. 269-274；pp. 287-290；陶文钊主编、牛军副主编：《美国对华政策文件集(1949～1972)》第1卷上册，世界知识出版社2003年版，第286、294、295页。

② *FRUS*,Vol. 2,pp. 269-274；陶文钊主编、牛军副主编：《美国对华政策文件集(1949～1972)》第1卷上册，世界知识出版社2003年版，第290页。

③ 陶文钊主编、牛军副主编：《美国对华政策文件集(1949～1972)》第1卷上册，世界知识出版社2003年版，第286、292页。

可原谅。舒曼同意美国的立场，即投票将在联大而不是在安理会进行。在安理会资格委员会对其资格进行审查时，只能有一方的代表。资格委员会的报告出来后，本届会期也不能讨论这一问题。直到这个时候，英国才算说服美国和法国同意，如果中国在联合国的代表权问题在联大提出，各国能够独立地进行投票。英国驻联合国代表杰布（Gladwyn Jebb）才如释重负，“当中国代表权问题在联大首先提出来时，我们可以自由地按我们认为最好的方式来进行投票”。①

尽管英国决定在联合国支持新中国的代表权，但是考虑到投票赞成一个苏联提案可能使美国不快，特别是11月份，美国国会即将进行中期选举，英国不希望在这件事情上引起美国舆论的强烈反应。好在印度政府适时向联大提出接纳新中国进入联合国的建议案，使英国摆脱了可能支持一个苏联提案的局面。英国常驻联合国代表团还与印度政府讨论了确保不让苏联抢在印度之前提出提案的具体细节。② 预计到印度的提案不可能获得多数通过，这个结果肯定会让中国失望和愤怒。英国打算届时由印度政府去安抚中国政府，并让中国政府相信这并非最后的结局，希望中方最好不要采取过激行动，影响下一步的行动。③ 对于印度政府的提案，美国的态度是“反对该方案”，并“将运用所有的影响力使该方案遭到否决”。④

9月19日，五届联大开幕。按照既定议程，印度代表抢先提出了立即接纳中华人民共和国代表的提案。动作之快“是联合国简短的历史上一次少见的破例，因为它没有按照常规，而是在致开幕辞之前就提出议案”⑤。苏联代表紧接着提出了立即驱逐国民党集团代表和邀请中华人民共和国代表出席本届联大的两项提案。在

---

① *DBPO*, Series 2, Vol. 4, pp. 134-136.

② *DBPO*, Series 2, Vol. 4, pp. 140-141, note 4.

③ *DBPO*, Series 2, Vol. 4. pp. 140-141.

④ *FRUS*, 1950, Vol. 2, p. 293.

⑤ June M. Grasso, *Truman's Two-China Policy, 1948-1950*, Armonk, New York: M. E. Sharpe, 1987, p. 160.

艾奇逊的催促下，大会当场进行了投票，表决结果是印度和苏联的提案均遭多数票否决。英国代表对印度提案投了赞成票，对苏联的两个提案投了弃权票。这是英国政府在长达半年之久的酝酿和犹豫后才最终投下的赞成票。但英国却对苏联提案投了弃权票。这一投票立场表明英国明确支持新中国取得合法代表权，但并不表态驱逐国民党集团的非法代表，仍未摆脱其政策的两面性。美国对印度、苏联的提案均投了反对票。印度和苏联的提案被否决后，加拿大代表随后提议成立一个由主席提名并得到安理会认可的七国特别委员会来考虑中国的代表权问题，同时国民党的代表将继续留驻联合国。美国赞成加拿大提案，英国赞成加拿大提案的前半部分，对后半部分弃权，然后又对整个方案投了赞成票。最后，加拿大的解决方案得到联大的赞同。联大最终做出决定，成立一个由联大主席提名和得到联大认可的由七个成员国组成的特别委员会来考虑中国的代表权问题，并在联大考虑临时日程第 62 款（古巴提案）后将推荐意见报告给本届联大。在等待联大依据特别委员会的报告做出决定之前，国民党将在联大继续代表中国。① 1950 年 12 月 12 日，联大选出加拿大、厄瓜多尔、印度、伊拉克、墨西哥、菲律宾和波兰组成的特别委员会，但是由于美国以中国介入朝鲜战争为由要求进一步推迟考虑中国代表权问题，直到 1951 年 10 月 16 日，特别委员会仍未向联大提出任何报告。②

尽管英国投票赞成印度提出的接纳新中国进入联合国的提案，但因为其对苏联提出的驱逐国民党非法代表提案投了弃权票，其政策仍未摆脱两面性，离中国希望的实质性行动还有很大距离。9 月 23 日，周恩来在与印度驻华大使潘尼迦会晤时，一方面表达了对美国行为的极度愤慨；另一方面也对英国的两面派做法表示不满，并质问英国何以能把投票赞成接纳新中国进入联合国而同时又在剥

---

① Resolution 490 (v) of the General Assembly, Sept. 19, 1950, Department of State, *American Foreign Policy, Basic Documents*, 1950-1955, Vol. 1, New York: ARNO Press, 1971, pp. 338-339; *DBPO*, Series 2, Vol. 4, Microfiche 5, No. 49i, 5/87-90.

② *DBPO*, Series 2, Vol. 4, p. 142, note 4.

夺国民党代表权问题上的弃权立场协调起来。①25日，中国外交部发表声明，对联合国不承认新中国取代国民党政权拥有合法席位极度不满，认为这是“美国政府与四亿七千五百万中国人民为敌并百般操纵和蓄意阻挠的结果，美国政府应负这一非法决定的主要责任”。同时也不点名指责英国：“某些已经声明愿和中国建交的国家，虽然支持了印度邀请我国代表出席大会的提案，但竟拒绝支持苏联代表驱逐中国国民党反动残余集团在联合国的非法‘代表’的提案，从而方便了美国阴谋的实现。中国人民正继续密切注视这一些自相矛盾和言行不一的国家在联合国的态度。”②

中国的强烈反应令英国决策者意识到了问题的严重性。除非英国在联合国的中国代表权问题上再进一步，否则，中英建交的目标将无法达到。受托安抚中国政府的印度代表也敦促英国尽可能消除中国政府的误解，缓和其愤怒情绪。③与此同时，英国驻联合国代表对联大投票状况的分析，也促使非常看重亚洲舆论的英国决定向前更进一步。9月21日，英国驻联合国代表杰布在给艾德礼首相的信中指出，“与拉美国家相比，亚洲广大人口在联大所拥有的选票简直少得可怜。而拉美国家对亚洲事务很少或几乎没有兴趣。它们对中国问题的态度很容易受到其他因素的影响，根本意识不到对它们来说是如此遥远的地区存在的危险局势”。杰布认为，“在未来的几周内，英国在联大的主要任务应是劝阻美国鼓动其他国继续排斥中国的行动，同时应对其他国家的代表进行游说工作，让它们意识到事情的严重性”。④

在上述因素的影响下，英国外交部要求英国在联合国的其他机构中亦投票赞成中国代表权的变更。外交部开始起草新的指示，内

---

① Inward Telegram to Commonwealth Relations Office, 23rd Sept. 1950, FO371/83018 F1026/8, PRO, London.

② 《中美关系文件汇编》第2辑上，世界知识出版社1961年版，第182～183页。

③ Inward Telegram to Commonwealth Relations Office, 23rd Sept. 1950, FO371/83018 F1026/8, PRO, London.

④ *DBPO*, Series 2, Vol. 4, p. 143.

容涉及在联合国其他机构中投票赞成中国代表权变更。① 1950 年 10 月 12 日，联合国经社理事会召开。苏联代表分别提出驱逐国民党代表和接纳中华人民共和国代表两个提案，英国代表均投了赞成票。这样，英国终于跨越了最后一道障碍。即便在 11 月初，中国人民志愿军介入朝鲜战争的消息已经得到证实，英国外交部常务次官斯科特（Robert Scott）仍然认为，朝鲜事态的发展无须重新考虑投票政策。英国还在提出新的动议来改善中英关系。前远东事务助理次官丹尼的代表团于 10 月底离开伦敦，以对远东和东南亚进行一般性访问为幌子，试图访问北京，与中共高层直接对话。但当时中国政府的主要精力集中于应对朝鲜局势，对英国立场新近的重大转变并未予以足够的注意，丹尼中国之行的计划未能实现。②

1950 年 10 月 19 日，中国人民志愿军跨过鸭绿江，开始抗美援朝。11 月 25 日，中国人民志愿军揭开了入朝第一次战役的序幕，对麦克阿瑟 24 日的所谓圣诞节总攻势发动了全线反击。麦克阿瑟统帅的联合国军一败涂地，被迫退至“三八”线以南。30 日，美国总统杜鲁门发表关于朝鲜局势的声明，意欲扩大侵略战争，并在记者招待会上公然威胁要对中国使用原子武器。

中国人民志愿军入朝作战并重挫联合国军不仅没有导致英国的投票政策立即发生逆转，相反却因为战争升级的现实威胁，促使英国等一些西方国家急切地希望通过在台湾问题及联合国的中国代表权问题上的让步来缓解危局。美英围绕联合国的中国代表权问题的纷争也达到巅峰。

在中国人民志愿军实际上已经和英国在朝鲜战场上兵戎相见的情况下，英国仍坚持在新中国代表权问题上的积极立场，主要有这样一些原因：

首先，中国人民志愿军入朝作战并重挫美军，以及杜鲁门让战争升级的威胁使西方世界极为恐慌。英国决策者担心如果追随美国

---

① *DBPO*, Series 2, Vol. 4, p. 143, note 6.

② James Tuck-Hong Tang, *Britain's Encounter with Revolutionary China, 1949-1954*, London: Macmillan Press, 1992, pp. 139-140.

与中国发生全面战争，很可能使与中国有军事同盟关系的苏联也卷入战争，从而引发新的世界大战。一旦战争爆发，这不仅将耗尽英国有限的资源，使美国的资源和战略重心移向远东地区，从而严重影响西方在欧洲的防线，危及英国的安全，而且也因为印度等国反对美国扩大战争的立场而导致英联邦的分裂。更为可怕的是，美国动用核武器可能使西欧成为苏联使用核武器的试验场。战争升级和苏联可能对西欧动用核武器的恐怖前景令英国决策者深感缓解紧张局势的紧迫性。而对英国来说，政治解决仍然是最适宜的解决方式。当时的英国公众舆论和工党左翼强烈呼吁，政治解决远东问题，关键在于让新中国进入联合国。新中国不参加进联合国将对联合国的工作产生重大影响。① 印度政府也持相似态度。12 月 1 ~ 3 日，联合国秘书长赖伊和印度驻联合国代表劳氏（B. N. Rau）通过与当时正在联合国出席有关台湾问题讨论的中国代表伍修权将军私下接触，了解到中国的立场是除非解决台湾问题、新中国在联合国的代表权问题及美国从朝鲜撤军，否则谈判不可能有结果。② 这样一来，通过在联合国的中国代表权问题和台湾问题上让步以求得停火成为当时英、印为代表的国际社会调停朝鲜危机的当务之急。

其次，英国对通过在联合国中国代表权问题上的让步来改善中英关系仍非常看重。1951 年 2 月，英国外交部常务次官斯科特（Robert Scott）在阐述政府立场时指出，英国的对华政策仍然致力于对中国施加适中的影响，英国真心希望在远东建立一种更正常的关系。在中国的立足点，不管是政治的、商业的还是文化的，都是非常薄弱的。英国不愿看到这种联系完全中断，因为一旦放弃那些立足点，西方与中国的联系将全部丧失。③

再次，英国决策者认为，和其他西方大国相比，英国可能更适

① David Clayton, *Imperialism Revisited: Political and Economic Relations between Britain and China, 1950-1954*, London: Macmillan Press, 1997, p. 88;《顾维钧回忆录》第 8 卷,中国社会科学院近代史研究所译,中华书局 1989 年版,第 162 页。

② *DBPO*, Series 2, Vol. 4, pp. 233-234, note 9, Microfiche 7, No. 85i, 7/71-74.

③ James Tuck-Hong Tang, *Britain's Encounter with Revolutionary China*, 1949-1954, London: Macmillan Press, 1992, p. 109.

合扮演就朝鲜问题的政治解决与中国打交道的角色。尽管中国人民志愿军参加了朝鲜战争，但中国政府并没有立即改变对英国在华外交官的态度。他们虽然没有正式的外交地位，但仍拥有基本的外交特权，还时常能够通过其他途径了解到中国外交部的立场。从这一点看来，"弥合中英之间差距的可能性还是存在的"①。

鉴于此前英国在联合国中国代表权问题上的立场已发生了根本性的变化，而朝鲜战争形势的急速发展使英国对缓解紧张局势有了更紧迫的需要，所以英国利用自己在西方世界的影响力，频频向美国施加压力。

英国的第一个行动就是首相艾德礼决定立即前往华盛顿与美国总统杜鲁门紧急会晤，陈述英国的立场。12 月 4 ~8 日，美英首脑在华盛顿举行会谈。关于这次高层会谈，美英双方都有非常详尽的记录。总的看来，双方都同意欧洲仍是西方的重心，必须避免和中国发生全面战争。但在是否应该与中国谈判停火，是否应以在台湾问题和联合国的中国代表权问题上的让步为代价换取停火这两个问题上，双方针锋相对。② 艾德礼认为，如果西方在朝鲜战场上卷入过深，可能削弱欧洲的防线，让苏联从中渔利。美英在远东并不具备优势地位，要结束这次战争，而不是引爆一场大战，就要坐下来谈判。中国人民志愿军援助朝鲜不是侵略，而是自卫，是对西方不承认其大国地位和占领台湾的不满。中国人有民族独立性，出于同样的原因，他们也不希望完全受制于俄国人。因此，艾德礼认为要不惜一切代价与中国谈判停火，必须通过在台湾问题和联合国的中国代表权等问题上的让步来达到目标。美方则认为，欧洲和远东不可偏废。"如果与中国人讲和，结果将是一个小的侵略平息下去了，但会有更大的侵略接踵而至。这将削弱美国在远东的地位。美

① James Tuck-Hong Tang, *Britain's Encounter with Revolutionary China*, 1949-1954, London: Macmillan Press, 1992, pp. 101-102.

② 详情参见：*DBPO*, Series 2, Vol. 4, pp. 239-240, Microfiche 8, No. 88i, 8/1-8; pp. 241-242; pp. 242-245; pp. 245-250; *FRUS*, 1950, Vol. 7, pp. 1361-1374; pp. 1392-1408;《艾奇逊回忆录》下册，上海译文出版社 1978 年版，第 342-347 页。

国公众舆论将会失望，并不再支持加强欧洲或远东力量的政策。中国出兵朝鲜是受苏联的唆使，中国是俄国的卫星国。有强大的俄国作为后盾；没有人能够估计中国的野心要发展到什么地步。”“对中国人的要求让步将会使中国控制朝鲜。夺取台湾，会损害日本和菲律宾的士气，并使我们难以守住岛屿链。”“迎战共产主义的唯一办法就是消灭它。”所以，“停火安排决不能施加可能阻碍联合国军安全的条件，也不能涉及台湾和联合国中国代表权问题之类的条件”。①关于此次美英高层会谈，英国驻美大使弗兰克斯总结道：“交谈的结果是一个政府对另一个政府的意见有了更多的真正了解。这对今后是有用和有帮助的。但分歧比过去加深了，而不是在接近。”② 会谈结束后，两国首脑所发表的声明称：“在联合国中国席位问题上，两国政府存在分歧。英国已经承认中华人民共和国中央人民政府，认为其代表应占据中国在联合国内的席位。美国将继续反对中共代表进入联合国。”③

与此同时，英国政府继续在一些联合国的机构内投中国政府的赞成票。英国驻联合国粮农组织的代表团在一般委员会上发表声明，明确表示了英国政府支持中国代表权变更的立场，尽管会议的资格委员会的报告没有提及这个问题。11 月 22 日，当苏联在联合国托管委员会上提出中国代表权问题时，该委员会的所有成员国中只有英国投了赞成票。11 月 27 日，联合国儿童基金会的专门委员会投票在两轮 12 票赞成、12 票反对之后，最终还是没能接受新中国的席位，在这次投票中英国仍是赞成票。④ 也正是由于英国的作用，11 月 28 日，中国代表伍修权将军终于获准到联合国安理会控诉美国的侵略。

---

① *DBPO*, Series 2, Vol. 4, Microfiche 8, No. 88i8/1-8; *FRUS*, 1950, Vol. 7, pp. 1361-1374.

② 《杜鲁门回忆录》第 2 卷，三联书店 1974 年版，第 489 页。

③ *FRUS*, 1950, Vol. 7, p. 1477.

④ James Tuck-Hong Tang, *Britain's Encounter with Revolutionary China, 1949-1954*, London: Macmillan Press, 1992, p. 140;《顾维钧回忆录》第 8 卷，中国社会科学院近代史研究所译，中华书局 1989 年版，第 162 页。

由于英国和印度等国的努力,似乎出现了解决新中国在联合国代表权问题的一次转机。此时安理会内已有5个成员国承认了新中国。法国也转而支持英国的观点,这样安理会就有6票赞成接纳新中国,而南斯拉夫举棋不定。国民党方面很紧张,根据台湾"外长"叶公超的分析:第一,联合国大多数成员国已深受英法的影响,为了在朝鲜恢复和平,不惜对中国让步。第二,各方甚至相信北京和莫斯科之间的观点存在分歧,只要精心加以利用,可能说服并引诱毛泽东走铁托式的道路。第三,一旦中共派来出席安理会会议的代表到达纽约,各方面将竭力同他们建立直接联系,只要他们愿意合作。有关方面将愿意以联合国的代表权换取中共的妥协。第四,在国际舆论和战争形势的压力下,美国政府尽管表面强硬,其实也同样渴望使用合理的办法,甚至不合理的办法,促使中共撤回他们在朝鲜的军队。①

1950年底1951年初,中国在联合国的代表权问题再次因为战场形势的变化而出现转机。事情的起因是1950年底,中朝军队发动第三次战役,突破"三八"线,逼近"三七"线。在此背景下,12月14日,13个亚洲和阿拉伯国家在联合国提出了一项停火方案,主张成立了一个由当时的联合国大会主席安迪让以及印度和加拿大代表组成的"三人委员会"。"三人委员会"于1951年1月初起草了一个解决朝鲜冲突的原则宣言。内容包括:分阶段从朝鲜撤退外国军队,邀请中国政府参与诸如有关台湾和中国在联合国代表权等问题的讨论,在谈判生效之前必须先停火。这些原则在1951年1月13日在联合国政治委员会获得通过后被送交中国政府。②

虽然这一决议远不符合美国政府的意愿,但鉴于战场上的严峻局势和盟国要求和谈的压力,美国勉强投了赞成票。艾奇逊在回忆

① 《顾维钧回忆录》第8卷,中国社会科学院近代史研究所译,中华书局1989年版,第163~164、165页。

② James Tuck-Hong Tang, *Britain's Encounter with Revolutionary China, 1949-1954*, London: Macmillan Press, 1992, p. 102;王绳祖主编:《国际关系史》第八卷(1949-1951),世界知识出版社1995年版,第81~82页。

录中表白："要在支持或反对这个计划之间作出选择是十分棘手的，任何一种选择都具有危险性：一方面是失去朝鲜人的信心，并引起国会和舆论界的愤怒；另一方面是失去我们在联合国中的多数和支持。经过国务院煞费苦心的考虑，我们终于支持了这个决议案。在这样做的时候，我们热切地希望并相信中国人会拒绝这个决议（他们果然是这样的），从而我们的盟国会回到比较清醒的立场（他们也果然是这样的），并追随我们把中国人作为侵略者进行谴责。"①中国因为对战场形势的估计和对西方国家特别是美国和谈诚意的怀疑，17 日，周恩来外长拒绝了该提案中先停火后谈判的建议，并提出唯一可以接受的谈判基础是：一切外国军队从朝鲜撤军；美国军队撤出台湾；解决新中国在联合国的席位问题；在北京召开中、苏、美、英、法、印、埃七国会议，谈判解决这些问题。②

中国一宣布对联合国方案的立场，美国立即向联合国提出谴责中国为"侵略者"的提案，并强烈要求英国支持这个预计在 1 月 22 日付诸表决的提案。英国、加拿大和印度都认为美国的方案如果付诸实施，将破坏朝鲜问题外交解决的任何机会。于是英国和印度向中国政府探询：中国要求撤退所有外国军队，是否包括中国人民志愿军；中国所说的谈判是否意味着谈判停火或政治问题；中国是否视承认其在联合国的代表权为谈判的先决条件。中国政府很快做出回复，确认撤退所有的外国军队，包括中国人民志愿军，而且提议朝鲜问题的和平解决可以分两步走：限期内停火和七国会议谈判解决朝鲜和其他东亚政治问题。中国建议谈判的问题包括：撤退在朝鲜的外国军队，朝鲜问题内部解决以及美国从台湾撤军，中国在联合国的地位必须得到保证。在得到中国政府的回复后，英国认为和平还有希望。于是，英国支持印度驻联合国代表劳氏于 1 月

① 《艾奇逊回忆录》下册，上海译文出版社 1978 年版，第 381 页。

② James Tuck-Hong Tang, Britain's Encounter with Revolutionary China, 1949-1954, London: Macmillan Press, 1992, pp. 102-103;《艾奇逊回忆录》下册，上海译文出版社 1978 年版，第 380 ~ 381 页。

22日提议，在联合国对美国指责中国为“侵略者”的提案进行投票之前，休会48小时。美国代表奥斯汀反对这一提议，但安理会仍以27票支持、23票反对接受休会建议。英国内阁紧急开会讨论对策。在1月23日的内阁会议上，出现了两种不同的观点：一种观点怀疑中国这么做是力图造成联合国内亚洲国家和西方国家之间的分裂。它对联合国代表权和台湾的立场仍然是不妥协的。另一种观点认为，中国的回复至少是提供了一种停战谈判的时间表，并争辩说中国在联合国的代表权问题和台湾问题迟早都得解决。最后，由首相艾德礼拍板：“谈判之门尚未最后关闭，必须尽最大努力使之保持畅通。”25日，英国内阁决定对美国谴责中国为“侵略者”一案投反对票。① 但英国的强硬立场未能持久。会后，财政大臣休·盖茨克尔（Hugh Gaitskell）以辞职相威胁，说服了他的内阁同僚支持美国的立场，最终，英国在要求美国对中国的谴责案略作修改后接受了美国的方案。由于英国立场的转变，结果当亚非十二国（即原十三国除去菲律宾）向五届联大提出的召开七国会议的提案付诸表决时，美国先是操纵联大政治委员会于1月30日否决了“十二国提案”，后又操纵联大于2月1日通过了诬蔑中国为“侵略者”的决议。②

总体上讲，从1950年6月朝鲜战争爆发至1951年2月1日美国操纵联合国通过指责中国为“侵略者”的决议案之前，美英在联合国中国代表权问题上的分歧在继续扩大。此时美国公开宣称并以实际行动不遗余力地阻止出现赞成中国代表权变更的多数票局面，并主张把联合国中国代表权问题由安理会的简单多数表决提交联合国大会多数表决。英国的投票立场则因为中、苏、印等方面的压力以及国际局势的变化而不断调整，并终于完成了赞成由中华人民共和国的代表权取代国民党集团非法代表权的立场转变。在这一

① James Tuck-Hong Tang, *Britain's Encounter with Revolutionary China*, 1949-1954, London: Macmillan Press, 1992, pp. 102-105.

② James Tuck-Hong Tang, *Britain's Encounter with Revolutionary China*, 1949-1954, London: Macmillan Press, 1992, p. 106.

过程中，美英频繁磋商，但各执己见，而且试图说服对方，结果是英国不顾美国的强大压力，将其赞成中国代表权变更的投票立场付诸实施。

第四节　美英搁置讨论方案出台

1950 年 12 月至 1951 年 1 月，国际社会为和平解决朝鲜问题的努力失败、美国操纵联合国谴责中国为“侵略者”，这一事态发展从根本上改变了中国的国际处境。随后联合国通过的对中国的禁运案使英国政策的活动余地更小。英国在中国席位问题上的投票立场随后发生了逆转。

谴责中国为“侵略者”的提案在联合国通过后，美国便以此为依据，加紧向英国施压，要求英国调整其在联合国中国代表权问题上的投票政策。1951 年 2 月 21 日，亚洲和远东经济委员会即将在拉合尔开会的前夕，艾奇逊致信英国外交大臣贝文，希望英国考虑其在该组织中的投票立场可能产生的影响。艾奇逊指出：“在共产党的军队正在从事反对联合国军的战争的同时，让他们进入联合国将严重影响 2 月 1 日联合国通过的谴责中共为侵略者决议的效果，并会在中国和整个远东地区造成混乱。”他还表示，美国正在考虑一个提案，建议在联大采取行动之前推迟任何要求中国进入联合国的动议，旨在避免美英在这一问题上的冲突。① 在美国不断要求英国改变政策的压力之下，英国驻联合国代表杰布亦于 1951 年 2 月 20 日和 3 月 31 日两次写信给当时主持外交部工作的扬格，建议政府修改在联合国的投票政策。但扬格表示反对，并全面阐述了英国坚持支持中国在联合国代表权变更的主要理由：1. 拒绝承认事实上唯一控制着中国或真正能执行联合国决议的政府成为联合国

① Paul Preston and Michael Partridge, eds., *British Documents on Foreign Affairs: Reports and Papers from The Foreign Office Confidential Print*, Part V, from 1951 through 1956, Series C, *North America* 1951, Vol. 1, United States, 1951, Lexis Nexis, 2005, p. 22.

会员国的行为，违背了联合国的宪章和意图，也不符合英国已承认新中国这一事实。2. 坚持现行政策也是为了获取印度以及其他东南亚和远东国家的支持。3. 即使不能与中国建立满意的关系，但如果继续将中国排除在外，很可能会成为日后远东和谈和在远东避免战争的绊脚石。4. 美国试图把联合国变成一个国际警察组织的观念，在现阶段看起来将使世界加速分化为两个对立的武装阵营。5. 回到原先的弃权立场，不仅将让英国无法自圆其说，而且还将意味着对国民党在联合国代表中国的权利的认可，这与英国对新中国的承认不一致，将很难为英国议会多数议员所理解和接受。所以扬格认为，唯一的补救办法就是，说服美国人，使其相信英国继续赞成新中国的代表权而美国支持国民党的代表权是符合双方利益的。“如果我们向美国表明，我们确实深思熟虑过了，但结论是除了维持现状别无他法，美国人可能就会默许这种状况。”①

由于扬格的坚持，英国赞成中国代表权变更的政策暂时保持不变。但事实上英国已很难在美英之间寻求平衡，在这种情况下，英国的态度已经非常矛盾。所以在亚洲及远东经济委员会拉合尔会议开幕式上，当大会主席提议将中国代表权问题列入会议日程时，英国投了赞成票。由于泰国的阻挠，这一议程未获通过，英国外交官私下曾对这一结果感到庆幸，因为英国的赞成票并非决定性的。②

然而，时至 1951 年 5 月至 6 月，英国的立场发生了决定性的转变。

首先，由于苏联将在 6 月份主持安理会工作，杜鲁门政府担心苏联将在中国代表权问题上提出新的动议，于是加紧对英国施压。5 月底，美国再次强烈要求英国改变对中国投赞成票的立场，声称英国

① *DBPO*, Series 2, Vol. 4 pp. 389-394; Paul Preston and Michael Partridge, eds., *British Documents on Foreign Affairs: Reports and Papers from The Foreign Office Confidential Print*, Part V, from 1951 through 1956, Series M, *International Organizations, Commonwealth Affairs and General*, *1951-1952*, Vol. 1, 2006, pp. 95-97.

② James Tuck-Hong Tang, *Britain's Encounter with Revolutionary China*, 1949-1954, London: Macmillan Press, 1992, pp. 140-141.

的现有立场将使艾奇逊在即将召开的国会听证会上遇到很多麻烦。①

其次，由于英国追随美国谴责中国为"侵略者"，中英关系也进入一个紧张阶段。从1951年1月起，中方基本上停止向英国驻京使团的官员或职员发放入境许可证。5月18日，英国支持美国政府在联合国提出了一项对中国进行选择性贸易禁运的提案，这一提案被联合国大会采纳。这一行动大大激怒了中国政府。中国政府通知英方，由于它同意禁运，已关闭了可能谈判的大门，并反映出英国决心成为中国的敌人。随后，中国政府对英国进行了更加严厉的谴责，《人民日报》称工党政府是"美国最驯服的奴隶和最可耻的帮凶"②。中英关系的发展进入死胡同。

最后，英国决策者本身对赞成中国代表权变更的法理基础也产生了怀疑。一方面，根据英国驻联合国代表杰布的说法，很难使投票赞成一个正在战场上与英国人交战和被最高的国际权威机构谴责为"侵略者"的政府进入联合国的理由合理化③；另一方面，根据外交部常务次官斯科特的看法，英国的投票政策将产生"奇怪的"的结果：让新中国的代表在一个由国民党拥有代表权的国际组织的下属机构中拥有代表权，这种结果将让中美双方都感到不能接受。④

在这种情况下，英国外交部的主要考虑就是找到一个退回到先前弃权立场的途径。美国提出的建议推迟在联合国就中国代表权问题进行任何讨论的"延期审议"案，让英国找到了下阶石。因为

① UN Doc. A/1799, 5th Session General Assembly Item 76, pp. 20-21; First Committee Meeting 443 and Meeting 444; General Assembly 5th Session Supplement No. 20A r. 500(v), p. 2; Tang, James Tuck-Hong, *Britain's Encounter with Revolutionary China, 1949-1954*, London: Macmillan Press, 1992, p. 142.

② James Tuck-Hong Tang, *Britain's Encounter with Revolutionary China, 1949-1954*, London: Macmillan Press, 1992, pp. 110-111.

③ *DBPO*, Series, 2, Vol. 4, pp. 389-390, note 1.

④ David Clayton, *Imperialism Revisited: Political and Economic Relations between Britain and China, 1950-1954*, London: Macmillan Press, 1997, p. 89.

这一方案不仅能使英国避免了重拾弃权路线的尴尬，而且新任外交大臣莫里逊（Herbert Morrison）也非常高兴能有机会帮艾奇逊这个忙，以换取美国在中东对英国的支持。① 6月4日，英国外交部通知其各驻外使团，鉴于中国政府毫不妥协的立场，英国政府决定修改政策，暂时投票赞成在联合国各机构中推迟对中国代表权问题的讨论。该政策将在拟于6月5日召开的联合国托管理事会上付诸实施。在支持这样一个搁置讨论的动议时，英国代表还精心准备了一份声明，说明英国是如何支持新中国在联合国的代表权，而新中国又是如何在朝鲜发动进攻，支持“侵略”，旨在为自己开脱，将责任推给中方。② 6月5日，在联合国托管委员会上，英国对美国提议的“延期审议”案投了赞成票。这一行动标志着美英在联合国内持续十年之久的延期审议的开始。两周后，当中国在联合国的代表权问题被提到联合国教科文组织讨论时，英国投票支持了一个不仅要求对新中国代表权问题推迟讨论，还主张维持国民党代表权的提案。这一行动实际上是对国民党代表权的支持，严重违背了英国对新中国承认的立场。这样，英国的政策又回到起点。

由于英国的“回归”，美英在中国席位问题上的重大争议终于平息。当然英美在这个问题上还会不时出现一些摩擦，如1951年至1952年和1952年至1953年的联合国会议期间，美国提出在整个联合国会期推迟所有中国问题的讨论，不管朝鲜战争停战协定是否签订，以期将这一问题固定化。英国拒绝合作。但正像英国常驻联合国代表杰布所说的，此后英国政策的优先权实际上已经不是让新中国加入联合国，而是不要采取任何可能极大影响远东事态发展的行动，甚至危及联合国本身存在的行动。③

---

① James Tuck-Hong Tang, *Britain's Encounter with Revolutionary China*, 1949-1954, London: Macmillan Press, 1992, p. 142.

② Paul Preston and Michael Partridge, eds., *British Documents on Foreign Affairs: Reports and Papers from The Foreign Office Confidential Print* (abbr. *BDFA*), Part V, from 1951 through 1956, Series M, *International Organizations, Commonwealth Affairs and General, 1951-1952*, Vol. 1, Lexis Nexis, 2006, pp. 112-113.

③ David Clayton, *Imperialism Revisited: Political and Economic Relations between Britain and China, 1950-1954*, London: Macmillan Press, p. 172.

小　结

综观本章内容可以看出，美英从1950年初开始拉开距离到1951年6月最终走向协调一致，经过了一段非常曲折的过程。在这个过程中，美国支持在台湾的国民党当局、反对中华人民共和国中央人民政府代表权的立场贯穿始终，而且不断趋向强硬。英国的投票政策则因为中国的反应，美、苏的压力，印度的推动以及国际局势的变化而不断调整。此外，英国支持新中国取得合法代表权并不意味着取缔国民党集团的非法代表，其政策转轨也并不同步，具有非常明显的两面性和内在的矛盾性。英国对新中国在联合国的代表权的投票立场，经历了从最初的弃权到有条件赞成，进一步发展到无条件赞成，最后又退回到主张搁置对新中国代表权问题讨论的曲折过程。对驱逐国民党非法代表的立场，则经历了从弃权票到赞成驱逐国民党代表，后又重新回到事实上赞成的立场。

美英在联合国中国代表权问题上分歧与协调的曲折过程，除了反映出在对新中国外交承认问题上美英之间同样存在的一些基本分歧外，还反映出它们在这个具体问题上特有的分歧。

首先，中国在联合国的代表权问题在美英各自政策考虑中所具有的优先权不同。美国把承认新中国在联合国的代表权看成是“一个危险而严重的问题”，其影响可能导致在安理会决定性多数票的丧失；意味着对苏联“讹诈”的屈服，将导致共产主义世界的士气高涨；导致在台湾问题上和在东南亚地区的连锁反应等。对美国来说，它不仅是一个牵动全局的重大问题，而且是一个不能用来向共产主义进行妥协的原则问题。英国则认为，新中国在联合国的代表权问题服从于中英关系和英国对远东其他问题的考虑。其投票立场取决于形势的变化和各种利益的权衡。总的看来，英国人认为通过在这一问题上向中国的要求让步可以带动其他问题的解决，如可以有利于中英建交谈判，有利于朝鲜问题的和平解决，有利于获得亚洲和东南亚国家的支持，有利于离间中苏关系，也有利于与苏联在联合国的合作。

其次，美英在这一问题上的分歧也折射出两国对联合国组织的不同理念，主要体现在美英两国对联合国组织以及联合国会员资格的不同看法。

美英在联合国组织的功能，双方差异主要体现在：美国更愿意把联合国变成一个反共俱乐部和武装的国际警察；而英国认为联合国应是具有普遍意义的国际组织、协调分歧的场所。具体而言，一是美国人认为联合国作为一个国际警察组织，“其主要使命就是挫败和惩罚国际犯罪，不管它是谁或者它多么的强大。”英国人认为这只能是一种长远的目标，在现阶段则蕴含着将使世界加速分化为两个对立的武装阵营的危险。英国人更倾向于把联合国视为一个国际组织，其首要的功能是和平解决分歧。这个组织必须包括或者旨在努力包括一些事实上的主要大国，特别是那些意识形态和行为方式让西方国家难以接受的国家。只有这样才能起到调和分歧的作用。二是美国人认为通过和平手段与中国人达成一致的任何可能均已耗尽，因此唯一的办法就是把联合国变成一个好战的机构，使其实力强大到“足以在世界上或在世界的大部分地区维护法规。”而英国人认为，《联合国宪章》和原则依赖于五个常任理事国之间的一致行动，一旦通过和平手段解决分歧的所有可能都已耗尽，联合国就真正到了无力采取进一步的维护和平与安全措施的地步。三是尽管美英两国都坚信必须有一个“反侵略的”有效的集体安全组织，但美国人认为必须动员一切资源来从事这场斗争，并相信联合国在这一方面可以起到更大的作用。英国人怀疑由联合国来承担这一使命的迫切性，更倾向于应该由北大西洋公约组织机构来充当这种角色。英国认为如果按照美国的做法，结果将是苏联及共产党国家退出，随之而来的将是像印度这样一些希望保持中立的国家撤销对联合国的支持。①

关于会员国的资格问题，在美国的政策考虑中，除了文中论及的国民党政权在安理会所拥有的代表权对美国的利用价值外，还有

① *DBPO*, Series 2, Vol. 4 pp. 392-393; *BDFA*, Part V, from 1951 through 1956, Series M, 1951-1952, Vol. 1, pp. 95-97.

许多意识形态的标准和砝码，即是否承认一个主权国家或政权在联合国的席位同样是意味着对其行为的嘉许或是惩罚。用艾森豪威尔时期的美国国务卿杜勒斯（John Foster Dulles）的话说："联合国不是一个管教所。你在加入之前就是好的，而不是加入能使你变好。"① 英国则认为，给予其会员资格只是基于对事实的承认，不要与道义的赞同和反对相关联，同时给予一个国家或政府以联合国成员的资格也是约束会员国的有效途径。"从法律上讲，如果你不承认一个行为不端的政府的存在，如果你否认它代表这个国家，你就无法要这个政府对它所做的事情负责任"。所以在英国的决策者看来"一旦中共代表进入了联合国，就有可能利用联合国的原则来对付它。只要它留在联合国外面，就不可能这样做"②。

最后，可以肯定的是，无论朝鲜战争前后，美国反对承认新中国在联合国代表权问题上的立场都是一贯的。英国在这个问题上的反复及其最终屈从于美国的压力，反映出英国在该问题上独立决策的余地很小，也反映出在冷战现实面前，传统的因素和考虑受到很大的制约。

---

① 陶文钊主编、牛军副主编：《美国对华政策文件集（1949～1972）》第1卷上册，世界知识出版社2003年版，第301页。

② 《杜鲁门回忆录》第2卷，三联书店1974年版，第485页。

第四章

新中国对台湾领土主权问题

台湾一直是中国的领土，甲午战争后被日本强占。1943年12月1日，中、美、英三国首脑共同签署，后经苏联同意的《开罗宣言》宣布，日本所窃取的中国领土台湾及澎湖列岛战后须归还中国。1945年7月26日，《波茨坦公告》再次确认了《开罗宣言》的原则。日本宣布投降后，1945年10月25日，国民党军队赴台接受日本投降，并建立了台湾省政府，台湾正式回到祖国怀抱。此后，美国及其盟国都接受了中国对该岛行使主权。随着国民党军队在内战中节节败退，中国人民解放军从国民党手中解放台湾，新中国对台湾行使主权只是时间问题，顺理成章。但在中国革命胜利前夕，美国政府决定阻止台湾落入中国共产党的控制之下，并蓄意推翻《开罗宣言》的原则立场，强调台湾的法律地位未定。台湾的归属开始成为"问题"。英国最初与美国的立场基本相似。但随着英国决定承认新中国，英国强调《开罗宣言》的基本立场，主张台湾应归还中国。美国第七舰队进驻台湾海峡后，美英在台湾问题上的矛盾公开化。围绕台湾归属问题的讨论在中华人民共和国成立前后也成为英美关系中一项颇为重要的内容。但英国最终屈服于美国的压力，同意美国的蓄意安排，在对日和约中只规定日本放弃台湾的主权，没有提及其归属，使台湾在法律上成为归属未定的领土，法律地位被严重扭曲。

第一节 美国分离台湾的图谋与英国的保留态度

英美战时同意将台湾归还中国的一个基本考虑是希望中国在战后成为维持美英在远东地区统治秩序的一个主要盟国，台湾将掌握在一个亲西方的中国政府手中。然而，到 1948 年底 1949 年初，中国革命形势的发展使美英当初的预想难以变成现实。出于自身利益的考虑，美英开始改变当初的郑重承诺，美国是制造“台湾问题”的始作俑者。

1948 年秋冬之际，随着国民党政权在中国大陆全面溃败，中国人民解放军最终将解放台湾，全面结束内战已是大势所趋。美国统治集团担心如果“大陆丧失”、“台湾不保”，将给美国在远东的战略地位造成严重影响。对台湾采取什么立场立即成为美国决策者考虑的重要问题。

1948 年 11 月 8 日，代理国务卿洛维特（Robert A. Lovett）要求参谋长联席会议对一旦台湾及其邻近岛屿处于中共管辖之下可能对美国安全造成的重大影响做出评估，供国家安全委员会决策参考。24 日，参谋长联席会议起草了一份文件，被编为国家安全委员会第 37 号文件（NSC37）。NSC37 号文件认为，台湾落入“受莫斯科指使”的政府手中，将对美国的安全产生严重不利影响。其基本理由是：在中国大陆易手之后，一旦发生战争，美国将不再能够利用那里的军事基地、港口和沿岸铁路中转站。从战略角度看，台湾在战时用于驻军、展开空中战略行动并控制邻近航道所具有的潜在价值将大为提升；如果为“不友好的”力量所控制，其战略价值就更为突出。因为一旦发生战争，敌人就可以利用它来控制马来亚地区到日本的航道，进而控制琉球及菲律宾。此外，台湾当时还是日本粮食和其他物资的主要来源地，如果台湾被中国共产党所控制，日本就会成为美国的包袱而不是资产。基于以上考虑，参谋长联席会议认为，“通过外交和经济手段，不让共产党控制台湾，从而保证台湾留在对美国友好的政府手中，最符合美国安全利益”①。

1949 年 1 月 19 日，美国国务院根据参谋长联席会议的报告精神，起草了《关于美国对台湾立场的报告草案》，此即为国家安全委员会第 37/1 号文件（NSC37/1）。NSC37/1 号文件全面阐述了通过政治和经济手段把台湾与中国大陆分离开来的必要性。该报告分析了四种可供选择的方案：1. 根据（1945 年 9 月 2 日）日本投降条款，或者通过与国民党政府谈判由美国接管台湾，或者等国民党政府垮台后，由美军直接占领。问题在于，国民党可能不愿进行此种谈判，而且不论是否采取直接行动，都会遭遇岛上中国人的武装抵抗，并激发全体大陆中国人对共产党的支持。美国还会因此遭到国际舆论的谴责，很可能会被中国人诉诸联合国安理会，在政治上对美国不利。2. 与国民党政府谈判由美国在台湾享有治外法权和建立军事基地。尽管国民党可能愿意给美国驻军权，但前提是美军帮助它防守台湾。而光靠美军基地不仅不能保住台湾，而且追求这样一种中国人民长期以来一直要求废除、而且美国在 1943 年的中美条约中公开承诺放弃的特权是否明智也很成问题，其结果也将会有利于中共在大陆的统治。3. 支持台湾国民党政府，承认它是中国政府。但这将增加当地局势的不稳定，为共产主义的渗透提供机会，使美国在大陆的处境更加复杂化，不利于美国保持对中国政策本身的灵活性。4. 支持非共产党和非国民党人控制的台湾地方政府。但问题是国民党残部正潮水般地涌入台湾，势不可挡，而且台湾省主席的职位由效忠于蒋介石的人所把持。由于美国缺乏制约蒋介石的有效手段，蒋介石不仅可能继续无视美国的建议，而且还将以其在阻止共产党对该岛的控制中不可或缺的作用来要挟美国。不过这一方案的最大优势是能使美国在中国的行动有更大的自由。在权衡了这四种方案的利弊之后，文件得出以下几点结论：1. 美国的基本目标是不让台湾和澎湖列岛落入共产党手中。目前达到这一

---

① *FRUS*, 1949, Vol. 9, pp. 261-262.

目标的最实际办法是在无需公开的、单方面承担责任或取得其政权的情况下，把这些岛屿同中国大陆分开；在寻求达到这一目的的过程中，美国针对台湾的各种选择方案不是在是否满意之间进行选择，而是数害相权取其轻。考虑到台湾局势的不稳定性，要保持行动的高度灵活性。2. 当中国局势发展到美国认为这就是美国可以在台湾与之打交道的统治力量时，美国将努力扶植和支持一个可以对台湾提供起码像样的治理的非共产党的、台湾本地的中国人的政权，并尽可能利用其影响力阻止大陆中国人的进一步涌入，谨慎地谋求与台湾本地潜在的领导人物接触，以便有朝一日美国国家利益需要时可利用台湾的自治运动。3. 美国将委婉地告诉在台湾的国民党当局：（1）美国不想看到大陆的混乱局面波及台、澎。（2）美国对国民党政权对该岛的治理印象不佳，如果让这种治理不当现象继续下去的话，世界舆论将抛弃对该国民党政权的支持转而赞成台湾自治。（3）美国对国民党政权的支持将在很大程度上取决于其政权的效能、对台湾人民的福利事业和经济需要所作的贡献，以及它是否允许并积极鼓励台湾人在政府担任要职。（4）美国不能无视大批大陆难民流入该岛可能造成的事态发展及其后果。同时美国对国民党人的一些看法表示不安，诸如以为在台湾建立的军事力量本身就足以有效地阻止共产党的渗透。（5）美国希望国民党政权在解决台湾问题和与该岛人民打交道时注意从大陆事态的发展和台湾人从前对中国统治的反应中汲取教训。①

1949 年 2 月 3 日，经国家安全委员会讨论后，在 NSC37/1 文件的基础上形成了国家安全委员会文件 NSC37/2。NSC37/2 除采纳了 NSC37/1 的基本结论外，还补充了第 3 点，即“美国政府当以最为灵活的方式对台湾实施一项积极的经济援助计划，以帮助台湾发展和保持一个有生存能力的、自立的经济”②。

此后，美国国务院又奉命准备美国对台行动步骤对案，美国国务院建议案构成 NSC37/4 号文件。美国国务院对案的基本内容是：

---

① *FRUS*, 1949, Vol. 9, pp. 270-275.

② *FRUS*, 1949, Vol. 9, pp. 281-282.

1. 国务院将加强其在台湾的代表地位，为此将立即指派一位高官抵达台北。2. 一旦该高官抵达台北，将依据 NSC37/2 号文第 2 段提出的建议，即美国不希望看到在大陆的混乱局面扩及台湾的建议（也就是 NSC37/1 第 3 点的内容），与台湾省主席陈诚接触。3. 在对陈诚表达美方的意思并得到后者确保台湾当局准备贯彻此类承诺后，国务院相应级别的官员将通知陈诚美国正准备依据国会立法和其他可行的方式给台湾经济恢复提供经济资助，旨在协助在台湾发展和维持一种自给自足的经济。4. 一旦收到上述承诺，驻华经济合作署将致力于完善台湾经济的各项计划的制定。5. 经济合作署也将研究和提交对台湾实现经济援助的总体计划；在最初的阶段，必须尽量减少美国在台湾的官方行动的出现，想方设法阻止大陆难民涌入台湾。①

与此同时，参谋长联席会议也奉命向国家安全委员会提供报告，评估一旦以经济和外交手段阻止台湾落入中共控制之下的努力失败后是否需要采取军事行动的问题。2 月 10 日，参谋长联席会议对 2 月 7 日国防部长在备忘录中提出的问题进行了回答。参谋长联席会议认为，如果外交和经济手段不足以阻止中共解放台湾，那么会对美国安全造成严重的威胁。但现阶段在台湾采取公开的军事行动是不明智的。台湾地位固然重要，但现有军事实力与全球义务不相称，美国必须把有限的军事力量用在更关键的地区，因而即使“外交和经济手段”不能阻止中共夺取台湾，美也不应对台湾“承担公开的军事义务”。不过，参谋长联席会议建议，鉴于台湾问题的重要性，应该采取一些有限的军事支持以配合旨在发展和维持台湾的非共产党政权的外交和经济措施的有效实施；在不涉及承担动武的义务的前提下，美国可以在台湾的某个或某些合适的港口驻扎小股舰只，配以必要的维修保养和无线电通讯和娱乐消遣设施。②此即为 NSC37/3 号文件。

美国国务院对军方提出的在台采取有限军事行动的建议表示反

---

① *FRUS*, 1949, Vol. 9, pp. 288-289.

② *FRUS*, 1949, Vol. 9, pp. 284-286.

对，这一思想体现在1949年3月1日的NSC37/5号文件中。美国国务院的观点是，在目前的状况下，在台湾建立美国军事力量不仅在外交上存在不利因素，更重要的是将给美国在政治上造成负面影响。因为炫耀武力并不能阻止共产党的“蛊惑宣传和渗透”。它在阻止共产党的使者同国民党将领之间就台湾问题所进行谈判方面的功效也是值得怀疑的。这样做还可能对整个中国的政治产生不利于美国的影响，它还可能在美国试图利用苏联在中国东北和新疆的行动所激发的中国的反苏民族情绪时，产生（由美国引起的）民族统一主义的问题。因此，美国国务院明确提出，美国舰只现在不能在台湾的港口或港口附近驻扎以支持政治和经济手段的实施。但这一结论将不妨碍如果台湾事态的发展使之变得合理的时候，再重新考察这一行动的可能性。①

在3月3日就台湾问题进行讨论的国家安全委员会第35次会议上，艾奇逊重申了国务院对军方在台进行有限军事行动的建议的反对立场，并提出两点要求：一是在采取这一敏感行动时政府内部应严守纪律，切忌对台湾流露出热情的迹象；二是在考虑和规划未来的可能性时也不能排除在台建立军事存在的可能性，一旦需要，美国将在盟国的配合下在台使用适当的军事力量。如果美国打算对该岛进行军事干涉，无论在什么情况下，美国都必须与具有相似意向或目的的大国一起行动，更可取的方式是利用联合国的机制，并表明是为了满足台湾本土人民或者通过联合国托管或者通过独立来要求自决的合法要求。② 艾奇逊的看法得到国家安全委员会大多数成员的认可，1949年3月3日杜鲁门批准了NSC37/5号文件，并指令各部实施落实。③

这样，从1948年11月到1949年3月，美国国家安全委员会通过的NSC37号、NSC37/1号、NSC37/2号、NSC37/3号、NSC37/4号和NSC37/5号文件，大体确立了美国对台政策的初期

① *FRUS*, 1949, Vol. 9, pp. 290-292; pp. 295-296.

② *FRUS*, 1949, Vol. 9, pp. 294-296.

③ *FRUS*, 1949, Vol. 9, pp. 296-297.

轮廓。其基本政策目标就是：利用经济和外交的手段不让台、澎落入大陆共产党或共产党控制的政府手中，使台湾同中国大陆分离。为达到这一目标，美国将见机行事，努力发现和培植一个能对台湾提供基本的治理、不受中国国共双方控制和影响的台独势力，并具体考虑了通过经济援助、联合国托管和策动台湾自治等分离台湾的步骤，但前提是要避免公开地对台表示兴趣，避免公开炫耀武力和单方面承担责任。但美国也没有完全排除使用军事力量控制台湾的可能性。这一思想后来得到进一步确认。8 月 17 日，美国参谋长联席会议在重申台湾的战略地位还没有重要到必须采取军事行动的同时也指出，从整个国家利益的角度来看，对台湾采取公开的军事行动最终是可取的。①

美国对台政策很快付诸实施。一开始，美国考虑的主要目标是策划一个不受大陆中国人控制的台湾独立运动。“如果需要美国加以干预时，支持台湾人的民族自决是一个能获得相当的国际支持的道义上站得住脚的理由。”② 于是，从 1948 年秋开始，美国进行了一系列以经济和外交为手段的私下分离台湾的活动。例如设法劝阻蒋介石逃往台湾。以巨额美元贷款为诱饵，策动当时的台湾省主席魏道明实现台湾自治。当蒋介石察觉到这一意图将魏撤换，改派亲信陈诚为台湾省主席后，美国又欲扶植具有亲美倾向的孙立人与吴国桢，试图由吴任台湾省主席，孙掌军权，甚至还在蒋介石的亲信陈诚身上打主意。美国国务院还责令当时驻上海、广州、香港使事领馆与各种各样的“台独”分子保持联系。当时美国驻南京领事利文斯通·麦钱特奉艾奇逊密令前往台湾考察“台湾自治”的可行性，但这些计划均一一落空，原因在于这些计划既不符合蒋介石以台湾为驻点的打算，脱离了蒋介石对国民党和台湾的实际控制这一现实，同时也受到美国避免在台大规模军事卷入及不愿意公开

---

① *FRUS*, 1949, Vol. 9, pp. 376-378.

② Warren I. Cohen, “Acheson, His Advisers, and China, 1949-1950”, in Dorothy Borg and Waldo Heinrichs eds., *Uncertain Years: Chinese-American Relations, 1947-1950*, New York: Columbia University Press, 1980, p. 26.

地、单方面为之承担义务的政策的约束。随着蒋介石于1949年5月底到达台北后大权独揽，美国试图绕开蒋介石、扶植亲美的台湾独立政权的想法无法实现。①

1949年5月，奉美国国务院密旨在台湾活动数月的麦钱特向国务卿艾奇逊报告其活动结果。他认为“台独”基础薄弱，国民党的支持者事实上控制着台湾，因此试图寻求一个不被国民党染指的台湾独立的方案根本行不通，建议重新考虑对台政策。② 于是美国一方面不得不重新回到有条件援蒋的立场，继续通过经济合作总署给台湾以经济援助，帮助其经济“自立”；另一方面美国也加紧寻找新的替代方案。

时任美国国务院政策设计室主任的乔治·凯南（George Kennan）建议美国采取直接军事行动逐蒋出台。6月6日，凯南提出的第一份报告主张将蒋介石政权迁出台湾，在台湾建立“临时的国际或美国体制”，然后“举行公民投票，决定最后归属”。他认为实现这一目标有两种办法：“一个办法是诱使其他远东大国带头提出采取国际行动以达到上述目的”；“另一个办法是单方面宣布接管台湾，所持理由是后来的事态发展已使《开罗宣言》当初的一切假定失效，美国的干预系出于维护太平洋区域稳定以及这些岛屿居民利益的需要”。但不管哪种方法都需要美国军方改变对台湾重要性的认识。③ 6月23日，凯南提出了第二份报告，主要研究了怎样把30万国民党军队送出台湾的问题，提出了详细的行动计划。报告承认这样做有两大困难：一是蒋军30万之众；二是国民党政府对该岛多少拥有主权。解决第一个困难的关键在于军方是否能够而且愿意在必要时提供必要的兵力用于镇压和撵走在台湾的国民党军队，并在过渡时期对台湾实施有效的控制。在军方答复以前，国

① 美国分离台湾的具体行动，参见资中筠著《追根溯源：战后美国对华政策的缘起与发展（1945～1950）》，上海人民出版社2000年版，第264～273页。

② Warren I. Cohen, “Acheson, His Advisers, and China, 1949-1950”, in Dorothy Borg and Waldo Heinrichs eds., *Uncertain Years: Chinese-American Relations, 1947-1950*, New York: Columbia University Press, 1980, p. 27.

③ *FRUS*, 1949, Vol. 9, pp. 356-359.

务院应着手解决第二个难题，即想方设法通过非正式的、隐秘而可靠的途径请菲律宾、澳大利亚甚至印度出面，向联合国提出托管台湾，在台湾举行公民投票，确定台湾的最后归属。①

由于动用军事手段不符合美国对台政策的既定方针，因此遭到了否决。参谋长联席会议在1949年8月重申："台湾战略上的重要性并不足以使采取公开的军事行动具有合理性。"他们明确表示只要美国的军事实力与全球义务不一致的状况仍然存在，美国就不准备对台用兵。② 美国国务院仍然坚持用非军事手段阻止台湾"陷落"。9月份，艾奇逊在一次会议上也怀疑凯南方案的可行性，认为这将使美国打算利用所谓中国人反对苏联在中国东北扩张的领土收复主义情绪的努力遭到失败。③

在凯南主张不择手段分离台湾的同时，建议通过制造台湾地位未定论和争取对台湾国际托管的方案也竞相出台。

1949年4月15日，美国国务卿特别助理、国务院新闻发布官麦克德莫特（Michael J. McDermott）发表谈话称："台湾在战时的地位与库页岛完全一样，最终地位将由一项和约决定。"这是美国政府首次公开抛出台湾地位未定论。④

5月24日，秘密访台归来的麦钱特向远东司司长巴特沃思递交了对台调查报告书。该报告书在全面分析了台湾国民党统治和"台独"势力的现状后认为，支持现政权将导致台湾人民对美国的好感下降、给大陆以现存的反美宣传素材，会使得台湾居民更容易受到共产党的鼓动，而策动推翻现政府的政变又将激发中国人更大的民族主义情绪，会使美国冒在军事上全面卷入的风险。最现实的

---

① *FRUS*, 1949, Vol. 9, pp. 359-364.

② *FRUS*, 1949, Vol. 9, pp. 376-378; Shu Guang Zhang, *Deterrence and Strategic Culture, Chinese-American Confrontations, 1949-1958*, Ithaca: Cornell University Press, 1992, pp. 52-53.

③ Quoted in Shu Guang Zhang, *Deterrence and Strategic Culture, Chinese-American Confrontations, 1949-1958*, Ithaca: Cornell University Press, 1992, p. 53.

④ *FRUS*, 1949, Vol. 9, p. 328, note 46；资中筠著：《追根溯源——战后美国对华政策的缘起与发展（1945～1950）》，上海人民出版社2000年版，第267～268页。

办法是加速与相关国家协商，将台湾问题提交联合国讨论，由联合国对台湾进行托管。①

受其鼓舞，巴特沃思在6月8日下午召集相关官员讨论了麦钱特的报告。次日，巴特沃思向远东事务助理国务卿腊斯克提交了一份备忘录，后经腊斯克转交国家安全委员会。巴特沃思建议美国应要求联合国尽快召开一次特别大会，讨论台湾问题，届时美国将全面阐述对台的政策立场，旨在说明《开罗宣言》发表时所预见的与台湾有关的战后形势没有成为现实，同时中国国民党政权在台湾"治理不当"已使其丧失了在台湾行使主权的权力，因此，台湾人民有权举行公民投票，决定自己的命运。很显然，该备忘录旨在借在台湾举行联合国监督下的全民公决，策动台湾独立，在台湾独立之前，对台湾实现某种形式的联合国托管。至于如何操作，备忘录在分析了各种可能的方案后，建议采取两种途径：一是说服某个"友好的和有相关利益的国家"，例如印度或菲律宾，向将于6月15日开会的联合国托管委员会提出请求，由联合国暂时监管台湾；另外一个"更为有吸引力的程序"是，美国最好同其他几个感兴趣的"友好国家"共同提议召开联合国大会特别会议考虑台湾问题，同时建议在联合国的监督下，在台湾举行一次公民投票，决定台湾的归属。为此，美国应当立即通知作为《开罗宣言》一方的英国政府，向其阐明美国的立场并争取其与美国一起行动。在获得英国政府和至少另外一个有关政府给予支持的保证后，再要求联合国召开特别会议，考虑对台湾的国际托管。② 9月，腊斯克不顾蒋介石将拒绝联合国托管的立场，坚持要求这样做。③

显而易见的是，在美国制造台湾地位未定和国际托管下台湾独立的计划中，英国是否认同与合作至关重要。英国是《开罗宣言》

---

① *FRUS*,1949, Vol. 9, pp. 337-341.

② *FRUS*,1949, Vol. 9, pp. 346-350；参见资中筠著《追根溯源——战后美国对华政策的缘起和发展(1945～1950)》,上海人民出版社 2000 年版,附录 26。

③ Warren I. Cohen, "Acheson, His Advisers, and China, 1949-1950 ", in Dorothy Borg and Waldo Heinrichs eds., *Uncertain Years: Chinese-American Relations, 1947-1950*, New York: Columbia University Press, 1980, p. 28.

的联合发起国之一，是英联邦国家的代言人，因而无论是推翻《开罗宣言》，还是请印度等英联邦国家出面充当要求对台湾进行国际托管的工具，都必须获得英国的认可和协助。为此，凯南亲自游说英国，希望英国能做英联邦国家的工作。他是在与英国外交部国务大臣麦克尼尔（Hector McNell）会谈时向英国做出试探的。凯南表示，美国国务院已经考虑了好几种途径，但不知道走哪条道好。他对国民党的在台力量缺乏信心，认为这支有30万之众的军队无法对共产主义的渗透提供有效的抵抗，共产党已渗透到了台湾。如果“台湾人民起而反抗中国的暴政”，整个问题可能会被提到联合国考虑。由于美英出面容易引起猜疑，凯南认为最好是由像菲律宾或印度这样的亚洲国家来提出台湾问题。①

此时英国在台湾没有特别突出的现实利益。总体上讲，英国的对台政策屈从于和服务于其对美、对华及其对亚洲政策的通盘考虑。在这个问题上英国与美国的分歧虽不像在其他问题上激烈和持久，但其复杂多变性也毫不逊色，特别是这一问题已不仅仅是对哪一个中国政权的承认问题，而且是要公然违背历史事实，剥夺中国作为国际法主体所享有的领土主权完整。

英国不像美国那样看重台湾的战略价值，也很少插手台湾事务，但在台湾属于中国这一点上一开始英国的立场是鲜明的。1945年10月，国民政府派军队到台湾受降，建立台湾省政府时，英国予以承认并在台湾设领事馆。1947年台湾爆发“二二八”事件，当此事被西方世界渲染为台湾人民要求独立的运动时，英国对此未予评论。当时的英国驻淡水领事卡尔曾经建议对台湾实行联合国托管，也遭到英国政府拒绝。② 直到1949年5月底，美国驻英大使刘易斯·道格拉斯还对艾奇逊说：“英国官方和非官方圈子很少注意有关台湾的各种问题，诸如台湾本身的地位以及可能在那里建立中国政府等问题。”英国外交部远东事务助理次官丹尼表示，英国

① *DBPO*, Series 1, Vol. 8, pp. 332-333.

② 李世安著:《太平洋战争时期的中英关系》,中国社会科学出版社1994年版,第205页。

内阁和外交部都没有过多地考虑台湾问题，外交部迄今也没有形成具体的政策。①

随着中国革命形势的发展、全球冷战的加剧以及受美国对台湾战略辩论的影响，英国逐渐开始关注台湾问题。面对中国人民解放军可能解放台湾的问题，英国最初的反应和美国一样，认为不能让台湾落入共产党的控制之下，倾向于利用对日和约尚未签订的现实，强调从法律上来说，台湾还是在盟国占领下的日本领土。如在1949年2月8日，英国外交部远东司的一份备忘录指出，第二次世界大战前国际上公认台湾是“日本的领土”。日本战败后，在台湾的日本军队根据盟国驻日总司令部第一号命令向中国军队投降。中国据此在台湾建立了军事管理机构和行政机构。但从法律上讲，由于没有缔结有关移交台湾的国际条约，台湾的地位并没有发生变化，它仍属于“日本的领土”，是一块由盟军占领了的“日本领土”。② 外交部远东事务助理次官丹尼也认为，台湾在法律上还不是中国的领土。任何在那里建立的中国政府的地位都将会是不明确的，会给世界各国政府特别是联合国带来麻烦。英国是否承认该政府就是中国政府？该政府是否有资格派驻外代表或向联合国派代表？都难以回答。不过丹尼认为，可以肯定的是西方国家不会让共产党占据台湾。中国对台湾控制之后将通过间接渗透和直接侵略威胁到菲律宾及东南亚其他国家，英国决不能让这种情况发生。③ 工党副议长鲍尔斯（Bowles）更是出语惊人：“我认为台湾不属于中国，它是日本的一部分。”④

英国对台湾所持的这种立场，除了反共的考虑和对日和约尚未

---

① *FRUS*, 1949, Vol. 9, pp. 341-342.

② Memorandum by Far East Department of Foreign Office, Feb. 8, 1949, FO371/75801/F2120, PRO, London；转引自王建朗《台湾法律地位的扭曲——英国有关政策的演变及与美国的分歧（1949～1951）》，《近代史研究》2001年第1期，第3页。直到1950年8月4日美、英、法三国外长巴黎会谈时，英国仍坚持这一看法。*FRUS*, 1950, Vol. 6, p. 421.

③ *FRUS*, 1949, Vol. 9, p. 342.

④ *FRUS*, 1949, Vol. 9, pp. 342-343.

签订的所谓法理依据外，还有其他一些因素：首先，英国也和美国一样，担心中国共产党解放台湾以后可能对英国在远东的殖民统治造成威胁。1949 年 3 月 4 日，贝文向内阁提交的备忘录中谈到，中共向华南的推进将增加整个东南亚的动荡和安全防务问题。如果台湾落入苏联的控制之下，将使中共的军事推进对英国海上运输线的威胁变得更加严重，结果将使英国不论在平时还是在战时都要增兵，这会大大加重英国的防务负担。① 1949 年 5 月 21 日，《经济学家》周刊上的一篇文章指出："香港的难民问题已经非常尖锐，如果台湾被占或被交给共产党，世界将面临新的难民潮，这些人将要么被强迫遣返回中国，要么由菲律宾、马来亚等这些国家加以吸收。而这些国家本身的华人移民问题已经非常严重了。"② 其次，英国民间也有某些群体看重与台湾的贸易前景及其对香港经济发展与社会稳定的好处。一些英国商人认为，拥有制糖业的台湾非常富裕，和中国其他地区相比更适合贸易。由于蒋介石将大量的钱财转到台湾后，那里的物质资源更加丰富。③ 5 月 16 日，保守党议员蒂林（Teeling）询问英国政府是否将在《开罗宣言》的条件下考虑台湾的地位问题，以便香港过剩的人口和工业往台湾转移。④ 此外，从政治上讲，还有助于保持美国人对东亚和东南亚的兴趣；成为英国与中共讨价还价的一个强有力的筹码，等等。⑤

总之，在英国正式考虑承认新中国之前，英国对台湾问题关注不多。在台湾问题上的经济、政治利益与法理考虑与美国在台湾问题的战略意图不谋而合。所以，在中国革命即将取得全国胜利的前夕，英国与美国的立场一度比较接近，都认为不能让台湾落入共产党的控制之下，倾向于利用对日和约尚未签订之机，强调"台湾从法律上来说是在盟国占领下的日本领土"，也都考虑过利用台独

① *DBPO*, Series 1, Vol. 8, p. 208.

② *FRUS*, 1949, Vol. 9, p. 343.

③ *FRUS*, 1949, Vol. 9, p. 343.

④ *FRUS*, 1949, Vol. 9, p. 343.

⑤ 转引自王建朗《台湾法律地位的扭曲——英国有关政策的演变及其与美国的分歧》，《近代史研究》2001 年第 1 期，第 3～4 页。

势力分离台湾的问题。但细加分析可以发现，英国与美国的看法不尽相同，除了关注程度和阻止中共解放台湾的决心大小的差异外，还有一个比较原则性的问题就是对《开罗宣言》的态度。英国坚持台湾目前的法律地位未定，主要是基于对日和约尚未签订因而没有完成台湾归还中国的法律程序，但英国并未像美国那样，公然认为由于形势的变化《开罗宣言》就将失效。英国方面认为，《开罗宣言》是四大国的战时决定，改变该宣言必须由四国同意，要推翻《开罗宣言》也不大可能，英国也不准备为此采取行动。1949年2月14日，英国驻华盛顿使馆官员格雷夫斯在向外交部通报情况后指出，美英与台湾当局协商共同做出一个托管台湾的安排可能有些好处，但考虑到托管是在改变现状，这种改变现状的决定需要由英、美、苏、中四大国共同做出，所以，目前还不是提出托管的时机。此时代理英国驻华使馆馆务的蓝来讷指出：自日本投降以来，台湾实际上一直在中国政府的统治之下，并作为中国领土的一部分而治理着。“对于这一点，我们已经听之任之。因此，从现实出发，除了承认台湾是中国的领土外，我们没有其他更好的办法。”① 1950年2月15日，贝文在给英国驻北京代办胡阶森的电报中重申：“在1943年，台湾是日本帝国的一部分，英国政府仍然认为它从法律上讲是日本帝国领土的一部分。”但1943年12月1日，罗斯福、蒋介石和丘吉尔在开罗曾共同宣布，日本从中国窃取的一切领土，包括台湾将归还中华民国。1945年7月26日，美、英、中各国首脑在波茨坦又再次确认《开罗宣言》的条款必须实施。1945年10月25日，作为反法西斯盟国共同协商的结果所发布的一项指令就是日本在台湾的军队必须向蒋介石投降，于是对台湾的管理就由中华民国负责。② 也就是说英国不否认、也无意改变台湾将归还中国的既定原则和台湾是由中国政府在治理这一现实。

---

① British Embassy in China to Foreign Office, Feb. 21, 1949, FO371/75801/F3546;王建朗《台湾法律地位的扭曲——英国有关政策的演变及其与美国的分歧》,《近代史研究》2001年第1期,第4页。

② *BDFA*, Part IV, Series E, Asia, 1950, Vol. 10, pp. 11-12.

第二节　英国反对援蒋保台与美国的弃蒋弃台

当然，英国此时对台湾问题保持低调，也与整个中国和远东局势还有待进一步观察有关。在英国对中国共产党政权可能采取的政策尚未最后确定之前，其对台政策也必然带有这种不确定性。然而，到1949年下半年，一系列新的因素促使英国开始改变其在台湾问题上追随美国的立场。

一是美英所谓的台湾地位未定论遭到中国人民的强烈抵制。在美国1949年4月15日正式抛出台湾地位未定论之前，已获悉美国这一意图的国民党方面抢先于1949年3月由刚离职的前外交部长王世杰在台湾发表公开讲话，宣称台湾是“收复失地”，不是“军事占领区”，中国对该岛的内政外交拥有绝对主权。王世杰指出，自中国对日正式宣战以来，《马关条约》已经失效。自那时起台湾在法律上就已归属中国，到战争结束时再从日军手中实际收回。他要大家对“帝国主义实现直接或间接控制台湾的企图”提高警惕。考虑到中国的舆论反应以及王世杰的声明，5月18日，美国国务卿艾奇逊致电美国驻广州代办克拉克，希望克拉克转告驻台公使不必再“顺便”与陈诚提此事，因为这涉及更广泛的考虑，如果蒋、陈予以公开将会适得其反。① 美国关于“台湾地位未定论”暂时到此为止。1949年5月30日，当时的国民党政府驻英使馆致函英国外交部，指出英国有关台湾地位的言论引起了中方的疑虑，因此“有必要指出这样的历史事实，即台湾一直是中国领土的一部分，中国人一直居住在那里。尽管1895年中日战争后台湾根据《马关条约》被割让给日本，但第二次世界大战后它回归中国，只是再次确认了那一历史事实的延续”。要求英国外交部正确理解这一历史事实，在回答议会质疑时就台湾地位问题做出澄清。与此同时，中国共产党所拥

---

①　*FRUS*, 1949, Vol. 9, pp. 304-305; pp. 336-337；资中筠著：《追根溯源——战后美国对华政策的缘起与发展(1945～1950)》，上海人民出版社2000年版，第267、268页。

有的广播电台也连续广播反“台独”的文章，指责“台独”运动受外国势力的操纵，表示“中国人民一定要解放台湾”。①

二是随着中国革命形势的飞速发展，英国承认新中国的立场日趋明确，英国与美国在台湾问题上拉开距离在所难免。到1949年8月底，英国内阁已讨论准备承认新中国的文件，对台立场便趋于明朗，所以9月9日，英国远东事务助理次官丹尼与美国东亚事务助理国务卿麦钱特就台湾问题进行磋商时，不仅对当时美国有条件地援蒋表示疑虑，而且对所谓的“台湾再解放联盟”表示怀疑。丹尼认为：“尽管这是一个非共产党和非国民党的致力于台湾独立的组织，但是该运动的领导人非常令人讨厌。”至于由台湾人向联合国呼吁举行公民投票或建立由联合国托管的可能性问题，他认为非常渺茫，特别是在蒋介石仍然控制台湾的情况下更是如此。最后，丹尼正式向美国阐明了英国对台立场的四点意见：1. 估计中国国共两党都将继续对台湾提出主权要求；2. 未经四大国协议无法改变目前台湾的法律地位；3. 不大可能将台湾问题提交联合国，这样做弊大于利；4. 谁控制台湾要看国共斗争的结果，台湾落入共产党手中的可能性很大，很难阻止，只有希望共产党占领该岛时不要引起太大的破坏。②

1949年9月22日，英国外交部发言人对外宣称：“即使中国共产党控制了台湾岛，台湾仍然是中国的。《开罗宣言》要求将台湾归还中国，而且战后这一领土已经交给了中国当局，尽管这一交还尚需得到对日和约的最后确认。”发言人同时指出：“英国政府负有将台湾交还给中国的义务，但这并不意味着它对将台湾交给任何类型的政府都负有责任。”此话意在表明，英国并不负有一定要将台湾交给中共政府的责任。③

---

① 王建朗：《台湾法律地位的扭曲——英国有关政策的演变及其与美国的分歧》，《近代史研究》2001年第1期，第6页。

② *FRUS*, 1949, Vol. 9, pp. 388-390.

③ 王建朗：《台湾法律地位的扭曲——英国有关政策的演变及其与美国的分歧》，《近代史研究》2001年第1期，第6～7页。

中华人民共和国成立后，英国事实上承认新中国并准备在法律上正式承认新中国，其在台湾问题上的立场更趋明确。1949 年 11 月，英国外交部助理次官梅休（C. P. Mayhew）两次在下院就台湾问题表明政府立场。14 日，梅休称："英皇陛下政府在淡水设有领事馆，由英皇外交部的正式外交人员负责。他们和控制该岛的中国国民党当局保持联系。只有最后签订对日和约，才能使台湾的法律地位正式改变。但不管最后如何解决，这都不是英皇陛下政府所能单独解决的事情。"21 日，有人在下院质询梅休："基于什么条件或其他文件或有约束性的宣言，英皇陛下政府承认中国当局目前对该岛的控制？"梅休答称："唯一有关的声明就是 1943 年《开罗宣言》。那时美、英、中三国元首宣称，日本从中国窃取的领土，包括台湾在内，应归还中国。1945 年苏联亦参加了《波茨坦宣言》，重申了《开罗宣言》。根据《开罗宣言》，中国当局在日本投降的时候对该岛加以控制并在此一直行使着对该岛的控制。"①1950 年 1 月 6 日，英国政府宣布承认中华人民共和国，当即宣布断绝与国民党政府的外交关系，关闭国民党政府驻英大使馆，但在台湾淡水仍保留了领事馆，处理地方事宜。不过强调"只与台湾省政府保持事实接触"，而不与国民党政府的"中央机关"发生联系。②

由此可见，英国虽然不愿明确承诺将台湾交还中华人民共和国，并在承认中华人民共和国之后仍与在台湾的国民党当局保持事实上的联系，但是它明确坚持《开罗宣言》的原则立场，承认台湾是由中国人在治理的事实，也无意阻止中国人民解放台湾这一趋势。

由于英国立场的日趋明确，美国寻求对台湾实行国际托管的努力难以实现。英联邦国家和法国的态度也与英国基本相似。在中国国共双方反对、英联邦及主要西欧国家不合作的情况下，美国要搞对台湾的国际托管只有美国自己亲自出面，而这又违反了美国对台政策中所确定的不能单方面、公开地进行分离台湾行动的精神，所

① 《中美关系文件汇编》第 2 辑上，世界知识出版社 1961 年版，第 3 ~ 4 页。

② *DBPO*, Series 1, Vol 8, pp. 423-424; p. 439, note 2.

以，诉诸国际托管的计划最终不了了之。

中华人民共和国成立后，国民党残余势力退守台湾，人民解放军也同时逼近福建和浙江沿海。一方面，随着1949年12月7日国民党“政府”迁台，美国任何绕开蒋介石、分离台湾的可能性不复存在。美国政府被迫重新回到援蒋保台的路线上来。12月中旬，美国政府正式决定在外交上与国民党政府保持关系①，同时加大对蒋介石的援助力度。另一方面，根据美国中央情报局的预测，如果没有美国的军事占领和控制，“台湾可能在1950年底落入共产党的控制之下”，而且在最近的华盛顿会谈中，英国已经明确表示共产党最终控制台湾不可避免，英国不可能建议采取任何措施阻止这一趋势。② 至此，由于国民党的失败已覆水难收，而先前美国分离台湾的行动也一再受挫，美国对继续支持蒋介石，不在军事上大规模卷入的情况下保住台湾的信念产生了严重的动摇。美国对台政策面临新的抉择，要么不惜以军事上卷入与中共冲突的代价坚决保住台湾；要么面对现实，准备放弃支持蒋介石，放弃台湾，美国国内对台湾政策的重新评估和争论一时再趋激烈，其政策自相矛盾与摇摆不定的特点一度非常明显。

以军方和国会亲蒋势力为代表的一派主张援蒋保台，认为恢复援蒋可能保住台湾，并再次提出实施对台“有限军事行动”的动议。1949年12月23日，美国参谋长联席会议的参谋长们联名致函给时任国防部部长的路易斯·约翰逊（Louis Johnson），要求援蒋保台，认为：“一个规模适中、指挥得当，并得到美国严密监督的对台湾反共政权的军事援助计划将符合美国的安全利益。”“对台湾国民党政府采取适宜的军事援助，将能很好地配合美国对台正在进行的政治、心理及经济行动。”它建议国防部下令美国远东总司令（麦克阿瑟）在第七舰队司令部的协助下，立即调查防守台湾

① ［美］爱德温·W. 马丁著，姜中才等译：《抉择与分歧——英美对共产党在中国的胜利的反应》，中共党史资料出版社1990年版，第108～109页。

② *FRUS*, 1949, Vol. 9, p. 393.

所必需的军事援助，提出具体援助方案。① 国会内蒋介石的支持者公开要求美国采取直接的行动保卫台湾。12 月，人称“台湾参议员”的威廉·诺兰也访问台湾，要求派遣军事顾问团到台湾，同时，参议员罗伯特·塔夫脱和前总统胡佛也明确建议政府在台湾建设海军基地。②

“杜鲁门政府‘虽在不立即着手军事上长期经营台湾防务做准备’上达成共识，但文官们对军方提出的‘美至少应在台作武装力量存在部署’的‘政治上的可行性’与‘战略上的合理性’提出质疑。”③ 以艾奇逊为代表的行政当局基于对中国内战形势的判断，对扶蒋和保台都失去了信心。艾奇逊认为台湾最终可能会在 1950 年底以前落入共产党手中，而且有情报估计，共产党可能于 1950 年 3 月进攻台湾，最迟也不会超过当年的夏天。在共产党的宣传中，不断出现马上“解放台湾”的信息。美国获得的情报显示，大陆沿海地区有部队调动，附近港口集结了大批帆船和小船。美国国务院不想因为拖延不决而卷入到与中共的军事冲突中，在军事上承担不适当的义务，认为这样做不仅于事无补，而且祸患无穷：首先，它将使美国的尊严在又一场失败中受损，更重要的是激起中国人民举国一致的痛恨，让苏联在联合国安理会中谴责美国，在整个亚洲人民的面前将落个支持腐败透顶的蒋介石政权的恶名。如果付出这样的代价能够换取一个对美国的防御至关重要的岛屿也值得去冒险，问题是即使台湾丢失也不一定就会破坏美国的防御。④ 艾奇逊的看法在他 1950 年 2 月 9 日就台湾问题回答众议院外委会的质询时有更为全面的表述。他说：“如果美国政府希图通

① *FRUS*, 1949, Vol. 9, pp. 460-461.

② Shu Guang Zhang, *Deterrence and Strategic Culture, Chinese-American Confrontations, 1949-1958*, Ithaca: Cornell University Press, 1992, p. 52.

③ 张曙光著:《美国对华战略考虑与决策（1949～1972）》，上海外语教育出版社 2003 年版，第 32 页；Edwin W. Martin, *Divided Counsel: The Anglo-American Response to Communist Victory in China*, The University Press of Kentucky, 1986, pp. 21-22.

④ *FRUS*, 1949, Vol. 9, pp. 463-466.

过驻日盟军总部、通过联合国，或者通过远东委员会所监督之下的公民投票，在台湾建立一个非中国人的行政当局，这就会被中国大陆以及全亚洲几乎一切的人解释为本政府违背了它的保证，并背弃了我们一向尊重中国领土完整的政策，而试图使台湾脱离中国。”“中国政府（指国民党政府——作者按）目前所在地是台湾，该岛和海南岛是该政府控制的仅存的大块领土。没有证据表明，中国政府会接受任何一项替代办法以自取灭亡。不但如此，如果中国政府拒绝同意，就会产生用军事力量去执行所建议的行动方针的问题。而且如果任何一个建议实现了，还有用军事力量去保卫该岛的问题。当然，联合国是没有军队的，任何对该岛的防御都要落到美国身上。”① 11月初，艾奇逊使整个国务院的看法达成一致：“不能通过军事手段或者通过作为台湾自治政府的代理的托管安排来寻求台湾的管辖权的办法来把台湾同中共控制的大陆分离。”② 由于美国国务院不想在台湾问题上卷入过深，与中共发生冲突，因而准备弃蒋弃台。于是，美国官方开始对外声称，让共产党夺取台湾不一定对美国在远东的军事地位造成严重影响。该岛为共产党控制既不可能对美国与日本的关系、也不可能对菲律宾等邻近地区在一段时间内构成重大威胁。③

来自英国的压力也促使美国杜鲁门政府检讨其对台政策。在1949年10～12月间，当美国统治集团内部在是否弃蒋或是否保台之间意见不一、对台政策摇摆不定之时，英国不断对美国施加压力，反复游说美国放弃对蒋介石的军事援助。这让美国国内主张对华采取现实政策的一方一时占据上风。此时英国外交部一方面为美国准备弃台的信息所鼓舞，更加坚信应该放手让中共解放台湾，认

---

① 《中美关系文件汇编》第2辑上，世界知识出版社1961年版，第46-50页。

② Shu Guang Zhang, *Deterrence and Strategic Culture*: *Chinese-American Confrontations*, *1949-1958*, Ithaca: Cornell University Press, 1992, p. 53.

③ Washington to FO, 8 December, 1949, FO371/25805/18448, Quoted in Peter Lowe, *Containing the Cold War in East Asia*, *British Policy towards Japan*, *China and Korea*, *1948-1953*, Manchester University Press, 1997, p. 117.

为“如果美国都不愿意插手改变台湾的局面，英国更不能去做这些事情，也不可能取得任何成功。尽管无法预测蒋介石将在台湾固守多长时间，但台湾迟早会变成共产党的天下”①。另一方面，英国政府不赞成美国支持已经迁台的国民党政府抵抗新中国，对美国继续援助国民党，尤其是继续向台湾提供武器忧心忡忡。11 月上旬，贝文与艾奇逊在巴黎会晤时讨论过这一问题。12 月 6 日，英国驻华盛顿使馆又向美国国务院呈递备忘录，谈到大量坦克和 B-25 轰炸机正从美国海运到台湾，英国认为，这些装备不仅无助于国民党阻止共产党夺取台湾，而且会有助于共产党在解放台湾后把这批装备派上用场。② 12 月 8 日，弗兰克斯大使与艾奇逊讨论台湾问题，再次表达了英国对美国军事援台的关注。他表示如果这些武器落到共产党手里，会被用于进攻香港，而香港并没有对付中型和重型坦克的武器。艾奇逊只好同意调查这一问题，并表示如果出口许可证没有签发的话，或许可以想些办法。③ 1950 年 1 月 2 日，助理国务卿腊斯克通知英国，美国不准备为防守台湾承担义务。国民党仍然有经费用来购买军备，但美国将不允许蒋介石购买一旦落入中共手中可能用来攻打香港的轰炸机和重型坦克。④

1949 年 12 月至 1950 年初毛泽东访苏带来的冲击，也使美国希望通过改变对台政策来尝试离间中苏关系。

美国力图在中苏之间打入一个楔子的想法可以追溯到 1948 年的苏南冲突。1948 年 6 月，苏南冲突的发生曾使西方世界大受鼓舞，“铁托主义”很快成为共产主义世界分裂的代名词。一些美国

---

① *DBPO*, Series 1, Vol. 8, pp. 396-397.

② [美]爱德温 · W. 马丁著，姜中才等译：《抉择与分歧——英美对共产党在中国的胜利的反应》，中共党史资料出版社 1990 年版，第 109 页；Qiang Zhai, *The Dragon, the Lion and the Eagle: Chinese/British/American Relations, 1949-1958*, The Kent State University Press, 1994, p. 94; *FRUS*, 1949, Vol. 9, pp. 437-438.

③ *FRUS*, 1949, Vol. 9, pp. 442-443.

④ Quoted in Warren I. Cohen, “Acheson, His Advisers, and China, 1949-1950” in Dorothy Borg and Waldo Heinrichs eds., *Uncertain Years: Chinese-American Relations, 1947-1950*, New York: Columbia University Press, 1980, p. 30.

人也开始将中国共产党即将赢得的胜利与铁托和斯大林之间的矛盾联系起来。如美国驻苏大使和驻华大使均认为："铁托和毛有着许多相同之处"，建议华盛顿抓住机遇，促使毛泽东走铁托的道路。①1948 年 9 月，国务院政策设计室的备忘录（PPS/39）对离间中苏的楔子战略所做的全面分析认为："如果南斯拉夫事件有任何指导意义的话"，那么"莫斯科在试图完全控制中国共产主义方面就将面临相当艰巨的任务，即使没有别的原因只是因为毛泽东取得政权的时间是铁托的十倍"。美国的对华政策应该是"尽最大可能阻止中国变成苏联政治军事政权的附庸"②。随后出台的国家安全委员会第 41 号文件（NSC41）也明确指出："在目前情势下，美国关于中国的首要政策目标应该是防止中国变成苏联的附属。"③ 10 月，国务院政策设计室主任乔治·凯南对海军学院的学生说："我今天无法告诉你们铁托主义是否将在欧洲蔓延。"但他又说："我几乎可以肯定，它将在亚洲蔓延。"凯南及其国务院的许多同僚在这一点上一直坚持此观点。④

尽管离间中苏的想法由来已久，但美国决策者对旨在分裂中苏的楔子战略并非有着一致共识，重视程度也并非始终如一。它对美国对台湾政策的影响也需要具体分析。在 1949 年 6 月 30 日毛泽东的《论人民民主专政》提出"一边倒"方针以前，美国观察家大多依据不同的迹象推测中苏关系的发展走向。一些观察家往往依据中国共产党领导人在各种场合发表的亲苏言论，断定中苏是意识形态的盟友，不可分离。而另一些人则依据中国的所谓排外传统与苏联对中国革命的冷淡态度，推断中共具有铁托化的可能。但大多数

① 郝雨凡：《白宫决策：从杜鲁门到克林顿的对华政策内幕》，东方出版社 2002 年版，第 18 页。

② 陶文钊主编、牛军副主编：《美国对华政策文件集（1949～1972）》第 1 卷上册，世界知识出版社 2003 年版，第 6、12～13 页。

③ *FRUS*, 1949, Vol. 9, pp. 826-834.

④ 约翰·加迪斯：《美国的政策与中国的看法：1949～1955 年分裂中苏的楔子战略》，载袁明、[美]哈里哈丁主编：《中美关系史上沉重的一页》，北京大学出版社 1989 年版，第 248 页。

的官方观察家强调，美国应利用一切机会促使中苏分裂。1949 年 1～5 月间，美国新闻媒介对中苏关系及中国铁托化的可能性几乎不断地加以讨论。① 所以这一时期美国的对台政策力图平衡“不让台湾落入中共之手”和“防止中共成为苏联附庸”这两个互相矛盾的政策目标，这也正是杜鲁门政府选择私下分离台湾的手段的原因之一。在前面的论述中，艾奇逊已多次阐明，试图在台湾发展分离主义将使美国在中国大陆面临更广泛的领土收复主义的潜在威胁，他坚持认为：“在我们试图利用中国的民族主义情绪对付苏联，特别是当中国向苏联收复其在满洲和新疆的失地时，我们要特别避免引起由美国造成的民族统一主义（领土收复主义）的幽灵，我们无法承担因为公开显示的对台湾的明确的兴趣而导致美国在中国的地位受到危害的后果。”“在我们的思路中非常关键的是，如果要想使我们现行对台政策有任何成功的希望，我们必须小心隐藏我们希望把台湾同中国大陆分离的愿望。”②自中国共产党政权公开宣布“一边倒”的外交后，美国对分裂中苏的现实可能性表示怀疑，离间中苏关系的考虑对美国对台政策的影响不是很明显。

1949 年底到 1950 年初，毛泽东访苏再次引起美国政府内部关于中国是否会出现铁托主义的激烈争论，中苏谈判的进程也直接影响着美国舆论的变化。毛泽东访苏之初，美国官方和非官方的观察家推测，中苏会更加亲近，对中国铁托化的可能性表示怀疑。由于中苏谈判初期的进展缓慢，国际社会盛传毛泽东在莫斯科遭到冷遇，有关中苏分裂的各种猜测和流言四起。③ 这些传言引起了美国政府的关注，关于中苏分裂的观点重趋活跃。凯南甚至认为，苏联可能扣留毛泽东以削弱他在中国的影响。驻北平总领事柯乐博也认

---

① ［美］唐耐心（N. B. Tucker）著，朱立人、刘勇涛译：《艰难的抉择：美国在承认新中国问题上的争论（1949～1950）》，复旦大学出版社 2000 年版，第 29～33 页。

② *FRUS*，1949，Vol. 9，p. 295.

③ ［美］唐耐心（N. B. Tucker）著，朱立人、刘勇涛译：《艰难的抉择：美国在承认新中国问题上的争论（1949～1950）》，复旦大学出版社 2000 年版，第 33～34 页。

为毛泽东在莫斯科可能遇到了麻烦。他报告说反苏倾向正在中国上升。① 尽管国务院内部对此存在尖锐的意见分歧，但至少高层官员都认为，美国应当为中苏最终不和而努力，② 而公开支持台湾的国民党残余势力将削弱在中苏之间打入楔子的努力。

来自国会和公众舆论的压力促使杜鲁门政府决定就台湾问题进行公开表态。美国国务院于1949年12月23日发出的旨在尽量缩小台湾对美国的重要性、以便为美国放弃台湾做舆论准备的内部文件被泄露出去后引起轩然大波。参议员诺兰等人要求把全文和草拟这份文件的人员的全部名单公布出来。③ 在12月吴国桢任台湾省主席之后，共和党参议员亚历山大·史密斯敦促美国政府开始与吴国桢谈判，安排美国占领台湾。诺兰、塔夫脱、胡佛等共和党议员也纷纷提出从派军事代表团到以海军“保卫”台湾的军事行动方案。艾奇逊疲于应付。国会中期选举在即，政府的对华政策不可能不在公众中进行辩论。在这种情况下，艾奇逊认为政府方面应在台湾问题上及早决断，尽快公之于众。艾奇逊在回忆录中说：“当我把圣诞节这一周的大部分时间浪费在设法同休会期间的参议院外交委员会安排一次会议来澄清我们对台湾的意图时，中国共产党却指责说美国即将占领这个岛屿，并引证了塔夫脱—诺兰—史密斯—胡佛的建议。总统决定他必须立即发表讲话，而且要讲得十分干脆和坦率，以制止进一步的宣传和揣测。”④

基于上述原因，美国政府试图改变已陷入困境的对台政策。政府内部再次就对台政策展开辩论。国务院主张完全放弃台湾。12月29日，艾奇逊在国家安全委员会上关于台湾问题的辩论，反对协助蒋介石保台。他承认中苏分离不可能很快发生，但美国应从长

---

① Gordon H. Chang, *Friends and Enemies: The United States, China, and the Soviet Union, 1948-1972*, Stanford, California: Stanford University Press, 1990, p. 64.

② Gordon H. Chang, *Friends and Enemies: The United States, China, and the Soviet Union, 1948-1972*, Stanford, California: Stanford University Press, 1990, pp. 59-60.

③ 《艾奇逊回忆录》上，上海译文出版社1978年版，第226页。

④ 《艾奇逊回忆录》上，上海译文出版社1978年版，第227页。

计议，不是6至12个月，而是6至12年。中苏关系中不可避免的冲突的种子已经播下，美国不应当“代替苏联成为对中国构成威胁的帝国主义”，美国无论如何都不能“把俄国人为他们自己弄成的那种不光彩的位置抢过来”；国民党在大陆的统治是被腐败弄垮的，台湾也会因为内部的腐败而丢掉。即使美国向台提供军援，最多使台湾推迟一年陷落，而这样做会激起“中国人仇视美国人的情绪”。这个代价并不值得，因为即使失去台湾也不会危及美国在远东的防务。对此军方持不同意见，认为中国在将来出现铁托主义的“希望渺茫或前景遥远”，把政策建立在未来的铁托主义基础上是“愚蠢的”。军事部门主张以少量军援助蒋拖一段时期。艾奇逊最终说服杜鲁门接受国务院的意见。最后双方暂时达成共识，对台湾的政治考虑优于军事考虑。①

1950年1月5日，在英国正式承认新中国的前一天，美国总统杜鲁门正式就台湾问题发表声明。他首先宣称：“美国传统的对华政策，亦如门户开放政策所证明的，就是要求对中国的领土完整予以国际尊重。”接着他重申了《开罗宣言》、《波茨坦公告》关于台湾归还中国的规定，表示过去四年来，美国及其他盟国承认中国在对该岛行使主权。最后他明确指出：美国对台湾或任何其他中国领土都没有野心。在目前，美国不想在台湾谋取特别权利或特殊利益或建立军事基地。美国也无意使用武装部队来干预当前的局势。美国政府不会采取导致卷入中国内战的方针。美国政府将不再向台

① *FRUS*, 1949, Vol. 9, pp. 463-467; Gordon H. Chang, *Friends and Enemies: The United States, China, and the Soviet Union, 1948-1972*, Stanford, California: Stanford University Press, 1990, p. 61; Shu Guang Zhang, *Deterrence and Strategic Culture: Chinese-American Confrontations, 1949-1958*, Ithaca: Cornell University Press, 1992, p. 54; J. 斯帕尼尔:《第二次世界大战后美国的外交政策》,商务印书馆1992年版,第77页;[美]爱德温·W. 马丁著,姜中才译:《抉择与分歧——英美对共产党在中国的胜利的反应》,中央党史出版社1990年版,第110～111页;林利民:《遏制中国——朝鲜战争与中美关系》,时事出版社2000年版,第79页。

湾的中国军队提供军事援助或军事顾问。① 尽管声明中的“目前”为后来的政策变动埋下了伏笔，但这是美国政府自 1948 年底以来第一次明确表示将遵守历次有关台湾问题的国际协议，决定不干涉台湾事务的一项政策声明。

当天下午，艾奇逊奉杜鲁门的旨意举行新闻发布会。除了确认台湾是中国领土、美国政府绝不使用军事力量夺取该岛、不会向岛上的中国军队提供军事物资或军事顾问的基本原则外，艾奇逊还特意对杜鲁门讲话中的“目前”的含义作了说明。艾奇逊说，这一限定只是认为：“在发生我们在远东的军队受到攻击这种不大可能和不幸的事件时，美国必须有完全的自由在任何地区采取保卫其自身安全所必需的任何行动。”②

1 月 12 日，艾奇逊在“全国新闻俱乐部”发表了题为《亚洲的危机——对美国政策的检讨》的演讲。他从争取亚洲人民的好感和离间中苏关系的角度为美国现行的对台政策寻找依据。他认为中国发生的事情属于亚洲方兴未艾的民族运动的一部分，蒋介石的倒台不是因为美国贻误战机、支持不力或不喜欢所致，也不是被中共军事优势所击败，而是被中国人民所抛弃。由于“苏联和共产主义是与亚洲民族主义的利益背道而驰的”，所以美国“决不能去抢占俄国人为他们自己准备的尴尬位置，决不能把中国人民对俄国人的义愤和仇恨转移到我们身上”。“我们必须维持我们的一贯立场：谁破坏了中国的完整，谁就是中国的敌人，就是违背我们的利益”。③

然而，美国对台政策的转轨并不干脆利落。首先，它不是基于美国政府内部的一致共识，而是在两派观点相持不下时由杜鲁门总统进行裁定的。一旦形势变化，这种微弱的平衡很容易被打破。实际

① *Public Papers of the Presidents: Harry S. Truman, 1950*, United States Government Printing Office (Washington: GPO), 1965, pp. 11-12.

② 《艾奇逊回忆录》上册，上海译文出版社 1978 年版，第 228 ~ 229 页。

③ Dean Acheson, *Present at the Creation, My Years in the State Department*, New York, 1969, p. 306；陶文钊主编、牛军副主编：《美国对华政策文件集（1949 ~ 1972）》第 1 卷上册，世界知识出版社 2003 年版，第 180 ~ 188 页。

上，杜鲁门1月5日的声明发布后，美国国内反对放弃台湾的各种势力因为随后发生的一系列事件而获得了新的改变现行政策的动力。① 其次，美国政府奉行的在台湾问题上脱身的立场并不坚定，留下了日后反悔的余地。艾奇逊在1月5日的记者招待会上对“目前”的含义所做的解释，更是预示一旦远东有事美国就会推翻前面的承诺，这些都为后来美国政策的演变埋下了伏笔。再次，1950年1月5日杜鲁门对台政策声明发表后的国际形势的变化也动摇了美国在台湾问题上采取现实主义政策的基础。这些发展变化包括1月14日发生的中国政府“征用”美国在北京的兵营地产事件；2月14日，《中苏友好同盟互助条约》签订；英国承认新中国后中英建交谈判进展缓慢。特别是自2月份麦卡锡主义出笼后，各种反共援蒋因素互相勾结起来，使杜鲁门政府的现实主义对台政策面临巨大挑战。

更重要的是，美国对台政策的大的战略背景发生了重大变化。突出表现是冷战初期美国对苏遏制政策的设计师、国务院政策设计室主任乔治·凯南被保罗·尼兹（Paul H. Nitze）替换和1950年4月NSC 68号文件的出台。1949年12月，尼兹接替凯南，尼兹上任后的第一个重大使命“就是根据杜鲁门1950年1月31日所下达的总统令要求，对美国在和平和战争时期的目标以及对美国战略计划中实现这些目标的有效性进行重新审查。在此基础上，提出未来长期战略的思路与界定。”尼兹主持的这项重大战略政策研究任务的直接成果就是1950年4月7日提交杜鲁门的NSC68文件（草案）。② 根据加迪斯、张曙光等学者的研究，该文件提出了“全面、无差别遏制”作为美国长期的战略选择，强调在世界范围对任何

① 美国统治集团内部反对放弃台湾的各种力量及其在1950年上半年的活动情况，参见资中筠著《追根溯源——战后美国对华政策的缘起与发展（1945～1950）》，上海人民出版社2000年版，第282～289页。

② 有关NSC68号文件的出台背景、具体内容及其对美国冷战战略的深远影响参见张曙光著《美国遏制战略与冷战起源再探》第五章和第六章，上海外语教育出版社2007年版；Shu Guang Zhang, *Deterrence and Strategic Culture: Chinese-American Confrontations, 1949-1958*, Ithaca: Cornell University Press, 1992, pp. 55-60.

源自苏联的现实的与潜在的威胁美国安全利益的地区进行包括政治、经济和军事的综合遏制，因此该文件在相当大的程度上偏离了凯南所提倡的“有选择、突出重点”地保卫美国安全利益的遏制思维框架。① 根据王立新的研究，国家安全委员会 68 号文件（NSC68）的出台也表明“两极思想和遏制无所不在的共产主义开始主导美国对外战略，美国外交战略从冷战初期凯南的现实主义遏制转向带有强烈意识形态色彩的道德主义遏制”②。此后不久，杜鲁门对他的国防高级幕僚也进行了调整，邀请“老搭档、曾任陆军参谋长及国务卿的马歇尔将军”替换“难于与他人合作”的国防部长约翰逊以“执掌五角大楼”，让参与制定 NSC68 文件的罗伯特·拉维特（即洛维特）担任国防部副部长。另外，杜鲁门还任命了一名陆军将军瓦特·史密斯（Walter Bedell Smith）主持中央情报局，指定原驻莫斯科的大使埃维尔·哈里门（即哈里曼，Averell Harriman）为总统对外事务特别顾问。到 1950 年春末，杜鲁门还经常性地与参谋长联席会议主席及各军部参谋长们会面，了解美苏的战略对抗态势。“由于总统对军事战略的密切关注，使华盛顿的战略决策注入了新的‘动力’，国务卿艾奇逊、国防部长马歇尔、参谋长联系会议主席布莱德利及其他参谋长们也定期在 JCS 的‘作战指挥室’分析‘敌情’，研究对策。”③

在美国遏制战略的大背景发生改变的氛围下，美国对台湾的战略考虑发生了变化：

其一，台湾的战略地位上升。此前支撑杜鲁门发布“一五”对台政策声明的战略考虑是：“华盛顿官方总体上认为既然苏联在最近的将来不能从军事上挑战美国的安全利益，共产党控制台湾至多是对美国安全的一种长远的威胁。只是在美苏之间发生战争、苏

---

① 张曙光著：《美国遏制战略与冷战起源再探》，上海外语教育出版社 2007 年版，第 141 页。

② 王立新：《意识形态与美国对华政策——以艾奇逊和“承认问题”为中心的再研究》，《中国社会科学》2005 年第 3 期，第 180 页。

③ 张曙光著：《美国对华战略考虑与决策（1949～1972）》，上海外语教育出版社 2003 年版，第 51～52 页。

联能够利用它的情况下才能危及美国的安全。为了遏制这样一种长远的、不确定的威胁，在台湾地区动用武力将会带来很多的政治风险和困难。”① 况且在当时的战略考虑中，美国认为军事实力有限，不能在相对次要的远东地区大规模用兵。然而保罗·尼兹与其前任乔治·凯南的看法不同，他并不认为苏联的威胁主要是长久的和政治、经济性质的，而是迫在眉睫的军事威胁。而且尼兹基于其所谓在美苏对抗中的薄弱环节（soft spots）理论认为，苏联可能对远东地区一些薄弱环节采取军事攻击行动，台湾可能就是其中之一。早在 1950 年 2 月他就说到，苏联当时正在巩固其在一些地区，特别是西欧取得的阵地。但是最近苏联的动向，特别是在远东的动向表明苏联开始觊觎一些薄弱环节，并利用一切机会或者充分利用每一次成功推进向真空地区扩张。苏联因原子弹试爆成功而大大增强的战略能力以及美国在西方进攻、东方防御的遏制战略让苏联产生的可以在远东地区放手大干的错觉更加大了苏联威胁的危险性，因而不惜以全面的军事手段，立即加强美国在全球各地，特别是包括台湾在内的薄弱环节的威慑能力以迎击苏联的威胁，也成为对台决策的基本思路。② 以 NSC68 号文件精神被采纳达到顶峰的美国遏制战略的全球化，赋予了台湾象征性的重大意义。③到 5 月份，远东事务新任助理国务卿迪安·腊斯克（Dean Rusk）更是声称现在该是在台湾画线的时候了，因为它象征着共产主义的持续扩张，因而如果不是战略上，也是在政治上具有重要性。④

其二，1950 年春，不断有人提供各种苏军从军事上支持中国军队解放台湾的情报。在这些人看来，中共控制台湾就相当于苏联控制台湾。同时，对中共直接攻台的担心在华盛顿也与日俱增。1950

---

① Shu Guang Zhang, *Deterrence and Strategic Culture: Chinese-American Confrontations, 1949-1958*, Ithaca: Cornell University Press, 1992, p. 54.

② Shu Guang Zhang, *Deterrence and Strategic Culture: Chinese-American Confrontations, 1949-1958*, Ithaca: Cornell University Press, 1992, pp. 56-58.

③ David Clayton, *Imperialism Revisited: Political and Economic Relations between Britain and China, 1950-1954*, London: Macmillan Press, 1997, p. 36.

④ *FRUS*, 1950, Vol. 6, p. 347.

年3月22日的一份中情局的情报估计，中共拥有在1950年攻取台湾的能力，并很可能在6~12月之间来完成此举。①

其三，美国军方在对台决策中的作用增强。1950年初，国防部与参谋长联席会议已经就美国是否直接或"协助"防御台湾及台湾海峡问题与国务院发生争论，但未占上风。可自4月以后，来自远东司令部要求协防台湾海峡的压力不断增加，"武装防卫台湾"的建议案出台。

5月18日，新近被任命为国务卿对日和约特使的杜勒斯向新任助理国务卿腊斯克和新任国务院政策设计室主任的保罗·尼兹提交了一份备忘录，提出了利用美国海军中立台湾的计划。备忘录指出："如果美国宣布它将中立台湾，既不让共产党进攻台湾，也不让蒋介石反攻大陆，这将是既能保住台湾又不至于与苏联发生公开战争的决定。"② 5月30日，腊斯克提出通过联合国托管台湾的计划，即让蒋介石向美国发出呼吁，然后美国支持。用他的话表述就是"准备舰队阻止任何可能被认为是对台湾的进攻，然后等待托管"。但到5月底，腊斯克放弃了这一计划转而赞成杜勒斯的中立计划。到6月份，"看来美国官方都觉得采取强有力的行动来阻止中共解放台湾是当务之急"③。

此前极力主张避免卷入台湾事务的艾奇逊，其立场也发生了变化。6月5日，艾奇逊在与英国驻美大使弗兰克斯共进午餐时说，他和部下正在考虑台湾的未来问题，他对不采取军事行动而避免中共夺取台湾的想法产生了怀疑，他说："我不想为防御台湾承担义务，但是台湾被共产党占领的前景令人不快。""如果台湾陷落，对东南亚的影响将会很大。"英国驻美大使弗兰克斯认为艾奇逊拿

---

① See Shu Guang Zhang, *Deterence and Strategic Culture: Chinese-American Confrontations, 1949-1958*, Ithaca: Cornell University Press, 1992, p. 57.

② *FRUS*, 1950, Vol. 1, pp. 314-316; Qiang Zhai, *The Dragon, the Lion and the Eagle: Chinese/British/American Relations, 1949-1958*, The Kent State University Press, 1994, p. 92.

③ Shu Guang Zhang, *Deterrence and Strategic Culture: Chinese-American Confrontations, 1949-1958*, Ithaca: Cornell University Press, 1992, pp. 59-60.

不定主意该怎么做，并推测美国国会已拨出了可以在台湾用于军事目的的军费。英国外交部常务次官斯特朗认为这里有麻烦的种子，英国使馆官员格雷夫斯也认为美国高层内部的政策正在发生变化。①

这些说明，美国政府现实的对台政策已产生严重动摇。实际上，美国在朝鲜战争爆发后执行的对台政策其实早在战前就已经基本酝酿成熟，而朝战则是促成这一政策转变的契机和标志性事件。

第三节　美国武力侵台与美英在联合国框架内的解决方案之争

1950 年 6 月 25 日，朝鲜战争的爆发，给当时的美国政府推出新的对台政策提供了契机，美国政府迅速做出反应。6 月 27 日，杜鲁门发表声明声称："对朝鲜的进攻已无可辩驳地说明共产主义已不限于使用颠覆手段来征服独立国家，而且会立即使用武装的进攻和战争。" 在这种情况下，"共产党部队占领台湾，将会直接威胁到太平洋地区的安全以及在该地区执行合法而必要任务的美国部队"。为此，杜鲁门命令美国第七舰队进驻台湾海峡，"阻止中共对台湾的任何进攻，也将监督在台湾的国民党军队，使其停止对大陆的所有空中和海上行动"。"台湾未来地位的决定必须等待太平洋区域安全的恢复，对日和约的签订或经由联合国考虑"。② 杜鲁门 6 月 27 日的声明完全抛弃了他在 1 月 5 日对台政策声明中的原则立场，使台湾在军事上"中立化"，其政治地位悬而未决。美国开始在军事上阻止中共解放台湾，并公开进行分离台湾的行动。

美国武装"中立"台湾和宣布台湾地位未定引起英国的极大不安。英国政府尽管早在 1950 年春就开始质疑美国对台政策的发

---

① Peter Lowe, *Containing the Cold War in East Asia: British Policy towards Japan, China and Korea, 1948-1953*, Manchester University Press, 1997, pp. 117-118.

② *Public Papers of the Presidents: Harry S. Truman, 1950*, United States Government Printing Office (Washington: GPO), 1965, p. 492.

展趋向，但是没有在这个问题上向美国施加压力。朝鲜战争爆发后，英国对美国介入朝鲜战争虽然给予了积极的支持，但是对朝鲜冲突可能扩大，特别是对美国把台湾问题牵扯进去感到非常不安。英国内阁存在意见分歧，但占主导地位的是以首相艾德礼和外交大臣贝文为主的坚持反对美国对台行动的意见。① 这是因为：

首先，美国第七舰队进驻台湾海峡的行动加剧了远东的紧张局势，不仅会损害英国在远东的利益，而且孕育着更大范围冲突的升级，甚至是引发第三次世界大战的风险。在英国决策者看来，如果人民解放军攻打台湾，中美冲突不可避免，英国也将难以置身事外。而“在英国一些并非受到共产党影响的非官方的圈子内，存在一种视美国对台湾政策为具有帝国主义和侵略性质的明显倾向”。这意味着如果英国卷入冲突，不仅将难以得到国内舆论的同情，而且“从军事观点来看，一旦英国支持美国在台湾的行动，等于是邀中共进攻香港”②。更可怕的是，由于美国在台湾的行为具有侵略性质，一旦中美在台湾问题上发生冲突，苏联将根据《中苏友好互助同盟条约》而不能袖手旁观。世界大战将难以避免。

其次，这一行动也打乱了英国希望与中国关系正常化的计划。英国政府经过长期酝酿终于在 1950 年 1 月 6 日正式承认新中国，作为这一国际法行为的逻辑结果，英国政府认为中国人民解放军解放台湾以完成全国性的胜利是顺理成章的事情。然而，美国军事上“中立”台湾势必使得解放台湾在近期内无法实现。这无疑无限期延长了中国内战，既使得新中国与西方的关系回到正常状况变得非常困难，也使得英国不得不重新考虑与国民党的关系、国民党对英国商船的骚扰、国民党可能在美国的默许下进攻中国大陆、在国共争夺中香港的地位，以及滞留在香港的飞机的最终命运等一系列棘

① 英国政府内部在台湾问题上不同的观点，参见李世安著《太平洋战争时期的中英关系》，中国社会科学出版社 1994 年版，第 211 ~ 215 页；李世安《评朝鲜战争初期英国艾德礼政府的对台湾政策》，《中国人民大学学报》1995 年第 2 期，第 80 ~ 81 页。

② *DBPO*, Series 2, Vol. 4, pp. 111-112, note 3.

手问题。① 这些因素大大增加了中英关系正常化的难度。

再次，美国单方面破坏台湾的领土现状，威胁到世界和平并引发世界舆论对美国政策的广泛批评。以印度为代表的亚洲国家对美国的帝国主义行径非常反感，如尼赫鲁总理认为："这样一种事态发展是美国政府与亚洲国家的立场相背离的标志，把台湾问题与朝鲜战争挂钩只能使中国人相信美国人蓄意进攻大陆。大国战时做出的台湾应归还中国的决定仍然有效。"② 7月份，尼赫鲁希望艾德礼认识到有必要提出一个方案，阻止中美之间可能在台湾问题上迎头相撞。法国政府也对此深感担忧，希望英国能影响美国的政策。③

最后，像在其他问题上的立场一样，英国也担心因为台湾问题而将中国共产党无可挽回地逼进苏联"怀抱"。在英国外交部看来，一方面，由于中苏在台湾问题上的利害关系和看法非常一致，如果美国坚持长久分离台湾，英国政府担心可能因此将中国共产党彻底地推到苏联一边；另一方面，英国政府认为真正的危险在于，当英美发现自己陷入了与中国人的战争，而苏联人却不直接卷入，其真正意图何在还摸不透。④

因此，英国在做出向朝鲜派兵决定的同时，开始积极谋求朝鲜问题的和平解决。而在英国和平解决朝鲜问题的计划中，主要想法是要求美国以从台湾海峡撤退和让新中国进入联合国为条件，换取共产党的部队撤退到"三八"线以北。7月初，英国驻莫斯科大使戴维·凯利就此与苏联副外长葛罗米柯接触，希望苏联出面调停。7月6日，英国驻美大使弗兰克斯向美国国务卿艾奇逊转告了英国的这一立场，同时指出，英国认为那些支持联合国关于朝鲜决议的

---

① Peter Lowe, *Containing the Cold War in East Asia: British Policy towards Japan, China and Korea, 1948-1953*, Manchester University Press, 1997, p. 147.

② 《中美关系文件汇编》第2辑上，世界知识出版社1961年版，第111页。

③ David Clayton, *Imperialism Revisited: Political and Economic Relations between Britain and China, 1950-1954*, London: Macmillan Press, 1997, p. 37.

④ *FRUS*, 1950, Vol. 6, pp. 464-466.

国家，并不支持美国对台湾的立场。① 7月8日，英国国务大臣扬格再次就英方希望苏联调停事宜要求弗兰克斯转告艾奇逊："虽然美国在朝鲜从事的反侵略的集体安全行动得到世界舆论的一致支持，但把台湾同这一问题联系在一起的行动则不可能得到同样的支持。许多国家特别是亚洲国家不喜欢看到如果中共进攻台湾将使分歧进一步扩大的前景。既然中国中央人民政府已经控制了整个中国，依据《开罗宣言》的承诺，美国这样做就是不合理的。"②

对于戴维·凯利与葛罗米柯的接触，美国人认为应对苏联表示强硬，并警告伦敦，华盛顿不理解英国人为什么要这样做。③ 至于英国想以美国从台湾海峡撤军换取恢复朝鲜现状的立场，杜鲁门和艾奇逊断然拒绝。艾奇逊在11日致贝文的复信中措词强硬地表明了美国毫不妥协的立场："美国不准备在朝鲜问题上实现绥靖或同苏联或中国讨价还价，不准备在容许中共进入联合国或者在台湾问题上达成妥协。美国对台湾的考虑存在短期军事问题和长期的政治解决问题。对台湾的中立行动就是为了解决眼前的军事问题。对台湾问题长远的政治解决必须与对日和约挂钩或者由联合国来解决。但是在亚洲现有状况下美国不愿意看到台湾不知不觉地回到北京手中。"④

在无法让美国把第七舰队撤离台湾海峡的情况下，英国努力的重点转向竭力阻止美国把在台湾的单方面行动与联合国的集体安全行动挂钩，防止美国把英国卷入与中国在台湾问题上的军事冲突；要求美国奉行严格的中立立场，约束蒋介石反攻大陆，以防战火扩大；要求美国对台湾最后归属中国做出正式承诺，不得借机改变台湾的最后地位，以免引起中共以武力解放台湾。围绕这些问题，美

---

① 《艾奇逊回忆录》上册，上海译文出版社1978年版，第283～284页；Michael F. Hopkins, *Oliver Franks and the Truman Administration: Anglo-American Relations, 1948-1952*, London: FRANK CASS PUBLISHERS, 2003, p. 161.

② *DBPO*, Series 2. Vol. 4, p. 43.

③ Michael F. Hopkins, *Oliver Franks and the Truman Administration: Anglo-American Relations, 1948-1952*, London: FRANK CASS PUBLISHERS, 2003, p. 161.

④ *DBPO*, Series 2. Vol. 4, Microfiche 2, No. 17i, 2/56-62.

英之间不断磋商。

7月11日，主持外交部工作的国务大臣扬格向贝文指出了美国对台政策的危险性，鉴于军事考虑在此时美国决策中的重要性，扬格建议最好从军事的角度对美国阐明利害关系，着重说明印度和缅甸可能还有其他亚洲国家肯定会拒绝美国的对台政策。如果美国一意孤行，将会使得美国"在远东行动的性质由集体安全行动转变为白人军队的帝国主义行动。这将极大地有利于东南亚的共产主义"①。英国参谋长联席会议也对美国的对台政策深感不安，认为中国极有可能最早在7月15日进攻台湾，因此强烈建议英国立即向美国清楚表明：英国不想在远东从事一场全面战争，或者为了保住台湾而战。②

贝文顶住来自国务大臣和参谋长委员会强烈要求谴责美国的压力，但同意通过向美国施加压力以减缓紧张局势。7月14日，贝文致电艾奇逊，对美国向台湾海峡派兵表示不满和忧虑，认为这牵涉到英国在远东利益，美国不应该在没有与英国通气的情况下擅自行动。贝文指出，英国在香港的地位极易受到攻击。马来亚有着大量的华人团体，英国正因镇压那里的共产党骚乱而泥足深陷，同样英国仍然不希望把中国赶到苏联阵营中。但杜鲁门对台湾的声明最终对这些方面都将产生影响，因此不能说这一声明只关系到美国。在贝文看来，一旦中国人民解放军解放台湾，中美之间将发生战争冲突。即使这种冲突不发生，苏联也有可能会诉诸安理会，谴责美国侵略。贝文担心联合国军队内部现有的团结局面将难以维系，所以他希望杜鲁门能够发表公开声明，澄清美国在台湾问题上的立场，表明台湾问题的最后处置仍是一个可以讨论的问题，《开罗宣言》并没有被放弃。③

迫于英国的压力，7月19日，杜鲁门不得不在国会发表讲话，声称美国"对台湾没有任何领土野心……现在对台湾的军事中立

---

① *DBPO*, Series 2. Vol. 4, p. 48.

② *DBPO*, Series 2. Vol. 4, p. 49, note, 7.

③ *DBPO*, Series 2. Vol. 4, pp. 63-67.

不会损害该岛的政治问题。台湾问题的解决将依据联合国宪章，以和平手段加以解决”①。

尽管杜鲁门的公开声明让英国暂时松了口气，但英方仍对可能因为台湾问题而引发的中美冲突忧心忡忡。为防止中国人民解放军攻台，英国外交部认为解决问题的关键在于通过国际社会对台湾的未来地位问题做出安排，以消除中国人的疑虑，特别是不要让新中国政府以为美国第七舰队进驻台湾海峡是要永久占据台湾。因此，英国加紧向美国施加压力，促使美国同意通过联合国做出决议，解决台湾的未来地位问题。

7月24日，美国驻英大使道格拉斯在英国巨大的压力下致信艾奇逊，敦促其尽快就台湾问题与英国人达成谅解。道格拉斯的主要忧虑是：一旦中共进攻台湾，而美英尚未就台湾问题达成共识的话，那么将会使美英在这个关键的问题上出现分裂。只要美英不能达成一致，就无法劝说印度与美国一致行动。如果美国不能就台湾问题赢得英国和印度的赞同，一旦中共进攻台湾，而美国又加以干涉，那么将不只是导致美英之间的分裂，还会导致美国与以印度为代表的尚在西方阵营内部的亚洲国家之间的分裂。此外，中国认为有理由对台湾问题采取行动。美国军事行动的意图一旦被视为对中国的侵略，苏联将会根据《中苏友好同盟互助条约》而给予援助。反之，如果美国取得英国的合作，就能利用英国和英联邦其他成员国来做印度的工作，让它相信美国立场的正确性，甚至利用它向新中国政府说明进攻台湾的严重后果。为了引起艾奇逊的重视，道格拉斯一再重申他认为这是一个极其紧急的问题，美英之间在台湾问题上存在实质性的分歧，决不能掉以轻心。②

在道格拉斯的劝说下，艾奇逊意识到美国在台湾问题上一意孤行可能带来危险后果。而此时，苏联代表已宣布结束对安理会的抵制，准备重返联合国，担任8月份安理会轮职主席。美国对台湾的

---

① *Public Papers of the Presidents of the United States*: *Harry S. Truman*, *1950*, United States Government Printing Office (Washington:GPO), 1965, pp. 531-532.

② *FRUS*, 1950, Vol. 6, pp. 388-390.

侵略行为很可能会被提交安理会讨论。如果美国不能得到英联邦国家的支持，找不到驻军台湾海峡的合法依据，将面临非常被动的局面。所以美国急需寻求英国的支持，以便使美国在台湾的单边行动披上联合国集体安全行动的合法外衣。

28 日，艾奇逊责令道格拉斯尽快与贝文就台湾问题进行磋商，并授意道格拉斯在阐述美国的立场时应强调以下几点精神：1. 杜鲁门 6 月 27 日宣布的对台行动，是为了在朝战突发时消除或减少共产党占领台湾后对美军的海上和空中侧翼形成的威胁，并防止冲突扩大。与此相关的台湾复杂的政治问题将被冻结起来，直至这一地区安全的恢复。但也不要让贝文觉得，这种军事冻结将阻止美国加强台湾的国民党军队；也不能担保在面临大陆在沿海地区大规模军事集结的时候，第七舰队会绝对阻止台湾反攻大陆以及妨碍台湾的军事力量在抵抗这种进攻中发挥重要作用。2. 美国对台湾没有企图，特别是无意夺取台湾用作美国军事基地这一单方面意图。除非非常紧急的情况，或者如果中国介入朝战，进攻印度支那、缅甸或者香港，才会重新考虑这一立场。3. 美国认为这种行动的单边性质并不令人满意，希望贝文能认识到由联合国来考虑台湾问题的可能性。4. 由于出现了一些宣布《开罗宣言》时未曾预见到的因素，美国不能接受把《开罗宣言》作为解决台湾问题的措词。这些因素是：苏联已经违背了对《开罗宣言》有关的承诺，如保证朝鲜的独立和支持中国国民党政权；日本投降后，负起台湾责任的国民党政府对台湾治理不当；把台湾交给中国国民党是一回事，把它交给“现在由苏联支持的北京政权是另一回事；考虑到中国正在发生的巨大变化……民主国家无法在不咨询台湾人民意向或者把联合国宪章用于独立的人民的情况下，提出把台湾交给大陆”。最后，艾奇逊还指示道格拉斯把英国在台湾采取的政策可能对香港、马来亚的防御和远东地区全面的和平联系起来，并表明美国的观点，即台湾问题不仅仅是中国的问题，它涉及西方对共产主义在亚洲扩张的态度、涉及为了美国和世界安全的考虑需要反对这种扩张的决心。①

---

① *FRUS*, 1950, Vol. 6, pp. 396-398.

可见，美国旨在争取英国的支持，给美国在台湾海峡单边性质的行动披上联合国集体安全行动的合法外衣，并力图说服英国，推翻《开罗宣言》把台湾归还中国的立场。而对英国看重的让美国约束国民党的挑衅行为，以及通过联合国对台湾最终地位问题做出承诺来缓解台湾海峡危机的解决方案，美国则避重就轻，这与英国的希望相距甚远。贝文对美国的这一建议反应冷淡，表示现在不想与道格拉斯就这一问题讨论，认为台湾问题是一个真正意义的远东问题，应该在华盛顿讨论。双方的磋商没有结果。①

时至8月，台湾局势更趋紧张。此时，美国已正式启动大规模的军事援台计划。② 7月31日和8月1日，一贯主张对台采取强硬立场的麦克阿瑟在得到美国参谋长联席会议认可的情况下以联合国军总司令的身份造访台湾，发表好战演说并答应给蒋提供空中支援。根据顾维钧的看法，“麦克阿瑟访台这一事件本身即含有美国同国民党中国在军事上进一步密切合作的意义”③。8月25日，麦克阿瑟又给海外作战退伍军人协会主席寄长信，并向美国各大报刊分发了长信的全文。信中大谈所谓台湾作为“不沉的航空母舰”的战略价值，暗示美国要长期控制该岛并用做美国的军事基地。④与此同时，国民党飞机频繁骚扰大陆，美国国内的亲蒋反共势力也急欲利用美国民众的非理性状态，加紧与蒋勾结，将朝鲜战争扩大到中国。中国大陆方面也加强了解放台湾的宣传攻势。8月24日，周恩来致电联合国安理会主席马立克及秘书长赖伊，谴责美国总统杜鲁门6月27日的声明及随后派第七舰队进驻台湾是“对中国领土直接的武装侵略，对于《联合国宪章》的彻底破坏”。“中国人

---

① *FRUS*,1950,Vol. 6,pp. 398-399.

② *FRUS*,1950,Vol. 6, pp. 444-446.

③ 《顾维钧回忆录》第8卷，中国社会科学院近代史研究所译，中华书局1989年版，第98页。

④ 尽管由于8月26日杜鲁门下令撤销，原定由美国海外作战退伍军人总司令路易士于8月28日在美国海外作战退伍军人协会第51届大会上宣读的计划被迫取消，但各大报刊仍全文刊载。《中美关系文件汇编》第2辑上，世界知识出版社1961年版，第151～155页。

民不能容忍美国武装侵略中国领土的行动，决心从美国侵略者手中，收复台湾和其他属于中国的领土”，要求联合国安理会制裁美国武装侵略朝鲜的行动，采取措施令美国从那里撤军。①

局势的发展引起国际社会的极大不安。加拿大和印度等国对局势发展高度忧虑，8 月 15 日，加拿大总理皮尔逊致函艾奇逊，明确表示了加拿大对美国在台湾的行动的忧虑。② 17 日，英国外交部收到从新德里发来的 8 月 15 日电报的摘要，内容显示印度对由于美国援台导致中国方面对台行动的新动向以及各种人民解放军将攻打台湾的流言的极大不安。③ 8 月 15 日英国首相艾德礼在回答工党议员布罗克威的质询时表示：“我们深知局势危险的可能性。我们已明确说明我们在朝鲜的行动是根据安理会的决议，与台湾问题无关。我认为这一点中国是了解的。”④

对美国政府来说，如果放任局势发展，将使美国在极为不利的国际背景下卷入一场难以预料的与中国的战争，打乱美国的全球战略计划，因此美国政府需要寻找缓解危机的办法。助理国务卿腊斯克承认：“许多国家，其中有些已经承认中共政权，有些仍然支持台湾国民党中国，都深恐国际冲突扩大化，认为美国早该把这一问题提交联合国，让成员国也有机会来考虑这一问题。美国人民对此也感到不安，他们担心万一台海地区爆发战争，美国对台湾所承担的责任可能给美国造成更大的牺牲。”⑤

这时英国政府也面临主张追随美国对台政策的压力。8 月 20 日，驻新加坡的英国（远东）防御协作委员会致函英国防务部，对美英在台湾政策问题上存在分歧表示忧虑。它认为如果英国在美国非常看重的台湾问题上继续现有政策，“不仅会暴露我们共同阵线的分裂，而且不能指望日后中共进攻香港时得到美国的支持”。

---

① 《中美关系文件汇编》第 2 辑上，世界知识出版社 1961 年版，第 139 页。

② *DBPO*, Series 2, Vol. 4, Microfiche 4, No. 34i.

③ *DBPO*, Series 2, Vol. 4, p. 98, note 10.

④ 英国首相艾德礼关于英国侵朝行动与台湾问题无关的声明，《中美关系文件汇编》第 2 辑上，世界知识出版社 1961 年版，第 137 页。

⑤ 《顾维钧回忆录》第 8 卷，中华书局 1989 年版，第 137 页。

尤为重要的是，“这还将毁掉在美国援助下在东南亚其他地方建立有效防御的机会”。它建议在政治上将台湾问题冻结起来，例如在对日和约最后做出安排之前安排某种形式的不涉及对蒋介石承担义务的托管；准备一旦中共用武力解决台湾问题时给予美国绝对的支持。① 8月20日，英国驻淡水领事卑格斯在电报中也提出了同样的看法。②

在这种情况下，美英两国政府都希望通过联合国来缓解紧张局势。英方的基本考虑是，为了让联合国的多数会员国接受，任何解决方案都必须把联合国的监督与处理该岛的未来地位联系在一起。英国主张联合国大会必须支持《开罗宣言》和《波茨坦公告》的基本原则，同时成立一个委员会研究何时和如何把台湾交给中国而不是是否把该岛屿交给中国。③

8月28～29日，英国驻美使馆官员奉命与美国国务院远东事务官员会谈，全面阐述英国对联合国处理台湾问题的基本立场。从双方冗长的会谈记录看，除了对美国纵容蒋介石和麦克阿瑟的行为以及对美国对台政策表示批评外，英方的立场主要有这样三点：

1. 对于联合国有关台湾问题的解决方案，英国想避开美国所关心的对台湾暂时军事中立的问题而侧重于“两国之间在台湾未来的政治地位问题上达成一项密切的协议”，认为“如果长期立场达成了，近期的中立问题就不难解决”④。这意味着如果美国不在台湾未来地位问题上做出承诺，英国将不愿在联合国支持美国当前在台湾采取的行动。

2. 对于由联合国解决台湾地位问题的方案，英方的基本要点是：（a）台湾应在适当的时候归还中国；（b）台湾归还中国“这类行动的发生需等到太平洋区域和平的恢复，而且届时没有任何人

---

① *DBPO*, Series 2, Vol. 4, pp. 111-113.

② *DBPO*, Series 2, Vol. 4, p. 113, note 3.

③ Memorandum by Bevin, 21 Aug., 1950, CAB129/42 CP (50) /194 PRO, London; David Claydon, *Imperialism Revisited: Political and Economic Relations between Britain and China, 1950-1954*, London: Macmillan Press, 1997, p. 39.

④ *FRUS*, 1950, Vol. 6, p. 465.

采取行动破坏现状或将其用作基地”；（c）成立一个委员会来确定在何时、何种条件下将台湾交给中国。英方认为，为了在联合国得到普遍的支持，在解决台湾未来问题时，《开罗宣言》必须予以保证，最起码应该含糊地提到台湾最终会统一到中国这样一类的原则，而且英国所指的中国是指中国大陆。英国认为这样做的好处是，既“不意味着放弃《开罗宣言》”，“也可能因为保全了中国政府的面子而使之拖延下去，或者也有可能中共在未来的国际事务中显示出良好举止时把该岛交给它”①。此外，还应包括承诺限制国民党对大陆的威胁，不同意美国想通过联合国托管下的台湾自治。

3. 英方认为“联合国大会而不是安理会将是一个合适的讲坛”②。对于这一建议的真实用意，人们一般都比较容易注意到英国和美国一样希望规避苏联在安理会的否决权。但是实际上，英国还有更深一层用意，即希望能对美国施加更大压力。贝文在8月30日的内阁会议上说：“尽管美国可能不愿意出于对纯粹是英国的建议的反应而改变政策，但是如果作为辩论和磋商的结果而形成一种共识性的看法，美国可能会愿意因为联合国大会多数成员国的看法而改变政策。”因此，英国应“极力说服他们去听取其他国家，特别是英联邦国家、法国和其他西欧国家的意见”③。

美国一开始极力反对英方的建议。美方提议在台湾进行公民投票来决定其归属④，意在促成台湾独立。英国驻美大使弗兰克斯予以回击，认为美国持续占领台湾不利于远东局势的稳定，考虑到已经承诺将台湾归还中国，让台湾独立不现实。他还强调指出，英方对遵守《开罗宣言》所做出的承诺比对《开罗宣言》本身更感兴趣。⑤

对于美英在台湾问题上立场的差异，当时的美国会谈代表杰赛

---

① *FRUS*, 1950, Vol. 6, pp. 467-468; *DBPO*, Series 2, Vol. 4, p. 129.

② *DBPO*, Series 2, Vol. 4, p. 133.

③ *DBPO*, Series 2, Vol. 4, p. 124.

④ *FRUS*, 1950, Vol. 6, pp. 464-466; pp. 467-468.

⑤ *FRUS*, 1950, Vol. 6, p. 468.

普（Philip Jessup）认为，英美现在试图在两种截然相反的观点之间寻求妥协：一种是坚持不可更改地承诺将台湾交给中国共产党政府，而不管它的举止和态度如何；另一种是努力不使台湾在世界局势紧张时期被置于一个不友好的国家的控制之下。弗兰克斯表示，实际上这不是在两个极端之间的妥协，而是在保留各自观点的基础上达成妥协。他提出，如果美国赞同中国对台湾的主权要求的合法性，那么英国政府便可以同意当台湾存在地区冲突的危险时有必要予以中立。中共自身的行为将成为移交台湾的时间表的决定性因素。在对英国计划的各个方面进行持续讨论后，弗兰克斯表示他希望次日能同美国国务卿谈台湾问题。①

此后，事态进一步朝着不利于美国的方向发展。8 月 29 日下午，联合国安理会通过决议将"（中国谴责美国）武装侵略台湾案"纳入议事日程，苏联代表随即提出邀请中华人民共和国代表参加安理会这一议程讨论案。尽管未获通过，但引起了美国驻联合国代表的高度紧张。8 月 30 日，英国外交大臣贝文向内阁呈送了关于朝鲜和中国台湾问题的两份备忘录，全面批评美国远东政策，他称："战后美国远东政策中没有任何东西给予亚洲国家以信任。其对台声明已经激起怀疑和恐惧……除非美国对朝鲜、中国、日本的政策更多地考虑亚洲的观点和感情，亚洲将逐渐疏离西方。"②

8 月 31 日，英国驻美大使弗兰克斯约见艾奇逊。在这次会议上，美国的立场开始有所松动。当时艾奇逊正被麦克阿瑟事件和参议院外委会弄得焦头烂额。艾奇逊说他还没来得及对这一重要而复杂的问题予以适当的思考，也没和总统交换意见。他认为美国难以接受英国关于台湾问题的方案，因而他在采纳了英国方案的一些精神的基础上，提出了一份综合提案，作为国务院的立场而不是他本人的看法。提案指出，为了在即将召开的联合国大会上协调立场以获得实质性的决议，应该：1. 提到中国历史上对台湾的主权和除中国外没有其他国家提出对台湾的主权要求，中国国共双方都坚持

---

① *FRUS*, 1950, Vol. 6, p. 468.

② *DBPO*, Series 2, Vol. 4, p. 122.

中国对台湾的主权；2. 确认在朝鲜问题得到合理的解决和整个远东地区的和平恢复以前，任何一方都不得以武力改变台湾的现状或以之作为向中国大陆进攻的基地；3. 成立一个联合国委员会来负责向联大提出台湾问题的和平解决方案，该委员会在得出结论时除必须考虑上述1、2两点外，同时还要考虑以下两点：第一，在那个时候有或者是没有对日和约的情况下台湾的法律地位；第二，台湾居民对台湾未来地位的愿望。如果美英能在上述基础上达成一致，就可以立即与其他友好国家开始协商，以便使这个计划在联合国获得更广泛的支持。①

在美国方案中，“不得以武力改变台湾的现状”意味着阻止中国人民解放军解放台湾；要考虑对日和约和所谓“台湾居民的愿望”则为此后美国搞“台独”或所谓台湾自治留下了进一步操作的空间。英国对此并不满意，但是认为毕竟它也采纳了英国的尊重台湾的领土现状、由联合国大会来解决台湾问题的建议，因此弗兰克斯称这是一个真正的进步。② 英国似乎看到了影响美国政策的一点希望。贝文认为这是第二次世界大战结束以来美国第一次表示出一种希望在远东问题上咨询英国和考虑英国看法的愿望，并且也显示出一种开始认识到亚洲特别是印度的观点的迹象。③

9月1日，在为即将召开的美、英、法三国外长关于远东问题的纽约会谈做准备的三国外长预备会议上，美、英、法三国就有关台湾问题达成了一些基本共识：1. 在任何研究台湾最后地位问题时都必须考虑《开罗宣言》；2. 暂时的军事中立和台湾问题的最终解决不能等同；3. 中国谴责美国侵略台湾案将在联合国安理会内处理，英、法将在安理会和美国采取一致立场，但是台湾问题的最后处置将通过联大来进行。三方的争议主要体现在：1.《开罗宣言》将在台湾最后地位的处理中起什么作用？英国认为《开罗宣言》应该是根本依据。2. 什么是最合适的有关台湾问题的长远的

① *FRUS*,1950,Vol. 6, pp. 473-476.

② *DBPO*, Series 2,Vol,4,p. 124,note 7.

③ *DBPO*, Series 2,Vol. 4,pp. 123-124.

政治解决方案？美国提出的举行公民投票的可行性遭到了英、法代表的置疑。英国认为台湾独立与《开罗宣言》的精神不符，也无法为中国的国共两党接受。3. 围绕是否以及如何能在安理会和联大获得有效支持的问题的讨论也没有结果。英、法的观点是，发布一个单边或多边的声明，重申《开罗宣言》有关台湾地位问题的原则立场和切实贯彻杜鲁门6月27日的声明，实现台湾真正的中立将有助于获得联合国的支持。①

9月4日，英国内阁讨论了外交部为美、英、法三国外长的纽约会谈准备的备忘录，其中关于台湾问题的 C. P. （50）194 号文件认为，美国长期占领台湾将不会有助于远东地区的和平。英国已经做出承诺要将台湾交给中国，所以应极力反对美国旨在促成台湾独立的主张。因此，外交部建议努力争取获得美国同意，由联合国大会来采纳英方的上述立场。外交部准备用以反驳美国的理由是：1. 英国参谋长委员会议认为，从战略的角度看，由美国继续占领台湾并不像美国某些人或团体所设想的那样重要。因为在早些时候的防务讨论中，美国当局并没有提到必须占领台湾，因此除非把台湾交给中国，远东地区不可能稳定。2. 政治上的考虑可能使美国很难接受英国外交部建议的政策，特别是在蒋介石还在台湾拥有大量军队之时。但无论如何都要努力去争取。因为如果中国和美国在台湾问题上发生冲突，英国将会处于一种非常困难的境地。3. 在未来成立的解决台湾问题的联合国委员会中，印度应发挥重要作用。可能的话，由印度担任主席，由潘迪特·尼赫鲁积极协助委员会的进一步工作。英国外交部的立场得到内阁同意。②

9月中旬，英、美、法三国外长会议如期在纽约举行。三方外长同意艾奇逊提出的把台湾交联合国处理的方案，即由一个“友好国家”依据《联合国宪章》的第十一条第二款或者第十四条提出这一问题；届时将任命一个有关台湾问题的联合国委员会，来研究并向下届联大提出建议。可望由安理会呼吁所有各方在该问题正

① *FRUS*, 1950, Vol. 6, pp. 477-478.

② *DBPO*, Series 2, Vol. 4, pp. 127-133.

在研究期间不要采取任何敌对行动。①

9月20日，美国代表团提议将台湾问题列入联大议事日程。当日美国国务卿艾奇逊在五届联大全体会议上发表演说。除了重申杜鲁门6月27日声明的基本精神外，他还建议联大应该注意在下列情况下解决这一问题：一切有关各方有充分机会表达他们的意见，并且都同意在寻求和平公正解决的时候不使用武力。"我们因此要求把台湾问题作为一件具有特别及迫切重要性的问题列入议程"。据当时观察家的分析，艾奇逊所用"一切有关各方"表示美国同意邀请新中国的代表参加讨论。② 同日，苏联代表团提议讨论苏联提出的谴责美国侵略中国案。③

尽管英美商定由联合国大会来讨论台湾的未来地位问题，但是双方在具体运作上的考虑迥然不同。英国希望台湾问题的决议案必须让中国确信台湾将回归中国，并表示未来的台湾委员会将不会被美英直接控制。为此，9月下旬，英国外交部率先将修订的台湾问题草案提交给出席联大的美国和英联邦各国代表团讨论，以期作为日后联大讨论台湾问题的蓝本。英国草案的主要内容是决定成立一个委员会，该委员会将牢记中国的主权要求来研究台湾问题，并向联大提交有关解决台湾未来地位问题的建议案。在联大考虑该委员会的建议案之前，不应有任何通过武力寻求解决该问题的企图；台湾不应被用来作为攻击中国大陆的基地。④ 美国国务院就英国草案提出修正意见，一是加上了"要考虑台湾人民的利益和考虑维持太平洋区域的和平"，并将其置于与"牢记中国的主权要求"对等、并列的地位；二是强调中国国共双方必须遵循这些建议，否则

---

① 美方文件见 *FRUS*, 1950, Vol. 6, pp. 500-501；英方记录见 *DBPO*, Series 2, Vol. 4, pp. 136-137.

② 《中美关系文件汇编》第2辑(上)，世界知识出版社1961年版，第173页。*FRUS*, 1950, Vol. 6, p. 519, note 6.

③ 《中美关系文件汇编》第2辑上，世界知识出版社1961年版，第173页；*FRUS*, 1950, Vol. 6, p. 515。

④ *FRUS*, 1950, Vol. 6, pp. 528-529.

将建议安理会采取直接行动维持国际和平与安全。① 但是由于英国坚决反对，美国最终不得不放弃这些条款，表示基本接受英国方案。英美在 1950 年 9 月 28 日召开的联合国大会上联合提交了上述提案。② 该提案在 10 月 1 日被列入联大总委员会第 71 项议程，于 10 月 7 日被列入联大议事日程，并被提交联大第一（政治）委员会，预计在 11 月份讨论。③

英国对联合国解决台湾问题方案的出台费尽心机，对之也寄予了厚望。但这一方案出台后，不仅遭到中、苏双方的猛烈抨击，④ 而且也很快被美国束之高阁，最终不了了之。联大第一委员会预定于 11 月 15 日举行的对台湾问题的讨论被美国以中国军队入朝作战导致局势恶化为由加以推迟。⑤ 11 月 16 日，杜勒斯根据前一天美国驻联大代表团的意见，提出了两种处理联大日程中台湾问题提案的办法：一是让它在联大自行消失，不再要求采取任何行动；二是放弃美国现在所持的对台湾问题的最后处置含糊其辞的做法，而明确提出美国解决台湾问题的一些基本原则，即：1. 美国作为太平洋战争的主要战胜国和唯一的对日占领国，对台湾问题的处置将承担主要角色。2. 除了日本对台湾进行过短暂的统治外，台湾数世

---

① *FRUS*, 1950, Vol. 6, pp. 532-533; p. 544.

② 笔者未能找到有关美英联合提案提交联大的详细文件记录，所接触到的美英双方的文件均只以一个简短的注释交待了这一议案和苏联谴责美国侵略中国案在 10 月 1 日分别被列入联大第 71 项和 70 项议程，并被提交联大第一（政治）委员会，以及预计在 11 月份的讨论被无限期推迟的情况。国内外的相关著述对这一问题几乎没有涉及，只有李世安对美英围绕草案文本的磋商过程有较大篇幅的论及，但对议案提交的情况也只是一笔带过。参见李世安著《太平洋战争时期的中英关系》，中国社会科学出版社 1994 年版，第 226～229 页。

③ *FRUS*, 1950, Vol. 6, p. 515.

④ 中、苏根本否认存在所谓台湾问题，强烈反对由联合国来解决台湾问题，认为台湾是中国领土不可分割的一部分，这不仅是历史事实，又为日本投降后的现状所肯定，而且也为 1943 年的《开罗宣言》及 1945 年的《波茨坦公告》所确定，联合国无权讨论这一属于中国内政的问题。参见《中美关系文件汇编》第 2 辑上，世界知识出版社 1961 年版，第 241～242、213、232～234 页。

⑤ *FRUS*, 1950, Vol. 6, p. 573, note 2.

纪以来一直是中国的一部分，该岛的历史和居民的民族特征要求最终恢复中国对该岛的主权。3. “只要存在台湾成为太平洋地区新的侵略的基地和血腥内战的目标的可能性，主权的恢复就不可能发生”。4. 在中国主权下必须采取适当的措施给予台湾人民适当的政治独立和自治权。台湾和中国大陆之间的关系必须最终基于台湾和中国大陆人民的满意程度。5. 考虑到中国台湾和日本经济之间的互补性，必须采取长期的安排以确保它们之间密切的贸易关系得以继续；6. 台湾必须非军事化。① 最后美国选择了让它自行消失的处理办法。12 月 5 日，艾奇逊指示美国驻联合国代表团：“如果联大第一委员会对这一问题提出讨论，美国代表团应建议推迟对这一问题的讨论直到下届联大。”② 从本质上讲，根据这一新指示，美国代表团将致力于使台湾问题从联大日程中结束（不再讨论）。③ 所以，当 1951 年 2 月 7 日台湾问题提案第二次被提出讨论时，美国又以远东地区局势动荡为由使它被无限期中止。④

英国推动美国在联合国框架内解决台湾问题的方案，除了希望借此麻痹中国人民解放台湾的意志，帮助美国在联合国安理会摆脱因为侵略台湾而招致的被动局面外，其主要意图是减缓美国挑起的台湾危机对英国远东利益和影响的损害。从英国在这一问题上的基本立场和实际运作过程来看，英国不乏希望真正解决台湾问题的诚意。英国一再重申，在解决台湾未来地位问题时，要坚持《开罗宣言》的基本承诺，把台湾归还给中国政府。英国反对美国旨在分离台湾的以公民投票决定台湾的命运的做法。这些都有利于声张国际正义。但英国苦心经营的这一方案为什么会落得如此结局呢？笔者认为，不论是否会发生中国人民志愿军入朝作战这一紧急事态，这一方案注定不会产生什么结果。除了中、苏的强烈反对外，还在于以下几个方面的原因：

---

① *FRUS*, 1950, Vol. 6, pp. 574-576.

② *FRUS*, 1950, Vol. 6, p. 589.

③ *FRUS*, 1950, Vol. 6, pp. 585-586.

④ *DBPO*, Series 2, Vol. 4, p. 137, note 5.

第一，虽然美国政府口头应允，但事实上美国根本无意在联合国框架内讨论台湾的未来地位问题，这只不过是一种缓兵之计。就像美国驻联大代表团顾问艾利森（John M. Allison）所说的，看起来国务院基本同意英国代表团提出的解决台湾问题的方案，但是英国方案所能产生的唯一可能就是将台湾无条件交给中国共产党。这是美国代表团决不期望而且要努力防止出现的结果。① 但究其实，美国旨在拖延时间而不是真想寻找一个解决方案。对此，顾维钧看得很清楚，他说："美之目标为保台，美之策略为争取时间以待国际局势演变。"② 所以当顾维钧道出美国旨在拖延时间，以期局势明朗后再决定对策这一意图时，美国助理国务卿腊斯克"脸红了"，表示"美国乐于看到台湾能维持现状"③。即使积极鼓动这一计划的英国也感到美国是在玩拖延术。早在中国参战之前的10月20日，英国驻美大使弗兰克斯就说，尽管美国国务院答应把台湾问题从联大第一委员会日程中的第7点移到第5点，但"美国仍倾向于在台湾问题上拖一段时间"④。事实上，在该提案即将付诸讨论的前三周，美国国务院及其驻联合国代表团便开始探讨如何以适当的理由推迟对这一问题的讨论，所以，当中国军队介入朝战后，美国立即以局势紧张为由建议推迟对这一问题的讨论。

美国官方对决定把台湾问题纳入联大议程以及最后决定将其搁置时所做的解释为我们理解美国的政策和思路提供了最好的诠释。关于前者，艾利森在美国驻联大代表团第39次会议上说，美国在台湾有四大目标：1. 从军事角度看，希望中立台湾；2. 由于美国与其盟国在这一问题上存在分歧，美国在这个时候希望避免就台湾问题最终的和最后的解决采取一种公开的强硬政策；3. 希望提供一个更全面地研究台湾问题和交换看法的机制；4. 希望台湾问题

① *FRUS*, 1950, Vol. 6, p. 534.

② 《顾维钧回忆录》第9卷，中国社会科学院近代史研究所译，中华书局1989年版，第31页。

③ 《顾维钧回忆录》第8卷，中国社会科学院近代史研究所译，中华书局1989年版，第138页。

④ *DBPO*, Series 2, Vol. 4. pp. 177-178, note 5.

的最后解决采取和平的方式。① 关于后者，美国常驻联合国代表奥斯汀在1950年11月14日、15日美国驻联合国代表团关于台湾问题讨论的总结时说："从多种角度看，在现在这个节骨眼上在联大提出这一议题是不明智的。从国内政治的角度看，台湾问题是一个巨大的敏感问题，政府和一些共和党人之间存在分歧。从纯粹的军事角度看，提出计划弊大于利，因为不管联合国是否采取新的行动，第七舰队维护朝鲜侧翼安全的需要将持续一个相当的时期。反之，联合国可能有一种想让中共觉得他们可以集中兵力在朝鲜作战而勿需担心来自台湾国民党的进攻的趋势；从与英国等盟国关系的角度来看，我们怀疑任何联合倡议会起到永久地掩饰我们现在潜在的分歧的作用，也怀疑和现在的不公开处理相比，讨论就一定会使分歧极大减轻。"因而他建议："鉴于该计划提出以来中国局势的急剧变化及其不可预见性以及可望在安理会讨论台湾问题，我们要求将该议程从联大日程中降到最末尾，推迟对这一问题的讨论，直到形势的发展，出于维护国际和平与安全的角度考虑使得对这一讨论变得明智为止。"②

第二，在台湾问题解决的方案中，美国表面上承认在《开罗宣言》中将台湾归还中国的承诺，承认台湾历史上属于中国，但一直念念不忘通过公民投票或国际托管促成台湾独立。只是因为英国和国际舆论的强烈反对，美国才不得不放弃公开主张"台独"，转而采取迂回手段，以期逐渐软化英国的立场，并通过技术上的操作来贯彻自己的意图。杜勒斯在解释为什么没有采取单独一款对"台湾人民利益"加以清晰表述时说，如果是美国单独起草提案，他宁愿更明确地说出什么是台湾人民的利益。但英国不会和美国一起发起一个让台湾的独立优先于《开罗宣言》的解决方案，所以美国才不得已而为之。③ 杜勒斯还说："我们期望的结果将从这一方案中产生，但是我们必须一步步地来。如果我们在提交方案时详

---

① *FRUS*, 1950, Vol. 6, p. 557.

② *FRUS*, 1950, Vol. 6, pp. 572-573.

③ *FRUS*, 1950, Vol. 6, p. 562.

细写出我们需要的结果，将会把事情搞糟糕。而要是通过在委员会内部适当运作，美国的观点和意图就能被其他国家接受。"① 正是基于这种考虑，美国在台湾问题方案提交联大之前，一再企图把"考虑台湾人民的利益"和"维护太平洋区域和平"之类的条款塞进美英联合方案之中。在不得不接受英国的方案后，美国又企图在未来联合国台湾委员会的组成问题上做文章。针对英国坚决反对美国或者英国作为委员会的成员、担心美英参加委员会将会恶化和中共的紧张局势，美国国务院高层一再讨论的结果是，美国必须作为台湾委员会的成员，而且美国驻联合国代表团必须努力说服英国接受成员国的资格。② 当最终无法说服英国时，美国就决定让这一方案"胎死腹中"。

第三，美国虽极力回避在联合国框架内解决台湾的最终地位问题，但希望借此缓解因为断然入侵台湾海峡而引发的眼前危机，并达到事实上长久中立台湾的意图。杜勒斯承认，由于美国派第七舰队进驻台湾海峡或中立台湾的单边性质已在联合国范围内受到批评，而这一局势还要持续相当一个时期，所以明智的做法是获得一个联合国的决定以便使台湾变成一个国际关注的问题和通过维持现状使之置身于远东危机之外。杜勒斯还进一步指出，根据杜鲁门6月27日声明，第七舰队的使命是在朝鲜危机期间保护朝鲜的侧翼。但如果要让第七舰队长久呆在那里的话，特别是如果朝鲜形势缓解的话，美国就需要一些国际的批准，否则，美国的政策将在亚洲地区引起严重的疑虑。③ 所以，当11月份中国军队介入朝鲜战争，美国认为已无需再为第七舰队长期留驻台湾海峡寻找借口时，美国国务院和驻联大代表团便不失时机地做出决定让台湾问题议程在联大自行消失。④

最后，必须指出的是，尽管英国在有关联合国解决台湾未来地

① *FRUS*, 1950, Vol. 6, p. 568.

② *FRUS*,1950,Vol. 6,pp. 563-564; pp. 532-533; p. 565.

③ *FRUS*,1950,Vol. 6,p. 562.

④ *FRUS*,1950,Vol. 6,pp. 574-576.

位问题的方案上不乏诚意，并且还为解决台湾问题做了不懈的努力，但同时英国又不主张立即将台湾交还中国，还认为在太平洋区域恢复和平之前，在联合国大会考虑解决台湾问题之前，不应有任何通过武力寻求解决该问题的企图。这又极大地违背了台湾属于中国领土的历史事实，偏离了反法西斯盟国有关台湾问题的国际录诸，有阻止中国人民解放台湾的内容。这严重干涉了中国内政，违反了《联合国宪章》的原则，必然遭到中国人民的强烈谴责。

英国解决台湾问题的方式注定无法奏效。从根本上讲，英国一方面高估了它对美国的影响力，低估了美国控制台湾的决心；另一方面它仍然没有摆脱旧的欧洲列强时代处理远东问题的一般思路，以为通过外交手腕可以在彼此敌对的双方寻求妥协的方案，由大国来决定他国的命运。在全球冷战的高峰时期和民族主义激扬的时代，英国这种努力既无法有效约束美国的侵略行为，也无法让看重民族主权、独立不可分割的中国人民认可。当然，最主要的是英国不愿意因为台湾问题而从根本上破坏美英关系。这决定了英国最终会在台湾问题上同美国协调一致，所以 1950 年 12 月 14 日，英国首相艾德礼在议会下院辩论中力图为英国的对台立场开脱，他宣称：英国无疑愿在《开罗宣言》的基础上解决问题。《开罗宣言》同意将台湾在战后交给“中华民国”，同时也宣布朝鲜在适当的时候自由和独立，它表达了两大原则即不侵略和无领土野心。因此，中国政府必须清楚地表明接受这两个原则。在中国以行动表明其不妨碍《开罗宣言》有关朝鲜的条款履行并接受那一宣言的基本原则之前，难以就台湾问题达成令人满意的协定。这就是说，英国尊重《开罗宣言》，但由于中国在朝鲜问题上“违反”了《开罗宣言》，因此，在朝鲜问题解决之前无法解决台湾问题。①

就在美英就联合国解决台湾未来问题的方案进行密切磋商时，联合国安理会就中国“谴责美国侵略台湾”一案的讨论也在紧张

---

① 《中美关系文件汇编》第 2 辑上，世界知识出版社 1961 年版，第 447 ~ 448 页；王建朗：《台湾法律地位的扭曲——英国有关政策的演变及其与美国的分歧》，《近代史研究》2001 年第 1 期。

进行。8 月 24 日,中国要求联合国安理会制裁美国武装侵略中国台湾的申诉提出后,25 日,美国常驻联合国首席代表奥斯汀写信给联合国秘书长赖伊,拒绝有关侵略的指控,并请求安理会进行全面的调查。奥斯汀辩称,美国在台湾执行的是不偏不倚的中立行动,其目的是维护和平和防止冲突扩大,美国对台湾没有任何野心。顾维钧分析美国此举意在"请那些已经开始怀疑美国对台湾的动机的人放心",同时争取联合国支持美国在台湾的单方面行动。①

8 月 25 日，在麦克阿瑟给海外作战退伍军人协会主席寄长信，并向美国各大报刊分发了长信的全文的行为再次引发美国的欧洲盟国及亚洲盟国的不满后，8 月 28 日，杜鲁门公布了他写给奥斯汀的信，再次重申了美国的主张。该信件支持奥斯汀在联合国的立场，并声明美国欢迎联合国调查中国所指控的美国入侵台湾的问题。台湾当局一开始坚决抵制这一决定。蒋介石亲自主持会议，决定反对组织和派遣调查团到台湾进行调查，准备在联合国动用否决权。② 但在 8 月 29 日，联合国安理会通过决议，将中华人民共和国中央人民政府控诉美国武装侵略中国领土台湾一案列入议程，预定于 9 月 18 日讨论。美国赞成这一事项。苏联代表随即提出邀请中华人民共和国派代表参加联合国安理会对有关该议程的讨论。该议案数次因为没有获得必要的多数而无法通过,直到 9 月 29 日才最终通过,但讨论美国武装入侵中国台湾议案的日期也推迟到 11 月 15 日以后进行。尽管如此,在当时中国在联合国代表权尚未解决、冷战局势高度紧张的形势下,联合国能做到这一点也非常困难。

在邀请中华人民共和国派代表参加该问题讨论的这件事情上，美国为什么没有竭力阻止这一局面的出现？对此，陶文钊认为主要有这样一些理由：1. 许多同意美国在中国代表权问题上立场的国

① 《顾维钧回忆录》第 8 卷,中国社会科学院近代史研究所译,中华书局 1989 年版,第 99 页;《中美关系文件汇编》第 2 辑上,世界知识出版社 1961 年版,第 140 ~ 141 页。

② 《顾维钧回忆录》第 8 卷,中国社会科学院近代史研究所译,中华书局 1989 年版,第 102 ~ 103 页。

家，如加拿大等提出，如果不听取中国共产党的意见，“将是极大的错误”。这意味着如果美国连这一步也不同意，那么反对中国进入联合国的共同阵线有分裂的危险；2. 如果中国代表没有机会发言，印度代表团可能会感到必须做中国的代言人，这是美国不希望出现的；3. 为了试验一下中国被接纳进联大可能采取的态度，给予中国一个参与的机会是必要的；4. 美国还指望中共出席联大可能出丑。①

除此之外，笔者认为美国这样做与当时美英正在就台湾问题进行的密切磋商有关，不能忽视英国在其中所起的作用。美国非常担心在这个问题上加剧美英的紧张关系。8月24日，中国提出联合国安理会制裁美国武装侵略台湾的申诉后，25日，英国使馆顾问伯罗紧急约见麦钱特，转达了英国外交部的关注。英国外交部建议美国对中国在联合国提出的申诉采取拖延的办法，认为“在眼下冷处理这一问题和保持美英两国之间的密切协商有利于防止政治的分裂和为苏联利用”②。英国的初衷是希望美国在这个问题上采取息事宁人的立场。不过后来英国为了缓和中国的不满情绪，转而积极促成中国代表在联合国出现。事实上，在苏联代表提出邀请中华人民共和国派代表参加联合国安理会有关该议程的讨论一案多次因为没有足够多数票而无法通过时，正是英国转向投赞成票起了关键作用。9月18日安理会会议召开前夕，厄瓜多尔代表改变立场，准备投票赞成苏联的提案。美国担心这个时候让中国共产党的代表在安理会出现可能对当时正在讨论的中国在安理会的代表权问题产生影响，美国的立场是：试图让安理会大多数国家屈从美国，不让中国出席听证会弊大于利，美国准备采取的对策是：a）尽力推迟安理会的讨论；b）如果不能推迟，将继续原有立场，即共产党只能在安理会委员会出席听证；c）如果安理会决定按事情的是非曲直继续进行讨论，如果艾奇逊和腊斯克同意而安理会的大多数国家是坚

---

① 陶文钊主编：《中美关系史（1949～1972）》，上海人民出版社1999年版，第97页。

② *FRUS*, 1950, Vol. 6, pp. 450-451.

决赞成中共出席的话，美国将投弃权票。于是美国加紧幕后活动，结果将这一投票推迟到9月28日后进行。① 28日，联合国安理会不顾美国的反对，首先就苏联要求邀请中华人民共和国派代表的提案进行表决，结果6票赞成，3票反对，2票弃权，苏联提案又因未获足够多数而被拒。② 29日，当厄瓜多尔和南斯拉夫改变投票立场，安理会已形成多数票，而国民党代表试图使用否决票时，当时正是安理会轮职主席英国代表利用主席特权，裁定国民党"代表"的否决无效。这样决定邀请中华人民共和国派代表参加安理会讨论关于"谴责（美国）武装侵略台湾"的决议才算最后通过。③ 正因为有这一决议，中华人民共和国的代表伍修权才得以在11月下旬到联合国安理会揭露美国的行径。这也是新中国代表第一次在联合国露面。

第四节　对日和约体制下的台湾地位未定

英国试图通过在联合国框架内解决台湾问题的计划流产后，在对日和约框架内解决台湾的最后归宿问题成为美英共同关注的问题。英国希望对日和约能体现《开罗宣言》的原则，而美国旨在利用对日和约最终推翻《开罗宣言》的承诺，对台湾地位问题做

① *FRUS*, 1950, Vol. 6, p. 520.

② *FRUS*, 1950, Vol. 6, p. 522, "editorial note".

③ 当时的情况是：安理会先就邀请中华人民共和国的代表参加对美国武装入侵中国台湾的指控的讨论进行表决，达到可决票，尽管国民党"代表"投票反对，但作为轮职主席的英国代表宣布建议已获通过。在台湾当局"代表"援引"四国声明"之后，主席请安理会就该表决是否属程序性问题进行表决。表决结果是赞成该问题属程序性问题的有9票，1票反对，1票弃权。主席宣布该建议获得通过，之后把国民党所谓"代表"的声明解释为对其裁决提出的异议，于是根据暂行议事规则第30条将其裁决付诸表决，结果是无赞成票、无反对票、无弃权票，于是主席宣布其裁决仍然有效（《安理会正式记录》，1950年9月29日第507次会议，转引自许光建等主编《联合国宪章诠释》，山西教育出版社1999年版，第195页）；*DBPO*, Series 2, Vol. 4, p. 137, notes 3-4; *FRUS*, 1950, Vol. 6, p. 522.《中美关系文件汇编》第2辑上，世界知识出版社1961年版，第161、162页。

出符合自身利益的安排。尽管这也直接涉及其盟友台湾国民党当局的命运，但美国自信有能力让这个靠其一手扶植才得以苟延残喘的盟友就范。所以在美国看来，这一目标是否能够顺利达到，或者在多大程度上达到，取决于英国的态度，因此美英在台湾最后归属问题上的协调就成为非常关键的问题。随着1951年初英美对日媾和谈判进入实质性阶段，美英关于台湾归属问题上的分歧与协调进入最后关头。

为了争取主动，英国决定在美方草案尚未提交之前，先拿出方案。1951年2月27日，英国外交部致电驻美大使弗兰克斯，就英国对日和约的有关立场征求他的意见。关于和约中的台湾问题，英国外交部提出了三种备选方案：（1）日本放弃对台湾的主权要求并将它归还中国，但不具体说明中国的哪一方；（2）作为一种变通，日本宣布放弃在台湾的主权并将它归还中国，但附加一条，大意是签字国目前尚未在哪一方代表中国的问题上达成一致；（3）只说明日本宣布“放弃”在台湾的主权，但不提交给谁的问题。英国外交部认为，最后这一方案正是美方所希望的，但其缺陷在于首先是与《开罗宣言》和《波茨坦公告》精神不符，其次是将使台湾成为一块归属未定的领地。英国倾向于第二种方案，认为这样既与《开罗宣言》和《波茨坦公告》相符合，又保留了各签字国最后根据远东局势的发展自由决定的余地。①

3月2日，弗兰克斯复电外交部，同意其中关于台湾问题的偏向性意见。但是，3月22日，英国内阁会议却做出决定，英国政府应该清楚地向美国政府表明，在对日和约中，日本应宣布“放弃”它对台湾的主权，并将它归还中国。② 28日，英国外交部将内阁的立场通知驻美大使弗兰克斯，让其转告美国。③

美国一直希望利用对日和约来改变台湾的地位，因此，美国在3月23日拟就的供远东委员会各成员国讨论的对日和约草案中，

---

① *DBPO*, Series 2, Vol. 4. pp. 355-358.

② *DBPO*, Series 2, Vol. 4. p. 358, note 5.

③ *BDFA*, Part V, Series C, 1951, Vol. 1, p. 75.

只提日本“放弃”台湾和澎湖，但未规定其归属。4月7日，英国政府接到美国和约草案后，未发表任何评论，而是独立地拟定了英国的对日和约草案，于9日交给了美国驻英大使馆。英国草案第4条明确规定，日本应将台湾归还中国。英国外交部反对美国提出的日本只是宣布放弃对“台湾”的主权而不具体说明该岛的合法地位。英国赞成用《开罗宣言》的措辞，把台湾交给中国，尽管不说明到底交给哪方。①

四五月间，英国主要通过其驻美大使与美方负责缔结对日和约事宜的杜勒斯进行谈判。双方谈判未能取得进展。在谈判的同时，美国的一些新闻媒体不断放言，对英国施加压力。4月10日，美联社报道说，英国主张中共参加对日和约的谈判，主张将台湾置于中共的管治之下。这一消息的透露，引起了台湾国民党当局的强烈不满。台湾岛上出现了对英抗议的浪潮，英驻台领事馆受到了抗议民众的冲击。5月5日，麦克阿瑟在参议院军事和外交委员会的听证会上，进一步指责英国的对台政策是“彻底支持把台湾放弃给潜在的红色敌人之手”②。

迫于压力，5月11日，英国新任外交大臣莫里逊在下院就台湾的前途问题发表声明表示，在朝鲜战争继续期间，讨论台湾的前途为时尚早。英国政府的目的是，应早日缔结对日和约而不要让棘手的台湾问题耽搁和约的谈判。他还重申了艾德礼首相1950年12月14日在下院辩论中的立场，即《开罗宣言》的目标只有在远东问题获得真正满意的解决时才能达到。第一步必须是解决朝鲜问题。台湾问题现已成为一个国际问题，许多国家都和这个问题有密切关系。依官方意见，这是可由联合国于适当的时候加以考虑的一

---

① Howard Schonberger, “Peacemaking in Asia: The United States, Great Britain, and the Japanese Decision to Recognize Nationalist China, 1951-1952”, *Diplomatic History*, Vol. 10. 1, No. 1(1986), p. 62.

② 王建朗:《台湾法律地位的扭曲——英国有关政策的演变及其与美国的分歧》,《近代史研究》2001年第1期。

个问题，但这不是迫切的问题。①

由于在华盛顿进行的英美会谈未能取得进展，杜勒斯于6月初抵达伦敦。美英会谈中争议的焦点主要为究竟是中华人民共和国还是台湾蒋介石政权的代表参与签约以及台湾的归属问题等。

在6月5日的谈判中，英方最初坚持台湾必须交给中国，但是规定在就哪一方接收台湾问题达成实质性协议之前不予实施。杜勒斯予以拒绝，理由是这将使联合国在对这一问题做出安排时更加困难。经过交换意见，杜勒斯发现英国代表团在这个问题上的立场并不坚定，于是，在6日的会谈中进一步明确提出，英国必须接受美国的安排，不然的话，将保持台湾目前的地位不变，以后也不得再提《开罗宣言》。②

对英国而言，至关重要的是确保中国参与签约，于是，莫里逊开始考虑以台湾问题上的让步来换取美国在签约权问题上支持英国的立场。这样，在6月7日英国内阁召开会议讨论谈判对策时，莫里逊说杜勒斯不愿意考虑只是含糊地提出把台湾归还中国，但不明确说明哪一方的想法。莫里逊认为接受美国的安排，虽然不能令人满意，但不意味着牺牲原则。如果英国在有关中国参与和约的问题上能获得美国的赞同，英国的目的实际上已经达到，有关台湾问题的处置可以留待晚些时候大多数国家能达成协议时再作决定。内阁最后同意："如果美国表现出愿意接受我们有关中国参与签约的提议，我们就应在台湾问题上同意美国的意见，如果联合声明能清楚地表明这一点，那么有关台湾最终处置的决定将推迟到能达成更为广泛的共识之后做出。"③

19日，以英美联合备忘录的形式达成的杜勒斯—莫里逊协议

---

①《中美关系文件汇编》第2辑(上)，世界知识出版社1961年版，第447~448页。

② *FRUS*, 1951, Vol. 6, p. 1106; pp. 1107-1108.

③ Cabinet Minutes, CM 41(51)1, Cab 128/19, Memorandum by Morrison, CP (51)155, 7 June 1951, Cab. 129/46; Peter Lowe, *Containing the Cold War in East Asia: British Policies towards Japan, China and Korea, 1948-1953*, Manchester University Press, 1997, p. 55.

明确宣布:“在即将签署的和约中,日本将放弃对台湾和澎湖列岛的主权要求,条约本身将不决定这些岛屿的将来。”① 1951 年 9 月 8 日的旧金山对日和约关于台湾地位问题的处理就是这一立场的具体体现。②

小　结

综观本章内容,美英在台湾主权归属问题上的分歧出现于中国革命即将胜利的前夕。美英分歧的焦点集中在两个相关问题上:一是是否顺应中华人民共和国统一台湾这一必然趋势;二是在对台湾地位问题做最后处置的国际安排中,是否需要履行《开罗宣言》的承诺,正式确认将台湾归还中国。美国拒不承认中华人民共和国对台湾拥有主权,它不仅竭力阻止中国人民解放军解放台湾,而且刻意推翻《开罗宣言》的原则,反对把台湾归还中国,阻挠新中国对台湾行使主权。朝鲜战争爆发以前,美国主要是私下以经济和外交手段进行分离台湾活动,强调在对日和约签订之前台湾在法律上仍属日本领土,《开罗宣言》的立场有待重新考虑。朝鲜战争爆发后,美国则以公开的军事介入阻止中国人民解放军解放台湾,宣布台湾未来政治地位未定。在联合国框架内解决台湾问题的讨论中,美国虽不得不接受台湾在历史上属于中国这一事实,表示对中国没有领土野心,但拒绝考虑将其归还中国,特别是交给中华人民共和国。在美国的一手操纵下,旧金山对日和约公然违背《开罗宣言》庄严承诺的日本投降后,日本窃取的台湾、澎湖列岛将交还中国政府的原则立场,只提日本放弃台湾的主权,却只字不提将台湾归还中国。英国政府最初也不愿意台湾落入中国共产党的控制之下,认为在对日和约签订之前,台湾在法律上仍是日本的领土,在实际上考虑过让台湾既不属于共产党也不让国民党控制的台湾自

---

① *FRUS*, 1951, Vol. 6, Part 1, p. 1134.

② Department of State, *American Foreign Policy 1950-1955*, Vol. 1, New York: ARNO Press, 1971, p. 426.

治问题，但是，英国不仅对阻止中国人民解放军解放台湾缺乏信心和热情，不想为之采取实际行动，而且认为《开罗宣言》仍然有效。随着分离台湾的主张遭到中国人民的抵制，现实上行不通，特别是英国决定承认新中国后，英国认为中国人民解放军解放台湾是中国革命发展的必然结果。在美国第七舰队进驻台湾海峡，从军事上阻止中国人民解放军解放台湾后，英国强烈反对美国的侵略行为，阻止美国把对台湾的侵略行动与联合国的集体安全行动挂钩的企图，并迫使美国做出不会永久占领台湾的声明，承认台湾历史上属于中国的原则立场。

从 1949 年 1 月到 1950 年 6 月，美英在台湾问题上的关系主要表现在美国试图在分离台湾的问题上寻求英国的合作。英国的态度不明朗，双方的合作有限，分歧亦不突出，到 1950 年初，美英一度殊途同归，达成放弃干预台湾事务的一致认识。从 1950 年 6 月到 11 月，是美英在台湾问题上激烈争议的时期。协调的结果是美国断然拒绝了英国试图以美国第七舰队撤出台湾来换取朝鲜问题和平解决的建议，英国也没有答应把美国在台湾问题上单方面行动与联合国集体安全行动挂钩的要求。尽管美国同意在联合国框架内就台湾的最后归属做出安排，但旨在拖延时间。美国更希望联合国托管下的台湾自治。英国主张在适当的时候把台湾交还中国而且是中华人民共和国，并建议由联合国成立特别委员会考虑将台湾归还中国的时机和条件。这一计划在中国介入朝鲜战争后被终止。从 1950 年 12 月到 1951 年 9 月，美英就对日和约框架内解决台湾问题进行最后协调。英方坚持《开罗宣言》的承诺，宣布台湾应交还中国。然而美国坚持只提日本放弃台湾主权，不说明把它交给谁。最后，英国接受了美国的方案。根据英美对日和约方案，台湾一度成为一块法律上归属未定的领土。

第五章
新中国在对日媾和中的签约权问题

中国是最早奋起抵抗日本法西斯侵略的国家，中国人民为打败日本法西斯付出了巨大的牺牲、作出了重大贡献。中华人民共和国作为中国唯一合法政府参加战后对日媾和不仅合情合理，也是其作为国际法主体所应享有的基本权利。当时已经承认新中国的英国明确支持新中国的签约权。然而，美国以未承认新中国为由，主张由盘踞台湾的国民党当局代表中国参与媾和。由于这一问题牵涉到美英双方在远东难以协调的利害关系，双方的争执一直无法协商解决，最后美国以非常手段迫使英国就范。由于美国的一手操纵和美英在这一问题上存在分歧，1951 年 9 月 4～8 日旧金山对日和会召开，包括战败国日本在内的 52 个国家的代表出席了会议。中国的国共双方都被排除在外，最后竟由战败的日本“挑选”了台湾国民党残余政权作为谈判对象，并与之签订了和约。

第一节　美英媾和政策演变与中国签约权之争

美英围绕中国签约权问题的争议，与美英对日媾和政策密切相关，因而有必要将这一问题放在美英对日媾和政策的大背景下来进行探讨。

根据《联合国家宣言》、《开罗宣言》、《雅尔塔协定》和《波茨坦公告》等一系列战时协定，战后反法西斯盟国应共同依据非法西斯化、非军事化、民主化以及剥夺战前日本非法侵占的领土等原则与日本进行全面媾和。但是由于战后对日媾和是在美国单独占领和管制日本的情况下由美国一手操纵的，也是在美苏冷战对抗并在远东地区不断升级为朝鲜战场上的热战、美国对华政策最终走向全面敌视的背景下进行的，因此对日媾和的进程和结局极大地背离了盟国的战时约定。

1947 年初，对日媾和问题开始提上美国决策者的议事日程。此时对这个问题的高度重视，在很大程度上与当时整个世界形势和远东格局变动直接相关。1947 年 3 月杜鲁门主义出台，美苏冷战正式开始，中国国民党政权在国共内战中大势已去。美国对日本的占领和管制引起了日本政治、经济形势的动荡，因而重新审视美国远东战略和定位日本在其中的角色成为美国决策者关注的中心问题。对日媾和在完成这一重大战略转轨中的重要性凸显出来。美国国务院东北亚司官员毕晓普（Max W. Bishop）道出了美国此时的各种考虑：在战争状态尚未结束之前，试图采取措施恢复远东经济是不切实际的，“因为经济健康的相互依赖需要中国、日本和其他与这一地区密切相关的国家之间的良性互动。通过人为的国家之间的政治贷款无助于促进这样一种经济互动”；推迟媾和会影响美国在对日媾和中发挥主导作用，极大地损害美国的利益。“因为舞台已经搭好，观众已经坐定，序曲已经奏过，这个时候不去揭幕，只能使美国失去扮演主角的机会，并且会让另外的演员取而代之，从而失掉这场演出”；拖延媾和将使日本产生沮丧情绪，引起混乱局面，既不利于美国有效利用日本对经济迅速复兴和政治稳定的能力，而且还会严重削弱美国直接利用日本来达到美国的目的的效果；占领已经完成了它的目标，而且（占领效果）已到了利益递减的临界点，必须结束战争状态；拖延媾和将不利于美国在亚太区域霸权的建立，“美国的当务之急是在太平洋地区建立领导地位，而对日媾和是最理想的跳板，不去利用或者延迟利用这一跳板将会威胁，或者至少会阻碍美国建立领导地位的计划”①。

驻日盟军总司令麦克阿瑟首先公开提出对日媾和问题。在1947年3月17日的一次记者招待会上，麦克阿瑟宣称：“我们必须与日本媾和的时刻已经到来。”他把占领任务分成军事、政治和经济三个阶段。他认为现已完成了政治、军事阶段的目标，到了经济阶段。如果对日占领在目前的道路上继续下去，将只能加速“扼杀”日本经济。日本必须得到帮助以恢复经济活力，不然，美国就要为防止发生广泛的饥馑而付出代价。20天后，当时的副国务卿艾奇逊奉杜鲁门之命在克里夫兰发表演说，反复重申“我们要做的就是推动欧洲与亚洲那两个最大工厂——德国和日本的重建”②。7月1日，由美国负责占领区事务的副国务卿希尔德林(John Hilldring)主持召集了有关对日和约问题的筹备会议。出席会议的有美国远东司、东北亚司以及澳大利亚、加拿大、中国、法国、印度、荷兰、新西兰、菲律宾、英国等远东委员会③成员国大使馆官员。苏联代表因故未能与会，但转来口信。此次会议的备忘录由希尔德林于11日提交给远东委员会成员国。会上，希尔德林提议于8月19日召开一次由远东委员会十一国参加的对日媾和预备会议，地点在华盛顿附近或者旧金山，美国政府乐意充当东道主；美国希望在远东委员会会外首先举行远东委员会十一国的代表会议，磋商对日和约问题；在拟定和约草案时，对其他同日本处于战争状态的国家也给予陈述意见的机会，并于工作进展到相当阶段

---

① *FRUS*, 1947, Vol. 6, The Far East, Washingtong D. C.: U. S. Government Office, 1947, pp. 492-494.

② 刘同舜、高文凡主编:《战后世界历史长编》第6册(1950～1951),上海人民出版社1985年版,第334页。

③ 1945年12月27日莫斯科三国外长会议决定成立的远东委员会(FEC)由美、苏、英、中、法、荷、加、澳、新西兰、印度、菲律宾等十一个国家组成,后又增加缅甸和巴基斯坦两个国家。其任务是负责制定统治战后日本的政策,也有权审查美国政府发给麦克阿瑟的各项指示和麦克阿瑟在执行各项政策时所采取的行动。从理论上讲,它是盟国对日的最高决策机构,但实际上受制于美国。

时召开全体对日作战国家会议进行审议；鉴于各国外长事务繁杂，可先不召开外长级别的会议，而由外长代表及专家组织先行磋商；至于表决程序，美国政府倾向于采取三分之二多数表决制。① 该建议得到了英联邦国家的支持，但由于苏联的拒绝②和中国国民党政府的“暧昧”态度③而搁浅。对日媾和进程也一直没有启动。

其实，造成对日媾和进程无法启动的根本原因在于此时主要是美国政府内部在何时缔约、缔结什么样的和约问题上一直举棋不定、争论不休。这主要是因为 1947 年以后，美苏冷战对抗和远东革命形势的发展使美国既定的远东政策面临严重挑战。美国政府内部在如何界定和利用日本在未来远东冷战中的地位与作用问题一时难以定夺。一方面，随着马歇尔在华调停的失败，中国内战全面爆发，国民党赢得内战的前景越来越暗淡，罗斯福先前制定的以支持国民党中国为远东政策基石的战略构想发生动摇。对中国国民党政权丧失信心使美国政府将眼光转向工业化程度很高的前敌国日本，

---

① *FRUS*, 1947, Vol. 6, pp. 467-469.

② 苏联坚持对日和约的起草应在 1945 年 7 ~ 8 月波茨坦会议期间成立的处理战败国问题的外长委员会（Council of Foreign Ministers）的框架内进行，但是由于美国担心该委员会所奉行的大国一致表决程序可能会给苏联否决权，因而坚决反对。西方学者戴维 · 里斯认为：“由于苏联在整个对日媾和过程中始终坚持这一要求，苏联实际上在整个媾和过程中没有扮演积极的角色。”因此在对日媾和过程中，最主要的难题是美国政府内部达成一致以及与其主要盟国和前敌国达成一致。David Rees, “The Korean War and Japanese Peace Treaty”, in James Cotton and Ian Neary, *The Korean War in History*, Manchester University Press, 1989, p. 165.

③ 中国国民党政府外长王世杰在收到美国建议后，曾口头向美国驻华大使司徒雷登表示同意美国的建议，并表示，中国不希望它在反法西斯战争中的特殊地位被完全忽略，因而主张对日和约的起草不能仅限于四国外长委员会，而应在远东委员会成员国范围内进行，但表决程序应同时采取全体出席和会代表的三分之二多数和盟国对日管制委员会的简单多数。后来得知苏联表示了如果美国不改变立场，苏联将拒不参加和会的态度，中方顾忌苏联可能利用被排除在和会之外为借口，在大连问题上不与国民党政府合作，所以表示可能重新考虑其立场，主张该问题由四国外长委员会磋商解决，并一再表示要争取苏联参加。*FRUS*, 1947, Vol. 6, p. 472; pp. 496-497. 刘同舜、高文凡主编：《战后世界历史长编》第 6 册（1950 ~ 1951），上海人民出版社 1985 年版，第 338 ~ 339 页。

日本在美国远东战略棋盘中的地位日益突出，但要完成具体的政策转轨尚待时日。另一方面，随着美苏冷战不断升级，美国政府急需将日本变成遏制苏联的前哨阵地，担心过早媾和可能使日本在美苏冷战中处于中立地位，从而不利于美国全球战略的实施。以五角大楼为代表的美国军方人士出于军事的需要，希望无限期地占领日本。正是由于上述原因，美国国务院远东司在1947年初起草的仍以防止日本军国主义为基本宗旨的“博顿方案”遭到了非议和冷遇。从1947年8月中旬开始，乔治·凯南主持下的美国国务院政策设计室开始着手研究对日媾和与日本的地位问题。研究和讨论的结果是美国政府决定暂时搁置媾和问题，而致力于在政治、经济上扶植日本以造成“事实上媾和”。美国的媾和设想也从“大国合作”走向美苏争夺，由主张尽早媾和转向主张推迟媾和。①

时至1949年，一方面，美国经济上复兴日本的需要与日本事实上尚未与周边邻国媾和的矛盾日益暴露出来。这是由于日本本身资源贫乏，历来对亚洲国家和海外市场存在严重依赖。战争的破坏，加上战后日本的海外殖民地和势力范围的全部丧失，使得战后日本原材料来源和产品市场严重不足。在日本与其他国家尚未结束战争状态的情况下，美国要说服亚洲和太平洋地区的国家向日本提供能源和原材料供给，向日本工业品开放市场非常困难。美国促使日本参加国际和地区性会议和国际协定也遭到所有国家的拒绝。②由于不可能无限制地为日本经济长期承担直接的责任，美国对日本经济持续虚弱的忧虑不断增加。另一方面，由于中国革命和亚洲民

---

① 参见刘同舜、高文凡主编《战后世界历史长编》第6册（1950~1951），上海人民出版社1985年版，第331~334、352~366页；崔丕：《美国对日单独媾和政策形成史论》，《美国研究》1992年第2期；于群：《美国对日政策研究》，东北师范大学出版社1996年版，第88~111页；沈志华：《中苏同盟、朝鲜战争与对日和约——东亚冷战格局形成的三部曲及其互动关系》，《中国社会科学》2005年第3期。

② 于群:《美国对日政策研究》,东北师范大学出版社1996年版,第128页;刘同舜、高文凡主编:《战后世界历史长编》第6册(1950~1951),上海人民出版社1985年版,第366页。

族解放运动的飞速发展，美国政府特别是麦克阿瑟的对日占领当局和国务院更加重视把日本作为反共前线的价值。继续占领日本、拖延对日媾和除了有如前所述的种种弊端外，尤其是可能引起日本国民的反占领情绪，加剧日本政治、经济的动荡形势，使维持占领和扶植日本经济的费用不断增加，美国政府对此倍感棘手。以麦克阿瑟为首的对日占领当局和以国务卿艾奇逊为代表的美国国务院极力主张尽早媾和，以便在经济上全面复兴日本、政治上利用日本，并对日本重新武装。为防止苏联和中国的反对，他们主张美英应单独对日媾和。以国防部长约翰逊为首的国防部仍坚持推迟媾和，目的在于使日本继续作为美军的军事基地。为了约束苏联和中国的行动自由，国防部坚持对日媾和必须是由包括苏联在内的所有交战国来实现全面媾和。国防部的看法是，在对日和约必需的安全条款问题上的分歧仍然存在时，签订和约为时尚早。①“共产党在中国的胜利以及随后1950年2月中苏条约的签订，使国防部不愿支持一个认为比美军驻扎在日本还要更为重要的条约，而希望保持不受条约规定约束的行动自由。”② 总之，尽管国务院和国防部在维护美国利益的目标相同，但在实现它的手段方面却截然对立。前者主张单独媾和、尽快媾和、媾和与防务问题分离；后者主张全面媾和、推迟媾和、媾和和防务问题一揽子解决。③

为了加快对日媾和的准备工作，1950年4月6日，杜鲁门和艾奇逊任命约翰·福斯特·杜勒斯（John F. Dulles）为美国国务卿特别顾问，负责对日媾和事宜，并协调与共和党的参议院和国防部之间的关系。杜勒斯是公认的共和党的外交事务专家，主张民主、共和两党实行协调外交。驻日盟军总司令麦克阿瑟虽然并不欢迎对杜勒斯的任命，担心这会削弱他在共和党内日本问题上的权威

① David Rees, "The Korean War and Japanese Peace Treaty", in James Cotton and Ian Neary, *The Korean War in History*, Manchester University Press, 1989, p. 166.

② Peter Lowe, *Containing the Cold War in Far East: British Policies towards Japan, China and Korea, 1948-1953*, Manchester University Press, 1997, pp. 22-23.

③ 崔丕：《美国对日单独媾和政策形成史论》，《美国研究》1992年第2期，第84～85页。

地位。但是因为麦克阿瑟一贯主张尽早对日媾和，认为拖延对日占领将会产生副作用，所以麦克阿瑟愿意协助杜勒斯，并努力劝说共和党右翼接受杜勒斯的和谈。①

1950 年 6 月 25 日，朝鲜战争的爆发很快改变了对日媾和谈判的整个背景，缔结对日和约在美国政府内部取得优先地位。在朝鲜正在进行所谓反对共产主义侵略的战争背景下，日本的安全防卫问题和日本作为美军后勤基地的作用问题再次成为美国政府各部门关注和争议的焦点。五角大楼坚持认为，为了适应战争的需要，应该推迟媾和，延长军事占领。而杜勒斯和美国国务院则认为对日媾和不但不能因朝鲜战争而停顿下来，反而应加紧进行，以尽快将日本拉入美国阵营。② 最后，经过杜勒斯的多方斡旋，在麦克阿瑟的支持下和日本积极主动的配合下，双方达成一致意见。但前提是：对日和约签署后，美军继续留驻日本，不得禁止日本重新武装，允许美军应日本政府的要求镇压国内大规模的骚乱，确保美国对琉球及其他几个岛屿的绝对战略控制。8 月 3 日，杜勒斯在提交给国家安全委员会的对日和约草案中明确列入“在美国希望的时间内，美军可以在日本任何地方驻扎”，国防部亦在 8 月 23 日的声明中放弃应有中、苏两国参加对日媾和的立场，只是要求在朝鲜战争结束以前媾和条约不能生效。③

此后，美国国务院和国防部就对日媾和的一些具体问题进行了协商，并于 9 月 7 日由国务卿艾奇逊和国防部长约翰逊联名起草，8 日由杜鲁门签署，形成了美国国家安全委员会的 NSC60/1 号文件。这份绝密文件具体、明确地说明了美国对日媾和政策所要达到

---

① Peter Lowe, *Containing the Cold War in Far East: British Policies towards Japan, China and Korea, 1948-1953*, Manchester University Press, 1997, p. 23.

② Letter from Dening to R. H. Scott, 23 September, 1950, FO371/83833/128 PRO, London; David Rees, “The Korean War and Japanese Peace Treaty”, in James Cotton and Ian Neary, *The Korean War in History*, Manchester University Press, 1989, p. 166.

③ 崔丕：《美国对日单独媾和政策形成史论》，《美国研究》1992 年第 2 期，第 87 页。

的基本目标与具体的实施步骤。文件内容如下：1. 美国必须立即开始对日媾和的预备性会谈。2. 在预备性媾和谈判中，下述安全条款至关重要，也是任何条约都必须考虑的：a. 如果美国的利益没有在条约中载明和美国在朝鲜的军事处境没有得到有利于美国的解决之前，和约将不能生效；b. 和约必须尽可能确保日本获取其自然资源、工业原料以及人力资源的途径不在苏联的控制之下；c. 应该保证最初在日本驻扎的军队是由美国同意并由美国指挥的；d. 不得允许美国不同意的外国军队进驻日本本土到南萨哈林群岛和千岛群岛的区域；e. 与日本签订的安全条款必须确保美军驻扎和撤出日本的绝对自由；f. 不得包括任何禁止日本在外来威胁时的自卫权以及拥有自卫手段的权力的条款；g. 和约必须保证给予美军在日本任何地方驻扎、驻扎任意长时间的权力；h. 不得损害美国在马里亚纳群岛、加罗林群岛和马绍尔群岛的战略托管地位；i. 必须确保美国对北纬 29 度以南的琉球群岛绝对的战略控制；j. 不得禁止驻日美军应日本政府的要求镇压日本国内的骚乱。3. 国务院和国防部一致同意应尽早确定由日本政府承担部分占领费用的条款。4. 先由国务院通过外交渠道同远东委员会的友好国家进行秘密的预备性会谈，了解它们是否会总体上赞同美国希望的和约条款以及它们会作出什么反应，从而采取相应对策。5. 在与友好国家的初步磋商完成后，由国务卿在同国防部长磋商后确定时间，派出美国的政治代表赴日与麦克阿瑟就和约草案进行秘密磋商，之后再在麦克阿瑟的协助下同日本政府讨论和约草案。6. 在与友好国家的预备性秘密会谈中，需要与参议员外交委员会和陆海空三军委员会的成员进行非正式讨论。7. 在预备性磋商完成后，国务院和国防部将协商起草详细的备忘录提交总统和国家安全委员会审议。8. 在征得国防部同意后，国务院将选择合适的时间对外宣布，美国政府准备进行正式的外交磋商。①

其后，美国国务院又依据 NSC60/1 号文件精神拟订了“美国对日媾和七原则”，作为远东委员会各国随后就对日和约进行非正

① *FRUS*, 1950, Vol. 6. pp. 1293-1296.

式双边磋商的讨论基础。主要内容是：1. 参加国：对日媾和的参加国为任何或全部愿在所建议的可能达成协议基础上的对日作战国家。2. 联合国：日本在联合国会员国的地位将予以考虑。3. 领土：日本将承认朝鲜独立，同意由联合国托管琉球和小笠原群岛，以美国为托管当局；接受英、苏、中、美就台湾、澎湖列岛、南库页岛和千岛群岛地位问题所作的决定。如果条约生效后一年仍未做出决定，将由联合国大会决定。日本将放弃在华特殊权益。4. 安全：在未采取诸如由联合国担任有效责任等令人满意的安全措施之前，日本的设施应与美国和其他国家军队之间继续合作，以维持日本地区的国际和平与安全。5. 政治与商业安排：日本应同意遵守关于麻醉品与渔业的多边协定，战前的双边条约可由相互间的协议加以修正。在没有缔结新的商业协定之前，日本将给予最惠国待遇，但特殊情况例外。6. 索赔：缔约各方放弃在 1945 年 9 月 2 日以前因战争行为而产生的索赔要求，但下列情况除外：a. 盟国在各自领土上控制的日本财产；b. 日本要归还在战争中掠夺去的财务，如不能完整归还，则应按照双方商定的价格损失的百分比以日元给予赔偿。7. 争端：有关索赔要求的争端将由特别中立法案裁决，该法庭由国际法院院长设计。其他争端则交由外交解决或提交国际法庭解决。①

NSC60/1 号文件和“美国对日媾和七原则”的制定，表明美国政府内部在缔结一个什么样的对日和约问题上的立场趋于一致。从内容看，它反映出美国试图通过对日媾和全面贯彻美国在亚洲太平洋地区遏制苏联、建立亚太区域霸权的战略意图：其一，最根本的是确保日本变成美军拥有绝对支配权的军事基地，同时将琉球、小笠原等岛屿变为美军的军事基地，从而把日本和临近地区的一些战略要地变成美国在亚洲进行“冷战”和为美国利益服务的工具。其二，它无视反法西斯盟国所遭受的巨大牺牲及其对日本军国主义重新武装的痛恨和担忧，对战败的日本无限宽大，不仅不要求日本承担战争赔款，而且立足于重振日本经济、给予日本重新武装的权

① *FRUS*, 1950, Vol. 6, pp. 1296-1297.

力，甚至是变相给予其发动战争的权力以及恢复其在联合国的地位，旨在确保日本不对美国构成威胁和受美国自由支配的前提下，从经济、军事、政治等方面全面扶植日本。它要从根本上改变日本同中国大陆传统的经济联系，以绝对保证其从属于西方阵营的战略地位。其三，它违背了先前反法西斯盟国所作的约定，如关于台湾、澎湖的地位问题，未明确提及将台湾归还中国的《开罗宣言》，而准备重新讨论。其四，建议中所包括的参与媾和谈判的国家实际上必须以接受美国的建议为先决条件。媾和将在远东委员会的框架下进行，而不是通过外长会议协商，在正式和会之前要先行私下进行外交磋商。媾和将采取双边外交谈判而不是多边和会的形式。以上这些内容，都体现了美国所追求的是一个反苏、反共，战略上控制和政治、经济、军事上扶植日本的片面对日媾和条约。总之，美国所拟签订的不是一个基于盟国战时协定的全面的对日媾和条约，而是一个美国及其“友好国家”同日本签订、全面体现美国意志的片面媾和条约，当然也决不是美国与日本单独媾和。在杜勒斯看来，“如果没有半数以上的对日作战国家签字，签订这样一个条约就毫无意义”①。麦克阿瑟也认为，就日本的安全而言，美国人民将不会支持日美之间的双边条约。②因而，排斥中、苏，争取其他国家的支持是保证美国对日媾和目标实现的关键所在。

至于如何达到这一目的，美国决策集团对于和约可能招致的反对早有准备。其主要考虑是绕开苏联拥有否决权的处理战败国问题的外长委员会，主张在远东委员会内运用多数表决程序；以国民党“代表”来排斥中华人民共和国中央人民政府参与媾和；安抚对日本高度戒备的澳大利亚、新西兰和菲律宾等国；力争英国对其方案的认同。而对美国来说，最具决定性影响的是英国的立场和态度，因为“尽管英国是一个衰落的大国，但英国的国际威望和影响紧

① 《顾维钧回忆录》第9卷，中国社会科学院近代史研究所译，中华书局1989年版，第86页。

② Peter Lowe, *Containing the Cold War in Far East: British Policies towards Japan, China and Korea, 1948-1953*, Manchester University Press, 1997, p. 21.

追美苏之后。在亚洲问题上，其他一些西欧国家常常指望英国来同美国打交道"①。另外，英国对英联邦成员国的影响不可低估，在远东委员会的十一个国家中，英联邦成员国就占了五个，后来增加到六个。所以对美国来说，如果英国支持了和约，也就意味着英联邦和欧洲多数国家，也就是远东委员会多数国家支持了和约。

英国和其他英联邦国家都主张尽早媾和，这一思想早在1947年9月的堪培拉会议上就已正式提出，1950年1月在科伦坡英联邦外长会议上这一思想再次得到确认。② 从1949年开始，英国不断要求尽快解决这一问题。③ 英国外交大臣贝文在1949年6月就敦促艾奇逊"为促成尽早缔结对日和约贡献更多的想法"④。在1950年8月30日提交内阁讨论的备忘录中，贝文在批评美国的亚洲政策时，也批评美国在对日媾和问题上的拖延政策，指出："在日本投降五年后的今天，看不出美国的政策将向什么方向发展。远东委员会实际上形同虚设，与其他大国根本不存在协商，即使美国自己也没有资格自己解决日本问题。"⑤

尽管从一开始，英国就赞同采取绕开苏联在外长委员会的否决权、坚持远东委员会多数表决程序，但英国在对日媾和问题上的立场与美国存在重大差异，它在总体上倾向于从严制日。这是因为，从经济上讲，战前日本在航运、纺织等行业曾对英国在远东的利益造成过致命打击，所以，英国对日本经济、军事能力的复活心有余悸。英国对日媾和的主要动机是通过和约获取日本的战争赔款，限制日本造舰能力和工业生产能力，防止日本产品流向英国的传统市场东南亚地区。从政治上讲，英国国内对日本的恶感并未消失，特别是对日本战时虐待英国战俘的行径记忆犹新，无法很快认同美国

---

① William Stueck, "Limits of Influence: British Policy and American Expansion of the War in Korea", *Pacific Historical Review*, Vol. 55, No. 1 (1986), p. 66.

② *DBPO*, Series 2, Vol. 2, No. 85i; Series 2, Vol. 4, p. 313.

③ Michael F. Hopkins, *Oliver Franks and the Truman Administration: Anglo-American Relations, 1948-1952*, London: FRANK CASS PUBLISHERS, 2003, p. 144.

④ Peter Lowe, *Containing the Cold War in Far East: British Policies towards Japan, China and Korea, 1948-1953*, Manchester University Press, 1997, p. 21.

⑤ *DBPO*, Series 2, Vol. 4, p. 121.

主张对日宽容、扶植的立场。而且，在英国早期的媾和决策中，英联邦国家的立场是非常重要的制约因素，因当时以澳大利亚和新西兰为代表的一些英联邦国家对日本的潜在威胁的疑惧仍然超过对共产主义扩张的担忧。① 在实际运作的过程中，根据 1950 年 1 月英联邦外长科伦坡会议的精神，英联邦国家组建了一个直属英联邦高级专员委员会领导的专门机构——对日和约工作组，负责研究对日媾和相关问题，协调英联邦国家的立场。由外交部远东事务助理次官丹尼牵头。② 所以对日媾和决策需经英联邦国家集体讨论才能决定。英国的政策很大程度上要受英联邦其他国家的制约。

早在 1947 年 8、9 月的英联邦堪培拉会议上，英国就正式提出了对日媾和方案，内容包括：政治上，清除日本政府中的军国主义分子，解散极端民族主义团体；经济上，禁止日本战争工业生产，限制具有战争潜力的日本工业生产规模，管制日本进口；军事上，禁止日本重整军备。英国还主张所有对太平洋战争的胜利做出直接贡献的联合国成员国都应参加对日媾和。③ 在 1949 年底英国联合计划署向参谋长委员会提交的报告中，也有防止任何国家利用日本的潜力向着反对英联邦的方向发展，主张采取行动避免日本军国主义复活、一旦发生冲突或冲突威胁时允许西方国家利用日本作为基地等方面的内容。直到 1950 年 1 月英联邦外长在锡兰（今斯里兰卡）科伦坡会议上，贝文仍警告"不要对日本向民主程序转变寄

① Peter Lowe, *Containing the Cold War in East Asia: British Policies towards Japan, China and Korea, 1948-1953*, Manchester University Press, 1997, pp. 21-22.

② Commonwealth Working Party on Japanese Peace Treaty, 1-17 May 1950, FO371/83832/105, PRO, London; *DBPO*, Series 2, Vol. 2, No. 85i; Series 2, Vol. 4, p. 313.

③ *DBPO*, Series 2, Vol. 4, p. 313; Gordon Greenwood, *Approaches to Asia: Australian Postwar Policies and Attitudes*, New York: McGraw-Hill Book Co., 1994, pp. 203-204; Trotter Ann, *New Zealand and Japan, 1945-1952: The Occupation and the Peace Treaty*, London: The Anthlone Press, 1990, p. 105. 转引自赵爱伦：《英国对日媾和政策形成史论》，《哈尔滨工业大学学报》（社会科学版），2003 年第 2 期，第 70、71 页。

予过高的希望，尽管已经实现了一些实质性的进步”①。很显然，英国最初的媾和方案所依据的原则是和盟国战时约定的基本原则一致的，是一个致力于严惩日本、同时确保日本不对英国的远东利益构成威胁、所有对日作战的国家均参与的全面对日媾和方案，

但是随着冷战形势的发展，英国对日媾和政策也在发生变化。不过受英国国内和英联邦范围内各种因素的制约，英国立场的转变也并不顺利。1950 年 5 月，伦敦英联邦国家对日和约工作组会议召开，重点讨论日本的安全保障及重整军备问题。英国在会上除了主张完成日本的非军事化，采取措施防范日本军国主义复活，督促日本今后采取和平政策，防止日本经济潜力被苏联控制外，正式提出了保持日本经济自立，通过由参与和会的国际的多边保证或者日美之间签订一个双边防御条约来使日本拥有“抵御外部进攻的自卫能力”的主张，但遭到英联邦其他成员国的反对。英联邦成员国极力主张削减日本的商船建造能力；要求日本必须遵循国际公认的商业准则；日本的海外资产必须进一步加以调查；日本的黄金存款可以用来赔偿；对日本财阀的重现表示忧虑；要求仿照对意大利和约的做法，在和约中写进“日本军国主义政权对发动太平洋战争负有责任”的战争罪条款，对是否需要在条约实施后的时期内成立一个监控机构也进行了讨论。由于英联邦成员国没能就日本重整军备问题及如何有效控制日本军国主义的问题达成共识，会议的基本倾向还是对日本军国主义的复活保持戒心并主张加以控制，要求日本承担战争责任，主张“限制日本纺织业的规模，取缔日本超过正常需要的造船能力，对日本进行严格的监督”；坚持惩罚性赔偿政策等。不过，在中国参与对日媾和的问题上，英联邦国家没有意见分歧，均主张“北京政府拥有参加对日媾和会议的代表权”②。

---

① Peter Lowe, *Containing the Cold War in East Asia: British Policies towards Japan, China and Korea, 1948-1953*, Manchester University Press, 1997, p. 21.

② Commonwealth Working Party on Japanese Peace Treaty, 1-17 May 1950, FO371/83832/105, PRO, London; *DBPO*, Series 2, Vol. 2, No. 85i; Series 2, Vol. 4, p. 313; Peter Lowe, *Containing the Cold War in Far East: British Policies towards Japan, China and Korea, 1948-1953*, Manchester University Press, 1997, pp. 29-30；赵爱伦：《英国对日媾和政策形成史论》，《哈尔滨工业大学学报》（社会科学版）2003 年第 2 期，第 71 页。

1951年1月2日，英国各部大臣会议准备了三份文件，即C. P.（50）318、322和323。基本精神为：第一，对日和约将是非限制性的；第二，为了阻止日本训练有素的人力和工业生产能力转变成潜在的侵略，必须在日美防御条约的前提下允许其重新武装；第三，英国政府不要求将责成日本政府赔偿其侵略给他国造成的财产损失、破坏或人身伤害、折磨和死亡的条款写进和约。此外，大臣们表示在适当的时候给予中华人民共和国参与对日媾和的机会。①

1月9日，英联邦国家首脑在伦敦开会讨论这一问题。由于内部意见分歧，讨论没有结果。尽管与会者一致认为需要尽早缔约，但除了加拿大和南非之外，几乎没有人同意亚洲最直接的威胁是共产主义而不是日本侵略的复活这种观点。澳大利亚和新西兰继续坚持和约必须对日本的工业和重新武装加以严格的限制。澳大利亚的立场可以归结为："反对日本军事复活，不同意日本的无限制武装，不准备依靠日本作为民主国家的盟友，需要建立针对日本未来侵略的安全保障。"新西兰的立场和澳大利亚的相似，认为日本有限的重新武装虽是必不可少的，但是必须限定在必要的陆军力量方面，对海军和空军力量要严加限制。印度、巴基斯坦和锡兰（斯里兰卡）赞成缔结一个宽大的条约。尼赫鲁认为日本的重新武装和美国对日本的安全保障都不会奏效，只会招致进攻。他还认为在实施控制的同时交还其主权是不切实际的，（不彻底）的折中办法也是行不通的，比较可行的是控制对日原料供应，对日本的军事力量实现间接限制要优于直接限制。加拿大赞同英国的立场，倾向于通过限制原料供给来处理日本的造船业。南非因为地理上的原因而表现出一种超然态度，主要目的是要阻止日本落入苏联的轨道。英国首相艾德礼认为日本的军事力量依赖于获取朝鲜和中国东北的原料，因为这些资源不再可能获得，所以日本军事威胁的可能性很小。和以前的历次会议一样，尽管英联邦国家在是否需要签署一个对日非限制性条约以及日本的重新武装方面存在意见分歧，但在中

① *DBPO*, Series 2, Vol. 4, pp. 314-315.

国签约权问题上的立场非常一致，认为“苏联和中国都必须被邀请参与和约的起草，但是，如果必要的话，也赞成没有他们参加的尽早缔约”①。

总的看来，在美英对日媾和谈判正式启动之前，英国在主张一个宽松的对日和约，在日美防御条约的框架下允许日本有限地武装，放宽对日的赔偿要求等方面在向美国的目标靠拢。但出于自身利益考虑和受制于英联邦其他成员国的压力，英国仍在很多问题上与美国存在重大分歧。杜勒斯把美英之间的分歧分成这样几个方面：日本的造船能力、恢复盟国在日财产和战争罪条款，② 尤其在究竟谁将代表中国签署对日媾和条约问题上，美英立场严重对立。

美国政府关于中国签约权问题的立场与美国在远东的冷战需要密切相关。朝鲜战争爆发后，美国对华政策已转向全面敌视。在对日媾和这样一个牵动亚洲、太平洋地区和平与安全的重大问题上，美国更是从遏制中、苏的冷战需要出发，全力支持台湾国民党当局的签约权而阻止新中国参与媾和。美国希望借此斩断日本与中国大陆由来已久的经济、政治和文化联系，达到既孤立和封锁新中国，又使日本免受中国共产主义的渗透与控制，将日本的传统贸易对象由中国大陆转向台湾和东南亚地区，从而将日本纳入美国主导下的西方政治经济体制的目的。同时，美国也希望解决日本与中国大陆隔绝后的资源、产品和投资的市场问题，缓解美国振兴日本经济的后顾之忧。然而，美国要排斥新中国参与对日和约，难度很大。

难题之一，是绝大多数对日作战国家都反对台湾国民党当局的签约权。这其中不仅有在外长委员会和远东委员会中都有否决权的苏联和英国，还有在远东委员会中占多数的其他英联邦成员国和西

---

① *DBPO*, Series 2, Vol. 4, p. 315; Minutes of Commonweath Ministers Meeting, PMM(51)6,9 January 1951, Cab133/90, Minutes of Commonweath Ministers Meeting, PMM(51)6,9 January 1951, Cab133/90, Quoted in Peter Lowe, *Containing Cold War in the East Asia: British Policies towards Japan, China and Korea, 1948-1953*, Manchester University Press, 1997, pp. 34-35.

② Peter Lowe, *Containing Cold War in the East Asia: British Policies towards Japan, China and Korea, 1948-1953*, Manchester University Press, 1997, pp. 39-40.

欧国家。不论是根据外长委员会的大国一致原则还是根据远东委员会的多数表决程序，美国要支持国民党的签约权难度极大。对此，美国负责对日媾和事务的特使杜勒斯有非常清醒的认识。早在西方国家尚未就中国签约权问题明确表态之前，杜勒斯就多次对顾维钧说，尽管迄今为止，他们还没有提中国的签约权问题，但他觉得，已经承认中共政权的英国和印度肯定会在一定的时候这样做。……一些国家在以后的场合肯定会提出这个问题。①据杜勒斯自己的说法，“远东委员会除中国以外的12个国家中，提出反对国民党签约的居然有10国之多”。杜勒斯认为这是他近40年的外交生涯中从没有遇到过的难题。② 当然对美国来说，具有决定性影响的还是英国的立场和态度。苏联的反对可以置之不顾，但英国的支持则是绝对必要的。

难题之二，是强行阻断中日间由来已久的经济联系，首先可能使日本的经济发展受到影响，因而可能遭到日本的阻挠，美国也将不得不为之承担高额的援助费用。同时，因为阻断中日贸易的替代方案只能是日本从东南亚获取原材料供给地和产品销售市场，这又严重危及英国在东南亚的传统市场。如果英国支持这一行动，还会恶化与中国的关系，从而使英国在中国的传统利益受到影响，因此，阻断中日贸易联系势必招致英国的强烈反对。③自1947年以来，杜鲁门政府就一直担心日本大规模的对华贸易可能最终使日本与中国共产党亲近，但是由于担心阻断中日贸易可能引起日本经济动荡和英国的抵制，美国迟迟未采取断然措施来对中日间的非战略物资的贸易加以限制。

分析可见，美国要在中国签约权问题上贯彻自己的意图决非易事。解决两大难题的关键都在英国。而且，如前所述，虽然英联邦

---

① 《顾维钧回忆录》第9卷，中国社会科学院近代史研究所译，中华书局1989年版，第41页。

② 《顾维钧回忆录》第9卷，中国社会科学院近代史研究所译，中华书局1989年版，第90页。

③ *FRUS*，1949，Vol. 9，pp. 829-834.

对日和约工作组内部在对日媾和的其他问题上尚存分歧，但一致认为远东委员会成员国均应参加和约的起草工作；认为中国的签约权问题虽然非常棘手，但苏联和中国必须参加，至少在他们明显地表现出与民主国家的立场截然相反之前应邀其参加和约。

为了解决上述难题，杜勒斯一方面坚持未来对日和约草案应以美英联合方案为基础①，另一方面决定在程序问题上做文章以排除苏联的阻挠，争取获得远东委员会多数国家的支持，贯彻美国的意图。这些内容在前文的论述中已充分反映出来。如美国早在1947年就否决了利用外长委员会解决对日媾和问题的方案，坚决主张对日媾和将在远东委员会范围内来考虑，并坚称“任何一国没有永久不变的权力可以否决其他国家和日本缔结和约。”② 显而易见，这是为了撇开苏联拥有否决权的外长委员会表决程序。如在反映美国对日媾和政策目标和思路的国家安全委员会的NSC60/1号文件及作为远东委员会各国非正式双边磋商基础的“美国对日媾和七原则”中，这些考虑体现得更为明确。据此，对日和约参加国被限定为“任何或全部愿在所建议的可能达成协议基础上的对日作战国家”③；媾和方式将是采取与远东委员会那些已得到美国承认的国家进行双边协议，而不是与所有对日作战国家进行的多边会议。为探知他国的意图与反应，“将由国务院通过外交渠道与远东委员会友好国家进行私下的预备性磋商”④。杜鲁门总统在签署国务院和国防部的联合备忘录后又指示，“在有机会对那些非正式磋

① Peter Lowe, *Containing the Cold War in Far East: British Policies towards Japan, China and Korea, 1948-1953*, Manchester University Press, 1997, p. 49.

② 美苏之间关于和约问题的首次会谈在1950年10月底进行。11月份，苏联公布了美国的七点行动方针及苏联对它的质疑，美国国务院随后公布了答复文本，其中非常重要的两点就是：美国不能同意任何一个国家有权力阻止对日媾和；美国不准备阻止日本的重新武装。参见：*DBPO*, Series 2, Vol. 4, p. 314; *FRUS*, 1950, Vol, 6, pp. 1332-1336;《中美关系资料汇编》第2辑上，世界知识出版社1961年版，第359～361页。

③ *FRUS*, 1950, Vol. 6, pp. 1296-1297.

④ *FRUS*, 1950, Vol. 6, p. 1295.

商的结果进行评估之前不拟采取正式的行动”①。

美国政府决定在正式和会之前先进行非正式双边外交磋商，主要意图在于避免多边和会一开始就可能在中国的哪方将出席和会的问题上陷入分裂的局面，同时也为了便于美国施展外交手腕，防止各国联合对美施压。按照国家安全委员会的说法是，“在进入和会前，就能通过外交渠道寻求大多数与会国对美国所期望达到的和约的认同”。② 更重要的是，它一开始就能起到将新中国排斥在外而将国民党政权延揽其中的效果。杜勒斯曾对顾维钧坦言：安排举行双边会谈的程序，就是为了避免讨论这一棘手而又麻烦的问题。③ 英国外交部根据迹象判断，美国政府可能不赞成召开多边和会而主张通过外交途径进行更大范围的磋商，这样就能使它与友好国家在双边基础上进行磋商，就能让俄国在美国所期望的范围内活动，并继续撇开中国中央人民政府。④ 所以，美国官方虽未正式提出国民党的签约权问题，但其支持国民党的意图不言而喻。

1950 年 9 月 14 日，杜鲁门在记者招待会上正式对外宣布，美国政府将在本届联大会期间就对日和约问题与远东委员会成员国代表开始非正式预备会谈。杜勒斯将负责那些双边会谈。9 月 22 日，杜勒斯将预计作为对日和谈基础的“美国对日媾和七原则”交给英国远东事务助理次官丹尼。在征得英联邦各国政府同意后，丹尼交给杜勒斯一份英联邦对日和约工作组的报告的修订本。10 月份，英国政府就“美国对日媾和七原则”在英联邦内部（在官方层面）进行了情况通报。⑤ 随后英国通知美国国务院，英方认为“美国对日媾和七原则”所使用的措辞过于抽象，很难对它做出有价值的评价。

---

① *Public Papers of the Presidents: Harry S. Truman, 1950.* United States Government Priting Office (Washington: GPO), 1965, pp. 637-640.

② *FRUS*, 1949, Vol. 7, p. 730.

③ 《顾维钧回忆录》第 9 卷，中国社会科学院近代史研究所译，中华书局 1989 年版，第 41 页。

④ *DBPO*, Series 2, Vol. 4, p. 316.

⑤ *FRUS*, 1950, Vol. 6, pp. 1296-1297; pp. 1306-1307; *DBPO*, Series 2, Vol. 4, p. 121, note 5.

英方希望美国国务院能对英联邦对日工作组的详细报告文本做出进一步的澄清。但美国国务院一直未对英国的建议做出反应。①

1950年12月美英高层会谈时，英国远东事务助理次官丹尼敦促美国远东事务助理国务卿腊斯克尽快就对日和约问题进行讨论。因为拟于1951年1月召开的伦敦英联邦首相会议将讨论对日和约问题。丹尼询问腊斯克是否可能加快步伐争取和约在1951年完成。腊斯克表示有技术上的困难，美国国务院倾向于一个能在现在和和约缔结期间给予日本很大程度上自主权的安排。丹尼表示其他英联邦成员国肯定不会认同这种做法。②

1951年1月19日，英国新成立的日本和太平洋部的负责人约翰斯顿（L. A. Johanston）按照远东司负责人斯科特（R. H. Scott）的要求准备了一份阐述英国立场的备忘录。该备忘录得到外交部常务次官斯特朗的认可，作为机密文件内部传阅。文件在追溯了对日媾和问题的基本背景后指出，由于美国政府发起的对日媾和谈判看起来进展缓慢，英国各部大臣决定对整个问题进行重新评估。英方认为，必须邀请苏联和中国参加条约的起草工作，同时也表示必要的话“将赞成没有中、苏参与的解决办法，以便尽早缔结和约”。备忘录还综合分析了各种复杂因素，如美国在媾和问题上原地踏步、英联邦内部的意见分歧、苏联对和约的反对，特别是在中国参与媾和问题程序上的难题。最后，备忘录建议英国应在这个问题上采取主动，最好是在征得英联邦各国同意后，赶在美国的政策定型以前，把英国的上述观点尽快告知美国。③ 此后，斯科特在2月10日正式向外交部提出建议，主张英国尽快准备和约草案。他认为“如果美国人在我们的方案提交给他们之前就拿出了他们的方案，我们将会发现再要让他们改变看法，哪怕只是要求对草案观点进行些许修改都非常难办”。外交部采纳了这一建议，同意向美国传递英国的一些想法，认为最好在2月底杜勒斯结束其远东之行后马上

---

① *DBPO*, Series 2, Vol. 4, pp. 313-317.

② *DBPO*, Series 2, Vol. 4, Microfiche 8, No. 88i 8/5-8.

③ *DBPO*, Series 2, Vol. 4, pp. 313-317.

传达出去。①

2月27日，英国外交部致电英国驻美大使弗兰克斯，全面分析了英国在中国签约权问题和台湾问题上面临的形势及可能采取的各种方案，以征求他的看法。关于中国签约权问题，电文写道："考虑到和约讨论的现行进度，在这个意义上与美国接洽已事不宜迟了。"英国外交部的分析可以综合成这样几点：

1. 美国人希望英国采取的立场：a. 不能给苏联或中国或者它们两国一起参与媾和的任何机会；b. 必须避免被杜勒斯称为毒药的中国问题影响到对日媾和问题，导致美英之间的争议；c. 必须向日本显示美英已竭尽所能地争取一个全面的和平解决办法，并尽量避免可能损害对日本与中国大陆的经济关系的非常重要的任何动议，但如果片面和约是唯一的选择的话，应把责任推到中、苏身上。

2. 英国的立场是应该邀请中国参与对日媾和。理由是：a. 如果上述分析可以成立的话，至少也应该给中、苏以拒绝参加和谈的机会；b. 既然杜勒斯事实上在现阶段让苏联政府了解事态的发展，而且英国已承认中华人民共和国，那就必须了解中国的看法；c. 假定（也非常可能）中、苏拒绝的话，邀请其参加就有如下的好处：这将使中国共产党失去指责美英将其排除在和谈之外的借口；可以防止苏联利用美英排斥中国的借口来阻挠程序；将能使日本相信，美英已竭尽所能想通过让中共参加和谈来避免损害日本今后与中国大陆的关系。

3. 对策：a. 如果中共接受邀请，可能会有两种情况：一种是他们可能真心想与美英一道致力于一个建设性的和平建议，这本身将是对美英考虑远东问题一个新的或令人鼓舞的动向；另一种是，他们接受邀请只是为了延迟或扰乱议程，那么美英将针锋相对地予以阻止；b. 如果中共拒绝参加，英国将争取召开多边和会。考虑到其他签约国在"两个中国"问题上的分歧，任何一个中国政府都不要与其他的签约者一起签约，但是必须在一个为中国准备的附加条款中写明，一旦在承认问题上达成一致（或是其他的有着悬而未决效果的方式），中国将签约。但英国无论如何不能同意国民党参与签约，

---

① *DBPO*, Series 2, Vol. 4, p. 317, note 7.

这与英国想让中共参与的目标冲突，而且很可能被日本指责为是企图通过让国民党来签约的方式损害他们同中国大陆的关系。①

3月2日，弗兰克斯复电外交部。他认为，要美国同意邀请中华人民共和国参与媾和就等于是要美国承认新中国，这根本办不到。不如一开始就建议中国国、共双方都不签约，待签约国就哪一方有权签约达成协议后中国再参加。弗兰克斯也不同意让国民党参与媾和，而主张等和约签署后，由日本决定究竟愿意与中国的哪一方签约。②

但英国内阁的态度要比外交部方面积极得多。3月22日，英国内阁会议决定，英国政府应该清楚地向美国政府表明：英国认为应邀请中华人民共和国中央人民政府参与对日媾和的任何谈判。内阁要求外交部目前不要与美国政府讨论如不能邀请中国政府参加时的其他办法。③ 需要补充说明的是，在3月22日英国内阁做出邀请新中国参与对日媾和谈判的决定之时，还做出不惜以推迟媾和来让美国人接受英国在中国问题上的立场的决定。④ 至于其中的原

① *DBPO*, Series 2, Vol. 4, pp. 355-358.

② *DBPO*, Series 2, Vol. 4, p. 358, note 5.

③ *DBPO*, Series 2, Vol. 4, p. 358, note 5.

④ 因为英国首相艾德礼生病的缘故，新任外交大臣莫里逊主持内阁会议。莫里逊对内阁成员讲到美国希望对日媾和能有更快的进展，但是问题在于与中国有关的两个重要的问题必须解决：中共必须参与对日媾和谈判，日本对台湾的主权必须宣布放弃并将其交还给中国。在讨论过程中，一些内阁成员建议尽可能地推迟媾和谈判，主要是担心美国可能会要求台湾国民党当局作为合法(de jure)政府参与媾和，而这样的话可能将导致英国与英联邦的一些成员国及马来亚的华人关系疏远。而且在朝鲜战争尚在进行之际来讨论和约的问题有些困难。加之英联邦国家之间尚未最终达成一致，因此内阁做出进一步推迟媾和的决定。这与英国长期以来一直坚持应尽快媾和的立场不一致，所以美国人非常不快，日本人也指责英国没有能加快进展。莫里逊很快意识到这一点，并在4月2日告诉内阁，这样做是错误的，要求内阁回到尽快完成缔约活动的政策立场。*DBPO*, Series 2, Vol. 4, p. 358, note 5; Cabinet Minutes, 22(51)3, 22 March, 1951, Cab 128/19; Cabinet Minutes, 23(51)7, 2 April, 1951, Cab 128/19, Quoted in Peter Lowe, *Containing the Cold War in Far East: British Policies towards Japan, China and Korea, 1948-1953*, Manchester University Press, 1997, pp. 40-41.

因，根据彼得·洛的分析，是由于在对日媾和问题上，英国内阁政务官和文官之间的分歧所致。以英国外交部为主的文官对美国和麦克阿瑟的驻日盟军总司令部所奉行的对日宽大的政策动向更为了解，认为这实际上已成为1949年以来美国和远东盟军司令部政策的基本特征。尽管英国外交部的官员对日本并不同情，认为占领状态一结束就会出现问题，但是既然美国是支配因素，英国就当做相应调整。除外交大臣外的其他内阁成员均对日本不怀好感，这些人受太平洋战争时期的经历以及日本虐待战俘的影响很深，而且非常重要的原因是，工党内阁非常需要积极的出口驱动来保证国内的充分就业和重振国民经济。由于对日本使用血汗劳工和低工资率而带来的不公平竞争的记忆犹新，内阁较少倾向于宽待日本，认为英国应该有更大的行动自由。此时，在内阁具有强大影响力的外交大臣贝文因身体状况每况愈下，不得不于1951年3月退休，由莫里逊（Herbert Morrison）接替。莫里逊接手之初，对问题影响有限，所以此时内阁层面的政策更多地反映了英国政务官的立场。①3月28日，莫里逊致函弗兰克斯，希望他向美国政府明确转达“英国政府已经决定，中华人民共和国中央人民政府必须被邀请参加缔结对日和约的任何谈判”。“英国政府也认为在对日和约中日本必须宣布放弃对台湾的主权并将其交还给中国”。②

英国在中国签约权问题上与美国所持的不同立场，除了前面各章均已涉及的英国对华政策的诸多考虑外，在这个问题上最根本的原因是英国担心日台签约的后果。从经济角度看，如果台湾国民党政权代表中国签约，日本将和中国大陆进入全面敌视状态，日本和中国大陆传统的贸易联系将会中断，结果将是日本在美国的帮助下进入英国在东南亚的传统市场寻找出路。这样一来，日本将在东南亚地区再次同英国竞争。由于日本能向亚洲市场提供更廉价的纺织品和其他产品，英国在缅甸、泰国、马来亚、印度、巴基斯坦、锡

---

① Peter Lowe, *Containing the Cold War in Far East: British Policies towards Japan, China and Korea, 1948-1953*, Manchester University Press, 1997, pp. 33-34.

② *BDFA*, Part V, Series C, 1951, Vol. 1, p. 75.

兰和印尼等国的贸易地位将受到严重削弱。英国认为重建其经济地位的唯一出路就是不让日本进入东南亚市场，鼓励它同中华人民共和国贸易。就像艾登所说："为了贸易的原因……重要的是，不应该让日本跟着别人对中华人民共和国采取顽固的敌对态度而使它失去这一出路（指中国大陆是日本出口贸易的自然的出路——作者注）。"① 这也正是2月27日备忘录一再强调不能让国民党签约的原因和依据。

综上所述，美英在中国签约权问题上的立场明显对立。美国尽管没有公开宣布支持国民党签约，但它在程序问题上做文章，在媾和过程中私下与国民党的密切接触，其立场已不言而喻。英国已正式决定邀请中华人民共和国中央人民政府参加和谈，即使不能和其他国家一起参加，也可望通过签约国之间的多数决定，再行签约，但绝对不能让国民党"政府"代表中国签约。

第二节 暂时妥协："杜勒斯-莫里逊协议"

1951年3至4月间，美英在中国签约权问题上的矛盾公开化。

此前，美国政府虽于1950年9月14日正式对外宣布开始就对日和约问题与盟国磋商。但是由于美国的媾和原则与绝大多数远东委员会成员国家的目标相距甚远，最初的私下双边交流进展缓慢。日本尚难接受美国要日本重新武装和把它变为美军基地的计划。② 澳大利亚、菲律宾、新西兰等国对日本将放弃赔款、重新武装等内容非常抵触。在说服这些国家之前，美国不愿与英国进行实质性磋商。1951年2月，美国分别与日本、澳大利亚和新西兰就缔结双边、三边安全保障条约问题达成初步协议。美国通过精心设计的《日美安保条约》、《澳新美安全条约》和《美菲共同防卫协定》所组成的安全保障体制消除了这些国家对日本军国主义复活的担

① 《艾登回忆录》(全译本)，上册，世界知识出版社1960年版，第23页。

② 日本政府对日本重新武装的态度及美日交涉参见于群：《美国对日政策研究》，东北师范大学出版社1996年版，第149~160页。

心。2月27日，杜勒斯正式着手对日和约草案的起草工作。3月23日，对日和约起草完毕，并提交英国驻美大使馆。① 3月29日，美国政府将该草案提交远东委员会各成员国讨论。

英联邦内部在中国签约权问题上看法一致，但在对日和约的其他方面存在意见分歧，难以有所作为。直到1月底的英联邦会议后，英国认识到必须赶在美国的草案提出之前，拿出英方的计划，并着手研究具体方案。实际上，此间美英各自都在准备自己截然不同的方案。关于中国签约代表，美国3月23日的草案文本只提在台湾的国民党政权。关于台湾问题，也只提日本放弃台湾、澎湖列岛主权，未提归属。② 英国草案的序言将中国列为"盟国之一"，第23条又特别提到中华人民共和国中央人民政府，第4条规定日本应将台湾归还中国。③ 英国文件草案比美国的文本要长很多。"部分原因是英国基于制定与意大利及其仆从国的条约过程中得到的经验，希望在对日和约中使用更为准确的表述。"英国认为"如果不能提供一个足够准确或者全面的和约形式，结果留下争议将是不合乎自由世界与日本未来关系的利益的；在条约中面对困难和尽可能寻求解决办法要更好一些"。④ 英国外交部常务次官斯特朗认为美国可能不会对英方非常翔实的草案持好感，他们可能更倾向于他们自己草草拟就的方案。但是英国应该争取，尽管英国的方案出

① 该草案是美国在1950年9月至1951年1月期间，根据"美国对日媾和七原则"同澳大利亚、缅甸、加拿大、锡兰、中国(国民党)、法国、印度、印度尼西亚、韩国、荷兰、新西兰、巴基斯坦、菲律宾、英国和苏联交换意见之后形成的。此后，杜鲁门任命杜勒斯率领使团于1月22日出发到日本，在东京与日本政府、政界和民间的领袖及盟国在东京的代表就"美国对日媾和七原则"进行磋商。该使团也访问过菲律宾、澳大利亚和新西兰。美国的草案文件认为，各方对必须尽早缔结和约没有异议，在对日和约应该具有什么样的条款也大致认同，所以"现在该是由总的原则转向实际的文本的讨论"。*BDFA*, Part V, Series C, 1951, Vol. 1, p. 35.

② *FRUS*, 1951, Vol. 6, Part 1, pp. 944-950.

③ 美国国务院：《国务院公告》1951年，第17卷第447~450页，转引自于群：《美国对日政策研究》，东北师范大学出版社1996年版，第163页。

④ *BDFA*, Part V, Series C, 1951, Vol. 1, pp. 35-36.

台比美国晚。①

在美英草案正式交换之前，双方已获悉对方的基本意图。3月5日，反映英国立场、准备提交美国讨论的备忘录基本形成。除了具体的条款外，英国的备忘录表达了这样一些思想，即英国认为媾和的最主要目标是缔造一个拥有稳定的政府、经济上能够自给且热爱和平的日本；英国推测美国的意图是希望通过外交渠道与那些愿意在已经认可的基础上进行谈判的国家进行媾和谈判，各国将作为主要的参与方来磋商对日和约问题；在此基础上英国政府希望了解的是，美国政府是否打算召开一个所有与日本交战的49个国家都会被邀请参加的和会，该多边和会是负责起草最后的和约文本，还是只讨论已经由主要参与方准备好了的和约草案，而具体的和约起草和签署则交由参与方来完成。② 3月12日，该文件被交到了艾奇逊手中。③ 14日，美国国务院进行了回复，表示将在最近的将来和英国就具体方案进行讨论。除认同对日和约的主要目标是缔造一个热爱和平的日本外，美国强调其他的目标也必须确保，诸如日本必须继续和西方世界保持友好联络，日本的军事潜力和人力资源不能被"具有侵略和专制倾向的势力"所利用等。美国国务院认为英国所理解的美国希望通过外交渠道来磋商是正确的，但是表示，美国对完成对日和约的程序问题尚未形成最后的意见，并且在这个时候也不想做出具体的行动方案。④ 当英美方案形成后，双方的正面交涉也就拉开了帷幕。不过3~4月份，美英的意见交换因为英国工党内阁采取了一种比较强硬的路线变得非常困难。

英国人在中国签约权问题上的立场及另拟和约文本的做法令美国人非常不满。3月30日，当英国驻美大使将英国决定邀请中华

① Minute by Strang, 5 April, 1951, FO371/92538/222, Quoted in Peter Lowe, *Containing Cold War in the East Asia: British Policies towards Japan, China and Korea, 1948-1953*, Manchester University Press, 1997, p. 40.

② *BDFA*, Part V, Series C, 1951, Vol. 1, pp. 24-27.

③ *FRUS*, 1951, Vol. 6, pp. 920-926; *DBPO*, Series 2, Vol. 4, p. 317, note 7.

④ *BDFA*, Part V, Series C, 1951, Vol. 1, pp. 27-31; *FRUS*, 1951, Vol. 6, pp. 920-926.

人民共和国参与媾和谈判和要求日本放弃对台湾的主权并将其归还中国的立场通知杜勒斯时，杜勒斯的反应非常强烈。他质问英国人怎么同北京沟通？如何才能避免其阻挠和拖延媾和的危险？至于台湾，他说道：因为该问题现在仍在联大政治委员会的议事日程上，他认为让台湾仍然作为某种程度上的国际考虑是非常重要的，英国的做法会妨碍联合国处理这一问题。①

4月2日晚，艾奇逊在他的寓所与英国驻美大使弗兰克斯进行了一次非正式长谈，对美英最近在远东政策问题上发生的一系列分歧表示不满。他说朝鲜的事态发展使签订对日和约更趋紧迫。他再次质问英国是不是蓄意阻止媾和进程？英国起草和约的替代方案到底用意何在，是不是要扼杀和约？艾奇逊还把这些行动与英国对《澳新美安全条约》的冷淡反应（指条约签署数周后，英国都没有给美国答复）以及在朝鲜问题上与美国唱对台戏联系在一起，对英国的行为大加指责。弗兰克斯解释说英国并没有想背后另搞一套，英国提出自己的看法也很自然，只是双方需要协商交流。②

对于杜勒斯质疑怎样邀请中华人民共和国中央人民政府代表的问题，英方也非常认真地准备了对策。英方的初步考虑是，应该和其他盟国一视同仁，也就是将美国的草案也提交给中华人民共和国中央人民政府，并请他们发表意见。但是问题可能在于需要寻找合适的中间人来做这件事。英方认为有如下几种可能性：一是由英国充当这种角色。这样做的好处是：英国“能作为美国的在华利益的发言人”，这也是和中国政府开始建立某种有用的关系的方式；弊病在于：由于英美在对日媾和问题上关系过于密切，可能引起中国人极大的疑虑，以为英国就是美国的帮凶，布置好了陷阱让他们去钻，这只会恶化英国同中国的关系而不会有什么实际的结果。况且，由于英国与英联邦国家和美国之间有一份草案作为非正式的工

① *BDFA*, Part V, Series C, 1951, Vol. 1, pp. 76-78; *FRUS*, 1951, Vol. 6, Part 1, p. 953, notes 1-2.

② *DBPO*, Series 2, Vol. 4, pp. 395-396; *BDFA*, Part V, Series C, 1951, Vol. 1, p. 80; *FRUS*, 1951, Vol. 6, Part 1, pp. 964-965, note 1.

作文件在传阅，这种状态不适合对苏联公布。如果英国充当中间人向中国传递美国的草案的话，英国就没有合适的理由不把这份在英国看来不宜让苏联人了解的草案也提交给苏联人。二是由印度出面。英国认为通过印度大使转交可能较少地引起中国人的怀疑，但是又认为给予印度一个机会去采取一种其他英联邦国家未必会认同的方式可能会被认为是不明智的，只能使问题更加复杂化。三是由瑞典、瑞士或者丹麦这些国家中的某个国家作为中间人。这种途径相对于英国或者印度而言，有一种超然于和约之外的优势。比较而言，英国认为瑞典是比较好的选择，如果瑞典不能担当这种角色，将由丹麦来做。四是由美国政府请苏联出面把美国草案的副本交给中华人民共和国中央人民政府。如果苏联拒绝，那么中国被排斥于和会之外的责任就不在西方一边。英国外交部还试图说服美国，将草案文本交给中国将减缓这一草案只是美国的草案的事实，并突出美国国务院旨在说明的"该草案不仅是全面的，而且是好几个国家的政府密切协商的结果"。至于如何避免新中国可能阻挠和延迟媾和的问题，英方认为可以和处理苏联问题同样对待，诸如在不同时期只给予中国有限的时间来对和约草案发表意见；中国发表的意见都将得到适当的考虑，但是决不能以牺牲整个议程的正常进行为代价，这也是美国政府宣布的对苏联的政策。英国外交部认为"就可以预见的情况看，与中国协商可能带来的阻挠和延迟谈判的危险不会超过与苏联人咨询带来的麻烦"①。

英国新任外交大臣莫里逊也试图通过弗兰克斯向艾奇逊表明，英国绝对没有另搞一套。远东问题一直是美英关注的问题，而且双方为此一直保持着密切协商。在英国看来，如果说有什么缺乏协商的地方，那么问题更多地出在美国一方。莫里逊还悉数列举了美国拖延对日媾和的各种例证，旨在表明，在对日和约问题上，是英国在不断敦促要尽早媾和而美国在拖延。而在《澳新美安全条约》问题上，英国虽为拖延了答复而表示抱歉，但是认为它确实给英国

① *BDFA*, Part V, Series C, 1951, Vol. 1, pp. 76-78; *FRUS*, 1951, Vol. 6, Part 1, p. 953, notes 1-2.

处理这一问题带来了一些难题，因为需要英联邦内高层协商，而且对英国来说，这一条约来的不是时候，但英国没有险恶用心。英国真心希望能有益于和有助于澳大利亚和新西兰获得他们寄予厚望的美国的安全保障。至于朝鲜问题，英国只是致力于朝鲜问题的解决，试图对美国要么在朝鲜更大规模的卷入、要么撤出这个国家这两种极端想法给予一些适度的影响。①

英国所作的这些解释并不能让杜勒斯满意。4 月 5 日，在和弗兰克斯的会谈中，杜勒斯再次指责英国在对日和约问题上玩拖延术，认为英国主张邀请中共参与媾和和把台湾归还中国就是这种拖延术的典型例证。如果英国继续坚持这一立场，只能阻碍和约的进展。在太平洋岛屿安全的问题上，英国也是一拖再拖，延迟长达六周之久未予回应。杜勒斯进一步指出，美国已经不遗余力让英国全面而充分地了解美国的一切行动，在对日媾和谈判中，英国是美国第一个磋商的国家，而且在美国的草案中，有好几处采纳了英国的意见且进行了重大的修改。“美国已做到仁至义尽，该由英国用行动来证明希望同我们合作的诚意。”在弗兰克斯做过解释后，杜勒斯又旧事重提，质问英国怎样邀请新中国参加，而且反问英国为什么不按《开罗宣言》的措辞，把台湾交还给“中华民国”。② 4 月 6 日，杜勒斯再次召见弗兰克斯，除明确反对邀请中华人民共和国代表、指责英国现在又在媾和道路上平添障碍外，还暗示说他在考虑抛开英国与日本单方面媾和的可能性。③

尽管面临美国的巨大压力，英国并不准备在新中国参与对日媾和问题上改变立场。英国草案在 4 月 7 日完成后于 4 月 9 日正式提交给美国和加拿大、澳大利亚、新西兰、南非、印度、巴基斯坦和锡兰等英联邦国家讨论，并准备随后不久征求法国和荷兰的意见。

① *BDFA*, Part V, Series C, 1951, Vol. 1, pp. 80-81.

② *FRUS*, 1951, Vol. 6, Part 1, pp. 964-967.

③ Washington to FO, 6 April, 1951, FO371/92538/227, PRO, London.

4月11日，美英双方正式对外宣布各自的立场。① 在4月9日英国提交方案后，杜勒斯紧急召集部下会商，建议立即召见日本首相吉田茂，准备让日本担起更大的责任，甚至准备同日本探讨，如果没有英国参加的可能性。只是由于驻日盟军的政治顾问认为这样可能会吓坏日本人，而且同英国人也并没有完全陷入僵局。杜勒斯才打消了这一念头。②

4月下旬和5月初，美英双方在华盛顿就两国方案进行讨论，中国问题因为过于复杂而被暂时搁置。除了中国问题外，当时还有其他一些问题阻碍美英会谈取得进展，如刚果盆地条约和总的经济关系问题、对日本在中立国和前敌国的财产、债务的处理问题等。由于英国对台湾、南极洲、琉球群岛、战俘的命运、联合国的财产、日本在中立国和前敌国的黄金储备和资产等问题上均持保留态度，美国作出了一些让步，同意日本放弃其在已宣布放弃的领土上的权益。在刚果盆地条约、债务、战争条款和德国在日本财产的处理问题上美国不肯妥协，英美华盛顿会谈并未消除分歧。③

由于美英之间在华盛顿的交涉毫无进展，此时有关英联邦国家的立场有诸多猜测。有报道说，英、印两国政府一直在积极联合对日和约的有关各国，特别是英联邦成员国来支持它们的立场。英国驻华盛顿大使甚至明确表示如果美国坚持邀请台湾国民党当局参与对日媾和，英国、印度以及其他英联邦国家的政府将断然拒绝参加拟议中的和约。④

鉴于英国坚持邀请中华人民共和国，特别是坚决不接受台湾国

---

① 参见1951年4月11日《英国外交部关于英国已通知美国认为新中国必须参加对日和约谈判的声明》,《中美关系资料汇编》第2辑上,世界知识出版社1961年版,第419页;《顾维钧回忆录》第9卷,中国社会科学院近代史研究所译,中华书局1989年版,第66页。

② *FRUS*, 1951, Vol. 6, Part 1, pp. 967-968; pp. 979-982.

③ Peter Lowe, *Containing Cold War in the East Asia: British Policies towards Japan, China and Korea, 1948-1953*, Manchester University Press, 1997, pp. 43-44.

④ 《顾维钧回忆录》第9卷,中国社会科学院近代史研究所译,中华书局1989年版,第81页。

民党当局代表中国的立场，考虑到直接由台湾国民党当局与其他盟国同时签字或随后签字可能遭到西欧与英联邦国家，甚至包括当时仍然承认台湾国民党当局的加拿大、澳大利亚和新西兰的反对，难度比较大，杜勒斯做好了应对之策。他的主要考虑就是：争取让英国接受中国国共双方都不参加旧金山和会，留待和约签字后让日本人自己去处理。这首先需要得到日本的承诺。为此，杜勒斯通过驻日盟军总司令部顾问西博尔德（Sebald）向日本首相吉田茂转达了他的想法。5 月 19 日，杜勒斯得到了吉田茂的保证，即日本在任何情况下都不愿意同中国共产党政府签约，而希望同台湾国民党当局媾和，并将尽可能促成“国民党政府”与其他盟国同时签字，万一不行，就推后签字。① 杜勒斯还选择了以解决安全问题为突破口，与澳大利亚和新西兰进行了缔结防务协定的谈判，做出澳、新一旦遭到日本进攻时美国立即给予援助的保证，换取了澳、新对美国方案的支持。又以同意老挝和柬埔寨亲法政府及越南保大政权参加签署和约、制止日本在印度支那倾销商品并赞成日本向印度支那进行劳务赔偿为诱饵，使法国声明支持美国方案。②

为软化英国的立场，杜勒斯提议以美英联合提案的形式向其他国家提供讨论框架以提升英国的地位，旨在迎合英国新任外交大臣莫里逊希望消除英国在《澳新美安全条约》中被排除在外的消极影响，以提高英国和莫里逊个人地位的想法。③ 在中国签约权问题上，杜勒斯试图通过暂时搁置台湾国民党当局的签约权以换取英国不支持新中国对日媾和，并准备在 6 月初访问伦敦，说服英国。

在美英 6 月初的正式讨论之前，英国内阁于 5 月 29 日开会讨论相关事宜。讨论主要集中在日本重新武装的问题上。内阁经过激烈讨论后，同意日本部分武装，然而，内阁认为外交大臣在随后同

---

① *FRUS*, 1951, Vol. 6, p. 1045; p. 1050; 刘同舜、高文凡主编:《战后世界历史长编》第 6 册，上海人民出版社 1985 年版，第 397 页。

② 赵爱伦:《英国对日媾和政策形成史论》,《哈尔滨工业大学学报》(社会科学版) 2003 年第 5 卷,第 2 期,第 72 页。

③ Peter Lowe, *Containing Cold War in the East Asia: British Policies towards Japan, China and Korea, 1948-1953*, Manchester University Press, 1997, p. 49.

杜勒斯的谈判中必须尽最大努力确保那些对日本重新武装加以限制的条款在和约中得到体现。如果这一点还做不到，就告诫杜勒斯，和约不得提及日本重新武装的主权问题。至于日本的运输能力问题，莫里逊表示杜鲁门政府总体上同意英国的观点，即日本必须自愿限制其造船能力，这将会在他同杜勒斯的会谈中加以遵循，但其他一些内阁成员希望在和约中限制日本的造船能力，主要是担心英国造船业界的反应，而且也有先例可循，就是意大利和德国的造船业战后都受到了限制。不过大多数人倾向于在和约框架之外来讨论这个问题，认为这样比较容易被日本接受。至于琉球群岛问题，内阁希望条约中应包括日本放弃对该岛的主权。英国财政大臣盖茨克尔批评英国在日本黄金储备问题上对美国的让步过早。此外，贸易委员会主席肖克罗斯爵士（Sir Hartley shawcross）提到了刚果盆地条约及盟国在日本财产问题的重要性，他非常希望正式终止日本通过该条约获得的最惠国待遇。不然的话，“日本低价棉织品将会潮水般地涌进条约惠及地区的市场，从而损害英国的棉织业”。英联邦关系大臣沃尔克（Patrick Gordon Walker）提请内阁注意印度有关中国的立场，认为印度可能建议就和约草案与中共交换意见。①

6月2日，杜勒斯正式开始与英方代表会谈，英方负责谈判的是新任外交大臣莫里逊和主张对美采取强硬立场的外交部国务大臣肯尼思·扬格。

在中国签约权问题上，英美一开始就相持不下。6月4日，当莫里逊表示英国内阁不会考虑让台湾国民党当局签约的立场时，杜勒斯提议让中国国共双方代表各自控制的地区签字，遭到了英国的反对。②

---

① Cabnet Minutes, 38(51)2, 29 May, 1951, Cab 128/19; Peter Lowe, *Containing Cold War in the East Asia: British Policies towards Japan, China and Korea, 1948-1953*, Manchester University Press, 1997, pp. 49-51.

② Record of Meeting between Morrison and Dules, 4 June, 1951, FO371/92553/498, PRO, Londoni. 关于杜勒斯伦敦会议的美方记录参见：*FRUS*, 1951, Vol. 6, pp. 1103-1104. 美英和约修订草案参见：*FRUS* 1951, Vol. 6 pp. 1119-1133; Peter Lowe, *Containing Cold War in the East Asia: British Policies towards Japan, China and Korea, 1948-1953*, Manchester University Press, 1997, pp. 51-52.

6月5日，扬格提议，中国的任何一方都不参加和约的讨论，但在和约的附加条款中规定，一旦多数签约国就哪一个“中国”政府代表中国取得一致意见时，该政府便可签约。扬格还特意提到这个必要的多数就是远东委员会成员加上战败国日本在内的十四个国家中的三分之二。扬格认为，杜勒斯建议的中国国共双方都参与签约的方案将导致严重的困难，因为英国工党决不会签署一个让台湾国民党当局也参与签署的和约，而且让日本政府签署一个会损害日本今后与中国大陆关系的条约也是不公平的。英国外交部其实非常清楚，杜勒斯有关邀请“两个中国政府”都参与签约的结果是国民党将会接受任何邀请，而中共肯定会拒绝这类邀请，因此，美国的用意显然是要把台湾国民党当局拉进去而将新中国拒之门外。如果英国允许这样的条约，将会导致对国民党在台湾的统治事实上的承认，既与英国对中华人民共和国承认的立场不符，也将导致大部分亚洲国家，可能还有其他国家拒绝签约。杜勒斯考虑到远东委员会中有六个英联邦国家，再加上苏联和亚洲的一些国家，很容易形成支持中共的三分之二多数，因而表示不能同意英国的折中方案。而且杜勒斯提议邀请中国国共双方参与签约不过是给英国人设置的一个外交难题，于是他便以美国国内政治状况为由，表示美国接受中国国共双方签约也存在困难。进而提出：在他看来，现有各种可能中只有中国不参与签约才是可行的；所拟签订的和约应是一系列双边条约构成的条约集而不是一个多边条约，也就是说是由各国政府而不是出席和会的代表来批准通过一个多边协定，这样做的目的就是便于今后日本政府有权决定与中国的哪一方签约。杜勒斯还一再表示，他理解英国的特殊地位，无意迫使英国来承认国民党政权。但他担心美国国内公众舆论的不理智状态，不想让和约在参议院受阻。① 6月6日，杜勒斯交给扬格一个处理中国签约权问题的备忘录，正式提议中国国共双方都不出席和会，反对任何附加条

① Record of Meeting Held in House of Commons, 5 June, 1951, FO371/92554/513, PRO, London; *FRUS*, 1951, Vol. 6, pp. 1106-1107.

款。杜勒斯认为附加条款会限制日本的主权。①

6月7日，英国内阁审议双方会谈的进展情况。内阁认为，当日本还处于美国的监护之下时，由日本来选择与中国的哪一方缔结和约，其结果极有可能是选择国民党。所以内阁建议应继续向美国政府施加压力，使其接受英国的折中方案，即暂时中止由何方参与签约的讨论，争取在和约中列入限制日本与中国缔结和约的权利条款，使日本的选择建立在和约签署国就中国签约权问题达成较为一致的意见基础之上。②

8日，莫里逊求见杜勒斯，向他解释内阁的立场，即英国接受杜勒斯提议的中国国共双方都不参与签约的提议，但要求附加一条，即如果没有主要成员国三分之二多数的同意，任何一个“中国政府”都不能参与签约。杜勒斯再次以这种附加条款会损害日本主权为由加以反对，他一方面安抚英国人说，日本不可能与国民党政权签约，另一方面暗示，他不愿接受超出美国国内政治容忍限度的提案。随后，英国外交部其他官员及首相艾德礼本人都向杜勒斯陈情，但杜勒斯坚持不让步。杜勒斯声称：既然和约恢复了日本的完全主权，日本就不应被置于由其他国家来决定它与中国关系的境地。如果对日和约中包括这样的条款，美国国内的共和党反对派将不会让它在参议院获通过；而如果和约在参议院被否决，将会产生极为困难的局面。在杜勒斯的强辩下，“尽管艾德礼看起来好像并未被说服，但他说他将和内阁再次讨论此事，而外交部的官员从莫里逊、扬格、丹尼等看来都被美国说服了”③。之后杜勒斯便终止伦敦之行前往巴黎。临行前他对艾德礼表示，如果英国内阁不同意他的立场，他将不再返回伦敦。

---

① Record of Meeting, 6 June, 1951, FO371/92554/514, PRO, London; Peter Lowe, *Containing Cold War in the East Asia: British Policies towards Japan, China and Korea, 1948-1953*, Manchester University Press, 1997, p. 53; *FRUS*, 1951, Vol. 6, pp. 1107-1108.

② Cabinet Minutes, 7 June, 1951, CM41(51)1, Cab 128/19, PRO, London.

③ *FRUS*, 1951, Vol. 6, Part 1, pp. 1109-1110; Record of Meeting Held in Foreign Office, 8 June, 1951, FO371/92556/547, PRO, London.

6月11日，英国内阁再次开会讨论这一难题。会上，莫里逊担心协议受阻，极力主张向杜勒斯妥协。他认为，杜勒斯在美国国会内的确面临共和党的压力，如果中国签约权问题不能加以解决，将使美英分裂，带来更严重的后果；如果英国在这个问题上让步的话，作为补偿，美国人可能会满足英国的其他要求，如同意剥夺日本人在刚果盆地条约下享有的权益等。其他主张向杜勒斯妥协的内阁成员所持的理由是，让日本受美国的影响总比受苏联的影响要好；日本将需要从其他国家获取原料，那么这些国家以后都可以对它施加影响。甚至有人提出，日本可能不一定承认国民党当局，理由是日本长远的经济考虑将促使它与北京和解，至少也会实行“等距离外交”，即既承认大陆的共产党，也承认台湾的国民党。反对向杜勒斯妥协的一些内阁成员则认为，处于美国保护下的日本无疑会承认在台湾的国民党当局，支持向这种方向发展的条约易遭诟病。内阁对美国在日本黄金储备的立场也不满意，认为不好向英国公众交待。最后内阁决定：让莫里逊与杜勒斯再谈一次。如果杜勒斯不让步，英国就不再反对。① 14日，杜勒斯同意让日本放弃在刚果盆地条约中的特权，其他一些小的问题已经解决或正在考虑之中。考虑到日本经济的恢复，美国不同意日本在黄金储备问题上对英国做出让步。于是莫里逊和财政大臣盖茨克尔都表示接受美国的立场，从而达成了“杜勒斯—莫里逊协议。”② 内阁也投票通过了这一妥协方案。

伦敦会谈结束后，美英双方将“杜勒斯—莫里逊协议”的精神于6月19日以英美联合声明的形式对外公布，即中国国共双方的任何一方都不参加多边对日和会，日本未来对华态度将由日本自

---

① Cabinet Papers (51)158, Memorandum of Secretary of State for Foreign Affairs on Japanese Peace Treaty ; Chinese Participation, 9 June, 1951; Cabinet Minutes, 42 (51) 1, June 11, 1951, Cab 128/19, PRO, London.

② Cabinet Minutes, 43(51)3, 14 June, 1951, Cab128/19, PRO, London; Peter Lowe, *Containing the Cold War in East Asia: British Policies towards Japan, China and Korea, 1948-1953*, Manchester University Press, 1997, p. 57.

已依据和约所赋予的主权和独立来确定。① 兹后美英联合对日和约草案于7月份提交盟国讨论。②

“杜勒斯—莫里逊协议”使美英围绕中国签约权问题的争议暂时告一段落。从表面上看，双方互有让步，但实际上英国所做的让步是决定性的。杜勒斯对国民党的“驻美大使”顾维钧说：“杜勒斯—莫里逊协议为国民政府与日本签订和约铺平了道路。这就意味着日本不会再和大陆上的中共签约，多边和约也能签订，从而排除了英国的反对。”杜勒斯补充说：“要英国签订条约意义重大，因为它是英联邦的领袖，换句话说，英国一旦签约，英联邦各成员国必将亦步亦趋。”③

杜勒斯从伦敦返回后，马不停蹄地拜见了共和党参议员威廉·诺兰、罗伯特·塔夫脱及其他一些亲蒋人士，旨在消除因为置国民党于对日和会之外而可能引起的国会内外亲蒋人士的喧嚣。之后，他频繁会见国民党“驻美大使”顾维钧，劝其接受杜勒斯—莫里逊协议。杜勒斯一方面向国民党施加压力，多次毫不隐晦地说国民党的国际地位虚弱，只是由于美国的扶助，才得以勉强支撑。他威胁说，如果和约失败，国民党将承担主要责任。另一方面杜勒斯也安抚国民党，表示即使在和约生效之后，美国也有办法制约日本人，而且还因为摆脱了其他国家的束缚，会比以前更加运用自如。他还违反杜勒斯—莫里逊协议精神，答应中日和约的谈判将在对日多边和约的签署和生效之间而不是其后。④ 台湾当局在作了多次反对美英立场的徒劳抗争后，最终接受了被排斥于和会之外的现实，转而希望美国压服日本选择与国民党当局谈判。这样旧金山对日片

---

① *BDFA*, Part V, Series C, 1951, Vol. 1, pp. 103-105; *FRUS*, 1951, Vol. 6, p. 1134.

② James Cotton and Ian Nerry, *The Korean War in History*, Manchester University Press, 1989, p. 171.

③ 《顾维钧回忆录》第9卷，中国社会科学院近代史研究所译，中华书局1989年版，第122页。

④ 《顾维钧回忆录》第9卷，中国社会科学院近代史研究所译，中华书局1989年版，第118、206、256页。

面媾和的主要障碍得以排除。

1951年9月4~8日，旧金山对日和会召开。中国大陆和台湾方面均未与会。尽管有苏联、东欧国家的强烈反对及印度的抵制，片面的旧金山对日和约还是按照美英等西方国家既定的程序顺利签署。

第三节　美英纷争再起与互不相让

旧金山对日和会后，美英关于中国签约权问题的争议转向如何理解和执行“杜勒斯—莫里逊协议”的问题上来。杜勒斯坚持认为，旧金山和约一经签署，日本便成为“自主和独立”的国家，就有权做出与台湾签约的选择。但他非常清楚，如果放手让日本选择，日本不会选择台湾国民党当局。而且英国人还暗中希望能改变日本的态度，力促其与中国大陆方面签约。如果得不到日本与蒋介石签约的保证，参议院的亲蒋反共势力就不会让和约生效，因此，杜勒斯根本不会坐等和约生效后由日本自主选择与中国的哪一方签约。英国内阁接受“杜勒斯—莫里逊协议”的原因既是屈于美国的高压，也是心存侥幸，以为凭借英国的影响力，特别是日本与中国大陆的利益关系，可能会使日本至少与中国大陆和台湾保持等距离接触，而不是像美国所期望的那样完全倒向台湾一边。“杜勒斯—莫里逊协议”达成后，英国外交努力的重点是要求美国恪守“杜勒斯—莫里逊协议”，即“在和约生效之前，日本不得做出任何决定，直到它有充分的自由根据自己的意愿选择中国的哪一方”①。英国希望日本在恢复主权和独立之后，能自主选择与中国大陆方面签约，所以莫里逊一再告诫杜勒斯，“杜勒斯—莫里逊协议”意味着在和约生效以前不要有任何使日本对华政策明确化的

① 《顾维钧回忆录》第9卷，中国社会科学院近代史研究所译，中华书局1989年版，第275页；Private Papers of Sir Anthony Eden, FO800/781 FE/52/3, The University of Birmingham; *BDFA*, Part V, Series C, 1951, Vol. 1, pp. 103-105; *FRUS*, 1951, Vol. 6, Part 1, pp. 1343-1344.

行为，不然的话，批准和约将会成为问题。但杜勒斯的回答是，如果什么都不做，和约的批准更是成问题。杜勒斯实际上是以和约要得到参议院批准的政治难度来试探英国，希望莫里逊接受让日本与中国台湾开始谈判的立场。杜勒斯列举了日本可能选择反对中国大陆，而与台湾的国民党当局签约的理由。莫里逊当即表示，英国不反对日本和国民党当局之间的某些政治安排，但强烈反对日本承认国民党当局拥有支配整个中国的合法权益。如果这样一种承认在和约生效以前发生，那英国政府就会被指责上了美国的当。① 英国国务大臣扬格的态度非常强硬，他甚至提议英国推迟对日和约的议会审议，以向日本施加压力，使之不要走向与国民党当局签约。外交部尽管以该提议过于强硬而未予采纳，但总体上赞同日本应在中国大陆和台湾之间采取“等距离外交”。②

1951 年 9 月 12 日，旧金山对日和约签订后不久，美国参议员威廉·诺兰发动 56 名参议员联名写信给杜鲁门，宣称：“在和约提交参议院讨论之前，如果日本承认中共或者与中共进行双边谈判就是对日本和美国人民的利益的背叛。”③ 这无疑是向美国政府施压，除非中日关系的走向首先得到澄清，否则多边和约将难以得到参议院的批准。作为 1919 年巴黎和会的参与者，杜勒斯对威尔逊当年没能让参议院批准《凡尔赛和约》的情形记忆犹新。而作为一个顽固反共的共和党人，他对亲国民党的共和党参议员及麦卡锡主义的活动能量更是了如指掌。在杜勒斯看来，让日本事先明确表态，承认台湾国民党当局作为中国的合法政府鉴约，是确保和约在参议院通过的关键，因此旧金山和约一签署，杜勒斯便立即着手让日本对美国所期望的对中国政策做出正式、明确的承诺。

① *FRUS*, 1951, Vol. 6, pp. 1343-1344.

② Chihiro Hosoya, “Japan, China, the United States and the United Kingdom, 1951-1952: The Case of the ‘Yoshida Letter’”, *International Affairs*, Vol. 60, No. 2 (1984), p. 249.

③ *New York Times*, 13 Sept., 1951, Quoted in Chihiro Hosoya, “Japan, China, the United States and the United Kingdom, 1951-1952: The Case of the ‘Yoshida Letter’”, *International Affairs*, Vol. 60, No. 2 (1984), pp. 251-252.

1951年10月，英国前外交部远东事务助理次官丹尼抵达东京，接任英国驻日本联络代表处的工作。丹尼在外交部是公认的日本问题专家，长期参与对日媾和的决策，此时赴任，旨在加强对日本的影响力。他反对日本与中国台湾的“外交”往来。在会见盟国驻日总司令部高级政治顾问西博尔德时，他曾明确表示，日本与中国台湾达成某种暂时协议以确立贸易关系是可以理解的，但一个正式的条约则是另一回事。①

在这种情况下，日本成为美英双方施压和争取的对象。处在英美双向压力之下的日本，一方面，感到左右为难，因为作为处于美国占领和管制下、靠美国扶植的战败国，它对美国的立场不能违抗，当杜勒斯希望日本倒向中国台湾的时候，日本首相吉田茂曾多次向杜勒斯口头和书面保证，日本无意与中国共产党方面接触，将选择与国民党媾和。也正因为有了这些保证，杜勒斯在6月的伦敦会谈中才做出暂时搁置国民党签约权的妥协方案。但是从切身利益考虑，吉田茂视中国大陆为日本未来有利可图的市场，所以并不愿与中国台湾签约。另一方面，作为一个老练的外交家，吉田茂认为，美英分歧和中国国共内争又给日本向美国和台湾国民党当局施加压力、争取主动提供了契机。在与中国大陆和台湾的关系问题上，他个人倾向于与大陆签约，至少是希望奉行与中国大陆和台湾“等距离外交”。他说：“同台湾友好，促进彼此关系是我的宿愿，但是我也想避免因进一步加深这种关系而否认北京政府。”② 在美英之间，他深切意识到与美国合作的重要性，在与美国采用实用主义合作的同时，应利用英日关系为日本谋求最大的利益。③ 在吉田茂的眼中，战后美国成为西方国家的领袖是理所当然的事情，但是在亚洲，尤其是在中国问题上，仅靠美国显然是不够的，在中国问

① Chihiro Hosoya, “Japan, China, the United States and the United Kingdom, 1951-1952: The Case of the ‘Yoshida Letter’”, *International Affairs*, Vol. 60, No. 2 (1984), pp. 249-250.

② 吉田茂:《十年回忆》第3卷,世界知识出版社1965年版,第43页。

③ Peter Lowe, *Containing the Cold War in East Asia: British Policies towards Japan, China and Korea, 1948-1953*, Manchester University Press, 1997, p. 18.

题上最有经验的日本和英国应该发挥重要的作用。① 另外，日本国内有着要求承认新中国的强烈呼声。作为对国内舆论的反应，1951年10月和11月，吉田茂相继发表了几次令美国大为不安的演说。吉田茂告诉日本国会说，他正考虑在上海设立一个日本海外代理机构，这是日本在共产党控制区所能允许设置的最高的外交机构。在回答国会社会党议员对和约的批评时，吉田茂几次宣布，在承认中华人民共和国的问题上采取等着瞧的政策。他对与国民党的谈判表现得相当冷淡。②

面对参议院的压力、英国对日不断加大的影响力和日本态度的变化，杜勒斯决定双管齐下：一是争取英国在对华问题上接受美国的立场，在这一点上，杜勒斯指望于10月份重返政坛的丘吉尔保守党政府会改变前任工党政府的外交。杜勒斯认为丘吉尔的保守党政府不会像工党政府那样对待中共政府，因为艾德礼和贝文是社会主义者，认为北京政府接近于他们的政治信仰，而丘吉尔和艾登绝不可能抱有同样的感情。③ 二是迫使正日益滑向"等距离外交"的吉田茂回到美国指定的航道上来。

1951年11月13~14日，美英在伦敦举行了有关日本对华政策的会谈。出席会议的美国东亚事务助理国务卿麦钱特强调指出，如果日本不在几周内表明它将与台湾建立某种"合理的"关系的意图，和约将不能在参议院通过。他希望英国支持其关于"杜勒斯—莫里逊协议"的灵活解释。两天的谈判产生了一个新的备忘录，其中包含这样的意思：鉴于日本调整其与台湾当局关系的重要性，双方不反对日本为此目的在和约生效之前与中国国民党进行的

① Chihiro Hosoya, "Japan, China, the United States and the United Kingdom, 1951-1952: The Case of the 'Yoshida Letter'", *International Affairs*, Vol. 60, No. 2 (1984), p. 255.

② 《顾维钧回忆录》第9卷，中国社会科学院近代史研究所译，中华书局1989年版，第245、259页；于群：《美国对日政策研究》，东北师范大学出版社1996年版，第186页。

③ 《顾维钧回忆录》第9卷，中国社会科学院近代史研究所译，中华书局1989年版，第267页。

预备性会谈。但英国驻日代表丹尼怀疑杜勒斯会随意解释调整与国民党当局的关系，并诱使日本同国民党签署一个实质性协议。他把这种疑虑告诉了当时正出席巴黎外长会议的新任保守党外交大臣艾登（Anthony Eden）。艾登立即向艾奇逊表明，他将继续遵循前工党内阁在中国问题上的立场，反对日本在和约生效之前与国民党政府谈判。艾奇逊要求艾登重新考虑一下，艾登以英国议会将不会接受任何与"杜勒斯—莫里逊协议"精神不符的动议为由加以拒绝。双方协商陷入僵局。艾奇逊只得同意艾登的建议，由杜勒斯与丹尼在东京进一步会商。①

12 月中旬，杜勒斯决定启程赴日，会同已先期抵达东京的参议院外交委员会的资深参议员斯帕克曼（John Sparkman）和史密斯（H. Alexander Smith），共同劝说日本在中国问题上做出明确承诺。

12 月 13 日，杜勒斯和日本首相吉田茂举行第一次正式会谈。会上杜勒斯宣读了一份事先准备的代表他个人对日中关系立场的备忘录，极力游说日本与台湾国民党当局签约。他首先说明了国民党台湾当局对日本的重要性，诸如在台湾的国民党当局是得到美国和大多数联合国成员国承认的所谓合法政府，拥有能够对日本的联合国成员资格动用否决权的安理会常任理事国席位；对台湾拥有管辖权，在那里驻有大量军队，掌握着对日本来说至关重要的日台贸易，还控制着对美国与其盟国相互合作必不可少的沿海岛屿链的关键一环，等等。总之杜勒斯要日本与台湾国民党当局媾和，以便在对日多边条约生效时日台条约也能生效。②吉田茂没有公开反对，但表示如果英国强烈反对，日本不愿采取这一举动。他强烈要求美国采取高层努力，与英国在远东和中国问题上达成一致，并表示在

① Quoted in Chihiro Hosoya, "Japan, China, the United States and the United Kingdom, 1951-1952: The Case of the 'Yoshida Letter'", *International Affairs*, Vol. 60, No. 2 (1984), p. 253.

② *FRUS*, 1951, Vol. 6, Part 1, pp. 1436-1437, "editorial note"; pp. 1437-1438.

面临自由世界两个领头大国意见不和的情况下，像日本这样一个国家只能处于无能为力的地位。杜勒斯意识到吉田茂真正关心的是另外一个问题，这就是英国通过英镑集团控制了在东南亚和非洲的贸易，在现有的支付协定下，英国有能力通过英镑和可转账贸易区对日本施加严厉的控制和阻遏。杜勒斯表示将尽力谋求美英执行共同政策以安抚吉田茂。但吉田茂又进一步提出，他认为通过增加日本与中国大陆的贸易，可以促使中国松弛与苏联的关系。杜勒斯已很不耐烦地反驳道："鉴于苏联共产主义威胁的性质以及中苏意识形态狂热的一致性，要打破这种一致性不应是通过（贸易）让他们的日子过得安逸而应是通过增加压力，让他们继续接受苏联的统治变得更加困难来完成。"①

杜勒斯和英国驻日代表丹尼之间也在谈，但此时双方达成妥协的可能性很小。因为艾登已于12月8日明确指示丹尼："坚决反对日本和蒋介石之间任何具有和约性质的东西。"杜勒斯也不打算让步，他觉得"美国人能让日本人做美国人想让他们做的事情，因为美国人有着比英国人手中更多的牌"②。结果17日的美英会谈不欢而散。

第四节 "吉田书简"与日台条约的签订

鉴于英、日的态度，经与随行参议员史密斯和斯巴克曼的密谋，杜勒斯决定采取强制措施迫使日本和英国就范。18日，杜勒斯将事先拟好的一份以日本政府名义起草的备忘录交给吉田茂，要吉田茂签字后寄给他。备忘录的主要内容是：日本政府"准备从法律意义上尽可能依照多边协议所确定的原则与国民党政府签订一个和约以重建两国的关系。这个双边条约的条款将适用于那些现在

① *FRUS*, 1951, Vol. 6, Part 1, pp. 1438-1439.

② Chihiro Hosoya, "Japan, China, the United States and the United Kingdoms, 1951-1952: The Case of the 'Yoshida Letter'", *International Affairs*, Vol. 60, No. 2 (1984), pp. 255-256.

或将来可能处于在日本和国民党政府实际控制之下的地域……我向你保证日本政府无意与中共政权缔结双边条约"①。吉田茂尽管对杜勒斯的高压手段不满，但日本需要通过同美国的合作求得发展，况且，鉴于日本的现实处境，日本不可能与美国对抗。吉田茂也担心如果条约不被批准，日本将不能获得独立主权。吉田茂最后签署了这份出自华盛顿之手的信件，并于12月24日将其寄到华盛顿。这就是著名的"吉田书简"。

杜勒斯收到"吉田书简"后并未马上对外公布，意在等待1952年1月初美英首脑的华盛顿会晤能说服英国人改变立场。1月5日，杜鲁门、艾奇逊、丘吉尔、艾登就此进行讨论。艾登强烈反对美国现在就想让日本与国民党谈判的立场，并警告说他将反对任何违反"杜勒斯—莫里逊协议"的行为。两国首脑和外长会谈不欢而散后，由两国外长继续寻找"令人满意的解决办法"②。

随后5天，美英双方就中日关系问题继续会谈，其中1月10日的会谈具有决定意义。当时以艾奇逊和杜勒斯为一方，以艾登和弗兰克斯为另一方，杜勒斯首先表明，他在整个对日媾和期间全部工作的一贯目标是确保美英两国达成充分的谅解和一致的立场，并陈述了他与英、日代表就中日关系问题所举行的一系列谈判的详细经过。他特意提到当初他建议中国的任何一方都不参加对日和会而由日本政府自主选择时，艾德礼曾以日本肯定会追随美国的立场与中国国民党建立关系为由加以反对的细节，旨在说明当初英国政府接受杜勒斯的建议时是知道日本最终会选择与美国政策保持一致的。杜勒斯还提到现在他已收到日本首相阐明日本政府意图的信函，很可能在参议院考虑对日和约时会用到它。但他没有透露信的具体内容。艾登表示，他理解美国的处境，但仍坚持最明智的方针是在多边对日和约生效之前，日本政府不要做出任何承诺。随后，艾奇逊又摆出美国国内的种种政治难题，诸如蒋介石的任何呼吁都

① *FRUS*, 1951, Vol. 6, Part 1, pp. 1445-1446.

② *FRUS*, 1952-1954, Vol. 14, China and Japan, Washington, D.C., 1985, pp. 1069-1070.

会引起一些美国参议员的强烈反响，除非日蒋之间可望达成一些有限的协议，蒋介石才会让他的那些参议员朋友不给美国外交人员出难题；参议员三分之一的票数就足以挫败对日和约的通过等。不论杜勒斯、艾奇逊如何费劲地游说，艾登只说他理解美国政府在国内面临的困难，但仍然希望在多边协议生效之前，最好什么也不做，什么也不说。如果一定要问他什么意见，他将不得不说他的观点没有变，而且美国人也知道他的看法。艾登还提到他已得到日本的保证，即在对日和约生效之前，日本将不会采取最终的行动来与中国缔结条约。艾登希望这不要成为英美两国之间的重大问题。鉴于艾登不可动摇的立场，艾奇逊最后提出，如果日本首相吉田茂问及英国对日台谈判的立场时，他希望英国驻日代表丹尼能够对日本表示，尽管美英各自保留自己的看法，但对此没有异议。艾登表示为难，理由是艾奇逊提出的要求超出了他打算迈出的步子。① 这样，美国希望通过华盛顿会谈改变英国立场的打算落空了。1月16日，在艾登离开华盛顿返抵伦敦的当日，美、日同时对外公布了“吉田书简”。

“吉田书简”是在艾登不知道信的内容和公布时间的情况下面世的。这种时间上的选择给人的印象是“吉田书简”得到了艾登的认可，是这次美英高层会谈的成果。这使艾登感到非常被动和气愤。尽管艾奇逊去信表示歉意，并说明美方这样做并非有意，但双方的芥蒂并未消除。1月17日，艾登在给丘吉尔的私人信件中还念念不忘地告诫丘吉尔，在就中日关系问题发表演说时，“应考虑这一令人生厌的发展事态，避免给人造成任何这样的印象，就是我们认同了已经发生的事情”②。英国外交界都认为是杜勒斯策划了这封信，丹尼说：“很显然，这是美国人指使的，从‘吉田书简’

① Conversation between the Secretary of State and Mr. Acheson in Washington on 10th Jan., 1952, Private Papers of Sir Anthony Eden, FO800/781 FE/52/5, The University of Birmingham.

② Personal for Prime Minister from Secretary of State, Private Papers of Sir Anthony Eden, FO800/781 FE/52/6, The University of Birmingham.

中对国民党的承诺及其对中共的挑衅性的语言可以看出，这几乎不可能出自日本人之手。"①

事已至此，艾登也只得就范，因为英国议会已于 1951 年 12 月审议通过了旧金山对日和约。首相丘吉尔建议英国政府接受日本承认"国民党中国"的事实，只要这一行动不包括承认国民党在中国大陆的统治权之类的内容。② 美国在对日媾和的其他问题上也对英国做出了一定的让步，例如美国同意将日本在中立国和前敌国的财产移交给国际红十字会，分配给那些在集中营里遭受迫害的盟国战俘；日本放弃刚果盆地条约所授予它的各项条款等，这些也使英国的立场有所软化。2 月 20 日，日本与台湾当局在台北开始谈判。3 月 20 日，旧金山对日和约以 66:10 的压倒多数在美国参议院获得通过而最终完成了它非常关键的法定程序。③ 在美国的压力之下，日本政府极不情愿地于 4 月 28 日在旧金山和约正式生效之前的 7 小时与中国台湾签署了和约。1952 年 8 月 5 日，日本与台湾当局签署的日台条约生效。

由一个战败国来挑选曾遭其侵略的战胜国国内的某一个政权来签订和约，这本身就违背常理，在美国的一手操纵下，日本公然置中华人民共和国的存在于不顾，选择了没有任何代表性的、孤居台湾一隅的蒋介石残余政权来代表中国，这从道义、法理和事实上是对国际公理和中国人民的侮辱，是对反法西斯战争的胜利成果和国

① Sir Esler Dening to FO, 16 January, 1952, FO371 FJ 10310/8, PRO, London; Howard Schonberger, "Peacemaking in Asia: The United States, the Great Britain, and Japanese Decision to Recognize National China, 1951-1952", *Diplomatic History*, Vol. 10, No. 1(1986), p. 70.

② Letter from Churchill to Eden, 6th Jan., 1952, Private Papers of Sir Anthony Eden, FO800/781 FE/52/4, The University of Birmingham.

③ 1951 年 9 月 8 日的对日和约第 7 章第 23 条第 a 款规定，对日和约需经包括日本在内的签约国批准生效，其生效的发生将在经日本批准、并经作为主要占领国美国在内的大多数国家批准该协议后。这些国家除美国外，还包括澳大利亚、加拿大、锡兰、法国、印度尼西亚、荷兰、新西兰、巴基斯坦、菲律宾、英国。参见 Department of State, *American Foreign Policy*, 1950-1955, Vol. 1, New York: ARNO Press, 1971, pp. 437-438.

际法精神的巨大背离和扭曲，给当时的远东局势和大国关系带来了深远影响。

日本与中国台湾签署条约意味着日本被正式纳入了美国精心策划的遏制中国的经济、政治和安全体制。中日之间在贸易基础上建立正常关系的可能性不复存在，日本成为美国推行反华政策的前哨，中日敌对已成定局。亚洲地区的三个大国，苏联、中华人民共和国、印度没有与日本签订和约，仍然维持和日本在法律上的战争状态。缅甸和北朝鲜也未签约，新西兰、菲律宾和澳大利亚只是签署了与美国结盟的针对日本重新武装的安全条约。不仅反法西斯战争中大国合作的局面及其成果遭到破坏，而且作为对日媾和产物的《日美安保条约》、《澳新美安全条约》、《美菲共同防卫协定》的签署，加上日、美和台湾当局正式勾结，使得以美国为首的条约体系与《中苏友好同盟条约》在亚太地区针锋相对，亚洲地区冷战格局更趋僵化。

日本与台湾当局签约的结局也意味着英国希望影响美国和日本对华政策的努力最终失败。日本势不可当地进入东南亚，战前英日竞争的噩梦重现，英美特殊关系大打折扣。英国希望通过这一行动保住在华利益和向新中国示好的愿望落空，英国在中国的巨大商业利益也难以保证。由于和美国一起策划了旧金山体制，英国遭到了中国政府的严词指责。中国外交部副部长章汉夫致电英国外交部并发表公开声明，谴责“第二次世界大战以来英国政府对于美国政府总是采取了那种出卖英国人民利益的摇尾乞怜的政策……英国政府所奉行的对美顺从政策，决不是避免战争的政策，而是将英国人民以及英帝国范围内的各国人民逐步拖入战争深渊的政策”①。1951年底1952年初，英国接受对日和约意味着英国的对华政策屈从于美国的安排，表明英国走向认可台湾地位未定的立场和承认国民党对台湾统治的合法性。英国的举动大大伤害了中国人民的感情，为

---

① 《章汉夫副外长1月23日关于日本吉田茂政府向美国政府保证与国民党集团缔结和约的声明》,《中美关系资料汇编》第2辑，世界知识出版社1961年版，第674～676页。

中英关系的改善增添了难以逾越的障碍，中英政治关系因此从根本上陷入僵局。东西方对抗中的缓冲因素和缓冲余地也受到极大的限制。

小　结

综观整章内容，不难看出，中国签约权问题一直是美英分歧的焦点。不论是在美英各自的对日媾和政策的构思过程中，还是在美英的双边磋商中，乃至旧金山对日和约签署后直到 1952 年初美英高层华盛顿会谈期间，美英在中国签约权问题上的立场始终是对立的：美国支持台湾国民党当局，英国支持中华人民共和国中央人民政府。双方为此持续争议，即便双方于 1951 年 6 月达成中国国共双方都不参与旧金山对日和会、由日本获得主权后自主选择与中国的哪一方签约的“杜勒斯—莫里逊协议”，也未从根本上消除分歧。最后还是美国以非常手段，通过策划日本政府愿意与国民党当局签订和约的“吉田书简”，才最终迫使英国就范。

表面上看，美英两个资本主义世界的头号大国在两大阵营冷战正酣之际为新中国的签约权问题发生如此长期、激烈的争议，似乎不可思议。美英争议除了因为两国在对新中国承认问题上的不同立场所带来的相应国际法后果外，从根本上讲，首先，它反映的是两国在远东难以协调的切身利益。美英围绕中国签约权问题争议的症结是未来中日关系的发展走向。中日关系的发展走向又首先直接涉及美英在远东的核心利益。美国希望通过排除中共签约权，从根本上切断日本与中国大陆的一切联系，将日本纳入美国遏制中、苏的政治、经济体制之中。美国希望借此使中国台湾地区和东南亚地区成为日本廉价的原料供给地和商品倾销市场，从政治、经济和安全防务方面把这些地区绑在一起，从而有效贯彻美国遏制中、苏的远东战略。而英国恰恰相反，它希望通过维持中国大陆与日本的传统联系，保住英国在远东地区的既得利益，即确保英国在中国大陆的巨大商业利益及其在香港、马来亚等殖民地的稳定，防止日本的经济势力进入东南亚市场。同时，英国也希望借此保持中国与西方世界的接触，以离间中苏关系，赢得亚洲新独立国家对英国的好感。其次，这种争议也反映了美英作为西方世界的两大强国对远东和世界政治的不同思路。英国作为均势理论的奉行者，在远东的政治棋盘中，一如既往地寻求大国之间力量的平衡，试图在各种利益冲突和力量对抗中寻求妥协。英国决策者希望中国政府和日本之间发展贸易关系有助于中国摆脱对苏联的依赖。在对华问题上，日益衰落的英国基于现实的态度，寄希望于与新政权的友好来保住既得利益。然而美国严格地以冷战思维来对待中日关系，对于新生的中国共产主义政权，才大气粗的美国企图凭借实力，通过政治孤立、经济封锁和军事打压来强行贯彻自己的意志，所以美国采取了一种联合该地区非共产党国家来反对共产主义国家的策略。围绕中国签约权问题的分歧实际上反映美英两国在远东的利害冲突及现实处境，也折射出两国外交的不同理念与方式。

关于英国在中国签约权问题上的立场，有学者认为，英国从来没有幻想美国会让中华人民共和国参加对日和约，但这是“一个很好的讨价还价的筹码”①。笔者认为，英国有希望新中国参加对日媾和的真实动机。这是因为，一则如前所述，这关乎英国在远东的根本利益，这正是英国为新中国的签约权与美国进行过长期抗争的根本原因所在；二则这与英国在承认新中国以后的一贯立场相符。尽管英国对新中国在联合国的代表权、台湾归还中国等问题显得摇摆不定，但英国毕竟不像美国，它没有因为在中国内战问题上的过深卷入而出现感情用事，也没有因受国内强烈反共因素的影响而对中共政权严重敌视，所以英国对华政策是基本务实的。三则这种考虑也合乎英国外交的基本思路。尽管战后英国失去了在世界事务中的大部分实力和影响，但仍是除美苏之外的第三大强国，英国曾支配世界长达两个世纪之久，积累了丰富的经验并与世界许多地区有着传统关系。英国人非常看重他们的外交经验及其与海外的联

① Howard Schonberger, “Peacemaking in Asia: The United States, the Great Britain and Japanese Decision to Recognize National China, 1951-1952”, *Diplomatic History* Vol. 10, No. 1 (1986), p. 64.

系，认为尚没有哪一个国家能够替代英国的作用。他们认为“苏联人太遭人恨，美国人仍不够成熟”①。因而抑制美国外交政策中的极端行为是战后英国外交的基本目标。英国外交部常务次官斯特朗说：“我们要不失时机地与美国讨论一些特别行动……只有通过我们的行动与他们的行动的合作，我们才能希望……去抑制美国的那些在我们看来是过激的行动。”② 工党时期的外交“所应做的是对善意的但缺乏经验的巨人的政策施加有效的控制”③。丘吉尔政府对美关系的基本目标也是“尽可能充分地协商，抑制美国政策中的一些极端行为并指导美国外交朝着有益于英国利益的方向发展。”④ 由此可见，支持新中国签约权的动机不只是为了讨价还价，英国也确实为之进行过艰苦的努力。

在笔者看来，英国从一开始的坚决立场不断后退，到最后陷入章汉夫所说的屈膝投降的结局，其主要原因，除了人们通常提及的冷战大环境的制约外，还在于美英特殊关系中英国地位的虚弱；在于英国务实外交的基本属性；也在于战后英国外交的基础和背景已与当初英国称雄世界时的情形殊异。

其一，受制于有限的资源，战后英国急需借美国来捍卫自身安全，重振经济和维护英国在世界各地的利益和影响。1949 年 2 月，经外交大臣贝文同意成立了一个由常务次官斯特朗主持的常务次官委员会，旨在探讨英国外交的长远目标及如何维持英国的大国地位问题。常务次官委员会的研究结果是：“英联邦、西欧本身，甚至是英联邦加上西欧都不足以在经济或军事上强大到可以独立应对反对他们的力量，美国的全面参与对自由世界的生存至关重要。”

---

① Michael Dockrill and John W. Young, *British Foreign Policy, 1945-1956*, London: Macmillan Press, 1989, pp. 2-3.

② Quoted in John W. Young, eds., *The Foreign Policy of Churchill's Peacetime Administration, 1951-1955*, Leicester University Press, 1988, p. 37.

③ Ritchie Ovendale, *Anglo-American Relations in the Twentieth Century*, London: Macmillan Press, 1998, p. 61.

④ John W. Young eds., *Foreign Policy of Churchill's Peacetime Administration, 1951-1955*, Leicester University Press, 1988, p. 31.

1949年底，英国政府接受了常务次官委员会的结论。① 此后，英美合作一直是英国外交的基础。事实上，华盛顿企图把英国在亚洲事务中的作用减小到最低限度，即只征求英国对美国政治策略的默许或支持，而不承认英国是独立的决策角色。② 结果正如有的西方学者所说，20世纪40年代末以后发展起来的英美关系，其基本特征，从根本上讲就是“英国需要美国的保护，美国需要英国在遏制苏联的问题上充当一个基本的、次要的角色”③。对美援的依赖极大地限制了英国独立决策能力及回旋的余地。

其二，对以务实著称的英国外交来说，尽管中日关系的发展走向对英国有着特殊意义，但其重要性毕竟无法同美英关系相比。当发现根本无法扭转美国的立场时，英国又很容易接受现实。如1951年底1952年初，除了外交大臣艾登强烈抵制美国的行为外，其上司和下属都主张迁就美国，这是因为对丘吉尔来说，维持与华盛顿的密切关系是英国保守党外交政策的头等大事。所以在1952年1月的华盛顿会谈期间，当艾登试图说服丘吉尔，“如果我们不能在远东给美国更多的帮助，我想我们能在欧洲给美国一些安慰”④。丘吉尔却主张：“在远东，由于美国承担了绝大部分（19/20）的负担和损失，当然会要求相应的领导地位。我们要让他们觉得我们接受这种事实。……重要的是要让美国人感觉到在远东我们真心追随他们。”⑤ 日本和太平洋部的负责人斯科特也建议英国支持非共产党的台湾，这样可能会有助于美英关系的和谐。⑥

---

① Ritchie Ovendale, *Anglo-American Relations in the Twentieth Century*, London: Macmillan Press, 1998, p. 61.

② ［美］唐耐心（N. B. Tucker）著，朱立人、刘勇涛译：《艰难的抉择：美国在承认新中国问题上的争论（1949～1950）》，复旦大学出版社2000年版，第21页。

③ John W. Young eds., *The Foreign Policy of Churchill's Peacetime Administration, 1951-1955*, Leicester University Press, 1988, p. 51.

④ Private Papers of Sir Anthony Eden, FO800/781, FE/52/3, The University of Birmingham.

⑤ Private Papers of Sir Anthony Eden, FO800/781 FE/52/4 P. M. /52/3, The University of Birmingham.

⑥ Minute by R. Scott, 28 Dec., 1951, FO371/99403/14, PRO, London.

其三，一些英联邦国家在美国的威胁、利诱下相继改变了立场也是重要原因。美国起初重视英国的一个重要原因是英国在英联邦中的重要地位。但第二次世界大战以后，英国对殖民地、自治领的控制和影响力大为降低。特别是20世纪50年代以后，在美国的威胁、利诱之下，老的自治领，如加拿大、澳大利亚、新西兰、南非等都在政治、军事关系方面逐渐疏离英国，靠向美国。最明显的转变是1951年《澳新美安全条约》的签订，美国借此在澳大利亚和新西兰的防务方面代替了英国的地位。澳、新两国因此更加靠近美国，使英联邦统一的外交难以为继。英联邦各国的立场在1951年前后发生重大变化，正是美国从一开始不敢忽视英国的意见到后来公然藐视英国反对的原因。

其四，第二次世界大战后英国的实力、地位及其实施传统外交的国际背景发生了重大变化。这些变化，首先是英国与美苏间的距离拉大。丘吉尔早在战争期间就曾自喻英国是夹在庞大的俄国熊和北美野牛之间的一头可怜的小毛驴。战后美苏势力急剧扩张之后，英国更显单薄。其次是战后世界形势发生了历史性巨变，如欧洲中心地位的衰落，民族主义的兴起，共产主义的壮大等。这些变化注定战后英国面对的是一个全新的国际环境：国际社会中具有独立意识的主体增多，矛盾纠纷前所未有的复杂多变。在美苏两大阵营尖锐对抗的局势下，英国自身实力不足和国际社会矛盾的错综复杂使英国不仅很难维持它原来赖以生存和发展的英联邦内部的稳定，更不可能像原先在欧洲国家中起到平衡作用那样，有效影响和左右美、苏、中、日及其他许多亚洲新独立国家的外交政策走向。这些都使得曾经在欧洲中心体制下起主宰作用的英国外交力不从心。英国曾经屡试不爽的外交经验在新的时代条件下很难奏效。

第六章
总　　论

美英对新中国的承认问题几大方面几乎涵盖了 1949～1951 年这一关键时段内美英对新中国政策的主要方面，其分歧和协调体现了美英对华关系的基本特色。本章将在前面各章论述的基础上，首先对这一时期美英对新中国的政策及其分歧与协调的基本特性进行辨析，阐述笔者对相关争议问题的看法；随后将进一步挖掘导致美英在对新中国承认问题上出现分歧的深层原因；最后再扼要分析美英之间的分歧及协调的结果对当时的远东局势所产生的主要影响以及我们从中所能获取的启示。

第一节　美英对新中国政策的基本特性辨析

对美英在对新中国的外交承认问题、中国在联合国的代表权问题、台湾领土主权问题和对日和约签约权问题上的政策及其分歧与协调所作的全方位的、动态的分析，为我们准确定位美英对新中国政策的特性提供了一个新的认识框架和实证基础，下面将在此基础上对美英对新中国政策的基本特性逐一进行辨析。

一、美国对新中国政策的基本特性辨析

从本书的绪论部分我们已经知道，国内外学术界对新中国成立前后美国对华政策存在的重大的争议是，朝鲜战争爆发之前美国对中国共产党政权的政策是否具有非敌视性甚至是准备和解的性质。在笔者看来，两派争议的焦点主要是这样一些问题：其一，美国官方文件中并没有不承认中国共产党政权的明确表述，只有反对过早承认，主张中国新政权要得到承认必须满足三个先决条件，即事实上控制整个国土和行政机构，有能力并愿意履行国际义务，必须得到其治理下的人民的认可。那么这到底是美国政府希望等条件成熟就予以承认的真实想法，还是根本就不准备承认的说辞？其二，美国一开始并没有将联合国中国代表权问题视为美国可以行使否决权的实质性问题而是将之视为程序性问题，美国不仅放弃使用否决票，而且表示将接受安理会就这一问题进行多数表决的结果，不干预其他安理会成员国自由投票，这是否意味着美国有可能接受联合国中国代表权的变更？其三，1948 年以来美国政府奉行了旨在从中国大陆脱身的政策。1949 年底 1950 年初美国曾一度考虑弃蒋弃台，对中国共产党政权所实行的也是有限的贸易限制政策，那么这些表现是否就是美国准备寻求与中国共产党和解？其四，美国是否一直在追求一种旨在离间中苏关系的楔子战略，而且这种政策是否决定性地影响了美国对华政策的走向？此外，还有一些细节的问题，诸如如何解释南京解放后苏联驻华大使随国民党政府南迁广州，而美国驻华大使司徒雷登和其他西方国家的大使则滞留南京并与黄华接触，甚至提议访问北平，这是不是美国准备同中共政权和解的信号，等等。基于前述各章的实证研究，笔者认为可以对上述问题逐一做出回答。

笔者的研究结论是，美国对新中国的不承认立场不仅基本上贯穿始终，而且体现在各个方面。尽管不可否认，在朝鲜战争爆发之前，美国对新中国的政策还存在一定的不确定性和灵活性，特别在新中国成立到 1950 年 2 月 14 日《中苏友好同盟互助条约》签订之前这段时间，美国的立场还一度出现向积极方面转轨的迹象。但总

体上看，美国不打算与中国共产党政权和解的意图是明确的，其差别只在于政策弹性的大小与策略手段的不同。更确切地说，在朝鲜战争爆发之前，美国倾向于尽可能避免公开反对承认新中国，而致力于私下的操作，在方案的选择与政策的执行方面也留有一定的余地。而朝鲜战争爆发之后，美国则走向明确，公开地反对和阻止承认新中国。依据主要基于以下几点：

第一，本书前几章的论述提供了直接的史实佐证。根据国际法的相关界定，所谓承认，就是确定国家之间关系的性质和程度。①虽然对新政府的承认应遵循什么原则，国际法并无明确的规定，但是根据国际实践，“有效统治原则”是承认新政府最基本的根据。②因此，是否承认新中国是美国是否接受中国共产党政权、准备与之建立正常关系的最起码的层面。所以当1949年10月中华人民共和国正式宣告成立，如果拒绝承认显然有违“有效统治原则”和国际法的基本原则，是一种干涉内政的表现。“而和解则是需要去尝试寻找共同的基础，并且涉及互相让步和建立一种行之有效的关系”③。由此看来，是否承认一个已牢固建立起来并正式宣告成立的新中国当然是判断美国政府是否具有和解意图的一个基本出发点。笔者从前面各章的论述中所得到的结论是：美国反对过早承认和主张有条件承认的立场具有不承认的实质性内容，也注定了不承认的结局，实质上就是不承认。美国的这一立场基本贯穿始终，与同期英国的立场形成鲜明对照，并因此与英国争论不休，交涉不断。尽管在中华人民共和国成立后到《中苏友好同盟互助条约》正式缔结之前这段时间，美国国务院曾重新考虑在承认问题上所持的基本立场，但结果仍是暂不承认。早在朝鲜战争爆发之前，美国实际上已经放弃了承认新中国的可能性。美国在联合国中国代表权

---

① Philip Marshal Brown, “The Legal Effects of Recognition”, *The American Journal of International Law*, Vol. 44, No. 4 (1950), p. 617.

② 梁西主编:《国际法》,武汉大学出版社1993年版,第97~98页。

③ 戴维·麦克林：《艾奇逊、摩根索与美国拒不承认新中国》，《美国研究》2000年第1期，第121页。

问题上表示不使用否决权，表示接受安理会多数成员国表决的结果，但上述表态既是因为新中国在联合国的代表权问题本身不属于接纳新成员，而只是代表权的变更问题，因而不能视为实质性问题，美国不便行使否决权，也是因为当时的安理会出现接纳新中国的多数票的可能性不大。美国事实上进行了私下操纵，所以美国在联合国中国代表权问题上的立场并不表明它有任何准备接受新中国在安理会拥有代表权的可能。至于新中国成立后到《中苏友好同盟互助条约》签订之前这段时间美国在台湾问题上所采取的现实立场，我们也应该谨慎分析。不容忽视的是，不仅杜鲁门1950年1月5日的对台政策声明附加了“目前”这一限制性条款，为后来的政策变异埋下了伏笔，而且这一声明的出台只是美国行政当局试图从中国大陆“脱身”与旨在私下以经济、外交手段分离台湾的尝试失败后的一种政策试探和权宜之举，是美国既定政策暂时迷失方向的反映。这一政策动向是建立在美国暂时不愿大规模军事卷入中国内战、中国尚未同苏联结盟从而对美国安全构成所谓直接威胁的基础之上。它也是基于美国不愿在政治上引起中国人的反美民族主义情绪，以期能对当时正在进行但并不顺利的中苏谈判施加影响。这些军事和政治考虑又受到相关情报认为美国已无力阻止中国人民解放军攻取台湾，中苏谈判有可能破裂等因素的影响，容易占到明显上风。加之英国在台湾问题上不仅不予合作，而且不断对美国施加压力和进行游说，从而在美国军方和国务院两派意见相持不下的情况下加重了国务院主张奉行现实对华政策的砝码。这些因素的不确定性注定了杜鲁门的1月5日对台政策声明缺乏现实基础。事实上，早在朝鲜战争爆发之前，特别是由于1950年2月中苏结盟的缔结和美国国内麦卡锡主义兴起等各种内外因素的推动，由于1950年4月美国NSC68号文件的出台所导致的整个对台决策的战略大背景的变化，杜鲁门1月5日对台政策声明的脆弱基础被动摇，决策高层形成的微妙平衡也因此被打破，各种保台方案于是竞相出台。朝鲜战争的爆发只是为美国军事上阻止中国人民解放台湾的方案的出台提供了契机。在中国参与对日媾和的问题上，美国的政策从一开始就是不承认和排斥新中国的签约权。所有这些实证研究的结果证明，不承认新中国是美国政府的既定政策。中美走向对抗带有必然性。

第二，对美国在是否承认新中国问题上的决策思路进行分析所得出的结论，也为我们摆脱认识的误区提供了参照。从政策的制定、发展、演变这个角度来看，美国各项政策的出台都要经过充分的酝酿和一系列复杂的程序。在这一过程中，美国决策者会充分考虑各种可能出现的情况。在政策定型之前，会在执行优先方案的同时，辅之以其他方案。同时又为未来各种可能的事态发展提供预案。一旦政策定型，就会遵照执行。表面上看，美国的政策有时缺乏方向性，具有不确定性，甚至前后矛盾性的特点，但这属于政策试探期的暂时现象。实际上，美国政策一旦定型便具有了周密性和连贯性，而且非常强调各项政策之间的相互衔接。这一点也在其对台政策中得到充分印证。如在最初决定不对台承担军事义务的政策考虑中，美国就没有绝对排除在远东地区发生紧急情况时会动用军事手段保台的可能性。杜鲁门 1 月 5 日的声明也强调美国对台不干预政策只是在当时情况下的选择。一旦远东出现问题，这一立场将要改变，这正是后来朝鲜战争突发时美国派第七舰队进驻台湾海峡的依据。当美国单方面出兵台湾海峡、中立台湾和制造台湾地位未定论而引起国际紧张局势之时，美国曾向英国和国际社会做出承诺，将恪守中立台湾的立场，对台湾没有领土野心，对台湾的军事中立不影响其未来政治地位的确定。中立台湾只是在朝鲜战争时防守美国侧翼不受威胁的需要，但美国再次附加了条件，即如果中国介入朝鲜战争或进攻印度支那、香港等地，美国将重新考虑对台立场。这种态度注定了中国抗美援朝后，美国又将抛弃这些所谓的承诺，让第七舰队长期留在台湾海峡。况且，美国民主党政府的外交政策面临各种反对派的压力，经常会发出各种不同的政策声音。而美国表述其外交政策所特有的话语方式，往往容易给人造成错觉。所以如果仅仅依据美国官方政策的措辞和某些特定场合的言论，或者美国在某一时间、某一事件上的立场，而不做全面、深入的分析，势必难以准确把握其政策的实质。就像英国人经常抱怨的，他们所担心的不是美国公开宣布的政策，而是其各部门实际执行的政策。① 因而在判定美国政策的特性时，不应为一些现象所迷惑。从主流方面和总的发展趋势看，美国不承认新中国的立场是一贯的。而从对新中国承认问题的各个方面看，美国各个政策之间的关系就像它在考虑远东政策时会考虑到对欧洲的影响一样，非常强调相互之间的协调一致，所以它在对新中国外交承认、联合国代表权、中国对台湾的领土主权、中国对日和约签约权等问题上并没有执行相互矛盾的政策。综合这几个方面的内容，我们更可以肯定美国的政策考虑中并没有同新中国和解的意图。

第三，英国在承认新中国问题上的政策和做法也为我们认识美国对华政策的属性提供了一个参照系。相对而言，学术界基本上都认为英国执行的是对新政权的和解政策。美英在承认新中国问题上持续、激烈的争议，说明美英之间的政策存在根本性的差异。如果美国的政策也有与新政权和解的意图，那么它与英国就不会存在这么多、这么持久的争议。

第四，笔者觉得支撑所谓美国准备同中国共产党政权和解观点的其他依据也尚待商榷。笔者除了认同绪论中介绍的威廉·斯塔克和戴维·麦克林对所谓艾奇逊是主张对新中国和解的现实主义者，只是因为受制于公众舆论和各种反共援蒋势力，以及中共反美才导致美国不承认中共的传统观点进行的有力辩驳外，这里主要谈谈国内外相关著述中经常被用来说明美国打算同中国共产党政权和解的依据所存在的一些疑点。

疑点之一，是美国对华脱身政策是否意味着准备承认新政权的问题。毋庸置疑，从 1948 年底以来，在中国新旧政权交替之际，从在中国大陆奉行的援蒋政策中脱身是美国政府非常明确的政策取向，决定召回驻华军事顾问团，拒绝给国民党政府提供新的援助，公布对华关系白皮书和 1950 年 1 月 5 日杜鲁门发表的弃台弃蒋的政策声明等都是这一政策的具体体现。从中国国内只有国共两党对峙的时局出发，认为美国这样做的主要目的是希望摆脱旧政权的包

① *FRUS*, 1950, Vol. 6, p. 464; p. 466.

袱，考虑与新政权建立新的关系无疑也有道理的。但问题在于，美国的决策者是从更大的视野范围内、立足于更长远的发展来进行决策的。从美国亚洲战略的考虑来看，在中国大陆失去一个亲美的蒋介石政权，还可以通过控制台湾、扶植一个亲美的日本和一批亚洲反共政权来加以弥补。即便到1949年底1950年初一个非共产党的台湾也难以保住，利用放弃台湾来煽起中国人的反苏民族主义情绪，赢得中国的民族主义情绪对美国在华利益的支持、离间中苏关系也不失为一条退而求其次的出路。而从更长远的考虑来看，由于在美国决策人物的思路中，基于意识形态的偏见，他们认为中国传统的民族主义和排外因素是与亲苏的共产主义意识形态势不两立的。基于所谓中美特殊关系的神话，他们认定中国人民是从根本上认同美国的民主自由，反对共产主义的。那么随着中国共产党的胜利推进，共产党政权或者改变自己以适应本土的需要，或者被中国传统的因素取而代之，因而在美国决策者看来，与一个共产党政权和解不仅从思想感情和价值认同上难以接受，而且，显然会提高共产党的声望，有利于其政权的巩固，打击美国支持的那些反共亲美势力的士气，束缚美国的行动自由。① 再退一步讲，即使美国决策者，如以艾奇逊等人为代表的行政当局希望摆脱与旧政权的历史包袱，与新中国开始新的关系，但正如主张和解论者所一贯强调的，由于美国国内各种扶蒋反共势力的羁绊，与旧政权摆脱干系也不是一件轻而易举的事情。综合各种因素，即使美国的“等待尘埃落定”具有寻求从援蒋政策脱身、与中国共产党接触的可能性，但是抛弃蒋介石并不意味着必然接受共产党，宣布弃蒋并不表明实际上与旧政权断绝关系。事实上，就在1949年美国政府公布对华关系白皮书不久的8月11日，当时美国国务院政策设计室主任乔治·凯南在和英国外交部国务大臣尼尔会谈时还说，对于未来，美国人正在研究中国是否仍然存在能够对中国共产主义加以有效抵抗的

① 对于美国对华决策中的意识形态因素在前文提及的美国对外决策的国家安全委员会文件中屡见反映，国内外学者，如戴维·麦克林、王立新等都做过系统论证。

值得美国支持的因素。如果发现这些因素，美国将加以支持。① 也就像贝文在批评美国政策时所说的那样："美国政府在白皮书中宣布抛弃蒋介石但同时又宣布敌视中国共产党新政权，甚至是在这一政权还没有建立之前就这样表态，但同时又继续支持蒋介石。"② 总之，弃蒋并不意味着要与中国共产党建立正常关系，也不意味着同旧政权真正脱离关系。

疑点之二，是离间中苏关系的楔子战略与对华决策的关系问题。和解论者所持的看法是，美国决策者特别是艾奇逊并未把中国共产党政权简单地等同于苏联政权，而是奉行了一种旨在离间中苏关系的楔子战略，为达到这一目的，美国是准备承认新中国的。对此，笔者不否认美国决策者有这方面的考虑，各种正式的官方文件和艾奇逊等决策人物在一些重大场合的阐述都是证明，但是通过对史实的分析，特别是与英国同期奉行的政策进行比照就会发现：美国决策者在这一问题上意见并不一致，未形成定论；在多数场合，决策高层对于承认新政权是否能够促进中苏分裂基本持怀疑态度，更多的是视促使中苏分裂为一种权宜之计或只是一种长远的可能性，而不是现实的、长期的政策；决策高层除了有促使毛泽东铁托化的考虑外，更是寄希望于中国民众中的亲美传统因素和所谓中国共产党内部的民主的、亲西方的因素来改变中国共产党的性质或成分，或者寻找新的力量取而代之。所以楔子战略对美国对新中国的政策并未产生实质性的、持久的影响。这些看法在前文的分析中已屡有反映，在下文分析美英在承认新政权问题上出现分歧的深层原因时还将系统论证。

疑点之三，是美国对新中国奉行的相对于苏联来说较为宽松的经贸政策是不是美国准备对华和解的信号和致力于和解的努力呢？笔者认为问题的关键在于，首先必须弄清楚美国在当时没有完全限制中国与西方的贸易，其真实意图是什么？是长期的政策考虑，还是权宜之计？这必须从文本和实际执行的层面加以分析。由于国内

① *DBPO*, Series 1, Vol. 8, p. 331.

② *DBPO*, Series 2, Vol, 4, pp. 120-121.

学者陶文钊、崔丕等对这一问题有很深的研究，笔者在此仅略作补充。

根据陶文钊的看法，美国国家安全委员会于1949年3月3日通过的NSC41号文件是美国政府比较完整地规定美国对华贸易政策的第一个文件，此后直到朝鲜战争爆发，美国对华贸易政策基本上是按照这一文件的规定开展的。① 据此，该文件是研究美国决策者真实动机最有说服力的依据。而根据NSC41号文件，“正是在对华经济关系领域，美国拥有对付中国共产党政权最有效的武器”，但其结论却是主张“在具备基本的安全保障的前提下，允许恢复中国和日本、西方世界之间正常的经济关系”②。由此看来，美国似乎主动放弃了可以对付中国共产党的“最有效的武器”。然而，需要注意的是，NSC41号文件的这一结论是国家安全委员会对当时可供选择的两种方案权衡利弊的结果。其基本思路是，在当时的世界形势下，美国关于中国的基本政策目标应是“防止中国变成苏联的附属国”。但中国的情形使美国“不可能采取一项既能成功地实现这一目标又不冒任何风险的乐观政策”。相反，只能“被迫在可供选择的方针中选择弊端最小的方针”。根据NSC41号文件的分析，美国当时可以选择的只有两种政策，即软硬两手，一种是动员西方世界的政治、经济力量，通过恫吓和直接施加压力，公开同中共政权斗争。另一种是允许恢复与中国之间正常的经济关系，加强可能导致莫斯科与中国共产党政权严重分裂的力量。第一种政策（即硬的一手）的目的有二：一是通过威胁手段或者严厉的经济制裁措施，迫使中国共产党抵抗莫斯科的压力，或采取美国所能接受

① 该文件分析了美国对华政策的目标以及达到这些目标的手段，最后认定，美国应该对中国实行出口管制制度，“禁止向中国出口可用于军事目的的所有物资，严格控制其他具有战略意义的物资的出口，并随着中国事态的发展来审查美国政策”。陶文钊主编、牛军副主编：《美国对华政策文件集（1949～1972）》第1卷上册，世界知识出版社2003年版，第105页的“编译说明”。文件全文见*FRUS*,1949, Vol. 9 pp. 826-834；陶文钊主编、牛军副主编：《美国对华政策文件集（1949～1972）》第1卷上册，世界知识出版社2003年版，第106～113页。

② *FRUS*, 1949, Vol. 9, p. 827.

的内外政策；二是使中国彻底孤立于日本和西方世界，以便造成中国共产党政权的倒台或崩溃。即使不能达到这一目的，也可指望这种政策阻碍和推迟共产党巩固其在中国的统治地位，并削弱他们对东南亚意识形态的扩张。如能得到有效实施的话，这种政策无疑能给中国经济的某些方面带来极大的困难，但是，问题在于，美国决策者当时对“有效地对与中国的贸易加以严厉限制或者禁运”的弊端看得非常清楚：第一，美国的盟国会在多大程度上与之合作还是问题。“英国被认为尤其反对这种政策，因为英国在华有比美国大得多的投资，香港的经济地位有赖于与中国大陆活跃的转口贸易，而且英国的公司一再表示他们希望继续同中国政权做生意”①。第二，实施这种政策不仅不能保证会奏效，可能还会适得其反。“俄国革命的经验表明，面对外界的限制或禁运造成的极其严重的经济困难，一个坚定而冷酷的领导层不仅能够生存下来甚至会更加巩固。中国那种以传统的低水平消费为基础的自给自足的经济，能使纪律严明而且好战的共产党政权面对经济管制和禁运造成的困难凑合过去。”“最重要的一点是，上述行动方针可能会迫使中国共产党消除党内的任何意见分歧，并且会迫使中共政权完全依附苏联。”② 第三，对日本战后经济恢复会有负面影响。“对中西贸易的严厉限制将使日本恢复同中国华北和东北的贸易变得极为困难，从而导致美国必须无限期地援助日本的经济。”③ 第四，担心中国共产党方面的报复。“美国采取威胁手段或极端措施，将立即刺激共产党驱逐和剥夺美国在华的商业利益及财产和传教活动，并证明这么做是正当的。”④ 实施第二种政策（软的一手）则有着这样一些优势：可能产生一个独立于莫斯科的中国共产党政权；将为美国保留处理不确定局势所需要的灵活性；即使不能达到离间中苏关系的目的，这一政策至少在短期内能够为西方国家带来某些实际的利

① *FRUS*, 1949, Vol. 9, p. 828.

② *FRUS*, 1949, Vol. 9, pp. 828-829.

③ *FRUS*, 1949, Vol. 9, p. 829.

④ *FRUS*, 1949, Vol. 9, p. 829.

益，如从中国获取对日本自立至关重要、对世界市场具有很大价值的商品供给，同时美国和其他国家的私人企业和事业将继续在中国得到某种形式的发展。“尽管中国在美国对外贸易中不具有重要意义，但在日本的对外贸易中却具有举足轻重的作用。”① 正是基于对两种对华经贸政策的利弊权衡，美国国家安全委员会最终选择了允许在具有基本安全保障条件下，恢复中国和日本及西方世界之间一般性的贸易关系。

从文本本身的分析可以得出这样几点结论：其一，美国允许中国和日本以及西方国家保持贸易联系的基本出发点是希望借以有效离间中苏关系以及减轻日本经济恢复的财政负担，这些都是短期目标。所以保持有限对华贸易只是策略手段，而不是既定的政策目标，它势必随着美国对中苏关系认识的变化和美国对日媾和安排的实际进展而变动，具有很大的过渡性和不确定性，所以就连 NSC41 号文件本身对“这一政策能持续多久，能否有效实施”也表示“难以确定”。实际上，文件本身也清楚表明：有关“中日贸易可能成为影响日本的潜在风险”，虽然“现在还不必处理，但是占领结束后，日本肯定会重建其与东北亚大陆由来已久的贸易关系”，“应避免日本在重要的食品和原材料需求方面对中国资源的严重依赖。应当尽一切努力在合乎经济的基础上寻找新的资源产地，特别是在对日本出口有需要的南亚等地区”。②第二，全面禁运可能难以得到盟国的合作，效果也难以保证，还会对战后日本经济的恢复存在负面影响，也可能导致中国共产党政权更加巩固。正是由于这些弊端的存在，选择有限的贸易限制是一种不得已的考虑，而不是对中国共产党手下留情或者主动示好。第三，从根本上讲，这一文件的基本精神是主张对华出口实行控制，“禁止向中国出口可用于军事目的的所有物资，严格控制其他具有战略意义的物资出口，并

① *FRUS*, 1949, Vol. 9, p. 831；陶文钊主编、牛军副主编：《美国对华政策文件集(1949～1972)》第 1 卷上册，世界知识出版社 2003 年版，第 106～112 页。

② *FRUS*, 1949, Vol. 9, pp. 831-832.

随着中国事态的发展来审查美国的政策"①，以期通过这种有限的措施就足以影响中国共产党的行为。中国共产党会如何反应，也注定了这一政策巨大的不稳定性和政策变数。所以 NSC41 号文件所准备的对策是，如果以有限贸易手段不能迫使中国就范，将立即"动员西方世界的政治经济力量，通过恫吓和直接施加压力，公开同中国共产党政权斗争"，使之全面孤立或者崩溃。

事实上，在朝鲜战争爆发之前，尽管 NSC41 号文件总的方针未变，但美国一直致力于从事实上改变或者从根本上推翻这一政策，只是条件不成熟，美国要求对华贸易禁运的努力无法付诸实施。如在 1949 年 3 月 21 日就对华贸易控制同英国的讨论中，美国试图把目前适用于欧洲的所谓出口控制 R 程序扩大到中国。在该控制程序下，所有对欧洲的出口必须实行出口许可证制度，由美国商务部基于战略考虑决定是否发放许可证。这一动议遭到英国的反对。② 美英关于对华贸易问题实施 R 程序之争从 1949 年 3 月开始延续到夏天。③ 1949 年下半年，美国又考虑采取更加严厉的经济措施，报复中国共产党关闭美国新闻处等做法。美国国务院考虑的结果是，由于国民党对上海港的封锁，以及中国外汇有限，本来与西方贸易额就不大；而采取进一步限制措施无法取得英国的合作，不但无效，反而暴露西方国家的不团结，因此仍然只能维持原来的政策。④ 实际上，从 1949 年 10 月起，美国对中国大陆实行新的出口

---

① 陶文钊主编、牛军副主编：《美国对华政策文件集（1949～1972）》第 1 卷上册，世界知识出版社 2003 年版，第 105 页"编译"说明。

② *FRUS*, 1949, Vol. 9, pp. 834-837; pp. 837-840; Edwin W. Martin, *Divided Counsel: The Anglo-American Response to Communist Victory in China*, The University Press of Kentucky, 1986, p. 19.

③ *FRUS*, 1949, Vol. 9, pp. 867-869; Edwin W. Martin, *Divided Counsel: The Anglo-American Response to Communist Victory in China*, The University Press of Kentucky, 1986, p. 65.

④ 资中筠：《追根溯源——战后美国对华政策的缘起与发展（1945～1950）》，上海人民出版社 2000 年版，第 246 页。

管制制度。① 在1949年12月国家安全委员会第48号文件制定以后，美国政府便实际上以这一文件取代了NSC41号文件作为对华贸易的指导方针。第48号文件规定了更严厉的对华贸易管制措施。1950年春，美国政府决定对中国实行同对苏联及东欧国家同样严厉的贸易管制，并要求英国及其他盟国实行进一步的配合。只是美国的要求没有得到盟国的积极响应。② 1950年6月8日，美国国务院正式向有关部门发出通知，决定对向新中国出口的战略物资实行迄今为止更为严厉的控制许可证制度，限制的范围从1-A类扩大到1-B类。对1-A类，毫无例外地与对苏联、东欧国家一视同仁；对1-B类，基本上也一视同仁，只有两点例外：一是如果该项物资英国或者其他西欧国家正在向中国供应，美国单方面禁运只不过把市场转移至西欧；二是禁运某项物资可能严重危及美国在华人员和财产的安全。此项决定于6月13日由商务部开始执行。③ 朝鲜战争爆发后，6月29日，美国国务院下令各石油公司停止对中国出口石油产品；30日，美国政府要求英国采取同样措施。7月10日，美国又要求巴统国家对中国实行像对苏联和东欧国家一样的贸易管制。巴统各国在美国一再施加的压力下于7月17日同意对中、朝实行像对东欧国家一样的管制。1950年10月，中国人民志愿军入朝参战后，美国商务部于12月2日宣布，自12月3日起对中国大陆及香港、澳门地区的出口实行全面的许可证制度（以前只对战略物资实行许可证管理），从而对中国实行了实际上的全面禁运。④

从对史实的分析可以看出，早在朝鲜战争爆发之前，美国就一直致力于对华实施比限制战略物资供应更大范围的禁运，美国曾多

---

① 崔丕：《美国的遏制战略与巴黎统筹委员会、中国委员会论纲》，《东北师范大学学报》（哲学社会科学版）2000年第2期，第50页。

② 陶文钊：《禁运与反禁运：五十年代中美关系中的一场严重斗争》，《中国社会科学》1997年第3期，第181、182页。

③ 资中筠：《追根溯源——战后美国对华政策的缘起和发展（1945～1950）》，上海人民出版社2000年版，第248页。

④ 陶文钊：《禁运与反禁运：五十年代中美关系中的一场严重斗争》，《中国社会科学》1997年第3期，第183页。

次试图改变有限贸易禁运政策，只是由于其主要盟国英国的极力反对，全面贸易禁运政策才未付诸实施，而一旦条件成熟，美国很快推翻先前的立场，实施全面禁运。

对文本和史实的分析均表明，中西贸易关系的存在主要不是美国出于对与新政权和解的考虑，而是对其盟国的顾虑；更不是寻求与新政权和解的具体行动，而是暂时不得不加以维系的局面。

疑点之四，是南京解放后美国前驻华大使司徒雷登滞留南京及其与中国共产党接触的问题。笔者认为问题的关键不在于司徒雷登是否留在南京，而在于弄清其滞留南京的使命究竟是什么？建议与中国共产党接触，是否就是去寻求与中共建立相互容忍的关系？提出访问北平是司徒雷登的个人行为还是决策高层的旨意？如果司徒雷登的北平之行成行，是否就是中美和解的“机会”？

最早提出美国大使留驻南京的时间是在 1949 年 1 月 19 日，是司徒雷登和他的北大西洋集团同僚们协商的结果。当时淮海战役对国民党统治中心南京产生了巨大的军事威胁，南京势难保住，西方国家的这些前大使们开始讨论其去留问题。他们的一致看法是向本国政府建议，一旦国民党政府迁往广东，各国使馆将派一位高级外交官前往，可能会有其他人陪同，但大使本人的地位将留待考虑。① 1 月 26 日，司徒雷登及其他西方国家的大使馆收到国民党外交部吁请他们随国民党政府南迁的照会。司徒雷登经美国国务院远东司奏请国务院，获得总统批准。美国政府决定由公使衔参赞克拉克带着一小股人员迁往广州，大使司徒雷登及一部分人员继续留在南京。美国国务院特意强调要和北大西洋集团国家采取一致行动，不要在共产党接管南京时单独滞留。②

关于美国政府最终认可司徒雷登留驻南京的意图究竟是什么？从美国国务院远东司司长巴特沃思根据司徒雷登的建议上呈代理国务卿洛维特的备忘录中分析，大约有以下几个方面：尽管司徒雷登

---

① *FRUS*, 1949, Vol. 8, pp. 658-659;《在华五十年——司徒雷登回忆录》，北京出版社 1982 年版，第 234 页。

② *FRUS*, 1949, Vol. 8, pp. 664-667.

认识到，不论美国的真实意图如何，他作为大使留在南京都会"在某种意义上被解释为是对新当局事实的承认"①。但他认为他作为大使留下来也有很多的好处：其一，有利于观察、了解中国共产党的意图，以便影响中国共产党的政策。司徒雷登认为他在这方面具有独特优势：他出生于中国，能讲非常流利的汉语，非常了解中国政治圈子的情况。作为中国燕京大学的前校长，"据称该校百分之五十的毕业生在共产党阵营内，司徒雷登在与中国人打交道时处在中国传统的老师对学生的关系位置。司徒雷登本人也相信这样一种关系将有助于他与中共领导人进行对话"②。正因如此，司徒雷登在其回忆录说：他"非常希望多留一段时间，以便观察共产党人的意图，同时也给他们机会来讨论他们与美国的关系。如果行不通，也便于能够根据情况来制定对策"③。其二，也最主要的目的，是出于保护美国侨民利益的考虑。根据巴特沃思的分析，随着国民党的溃败，美国大多数在华商人和传教士将很快落入共产党的控制之下，如果司徒雷登从南京撤离，它将给人的印象是美国打算继续援助和承认正在溃退中的国民党政府。这将使处于中国共产党控制下的美国商人和传教士的处境变得非常艰难，至于美国使、领馆人员留在这里就更是站不住脚。不能忽视的是，据其分析，共产党很快会占领上海，解放长江以南地区，进而将从东北到长江流域的广大人口集中的中心地域均纳入其控制之下。美国的商人、传教士及各种权益大多在这些地区，所以，司徒雷登认为如果美国打算对其在共产党控制区的利益提供保护或促进，就必须派驻官方代表以便与那些地区的统治当局保持接触。④ 司徒雷登的回忆录也印证了这一说法："国务院授权我继续留下，把我国在共产党控制区的领事馆和侨民照管好，而后再考虑撤离。"⑤其三，为了进一步观察事

① *FRUS*,1949,Vol. 8,p. 665.

② *FRUS*, 1949, Vol. 8, p. 665.

③ 《在华五十年——司徒雷登回忆录》，北京出版社 1982 年版，第 231 页。

④ *FRUS*, 1949, Vol. 8, p. 665.

⑤ 《在华五十年——司徒雷登回忆录》,北京出版社 1982 年版,第 234 页。

态发展，以免盲目行动。在建议留驻南京时，司徒雷登讲到需要考虑的因素就是，蒋介石从南京撤离而由李宗仁暂时接替总统职位，这只是一种表面现象，并不意味着蒋介石完蛋了，也不意味着广州以后会是中国国民党政权的中央所在地，现在就随迁广州没有意义。对此，他是这样分析的：李宗仁正谋求与中共和谈，并没有撤退到广州和停止抵抗，而蒋介石以隐退的方式，或者说从他的告别演说的含糊其辞看来，他并没有堵死有朝一日重返政坛的道路。他把财产转到台湾，表明他将以那里为堡垒，他将撤退到那里进行抵抗；他把嫡系部队转移到福建省，除了表明他准备复出和继续驻守台湾以继续抵抗外，还表明大陆上的那些地区仍在他的控制之下。如果和谈失败或者达成了蒋介石认为不能接受的条件，蒋介石可能重新当总统，并纠集残部进行抵抗。凭着美国人过去与蒋介石打交道的经验判断，蒋介石肯定有这样的计划，而蒋介石最终也不会把广州作为安身立命之地，所以“不可能指望在广州同中国政府高层接触”。① 根据这些分析，并不能肯定地得出结论，即司徒雷登没有随国民党政权南迁广州，“不仅是美国行将抛弃蒋介石的信号，是美国政府走向承认新政权的第一步”。需要进一步说明的是，即使司徒雷登留在南京的主要目的是保持与中国共产党的接触，这也与不承认的立场不相冲突。根据本书第二章的分析，早在1948年底1949年初，美英就已约定保持在华存在，所以美英继续开放在沈阳、天津等地的总领事馆，但并不准备承认共产党的地方政权。甚至可以说，在美国的思路中，保持事实的接触与不承认新政权是相辅相成的，而不是相互冲突的。美国旨在既不承认新政权，又不丧失对中国事态发展的影响力。如在1949年中国人民解放军即将进行渡江作战前夕，艾奇逊曾提请其驻华外交官注意，“不要试图要求中共承认其官方领事地位，因为这种行动将传递一种我们不能够提供的事实上的关系的感觉。”②

---

① *FRUS*, 1949, Vol. 8, p. 666.

② Quoted in Warren I. Cohen, “Acheson, His Advisers, and China, 1949-1950,” in Dorothy Borg and Waldo Heinrich, eds., *Uncertain Years: Chinese-American Relations, 1947-1950*, New York: Columbia University Press, 1980, pp. 34-35.

关于司徒雷登与黄华接触的动机，从笔者接触到的资料来看，应该说中美双方决策高层都是带着试探对方政策底线的意图来的。毛泽东为中共中央起草的致中共南京市委的复电，对黄华与司徒雷登谈话应注意的几个问题做了如下指示：1. 黄华可以与司徒雷登见面，以侦查美国政府的意向为目的。2. 见面时多听司徒雷登讲话，少说自己的意见，在说自己的意见时应根据李涛声明①。3. 来电说“空言无补，需要美首先做更多有益于中国人民的事”②，这种说法有毛病，“似乎美国政府已经做了若干有益于中国人民的事，只是数量上做得少了一点”。应根据李涛声明表态。4. 与司徒雷登谈话应声明是非正式的，因为双方尚未建交。5. 谈话时如司徒雷登态度友善，黄华亦应取适当的友善态度，但不要表示过分热情，应取庄重而和气的态度。6. 对傅泾波所提司徒雷登愿意继续当大使和我们办交涉并修改商约一点，不要表示拒绝态度。③ 根据资中筠的研究，在中共中央这一指示的背后，实际上是由于司徒雷登和其他西方国家的大使留驻南京，在南京解放，但上海以及东南、西南大片国土尚未解放，中国共产党方面担心在打到这些地区时美国及西方国家借口保护其利益而进行武装干涉，因此想对这些国家采取

---

① 指1949年4月30日中央军委作战部部长李涛受毛泽东委托，作为中国人民解放军总部发言人就“紫石英”号事件所发表的严厉谴责英国舰只侵入中国内河，炮击人民解放军的暴行的声明，其中表明外国同中国建交必须是在平等、互利、互相尊重主权和领土完整的基础上，必须断绝同国民党残余力量的关系，并且把它在中国的武装力量撤回去。见《毛泽东外交文选》，中共中央文献出版社、世界知识出版社1994年版，第84～86页。

② 指南京市委汇报黄华与司徒雷登的秘书傅泾波会谈情况并请示与司徒雷登会谈的电文。其中黄华对傅泾波讲：“空言无补实际，需要美国更多做有益于中国人民的事，才能逐步取得中国人民的谅解。”参见黄华《南京解放初期我同司徒雷登的几次接触》，载外交部外交史编辑室编《中国外交官回忆录：新中国外交风云》第1辑，世界知识出版社1990年版，第22～32页。

③ 《毛泽东外交文选》，中共中央文献出版社、世界知识出版社1994年版，第87～88页。

“羁縻”策略。① 而美国政府的意图可能更为复杂一些，这需要对1949年3月10日司徒雷登给艾奇逊的请示与中共高层会谈的长信以及4月6日美国国务院的复函来进行仔细分析。为什么要与中共高层接触呢？司徒雷登陈述的主要理由是，随着对更为重要的沿海省份和内陆地区控制的扩展，中共宣传中不断增加的反美情绪令他深感不安。尽管在他看来，中共的这些反帝措辞可能只是受克里姆林宫“蛊惑”的结果，但其中的因素之一无疑是美国对国民党政府的军事和其他援助。对美国行为的义愤是很多不论是否同情共产主义的知识分子都有的真实想法。中共对美国的敌意除了其意识形态固有的“偏见”外，“可能有那么一点真正误解的成分。如果能够将误解移走或者在某种程度上减少，这将为解决余下的问题铺平道路”。从更积极的方面看，如果“美国的民主影响能够继续在共产党控制下的大陆流行和改变共产党的不宽容”，当然是再好不过的事情。不过司徒雷登本人对此好像并没有太大的信心。他认为“要影响中共的政策似乎是天真的幻想”，所以司徒雷登是抱着以“最后的努力来拯救”中国的心态来做这件事情的。他“希望去传递一种友好讨论的情绪”，如果这些能产生效果当然好，如果不能被接受，将只好“放弃任何通过和平谈判以解决分歧的希望”。② 在这封长信中，司徒雷登还详细陈述了他与中共接触的方式及打算讨论的问题。他“希望不只是以美国官方代表的身份，而且是作为一个长期在中国定居、素以站在维护中国的独立和民主进步以及主张首先能给中国人民带来福祉的中美关系立场讲话而著称的个人的身份同中共接触”。他想通过这种接触“提醒他们，美国政府和民间由来已久的对中国人民传统友谊”；表明美国人对中国共产主义可能按苏联模式建立集权国家的深切担忧；表明美国政府从根本上反对这种制度，如果中国共产党一意孤行，美国将援助反对派，“并利用美国拥有的一切资源让中国人民获得真正的解放”。只是

① 资中筠：《追根溯源——战后美国对华政策的缘起与发展（1945～1950）》，上海人民出版社2000年版，第232页。

② *FRUS*, 1949, Vol. 8, Part 1, p. 174.

因为考虑到这样做所需要付出的巨大代价，因此，“消除怀疑和误会并为了共同的利益合作”是对所有各方有益的事情。而且，为了减少最后通牒或威胁的意味，他不打算作为官方信息来传递这种警告。①

从对信函内容完整的分析来看，虽然不能排除司徒雷登为了赢得国务院的支持，而使用了一套应对国内舆论的说辞，使其充满了说教的色彩，但从整个语气来看，司徒雷登的目的除了旨在通过沟通，减少或消除中共反美宣传在中国人民中造成的对美不利的影响外，也希望以中国人的恩人、老师和救世主的身份，去感化、教诲和告诫中国共产党人，促使其放弃对苏联共产主义的“执迷不悟”，认识到顺从美国的好处和违背美国意图的后果，从而改弦易辙。即使达不到这一目的，责任也不在美国一方。因此，让中国共产党人改变对美国的敌视态度，改变对共产主义的信仰，接受美国的价值观和行为准则，同时也为必要时采取强硬行动排除后顾之忧，这些是司徒雷登主张同中国共产党接触的初始出发点，正像爱德温·马丁认为的那样：“虽然没有理由怀疑司徒雷登真心希望与中共建立工作关系，但是如果这些先前的学生被证明是执拗的和任性的，老师准备惩罚和开除他们。”②美国国务院仔细研究了司徒雷登的建议后，于4月6日回电，授权司徒雷登就他所阐述的那些观点与中共高层接触。美国国务院的复函也认为让共产党改变政策是天真的，但是考虑到所涉及问题的重大意义，不妨试一试，一旦不能产生结果，立即对外公布双方讨论的性质以及共产党拒绝动议这件事。③

对于黄华和司徒雷登随后的接触，值得注意的是，作为当事人的黄华和司徒雷登对双方接触的事后叙述并不一致。根据黄华的回忆，是司徒雷登急于同他建立联系，便于5月6日派秘书傅泾波(Philip Fugh)见他，5月7日黄华接见傅泾波，13日黄华以私人

---

① *FRUS*, 1949, Vol. 8, Part 1, pp. 173-177.

② Edwin W. Martin, *Divided Counsel: The Anglo-American Response to Communist Victory in China*, pp. 25-26.

③ *FRUS*, 1949, Vol. 8, Part 1, pp. 230-231.

身份见司徒雷登。其间司徒雷登谈到愿同新中国建立新关系，美国已停止援蒋，不愿参与中国内战，并主动建议将上海经济合作分署所存物资待上海解放后移交中国共产党方面以支援上海恢复生产。而黄华对此拒绝，并要求美国将驻在青岛等地的海军舰只和陆战队撤走。① 根据司徒雷登本人的回忆录，是黄华到南京主管外事局工作，几天后即约见司徒雷登的秘书傅泾波，傅泾波建议黄华去看“老校长”司徒雷登，几天后，黄以私人名义来看司徒雷登，“谈话是友好而非正式的”。司徒雷登尽量不提政治话题，等黄华来开这个头，司徒雷登的心态是“既然共产党坚决不承认与国民党有过于密切同盟关系的‘帝国主义国家’，那他也就以普通美国公民的身份听从于事实上的地方当局的代表所做的安排与指点”。当黄华提及在平等互利基础上承认新中国的问题时，司徒雷登接上话题，表示除了平等互利外，还应该包括接受国际条约、国际惯例。“承认一个国家的惯例必须是得到该国人民的支持或至少为他们接受，同时证明它愿意并且能够按照国际惯例同别的国家保持关系，那么就会讨论有关承认之事”；但是在此之前，美国和其他国家“只能消极地等待”，司徒雷登认为，“坐在被告席上的是中共而不是别的国家”。司徒雷登还暗示其他国家将会跟美国走。② 根据司徒雷登在 1949 年 5 月 14 日给美国国务院的电文可以看出，双方近两个小时的会谈的确是“友好的”。司徒雷登尽量不做政治性的评论，而是按照事先的思路，热切地表达了世界人民如何期待和平，而危险的局势又是如何地不顾人们的意愿在发展；在司徒雷登看来，现在大多数的紧张局势都是由于误解、担心和怀疑造成的，这些原本是可以通过相互坦诚的交流来消除的。美国和西方非共产主义世界对中国共产党所描述的必须进行世界革命和推翻资本主义的

① 黄华：《南京解放初期我同司徒雷登的几次接触》，载外交部外交史编辑室编《中国外交官回忆录：新中国外交风云》第 1 辑，世界知识出版社 1990 年版，第 22 ~ 32 页。

② *FRUS*, 1948, Vol. 8, pp. 745-747；《在华五十年——司徒雷登回忆录》，北京出版社 1982 年版，第 240 ~ 242 页。

马克思列宁主义深感担忧，认为这将会把颠覆、干涉和武装的侵略作为既定政策。但是当黄华问他有什么计划时，司徒雷登除了既定的想法外，似乎有临场发挥。他谈到他希望尽可能长期留在中国以作为美国关心全体中国人民福祉的象征，希望维护中美两国人民的传统友谊，作为一个行将就木的老人，希望尽自己的余力，来恢复美国政府和人民希望的那种关系，希望中国统一、和平，实现真正民主的政府和良好的国际意愿。司徒雷登的表态给黄华造成了美国希望与中国共产党建立新的关系的强烈印象。但是在涉及承认这一具体问题时，司徒雷登的立场倒是没有偏离美国国务院的既定方针。其表态和事后回忆基本一致。①

综上所述，其一，从双方接触的决策层面看，试探对方的底线，尽可能消除对方政策中于己不利的因素是基本出发点。所以摸清对方意图、防止出现更为不利的局面是主要的，黄华被告知少说多听，司徒雷登也是要等黄华来开头就是例证。由于美方对中国共产党的意识形态根本不认同，真正的和解难以达成。其二，从双方实际接触的层面看，尽管事后说法中存在不一致，但从当时的记录来看，司徒雷登在双方比较轻松的交谈中有一定的个人临场发挥，司徒雷登关于中美关系的表态方面也体现了他的个人色彩，似乎有点偏离了美国国务院5月6日指示要求的“不宜提出任何针对承认的动议，哪怕只是给人以共产党寻求承认的任何努力将受到欢迎之类的官方声明都不能出现”② 立场。不过在承认新中国的明确表态上，基本上体现了美国国务院的既定立场。其三，不论谈话的气氛是否友好、平等，私人感情和双方所代表的立场是区分开来的。而且双方的个人立场，并不能左右决策高层的意志。事实上，6月底，司徒雷登就“开始认真地为撤离做准备”，但把动身日期定在7月18日，一个重要原因在于等候一位应邀访问北平的国民党要人为其“提供可靠的有关共产党人意图的第一手资料”③。

---

① *FRUS*, 1948, Vol. 8, pp. 745-747.

② *FRUS*, 1949, Vol. 9, pp. 16-17.

③ 《在华五十年——司徒雷登回忆录》，北京出版社1982年版，第248页。

至于1949年6月司徒雷登的北平之行未能成行是不是“一个寻求与中共和解的条件的异乎寻常的机会”① 被漠视？除了绪论中提到的威廉·斯塔克对这一问题的有力辨析外，笔者认为资中筠的分析同样具有说服力。资中筠通过采访当事人黄华并核对有关材料，发现中方的理解和美国档案中所反映的情况存在很大出入。中方认为是美国政府至少是美国国务院的试探，后来美国又反悔了。而美方的档案显示，美国政府从无此意，是司徒雷登先斩后奏被否决。而从司徒雷登报告的口气看，则是他的秘书傅泾波“随便”提到，得到中方的热心响应。尽管尚存一些疑点，但在资中筠看来，司徒雷登北平之行的提议在很大程度上是司徒雷登的秘书傅泾波和司徒雷登本人的主张，并得到美国国务院有关官员及美驻天津、上海、北平的总领事不同程度的认可。尽管这些人为北平之行限定了各种条件，并准备好了应付舆论的说辞等，但最终被美国“最高层”否决。而且在当时美国决定暂不准备承认新政权的情况下，“即使司徒雷登成行，当时的中美关系也不可能有重大改变”②。

总之，通过对美国对新中国政策的一些关键问题上的立场进行全方位的、动态的探讨及其与英国政策的比照分析，英方资料的佐证，以及对一些疑点的辨析，可以进一步证实：那些认为朝鲜战争爆发之前美国政府准备与中国共产党和解，只是由于美国国内扶蒋反共因素的牵制、中共反美和朝鲜战争的爆发才未能实现的传统解释难以成立。尽管不可否认，此时的美国对华政策尚未最后定型，准备了软硬两手，并保持着一定的灵活性，但并不表明美国打算承

---

① Thomas G. Paterson, ed., *Major Problems in American Foreign Policy: Documents and Essays*, Vol. II, *since 1914*, Lexington, Mass.: D. C. Heath and Company, Second Edition, 1984, p. 401.

② 参见资中筠:《追根溯源——战后美国对华政策的缘起与发展(1945～1950)》再版序言,上海人民出版社2000年版,第235～237页。William W. Stueck, Jr., The American Failure to Negotiate, in Thomas G. Paterson, ed., *Major Problems in American Foreign Policy: Documents and Essays*, Vol. II, *since 1914*, Lexington, Mass.: D. C. Heath Company, Second Edition, 1984, pp. 407-409.

认一个共产党政权，并致力于与其和解。尽管美国决策集团内部、行政当局和国会、公众舆论和利益团体之间始终存在分歧，但美国对新政权的敌意和抵触占据主流和支配地位，试图改造中国共产党，甚至取而代之的想法是其制定对新中国政策的基本出发点，代表着美国对华政策的走向。旨在离间中苏关系的楔子战略并未对美国奉行一种现实的对华政策产生持久的、决定性的影响。

二、英国对新中国政策的基本特性

从英国对新中国的各项重大政策的决策与实际执行来看，英国希望通过同中国共产党政权建立正常关系以维持其在华利益和影响的主观意图非常明确，英国也为承认新中国、维护中华人民共和国中央人民政府作为中国唯一合法政府的正当权益做了不少工作。这主要表现在：英国率先给予新中国以法律上的承认；一度投票赞成恢复新中国在联合国的合法代表权，并顶住美国的压力，为中国联合国代表权问题的解决做了不少实际的工作；反对美国阻止中国人民解放军解放台湾的行动，坚持《开罗宣言》的原则立场，主张台湾最终应交给中国；英国始终没有放弃让中华人民共和国中央人民政府代表中国参与对日媾和的立场，等等。在当时的全球冷战的环境下，这些举动都是非常引人注目的、与美国唱反调的行为。与美国的政策相比，英国各项政策的形成往往不是一步到位，也并非一成不变的。其政策取向与转轨时常显得拖泥带水，起伏波动，甚至经常出现反复，有时还会出现以在一个问题上让步来争取美国在另一个问题上支持英国的现象。英国政策的两面性、内在矛盾性和不稳定性十分明显。

这种现象的出现，既是英国现实主义外交基本特性的体现，也与制约英国对华政策发展演变的各种因素经常发生矛盾有关。希望以最小的代价换取最大的利益，并根据形势的变化不断调整政策是英国现实主义外交的基本特性。而在战后两大阵营全球冷战对抗的现实条件下，英国对华政策的各种制约因素往往互相冲突，难以协调。一方面，英国力图通过采取现实的对华政策来保住英国的在华利益，阻挠日本进入英国的传统市场，维持香港和东南亚殖民统治的稳定，争取亚洲新独立国家的好感和离间中苏关系。另一方面，英国对华政策又不能不考虑美国的政策立场。在美苏全球冷战对抗、苏联在欧洲的扩张以及英国国力已严重削弱的背景下，英国自身的安全保障、经济恢复和发展、世界大国的地位的维系都必须借重美国的援助和合作。英国对华政策目标与美国对华目标难以协调一致。英国对华决策的活动余地很小，其政策往往取决于对这样一些因素权衡的结果，其中包括英国在该问题上的核心利益、英国对中国共产党政权意图的判断，中国共产党方面的压力及英国对发展中英关系的期望值；美国对英国在华利益的损害程度及其对英国的抵制所能容忍的限度；国际社会特别是英联邦亚洲国家、乃至苏联立场的强硬与否。所以英国对华政策时常左右摇摆，英国也因此时常被中国共产党指责为美国的追随者和缺乏诚意的“两面派”，同时又被美国认为是随时准备为眼前利益“牺牲原则”的“绥靖者”或者是“贪婪的帝国主义者”。在无法两全其美的情况下，英国往往会在权衡利弊之后，做出偏向一方的政策转轨。英国对美国立场抵制的程度及最终是否屈从于美国的压力，从根本上取决于这一问题是否关系到英国的切身利益，这一利益是否重要到需要不惜冒与美国关系破裂的风险来加以捍卫，因而英国在某些问题上会很容易屈从美国的压力，而在另一些问题上又会“顽固到底”。

第二节　美英分歧的性质与协调的基本范式探讨

美英在远东地区问题上，特别是在中国问题上的关系一直是国际学术界存在争议的问题，美英对华关系的状况也是判断美英在远东问题上的关系的重要标准。大凡研究美英关系的西方著述，在论及远东地区的问题时，往往都会以美英在中国问题上的争议为例证来进行评述。中国作为美英在远东关系中的问题似已成为思维定势。然而，美英在中国问题上到底存在什么样的具体分歧？这些分歧到底在多大程度上影响了美英关系？它到底是像向兰辛等人所认为的那样，美英这对盟友在远东地区根本就没有进行任何有意义的合作，其分歧已使美英的特殊关系荡然无存呢？还是像詹姆斯·唐等人认为的那样，在对新中国承认的问题上，美英之间并没有实质性的分歧，对华政策实际上并不是美英冲突的重要因素？美英分歧和协调到底有什么特点？美英盟友关系的基础到底是什么？对此，笔者的研究表明，传统观点认为的美英分歧要么势不两立、要么微不足道的看法都有失偏颇，需要从新的视角来审视这些问题：

第一，与美英在欧洲问题上几乎是协调一致的英美特殊关系模式明显不同的是，不仅美英在对华关系问题上的确存在实质性的分歧和重大冲突，而且其分歧的表现形式、分歧与协调的发展轨迹与结局也各不相同。事实上，这一时期美英对华关系很难一言以蔽之，需要区分不同情况加以说明。在关乎英国战后经济恢复和发展的对新中国的外交承认和新中国参与对日媾和这两个问题上，美英冲突发展到分道扬镳和不得不动用非常手段来加以解决的程度。在其他两个问题上，英国在进行了一番抗争后，最终选择了妥协的立场。从这个意义上讲，美英在对华问题上的关系显示出极大的不协调性和合作的艰难性，这与美英在欧洲对苏联的一致政策形成了鲜明对照。这种特性表明，美英在很大程度上是各行其是的，存在一些可以被中国加以利用的矛盾间隙。

第二，与美英分歧相伴而生的是它们之间频繁而密切的协商，从这个意义上讲，美英特殊关系在远东地区依然存在，不能仅以存在分歧定性国家间的关系。存在分歧是国家间关系的常态，即使是具有同盟关系的国家亦如此，关键在于出现分歧后如何处理。就像美国国务卿艾奇逊私下承认的，关系是特殊的，也是不愉快的。诚如阿历克斯·丹契夫所认为的那样，特殊关系并不会基于一致性而自然而然地产生，它必须经过培育和商议才能产生。① 从制度运作的层面来看，根据研究美英关系的专家戴维·雷诺兹的看法，美英之间的协商机制不仅体现在双方定期和不定期的外交和部门间的协商，而且建立在许多非正式的个人接触和共同的语言便利的基础上。经常性的、及时的信息沟通，制度化的协调机制，尽管有时并

① Alex Danchev, *On Specialness, Essays in Anglo-American Relations*, Oxford : St. Martin's Press, 1998, p. 3.

不能保证政策的一致而是使双方的分歧全面展开，但每一方将在充分考虑对方特殊利益和敏感性的前提下执行自己认为是最好的政策。“通过双方之间的事先协商，英国经常能在美国决策尚未形成时的较早阶段把它自己的观点灌输到美国的决策过程中。美国往往能得到一个自然的盟友。”① 尽管雷诺兹的结论主要是基于美英在欧洲问题上的关系得出的，但是根据笔者的研究，这一特点在对华关系上同样存在，而且密切协商本身能体现各自对对方的重视程度，所以分歧和协调是美英这一时期关系的主要特点。因为笔者讨论的问题聚焦于美英分歧最突出的问题上，也因为笔者所截取的时间段正是美英政策的磨合期，所以一方面美英分歧的强度必然体现得比较清楚；另一方面，美英在处理这类棘手问题时所体现的关系模式也应该最有说服力。从美英协调的过程和结果来看，美英特殊关系中存在相互调整、相互磨合的驱动力和调节机制。这是美英关系尽管摩擦不断，但特殊关系仍然维持的基础。从观念层面来看，首先，作为冷战的盟友，美英在意识形态方面有着根本的一致性。不管在什么情况下，要让英国改变反共、遏制苏联和支持西欧的政策都是不可思议的。② “在很多情况下，他们的世界观非常相似。”③ 这些从根本上保证了美英在观念层面上不存在根本性的分歧。在具体问题上的分歧往往可以通过外交协调来平衡。其次，美英作为世界性的大国，对不让双方在远东问题上的分歧影响到在其他地区的合作这一点上也存在基本的共识。“英国的战略就是在朝

① David Reynolds, “A ‘Special Relationship’? America, Britain and the International Order since the Second World War”, *International Affairs*, Vol. 62, No. 1 (1986), p. 10.

② Dixon Minute, U. S. Far Eastern Policy and the Vote at UNQ, 28 Jan., 1951, FO371/92067, Quoted in M. L. Dockrill, The Foreign Office, Anglo-American Relations and the Korean War, June 1950-June 1951, *International Affairs*, No. 62 (1986), p. 475.

③ Bradford Perkins, “Unequal Partners: The Truman Administration and Great Britain”, in Wm. Roger Louis and Hedley Bull, *The Special Relationship: Anglo-American Relations since 1945*, Oxford: Clarendom Press, 1986, p. 44.

鲜和欧洲有力地支持美国与在中国问题上坚持不懈但温和而私下的警告相结合。"① 再次，美英关系的特殊性还源于，两国都有在40年代持续的国际危机中变得不断明显的共同利益；在面对苏联威胁时都希望维持西欧的独立。最后，在一种更有条件的情况下，他们都希望在亚洲和中东阻止激烈的和暴力的变动。② 从这个意义上讲，美英同盟更具有稳定性的特点。所以仅仅只注意美英的分歧而不注意其协调就下结论难免偏颇。

第三，由于世界范围内利益交织，美英双方各有制约、影响对方的砝码，存在相互依赖、相互制约的基础。英国制约美国惯常使用的手段有这样几个：首先，英国经常利用亚洲新兴的民族主义情绪对帝国主义的反感来批评美国的政策，或以美国的政策可能导致亚洲民族主义与西方民主阵营疏离转而与共产主义结盟来向美国施加压力。简言之，就是打印度牌和中苏关系牌。这一点恰恰是美国刻意避免的。所以英国利用英联邦国家和亚洲舆论往往能对美国起到施加压力的作用。在传统的观念中，总是美国批评英国为帝国主义，以新殖民主义为旗号来反对英法的老殖民主义，但现在的角色却颠倒过来，时常是美国的行为被英国指责为帝国主义的做法，漠视亚洲的呼声。之所以出现这种情况，这既是英国传统的均势外交的发展，富于外交经验的反映，同时也反映出英国对亚洲的态度发生了变化，反映了英国外交务实的特点。第二次世界大战结束之后，面对亚洲民族解放运动不可逆转的潮流和大英帝国的江河日下，英国采取了顺应的态度，开始放下宗主国居高临下的架子，开始注重亚洲的舆论，从亚洲的角度看问题。根据布赖恩·波特的研究，在英国国内，"激进的观点通常强调亚洲的崛起将是一个不可避免也无法阻止的历史进程，明智的做法是顺应这一潮流。试图对

---

① William Stueck, "The Limits of Influence: British Policy and American Expansion of the War in Korea", *Pacific Historical Review*, Vol. 55, No. 1(1986), p. 73.

② David Reynolds, "A 'Special Relationship'? America, Britain and the International Order since the Second World War", *International Affairs*, Vol. 62, No. 1 (1986), p. 5.

抗它，不仅是愚蠢的，也是不道德的”①。其次，英国利用美国出于欧洲战略的考虑不希望英国经济动荡的心理，强调英国在华有与美国不同的利益和责任，需要有不同的政策，以求得美国认可英国采取不同于美国的对华政策。再次，英国抓住美国希望争取日本的心理，打日本牌。这在对日和约问题上体现得非常明显。美国惯常使用的手腕不外乎如下几种情况：1. 由于英国在欧洲问题上对美国存在巨大的依赖性，美国往往利用对欧政策，主要是经济援助和安全防务来向英国施加压力。在这个问题上，美国总会把国内舆论的反对作为挡箭牌，暗示或明示英国，如果在中国问题上不合作，将影响美国国内舆论对美国政府对欧政策的支持。2. 利用英国在东南亚殖民地，特别是香港的稳定将会因为中国不承认国际义务和共产主义的扩张而受到影响来威胁英国。美国时常表示，如果中国共产党不承认国际条约和义务，这将直接影响到英国通过不平等条约所获取的殖民地香港的地位问题。美国还时时明示或暗示英国，如果不支持美国，当中国共产党进攻香港时，英国将难以得到美国的帮助；美国反复说明，承认中国共产党政权将对英国在东南亚的殖民地产生严重副作用，危及其殖民统治的根基等。3. 利用英国想参与亚洲事务的心理，暗示英国如果不合作，美国将抛弃英国单干，等等。所以，尽管美英都希望对方能接受自己的立场，但在密切协商之后往往也能最终形成一个妥协方案。从总体上讲，在这种协商中，双方互有妥协，但是比较而言，以英国的妥协居多。诸如，英国接受美国对中国联合国代表权的搁置讨论，接受美国在对日和约中关于台湾问题的安排，也屈从于对日和约中关于中国签约权问题的处理等。

第四，因为实力悬殊，美英关系不是一种对等的关系，对此学术界存在基本共识。但是，笔者认为对这个问题也应从两个方面来看：一方面，英国在美英关系中并非处于被动和依附的地位。“尽管贝文很清楚英国采取行动的自由很有限，但是他寻求最大限度地

① Brian Porter, *Britain and the Rise of Communist China: A Study of British Attitudes, 1945-1954*, London: Oxford University Press, 1967, p. 45.

保持和扩大英国的影响力，认为这可能在一定程度上弥补实力的不足”。“他寻求与美国的合作，旨在建立一种亲密但不是对美国阿谀奉承的关系。”① 贝文这种认识的思想根源，一是如果英国不积极主动，就会被美国看不起。在把美英关系确立为战后英国外交政策基石的斯特朗常务次官委员会看来，英国应在世界事务中继续起领导作用，承担相应的政治、经济和军事责任，英国应与美国保持密切关系，但是不要被其政策所控制。斯特朗的常务次官委员会坚持认为，只有英国足够强大，对美国足够重要，才能不与美国发生重大分歧。英美关系虽然在一个时期内会是不平等的，但是通过英国与美国及其他友好国家，如英联邦国家在亚洲和远东地区的密切合作而得到改善。② 二是英国人非常看重他们的外交经验及其与海外的联系，认为没有哪一个国家能够替代英国的作用。在英国决策人物看来，“美国是一个年轻的国家，美国政府非常容易采取那些不加考虑的冒险行动”，因而英国有必要、也有可能抑制美国外交政策中的极端行为。这一方面的考虑被视为战后英国外交的基本目标。“我们应把努力抑制他们当成自己的事情”③。另一方面，以务实外交著称的英国人又能够接受屈居美国之下的现实。英国外交部官员皮尔逊·狄克逊（Pierson Dixon）1951 年 1 月 28 日在与美国发生争吵后所说的一番话颇具代表性，他说：“如果我们不能完全地改变美国的政策，我们就必须退回到我们作为顾问和调解人的角色。在充当这种角色方面我们已有相当的效果，但我们最终将接受令人不快的结论，就是我们必须让美国领头，并且追随他们，至少不与他们闹翻。尽管这对我们来说很难，特别是在数百年以来我们

---

① Bradford Perkins, "Unequal Partners: The Truman Administration and Great Britain" in Wm. Roger Louis and Hedley Bull, *The Special Relationship: Anglo-American Relations since 1945*, Oxford: Clarendom Press, 1986, p. 47.

② Ritchie Ovendale, *Anglo-American Relations in the Twentieth Century*, London: Macmillan Press, 1998, p. 82.

③ Strang Minute, 5 Jan., 1951, FO371/92776, Quoted in M. L. Dockrill, The Foreign Office, Anglo-American Relations and the Korean War, June 1950-June 1951, *International Affairs*, Vol. 62 (1986), p. 475.

一直在领导别的国家，现在要退到让别的大国来领导我们的地位的确很难。”① 也就是说，在美英关系中，英国虽不甘于被动和依附地位，但也无意与美国争夺西方世界盟主的地位，英国虽然希望争取平等地位，但也能够承认和接受美国的领导地位，当好主动的配角，不在乎名分而注重实利可以说是英国对自己的一种定位。“避免公开的对抗，寻求私下的影响，公开的劝解，私下的操纵”，就是这种联盟政治的技巧。②

总之，美英在对新中国承认问题上的分歧与协调所反映出来的美英关系的实质，与人们用常规的冷战思维所理解的美英关系模式不同，也与西方学术界关注和研究较多的英美特殊关系的欧洲模式存在差距，也难以支持一般著述中所持的观点，即美英总是以合作为主，分歧为次，不论怎样矛盾，英国最终都将屈从美国的论断。美英在承认新中国问题上的分歧与协调在一定程度上反映了美英关系的复杂性。

美英在远东问题上的盟友关系虽然遇到重重困难，但一直维系着。深究其根本原因，除了前面论及的能够及时协调分歧、双方价值观存在着根本的一致性、有着相互制约的基础等因素外，更在于美英之间的相互需要。对美国来说，英国的支持不可或缺。这首先表现在美国不承认新中国的各项目标的实现离不开英国的支持。美国素以维护自由、民主、正义、和平、法律和秩序相标榜。作为资本主义世界的霸主，其行为亦不能随心所欲，使自己的行为合理化是美国对付世界舆论的主要手段。在对华问题上，美国既不愿承认新中国，又刻意不使自己的行为被烙上帝国主义的印记。面对一个强大的中国共产党政权存在的现实，要贯彻对新中国拒不承认的立

① Dixon Minute, “U. S. Far Eastern Policy and the Vote at UNQ”, 28 Jan., 1951, FO371/92067, Quoted in M. L. Dockrill, The Foreign Office, Anglo-American Relations and the Korean War, June 1950-June 1951, *International Affairs*, No. 62 (1986), p. 475.

② David Reynolds, “A ‘Special Relationship’? America, Britain and the International Order since the Second World War”, *International Affairs*, Vol. 62, No. 1 (1986), p. 2.

场，而且要他国和自己保持行动一致，必然面对国际社会的强大阻力，因而美国需要争取世界舆论，英国的支持尤为重要。所以不论是组建不承认新中国的共同阵线，还是以一个盘踞孤岛的残余政权作为挡箭牌，将一个在人口、面积和政治影响等方面都起着举足轻重作用的大国的合法政权排除在联合国之外，美国的单独行动显然是力不从心。要公然违背历史事实、推翻自己曾经庄重承诺的立场来分离台湾，将惨遭日本蹂躏、并为打败日本法西斯做出过重大贡献的中国的合法政府排斥在对日媾和谈判之外，对美国而言也不是轻而易举的事情。英国作为美国的主要盟国、英联邦的代言人、联合国安理会常任理事国、《开罗宣言》的主要当事国及旧金山和约的联合起草国，英国的立场是美国必须首先加以考虑的因素或者说是美国无法跨越的障碍。所以，美国对华政策的目标能否达到，以及在多大程度上达到，都取决于英国的合作。除此之外，美国对英国的需要还表现在其他很多问题上。如20世纪50年代初，英国的武器生产超过所有其他西欧合作者的总和，占到非共产主义欧洲工业生产的30%。英国的四个师和战略空军是当时北约中部防线的基本组成部分。① 此外，“它拥有核武器，作为安理会常任理事国，拥有政治军事情报，政治稳定，愿意将国民生产总值的很大部分用于军事的目的，这些对美国都是非常有价值的资产”。② 从这个意义上讲，在本书所探讨的时间段内，也就是在德日尚未重新武装、法国还没有摆脱印度支那和阿尔及利亚殖民战争的羁绊的情况下，英国作为美国的盟国，具有不可替代的作用。所以，美国在对华问题上也必须考虑英国的利益、建议和感受，从而不得不在一定程度上容忍英国与之唱对台戏。对英国来说，英国的安全防卫、经济恢复与大国地位的维系，无一不依靠美国的支持，这决定了尽管在中

① John Baylis, *Anglo-American Defence Relations*, p. 43; David Reynolds, "A 'Special Relationship'? America, Britain and the International Order since the Second World War", *International Affairs*, Vol. 62, No. 1 (1986), p. 8.

② David Watt, "The Anglo-American Relationship", in Wm. Roger *The Special Relationship: Anglo-American Relations since 1945*, Oxford: Clarendom Press, 1986, Introduction, p. 4.

国和远东其他问题上英国可以对美国说“不”，但是对苏联在欧洲对英国的威胁，离开了美国的支撑，对英国来说几乎是不可想象的。所以，跳出远东和中国的范围，为了更广泛、更根本的利益，不让在中国问题上的分歧从根本上破坏两国关系，也是美英的基本共识。

第三节　美英分歧的深层原因综论

深入挖掘美英在对新中国的政策问题上出现分歧的原因是更好地理解美英对华决策的基础。对此，虽然已有的相关研究成果在不同程度上有所涉猎，但多限于特定的议题，系统、综观的分析鲜见。笔者试图在前文论述的基础上，从美英双方远东政策、特别是对华政策目标、美英对新中国政策的决策理念与思路、美英对华政策的国内外制约因素这三大方面进行多层次的综合分析，对导致美英分歧的原因进行全面、透彻的探讨。

一、美英基于不同的国家利益而形成的相互冲突的远东及对华政策目标和与中国新旧政权的关系是导致美英在对新政权政策问题上出现重大分歧的根本原因

第一，美英相互冲突的远东政策目标，导致双方在对新中国的政策问题上的分歧广泛存在，难以协调。

概括而言，美国在远东地区有更为广泛的战略和政治利益。其远东政策目标与其全球遏制共产主义的冷战目标一脉相承，即力图在远东地区构建美国主导的、以遏制苏联和中国共产主义“扩张”为主要目标的和平与安全体系。而随着国民党在中国内战中的溃败，美国在中国大陆的政治、经济特权和战略地位丧失殆尽，因而阻止台湾落入共产主义的控制之下，防范日本、东南亚受到共产主义的渗透或控制，建立以南朝鲜、中国台湾、日本和东南亚为基轴的遏制中、苏共产主义的政治、经济和防务体系成为美国决策者关注的中心问题和基本共识。为此，除非中国共产党政权愿意保证美国已有的特权地位，并接受美国的价值标准和权威，否则，美国决

不准备给予一个共产党政权以示嘉许的承认。此外，美国也将竭力阻挠中国人民解放军攻取台湾，并确保中国共产党今后也不能控制这一地区；阻挠中国共产党获取在安理会拥有否决权的联合国代表权；阻止中日关系的恢复进而从根本上阻断日本与中国大陆的传统联系。

战后，英国由于国力衰微，不得不进行战线收缩。在英国的战略部署中，远东地区的地位明显下降。对于以重振经济和实现充分就业为头等大事的工党政府来说，远东的重要性直接体现在经济收益和政治影响方面，因而英国远东政策的基本出发点，首先，是维护既得经济利益，亦即确保英国在远东的传统海外市场，特别是在东南亚和中国的海外市场以及香港的经济繁荣。其次，英国在远东地区还有重要的殖民利益，其中至关重要的是香港和马来亚殖民地。最后，还必须争取亚洲新独立国家，特别是印度等亚洲英联邦国家的好感以保持英国在亚洲的影响力。因此，对英国来说：1. 如果认同美国的远东政策目标、追随美国的反华立场将导致英国庞大的在华利益和贸易前景蒙受损失，有赖于与中国大陆进行转口贸易的香港的繁荣也将难以为继。2. 听任美国援蒋、保台将导致美国大量的援蒋武器最终落入共产党的手中，这将增加中国共产党对香港的进攻能力，因为阻止中国人民解放台湾可能引发中国攻取香港，甚至是引发与中国的全面战争，结果不仅是香港面临危险，也将极大消耗有限的资源，削弱对欧洲的防务，导致苏联的威胁加大。3. 不承认新中国，不让新中国在联合国取得代表权，不把台湾交给中国，不让中国参与对日媾和，这些都将引起国际舆论的不满，特别是引起全球华人的公愤，从而使得有着大量华人团体的马来亚等殖民地的统治难以维系，也使得主张与中国共产党友好、具有反帝情绪和独立自主意识的亚洲新独立国家与英国拉开距离。4. 如果日本与中国大陆的传统经济联系被割断，将使日本重新回到东南亚与英国竞争，严重损害英国在这一地区的经济利益和殖民利益。

综上所述，美英基于不同的国家利益而追求的远东政策目标，从根本上决定了美国为其远东政策服务的对华政策目标与英国为维护自身利益而采取的对华政策目标存在冲突。美英在远东范围内广泛的利害冲突决定了美英的分歧不是单纯的对华利益冲突，而有着更大范围内的分歧和更难协调的成分。

第二，美英对华政策所追求的根本目标不同决定了它们对新政权原则立场的差异。

一般而论，维护在华利益是美英对华政策追求的共同目标，而美英在华利益体现在政治、经济、军事、文化等各个方面。但问题是，当一个强大而主张独立自主的中国共产党政权对西方在华利益构成严峻挑战时，是面对现实，接受这个革命政权，还是迫使新政权就范或者取而代之？这又直接取决于美英在华根本利益与新政权的存在是否存在协调的可能。笔者认为，这种“根本利益”的不同是美英在对新中国的政策上出现分歧的直接原因。不仅是英美两国在华经济利益的份额大小不同，而且是性质的不同影响了它们对新政权的原则立场。

一方面，英国当时在华的经济利益居西方国家之首。英国在旧中国投资最早，资本渗入金融、贸易、运输、矿业、制造业和公用事业等部门。据统计，1941 年英国在华商业总资产估计为 3 亿英镑，还不算无形收入。尽管经受了战争的打击，1949 年的总量仍相当可观。另外，中国是英国商品的一个潜在大市场，是英国进口必需品（包括鸡蛋、茶叶、蚕豆、猪鬃、大豆、面粉和桐油等）的一个潜在的和重要的软通货来源。英国外交部估计，在正常情况下，中英之间潜在的贸易量将会翻番。① 庞大的在华资产与可观的贸易前景对于经受战争创伤的英国工党政府来说更是弥足珍贵。同时，香港的经济繁荣依赖于与中国大陆的转口贸易，所以“英国首先关心的是保护英国在华利益和香港的地位”。② 英国政府推测中国政府也希望和有意在两国政府之间保持一种友好和互惠的贸易关系，并一如既往地认可英国在华公司继续运作以利于两国的共同

① *FRUS*, 1949, Vol. 9, p. 839.

② *FRUS*, 1949, Vol. 9, p. 828; see also *DBPO*, Series 1, Vol. 8, pp. 170-186.

目标。① 既然经贸被放在首要位置，英国最为关心的问题就是一个政权所能有效控制这个国家的能力而不是其意识形态取向。另一方面，由于战后英国国力衰微，在远东不得不进行战线收缩，远东对于英国在政治和战略上的重要性下降。② 英国已无力改变中国的现状。所以英国决策者认为唯一明智的选择就是承认和接受现实，即力图通过与新政权的和解来维护既得利益。“外交承认是摆脱困境的唯一办法”，也是“中共给予英国贸易便利所要求的最小的代价”③。

相对而言，美国在华直接经济利益不如英国那样举足轻重。主要体现在：首先，“中国对美国没有太大的经济价值，美国在华私人投资极少，美中贸易也很有限”。美国“只有少量的在华直接利益和通过维持中日贸易减轻美国压力的间接经济利益以及对未来美中贸易的期望”④。美国在华经济利益的总量同英国相比要少得多，这对于财大气粗的美国来说，更是显得微不足道。其次，美国对于与中国大陆或香港的贸易兴趣不大。它认为前者只会增加中国进行战争的能力，另外，美国也不打算协助保卫香港。⑤ 再次，美英在华企业的性质也不一样。《纽约时报》在当时作过这样的比较：英国在华企业的发源地和活动重心都在中国大陆和毗邻的香港，而美国大多数在华企业的根基仍在美国，在中国只从事“分支”性质的经营。对美国来说，在华企业关闭后仍可异地经营；对英国来

① *BDFA*, Part IV, Series E, Asia, 1950, Vol. 10, No. 22, p. 36(42).

② *DBPO*, Series 2, Vol. 4, pp. 411-431.

③ Brian Porter, *Britain and the Rise of Communist China: A Study of British Attitudes, 1945-1954*, London: Oxford University Press, 1967, p. 30; Robert Boardman, *Britain and the People's Republic of China, 1949-1974*, London and Basingstoke: The Macmillan Press Ltd, 1979, pp. 29-30.

④ *FRUS*, 1949, Vol. 9, p. 827.

⑤ Brian Porter, *Britain and the Rise of Communist China: A Study of British Attitudes, 1945-1954*, London: Oxford University Press, 1967, p. 34.

说，在华企业关闭即意味着倒闭。① 司徒雷登曾在回忆录中讲到美国和英国商人之间的差异："许多英国商人是倾其家产投资于上海和其他中国港口的，一撤走就会破产，对英国来讲，更重要的是要尽可能地维持他们那种有利可图的生意。幸运的是，我们自己同中国的贸易仅占美国进口总额的百分之二三。美国人，甚至包括那些由于放弃其在中国的利益而受到最严重损害的人，也许可以不太困难地在别的地方重振其事业。"② 相比之下，就像英国外交部官员科茨所说的："美国在华商业利益和我们相比是如此之少，以致美国政府绝少有像我们一样希望谨言慎行的迫切理由。"③

与英国对直接经济利益和贸易前景的关注不同的是，美国在华利益主要体现在通过与国民党政府签订的不平等条约所获得的政治、经济特权以及在华政治、文化影响力。根据美国国家安全委员会第 41 号文件的说法，"失去美国在华商业利益、派驻使节的利益以及在华资产本身虽称不上是美国重大的战略挫折，但这种结果意味着美国失去了获取关于中国的大量有用信息的渠道，美国文化失去了继续在中国发挥影响的机会"④。对于 NSC41 号文件所说的那些利益，美国驻苏大使柯克在 1949 年 10 月 7 日给艾奇逊的信中说得更明白，这就是："保持在华存在的情报价值及政治影响力，如现场报道、保护美国的资产和侨民、维持使馆官员对某些中共人士的接触和直接、间接的影响，私下发布一些在中共严格的新闻控制下中国人无法得到的西方的消息，注意中国资产开发以及苏联在华动向，鼓励和发展亲美势力等。"⑤ 1949 年底在权衡到底是否应该承认新中国的问题时，艾奇逊所提交的一份备忘录更具说服力。该备忘录列举了美国在华利益的七个方面：美国侨民、美国侨民在华

① 参见金光耀:《1949～1950 年英国对新中国的承认》,《历史研究》1994 年第 4 期,第 126 页。

② 《在华五十年——司徒雷登回忆录》,北京出版社 1982 年版,第 251 页。

③ Minute by Coates, 25 Mar., 1949, FO371/75810 F4314/1023/10, PRO, London.

④ *FRUS*, 1949, Vol. 9, p. 829.

⑤ *FRUS*, 1949. Vol. 9, p. 107.

财产和私人投资、贸易、美国政府资产、中国国民党当局的欠款、美国在华外事机构和美国的影响等。艾奇逊认定第七条，即美国的影响为最重要的资产。在备忘录的“结论”中，艾奇逊评论道：“中国的幅员和美国基本相当，但人口是美国的3倍，必须牢记的是，很显然……美国在华股份的金钱价值相当小，从我们国家利益的角度看，比我们对华贸易和美国传教士和教育机构在华物质财富更为重要的是，美国的工商业、驻外机构的重要性体现在其作为美国影响的传播者、美国在中国人民中的利益的体现者以及信息的来源。”①

需要说明的是，以上所作的分析并非断言美国对开发中国市场没有巨大兴趣，而英国不甚关注政治及其他利益。这些都是相对而言的。首先，同英国相比，追求经济利益不是当时美国对华政策的首要目标；其次，与其在华政治利益和文化影响相比，美国在华经济利益也居于次要地位。再次，在与迫使新政权屈服的目标相冲突时，美国宁愿放弃经济利益也不愿与中国共产党妥协。

正是因为美国在华经济利益相对美国来说并非举足轻重，而美国更加看重的政治、经济特权均系于与旧政权所签订的条约，以及属于中国革命外交旨在清除的帝国主义政治文化影响，所以美国在承认新政权的问题上就把遵守国际义务，打击中国共产党的“傲慢情绪”，迫使其表现出“端庄举止”，甚至放弃其作为共产党人的基本特征列为承认该政权的先决条件。

总之，美英在华不同的实际利益及其所侧重的不同方面，从根本上决定了美英对新政权政策的出发点明显不同。英国主张通过对新政权的承认来保障在华经济利益，也通过承认新政权并与之保持商贸联系来维持与新政权的友好关系。美国一开始就抱定改造新政权的目的，并把承认不平等条约、获取情报、影响中国政治发展等

---

① Dean Acheson, "United States Interest in China" Undated (late 1949), Papers of Harry S. Truman President's Secretary Files, Harry S. Truman Libarary, Independence, Missour. Cited in June M. Grasso, *Truman's Two-China Policy, 1948-1950*, Armonk, N. Y.: M. E. Shaper, 1987, pp. 5-6.

这样一些对新政权的巩固与独立自主、对新中国的国家安全具有威胁性的目标放在了突出的位置，因而也就在很大程度上注定了美国对新中国的有条件承认具有不承认的实质性内容，以及美国不承认新中国的结局。

第三，美英与中国国共两党的历史恩怨不同，也影响了美英对新中国的政策取向。

诚如罗德里克·麦克法夸尔所言，“美英分歧的根源可以追溯到两国在中国的不同角色及其对中国革命的不同反应”①。英国在19世纪率先用武力打开中国的国门，在随后一个世纪中国遭受外侮的历史中，英国一直是主角。期间，美国奉行利益均沾，在中国分杯取羹，享有治外法权。美国习惯于把自己看成是中国利益的保护者，认为其门户开放政策抑制了西方列强在中国的进一步掠夺。尽管威尔逊总统在巴黎和会上未能阻止将德国在华权益转让给日本曾使中国人民失望，但是美国仍然认为它是中国爱国人士寄予希望的唯一西方大国。国民党当局奉行的是亲美政策，对英国没有好感。英国在很多问题上与当时的国民党当局有矛盾，与国民党当局的关系一直非常冷淡。这种历史渊源使得40年代末中国内战爆发时，美英两国的反应明显不同。“当美国致力于调处中国内战和随后全力支持国民党时，英国奉行的是中立政策，认为中国内部的纷争应该由他们自己去解决”②。

由于美国一直自视为中国利益的保护者，曾积极支持中国抗战，在中国打下了亲美的根基。后又在中国国共内战中，长时间地扶蒋反共，深深地卷入了中国内战之中，美国与中国国共两党形成了复杂的历史恩怨。在美国全力支持的国民党当局被打败后，一方面，由于一些亲蒋反共人士的大肆渲染，在以全球反共产主义为特

① Roderick Macfarquha, “The China Problem in Anglo-American Relations”, in Wm. Roger Louis and Hedley Bull, *The Special Relationship: Anglo-American Relations since 1945*, Oxford: Clarendom Press, 1986, pp. 311-312.

② Roderick Macfarquha, “The China Problem in Anglo-American Relations”, in Wm. Roger Louis and Hedley Bull, *The Special Relationship: Anglo-American Relations since 1945*, Oxford: Clarendom Press, 1986, p. 311.

征的冷战氛围下，在美国国内甚至形成了一种“国民情绪”。在这种情绪的支配下，美国人在看待中国革命的问题上明显地感情用事，无法接受国民党当局被取代的现实。就像布赖恩·波特所分析的那样：“美国人仍然习惯于把中国人看成是需要并且愿意接受美国的基督教、医疗机构和政治思想的朋友。他们期望中国人保持亲美倾向，坚持认为中国人决不可能接受像共产主义这样一种与美国人的意识形态相冲突的信仰”，并抱定“北京政权是一个强加的暴政，中国的人民大众仍忠于蒋介石”。这种虚幻的想法尽管不是绝对的，但由于被共和党的反对派不断强化，具有很大的影响力。所以当新中国转向“视传教士为帝国主义代理人、慈善为经济侵略、美国为主要敌人时，美国人认为他们的感情受到极大的冲击”。① 而另一方面，因为美国支持国民党打内战，被中国共产党人视为头号敌人。就像罗斯·凯恩认为的那样，“美国对华政策所流露的怨恨情绪的真正根子就在于1945年年中到1949年年中这段时间里公开宣称效忠于斯大林的共产党人赢得了中国”②。

相对来说，一方面，英国同国民党当局的关系本来就非常疏远，英国官方对国民党当局并无好感。“外交部不喜欢国民党的独裁，认为其主要权力支柱是土豪劣绅以及那些在各大城市里由效忠蒋介石的敲诈勒索之徒所控制的行会。外交部认为这样一种权力来源和支持层的国民党不可避免地要倾向反动保守。”③ 加之英国没有支持国民党打内战，因此抛弃国民党，与共产党建立正常的关系要简单得多。就像贝文所分析的，英国由于“没有直接卷入中国内战，在决定未来的远东政策方面在某种程度上比美国有更多的自

① Brian Porter, *Britain and the Rise of Communist China: A study of British Attitudes, 1945-1954*, London: Oxford University Press, 1967, pp. 34-35.

② ［美］罗斯·凯恩：《美国政治中的“院外援华集团”》，商务印书馆1984年版，第16页。

③ Zhong-ping Feng, *The British Government's China Policy; 1945-1950*, Ryburn Publishing: Keele University Press, 1994, p. 63. 英国对国民党政权的看法，参见李世安著：《太平洋战争时期的中英关系》，中国社会科学出版社1994年版，第82～90页。

由”①。另一方面，对于注重经验和务实的英国人来说，他们容易从过去的错误中吸取教训而不是执迷不悟。如英国外交大臣贝文认为，英国应吸取历史上曾长久地承认清政权而没有立即承认辛亥革命后推翻清王朝后建立的新的革命政权的错误的教训，所以不应在承认中国共产党政权问题上重蹈覆辙。② 从领事馆事件，特别是从“紫石英”事件中领教了中国共产党政权捍卫民族独立和主权的决心后，英国更是深感不能再以老的帝国心态来同新政权打交道了。③ 美国前驻华大使司徒雷登曾用来说明美英风格迥异的事例用在这里也很能说明问题。他提到，在共产党接管上海后，英国人办的报纸《字林西报》因为刊载一篇谣言而造成社会恐慌，最后该报公开载文做了在司徒雷登看来是“真心诚意和低声下气的”道歉。而一份美国报纸的主编在遭遇类似的问题时，其态度是“宁可停办报纸也不可能”做出“是对编辑特权不能容忍的侵犯”的让步。据此，司徒雷登讥讽英国人“具有某些使他们能顺应其日益败落地位的素质”，而夸耀美国人固执己见和英国人的“讲求实际”一样“不可改变”。④

二、美英基于不同的外交传统和对现实问题的不同估计所形成的对华决策理念与思路的差异也在一定程度上造成了美英分歧

外交传统和对现实国际问题的估计往往直接影响外交决策的方式和结果。迄今为止，多数相关著述都注意到了美英在承认新政权问题上不同的外交风格，如英国认为承认新政权只是对事实的承认，而美国认为承认新政权不仅有对现状的承认，还包含对新政权行为的嘉许等。笔者认为美英对新中国的决策差异不仅受制于有关承认问题的基本理念与外交惯例，而且体现在两国更为广泛的决策

---

① *DBPO*, Series 2, Vol. 4, p. 120.

② *DBFA*, Part IV, Series E, Asia, 1949, Vol. 8, p. 144; *FRUS*, 1949, Vol. 9, pp. 68-69.

③ 陈谦平:《论“紫石英号”事件》,《南京大学学报》1998 年第 1 期,第 61 页。

④ 《在华五十年——司徒雷登回忆录》,北京出版社 1982 年版,第 246、247 页。

思路的差异方面。

第一，尽管美英双方都基于中国共产党政权会因为经济困难和希望得到国际社会承认而有求于西方的认识，认为对新政权的承认问题是一个可以用来为西方谋取在华利益、维持其在华影响的重要砝码，不肯轻易做出承认举动。但是美英在如何利用这一手段达到目的的问题上存在明显分歧。美国试图通过在承认问题上附加条件，不在承认问题上采取主动，西方国家应对中国采取一致行动并辅之以经济上施压、政治上仍不断绝与旧政权关系等方式，给新政权制造难题，迫使新政权就范。而英国则认为明智的做法是充分利用新政权对西方的依赖，通过承认新政权来赢得新政权的好感，即"给新政权以时间使之认识到西方援助的重要性以及并非只有苏联是中国的唯一朋友"，从而默许西方利益的存在和影响。① 用美国驻英大使道格拉斯的话说就是，美方认为"不给予中共所需要的经济援助和正常的经济、金融关系，除非他们考虑具体的让步才答应提供援助，这样更能让新政权认识到其对西方依赖性"。而英方坚信"留在中国，维持商贸联系和在华企业以便影响中共朝向有益于我们的方面发展要更为明智一些"。② 艾奇逊的总结更加到位，他说："英国人的观点看起来是我们要让中国人相信我们是他们的朋友，而美国人的观点却是中国人必须让我们相信他们是我们的朋友。"③

第二，美英对承认新政权的理念不同。美国人认为"承认是一种特权，任何政府都不能享有这份特权，除非它能获得公众支持，愿意并有能力来履行自己的国际义务"。所以对美国来说，承认不仅是一种向外国政权施加压力的手段，也是一种表示嘉许和赞同的表示。而在英国人看来，"如果一个政权对大部分国土实施了有效

① *FRUS*,1949,Vol. 9,pp. 56-61.

② *FRUS*,Vol. 9,pp. 68-69; *DBFA*,Part IV,Series E,Asia,1949,Vol. 8, p. 144.

③ *DBPO*, Series 2,Vol. 4, p. 243,note 3.

的控制，而且拥有合理、持久的前景，就必须给予承认”。① 所以对英国来说，承认一个新政权更多的是基于对现实的承认和出于实际的便利。在中国联合国代表权问题上的考虑也是这样，英国决策者认为，如果不让新中国进入联合国，如果新中国违反了联合国的规定，就没有办法对它进行制约。而美国认为，作为联合国的成员，必须在进来之前就是合格的，而不是让它进来后再对它进行改造。在中国哪一个政权参与签约的问题上，英国同样认为，与一个孤居一隅的台湾国民党当局签订条约根本无法适用于拥有广袤土地和众多人口的中国大陆，在台湾问题上也是同样道理，既然该岛历史上属于中国，《开罗宣言》承诺将其归还，日本投降后又是中国政府在治理，就应该归还中国。而美国则坚持其意识形态标准或者说借口，坚持其立场与好恶而一意孤行。美英之间在承认问题的理念上之所以出现这种差异，主要是因为美国自恃其富有、强大，有很强的优越感。美国不仅利用承认把自己的意志强加于人，而且把是否承认作为一种奖赏或惩罚的表示。而英国作为自给能力最差的外贸大国，需要顾及分散在世界各地的利益，所以对它来说，在承认问题上不是去施加压力，而是去妥协。因为商业的实际需要，不承认一个政权，要在那里进行商贸活动是不可思议的。此外，在是否应该把意识形态作为承认新政权的重要考虑因素的问题上，两者的理念完全相反。在英国工党外交大臣贝文看来，一国的外交政策反映该国政党的意识形态是很天真的②。即使以反共著称的丘吉尔也非常现实地视意识形态仅仅是政策的最后的决定因素。③ 而在美国的对华政策中，意识形态的考虑被赋予了相当的重要性。如戴维·麦克林认为，“在 1949～1950 年的美国对华决策中，意识形态中的所谓美国的世界命运、美国与中国关系的特质以及共产主义的

---

① Brian Porter, *Britain and the Rise of Communist China: A Study of British Attitudes, 1945-1954*, London: Oxford University Press, 1967, p. 33.

② Qiang Zhai, *The Dragon, the Lion and the Eagle: Chinese/British/American Relations, 1949-1958*, Kent State University Press, 1994, p. 29.

③ Brian Porter, *Britain and the Rise of Communist China: A Study of British Attitudes, 1945-1954*, London: Oxford University Press, 1967, p. 29.

威胁是需要予以高度重视的因素"①。约翰·加迪斯也认为，"到1949年美国出现了一种程度空前的倾向，即把意识形态视为国家行为的根源，而不是它的反映"②。

第三，在全球冷战背景下，美英对新中国的"威胁性"以及中苏关系发展走向等问题的存在认识差异，也是导致美英对新中国采取不同政策的重要原因。

总体上讲，在考虑对新中国的政策时，美英双方都认为应该充分考察中国共产党政权的性质、中苏关系的发展走向以及承认中国共产党政权可能对中国周边地区的影响，都坚持致力于离间中苏关系的目标。但从根本上讲，在认识和处理这些问题的思路方面，美英之间存在很大差异。

在中国威胁性问题上，美英的看法明显有别。英国的战略重心在欧洲和中、近东，其面临的主要威胁和冷战对手是苏联。至于中国，英方的观点是，不管是否实行共产主义，中国在政治、军事上除了可能削弱英国在东南亚的殖民利益、威胁到香港的稳定外，不会对英国造成直接的威胁。丘吉尔就曾说过："我并不认为中共是一个可怕的敌手，不管怎么说，在随后的4~5年内，4亿中国人仍将呆在他们自己的领土上。他们不能游泳、不会飞，也不会乘坐现已严重超载的西北利亚铁路来到我们这里。我认为他们不能靠近我们，除了在东南亚和香港外……我怀疑中共是否会像一些人怀疑的那样成为妖魔鬼怪。"③ 况且，由于英国在远东的地位虚弱，英国认为香港地位的稳固，东南亚殖民利益的维护，离不开强大的中国共产党政权的友好与合作。所以，英国战后重新审定的防务战略目标是，对中国共产主义的目标与对苏联共产主义的目标一样，必须

① David McIEAN, "American Nationalism, the China Myth, and the Truman Doctrine: The Question of Accommodation with Peking, 1949-1950", *Diplomatic History*, Vol. 10,1(1986),pp. 25-26.

② 约翰·加迪斯:《美国的政策与中国的看法:1949~1955年分裂中苏的楔子战略》,袁明、[美]哈里·哈丁主编:《中美关系史上沉重的一页》,北京大学出版社1989年版,第254页。

③ Minutes by Churchill, 26 August, 1952, PREM 11/301, PRO, London.

将其限制在中国本土内部，对共产主义向中国以外地区扩张的威胁应予坚决反击。但是英国的政策是，在坚决反共的同时不反华。"只要共产主义不向中国以外地区扩张，在中国国内实行共产主义是中国人民自己的事情。"① 承认新中国，与之建立正常关系固然会影响亚洲其他地区的反共士气，但是英国决策者认为，如果不承认新中国的话，会使印度等国同西方疏远，特别是东南亚还有大量华人，如果英国不承认新中国，必然会导致当地华人与英国殖民当局关系紧张，所以不承认的坏处比承认的害处更大。然而，作为资本主义世界霸主的美国则认为，尽管欧洲至关重要，但远东同样不可偏废。中国革命是世界共产主义扩张的一部分，美国的使命就像杜鲁门主义所标榜的那样，"在世界各地阻止共产主义的扩张"。况且，美国国内始终存在强大的主张亚洲主义第一或者要求美国增强在亚洲地区优先权的势力，所以美国政府把亚洲的安全及反共活动与其全球反共的事业密切挂钩。因为担心承认中国共产党政权会对其他地区产生连锁反应，所以美国决定在每一点上都不让步。杜鲁门说过："美国在东方和西方都负有责任，我们仍然把西欧的防御视为主要目标，但是朝鲜、日本、菲律宾、香港（地区）和马来亚也非常重要。"②美国国务卿艾奇逊也说："我们不可能在太平洋方面奉行孤立主义，对中国共产党干些什么都装作看不见；而同时采取强硬的，反孤立主义的立场对付共产党在欧洲方面的威胁。"③ 此外，美国人还把亚洲问题作为一个整体来看待，认为如果承认中国共产党政权将产生连锁反应，严重影响整个东南亚的反共士气，危及整个遏制共产主义的防御体系，即所谓的多米诺骨牌效应。

在中苏关系中打进一个楔子是英美对华政策的一个重要目标。但是美英对中苏关系的理解及其离间中苏关系的信念有很大差别，这也是导致美英对华政策出现差异的重要原因之一。

在英国决策者看来，英国面临的主要威胁是来自苏联在欧洲的

---

① *DBPO*, Series 2, Vol. 4, p. 424.

② *DBPO*, Series 2, Vol. 4, Microfiche 8, No. 88i, 8/1-4.

③ 《杜鲁门回忆录》第2卷，第2分册，三联书店1974年版，第481页。

威胁，因此在亚洲，防止中国成为苏联的附庸，从而减轻苏联在欧洲以外地区对英国利益造成的威胁，这对英国而言十分重要。而且，英国决策者认为西方可以在中苏之间打入一个楔子。其依据，一是没有找到苏联支持中国共产主义运动的直接证据，甚至在中国内战的最后阶段，苏联也没有显示出对中国共产党胜利的热情，因而不能断定中国共产主义是受苏联操纵的。二是中国革命具有强烈的民族主义色彩，英国据此推断，中国不会甘愿屈从于苏联的控制。“中共首先是中国人，其次才是共产党人，他们不可能一夜之间变成俄国人。”① 三是英国人认为中国共产党人是正统的马克思列宁主义者，其信奉的马克思主义与苏联的并非一致，有因为意识形态的分歧而与苏联决裂的可能性。② 基于这些考虑，英国对离间中苏关系高度重视。1948 年 12 月 13 日英国内阁关于未来对华政策的决定、1949 年 8 月 15 日形成的全面阐述英国政府对华政策立场的“中国”备忘录、1949 年 12 月 16 日英国大使馆致美国国务院的电文，所有这些英国对华政策的关键性文件都把促进中苏分裂放在显要的位置。③ 即便在中苏结盟、朝鲜战争爆发后，英国仍坚信分裂中苏的必要性与可能性，如在 1950 年底美英首脑华盛顿会谈时，英国首相艾德礼还说：“当你揭开共产主义的表层，将发现下面是民族主义。”“我们所有的人都应该设法使中国人相信并非只有俄国人才是他们唯一的朋友。”“如果我们把中国看做苏联的卫星国，我们就上了俄国人的当了。”④美英围绕承认新中国问题的一系列磋商中，力促中苏分裂始终是英国强调的理由之一和与美国争议的焦点之一。

---

① 关于英国对中国共产党性质认识的变化，参见李世安著《太平洋战争期间的中英关系》，中国社会科学出版社 1994 年版，第 184～191 页。

② Minute by Burgess, 8 July, 1949, FO371/75761, F9742/1015/10, Cited in R. Ovendale: “Britain, the United States and the Recognition of Communist China”, *The Historical Journal*, Vol. 26, No. 1 (1983), pp. 140-141.

③ Cabinet Paper, CP. (48)299, 9 Dec. ,1948 CAB129/31, PRO, London; *DBPO*, Series 1, Vol. 8, pp. 187-189; *FRUS*, 1949, Vol. 9, pp. 56-61; *FRUS*, 1949, Vol. 9, pp. 225-226.

④ *DBPO*, Series 2, Vol. 4, Microfiche 8, No. 88i, 8/1-4.

美国对中苏关系的看法则要复杂得多，学术界也见仁见智。一派观点认为，以美国国务卿艾奇逊为代表的决策集团一直奉行的是旨在离间中苏的楔子战略。① 另一派认为从来没有执行使中国铁托化的政策，正相反，艾奇逊和杜鲁门一样对中共执行强硬政策②。还有一派认为，美国有过离间中苏的考虑，但为时很短，在朝鲜战争爆发后基本上放弃了。③ 国内学者大多认为，即使有过这种考虑，也只是非常次要的方面。

应该说在美国官方政策中，离间中苏关系始终是其所宣称的政策目标之一，这在美国国家安全委员会 34/2、第 41 号文件及最高决策层重大外交活动中都有明确阐述。但严格说来，美国决策者在本书所论及的时段内并未真正重视、始终坚持和认真考虑如何将它付诸实施的问题。依据是：

第一，美国政府决策层④内在这个问题上一直存在两种不同的

---

① John Lewis Gaddis, *The Long Peace :Inquiries into the History of the Cold War*, New York, 1987, pp. 152-165；约翰·加迪斯：《美国的政策与中国的看法：1949～1955 年分裂中苏的"楔子战略"》，载袁明、[美]哈里·哈丁主编《中美关系史上沉重的一页》，北京大学出版社 1989 年版，第 247～248 页。

② Lanxin Xiang, "The Rocognition Contraversy: Anglo-American Relations in China, 1949", *Journal of Contemporary History* (SAGE), Vol. 27 (1992), p. 319.

③ David MclEAN: "American Nationalism, the China Myth, and the Truman Doctrine: The Question of Accommodation with Peking, 1949-1950", *Diplomatic History*, Vol. 10, No. 1 (1986), p. 35; Nancy Bernkopf Tucker, *Patterns in the Dust: Chinese-American Relations and the Recognition Controversy, 1949-1950*, New York, 1983, See also Her Essay: "China's Place in the Cold War: The Acheson Plan", in Douglas Brinkley, ed., *Dean Acheson and the Making of US Foreign Policy*, London, 1993, pp. 109-123; Warren I. Cohen, "Acheson, His Advisor, and China, 1949-1950", in Dorothy Borg and Waldo Heinrich eds., *Uncertain Years: Chinese-American Relations, 1947-1950*, New York: Columbia University Press, 1980；陶文钊：《1949～1950 年美国对华政策与承认问题》，《历史研究》1993 年第 4 期，第 126 页。

④ 尽管杜鲁门总统是对华政策的最高决策者，但他对华决策很少过问。对华决策的关键圈子是国家安全委员会（NSC）、参谋长联席会议（JCS）、远东司和国务院的政策设计办公室（PPS）。See Shu Guang Zhang, *Deterrence and Strategic Culture: Chinese-American Confrontations, 1949-1958*, Ithaca: Cornell University Press, 1992, p. 33.

估计，意见并不统一。一种估计认为，“即使中国是一个共产党国家，苏联也未必能够控制或指挥它来贯彻苏联在亚洲的目标”。中苏矛盾不可克服，美国可以大加利用。这种看法主要在国务院内，特别是乔治·凯南的政策设计室存在。另一种估计认为，中国和其他的共产党国家一样奉行独裁和反民主的政策，中国没有在近期内发生铁托化的可能，即使中国成为一个独立于苏联的国家，也不见得会对美国友好。这种观点在参谋长联席会议和国家安全委员会内流行。在这两种不同意见之间，国务院的看法并不占上风。① 根据资中筠的研究，这两种路线在相当长的一个时期内并存，未形成定论，“在 1949 年上半年，前一种意见占上风，下半年后一种观点逐渐加强，特别是 6 月 30 日毛泽东的《论人民民主专政》发表后”②。但不少学者认为，美国统治集团内部存在着不同看法，放弃离间中苏关系的目标主要在中苏结盟或者朝鲜战争前后。此外，在实施楔子战略的依托力量问题上，根据加迪斯的看法，（杜鲁门）总统及其顾问们也似乎没有在两种途径之间作出明确的选择。“选择‘中国的铁托’意味着在不取代毛泽东政府的条件下割断它与苏联的联盟；选择‘第三势力’则要求将毛的政权作为苏联的傀儡，而在大陆建立一个能推翻它的、非共产主义的‘民族主义’反对党。选择前者的好处是不依赖于建立大陆反对派这一值得怀疑的前景。选择‘第三势力’会比较容易在国内作出合理的解释。”但这些“第三势力”的一盘散沙和互相敌对的状况，前景不让人乐观。阻力最小的道路是“保留各种方案而不做选择，但这容易使政府遇到同时执行两种相互矛盾的方案而使两者都受到削弱的可能性”③。

---

① Shu Guang Zhang, *Deterrence and Strategic Culture: Chinese-American Confrontations, 1949-1958*, Ithaca: Cornell University Press, 1992, pp. 35-36.

② 资中筠:《追根溯源——战后美国对华政策的缘起与发展(1945～1950)》,上海人民出版社 2000 年版,第 225 页。

③ 约翰·加迪斯:《美国的政策与中国的看法:1949～1955 年分裂中苏的“楔子战略”》,载袁明、[美]哈里·哈丁主编《中美关系史上沉重的一页》,北京大学出版社 1989 年版,第 260 页。

第二，对于承认新政权之类的怀柔手段是否能够促进中苏分裂，美国高层决策者大多持怀疑态度，甚至国务院的主要官员也持这种看法，包括一向被认为是离间中苏的楔子战略的推行者艾奇逊。在前面的论述中很多涉及艾奇逊质疑英国这一考虑的例证，最典型的如，在1949年9月美英外长会谈时，艾奇逊明确表示怀疑承认问题是不是促使中国不落入苏联控制之下的一张王牌。他认为无论如何，它们都会走到一起。①

第三，美国决策者在更多的情况下视促使中苏分裂为一种权宜之计或一种长远的可能性，其现实意义不大。严格地说，只在1949年12月到1950年2月的中苏谈判期间，离间中苏关系的考虑才真正在美国的决策过程中发挥过重要影响。这也就是为什么美国在对新中国的承认问题和对台湾问题的立场有所松动但随后很快出现反复的重要原因之一。实际上，1949年6月30日毛泽东的《论人民民主专政》发表后，美国决策高层对离间中苏关系基本上不抱太大希望。中苏结盟和朝鲜战争爆发后，美国决策层基本上放弃了认为对新中国执行一种灵活的政策能促使中苏分裂的看法，至多也只是认为中苏出现冲突是长远的事。而在杜鲁门等决策高层看来，"为了长远的目标，而使近期的安全受到损害是失算的"。朝鲜战争后，美国就一直称中国是苏联的卫星国。② 诚如贝文所言："尽管美英在各种官方层次上达成的共识是应该致力于确保中国不至于不可挽回地落入苏联营垒，这种失却将会使中国无限期地疏远西方，但是美国看起来仍想无限期地对中国板起面孔，继续承认国民党当局，并继续反对中国代表权的变更。"③

第四，尽管美英此时都希望离间中苏关系，但两者在策略使用上也是存在区别的。英国希望通过承认来赢得新政权的好感从而影响中国的对苏政策；而从美国官方频繁使用的话语中，他们更倾向

① *FRUS*,1949,Vol. 9,p. 83.

② *DBPO*,Series 2,Vol. 4, Microfiche 8, No. 88i,8/1-4.

③ Secretary of State Talks with Mr. Acheson on South-East Asia, China and Japan,1950. 5. 6. ,FO371/83018 FC1022/318G, PRO,London.

于诉诸中国人民传统的民族主义和亲美因素，以及中国共产党内部的所谓非斯大林因素。前面提到的加迪斯的看法似乎能够印证这一点。而在美国决策者的意识形态逻辑中，中国人民和中国共产党内部的所谓传统排外因素、亲美民主因素必然随着中国共产党军事胜利的推行起而对抗被他们认为是作为苏联利益工具的共产主义意识形态，促使中国共产党人要么改变亲苏政策而本土化、铁托化，要么因为不得人心而垮掉。这也似乎与美国决策者在多数情况下认为中苏分裂是一种远景的思路相吻合。所以，从这样一种逻辑出发，离间中苏关系并不必然导致对中国共产党政权的和解政策。

美国决策者的看法主要受到这样一些因素的影响：首先，以艾奇逊为代表的一些美国决策人物认为，中国的共产主义运动不是一种中国本土的运动，它和俄国是意识形态的天然的盟友，难以拆散，但是迟早会为中国人民所抛弃。“那种认为中共作为俄国意识形态盟友从根本上是与中国的民族主义相冲突的观点，不仅使它很难认真考虑在中华人民共和国与苏联之间打入楔子的前景，也容易引起一种想法就是这样一种外交战略是不必要的。”① 其次，他们认为“即使中苏发生分裂，也不会是西方作用的结果。如果中共表现出一种对莫斯科的独立性，那也是得益于传统的中俄关系而不是因为西方国家的行动，如承认之类”②。再次，以承认中国共产

---

① David McIEAN, “American Nationalism, the China Myth, and the Truman Doctrine: The Question of Accommodation with Peking, 1949-1950”, *Diplomatic History*, Vol. 10, No. 1(1986), p. 36. 关于中国共产党的性质，美国决策层内同样存在不同的看法。约翰·加迪斯认为美国人的基本看法是，中国共产主义是一种土生土长的，而不是从外部引进的现象。参见约翰·加迪斯《美国的政策与看法：1949 ~ 1955 年分裂中苏的“楔子战略”》，载袁明、[美]哈里·哈丁主编《中美关系史上沉重的一页》，北京大学出版社 1989 年版，第 249 页。实际上，一方面，就像英国对中国共产党的看法一样，美国的看法也有一个变化的过程，特别是在同中国共产党政权正式打交道之前，美国对中国共产党的认识是比较模糊、混乱的；另一方面，认识上不一致的现象非常明显（参见孔华润著、张静尔等译《美国对中国的反应》，复旦大学出版社 1989 年版，第 147 ~ 150 页；林利民著《遏制中国——朝鲜战争与中美关系》，时事出版社 2000 年版，第 38 ~ 48 页）。

② *FRUS*, 1949, Vol. 9, pp. 36-37.

党政权等为手段促使中苏分裂在美国决策者看来存在风险：会对东南亚和亚洲其他地区的反共事业产生影响；将增加共产党在安理会的发言权。最后，即使可以促成中苏分裂，但决不是只有通过向中共示好来实现的，而是相反，即“加剧共产党中国与俄国之间的紧张和异议的最大希望是使中国人处于最大的压力之下，而不是减轻这种压力”①。如美国国务院官员查尔斯·约斯特（Charles W. Yost）认为：“铁托主义不是源于西方的鼓励，而是源于地方共产党政权无法忍受俄国人的压力。尽管一个持不同政见的共产党政权绝对需要接受西方的援助以便生存，但是如果卫星国对莫斯科的依赖程度很大，以致莫斯科对卫星国的剥削超过卫星国的忍耐限度，则该卫星国更有可能与苏联闹翻。”“我们有各种理由相信，采取强硬而非温和的政策，只要随着形势的变化对政策不断调整，更可能促进中共与俄国的最终分离。”②

三、美英对华政策的国内外制约因素存在差异，也影响了美英对新中国政策的决策取向

外交政策是一个国家内政的延伸，也是国内各种利益权衡的结果。同时，美英是在世界各地具有广泛利益和影响的大国，对英美对华政策差异的分析不可能脱离双方国内外的决策背景和制约因素。

从总体上讲，美英两国制定对华政策的国内外背景和制约因素存在明显差异。从国内因素讲，美国政府内部在承认新中国的问题上存在重大分歧，特别是军方和国务院意见不一。民主党政府对国会没有形成有效控制；美国国会内外存在巨大的反共、援蒋势力，在党派政治斗争中，中国问题是共和党用来对民主党政府进行大肆

① 转引自约翰·加迪斯《美国的政策与看法：1949～1950年分裂中苏的“楔子战略”》，载袁明、[美]哈里·哈丁主编《中美关系史上沉重的一页》，北京大学出版社1989年版，第248页。

② Gordon H. Chang, *Friend and Enemies: The United States, China and the Soviet Union, 1948-1972*, Stanford, California: Stanford University Press, 1990, p. 52.

攻击的一种有力武器。而英国的情形正相反。在承认新中国问题上，主张承认的英国外交部在政府决策过程中具有绝对的发言权，政府内部在承认新中国的问题上共识多于分歧。工党控制着议会下院的绝对多数。两党在承认新中国的问题上分歧不大，反对党领袖丘吉尔也主张承认新政权。党内的挑战主要来自左翼工党成员，而这恰恰又构成了主张对新中国承认的一股推动力量。与美国右翼反共、援蒋的院外援华集团不同，英国国内最大的压力集团——“中国协会”积极推动承认新中国。而从国际因素来讲，英联邦内新独立的亚洲国家，特别是印度强烈主张承认新中国，这对英国决定承认新中国有重要影响。而美国在远东罗织了清一色的反共政权，蒋介石、李承晚、吴庭艳和保大政权等都是强大的反对承认的力量。具体表现如下。

从国内政治背景及制约因素看：

第一，美英两国政府内部在承认新中国问题上存在不同的政治背景。

首先，艾奇逊及其所在的国务院都没有把与中国共产党政权建立正常关系放在决策的中心位置，也缺乏与之关系正常化的持久的主张。“国务院的政策辩论显示这样一种和解政策并不代表最明智的路线”①，艾奇逊本人对中国问题不甚关心。在国民党“政权”大势已去而美国国内各种势力在对华问题上纷争不已的情况下，艾奇逊采取的是“等待尘埃落定”的观望态度。其次，在美国政府内部，国务院在决策方面受到诸多牵制，这种牵制既来自军方内部的亲蒋人士，而军方在对华决策中拥有很大的发言权，也受到总统和国务卿关系的影响。如 1945 年以后，参谋长联席会议屡次主张美国应在军事上积极卷入中国事务。直到 1949 年 12 月，它还发出警告，如果中国大陆完全沦于中国共产党的控制之下，那么在保护西太平洋的重要海上航线方面，使台湾不受克里姆林宫的指挥和利用

① David McIEAN, “American Nationalism, the China Myth, and the Truman Doctrine: The Question of Accommodation with Peking, 1949-1950”, *Diplomatic History*, Vol. 10, No. 1(1986), p. 34.

将是至关重要的。① 在杜鲁门和艾奇逊发表了关于台湾问题的政策声明后，军方不仅不受此节制，相反加大了活动力度。而国务卿艾奇逊与国防部长约翰逊的不和与权限之争，使军方的反对更为激烈。杜鲁门尽管对国民党当局失去了信心，但出于反共产主义的意识形态，他对中国共产党有很强的敌对情绪。加之艾奇逊的个人威望无法与其前任马歇尔相提并论，因此杜鲁门在外交政策上发挥了更大的作用。在协调政府内部关系方面，艾奇逊很难有所作为。②

英国外交部在对新中国政策的确定过程中起了关键作用。外交部的基本认识是英国在华利益能够在中国共产党的控制之下维持一段时间，而且因为贝文三十多年的组织码头工人和运输工人工会的经历使他认识到英国的就业和工资水平与其国际贸易和海外的经济状况密切相关。③ 而且，贝文也否认任何形式的意识形态可以作为国家外交事务的指南，所以他主张在中国保持立足点和尽早承认新中国及其相关的国际权益。贝文的威信和果敢作风也保证了他在外交部处于对华决策的中心位置。贝文同艾德礼首相的个人关系和工作关系都很不错。在外交部之外，对中国问题有一定影响力的部门也基本接受与中国共产党政权和解的政策。

第二，从议会和政党政治的角度看，美英对华决策环境也有重要差别。

这主要表现为：在美国国会中，共和党对民主党的杜鲁门政府对华政策的牵制作用很大；而英国工党在承认新中国问题上的立场得到议会的一致支持，反对的声音很小。

总体上讲，美国民主党政府不仅没有形成对国会的有效控制，

---

① ［美］唐耐心(N. B. Tucker)著，朱立人、刘勇涛译：《艰难的抉择：美国在承认新中国问题上的争论(1949～1950)》，复旦大学出版社 2000 年版，第 199 页。

② James E. Dougherty, *American Foreign Policy: From FDR to Reagan*, New York: Harper &Row, Publisher, Inc. ,1986, p. 92; Lanxin Xiang, "Recognition Controversy: Anglo-American Relations in China, 1949", *Journal of Contemporary History* (*SAGE*), Vol. 27(1992), p. 320.

③ Qiang Zhai, *the Dragon, the Lion and the Eagle: Chinese/British/American Relations: 1949-1958*, The Kent State University Press, 1994, p. 29.

而且时常是国会亲蒋势力和共和党反对派猛烈攻击的对象。国会内的"中国帮"与国会外的"院外援华集团"里应外合，对美国政府的对华政策形成了巨大牵制。而且在党派的政治斗争中，中国问题又是共和党人可以用来对民主党政府大肆攻击的武器。正如罗斯·凯恩指出："美国对华政策比美国外交事务的任何其他方面都更深地卷入了美国的国内政治。"① 因此，即便杜鲁门政府内部不乏主张与新中国和解的声音，但是出于对国内反共政治气候和反共势力的顾虑，他们宁愿继续援助蒋介石，也不愿在对华问题上承担政治风险。

然而英国的情形恰恰相反。在 1945 年的选举之后，工党取得了压倒多数的胜利，工党领袖有力地控制着议会下院，工党政府的外交政策也因此很少受到强有力的挑战。而少有的挑战主要来自积极主张承认新中国的工党左翼，这恰恰又构成了主张承认新中国的一股推动力量。在承认新中国的问题上，工党和保守党不存在重大分歧。那些反对承认的议员主要是担心承认会对马来亚等英国东南亚殖民地产生不利影响。然而大多数议员支持承认，特别是保守党右翼领袖丘吉尔甚至成为主张承认的推动力。在议会下院，对承认问题的辩论主要集中在时机的选择而不是值不值得这样做的问题上。

第三，美英在对新中国的政策抉择方面面临截然不同的压力集团和社会支持层。

美国关于中国的信息来源多种多样，观点五花八门，公众舆论受少数反共产主义势力操纵的情形也很严重。据唐耐心（南希·塔克）的研究，1949 年和 1950 年初，美国国务院民意研究处在监测美国报纸、杂志对中国新旧政权交替的反应时发现，传媒"对中国问题的重视是反复无常的"，且存在重大意见分歧。这种对中国事态发展的模糊认识和缺乏情况与在欧洲事务及遏制西方共产主义方面所表达出的明确意见形成鲜明的对照"。"纵然国务院分析

① [美]罗斯·凯恩:《美国政治中的"院外援华集团"》商务印书馆 1984 年版,第 11 页。

家们始终认为反对承认者并不占多数，但他们不敢忽视诸如赫斯特和斯克里普斯—霍华德出版社之类的某些成员对公众领域所施加的强大影响力”。①

美国公众对中国问题所知甚少，因为一帮与国会亲蒋议员勾结的“院外援华集团”而受到蒙蔽。“院外援华集团”汇聚了各色反共援蒋势力。据罗斯·凯恩的研究，“院外援华集团”可以分成两大部分：第一部分是“一贯支持并且为蒋介石和国民党谋求利益的内部‘核心’”，主要是由那些其私人利益直接依赖于美国继续对蒋介石提供援助的中国的和美国的个人和团体组成。第二部分是“一批不断发生变化的成员，他们同情并日益聚集在蒋介石周围”，主要由“那些出于政治、思想或者美国安全的需要”而支持蒋介石的个人和集团组成。在这部分人中还包括那些“仅仅借中国问题来反对罗斯福和杜鲁门政府或民主党的人、恐惧共产主义的人以及那些认为只有击败共产党才能继续在中国从事宗教活动的人”。②这些人不遗余力地反对承认新中国，主张美国长期承担援蒋的经济和军事义务，把援助蒋介石与忠于美国政府划等号。这些人声势很大，他们千方百计地同其他对政府不满的人结成联盟，从而增强自己的势力。20世纪40年代的“劳联”也是“院外援华集团”的同盟者。

当然，美国国内和中国有利害关系的多数美国商人和企业家赞成同中国共产党政权建立贸易关系。但是一方面这些人的声音被那些多数和国民党政权有经济联系者的反对声所淹没；另一方面，多数的美国工商业者缺少极力鼓动政府同中国共产党政权建立关系的强大动力，“这些主张通商和承认者没有产生出像反对派成员所表现的那种强烈感情。他们的支持是有节制的，并且颇为谨慎。”此

① 参见[美]唐耐心(N. B. Tucker)著，朱立人、刘勇涛译《艰难的抉择：美国在承认新中国问题上的争论(1949～1950)》，复旦大学出版社2000年版，第158～159、167页。

② [美]罗斯·凯恩：《美国政治中的“院外援华集团”》商务印书馆1984年版，第41～42页。

外，尽管一部分在华工商业者、传教士和新闻记者曾希望与新的共产党政权建立联系，“但这些人因为担心、惧怕劳工暴力、旅行禁令和新闻限制而退缩。”①

与美国的情形形成对照的是，首先，英国媒体作为公众舆论的载体对政府决策影响有限。除了公众对中国问题兴趣不大外，主要是有关中国的报道，其主要的信息来源是外交部的定期简报，与官方观点贴近。媒体对中国问题的关注往往只是因为一些重大事件的刺激和推动，如“紫石英”事件和中华人民共和国成立。在这种情况下，尽管传媒对中国的看法可能不一致，但它们对英国对华政策应该追求的目标却非常明确，对中苏关系以及英国维持在华贸易利益这些问题有着基本共识。到1949年年底，公众舆论比以前更赞成承认新中国。甚至保守党的刊物也同意，英国经受不起与新中国的主人没有外交关系的损失。② 其次，英国不仅没有主张援助蒋介石的压力集团，而且还有一个非常有影响力的主张承认新中国的游说集团——“中国协会”。与美国右翼的中国游说集团不同，英国的商人游说集团主要关注对华贸易与在华资产的前途问题，所以中国协会不断向英国政府施加压力，极力游说政府承认新的共产党政权，支持新中国相关的国际权益以期改善英商的在华处境。尽管在英国，利益集团的对外决策影响力通常不像美国那么大，但是由于“中国协会”具有比较有力的社会、政治关系网，又有第一手的对华信息资源，所以能够对政府承认中华人民共和国的决策产生相当的影响。

从国际制约因素看：

在对待新中国的问题上，美国的同盟者主要是一些依靠美国的

---

① ［美］唐耐心（N. B. Tucker）著，朱立人、刘勇涛译：《艰难的抉择：美国在承认新中国问题上的争论（1949～1950）》，复旦大学出版社2000年版，第93、138～140、124、144页。

② James Tuck-Hong Tang, *Britain's Encounter with Revolutionary China*, London: Macmillan Press, 1992, p. 47; Brian Porter, *Britain and the Rise of Communist China: A Study of British Attitudes, 1945-1954*, London: Oxford University, 1967, p. 30.

扶植得以苟延残喘的反共政权，如李承晚等。这些反共政权因为担心承认新中国将导致共产党力量的活跃，危及其反动政权，因而不遗余力地反对承认新中国。如在 1949 年 12 月 16 日，艾奇逊向其驻东南亚各国的代表发出电报，了解他们对美国承认新中国的影响的看法，在接下来的两周内，艾奇逊收到了驻西贡（前南越首都）总领事、驻缅甸代办和驻泰国和菲律宾大使馆的答复，他们均强调过早承认会对中国南部和东部边界的反共力量产生不利影响。① 蒋介石更是用尽各种手段在美国政府内外形成了援蒋反共的巨大压力。日本尽管出于贸易的考虑，倾向于承认新中国，但因其对美国的外交依赖以及美国对日本作为冷战前哨的战略价值的看重，无法对美国产生积极的影响力。

在战后英国远东政策的考虑中，英联邦特别是新独立的英联邦亚洲成员国的态度是一个非常重要的影响因素。在是否承认新中国的问题上，尽管像加拿大、澳大利亚、新西兰这些必须依靠美国保护和一直反共的南非等老自治领在承认问题上可能效法美国，但是新独立的英联邦国家，特别是印度、巴基斯坦和锡兰等则积极主张承认新中国，并游说英国尽早承认新中国。即使像加拿大因为担心承认可能会对在加拿大的华人产生影响因而不急于承认新政权，但是也认为对新政权的承认不可避免；澳大利亚和新西兰即将举行大选，两国政府不想在此之前就这个问题作出任何决定，但是都接受承认的原则。英国的西欧盟国的对华立场也支持了英国在承认问题上的立场。尽管像法国和荷兰这样一些在亚洲有直接利益的国家，担心中国事态的发展会对它们在东南亚的殖民地产生重大影响，因而不愿意过早承认新中国，但是它们都理解或者支持英国对华采取现实的立场，准备在条件成熟的时候承认新中国。葡萄牙和意大利对英国的立场也没有提出任何反对意见。而那些在亚洲没有殖民地的国家，尽管不希望在这样一个具有重大国际影响但对它们来说关

① William W. Stueck, Jr., The American Failure to Negotiate in Thomas G. Paterson, ed., *Major Problems in American Foreign Policy: Documents and Essays, Vol. II., since 1914*, Lexington, Mass. D. C. Heath, 1984, p. 413.

系不大的问题上贸然行事，但原则上并不反对承认新政权。这些说明，不论是英联邦国家还是其他西欧盟国，对英国承认新中国只存在推动作用，而没有大的障碍作用。至于在联合国中国代表权问题、台湾的领土主权问题以及中国的签约权问题上，以印度为主的英联邦成员国对英国的影响作用都不可低估。

对影响美英对新中国政策决策因素的全方位、多层次的探讨说明，导致它们在这一问题上各行其是的深层原因，不仅是因为美英双方基于不同的国家利益所形成的远东政策目标相互冲突、对华政策的根本目标存在差异，也因为美英不同的外交传统和决策理念以及美英两国制定对华政策的国内外背景和制约因素的明显不同。这些探讨也说明，美英在对新中国承认问题上存在广泛的分歧，这是美英政策发展的逻辑结果，而并非只是因为朝鲜战争的爆发或者中共对美政策导致了美国对新中国的不承认。

第四节 美英分歧与协调的主要影响评估

在亚洲冷战格局演进和美英对华政策的转轨时期，美英的分歧与协调，既是这一格局变动和政策转轨的表现，同时也对亚洲冷战格局的发展走向产生了重要影响。主要表现在以下几个方面。

第一，它在一定程度上缓解了中美冲突可能升级的局面。

中华人民共和国成立初期，正是全球冷战在亚洲地区演变成局部热战的时期，也是美国外交中的“理想主义”与中国外交中的革命色彩全面展示和付诸实施的时期。冷战思维决定了美国把中国的共产主义看成世界共产主义扩张的一部分，要坚决加以遏制。美国对共产主义的偏见又因为其全力支持的蒋介石“政权”被中国共产党打败而更趋强化，所以不论从意识形态上还是感情上美国都无法接受中国共产党执掌中国大权的现实。更何况，新中国的出现从根本上动摇了西方帝国主义在亚洲的统治秩序，危及了美国的霸主地位和话语权威。初登世界霸主宝座的野心，凭借举世无双的实力地位，使美国力图通过政治孤立、经济封锁甚至军事压力来打击中国共产党人的“傲慢情绪”，迫使中国共产党人承认美国的价值标准和权威地位，并阻止中苏结盟，以构建符合美国利益的亚洲国际秩序。一位历史学家是这样形容美国人的盛气凌人的："美国人就像罗马人，决不允许对他们的权威提出挑战。"① 长期深受帝国主义压迫的中国人民具有强烈的反帝情绪，在反对帝国主义及其代理人的斗争中激发起来的强烈的民族情绪与革命激情，使中国人民以崭新的革命姿态向以美国为首的帝国主义国家以及旧的国际秩序、国际规则提出挑战。新中国的革命外交不仅把取消不平等条约，肃清帝国主义在中国的政治、经济势力和文化影响，维护民族独立和尊严放在突出的位置，而且对帝国主义的军事干涉和政治渗透也保持了高度警惕。在两大阵营的对抗中，倒向社会主义阵营成为中国共产党人的必然选择，而在中国享有各种特权又长期支持蒋介石打内战的美国则成为中国人民的头号敌人，是对中国的国家安全和革命政权巩固的重大威胁。中美两国之间的外交目标、思维方式与历史积怨决定了两国冲突和敌对具有一定的不可避免性。由于当时中美之间缺乏基本的了解和沟通，一旦发生冲突，很容易使冲突升级，双方回旋和协调的余地很小。特别是在朝鲜战争爆发和中国介入朝鲜战争后的这段时间，中美冲突升级的可能性急剧加大。在中美紧张对抗的格局下，由于英国与美国有着特殊关系，又在极力寻求与新中国建立正常关系，希望充当东西方之间的调停人，而且事实上一直借助印度以及中英建交谈判的联络纽带与新中国保持着对话和沟通，英国因而成为中美对抗的缓冲力量。

英国在限制中美冲突升级方面起到了这样一些作用。首先，由于英国是美国的主要盟国，美国在许多重大问题上必须与英国磋商，英国往往利用这一点对美国施加影响，从而在一定程度上约束了美国可能采取的极端行为，如在朝战爆发初期，美国同意不把朝鲜冲突扩及中国；在新中国在联合国代表权尚未解决的情况下，联大通过了邀请新中国代表前往联合国谴责美国侵略台湾的议案。英

① Bradford Perkins, "Unequal Partners: The Truman Administration and Great Britain", in Wm. R. Louis and H. Bull, eds., *The "Special Relationship": Anglo-American Relations since 1945*, Oxford: Clarendon Press, 1986, p. 64.

国的努力产生了一定的效果。在中美对抗中，最危险的局面是1950年6月27日美国宣布第七舰队进驻台湾海峡和1950年11月中国人民志愿军入朝作战后重挫美军，当时，中美冲突一触即发。在这两次事件中，英国的抑制作用表现得尤为明显。西方学者对此有较多的研究，笔者在此不拟展开论述。从前文论述中所涉及的内容看，在中国人民解放军正在准备解放台湾之时，美国派第七舰队进驻台湾海峡，宣布阻止新中国解放台湾和台湾反攻大陆，当时整个西方世界都非常担心，一旦中国人民解放军不顾美国的威胁，攻打台湾，朝鲜战争就会立即升级为一场和中国的全面战争，苏联也会因为和中国有反侵略的军事同盟条约而卷入其间。英国作为美国的盟友，将难以置身事外，新的世界大战也可能因此引爆。在这种情况下，在印度等亚洲国家和苏联的积极推动下，英国积极斡旋。尽管英国提出的用美国撤出台湾海峡和解决新中国在联合国的代表权为条件来换取朝鲜停战的建议遭到了美国的坚决拒绝，但是由于英国的强烈反对，美国第七舰队进驻台湾海峡的侵略行动一直没有成为联合国授权下的集体安全行动，美国在台湾的行动就只能是美国的单边行动，得不到世界舆论的支持。由于这一根本制约和《中苏友好同盟互助条约》的客观存在，使得美国在台湾问题上不敢轻举妄动。尽管在后来以美国为首的联合国军向北跨过三八线、把战火烧到了鸭绿江边，严重威胁中国的安全，导致中国参战。虽然在该问题上，英国未能施加有力影响阻止美国扩大朝鲜战争的行为，但在11月份，当麦克阿瑟的联合国军遭到中国人民志愿军的重挫，麦克阿瑟叫嚣要将战争扩大到中国，此时杜鲁门也宣称要对中国动用原子弹，中美冲突升级再次迫在眉睫。由于担心苏联一旦介入将会导致战争升级；担心美国在中国动用原子弹会使西欧遭到报复，成为苏联原子武器的试验场；担心中美冲突扩大会使美国的战略重心转移，因此，以英国为首的西欧国家和以印度为首的亚非国家积极进行斡旋。英国首相艾德礼亲赴华盛顿，与杜鲁门进行首脑会谈，全面探讨全球战略及远东局势的问题，正像威廉·斯塔克所言，在华盛顿会谈初期，英国首相艾德礼率先在华盛顿高度情绪化的气氛中注入了少量的克制。国际调停的努力失败后，美国又迫不及待地操纵联合国通过谴责中国为“侵略者”的提案，此时主持英国外交部日常工作的外交部国务大臣扬格素以主张对美强硬而著称。在他的影响下，英国内阁先是否决该提案，后又强烈要求美国对谴责内容进行修改，这一修改实际上“使对中国进行制裁的可能性大大降低”①。杜鲁门将执意要求把朝鲜战争扩大到中国的联合国军总司令麦克阿瑟解职，英国在其中所起的作用也为西方学者所公认。此外，在朝鲜停战谈判中，英国也对美国施加了很大影响。这些问题因不在本书议及的范围内，也只能略述到此。其次，即便英国的很多努力并未产生实际的效果，但在冷战高峰期，美英分歧的存在本身也对消解冷战对立局势有一定的客观影响。不论在对华问题上，还是在联合国的讲坛上，由于英国和印度的缓冲作用，东西阵营的分野和对抗还不是特别的明显，美英之间的分歧暴露了资本主义阵营并非铁板一块。再次，在中美缺乏正常交往渠道，特别是在双方的对抗升级到战场上兵戎相见的情况下，英国也借助印度的中介作用与中国保持联络畅通，为中、美双方了解对方的意图提供了一条信息沟通的渠道，这对中美双方进行必要的接触留有一点回旋的余地，正像布赖恩·波特所言：“两个或更多的大国之间，如果没有外交关系是不能令人满意，也是危险的。”这种观点经常为英国在联合国的发言人所强调。这也就是当初丘吉尔主张承认新中国时所强调的：“如果外交关系不会总是很顺利，但它至少可以澄清国家之间的关系。即使是很坏的外交关系，但每一方有机会能够了解对方的见解、意图和渴望，这总比彼此之间一无所知，完全靠摸索和瞎闯要强些。”②

第二，英国不顾美国的反对，一度坚持承认新中国的原则、立

① William Stueck, "The Limits of Influence: British Policy and American Expansion of the War in Korea", *Pacific Historical Review*, Vol. 55, No. 1(1986), p. 92; Rosemary J. Foot, "Anglo-American Relations in the Korean Crisis: The British Effort to Avert an Expanded War, December 1950-January 1951", *Diplomatic History*, Vol. 10, No. 1(1986).

② Brian Porter, *Britain and the Rrise of Communist China: A Study of British Attitudes, 1945-1954*, London: Oxford University, 1967, p. 44.

场，并履行相关义务，在维护中国的主权和尊严方面起了一定的作用。

首先，英国的不合作致使美国孤立、遏制和分裂中国的诸多计划或被迫放弃或因受到阻碍而难以产生美国预期的效果。这一点同样在中国尤为敏感的台湾问题上表现得最为充分。由于英国的不合作态度，美国孤掌难鸣，不得不放弃用支持"台独"、联合国托管台湾等手段使台湾与中国大陆永久分离的计划。也由于英国的积极推动，美国一度公开对外宣布放弃台湾、不干涉中国内政。由于英国的强烈反对，美国第七舰队进驻台湾海峡的侵略行动，一直没有成为联合国授权下的集体安全行动。在世界舆论的压力和盟友的强烈反对下，美国不得不公开澄清，第七舰队进驻台湾只是在朝鲜战争期间从军事上中立台湾，暂时的军事中立并不影响台湾最终政治地位的解决；美国对台湾没有领土野心，无意永久占领该岛；台湾未来的政治地位将留待国际社会解决。在联合国框架内解决台湾问题的协调中，正是由于英国的始终坚持，美国不得不接受台湾历史上属于中国、中国国共双方都承认只有一个中国、没有其他国家对台湾提出过主权要求这一基本前提。美国企图改变台湾属于中国的野心终未完全得逞。在联合国中国代表权、对日和约签约权问题上，英国积极做盟国的工作，提高了新中国的国际地位和影响力，甚至是为新中国揭露美国的罪行提供了讲坛。在朝鲜战争的高峰期，中国代表伍修权在联合国谴责美国就是一个典型例子。尽管英国的许多努力并未奏效，而且英国基本上都从原先积极的立场后退，但努力本身也是有价值的，它为中国争取到一些非常重要的国际支持，也为中国在与美国的较量中提供了一个砝码。"英国没有决定西方在东亚的政策，但是她确实在一些重要的场合对美国的政策施加了影响"①。

最后，应该说明的是，由于英国在涉及中国主权与领土完整方面的特殊身份，它不能旗帜鲜明、始终如一地履行承认新中国的相

---

① Peter Lowe, *Containing Cold War in the East Asia: British Policies towards Japan, China and Korea, 1948-1953*, Manchester University Press, 1997, p. 265.

关责任，在很多问题上对美国都做出了原则性让步。如支持美国在联合国搁置对中国代表权问题的讨论、最终认可美国提出的在对日和约中只规定日本放弃对台湾的主权而不提归还中国的做法、同意美国把中国排除在旧金山对日和会之外等，英国的表现都违背了其对新中国的承认所应有的立场，使其政策陷入了自相矛盾的境地。英国的两面政策和动摇反复的立场，不仅伤害了中国人民的感情，在中国人民的心目中造成了英国是美帝帮凶和代言人的印象，这成为中英关系无法取得根本进展的主要阻碍，也在客观上产生了很大的负面影响，并留下了不少的后患。新中国被联合国组织排斥在外长达二十多年，台湾至今仍是重大的遗留问题，这些与英国当初的行为不无关系。英国政策的内在矛盾和不断反复固然是各种利益冲突的产物，是英国实力地位有限的表现，同时也是冷战现实无法避免的结果。但英国追随美国的行为不仅使英国难辞其咎，中国当时对英国的指责的确有道理，而且追随美国的结果使英国作为世界大国的形象和信用受到打击，因而也大大限制了其在东西方之间充当调停人角色的积极发挥。

总之，英国在抑制冷战、抑制美国在对华政策中出现极端因素方面发挥了一定的积极作用，但是这一积极作用非常有限，而且英国造成的负面影响也不可低估。

结　语

通过对美英在承认新中国问题上的分歧与协调的探讨，笔者觉得有这样一些方面是值得注意的：

首先，美英在对新中国承认问题上的分歧不只是美英对华关系中的枝节问题或只是策略手段的差异问题，而体现出实质性分歧的特性。美英两国外交政策的制定均受制于很多复杂、甚至是相互冲突的因素，其外交政策的特性或走向有时晦暗不明或变幻不定，难以把握。美英两国虽然在语言、文化和政治制度方面具有极大的相似性，还是反共盟友，但即使在全球冷战的高峰时期，它们的对华政策也表现出如此鲜明的差异性。这些说明，以意识形态划线或先入为主地评判一国外交，或者在考察一国外交政策时抓住一点不及其余，或者只做大而化之、笼而统之的表面文章，都难免失之偏颇。

其次，美英政策的分歧与协调的结局说明，实力地位和外交传统仍然起着决定性作用，但日益面临严重挑战。英国是世界上公认的最富外交经验的传统大国，美国则被认为是缺乏外交经验的新的世界霸主。英国非常看重其外交经验及其与世界各地的传统联系，希望借此阻止或约束美国有损英国利益并在英国看来是不明智的行为。但是双方协调的过程及其结局表明，不论多么灵活的外交手腕均难以改变由于欧洲中心地位的丧失和自身实力的虚弱所导致的英国传统外交经验已无法力挽狂澜的严峻现实，所以在很多重大问题上英国无法改变和影响美国的立场。同时也说明，在强大的冷战现实面前，传统的因素所能起到的作用非常有限，传统的外交思维已逐渐让位于冷战思维。与此同时，在世界各国相互依赖、相互制约，共产主义和民族主义蓬勃兴起、大势所趋的形势下，不论美国多么财大气粗也不得不在一些问题上采纳英国的建议或者屈从于英国的压力；擅长均势外交的英国在新的形势下力图在东西方世界寻求平衡的努力也往往陷于进退两难的境地；素以牺牲他国利益来保障本国利益或以牺牲局部利益来保全根本利益的传统思维在英国对华外交中仍在发挥影响，但在重新崛起的中国人民和其他亚洲国家独立自主意识日益增强的现实面前，英国也不得不放弃传统的帝国心态，而努力在平等互利的基础上重新定位它与亚洲国家的关系。

最后，中华人民共和国成立前后，从利用帝国主义内部矛盾的需要出发，新中国对美英采取了有所区别的政策，这一政策非常明智，也卓有成效，但在对英国政策意图的把握方面也有值得反思之处。总结新中国当时是如何看待意识形态在对外交往中的作用，积极利用美英矛盾而取得的经验与教训是十分有意义的。对这一问题的全面分析也有助于今后我们在国际舞台上有的放矢地开展外交活动。

主要参考文献

英文部分

一、Unpublished and Published Archives（未刊、已刊档案）

1. Some Archives available in Public Record Office（PRO），London.（从伦敦公共档案馆复制和摘录的部分原始档案散件，书中标示"PRO，London."。）

2. The Private Papers of Sir Anthony Eden，1951-1955，FO 800/781-787（available in The University of Birmingham）.（艾登私人文件，1951～1955，未刊。文件原件收藏在伯明翰大学图书馆艾登档案室。）

3. *Documents on British Policy Overseas*（abbr. *DBPO*）（London：HMSO）.（伦敦英国皇家印务局出版的《英国海外政策文件集》系列，文中标注"*DBPO*"。）

（1）*DBPO*，Series 2，Vol. 2，*The London Conference*，*Anglo-Amer-*

ican Relations and Cold War Strategy, January-June 1950, (edited by Bullen, R. and M. E. Pelly, London: HMSO, 1987) [第2系列第2卷：伦敦会议——美英关系与冷战战略,1950年1~6月].

(2) *DBPO*, Series 2, Vol. 4, *Korean War, June 1950-April 1951* (edited by H. J. Yasamee and K. A. Hamilton, London: HMSO, 1991) [第2系列第4卷:朝鲜战争,1950.6~1951.4(附12套缩微胶片)].

(3) *DBPO*, Series 1, Vol. 8, *Britain and China, 1945-1950* (edited by S. R. Ashton and G. Bennett & K. A. Hamilton, London: Whitehall History Publishing in association with Frank Cass, 2002) [第1系列第8卷:中国和英国,1945~1950].

4. *British Documents on Foreign Affairs: Reports and Papers from The Foreign Office Confidential Print* (abbr. BDFA) (General Editors: Paul Preston and Micheael Partridge) [《英国外交事务文件:外交部机密报告和文件》系列,书中标注"*BDFA*"]

(1) *BDFA*, Part IV, from 1946 through 1950, Series E, Asia, 1948, Vol. 5, *China, January* 1948-*December 1948* (edited by Anthony Best, University Publications of America, 2001).

(2) *BDFA*, Part IV, from 1946 through 1950, Series E, Asia, 1949, Vol. 8, *French Indo-China, China, Japan, Korea and Siam, January 1949-December 1949* (edited by Anthony Best, University Publications of America, 2003).

(3) *BDFA*, Part IV, from 1946 through 1950, Series E, Asia, 1950, Vol. 10, *China, Japan, Siam, Indo-China and Korea, January 1950-December 1950* (edited by Anthony Best, University Publications of America, 2003).

(4) *BDFA*, Part IV, from 1946 through 1950, Series M, 1950, Vol. 6, *International Organizations, Commonwealth Affairs, and Genral*, (edited by Anthony Best, University Publications of America, 2003).

(5) *BDFA*, Part V, from 1951 through 1956, Series C, *North America*, 1951, Vol. 1, United States (edited by Peter Boyle, LexisNexis, 2005).

(6) *BDFA*, Part V, from 1951 through 1956, Series E, Asia, 1951, Vol. 2, *Siam*, *Burma*, *South-East Asia and the Far East*, *Indo-China*, *Indonesia*, *Nepal and The Philippines*, *1951*(edited by Anthony Best, LexisNexis,2005).

(7) *BDFA*, Part V, from 1951 through 1956, Series M, 1951-1952, Vol. 1, *International Organizations*, *Commonwealth Affairs and General* (edited by Gaynor Johnson, LexisNexis,2006).

(8) *BDFA*, Part V, from 1951 through 1956, Series E, Asia, 1952, Vol. 3, *China*, *Japan*, *Burma*, *South-East Asia and the Far East*, *Indo-China*, *Indonesia*, *Korea*, *Nepal and the Philipines* (edited by Anthony Best,LexisNexis,2006).

5. U. S. Department of State, *Foreign Relations of the United States* (abbr. *FRUS*) (United States Government Printing Office (Washington D. C. :Government Printing Office)[美国国务院:《美国对外关系》系列(书中标注 FRUS)]:

(1) *FRUS*, 1947, Vol. 6, *The Far East*, GPO,1972.

(2) *FRUS*, 1948, Vol. 7, *The Far East*: *China*, GPO,1972.

(3) *FRUS*, 1948, Vol. 8, *The Far East*: *China*, GPO,1973.

(4) *FRUS*, 1949, Vol. 8, *The Far East*: *China*, GPO,1978.

(5) *FRUS*, 1949, Vol. 9, *The Far East*: *China*, GPO, 1974.

(6) *FRUS*, 1950, Vol, 2, *United Nations*: *The Western Hemishere*, GPO, 1976.

(7) *FRUS* 1950 ,Vol. 6, *East Asia and the Pacific*, GPO,1976.

(8) *FRUS* 1950 ,Vol. 7, *Korea* ,GPO, 1976.

(9) *FRUS* 1951 , Vol. 6, *Asia and the Pacific* (2 parts), GPO, 1977.

(10) *FRUS* 1951 ,Vol. 7, *Korea and China* (2 parts) , GPO,1988.

(11) *FRUS*, 1952-1954, Vol. 14, *China and Japan*, GPO, 1985.

6. Department of State, *American Foreign Policy*, *Basic Documents*, *1950-1955*,Vol. 1,New York:ARNO Press,1971. (美国外交政策基础文献)

7. *Public Papers of the Presidents*: *Harry S. Truman*, Vols. 1949, 1950, 1951, United States Government Printing Office (Washington: GPO), 1965.（《美国总统公开文件：杜鲁门时期》1949 年卷、1950 年卷、1951 年卷）

二、**Memoirs**(回忆录类)：

1. Acheson, Dean, *Present at the Creation*: *My Years in the State Department*, New York: W. W. Norton, 1969.

2. Kennan, George F., *Memoirs*, *1925-1950*, Boston: Little, Brown, 1967.

3. Kennan, George F., *Memoirs*, *1950-1963*, Boston: Little, Brown, 1972.

4. *The Eden Memoirs*, *Full Circle*, London, 1960.

5. Colville, John, *The Fringes of Power*, *Downing Street Diaries*, Vol. 2, 1941-April 1955, London, 1985.

三、**Works and Articles**(著述类)

Works

1. Barry, Hughes, *The Domestic Context of American Foreign Policy*, San Francisco: W. H. Freeman, 1978.

2. Blum, Robert, *Drawing the Line*: *The Origin of the American Containment Policy in East Asia*, New York: W. W. Norton & Company, 1982.

3. Boardman, Robert, *Britain and the People's Republic of China*, *1949-1974*, London and Basingstoke: Macmillan Press, 1976.

4. Borg, Dorothy, and Heinrichs, Waldo eds, *Uncertain Years*: *Chinese-American Relations*, *1947-1950*, New York: Columbia University Press, 1980.

5. Baylis, John, *Anglo-American Defence Relations*, *1939-1984*; *The Special Relationship*, London and Basingstoke: Macmillan Press, 1984.

6. Buhite, Russell D., *Soviet-American Relations in Asia, 1945-1954*, Norman: University of Oklahoma Press, 1981.

7. Carleton, William G., *The Revolution in American Foreign Policy; 1945-1954*, N.Y.: Doubleday & Company, Inc., 1955.

8. Chen, Jian, *China's Road to the Korean War: The Making of the Sino-American Confrontations*, New York: Columbia University Press, 1994.

9. Chen, Jian, *Mao's China and Cold War*, Chapel Hill: University of North Carolina Press, 2001.

10. Clayton, David, *Imperialism Revisited: Political and Economic Relations between Britain and China, 1950-1954*, London: Macmillan Press, 1997.

11. Cain, P. J. and Hopkins, A. G., *British Imperialism: Crisis and Deconstruction, 1914-1990*, London, 1993.

12. Chen, Jie, *Ideology in U. S. Foreign Policy: Case Studies in U. S. -China Policy*, Westport, Conn. Praeger, 1992.

13. Chern, Kenneth S., *Dilemma in China*, Hamden, Conn.: Archon Press, 1980.

14. Chang, Gorden H., *Friends and Enemies: The United States, China, and the Soviet Union, 1948-1972*, Stanford, California: Stanford University Press, 1990.

15. Cohen, Warren I. *America's Response to China: An Interpretative History of Sino-American Relations*, New York: John Wiley, 1971.

16. Christensen, Thomas J., *Useful Adversaries: Grand Strategy, Domestic Mobilization and Sino-American Conflict, 1947-1958*, Princeton, N. J.: Princeton University Press, 1996.

17. Cotton, James, and Nerry, Ian, *The Korean War in History*, Manchester University Press, 1989.

18. Danchev, Alex, *On Specialness: Essays in Anglo-American Relations*, Oxford: St. Martin's Press Inc., 1998.

19. Dickie, John, "*Special*" *No More: Anglo-American Relations;*

Rhetoric and Reality, London: Weidenfeld & Nicolson, 1994.

20. Dobson, Alan P., *Anglo-American Relations in the Twentieth Century: Of Friendship, Conflict and the Rise and Decline of Superpower*, London: Routledge, 1995.

21. Dockrill, Michael and Young, John W. eds., *British Foreign Policy 1945-1956*, Macmillan, 1989.

22. Dougherty, James E., *American Foreign Policy: FDR to Regan*, New York: Harper & Row, Publishers, Inc., 1986.

23. Dumbrell, John, *Special Relationship: Anglo-American Relations in the Cold War and after*, New York: St. Martin's Press, 2001.

24. Feng, Zhong-ping, *The British Government's China Policy, 1945-1950*, Ryburn: Keele University Press, 1994.

25. Foot, Rosemary, *The Practice of Power: U. S. Relations with China since 1949*. Oxford: Oxford University Press, 1995.

26. Garson, Robert, *The United States and China since 1949: A Trouble Affair*, Madison: Fairleigh Dickson University Press, 1994.

27. Gaddis, John Lewis, *We Now Know Rethinking Cold War History*, Oxford University Press, 1997.

28. Gittings, John, *World and China*, London: Eyre Methuen, 1974.

29. Coutinho, Charles Giovanni, *A Complex Interregnum: Anglo-American Relations, 1950-1956*, New York University, 1997.

30. Grasso, June M., *Truman's Two-China Policy, 1948-1950*, Armonk, N. Y.: M. E. Shaper, 1987.

31. Greewood, Sean, *Britain and the Cold War, 1949-1991*, London, 2000.

32. Halpern, A. M. ed., *Politics Towards China: Views from Six Continents*, New York: Mcgraw-Hill Book Company, 1965.

33. Harding, Harry and Ming, Yuan, eds., *Sino-American Relations, 1945-1955: A Joint Reassessment of a Critical Decade*, Washington: Scholarly Resources Inc., 1989.

34. Hollowell, Jonathan, *Twentieth-Century Anglo-American Relations,New York: Palgrave, 2001.*

35. Hopkins, Michael, *Oliver Franks and the Truman Administration: Anglo-American Relations, 1948-1952*, London: FRANK CASS PUBLISHERS, 2003.

36. Lawrance, Alan and Dodd, Peter, *Anthony Eden, 1897-1977*, London: Greenwood Press, 1995.

37. Louis, Wm. Roger and Bull, Hedley, *The "Special Relationship": Anglo-American Relations since 1945*, Oxford: Clarendon Press, 1986.

38. Lowe, Peter, *Containing the Cold War in East Asia: British Policies towards Japan, China and Korea, 1948-1953*, Manchester University Press, 1997.

39. MacDonald, Callum, *Britain and Korean War*, Basil Blackwell Ltd. ,Oxford,1990.

40. Martin, Edwin W. , *Divided Counsel: The Anglo-American Response to Communist Victory in China*, The University Press of Kentucky, 1986.

41. Medlicott, W. N. , *British Foreign Policy since Versailles 1919-1963*,Methuen & Co,1968.

42. Morgan, Kenneth, *Labor in Power, 1945-1951*, Oxford, 1984.

43. Mayers, David Allan, *Cracking the Monolith: U. S. Policy against the Sino-Soviet Alliance, 1949-1955*, Baton Rouge and London: Louisiana State University Press, 1986.

44. Nicholas, H. G. *The United States and Britain*, Chicago: The University of Chicago Press, 1975.

45. Northedge, F. S. , *Descent from Power, British Foreign Policy, 1945-1973*, London, 1974.

46. Ovendale, Ritchie, *Anglo-American Relations in the Twentieth Century*,London:Macmillan Press, 1998.

47. Paterson, Thomas G. ed. , *Major Problems in American Foreign*

Policy Documents and Essays, Vol. Ⅱ, *since 1914*, Lexington Mass. :D. C. Heath,1984.

48. Porter, Brian, *Britain and the Rise of Communist China: A Study of British Attitudes, 1945-1954*, London: Oxford University Press, 1967.

49. Shao, Wenguang, *China, Britain and Businessmen: Political and Commercial Relations*, London and Oxford Macmillan, 1991.

50. Spanier, John, *American Foreign Policy since World War* Ⅱ, (Eleventh Edition), 1988.

51. Stueck, William W. Jr., *The Road to Confrontation: American Policy toward China and Korea, 1947-1950*, Chapel Hill: University of North Carolina Press, 1981.

52. Tang, James Tuck-Hong, *Britain's Encounter with Revolutionary China, 1949-1954*, London: Macmillan Press, 1992.

53. Xiang, Lanxin, *Recasting the Imperial Far East: Britain and America in China, 1945-1950*, New York: M. E. Sharpe, 1995.

54. Young, John W., ed., *The Foreign Policy of Churchill's Peacetime Administration, 1951-1955*, Leicester University Press, 1988.

55. Zhai, Qiang, *The Dragon, the Lion and the Eagle: Chinese / British /American Relations, 1949-1958*, The Kent State University Press, 1994.

56. Zhang, Shu Guang, *Deterrence and Strategic Culture: Chinese-American Confrontation, 1949-1958*, Ithaca: Cornell University Press, 1992.

57. Zhang, Shu Guang, *Economic Cold War: America's Economic Embargo against China and the Sino-Soviet Alliance, 1949-1963*, Calif: Woodrow Wilson Center Press and Stanford University Press, 2001.

Articles

1. Brown, Philip Marshall, "The Legal Effects of Recognition", *The American Journal of International Law*, Vol. 44, No. 4 (1950).

2. Chihiro Hosoya, "Japan, China, the United States and the United Kingdom, 1951-1952: The Case of the 'Yoshida Letter'", *International Affairs*, Vol. 60, No. 2(1984).

3. Cohen, Warren I., "Acheson, His Advisers, and China, 1949-1950, in Dorothy Borg and Waldo Heinrich, eds. *Uncertain Years: Chinese-American Relations, 1947-1950*", New York: Columbia University Press, 1980.

4. Cohen, Warren I., " Symposium: Rethinking the Lost Chance in China, Introduction: Was There a 'Lost Chance' in China?", *Diplomatic History*, Vol. 21, No. 1 (Winter 1997).

5. Cohen, Warren I., " The History of American-East Asia Relations: Cutting Edge of the Historical Profession", *Diplomatic History*, Vol. 9, No. 2 (1985).

6. Cohen, Warren I., "Acheson's Search for Accommodation" in Thomas G. Paterson, *Major Problems in American Foreign Relations*, Vol. 2, Lexington, Mass. : D. C. Heath and Company, 1984.

7. Dockrill, M. L., "The Foreign Office, Anglo-American Relations and the Korean War, June 1950-June 1951", *International Affairs*, No. 62 (1986).

8. Foot, Rosemary J., "Anglo-American Relations in the Korean Crisis: The British Effort to Avert an Expanded War", Dec. 1950-Jan. 1951, *Diplomatic History*, Vol. 10, No. 1(1986).

9. McLEAN, David, "American Nationalism, the China Myth, and the Truman Doctrine: The Question of Accommodation with Peking, 1949-1950", *Diplomatic History*, Vol. 10, No. 1 (1986).

10. Ovendale, R., "Britain, the United States and the Recognition of Communist China", *Historical Journal*, 26, No. 1(1983).

11. Reynolds, David, "A 'Special Relationship': America, Britain and the International Order since the Second World War," *International Affairs*, Vol. 62, No. 1 (1986).

12. Schonberger, Howard, "Peacemaking in Asia: The United

States, Great Britain and Japanese Decision to Recognize National China, 1951-1952", *Diplomatic History*, Vol. 10, No. 1(1986).

13. Stueck, William, "Limits of Influence: British Policy and American Expansion of the War in Korea", *Pacific Historical Review*, Vol. 55, No. 1(1986).

14. Wolf, David C., "To Secure a Convenience: Britain Recognizes China—1950", *Journal of Contemporary History*, Vol. 18, No. 2 (1983).

15. Xiang, Lanxin, "The Recognition Controversy: Anglo-American Relations in China, 1949", *Journal of Contemporary History* (SAGE), Vol. 27(1992).

中文部分

一、原始文献类

1.《中美关系资料汇编》第2辑，世界知识出版社1961年版。

2. 陶文钊主编、牛军副主编：《美国对华政策文件集（1949～1972）》第1卷. 上、下册，世界知识出版社2003年版。

3.《毛泽东外交文选》，中央文献出版社、世界知识出版社1994年版。

4.《建国以来毛泽东文稿》第1册，中央文献出版社1987年版。

5. 中华人民共和国外交部档案馆编辑：《解密外交文献——中华人民共和国建交档案（1949～1955）》，中国书画出版社2006年版。

6.《中华人民共和国对外关系文件集》，世界知识出版社1958年版。

二、回忆录

1.《艾奇逊回忆录》上、下册，上海译文出版社1978年版。

2.《杜鲁门回忆录》第1卷、第2卷，三联书店1974年版。

3. 吉田茂：《十年回忆》第1~4卷，世界知识出版社1963~1965年版。

4.《艾登回忆录》全译本上、下册，世界知识出版社1960年版。

5.《在华五十年——司徒雷登回忆录》，北京出版社1982年版。

6.《杜勒斯言论选辑》，世界知识出版社1959年版。

7.《顾维钧回忆录》第8卷、第9卷，中国社会科学院近代史研究所译，中华书局1989年版。

8. 外交部外交史编辑室编：《中国外交官回忆录：新中国外交风云》第1辑，世界知识出版社1990年版。

三、专著（包括译著）

1.［美］爱德温W.马丁著，姜中才等译：《抉择与分歧——美英对共产党在中国胜利的反应》，中央党史资料出版社1990年版。

2.［英］M.阿库斯特著，汪瑄、朱齐武、余叔通、周仁译：《现代国际法概论》，中国社会科学出版社1981年版。

3. 崔丕：《美国的冷战战略与巴黎统筹委员会、中国委员会（1949~1994）》，中华书局2005年版。

4. 费正清主编：《剑桥中华人民共和国史（1949~1956）》，上海人民出版社1991年版。

5. 黄修荣主编：《较量的背后——中共与西方的对抗与合作》上，吉林人民出版社1999年版。

6. 乔治·凯南：《美国对外政策的实现》，商务印书馆1958年版。

7. 乔治·凯南著，葵阳译：《美国外交》，世界知识出版社1989年版。

8.［英］劳特派特编：中国人民外交学会编译：《奥本海国际法》第1卷，第二分册《平时法》，北京：中国人民外交学会编译委员会1954年版。

9. [美] 孔华润著，张静尔等译：《美国对中国的反应》，复旦大学出版社1989年版。

10. [美] 孔华润（沃伦·科恩）主编：《剑桥美国对外关系史》上、下卷，新华出版社2004年版。

11. 冈栋俊、陈友：《美国对华政策50年》，广东人民出版社2001年版。

12. 孙哲著：《左右未来：美国国会的制度创新和决策行为》，复旦大学出版社2001年版。

13. 贾庆国：《未实现的和解：中美关系的隔阂与危机》，文化艺术出版社1998年版。

14. 郝雨凡：《白宫决策：从杜鲁门到克林顿的对华政策内幕》，东方出版社2002年版。

15. 华庆昭：《从雅尔塔到板门店》，中国社会科学出版社1992年版。

16. [美] 罗斯·凯恩：《美国政治中的"院外援华集团"》，商务印书馆1984年版。

17. 李世安：《太平洋战争时期的中英关系》，中国社会科学出版社1994年版。

18. 梁西主编：《国际法》，武汉大学出版社1993年版。

19. 刘同舜、高文凡主编：《战后世界历史长编》第6册(1950~1951)，上海人民出版社1985年版。

20. 林利民：《遏制中国：朝鲜战争与中美关系》，时事出版社2000年版。

21. 刘绪贻等：《战后美国史（1945~2000）》，人民出版社2002年版。

22. 迈克尔·谢勒著，徐泽荣译：《20世纪的美国与中国》，三联书店1985年版。

23. 裴坚章主编：《中华人民共和国外交史（1949~1956）》，世界知识出版社1994年版。

24. 裴坚章主编：《当代中国使节外交生涯》第1辑，世界知识出版社 1995 年版。

25. ［美］欧内斯特·梅、小詹姆斯·汤姆逊：《中美关系史论》，中国社科出版社 1991 年版。

26. 入江昭、孔华润主编：《巨大的转变：美国与东亚（1931～1949）》，复旦大学出版社 1997 年版。

27. 萨本仁、潘兴明：《20 世纪中英关系》，上海人民出版社 1996 年版。

28. 石志夫、徐昕：《中华人民共和国对外关系史（1949.10～1989.10）》，北京大学出版社 1994 年版。

29. 时殷弘：《敌对与冲突的由来——美国对新中国的政策与中美关系（1949～1950）》，南京大学出版社 1995 年版。

30. 斯帕尼尔：《第二次世界大战后美国的外交政策》，商务印书馆 1992 年版。

31. 陶文钊：《中美关系史（1911～1950）》，重庆出版社 1993 年版。

32. 陶文钊、梁碧莹主编：《美国与近现代中国》，中国社会科学出版社 1996 年版。

33. 陶文钊主编：《中美关系史（1949～1972）》，上海人民出版社 1999 年版。

34. ［美］唐耐心著，朱立人、刘涛译：《艰难的抉择：美国在承认新中国问题上的争论（1949～1950）》，复旦大学出版社 2000 年版。

35. 涂亚杰、王浩等：《中国外交事例与国际法》，现代出版社 1989 年版。

36. 许光建等主编：《联合国宪章诠释》，山西教育出版社 1999 年版。

37. 席来旺：《美国的决策及其中国政策透析》，九洲图书出版社 1999 年版。

38. 徐京利：《另起炉灶——崛起巨人的外交方略》，世界知识出版社 1997 年版。

39. 徐思伟：《吉田茂外交思想研究》，世界知识出版社 2001

年版。

40. 汪熙主编：《美国国会和美国外交决策》，复旦大学出版社1990年版。

41. 王玮主编：《美国对亚太政策的演变（1776～1995）》，山东大学出版社1995年版。

42. 吴东芝主编：《中国外交史：中华民国时期，1911～1949》，河南人民出版社1990年版。

43. 外交部外交史编辑室编：《中国外交官回忆录：新中国外交风云》，世界知识出版社1990年版。

44. 杨生茂主编：《美国外交政策史，1775～1989》，人民出版社1991年版。

45. 杨奎松主编：《冷战时期的中国对外关系》，北京大学出版社2006年版。

46. 于群：《美国对日政策研究》，东北师范大学出版社1996年版。

47. 袁明、[美]哈里·哈丁主编：《中美关系史上沉重的一页》，北京大学出版社1989年版。

48. 俞正樑等：《全球化时代的国际关系》，复旦大学出版社2006年版。

49. 杨玉圣：《中国人的美国观——一个历史的考察》，复旦大学出版社1996年版。

50. 张顺洪、孟庆龙、毕健康：《英美新殖民主义》，社会科学文献出版社1999年版。

51. 赵学功：《巨大的转变：战后美国对东亚的政策》，天津人民出版社2002年版。

52. 资中筠：《追根溯源——战后美国对华政策的缘起与发展（1945～1950）》，上海人民出版社2000年版。

53. 资中筠主编：《战后美国外交史——从杜鲁门到里根》，世界知识出版社1994年版。

54. [美]邹谠著、王宁、周先进译：《美国在中国的失败》，上海人民出版社1997年版。

55. 张曙光:《美国对华战略考虑与决策（1949～1972)》，上海外语教育出版社 2003 年版。

56. 张曙光、胡礼忠主编:《伦理与国际事务新论》，上海外语教育出版社 2004 年版。

57. 张曙光:《美国遏制战略与冷战起源再探》，上海外语教育出版社 2007 年版。

论文

1. 陈乐民:《英国外交史论要》，《世界历史》1992 年第 5 期。

2. 陈兼、余伟民：《冷战史新研究：源起、学术特征及其批判》，《历史研究》2003 年第 3 期。

3. 陈兼:《关于中国和国际冷战史研究的若干问题》，《华东师范大学学报》（哲学社会科学版）2001 年第 11 期。

4. 陈谦平:《上海解放前后英国对中共的政策》，《南京大学学报》（哲学·人文科学·社会科学）2000 年第 2 期。

5. 陈谦平:《论“紫石英号”事件》，《南京大学学报》1998 年第 1 期。

6. 崔丕:《美国国家安全委员会第 13/2 号文件形成探微》,《历史研究》1992 年第 3 期。

7. 崔丕:《美国对日单独媾和政策形成史论》，《美国研究》1992 年第 2 期。

8. 崔丕:《日本的媾和对策研究》，《东北师大学报》（哲学社会科学版）1995 年第 4 期。

9. 崔丕、侯文富:《美国国家安全委员会第 81/1 号文件形成问题研究》，《历史研究》1996 年第 6 期。

10. 崔丕:《乔治·凯南的“遏制”战略构想散论》，《东北师范大学学报》1998 年第 2 期。

11. 戴维·麦克林著，时殷弘译:《艾奇逊、摩根索与美国拒不承认新中国》，《美国研究》2000 年第 1 期。

12. 宫旭平:《近年来国内关于美国对华经济遏制史研究述评》,《世界历史》2005 年第 1 期。

13. 冯仲平:《论战后英国在香港问题上的态度:1945~1949》,《世界历史》1993 年第 3 期。

14. 金光耀:《1949~1950 年英国对新中国的承认》,《历史研究》1994 年第 5 期。

15. 金光耀:《国民党在美国的游说活动——以顾维钧为中心的讨论》,《历史研究》2000 年第 4 期。

16. 华庆昭:《影响杜鲁门外交的因素》,《世界历史》1991 年第 5 期。

17. 霍世亮:《论五十年代美国的对华政策》,《美国研究》1993 年第 4 期。

18. 林利民:《美国关于承认新中国问题"共同阵线"政策的出台与失败》,《武汉大学学报》(哲学社会科学版)1996 年第 6 期。

19. 林利民:《1949 年美国延宕承认新中国"共同阵线"政策述评》,《世界历史》1997 年第 2 期。

20. 林利民:《使美国陷入被动的"沃德事件"始末》,《党史文汇》1997 年第 4 期。

21. 林利民:《朝鲜战争与美国对华遏制政策的实质》,《史学季刊》2000 年第 2 期。

22. 李世安:《评朝鲜战争初期英国艾德礼政府的对台湾政策》,《中国人民大学学报》1995 年第 2 期。

23. 李世安:《战后英国在台湾问题上的两面政策》《世界历史》1994 年第 6 期。

24. 李世安:《1945 年至 1954 年间美国对台湾政策的变化》,《中国社会科学》1994 年第 5 期。

25. 李世安:《中国的美国史研究现状问题和对策》,《河南大学学报》(社会科学版)2003 年第 3 期。

26. 陆航:《杜勒斯与 50 年代美国对华政策》,《世界历史》1989 年第 4 期。

27. 刘成:《试论英美两国在承认新中国问题上相悖的原因》,《南京社会科学》1999 年第 10 期。

28. 牛大勇:《英国对华政策与国民革命的危机》《历史研究》1991 年第 4 期。

29. 牛军:《新中国外交的形成及主要特征》,《历史研究》1995 年第 5 期。

30. 苏格:《战后初期美国对台政策的形成》,《外交学院学报》1993 年第 2 期。

31. 时殷弘:《论美国承认新中国问题(1949~1950)》,《世界历史》1991 年第 1 期。

32. 时殷弘:《英国、印度与美国对华政策》,《复旦大学学报》1991 年第 6 期。

33. 沈志华:《中苏同盟、朝鲜战争与对日和约——东亚冷战格局形成的三部曲及其互动关系》,《中国社会科学》2005 年第 3 期。

34. 田金星:《论朝鲜战争期间的美国对华政策》,《华东师大学报》1990 年第 4 期。

35. 田志立:《试论思想库对美国外交政策的影响》,《世界经济与政治》1997 年第 5 期。

36. 陶文钊:《美国对华政策与新中国"一边倒"决策》,《党的文献》1990 年第 5 期。

37. 陶文钊:《朝鲜战争爆发前美国对台政策再评析》,《台湾研究》1993 年第 2 期。

38. 陶文钊:《1949~1950 年美国对华政策与承认问题》,《历史研究》1993 年第 4 期。

39. 陶文钊:《禁运与反禁运:50 年代中美关系中的一场严重斗争》,《中国社会科学》1997 年第 3 期。

40. 王建朗:《台湾法律地位的扭曲——英国有关政策的演变及与美国的分歧(1949~1951)》,《近代史研究》2001 年第 1 期。

41. 王建朗:《新中国成立初年英国关于中国联合国代表权问题的政策演变》,《中国社会科学》2000 年第 3 期。

42. 王建朗:《衰落期的炮舰与外交——"紫石英"事件中的

一些问题再探讨》,《近代史研究》2001 年第4 期。

43. 王建伟:《新中国建国前后美国对华政策剖析》,《世界历史》1986 年第 11 期。

44. 栾雪飞:《新中国初期的美国对华政策》,《东北师大学报》(哲学社会科学版)1990 年第 3 期。

45. 吴金平:《院外援华集团与中美关系》,《东南亚研究》2003 年第 4 期。

46. 王立新:《意识形态与美国对华政策——以艾奇逊和“承认问题”为中心的再研究》,《中国社会科学》2005 年第 3 期。

47. 王芝:《略论杜鲁门主义在战后美国对外政策中的地位与作用》,《外交学院学报》1993 年第 3 期。

48. 王晓德:《美国对外关系的文化思考》,《世界经济与政治》1996 年第 12 期。

49. 王晓德:《美国对外关系的文化探源》,《历史研究》1997 年第 3 期。

50. 于群:《旧金山和会前后美国对日政策新构想》,《世界历史》1996 年第 4 期。

51. 杨奎松:《华德事件与新中国对美政策的确定》,《历史研究》1994 年第 5 期。

52. 杨玉圣:《中国美国学的一枝奇葩:80 年代的中美关系史研究》,《美国研究参考资料》1991 年第 3 期。

53. 张顺洪:《〈每季评论〉与英国对华舆论》,《近代史研究》1993 年第 6 期。

54. 张小明:《乔治·凯南对华认识及政策主张》,1993 年第 1 期。

55. 赵爱伦:《英国对日媾和政策形成史论》,《哈尔滨工业大学学报》(社会科学版)2003 年第 5 卷,第 2 期。

56. 赵学功:《1949～1950 年美国对台政策评析》,《河北师范大学学报》(哲学社会科学版)2005 年第 3 期。

57. 赵学功:《新中国的革命外交与对美政策》,《山东师范大学学报》（社会科学版）1995 年第 4 期。

58. 赵学功：《朝鲜战争与美英关系》，《史学集刊》2004 年第 2 期。

59. 赵学功：《朝鲜战争初期的美英关系》，《美国研究》1994 年第 1 期。

后　　记

呈现在读者面前的拙著是博士论文的拓展。也是武汉大学2004年青年社启动科基金项目——“美英在承认新中国问题上的分歧与协调（1949～1951年）”的最终成果。

书稿付梓之际，心中油然升起的是对学术深深的敬畏之情。尽管从1997年开始在职攻博算起，迄今历时近十年，也尽管十年间笔者苦练内功，并选择了前人相对涉猎不多的问题寻求突破，但在美英对华政策的这样一个已有不少前辈学者进行过深入研究的领域，作为主要在国内从事国际史研究的后学，不论在学术素养还是资料的占有方面都难有过人之处。加之工作、家事的拖累，时感力不从心。我不敢妄言自己的研究有多大的创新，也无法预见它可能招致的批评。惟一稍感安慰的是，本书的选题和解释框架经过自己独立的思考，所得出的结论大多是从档案资料里一点一点耙梳出来的。而经过撰写本书的历练，我幸运地得到了方方面面的支持，积累了不少经验教训。奉上拙稿，是希望能把自己多年求学的点滴所得奉献出来，和读者朋友们分享，同时回报在我成长的每一个阶段伸出援手的人们。

由衷感谢导师胡德坤教授所给予的关心和指导。拙著从选题的确立到布局谋篇，无一不是他总体把关的结果。尽管在我的印象中，胡老师一向不苟言笑，而且总是那么忙碌，但凭其丰富经验和远见卓识，胡老师总能在关键时刻起到指点迷津的作用。况且，从大学时代在胡老师指导下撰写学士学位论文迄今，二十多年的师生之情很难溢于言表。在英国进修期间我又有幸得到了著名学者格伦威尔教授（Prof. A. J. S. Grenville）的学术帮助，他为我了解国际学术前沿、熟悉解读原始文献的基本方法提供了难得的指导，并在很大程度上影响了我的研究路径。为了我这位来自异国的访问学者，格伦威尔教授每周要拨出一个单位时间，驱车一个多小时专程从住所到学校对我进行面授，让我悟到的不仅是受用终身的为学之道，而且是传承学术的为师之本。我的硕士论文指导教师罗志刚教授对我生活上的关心和学业上的指导从未间断。本书很多疑难问题的解决都与罗老师的指教分不开。伯明翰大学美加所的卢卡斯（Scott Lucas）为我收集必备的原始文献提供了最大限度的帮助。刘绪贻先生对本书的写作非常关心，并亲自阅读了部分书稿，提出了不少宝贵意见。徐蓝教授作为我的博士论文答辩委员会的主席，提出了全面的修改意见，并鼓励我保持乐观向上。李世安教授、黄正柏教授、汤重南教授、沈志华教授、崔丕教授、陶文钊研究和王建朗研究员等学术前辈就本书写作过程中的一些具体问题提出了宝贵的意见。日本岛根大学的张邵铎博士以及南开大学的赵学功教授也对本书的写作提出了学术帮助。

特别感谢向荣教授在我事业最为艰难的时候所给予的支持。作为该研究起步和奠基的英国访学，离不开向老师的积极推动。向老师在日常工作中的导向、激励、甚至“苛求”是催人奋发向上的鞭策力量。感谢陈勇教授和冻国栋教授高屋建瓴的点拨，两位先生在我博士论文修改期间所给予的鼓励和方法论的指导，让我受益良深。李工真教授、吴友法教授、张德明教授、韩永利教授、李荣建教授、严双武教授等世界史所的老师和同事们对我工作上的照顾和精神上的鼓励，张建民院长、杨果教授和柳芳书记等为代表的历史学院的领导、老师，包括已经调离武大的刘景华教授、弁发松夫妇以及同事们对我的关心、勉励与友情，让我时时感到集体的温暖。

同学黄洋教授、谌焕义教授、熊伟民教授等在学术上的关心和帮助，挚友黄莹、张荣芳、陈东华、周璞芬等无所不在的友情给予我极大的精神鼓励。感谢所有在我困难和灰心之时曾给予支持的良师益友。此时此刻，我也十分怀念给予我学术生命的张继平先生。

感谢伯明翰大学图书馆、伦敦公共档案馆为我收集资料提供的各种便利。感谢武汉大学文献传递中心的雷霆、涂文波等提供的热情、优质的服务。感谢同学何桂全、校友高国荣、师兄林利民以及陶文钊研究员、邸文研究员、顾宁研究员等为我收集美国方面的相关档案资料所提供的各种帮助。感谢武大图书馆的宋和平、王美英女士、省档案馆的李圭雄先生及市城市建设档案馆的张馆长为我复原微缩胶片所做的多方努力。感谢同事谢国荣百忙之中帮我校稿，感谢武汉大学学术丛书基金的资助和责任编辑王雅红女士不辞辛劳的审稿和提出的宝贵修改意见。

还有一份至深的歉意给予我的家人们。掩卷沉思，许多因为忙碌被尘封已久的往事浮现出来，亲人们默默无闻、无怨无悔地支撑我走过风雨、等待彩虹的桩桩件件历历在目，挥之不去。我前行的每一步都凝注着亲人们殷切的期望与巨大的付出。而想到这些年我对年逾古稀的双亲和即将面临中考的女儿的疏于关心，无暇陪伴，感觉此生亏欠他们的太多太多。所幸兄弟姐妹分担了照顾老人的责任，让年迈的父母老有所依，好在女儿聪明、上进，不仅没有因为我的无暇顾及而落伍，反而用她学习上的出色表现不断为我打气。

回首撰写本书的过程，虽然紧张和忙碌使悠闲的生活几乎成为奢求，但在这个充满喧嚣和诱惑的现实世界，能够拥有一份宁静和超脱，这又未尝不是一份收获和值得为之驻足的人生风景呢？

虽然要说的话早已烂熟于心，但在有限的篇幅内又实在难尽其详，难免挂一漏万。由于知识积累的欠缺、学术眼界的局限，加上时间仓促，书中粗浅失当之处恳请各位前辈学者，学界同仁和读者朋友不吝赐教。

徐友珍

2007年5月于珞珈山

武汉大学学术丛书 书目

中国当代哲学问题探索
中国辩证法史稿（第一卷）
德国古典哲学逻辑进程（修订版）
毛泽东哲学分支学科研究
哲学研究方法论
改革开放的社会学研究
邓小平哲学研究
社会认识方法论
康德黑格尔哲学研究
人文社会科学哲学
中国共产党解放和发展生产力思想研究
思想政治教育有效性研究
政治文明论
中国现代价值观的初生历程
精神动力论
广义政治论
中西文化分野的历史反思
第二次世界大战与战后欧洲一体化起源研究
哲学与美学问题
行为主义政治学方法论研究
政治现代化比较研究
调和与制衡
“跨越论”与落后国家经济发展道路
村民自治与宗族关系研究
中国特色社会主义基本问题研究

国际经济法概论
国际私法
国际组织法
国际条约法
国际强行法与国际公共政策
比较外资法
比较民法学
犯罪通论
刑罚通论
中国刑事政策学
中国冲突法研究
中国与国际私法统一化进程（修订版）
比较宪法学
人民代表大会制度的理论与实践
国际民商新秩序的理论建构
中国涉外经济法律问题新探
良法论
国际私法（冲突法篇）（修订版）
比较刑法原理
担保物权法比较研究
澳门有组织犯罪研究
行政法基本原则研究
国际刑法学
遗传资源获取与惠益分享的法律问题研究
欧洲联盟法总论
民事诉讼辩论原则研究

当代西方经济学说（上、下）
唐代人口问题研究
非农化及城镇化理论与实践
马克思经济学手稿研究
西方利润理论研究
西方经济发展思想史
宏观市场营销研究
经济运行机制与宏观调控体系
三峡工程移民与库区发展研究
２１世纪长江三峡库区的协调与可持续发展
经济全球化条件下的世界金融危机研究
中国跨世纪的改革与发展
中国特色的社会保障道路探索
发展经济学的新发展
跨国公司海外直接投资研究
利益冲突与制度变迁
市场营销审计研究
以人为本的企业文化
路径依赖、管理哲理与第三种调节方式研究
中国劳动力流动与“三农”问题
“封建”考论（第二版）
新开放经济宏观经济学理论研究
关系结合方式与中间商自发行为的关系研究

武汉大学学术丛书 书目

中日战争史（1931~1945）（修订版）
中苏外交关系研究（1931~1945）
汗简注释
国民军史
中国俸禄制度史
斯坦因所获吐鲁番文书研究
敦煌吐鲁番文书初探（二编）
十五十六世纪东西方历史初学集（续编）
清代军费研究
魏晋南北朝隋唐史三论
湖北考古发现与研究
德国资本主义发展史
法国文明史
李鸿章思想体系研究
唐长孺社会文化史论丛
殷墟文化研究
战时美国大战略与中国抗日战场（1941~1945年）
古代荆楚地理新探·续集
汉水中下游河道变迁与堤防
吐鲁番文书总目（日本收藏卷）
用典研究
《四库全书总目》编纂考
元代教育研究
中国实录体史学研究
分歧与协调

随机分析学基础
流形的拓扑学
环论
近代鞅论
鞅与banach空间几何学
现代偏微分方程引论
算子函数论
随机分形引论
随机过程论
平面弹性复变方法（第二版）
光纤孤子理论基础
Banach空间结构理论
电磁波传播原理
计算固体物理学
电磁理论中的并矢格林函数
穆斯堡尔效应与晶格动力学
植物进化生物学
广义遗传学的探索
水稻雄性不育生物学
植物逆境细胞及生理学
输卵管生殖生理与临床
Agent和多Agent系统的设计与应用
因特网信息资源深层开发与利用研究
并行计算机程序设计导论
并行分布计算中的调度算法理论与设计
水文非线性系统理论与方法
拱坝CADC的理论与实践
河流水沙灾害及其防治
地球重力场逼近理论与中国2000似大地水准面的确定
碾压混凝土材料、结构与性能
喷射技术理论及应用
Dirichlet级数与随机Dirichlet级数的值分布
地下水的体视化研究
病毒分子生态学
解析函数边值问题（第二版）
工业测量
日本血吸虫超微结构
能动构造及其时间标度
基于内容的视频编码与传输控制技术
机载激光雷达测量技术理论与方法

文言小说高峰的回归
文坛是非辩
评康殷文字学
中国戏曲文化概论（修订版）
法国小说论
宋代女性文学
《古尊宿语要》代词助词研究
社会主义文艺学
文言小说审美发展史
海外汉学研究
《文心雕龙》义疏
选择·接受·转化
中国早期文化意识的嬗变（第一卷）
中国早期文化意识的嬗变（第二卷）
中国文学流派意识的发生和发展
汉语语义结构研究
明清词研究史
新文学的版本批评
中国古代文论诗性特征研究
唐五代逐臣与贬谪文学研究

中国印刷术的起源
现代情报学理论
信息经济学
中国古籍编撰史
大众媒介的政治社会化功能
现代信息管理机制研究
科学信息交流研究
比较出版学